¿SABÍAS QUE...?

Bill VanPatten
University of Illinois, Urbana-Champaign

James F. Lee
University of Illinois, Urbana-Champaign

Terry L. Ballman
California State University, Long Beach

Trisha Dvorak
University of Michigan, Ann Arbor

¿SABÍAS QUE...?

Beginning Spanish

McGRAW-HILL, INC.

New York   St. Louis   San Francisco   Auckland   Bogotá   Caracas
Lisbon   London   Madrid   Mexico   Milan   Montreal   New Delhi
Paris   San Juan   Singapore   Sydney   Tokyo   Toronto

This is an EBI book.

¿Sabías que...?
Beginning Spanish

Copyright © 1992 by McGraw-Hill, Inc. All rights reserved. Printed in the United States of America. Except as permitted under the United States Copyright Act of 1976, no part of this publication may be reproduced in any form or by any means, or stored in a data base or retrieval system, without the prior written permission of the publisher.

1 2 3 4 5 6 7 8 9 0 VHN VHN 9 0 9 8 7 6 5 4 3 2

ISBN 0-07-540881-3 (Student Edition)
ISBN 0-07-540884-8 (Instructor's Edition)

Library of Congress Cataloging-in-Publication Data

Sabías que—? : beginning Spanish / Bill VanPatten ... [et al.].
    p.   cm.
Includes index.
ISBN 0-07-540881-3 (student ed.)
1. Spanish language—Textbooks for foreign speakers—English.
I. VanPatten, Bill.
PC4128.S23   1992
468.2'421—dc20   91-38724
                                        CIP

This book was set in ITC Kabel, ITC Fenice, and Stempel Garamond by Interactive Composition Corporation.
The publisher was Thalia Dorwick.
The editors were Elizabeth Lantz, Cathy de Heer, and Anita Wagner.
The text design was by Vargas/Williams/Design; the cover design was by Francis Owens.
The production supervisor was Diane Baccianini.
Project management assistance was provided by Pamela Evans, Elizabeth McDevitt, and Tralelia Twitty.
Production and editorial assistance was provided by Enrique Asís, Deborah Bruce, Eileen Burke, Heidi Clausen, Marie Deer, Chris de Heer/Desktop By Design, Jan deProsse, Paula Goldstein, Marian Hartsough Associates, Lori Heckelman, Lorna Lo, Jane Moorman, Myrna Rochester, Teresa Vázquez, and Sharla Volkersz.
Photo research was by Lindsay Kefauver, Darcy Lanham, and Judy Mason.
Permissions research was by David Sweet.
Illustrators: Units I and VI, Stephanie O'Shaughnessy; Unit II, Randy Verougstraete; Unit III, George Ulrich; Units IV and V, Eldon Doty.
Color separation was by Color Tech.
Von Hoffman Press, Inc., was printer and binder.

Cover art: (top) European white stork, Ciconia ciconia, photo by Edward S. Ross, California Academy of Sciences; (middle) Carmen Lomas Garza, Tuna de nopal/Pedacito de mi corazón, 1986, gouache, 25 1/2" × 20", copyright 1986 Carmen Lomas Garza; (bottom) photo copyright © Nita Winter.

Because this page cannot legibly accommodate all acknowledgments for copyrighted material, credits appear at the end of the book and constitute an extension of this page.

EN ESTE VOLUMEN...

UNIDAD UNO   ENTRE NOSOTROS   1

Entre nosotros means both *between us* and *among us.* In the first unit of *¿Sabías que...?* you and your classmates will begin to get to know each other. You'll find out about each other's activities, likes and dislikes, pastimes, and other things.

UNIDAD DOS   LO QUE NOS FORMA   103

What shapes a person? In this unit you will examine certain aspects of life that help to shape and define human beings: family, genes, social change, and other factors. You will also consider why family members often resemble each other.

UNIDAD TRES   A LA HORA DE COMER...   185

¿Qué comidas te gustan y no te gustan? ¿Cuánto sabes de la relación entre la comida y la salud física? Éstas son algunas de las ideas que vas a explorar en esta unidad.

UNIDAD CUATRO   EL BIENESTAR   277

¿Cómo te sientes y qué actividades te hacen sentir bien? ¿Qué se debe hacer una persona para relajarse? En esta unidad vas a explorar algunos temas relacionados con el bienestar y el malestar.

UNIDAD CINCO   SOMOS LO QUE SOMOS   361

Para muchas personas los animales son seres muy distintos del ser humano. Pero, ¿es esto cierto? ¿Hay casos en que los seres humanos y los animales se comportan de forma igual o parecida? ¿En qué se distingue el comportamiento de ambos? ¿En qué manera han utilizado los humanos a los animales como símbolos importantes de la personalidad humana? Éstas y otras preguntas forman el enfoque de la **Unidad cinco.**

UNIDAD SEIS   HACIA EL FUTURO   451

¿Has pensado en tu propio futuro? ¿Qué planes tienes? ¿Y has pensado en el futuro de la humanidad? ¿Cómo va a cambiar la vida en el futuro?

CONTENTS

Contents

PREFACE

Are you looking for a Spanish textbook that

> encourages students to focus on exchanging real-life information about each
> other and the world around them?
> makes as much use of class time as possible to communicate ideas?
> is at times provocative?
> is filled with interesting and engaging activities?

Are you looking for a textbook that is all those things but doesn't sacrifice basic grammar? Then welcome to *¿Sabías que...?* and the world of information-based instruction! *¿Sabías que...?* is an innovative package of materials for introductory Spanish courses. It weaves together content language learning and interactive tasks for the exchange of information—and it gives a complete package to language instructors who want to develop students' communicative proficiency in all four skills from the first day of instruction. You'll find *¿Sabías que...?* rich in activities that focus on the student, and full of authentic materials and information about the Hispanic world. At the same time, *¿Sabías que...?* introduces most first-year grammar points, presenting them as part of both in-class communicative tasks and out-of-class assignments.

Above all, you and your students will find *¿Sabías que...?* a *real* book. It contains universal topics and themes that speak to the student. Its readings were culled from magazines written for Spanish speakers, not contrived for grammar or vocabulary practice. Spanish is used, not just talked about. We hope you'll share our enthusiasm for these materials and that you and your class enjoy many hours of both learning Spanish and learning about each other.

Organization of the Text

¿Sabías que...? is divided into six units, each based on a general theme. Unit I (**Entre nosotros**) lays much of the groundwork for the way *¿Sabías que...?* is to be used. The four lessons in **Unidad uno** introduce the major components and types of activities found in subsequent units. **Unidades dos–cinco (Lo que nos forma, A la hora de comer, El bienestar,** and **Somos lo que somos)** each contain three lessons. The first lesson of each unit focuses on a major vocabulary group and works at developing students' oral proficiency in skills such as describing, narrating, and asking and answering questions. The second and third lessons of each unit continue oral work but shift students' focus to deriving information from written texts and learning about the world around them. **Unidad seis (Hacia el futuro)** consists of two lessons. (For those working with semester systems, it is suggested that **Unidades uno–tres** be done in the first semester and **Unidades cuatro–seis** in the second. For those on trimester or quarter systems, the suggested breakdown is two units per term.)

The major sections of each lesson are

- Ideas para explorar
  Para expresarse
  Un vistazo
  Los hispanos hablan
  ¿Sabías que...?

- Vamos a ver
- Y ahora...
- Vocabulario
- Otras ideas

The **Ideas para explorar** sections contain thematic groupings of activities, each guiding the students' learning about a particular topic. **Ideas para explorar** sections are made up of four different recurring features. The **Para expresarse** sections introduce vocabulary and grammar needed to complete activities. The **Un vistazo** sections provide realia or information leading to further discussion of related topics. The **Los hispanos hablan** sections present native Spanish speakers' views on particular topics and issues. The **¿Sabías que...?** sections offer glimpses into the Hispanic world through topics that relate to **Ideas para explorar** themes.

In **Vamos a ver,** students get information step by step from authentic readings culled from magazines, newspapers, books, and other written sources. In accordance with current pedagogical practice, these texts are not altered for language, but some have been edited for length. Students are not expected to read the **Lecturas** word for word and understand them as native speakers might; instead, activities ask students to do specific tasks with readings, one task at a time—so that, though challenged, students are not asked to complete activities beyond their level.

Each lesson concludes with **Y ahora..., Vocabulario,** and **Otras ideas. Y ahora...** represents the goal of each lesson; students put to work what they have learned in the lesson as they complete it. You will find that all the lesson activities have a specific pedagogical purpose and are based on information exchange; they build both linguistically and informationally on each other, and in the **Y ahora...** section students are given the opportunity to synthesize the lesson material. The section entitled **Vocabulario** contains two lists. The **Vocabulario básico** is the core of what students should know and be able to use; **Vocabulario y expresiones del tema** lists other words and phrases found in the lesson that may not be considered basic first-year vocabulary. They are included for the student's and instructor's convenience in determining what the student is and is not responsible for knowing actively. The **Otras ideas** sections provide optional activities, often of a more personal nature than other activities. They may be integrated into the lesson as you go or left for the end.

The Student Manual

The student text is accompanied by a student manual (*Manual que acompaña ¿Sabías que...?*), which reviews and expands on what is learned in class and includes the tape program. It is divided into two volumes: Volume I contains Units I–III; Volume II contains Units IV–VI. Volume II also includes the last lesson of Unit III in an appendix as an aid to smoothing the transition between courses.

Work in the *Manual* is intended as a follow-up to work done in class. Thus, for each **Ideas para explorar** in the student text, there is a corresponding **Ideas para explorar** in the *Manual*, which has work on vocabulary, grammar, pronunciation, and listening (to conversational Spanish). **Para expresarse** sections in the student text are followed up with related **Para expresarse** sections in the

Manual. (A few **Para expresarse** sections in the *Manual* have no counterparts in the student text.) For each **Vamos a ver** section in the student text, the *Manual* contains a **Vamos a ver** section that focuses on listening to a lecture or monologue in Spanish. It is intended that students tear out the **Vamos a ver** sections and turn them in as homework. Finally, each lesson in the *Manual* also contains activities called **Para entregar**, which students are to complete and also turn in to their instructor.

Additional Materials

In addition to the student text and *Manual*, a *Tapescript* is available with the *¿Sabías que...?* program. Cassette tapes are free to adopting institutions and are also made available for student purchase upon request. Reel-to-reel tapes are available for copying upon request. Because of the organization and method of the *¿Sabías que...?* materials, it is recommended that students have their own copies of the tape program.

The *Instructor's Edition* of *¿Sabías que...?* contains detailed suggestions for executing activities in class. It also offers options for expansion and follow-up.

The *Instructor's Manual* accompanies the *Instructor's Edition* and expands on the methodology of *¿Sabías que...?* Among other things, it offers suggestions for and descriptions of how to carry out the book's innovative activities (such as the ones accompanying readings) and suggests ways to provide appropriate feedback on compositions. The *Instructor's Manual* outlines sample syllabi, suggesting how three-, four-, and five-day-a-week classes might spend their time. It also contains sample quizzes for each lesson, as well as ideas for training teaching assistants and directing language programs.

The *Instructor's Resource Kit* that accompanies *¿Sabías que...?* provides supplemental materials to instructors who wish to go beyond the materials in the text. Keyed to the student text, it contains transparency masters for vocabulary and handouts for extra activities.

Two types of computer-assisted instruction are available with *¿Sabías que...?*, both by John Underwood (Western Washington University) and Richard Bassein (Mills College). The first program, MHELT 2.0, is a new and improved version of the *McGraw-Hill Electronic Language Tutor* for IBM and Apple computers. It is based on the student materials. The second, *Juegos comunicativos*, is an interactive program that stresses communication skills in Spanish: ordering a meal, giving directions, and so on.

A set of *Slides* of the Spanish-speaking world, with activities for classroom use, is available to each adopting institution and can be adapted for use with *¿Sabías que...?*

A *Video Program* is available; it consists of video segments coordinated with the unit themes of the student text. The *Instructor's Manual* contains pre- and post-viewing activities to accompany the program.

The Information-Based Approach

What is it?   The information-based approach is a communicative approach: It springs from the idea that languages are best learned when real-world information becomes the focus of student activities. The organization of an information-based approach is simple: (1) Formulate a question or set of questions for

```
┌─────────────────────────────────────────────────┐
│                Me llamo _____              │
│            Mi compañero/a de clase                │
│ Mi compañero/a de clase se llama _____  │
│ Es de _____ (place). │
│ Especialización: _____ │
│ Clases que tiene este semestre (trimestre): _____│
│                                        _____│
│                                        _____│
│                                        _____│
│                                        _____│
│ Créditos en total este semestre (trimestre): _____│
│ Materia favorita: _____│
└─────────────────────────────────────────────────┘
```

the student to answer; (2) give the student the linguistic tools necessary to get the answer; and (3) provide the student with a source or sources for the information. Here are examples of these steps from **Lección 1, ¿Quién eres?**

◄ (1) Students perform various activities leading up to an **Y ahora...** activity. To answer the question posed in the title—**¿Quién eres?**—each student uses a form to build a profile of another student and help the instructor get to know the class.

(2) Throughout **Lección 1**, students are given the tools necessary to eventually carry out the **Y ahora...** task, as in this example. ➤

In **Lección 1**, the source of the information students need to answer the question **¿Quién eres?** is a classmate. In later lessons, information sources include written texts (in the second and third lessons of each unit), as in **Actividad C** to the right.

```
┌─────────────────────────────────────────────────────────────────┐
│ Actividad C ¿Cuántas clases?                                      │
│                                                                   │
│ ¿Cuántas? is used to express How many? when the item in question │
│ is feminine plural (las clases, las ciencias). ¿Cuántos? is used  │
│ with masculine plural items (los estudiantes, los números).       │
│ Following the model, interview at least four people in class and  │
│ fill in the chart. Don't forget to introduce yourself if you      │
│ haven't met the person yet!                                       │
│                                                                   │
│   MODELO:  ESTUDIANTE A            ESTUDIANTE B                    │
│            Hola. Me llamo ____.                                    │
│            ¿Cómo te llamas?        Me llamo ____.                 │
│            ¿Cuántas clases tienes? Tengo ____.                    │
│            ¿Y cuántos créditos?    ____ créditos.                 │
│                                                                   │
│   NOMBRE DEL ESTUDIANTE                                            │
│   (DE LA ESTUDIANTE)   NÚMERO DE CLASES   NUMERO DE CRÉDITOS       │
│   _____    _____    _____       │
│   _____    _____    _____       │
│   _____    _____    _____       │
└─────────────────────────────────────────────────────────────────┘
```

Grammar. Because *¿Sabías que...?* is based on the idea that students learn languages best when activities focus on real-world information, it has no traditional grammar practice, such as transformation and substitution drills. The reason is that grammar is presented gradually, with points explained as necessary for students to perform a lesson's various tasks. For example, in **Lección 2, ¿Cómo es tu horario?**, students are not given the present-tense verb paradigm as the starting

```
┌─────────────────────────────────────────────────────────────────┐
│  PARA EXPRESARSE   ¿Y CÓMO ES MI RUTINA?                          │
│                                                                   │
│  Earlier you learned to talk about someone else's activities. To  │
│  talk about yourself, use a slightly different verb form. With     │
│  most verbs, change the final -a or -e to -o. For example:         │
│  estudia → estudio, lee → leo.                                     │
│                                                                   │
│     Escribo la tarea por la mañana.                               │
│     Duermo una hora todas las tardes.                             │
│     Compro un periódico todos los días.                           │
│                                                                   │
│  Several of the verbs you have learned have special forms.        │
│                                                                   │
│     Voy (I go) al laboratorio los lunes por la tarde.             │
│     Hago (I do) ejercicio con frecuencia.                         │
│     No salgo (I don't go out) mucho con mis amigos.               │
│                                                                   │
│  Certain other verbs are used with me.                            │
│                                                                   │
│  VER EL MANUAL   Me levanto temprano y me acuesto tarde.          │
└─────────────────────────────────────────────────────────────────┘
```

point. Instead, they are first given third-person forms so that they can talk about other people's schedules; it is later on in the lesson that they are given first-person forms, so that they can then give information about themselves to other people.

The activities that follow each grammar presentation do not require traditional drills because there is nothing to transform or substitute! Activities focus on one "piece" of grammar at a time. The *Manual* expands on the grammar presented in the student text and provides opportunities for both writing and listening practice.

Another important feature of the grammar (and vocabulary) presentation is this: When a grammar point is presented, the initial activities are "input" activities—that is, in the first few activities in each **Para expresarse** section, students see and hear the concept used in a meaningful context before being asked to produce it. For example, in **Lección 7, ¿Y el tamaño de la familia?**, students are introduced to the imperfect so that they can eventually talk about the way families used to be. The move from first hearing and seeing grammar and then producing it is also a feature of the *Manual*.

In *¿Sabías que...?* you'll find coverage of grammar points, such as verb forms and superlative formation. At the same time, you may notice that other traditional grammar points, such as **tener** expressions and **ir a** + *infinitive*, seem to be missing. Not to worry! Many points are not categorized as grammar but are included where they make the most sense in terms of meaning: in vocabulary sections. For example, when students learn to talk about food, they learn **tener hambre** as a fixed expression; and when students learn to talk about their families, they learn **tener** _____ **años** as a fixed expression. Thus, many traditional grammar points are "hidden" in vocabulary lists.

¿Sabías que...? exposes students to most basic first-year grammar, focusing on productive ability with the present and past tenses and some other items that allow them to reach the Intermediate level on the ACTFL Oral Proficiency Scale. The accompanying second-year program, *Pensándolo bien* (forthcoming), provides not only activities that review first-year topics, but also consistent exposure to and practice with grammar items that are not focused on during the first year—such as relative pronouns and the subjunctive. Many instructors across the country have told us that it is difficult, if not impossible, to complete a first-year grammar sequence *and* focus on communicative abilities *and* test it all. At some institutions, first-year books with a communicative slant are often used over three semesters or four quarters because they are too long to complete in one year. Our answer to that problem is to emphasize, in the first year, only grammar points necessary to carry out activities; in the second year we integrate additional grammar points into activities. The result is better articulation between the first- and second-year programs and more manageable tasks along the way.

Reading.   Reading to extract information is fundamental in *¿Sabías que...?*; it's the principal feature of the **Vamos a ver** sections. Virtually all texts are authentic materials. Some have been edited for length, but none have been edited for language. *¿Sabías que...?* adopts current pedagogical practice in dealing with authentic texts by making reading an interactive process between students and text. Students are guided through each reading as they go through the various phases of the reading process: **Anticipación**, **Exploración**, and **Síntesis**. First, in **Anticipación**, students think about the topic they are to read, make predictions about the content of the reading, preview vocabulary, and perform other "ready, set" activities that help maximize their comprehension before they even begin to read. In **Exploración**, students begin actually reading and getting information—a process done in various ways. First, the student may scan for specific information, verify predictions from the **Anticipación** section, skim for general meaning, or look for overall organization in the text. Second, the student begins to read for detail, normally by tackling the reading a section at a time. Students are given grids and charts to fill out as they get the information. They are taught to take notes, underline, circle words and phrases, answer questions as they proceed—in short, to do whatever helps to organize and facilitate the reading process. In addition, students are encouraged to guess the meanings of unfamiliar words through context, cognate status, or whatever is helpful. Most of the time, these activities can be done in groups or with the whole class. It is important to note that because each reading has a purpose—that is, each one contains specific information for students to extract—at no point are students left to their own devices to muddle through a reading. In short, the tasks required of students are manageable for beginning learners.

Exploración walks students through a reading in bits and chunks; it is important for students to put those bits and chunks together at some point. In **Síntesis**, students pull together the information that they have culled from the reading. Typical activities include filling in a chart, creating an outline, creating a semantic map, and writing a composition.

◁ Here are portions of activities from the **Vamos a ver** section of **Lección 6, ¿A quién te pareces?** Notice how students are guided through the reading step by step. (Note: The other **pasos** of the **Anticipación, Exploración,** and **Síntesis** sections have been omitted here.)

Some **Vamos a ver** sections have a subsection called **Trabajando con el texto**, in which students are directed back to the reading to examine features of language or discourse: a grammatical form or structure that occurs repeatedly, or the organizational structure of the text, or the way the author of the piece achieves a certain goal. In addition, many

---

Anticipación

Paso 5. According to the previous activities, decide which of the following might be included in the reading. Exchange conclusions with a partner.

	SÍ	NO
1. ejemplos de gemelos con vidas idénticas	☐	☐
2. características que comparten los gemelos	☐	☐
3. menciones de estudios científicos sobre los gemelos	☐	☐
4. información sobre la genética	☐	☐

Exploración

Paso 1. Quickly scan the reading to see if you can find references to the items you checked in **Paso 5** of **Anticipación**. Share your findings with a partner.

Síntesis

Paso 1. One way you can organize information you read is to make an outline. First, write down the basic information. Second, organize it. In this **paso,** you will get the basic information from the reading by answering the following questions.

Título: Vidas paralelas de los gemelos

PÁRRAFOS 1 Y 2: JIM SPRINGER Y JIM LEWIS

¿Quiénes son?
¿Cuántos años pasaron separados?
¿Qué correspondencias en su vida se mencionan?

PÁRRAFO 3: LA IMPORTANCIA DE ESTUDIAR LAS VIDAS DE LOS GEMELOS

¿Por cuánto tiempo han estudiado a los gemelos?
¿Por qué son importantes los gemelos separados en la polémica de los genes versus el medio ambiente? (Porque comparten… pero viven…)
¿Cuántos gemelos hay aproximadamente en el mundo?

PÁRRAFO 4: LUIGI GEDDA

¿Quién es?
Según Gedda, ¿qué ejemplos hay de fenómenos físicos simultáneos en la vida de los gemelos?
Según Gedda, ¿qué « aparato interno » tenemos?

PÁRRAFO 5: LOS GEMELOS Y LA PERSONALIDAD

¿Quién es Thomas Bouchard?
¿Qué publicaron él y sus colegas?
¿Cuál es el resultado central de su estudio?
Da ejemplos de los rasgos de personalidad hereditarios.
Da ejemplos de los rasgos de personalidad relacionados con el medio ambiente.

Vamos a ver sections end with a subsection called **¡Sigamos!**, in which students continue to work with themes and topics from the reading before starting a new **Ideas para explorar** section or another **Vamos a ver**.

Students often pick up new vocabulary from readings that are not part of the targeted vocabulary of the lessons. And in some cases they must deal with vocabulary and concepts that are not typical first-year vocabulary. In **Lección 6, ¿A quién te pareces?**, as students read about the principles of genetics, they encounter (and at some point must use) words and phrases such as **la genética, rasgo dominante**, and others. In **Lección 9, ¿Qué contiene la comida?**, students encounter words such as **colesterol** and **sangre**. The end-of-chapter vocabulary list (**Vocabulario**) contains some of this thematic vocabulary under the heading **Vocabulario y expresiones del tema**. An instructor may decide either that students should be able to use this vocabulary actively in a quiz or that students should recognize it if it is used to quiz the content of readings, or the instructor may use such vocabulary as an organizer to test certain information that the students have learned. In short, we do not intend students to practice and learn all the vocabulary from the readings; each instructor can best decide what is appropriate for a class.

Acknowledgments

We would like to thank the following instructors, who participated in various types of reviews of the early drafts of the manuscript. Though we would like to think that they are pleased with the final product, the appearance of their names does not constitute an endorsement of the text or its ancillary materials.

Richard Curry, Texas A&M University
Janet Gold, Bates College, Maine
Gene M. Hammitt, Allegheny College, Pennsylvania
Robert M. Hammond, Purdue University, Indiana
Phillip Johnson, Baylor University, Texas
Barbara A. Lafford, Arizona State University
Angelina Pedrosa, Northeastern Illinois University
Susan G. Polansky, Carnegie Mellon University, Pennsylvania
Melvyn C. Resnick, University of North Carolina at Charlotte
Rita Ricaurte, University of Nebraska at Lincoln
Ricardo Navas Ruiz, University of Massachusetts at Boston
Judith Strozer, University of Washington
Lourdes Torres, University of New York at Stony Brook
Ann White, Michigan State University
Philippa B. Yin, Cleveland State University

Thanks are also due the production team at McGraw-Hill in San Francisco: Cathy de Heer, Diane Baccianini, Francis Owens, Phyllis Snyder, and Karen Judd. If you like the look and feel of *¿Sabías que...?* it's thanks to their efforts; many gray hairs were sprouted in solving the unique production puzzles that *¿Sabías que...?* put forth. A special thank-you for the striking design executed by Vargas/Williams/Design, and to Stephanie O'Shaughnessy, Randy Verougstraete, George Ulrich, and Eldon Doty for their lively and engaging illustrations. And a round of thanks to Tim Stookesberry and the rest of the McGraw-Hill marketing and sales team for their support of the innovations we have tried to bring about in this text.

Certain people deserve special thanks for work that was indispensable in the realization of these materials. First, we would like to thank Gwendolyn Barnes of St. Olaf College, who read the manuscript and supplied us with additional reading material and realia. Her comments were most useful and always welcome. Thanks also go to Ana Jenkins, Diane Musumeci, Shaw Gynan, and George Greenia for their contributions to and comments on earlier drafts of these materials. In addition, we would like to thank José Blanco of Hispanex in Boston for his editorial work on the first draft. At times, José's work went beyond editorial comments and decisions, and for this we are grateful. Thanks also go to Laura Chastain and Nidia Schuhmacher. Their careful reading of manuscript for details of style, clarity, and language, as well as their insightful comments on points related to culture, added considerably to the quality of the final version. And as for the people who generously gave time to be interviewed for the **Los hispanos hablan** sections, we much appreciate their thoughts on a wide range of topics.

We are also grateful to Thalia Dorwick and Eirik Børve, who understood the innovative nature of *¿Sabías que...?* from the beginning and gave us the opportunity to explore new areas of language teaching. Our greatest debt of gratitude goes to Elizabeth Lantz, who painstakingly worked with us on the manuscript in its final stages. Her constant support and valuable comments brought the final manuscript into being and helped guide it through production. Often taking up work generally left to authors, Elizabeth made our job much more manageable. We hope that authors everywhere are as fortunate as we have been in having her collaboration.

And now, on with class!

¿SABÍAS QUE...?

ENTRE NOSOTROS

Frida Kahlo (mexicana, 1907–1954), *El camión*, 1929

*E*ntre nosotros means both *between us* and *among us*. In the first unit of *¿Sabías que...?* you and your classmates will begin to get to know each other. You'll find out about each other's activities, likes and dislikes, pastimes, and other things.

Before you begin, take a glance at the photos that introduce *Entre nosotros*. Read the captions and think about them. What ideas occur to you as you look at the photos?

Where do you study? In the library? At home? Do you prefer the morning or evenings for studying?

Going out to discotheques is popular in many Hispanic countries. Do you go out dancing? What time do you get home?

What do you do in your spare time?

When do you go to bed? How many hours do you sleep at night? Are you a "morning" or a "night" person?

Where are these people? Do you think this is a weekday? A weekend?

The tower clock (University of Puerto Rico, Río Piedras) says 12:00. Where are you and what do you normally do at noon during the week?

For some people, watching television is part of a daily routine. Is this true for you?

Is music a part of your life? Do you play an instrument? Do you go to many musical events? (Pablo Picasso [español, 1881–1973], *Tres músicos*, Fontainebleau, summer, 1921)

When you see people you know, how do you greet them?

LECCIÓN 1

¿QUIÉN ERES?

*I*n this lesson, as you get to know your classmates, you will

- ask your classmates their names and where they are from
- ask what classes they are taking
- ask about their majors
- ask which classes they especially like or dislike
- tell them about yourself
- learn to use nouns, articles, and simple verb forms to talk about classes and courses of study

IDEAS PARA EXPLORAR
¿QUIÉN ERES?

PARA EXPRESARSE   ¿CÓMO TE LLAMAS?

In Spanish, you can use the following expressions to introduce yourself to others:

> ¡Hola! Soy _____.
>   *or* Me llamo _____.
>   *or* Mi nombre es _____.

To find out another person's name, you can ask

> ¿Cómo te llamas?*

To respond to an introduction, you can say

> Mucho gusto.
> Encantado. (*if you're a man*)
> *or* Encantada. (*if you're a woman*)

You will learn more about introductions in the corresponding section of the *Manual.*

> —Hola. Me llamo Carlos. ¿Cómo te llamas?
> —Soy María.
> —Mucho gusto.
> —Encantada.

VER EL MANUAL

Actividad A   ¡Hola!

Listen carefully as your instructor pronounces the preceding expressions. Repeat them to yourself, and put them to use by introducing yourself to the person next to you. Then go across the room and introduce yourself to at least two people you don't know. Try to remember the names of the classmates you meet. Many of the activities in this text will ask you to work with a partner or a group of students, so you'll find it useful to remember your classmates' names, as well as the information you'll be learning about them.

---

*In Spanish, people address each other differently depending on their relationship with each other and the social distance between them. Use **¿Cómo te llamas?** with someone of your same status or with someone you do not feel socially distant from. For a more detailed explanation of formal and informal address, see **Lección 2** and the **Manual.**

PARA EXPRESARSE   ¿DE DÓNDE ERES?

—¿De dónde eres, Luis?

—Soy de San Antonio. ¿Y tú?

—De San Francisco.
—Ah, de California. ¡Fenomenal!

Now that you know the names of several classmates, find out where they are from by asking

   ¿De dónde eres?

An appropriate response is

   Soy de _____ (*place*).

Or simply

   De _____ (*place*).

You will learn more about this topic in the corresponding section of the *Manual.*

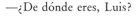

VER EL MANUAL

Actividad B Soy de...

Listen carefully as your instructor pronounces the preceding statements. Now introduce yourself to three people you don't know in the class, and find out where each is from.

Actividad C ¿A quién conoces? (*Whom do you know?*)

Write the names and the hometowns of the classmates you met while doing **Actividades A** and **B.**

1. _____

2. _____

3. _____

4. _____

5. _____

IDEAS PARA EXPLORAR
LAS CARRERAS Y LAS MATERIAS

PARA EXPRESARSE   ¿QUÉ ESTUDIAS?

Here is a list of courses of study and subjects in Spanish.

Las ciencias naturales

la astronomía   la física
la biología   la química

¿NO HABLA INGLÉS?
¿Qué espera? . . .

Las ciencias sociales

la antropología
las ciencias políticas
las comunicaciones
la economía
la geografía
la historia
la psicología
la sociología

Las humanidades (Las letras)

el arte
la composición
la filosofía
los idiomas, las lenguas extranjeras (foreign languages)
   el alemán (German)   el inglés   el japonés
   el español   el italiano   el portugués
   el francés
la literatura
la música
la religión
el teatro

Otras materias y especializaciones

la administración de empresas   la educación física
   (business administration)   la ingeniería
la agricultura, la agronomía   las matemáticas
el cálculo   el periodismo (journalism)
la computación (computer science)

In Spanish, the definite articles **el, la, los,** and **las** are roughly equivalent to the English word *the.* You will learn more about this topic in the corresponding section of the *Manual.*

VER EL MANUAL

UN VISTAZO

En la clase

Here's a list of expressions you may find useful in the classroom. To ask a question, you can say

Tengo una pregunta, por favor.   *I have a question, please.*

To ask how to say a particular word in Spanish, you can ask

¿Cómo se dice ____ en es-   *How do you say ____ in*
pañol?   *Spanish?*

To ask someone to repeat a statement you didn't understand, you can say

Repita, por favor.   *Repeat, please.*
Otra vez, por favor.   *Again, please.*
¿Cómo? ¿Cómo dice?   *Pardon me? What did you say?*

Or you can seek clarification by stating

No entiendo. ⎫
No comprendo. ⎬   *I don't understand.*

You may have to say at some point that you just don't know.

No sé.   *I don't know.*

Actividad optativa Expresiones útiles (*Useful expressions*)

Paso 1. Listen carefully as your instructor pronounces the preceding statements and questions.

Paso 2. Next, your instructor will read several of the statements or questions in random order. According to what you hear, decide whether each one conveys the meaning given in (a), (b), (c), or (d).

a. The speaker wants the other person to repeat.
b. The speaker doesn't understand something.
c. The speaker wants to know how to say a particular word in Spanish.
d. The speaker wants to ask a question.

Paso 3. Now give an appropriate response for the following situations.

a. You want to hear something again.
b. You want to know how to say *book* in Spanish.
c. You have a question to ask.
d. You don't understand something.
e. You don't have a clue to what the answer is.

Actividad A Materias

Listen as your instructor pronounces the different subjects in the list on page 8. Pay special attention to the pronunciation of your major and of any classes you are taking. (You will get plenty of practice with all the subjects when you work with the tapes for **Lección 1.** If your major is not in the list, ask your instructor how to say it in Spanish, and be sure to write it down. You will need to know it to complete many of the activities in this lesson.)

¿SABÍAS QUE...

Did you know that in Hispanic countries, undergraduate students declare their majors at different points in their studies than students in the United States do? In most Spanish-speaking countries, students must decide on their specialization at the beginning of their university career and then follow a pre-established program of courses in that field. As you know, in the United States, college students frequently do not declare their major until after several years of study, which often includes general education courses.

Actividad B ¿Quién?

¿Quién? means *Who?* Listen as your instructor names a subject or field of study. Can you identify who in the following list is most closely associated with each subject named?

1. Helen Hayes
2. Picasso
3. Galileo
4. Margaret Mead
5. Mozart
6. Marie Curie
7. Sigmund Freud
8. Cervantes

Actividad C Profesores famosos

Your instructor will name some famous people and some typical university subjects. For each person named, answer the question **¿Qué enseñaría?** (*What would he or she teach?*).

> MODELO: PROFESOR(A): Meryl Streep—¿Qué clase enseñaría? ¿una clase de teatro o una clase de música?
> ESTUDIANTE: Una clase de teatro.

Actividad D ¿Qué materia?

¿Qué? means *What?* or *Which?* Looking at the lists on the next page, make logical associations by matching the items in column A with the subjects in column B.

A		B	
1.	_____ un mapa	a.	las matemáticas
2.	_____ fórmulas y ecuaciones	b.	la psicología
3.	_____ IBM o Macintosh	c.	la astronomía
4.	_____ un telescopio	d.	la geografía
5.	_____ el psicoanálisis	e.	la computación
6.	_____ el *Washington Post*	f.	el periodismo

PARA EXPRESARSE   ¿QUÉ CARRERA HACES?

—Mamá, quiero presentarte aᵃ Segismundo, mi compañero de cuarto.
—**Mucho gusto,** Segismundo.
—**Igualmente,** señora Méndez.
—**¿Qué carrera haces,** Segismundo?
—**Estudio ingeniería.**
—¡Qué bien!

ᵃ *I'd like to introduce you to*

To inquire about a classmate's major, you can ask

¿Qué estudias?	*What are you studying?*
¿Qué carrera haces?	*What's your major? (Lit.: What career are you doing?)*

To tell what your major is, you can use either of the following:

Estudio biología.	*I'm studying biology.*
Soy estudiante de historia.	*I'm a history student.*

If you don't have a major yet, you can say

No lo sé todavía.	*I don't know yet. (I still don't know.)*

VER EL MANUAL

Actividad E ¡A conocernos mejor!

A conocernos mejor means *Let's get better acquainted.* Using everything you know how to say now in Spanish, introduce yourself to three people in the class whom you haven't met yet. Ask them for the information requested in the chart and fill it in.

NOMBRE	DE...	ESPECIALIZACIÓN
_____	_____	_____
_____	_____	_____
_____	_____	_____

UN VISTAZO

Shakespeare y Cervantes

Dos hombres de letras famosos: Shakespeare, de la literatura inglesa, y Cervantes, de la literatura española.

William Shakespeare de Inglaterra (1564–1616), autor de obras dramáticas y poesía. Sus personajes más famosos son Romeo y Julieta.

_____

ᵃ*stories*

Miguel de Cervantes Saavedra de España (1547–1616), autor de novelas, cuentos,ᵃ poesía y obras dramáticas. Sus personajes más famosos son Don Quijote y Sancho Panza.

¿SABÍAS QUE...

...la carrera más popular entre los estudiantes universitarios de Hispanoamérica es Derechoᵃ? En los Estados Unidos,ᵇ la carrera más popular es administración de empresas. ¿Cuál es la carrera o especialización más popular en tu universidad?

Actividad optativa En mi universidad...

Survey ten people outside class to find out their majors. Be prepared to report your findings in Spanish to the class by the end of the week. Use the following format.

La carrera más popular entre mis amigos es _____ .

_____

ᵃ*law*   ᵇ*United States*

UN VISTAZO

¡Paciencia, por favor!

This is a selection from **"El Condorito,"** a comic strip popular throughout Latin America. What type of course has el Condorito enrolled in?

[a] *slow*

Estudiantes universitarios de
Guadalajara, México

Actividad F Firma aquí, por favor (*Sign here, please*)

Survey your classmates to find five who have a class in a specific subject this semester. Proceed as follows: Number a sheet of paper from 1 to 5. Then walk around the room and interview your classmates.

> MODELO: —¿Tienes clase de _____ este semestre (trimestre)?
>   —Sí, tengo clase de _____.   *o* —No, no tengo.*

If a person answers **Sí,** say **Firma aquí, por favor,** and have him or her sign your sheet. If a person answers **No,** ask someone else. Be sure to thank each classmate. Do not return to your seat until you have at least five signatures.

IDEAS PARA EXPLORAR
LAS PREFERENCIAS

PARA EXPRESARSE   ¿TE GUSTA?

—¿Qué **materias te gustan**?
—Pues, **me gusta** mucho la sociología y...

—¿Y **te gustan** las matemáticas?

—¡Huy, no! ¡**No me gustan** para nada!

The most common way to express what you like and dislike in Spanish is to say

    Me gusta la historia.   **No me gusta** la biología.

If the noun you are talking about is plural in Spanish, then use **gustan.**

    Me gustan las ciencias políticas.   **No me gustan** las matemáticas.

To ask a classmate about his or her likes and dislikes, you can say

    ¿Te gusta la clase de español?   **¿Te gustan** las matemáticas?

VER EL MANUAL

Note that the verb forms **gusta** and **gustan** do not literally mean *like*. Instead, they correspond to the English verb *please* (*s*).

---

*Spanish has no equivalent for the auxiliary verb *do*. To answer a yes/no question, you may repeat the verb:

    ¿Tienes clase de química?   —No, no tengo. (*No, I don't.*)

Actividad Una encuesta (*A survey*)

Paso 1. Here is a rating scale for your likes and dislikes regarding subjects of study. Circle a number to indicate how you feel about each subject. Fill in the blank with any other subject you may be taking.

	5 (CINCO) Me gusta(n) mucho.	4 (CUATRO) Me gusta(n).	3 (TRES) Me da igual. (*It's all the same to me.*)	2 (DOS) No me gusta(n).	1 (UNO) No me gusta(n) para nada.
Administración de empresas	5	4	3	2	1
Computación	5	4	3	2	1
Física	5	4	3	2	1
Historia	5	4	3	2	1
Idiomas	5	4	3	2	1
Inglés	5	4	3	2	1
Matemáticas	5	4	3	2	1
Química	5	4	3	2	1
_____	5	4	3	2	1

Paso 2. Now pair up with a classmate to ask about his or her reactions. (Don't forget to introduce yourself if you haven't met each other yet.) Remember to use **gustan** with **los idiomas** and **las matemáticas.**

LOS HISPANOS HABLAN

¿Qué materias te gusta estudiar?

Nombre: Antonio Medina, estudiante
Edad:[a] 21 años[b]
País:[c] España

« Las ciencias, porque las entiendo[d] mejor. »

Nombre: Catalina Riveros, estudiante
Edad: 18 años
País: la Argentina

« Psicología, historia, educación cívica, arte... Me gustan estas materias porque, dependiendo del profesor, están[e] muy relacionadas con las cosas cotidianas.[f] »

[a]*Age* [b]*Years* [c]*Country* [d]las... *I understand them* [e]*they are* [f]cosas... *everyday things*

LOS HISPANOS HABLAN

¿Qué materias no te gustan?

> Nombre: Catalina Riveros, estudiante
> Edad: 18 años
> País: la Argentina

« Matemáticas y ciencias exactas, porque son muy frías;[a] todo es muy mecánico, o blanco o negro.[b] »

> Nombre: Xiomara Barrera Solís, estudiante
> Edad: 20 años
> País: Costa Rica

« Odio[c] las matemáticas y las ciencias exactas porque son demasiado[d] complicadas y siempre hay que hacer lo mismo.[e] A mí me gusta comunicarme, pensar,[f] rozarme con la gente,[g] arreglar[h] problemas y no estar haciendo[i] cálculos aritméticos. »

---

[a]*cold* [b]*blanco… black or white* [c]*I hate* [d]*too* [e]*hay… you always have to do the same thing* [f]*think* [g]*rozar… mingle with people* [h]*fix* [i]*y… and not be doing*

VAMOS A VER

You will be pleasantly surprised to see how much of a magazine article in Spanish you can already understand. In this lesson, with the help of a few simple reading strategies, you will learn how to orient yourself to the content of a reading, that is, how to make use of clues to a reading's content even before you begin to read.

In **Lecciones 1** through **4**, you will learn specific steps for getting information from a reading. You will also learn ways to guess the meaning of words and word groups. From **Lección 4** on, you will use all of those steps together.

Anticipación

To get a better grasp of a text, try to anticipate its content before you begin to read. In the **Anticipación** sections of this book are activities that help you do this.

One way to anticipate the content of a reading is to notice where the passage comes from and identify to whom it is directed. For example, understanding that a passage is directed at men rather than women, or to an audience with a particular interest, gives you clues to its content.

Paso 1. The article you will read in this lesson is from *Muy interesante.* Looking at the table of contents for a typical issue, can you tell who the readership of the magazine is? Which of the topics listed below the *Sumario* are most likely to be found in this magazine?

Sumario

Genética

Dime cómo son tus genes y te diré quién eres. Los científicos descifran la información completa del ADN en la **operación Genoma**.

Un biólogo tardaría 600 siglos en traducir los millones de eslabones de la cadena de ADN; las nuevas máquinas lo harán en sólo 10 años.

Pág. **4**

Ordenadores

El **silicio** es la materia prima que da vida a los ordenadores. Pero primero hay que convertirlo en circuitos integrados: describimos paso a paso el largo camino **de la arena al chip**.

Un técnico sostiene una oblea de silicio con cientos de chips.

Pág. **12**

Deporte

En la **simbología del ajedrez**, cada una de las 32 piezas tiene un significado preciso. Las partidas son batallas incruentas que libran **dos ejércitos en el tablero** bicolor de 64 casillas.

Pág. **40**

Psicología

Vivir sin vecinos imprime carácter. ¿Cómo son las personas que residen en territorios deshabitados y las que lo hacen en zonas superpobladas?

Pág. **46**

Radiestesia

¿Se puede encontrar agua con una horqueta? El péndulo y la varilla adivinatoria sirven al zahorí de **varita mágica** para localizar yacimientos acuíferos, minerales y hasta personas desaparecidas.

Pág. **20**

Sociología

La **androginia** es algo más que una moda. Pudo ser **el sexo de los ángeles**... o la ambigüedad que todos llevamos dentro.

Pág. **54**

Arqueología

En el corazón de Anatolia se conservan los restos de **la primera ciudad de Occidente**. Los habitantes de **Çatal Hüyük** adoraban al toro y entraban en sus casas por el tejado. Nuestro póster reconstruye su vida, hace 9.000 años...

Pág. **30**

Historia

Desde las antiguas hordas hasta las modernas unidades acorazadas, **la caballería** ha sido el arma de la velocidad. Los jinetes se lanzaban al ataque cuando oían la orden: **¡A la carga!**

Lucha entre caballeros (miniatura veneciana del siglo XIV)

Pág. **62**

	LIKELY	UNLIKELY
1. A description of the lunar surface	☐	☐
2. Current fashion trends	☐	☐
3. Developments in telecommunications systems	☐	☐
4. How to budget your money	☐	☐
5. Genetic predisposition to disease	☐	☐

Paso 2. The reading on page 18 appeared in a monthly feature of *Muy interesante* entitled **El libro del mes**. According to your initial impression, which of the following best describes what the reading is about?

☐ A best-seller chart
☐ An argument in favor of reading programs in elementary schools
☐ A book review

LECTURA

El libro del mes

La ciencia en la ciencia ficción

Editado por Peters Nicholls
Biblioteca de Divulgación Científica
Traducción de Domingo Santos Estella (Navarra) 1987

A las puertas del siglo XXI, muchas de las fantasías literarias de los escritores de ciencia ficción, se han hecho realidad: Los tanques de H. G. Wells; las píldoras de la euforia de Aldous Huxley; la llegada del hombre a la luna o los submarinos de Julio Verne. En estos casos los tres escritores estaban al tanto de los desarrollos científicos y tecnológicos de su época (cosa que sus lectores ignoraban), y comenzaron a jugar con los posibles resultados de estas investigaciones.

Peters Nicholls nos dice en la introducción de su libro: "Puede argumentarse incluso que la ciencia ficción ayuda a crear los futuros que describe, preparando la mente del público para ellos". Los temas de los que toma la ciencia ficción sus historias son innumerables: Viajes espaciales —las naves estelares, los alimentos del espacio, las nuevas comunidades de seres humanos, la colonización de otros planetas—; los límites de lo posible —la velocidad de la luz, el hiperespacio, la comunicación instantánea, el viaje a través de los agujeros negros—; las máquinas inteligentes —las redes de datos, los robots, los sistemas de vigilancia por computadoras.

¿Cómo se vivirá en el 2030? ¿Existirán líneas aéreas comerciales interplanetarias? ¿Podrá el hombre viajar a la velocidad de la luz? Por lo pronto leamos las respuestas que nos dan los escritores de ciencia ficción y que sean las generaciones del año 2000 las que decidan si nuestros escritores tenían razón o no.

Exploración

In each **Exploración** section of this book, you will work with the reading itself. In these sections, you'll scan for specific words or information, skim for general meaning, or just read a small portion of the text. Throughout the **pasos** of **Exploración,** you will examine successive layers of the reading to get at the core of the information it presents.

To scan a text, don't read every word. Instead, quickly glance through it to search for key words or phrases that answer the questions in the **pasos.**

Paso 1. You now know that this is a book review. Give the title of the book:

_____

What two words in the title are very similar to words in English?

_____

_____

Paso 2. What topics would you expect to find in a book with this title?

- ☐ Instantaneous communication
- ☐ Depletion of the earth's ozone layer
- ☐ Hyperspace
- ☐ Colonization of other planets
- ☐ Lead poisoning in urban areas
- ☐ Robots

Paso 3. How many of the topics listed in **Paso 2** are mentioned somewhere in the text? Scan the text to see how many Spanish equivalents you can spot.

Paso 4. Scan the text once more to see if you can find references to the following ideas, and indicate the paragraph in which they appear.

_____ Scientific predictions of famous authors that came true
_____ Questions about the future

Trabajando con el texto (*Working with the text*)

In the **Trabajando con el texto** sections of this book, you will be directed back into the reading passage to work on language-related questions. Sometimes you will work on vocabulary; at other times you'll work on sentence or paragraph structure.

Paso 1. As you have seen, the words **ciencia** and **ficción** are similar to the English words *science* and *fiction*. Related words with similar pronunciation or spelling in different languages are called cognates.

Scan the first paragraph of the book review for cognates. (Keep the title of the book in mind; you may recognize more words than you think!) Compare your choices with a partner. Did you find at least six?

Paso 2. You have probably noticed that some cognates look very similar (**ficción,** *fiction;* **literatura,** *literature;* **historia,** *history*), while others are less so (**ingeniería,** *engineering;* **teatro,** *theater*). Can you guess these not-so-close cognates?

SPANISH	ENGLISH
1. ...los posibles **resultados** de estas investigaciones.	_____
2. ...los alimentos del **espacio**...	_____
3. Puede argumentarse **incluso** que la ciencia ficción...	_____
4. ...viajar a la **velocidad** de la luz?	_____

Paso 3. Listen carefully as your instructor says a word in Spanish. See if you can give an English equivalent.

UN VISTAZO

¡Quiero suscribirme!

This is a subscription form for a Spanish-language magazine that is circulated in the United States. Look it over.

Actividad optativa Oferta especial

Can you answer the following questions about this subscription form?

1. What is the name of the magazine?
2. Where do you fill in your name and address?
3. Where do you write your credit card number if you decide to charge the subscription?

¡SÍ, QUIERO SUSCRIBIRME!

Y RECIBIR EN MI CASA **12** EJEMPLARES DE

GeoMundo POR SÓLO $26⁹⁷

AHORRE UN **25%** DEL PRECIO DE PORTADA

OFERTA ESPECIAL

Nombre_____
Dirección_____
Ciudad_____
Incluyo mi □ CHEQUE o □ GIRO POSTAL   Estado_____
Cargar a mi □ VISA □ MASTERCARD □ AMERICAN EXPRESS   Z. Postal___
Tarjeta Nº._____
Vence_____   Mes/Año

Hacer cheque o giro postal a nombre de: EDITORIAL AMERICA, S.A.   Firma Autorizada
Esta oferta es válida SÓLO PARA NUEVAS SUSCRIPCIONES en Estados Unidos y Puerto Rico.
Su primer ejemplar será puesto al correo dentro de seis a ocho semanas.

OFERTA ESPECIAL

K1106

IDEAS PARA EXPLORAR
EL NÚMERO DE CLASES

PARA EXPRESARSE ¿CUÁNTOS CRÉDITOS?

—¿**Cuántas** clases tienes este semestre?
—**Cinco.** Tengo **dieciséis** créditos en total.

—Pues yo tengo **dieciocho.** ¡Mucho trabajo!

—¡Pobrecita!

Knowing the numbers zero through thirty will enable you to talk about the number of classes and credits you are taking this term.

0 cero	8 ocho	16 dieciséis	24 veinticuatro
1 uno	9 nueve	17 diecisiete	25 veinticinco
2 dos	10 diez	18 dieciocho	26 veintiséis
3 tres	11 once	19 diecinueve	27 veintisiete
4 cuatro	12 doce	20 veinte	28 veintiocho
5 cinco	13 trece	21 veintiuno	29 veintinueve
6 seis	14 catorce	22 veintidós	30 treinta
7 siete	15 quince	23 veintitrés	

VER EL MANUAL

Actividad A Los números

Listen as your instructor pronounces the numbers and then respond to the questions asked.

Actividad B ¿Cuántos créditos?

Your instructor will read a series of questions. Base your answer on the courses and credit system at your institution.

MODELO: PROFESOR(A): Si un estudiante tiene una clase de matemáticas, una de biología y una de alemán, ¿cuántos créditos tiene?
ESTUDIANTE: Tiene doce.

1... 2... 3... 4... 5... 6... 7... 8...

Actividad C ¿Cuántas clases?

¿Cuántas? is used to express *How many?* when the item in question is feminine plural (**las clases, las ciencias**). **¿Cuántos?** is used with masculine plural items (**los estudiantes, los números**). Following the model, interview at least four people in class and fill in the chart. Don't forget to introduce yourself if you haven't met the person yet!

MODELO: ESTUDIANTE A   ESTUDIANTE B
Hola. Me llamo _____.
¿Cómo te llamas?   Me llamo _____.
¿Cuántas clases tienes?   Tengo _____.
¿Y cuántos créditos?   _____ créditos.

NOMBRE DEL ESTUDIANTE (DE LA ESTUDIANTE)	NÚMERO DE CLASES	NÚMERO DE CRÉDITOS
_____	_____	_____
_____	_____	_____
_____	_____	_____
_____	_____	_____

¿SABÍAS QUE...

In Spain and Latin America, a university degree is generally granted only after a student has completed specific courses over a certain number of semesters. In universities in the United States, on the other hand, progress toward a university degree is measured in terms of numbers of credits, with relatively general guidelines for course content. So in Spanish-speaking countries it is common to hear statements like **Hago el tercer semestre** (or **trimestre**) **de agronomía.**

Compare the classes that third-year psychology majors might be taking at universities in the United States, Spain, and Puerto Rico. In addition to the courses listed below, a UCLA student might also be taking electives and/or courses in a minor area—unlike a student at a Hispanic institution, who would be concentrating only on his or her major area.

UCLA
Los Ángeles, California
(2.500 estudiantes de psicología)
Fundamentals of Learning
Physiological Psychology
Human Information Processing
Personality
Developmental Psychology
Social Psychology

Universidad de Salamanca
Salamanca, España
(2.000 estudiantes de psicología)
Psicología experimental
Psicometría
Psicología diferencial
Psicopatología
Memoria
Pensamiento y lenguaje

Universidad de Puerto Rico
Río Piedras, Puerto Rico
(670 estudiantes de psicología)
Psicopatología
Desarrollo humano
Teorías de la personalidad
Introducción a la psicología de la comunidad
El experimento y otros métodos de investigación psicológica
Psicología social
Psicología fisiológica

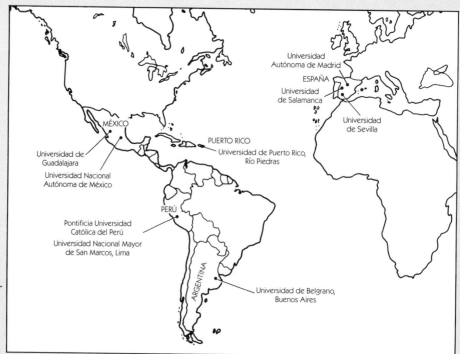

Algunas universidades importantes del mundo hispánico

UN VISTAZO

El mundo[a] hispánico

Una de las razones[b] de la popularidad del idioma español en los Estados Unidos es el número de países donde el español es la lengua oficial. En total, hay en el mundo aproximadamente 320 millones de personas de habla española.

Actividad optativa La geografía

Da[c] el nombre de...

1. un país de habla española en Europa
2. una isla de habla española en el Caribe
3. un país de Sudamérica que no es de habla española
4. una isla de habla española asociada con los Estados Unidos
5. un país de habla española que tiene un canal importante
6. dos países de Sudamérica que no tienen costas marinas[d]

El español es el idioma oficial de 20 países y de más de 320 millones de personas.

---

[a] *world*   [b] *reasons*   [c] *Give*   [d] costas... *coastlines*

UN VISTAZO

El idioma español

El idioma más estudiado en los Estados Unidos es el español. En el Japón el español es el número dos.

El castellano[a] es el idioma más estudiado por los japoneses inmediatamente después[b] del inglés

M. A. A., Tokio
Aquí, en Japón, en el principio fue el verbo, el interés hacia el idioma español, que se ha situado en segundo lugar, inmediatamente después del inglés, muy por delante del francés, del chino, del corea... Dieciséis de...

...área iberoamericana, el aumento del turismo hacia España, la pujanza del comercio entre los dos países y los proyectos de intercambios culturales son otros tantos in...dicios sintomáticos de la...... nos concede...

...dríguez, de jóvenes profesionales del periodismo, como Carlos Domínguez, o de las ciencias empresariales, como Ángeles Pelegrín, ...e han logrado familiarizarse con ...con las técnicas japo...

...de estudiantes y de hablantes del idioma español que han sobrepasado el interés primario por la lengua y quieren saber de la cultura y de la historia.
    Esa demanda puede tener ...primera respuesta en la s... cul...añola que se...

Actividad optativa Clases populares

Paso 1. Look at the title of this article. What do you think it is about?

a. English students studying Japanese
b. Japanese students studying Spanish
c. Spanish students studying Japanese

Paso 2. Find out which history classes most of your classmates have taken (your instructor will help you):

historia clásica (greco-romana)   historia de la civilización occidental
historia medieval   historia latinoamericana
historia norteamericana

---

[a] el español   [b] after

Y AHORA...

Para mi profesor(a)

Paso 1. Look over the chart on the next page. A little later you will fill this in with information about a classmate (**un compañero [una compañera] de clase**).

Paso 2. Before you begin, think about the questions you will need to ask your classmate. How do you ask in Spanish what a person's major is? How do you find out how many credits someone is taking? Think through all of your questions before you interview your partner.

Paso 3. Pair up with someone. As you conduct the interview, jot down all the information in this chart or on a piece of paper.

```
┌─────────────────────────────────────────────────────────────────────┐
│                          Me llamo _____                     │
│                      Mi compañero/a de clase                          │
│  Mi compañero/a de clase se llama _____      │
│  Es de _____ (place).      │
│  Especialización: _____      │
│  Clases que tiene este semestre (trimestre): _____       │
│                                          _____       │
│                                          _____       │
│                                          _____       │
│                                          _____       │
│                                          _____       │
│  Créditos en total este semestre (trimestre): _____               │
│  Materia favorita: _____      │
└─────────────────────────────────────────────────────────────────────┘
```

Paso 4. Turn in the chart to your instructor. You have just done your instructor a big favor—you've helped him or her get to know the members of the class!

VOCABULARIO

Vocabulario básico (*Basic vocabulary*)

¡Hola!	Hello!	**Tengo una pregunta.**	I have a question.
¿Cómo te llamas?	What's your name?	**Otra vez, por favor.**	Again, please.
Me llamo ____ .	My name is ____ .	**Repita, por favor.**	Repeat, please.
Mi nombre es ____ .		**No entiendo.**	
Soy ____ .	I'm ____ .	**No comprendo.**	I don't understand.
Mucho gusto.	Pleased to meet you.		
Encantado/a.		**Las carreras y las**	Majors and subjects
Igualmente.	Likewise. The same to you.	**materias**	
¿De dónde eres?	Where are you from?	LAS CIENCIAS NATURALES	NATURAL SCIENCES
Soy de ____ .	I'm from ____ .	**la astronomía**	astronomy
¿Y tú?	And you?	**la biología**	biology
		la física	physics
		la química	chemistry
En la clase	In class		
		LAS CIENCIAS SOCIALES	SOCIAL SCIENCES
¿Cómo se dice ____ en español?	How do you say ____ in Spanish?	**la antropología**	anthropology
¿Cómo?	Pardon me?	**las ciencias políticas**	political science
¿Cómo dice?	What did you say?	**las comunicaciones**	communications
		la economía	economics

la geografía	geography
la historia	history
la psicología	psychology
la sociología	sociology

LAS HUMANIDADES (LAS LETRAS)	HUMANITIES (LETTERS)
el arte	art
la composición	writing
la filosofía	philosophy
los idiomas las lenguas extranjeras	foreign languages
el alemán	German
el español	Spanish
el francés	French
el inglés	English
el italiano	Italian
el japonés	Japanese
el portugués	Portuguese
la literatura	literature
la música	music
la religión	religion
el teatro	theater

OTRAS MATERIAS Y ESPECIALIZACIONES	OTHER SUBJECTS AND MAJORS
la administración de empresas	business administration
la agricultura la agronomía	agriculture
el cálculo	calculus
la computación	computer science
la educación física	physical education
la ingeniería	engineering
las matemáticas	mathematics
el periodismo	journalism

Hablando de clases — Speaking of classes

el compañero (la compañera) de clase	classmate
el crédito	credit
el libro	book
el profesor (la profesora)	professor
el semestre	semester
este semestre	this semester
el trimestre	trimester, quarter
¿Qué carrera haces?	What is your major?
¿Qué estudias?	What are you studying?
Estudio _____.	I am studying _____.
Soy estudiante de _____.	I am a student of _____.
estudiar	to study
¿Tienes clase de _____?	Do you have a _____ class?

(No) Tengo _____.	I (don't) have _____.
Tiene _____.	He (she) has _____.

Preferencias — Preferences

¿Te gusta (gustan) _____?	Do you like _____?
Me gusta (gustan) _____.	I like _____.
No me gusta (gustan) _____.	I don't like _____.
No me gusta (gustan) para nada.	I don't like it (them) at all.

Los números — Numbers

cero	ocho	dieciséis	veinticuatro
uno	nueve	diecisiete	veinticinco
dos	diez	dieciocho	veintiséis
tres	once	diecinueve	veintisiete
cuatro	doce	veinte	veintiocho
cinco	trece	veintiuno	veintinueve
seis	catorce	veintidós	treinta
siete	quince	veintitrés	

Palabras y expresiones útiles — Useful words and expressions

los amigos	friends
el país	country (*nation*)
la revista	magazine
aquí	here
asistir a	to attend
¿cuántos? (¿cuántas?)	how many?
de	of; from
famoso/a	famous
favorito/a	favorite
gracias	thank you
mejor	better
mucho	a lot, very much
no	no
No lo sé.	I don't know.
o	or
por favor	please
pues (*interj.*)	well
que	that, which
¿qué?	what?
¡Qué bien!	How nice!
¿quién?	who? whom?
¿Quién eres?	Who are you (*fam.*)?
sí	yes
todavía	yet, still
y	and

¿CÓMO ES TU HORARIO?

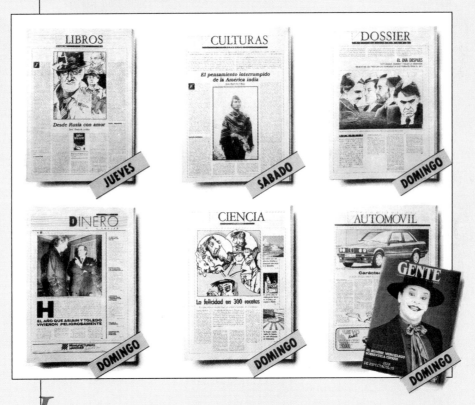

*I*n this lesson, you'll describe your own schedule (*horario*), and you'll find out about and report on other people's activities. You will

- tell what your daily and weekly schedules are
- compare your schedule with your classmates'
- ask about your classmates' typical weekday activities
- begin to use singular present-tense verbs in Spanish and to talk about the time and the days of the week

IDEAS PARA EXPLORAR
LA VIDA DE TODOS LOS DÍAS

PARA EXPRESARSE ¿CÓMO ES UNA RUTINA?

El horario de Alicia Soto, estudiante de ecología en la Universidad de Texas

1. Alicia **se levanta** temprano.

2. **Hace ejercicio** aeróbico.

3. **Desayuna** café con leche.

4. **Asiste a** clase.

5. **Lee** un libro en la biblioteca.

6. **Trabaja** en un laboratorio por la tarde.

7. **Regresa** a casa.

8. **Come** en casa.

9. **Escribe** la tarea.

10. **Estudia** en su cuarto.

11. **Juega** con los gatos un rato.

12. **Se acuesta** a las once.

El horario de Ramón Menéndez, guitarrista y estudiante de psicología en la Universidad de Puerto Rico

1. Ramón **se levanta** tarde.

2. **Duerme** en clase.

3. **Habla** con la profesora.

4. **Estudia** en la biblioteca.

5. **Almuerza** con sus amigos.

6. **Compra** un disco compacto.

7. **Escucha** música.

8. **Toca** la guitarra.

9. **Maneja** su carro a una pizzería.

10. **Cena** solo.

11. **Sale** con sus amigos.

12. **Se acuesta** muy tarde.

VER EL MANUAL

Actividad A El horario de Alicia

Look at the drawings of Alicia on page 28. As your instructor describes each one, give the number of the drawing.

MODELO: PROFESOR(A): Alicia hace ejercicio.
ESTUDIANTE: Número dos.

1... 2... 3... 4... 5... 6... 7... 8... 9... 10... 11... 12...

Actividad B El horario de Ramón

Look at the drawings of Ramón on page 29. As your instructor describes each one, give the number of the drawing.

1...   2...   3...   4...   5...   6...   7...   8...   9...   10...   11...   12...

Actividad C ¿Cierto o falso? (*True or false?*)

Look again at the pictures of Alicia and Ramón on pages 28–29 and listen as your instructor reads statements about them. Is each statement **cierto** or **falso?**

MODELOS: PROFESOR(A): Ramón habla con la profesora en el tres.
ESTUDIANTE: Cierto.

PROFESOR(A): Alicia come en el diez.
ESTUDIANTE: Falso.
PROFESOR(A): En el diez, Alicia estudia en su cuarto.

1...   2...   3...   4...   5...   6...   7...   8...

UN VISTAZO

Alicia y Ramón

Aquí tienes los horarios de Alicia Soto y Ramón Menéndez. Los dos son estudiantes universitarios, pero tienen personalidades muy distintas.

Alicia es estudiante de ecología. Es muy dedicada. Sus amigos y sus profesores dicen que va a tener una carrera brillante. Usualmente se levanta muy temprano y se acuesta temprano. Pasa todo el día en clase, en la biblioteca o en el laboratorio. Alicia no tiene mucho tiempo para diversiones—con excepción de jugar con sus gatos. Los gatos son sus mejores amigos. Y le gusta mucho trabajar en su jardín.[a]

La vida de Ramón es diferente. Generalmente se levanta tarde y se acuesta tarde. Estudia psicología, pero no va mucho a clase o a la biblioteca. Prefiere salir con sus amigos o escuchar música. El primer[b] amor de Ramón es la música. Es guitarrista del conjunto[c] Macanudo. Sus amigos dicen que tiene mucho talento.

Actividad optativa ¿Con quién te identificas?

¿Te identificas con Alicia o con Ramón? Contesta según[d] el modelo.

MODELO: Me identifico más[e] con _____ porque[f] mi rutina es similar.
No me identifico ni con Alicia ni con Ramón.[g] Mi rutina es diferente.

---

[a]*garden* [b]*first* [c]*band* [d]*Contesta... Answer according to* [e]*more* [f]*because* [g]*ni... either with Alicia or Ramón*

UN VISTAZO

La vida diaria

These paintings depict daily activities in Tenochtitlán, the capital of ancient Mexico, and in a Mexican-American community in the United States.

(a) Diego Rivera (mexicano, 1886–1957), *La civilización azteca en la ciudad antigua de Tenochtitlán* (detalle), 1945

(b) Carmen Lomas Garza (estadounidense, 1948–   ), *Tamalada*, 1987

Actividad optativa El arte y la vida

Here are some descriptions of activities seen in the preceding paintings. Match each activity with the painting in which it appears.

1. Varias personas preparan algo.
2. Dos mujeres y un hombre trabajan juntos.
3. Una persona compra algo.
4. El doctor examina a un niño.
5. Dos personas no participan en la actividad.

Actividad D ¿Alicia o Ramón?

Look once more at the drawings of Alicia and Ramón on pages 28–29 and listen carefully as your instructor reads statements about them. Decide whether each statement refers to Alicia or Ramón.

1...   2...   3...   4...   5...   6...   7...   8...

Actividad E Actividades y materias

Listen to each daily activity your instructor will describe and write its letter next to the subject that is most often associated with that activity.

1. _____ la ingeniería
2. _____ el teatro
3. _____ la agronomía
4. _____ los idiomas
5. _____ la literatura
6. _____ la educación física

IDEAS PARA EXPLORAR
DURANTE LA SEMANA

PARA EXPRESARSE   ¿POR LA MAÑANA, POR LA TARDE O POR LA NOCHE?

To ask when an activity takes place, use the word **cuándo.**

> **¿Cuándo** estudia Alicia?
> **¿Cuándo** toca la guitarra Ramón?

Possible responses include

por la mañana *in the morning*   por la noche *in the evening, at night*
por la tarde *in the afternoon*   a cualquier hora *at any time*

Note that **tarde** means *late* when used as an adverb; as a noun (**la tarde**) it means *afternoon*.

> Ramón se levanta **tarde** todas las mañanas.

VER EL MANUAL

Por la tarde Alicia trabaja y Ramón escucha música.

Actividad A ¿Cuándo?

Your instructor will call out an activity. Say when you normally do it:

por la mañana   por la tarde   por la noche   a cualquier hora

1...   2...   3...   etcétera

Actividad B ¿En qué orden? (*In what order?*)

Here is a list of activities that Ramón is likely to be doing on a typical day. (See page 29.) Using the choices given, indicate when Ramón could probably be found doing these things.

a. por la mañana   b. por la tarde   c. por la noche   d. a cualquier hora

Ramón...

1. _____ va (he goes) a una discoteca con sus amigos.
2. _____ mira (he watches) televisión.
3. _____ toca la guitarra en el conjunto Macanudo.
4. _____ cena solo.
5. _____ maneja su carro para ir a una pizzería.
6. _____ va a la clase de psicología.
7. _____ duerme.
8. _____ almuerza en un café.

Actividad C Y yo...

Referring to the drawings on pages 28–29, indicate which of Alicia's and Ramón's activities you do and which ones you don't. Follow the model.

MODELOS: Alicia se levanta temprano y yo también (*also*).

Ramón se levanta tarde pero (*but*) yo no.

PARA EXPRESARSE   ¿CON QUÉ FRECUENCIA? (*HOW FREQUENTLY?*) (I)

You have learned how to say whether an event takes place in the morning, afternoon, or evening. To talk about routine activities that occur every day (night, etc.) you can use either **todos los ____** or **todas las ____.***

Ramón...

se levanta tarde **todas las mañanas.**
almuerza en un café **todas las tardes.**
sale con sus amigos **todas las noches.**
escucha música **todos los días.**

To refer to a frequent activity, you can use the words **frecuentemente, generalmente, regularmente,** and **normalmente.**

Ramón come pizza **frecuentemente.**

---

* **Todos** and **todas** are equivalent to *every* in English.

VER EL MANUAL

Ramón duerme en clase **todas las mañanas.**

Actividad D ¿Cierto o falso?

Read the following statements about a typical week in the life of a student in the United States. Are they true or false?

El estudiante norteamericano (la estudiante norteamericana)...

1. _____ se levanta temprano todos los días.
2. _____ no va a clases regularmente y está ausente frecuentemente.
3. _____ duerme ocho horas todas las noches.
4. _____ escribe sus composiciones a máquina normalmente.
5. _____ mira televisión todas las tardes.
6. _____ lee novelas cuando no estudia.
7. _____ almuerza en McDonald's todas las semanas.
8. _____ normalmente maneja su propio (*own*) carro para ir a la universidad.
9. _____ frecuentemente escucha música cuando estudia.
10. _____ se acuesta muy tarde todas las noches.

PARA EXPRESARSE   ¿QUÉ DÍA DE LA SEMANA?

LOS DÍAS DE TRABAJO (*WORKDAYS*)

lunes   martes   miércoles   jueves   viernes

LOS DÍAS DEL FIN DE SEMANA (*WEEKEND DAYS*)

sábado   domingo

To ask what day it is, you say

¿Qué día es hoy?

To respond, say

Hoy es domingo.
Mañana es lunes.

With days of the week in Spanish, there is no equivalent for English *on* (*I work on Mondays*). Instead, Spanish uses the definite article **los** and the plural form of the day. To pluralize days, add **-s** to the days ending in **-o** (**sábados, domingos**); the other days have the same form in the singular and plural.

Los martes desayuno temprano.
Juego al tenis **los domingos.**

VER EL MANUAL

---

26 Noviembre   Semana 48

Lunes	7 3/12	14 10/12	21 17/12	30 26/12	60 25/1	90 24/2	180 25/5

08
09
10
11
12
13
14
15
16
17
18
19
20

---

27 Noviembre

Martes	7 4/12	14 11/12	21 18/12	30 27/12	60 26/1	90 25/2	180 26/5

08
09
10
11
12
13
14
15
16
17
18
19
20

---

28 Noviembre   *AEROLINEAS ARGENTINAS*

Miércoles	7 5/12	14 12/12	21 19/12	30 28/12	60 27/1	90 26/2	180 27/5

08
09
10
11
12
13
14
15
16
17
18
19
20

---

29 Noviembre

Jueves	7 6/12	14 13/12	21 20/12	30 29/12	60 28/1	90 27/2	180 28/5

08
09
10
11
12
13
14
15
16
17
18
19
20

---

30 Noviembre

Viernes	7 7/12	14 14/12	21 21/12	30 30/12	60 29/1	90 28/2	180 29/5

08
09
10
11
12
13
14
15
16
17
18
19
20

---

1 Diciembre

Sábado

---

2 Diciembre

Domingo

Diciembre	Do	Lu	Ma	Mi	Ju	Vi	Sá
							1
	2	3	4	5	6	7	8
	9	10	11	12	13	14	15
	16	17	18	19	20	21	22
	23	24	25	26	27	28	29
	30	31					

Actividad E Las clases de Alicia y Ramón

Your instructor will make a series of statements about the class schedules of Alicia and Ramón. Indicate whether they are true or false (**cierto** or **falso**), according to the schedules below.

1... 2... 3... 4... 5... 6...

ALICIA

LUNES	MARTES	MIÉRCOLES	JUEVES	VIERNES
Biología II	Biología II	Biología II	Bioloaía II	
	Cálculo avanzado		Cálculo avanzado	
Entomología		Entomología		Entomología
Introducción a la ingeniería civil		Introducción a la ingeniería civil	Destrucción del planeta	Introducción a la ingeniería civil

RAMÓN

LUNES	MARTES	MIÉRCOLES	JUEVES	VIERNES
Psicología clínica I		Psicología clínica I		Psicología clínica I
				La sexualidad humana
	Principios de la psicoterapia		Principios de la psicoterapia	
Historia de la salud mental		Historia de la salud mental		

Actividad F ¿Qué día de la semana es?

Read the following statements about Ramón and Alicia. Which day of the week is referred to in each statement?

1. Este día, Alicia va a clase, estudia, trabaja, lee libros de texto. Es el primer* día de clases de la semana.
2. Es el día favorito de Ramón. Se levanta muy tarde, no estudia y no tiene clases. Mira los dibujos animados (*cartoons*) en la televisión.
3. Este día Alicia va a misa (una ceremonia religiosa). Normalmente debe (*she must*) estudiar por la noche porque mañana (*tomorrow*) es lunes.
4. Este día Ramón sólo (*only*) tiene clases por la mañana. Por la tarde puede (*he can*) salir con sus amigos. (¡Un buen† día para él!) Mañana es el primer día del fin de semana.

---

*Primero (*First*) is shortened to **primer** before a masculine singular noun: **el primer libro** (but **los primeros libros, la primera clase, las primeras clases**).

†Bueno (*Good*) is shortened to **buen** before a masculine singular noun: **un buen amigo** (but **unos buenos amigos, una buena pregunta, unas buenas preguntas**).

UN VISTAZO

Los periódicos del mundo hispánico[a]

En los periódicos del mundo hispánico, como en los periódicos de los Estados Unidos, vienen suplementos diarios para los diferentes intereses del público. ¿Tiene todos los días el periódico que tú lees los mismos[b] suplementos que *Diario 16,* un periódico publicado en España?

Programa para todos los públicos.

DEPORTES

LUNES

TOROS

MARTES

CUADERNOS

MIÉRCOLES

LIBROS

JUEVES

CULTURAS

SÁBADO

DOSSIER

DOMINGO

DINERO

DOMINGO

CIENCIA

DOMINGO

AUTOMÓVIL

DOMINGO

Cada semana, Diario 16 le ofrece una programación muy completa. Una programación para todos los públicos. A gusto de todos. Con suplementos sobre toros, deportes, negocios del automóvil, libros, educación... Cada día, un suplemento. Y los domingos, además, le entregamos la revista Gente del Fin de Semana. Si, sobre todo, quiere estar bien informado, durante toda la semana, cuente con el programa más completo. Los suplementos diarios de Diario 16.

Diario 16
Cada día más cerca.

---

[a] Los... *Newspapers of the Hispanic world*   [b] *same*

IDEAS PARA EXPLORAR
MIS ACTIVIDADES

PARA EXPRESARSE   ¿Y CÓMO ES MI RUTINA?

Earlier you learned to talk about someone else's activities. To talk about yourself, use a slightly different verb form. With most verbs, change the final **-a** or **-e** to **-o.** For example: **estudia → estudio, lee → leo.**

> **Escribo** la tarea por la mañana.
> **Duermo** una hora todas las tardes.
> **Compro** un periódico todos los días.

Several of the verbs you have learned have special forms.

> **Voy** (*I go*) al laboratorio los lunes por la tarde.
> **Hago** (*I do*) ejercicio con frecuencia.
> No **salgo** (*I don't go out*) mucho con mis amigos.

Certain other verbs are used with **me.**

> **Me levanto** temprano y **me acuesto** tarde.

—Por la noche **salgo** con mis amigos. ¡Me gustan mucho las discotecas!

—**Estudio** por la noche. No **salgo** porque **me levanto** muy temprano por la mañana.

VER EL MANUAL

UN VISTAZO

Cursos de informática[a]

C.E.E.-2

CURSOS DE VERANO

INFORMATICA

Iniciación: 2 de Julio

UN ORDENADOR POR ALUMNO DESDE EL PRIMER DIA

HORARIOS DE MAÑANA, TARDE, NOCHE E INCLUSO SABADOS

BASIC - COBOL - PASCAL

5 horas semanales **6.000** PTAS. MES

VISITA NUESTRAS AULAS DE INFORMATICA TE CONVENCERAN. INFORMATE

C.E.E.-2

CARMEN, 6 - 4º

Metro Sol
Tel. 231 38 56

En los Estados Unidos, ¿usa el estudiante típico (la estudiante típica) un ordenador[b]?

Nota: En España se dice « ordenador », pero en muchos países y en los Estados Unidos se dice « computadora ».

Actividad optativa Información sobre los cursos

¿Puedes identificar la siguiente información en el anuncio?

1. los días de la semana en que un estudiante puede tomar un curso
2. cuándo puede tomar el curso durante el día un estudiante
3. cuántas horas de clase por semana incluye el precio de 6.000 pesetas al mes
4. dónde debes llamar si tienes preguntas

---

[a] *data processing*   [b] *computer*

Actividad A ¿En qué orden?

Paso 1.   Number these activities in the order in which you would do them.

_____ Me acuesto.
_____ Manejo mi carro para ir a la universidad.
_____ Ceno.
_____ Regreso a casa (al apartamento, a la residencia).
_____ Leo el periódico.
_____ Estudio.
_____ Almuerzo.
_____ Desayuno.
_____ Voy a la biblioteca.
_____ Hago ejercicio por quince minutos.

Paso 2. Tell the class the order you decided on. Did many of your classmates put the activities in a similar order? Is there a more logical order than the one you came up with?

Paso 3. Which statement applies to you?

☐ Mi horario es un horario típico.
☐ Mi horario no es un horario típico.

Actividad B Mis actividades

Paso 1. Decide whether each statement is **cierto** or **falso** for you.

1. _____ Voy a clase los lunes, miércoles y viernes.
2. _____ Duermo cinco horas por la noche regularmente.
3. _____ Puedo levantarme muy tarde los martes.
4. _____ Compro muchas revistas todas las semanas.
5. _____ Estudio en la biblioteca porque necesito (*I need*) silencio.
6. _____ Me acuesto temprano los días de clase.
7. _____ No hago ejercicio frecuentemente.
8. _____ Almuerzo con mis amigos todos los días.
9. _____ Como pizza para el desayuno frecuentemente.
10. _____ Escucho y tomo apuntes (*I take notes*) en mis clases.

Paso 2. Read the statements to a classmate. Your classmate will guess if the statement is **cierto** or **falso** for you. Then trade places and you do the guessing.

IDEAS PARA EXPLORAR
DURANTE EL DÍA

PARA EXPRESARSE ¿A QUÉ HORA...?

To express what time of day you do something, use the expressions **a la** and **a las.**

—Como un sandwich **a la una.**

—Almuerzo con una amiga **a las dos.**

Use **cuarto** and **media** to express *quarter hour* and *half hour*.

y cuarto
y media
menos cuarto

—Voy a la biblioteca **a las ocho menos cuarto.**

—Toco la guitarra con Macanudo **a las nueve y media.**

To express other times, add the number of minutes to the hour or subtract the number of minutes from the next hour.

VER EL MANUAL

—Me acuesto **a las diez menos diez.**

—Regreso a casa **a las doce y veinte.**

Actividad A Tu (*Your*) primera clase

In two minutes, ask as many classmates as possible

¿A qué hora es tu primera clase...

los lunes?
los martes?
los miércoles?
los jueves?
los viernes?

Jot down their responses.

Actividad B El horario ideal

Invent an ideal class schedule for Mondays and Fridays. When would the classes be? Present the schedule to the class. How does it compare with the schedules your classmates invented?

MODELOS: En mi horario ideal, la primera clase los lunes es a las _____ .

La última (*last*) clase es a las _____ .

Los lunes (Los viernes) no hay clases por la _____ .

etcétera

¿SABÍAS QUE...

...en España y los países hispanoamericanos la hora de muchas funciones oficiales y actos sociales se indica de forma un poco diferente que en los Estados Unidos? Los horarios de los trenes, aviones, buses, etcétera, se dan con un reloj de veinticuatro horas. Así, por ejemplo, hay trenes que salen a las diecisiete horas, es decir, a las cinco de la tarde. Este horario se usa también para funciones de cine y teatro, otros espectáculos, conciertos, e incluso para los programas de televisión.

METEORO

16.05

(1.ª)

1979. 103 minutos. Director: **Ronald Neame.** Intérpretes: **Sean Connery, Natalie Wood.** El doctor Paul Bradley, una de las mayores autoridades en astrofísica, es llamado por la NASA para una rutinaria consulta.

ESTA CASA ES UNA RUINA

22.15

(1.ª)

★

1986. 90 minutos. Director: **Richard Benjamin.** Intérpretes: **Tom Hanks, Shelley Longs.** Una joven pareja que acaba de contraer matrimonio ha conseguido comprar la que será su futura vivienda.

DOMINGO, 21

0.40

(1.ª)

★★

EL FANTASMA DE LA OPERA

1926. 72 minutos. Director: **Rupert Julian.** Intérpretes: **Lon Chaney, Mary Philbin.** La Opera de París se eleva sobre las cámaras de tortura medievales.

PROGRAMACION TVE

MIERCOLES/30

Primera Cadena

7,30.—Buenos días.
9,05.—Puesta a punto.
9,25.—La cesta de la compra.
9,40.—La fuente de piedra.
10,10.—Plato vacío (repetición).
11,10.—Más vale prevenir (repetición).
11,40.—Dinastía.
12,35.—Avance telediario.
12,40.—Teletexto. Centros periféricos.
15,00.—Telediario 1.
15,35.—El gran héroe americano.
16,30.—Tocata.
17,30.—La tarde, vaya tarde.
18,25.—Avance telediario.
18,30.—Los osos amorosos.
19,00.—Planeta imaginario.
19,30.—El arte de vivir.
20,00.—Letra pequeña.
20,30.—Verano 8,30 PM. Magazine.
21,00.—Telediario 2. Punto y aparte.
21,45.—Viento, madera y barro.
22,15.—Sesión de noche: «Callejón sin salida».
0,15.—Telediario 3.
0,45.—Teledeporte.

Segunda Cadena

19,00.—Agenda informativa.
19,15.—Manos artesanas.
19,30.—Alicia en el país de las maravillas.
20,10.—Bajo el mismo cielo.
20,30.—Con las manos en la masa.
21,05.—Katie y Allie.
21,30.—Fin de siglo.
23,00.—Tiempos modernos.
23,55.—Caroll Burnett.
0,20.—Metrópolis.

IDEAS PARA EXPLORAR
LA RUTINA DE TUS AMIGOS

PARA EXPRESARSE   ¿Y TÚ? ¿Y USTED?

You may have noticed that Spanish has several ways of expressing *you*. **Tú** implies less social distance between the speakers. **Usted** (generally abbreviated **Ud.**) indicates a more formal relationship and more social distance. The rules of usage vary from country to country and even within countries, but you can follow this rule of thumb: Use **tú** with your family, friends, anyone close to your own age—and with your pets. Use **Ud.** with everyone else.

For example, to ask a classmate about something, use **tú**. To get the **tú** verb form, add an **-s** to the final vowels **-a** or **-e** of the third-person forms. You will learn several common irregular **tú** forms in the *Manual*.

¿**Miras** televisión todas las noches?
¿**Cenas** en un restaurante frecuentemente?

Certain verbs are used with **te.**

¿A qué hora **te levantas**?
¿**Te acuestas** tarde o temprano?

When speaking with someone whom you address as **Ud.,** use the same verb form as with **él** or **ella.**

¿**Trabaja** Ud. en la biblioteca?
Ud. **sale** con los amigos todos los días.

Note the use of **se** with some verbs in the **Ud.** form.

¿**Se levanta** Ud. tarde frecuentemente?
¿A qué hora **se acuesta** Ud.?

In the following activities you will use **tú** to address your classmates.

—Clara, **tú vas** a la universidad a las dos, ¿no?
—Sí. ¿Por qué **preguntas?**

—Señora, ¿**es usted** de Colombia?
—No, Paco. Soy de Venezuela. ¿Y tú?

VER EL MANUAL

Actividad A Firma aquí, por favor

Walk around the room and find people who answer **Sí** to the questions that
follow. Ask anyone who answers **Sí** to sign on the line next to the question
you asked (**Firma aquí, por favor**). Note: Do not ask a person two questions
in a row, regardless of the way he or she answers. Remember to thank each
person!

> MODELO: ESTUDIANTE A: ¿Estudias por la mañana?
>   ESTUDIANTE B: Sí.
>   ESTUDIANTE A: Firma aquí, por favor.
>   ESTUDIANTE B: (*signs name*)
>   ESTUDIANTE A: ¡Gracias! (*and moves on*)

1. ¿Te levantas temprano los lunes?   _____

2. ¿Estudias en la biblioteca?   _____

3. ¿Puedes escribir a máquina rápidamente?   _____

4. ¿Lees el periódico generalmente?   _____

5. ¿Vas a la universidad en bicicleta (*bicycle*)? _____

6. ¿Almuerzas solo/a los viernes?   _____

7. ¿Haces ejercicio regularmente?   _____

8. ¿Cenas frecuentemente en restaurantes?   _____

9. ¿Te acuestas tarde todas las noches?   _____

Actividad B ¿A qué hora?

Pair up with a classmate you haven't already interviewed to find out at what
time (**a qué hora**) he or she does the following things. Write down the information. Then switch roles.

> MODELO: ¿A qué hora almuerzas? → A las doce.

¿A qué hora...

1. te levantas los lunes?   _____

2. vas a tu clase favorita?   _____

3. te acuestas los jueves?   _____

4. vas a la universidad los miércoles?   _____

5. regresas a casa los viernes?   _____

6. miras televisión generalmente?   _____

7. estudias español?   _____

8. lees un periódico generalmente?   _____

9. ____ ?   _____

¿SABÍAS QUE...

...el horario de actividades diarias de un individuo varía de cultura a cultura?

En muchos países hispanos, por ejemplo, generalmente uno se levanta por la mañana, trabaja hasta[a] la una y va a almorzar a casa. Después, descansa[b] hasta las 4.00 y regresa al trabajo. No termina de trabajar hasta las 8.00 ó 9.00 de la noche. Cena tarde, normalmente a las 10.00, y frecuentemente sale después con sus amigos.

Es diferente de la vida en los Estados Unidos, donde una persona se levanta por la mañana, pasa ocho horas en el trabajo, regresa a casa a las 5.00, cena a las 6.00 ó 6.30, mira televisión y se acuesta a las 11.00.

Claro, estas descripciones son generalizaciones. ¿Cuál de los dos horarios prefieres?

---

[a] *until*   [b] *Después... Afterward, he or she rests*

VAMOS A VER

The following activities accompany the reading **"¿Funcionas mejor de día o de noche?"** You may think that the reading is long and beyond your abilities, but don't jump to conclusions! You will find that you can understand more of it than you think. Don't worry: You won't be asked to do more than what you can reasonably be expected to be able to do at this point.

By following the step-by-step activities in this section, you will read parts of the reading closely and scan other parts of it for general information. Follow the **pasos,** and do not try to read the entire passage on your own.

You will use some of the information you learn from the reading to find out information about your classmates and instructor.

Anticipación

Paso 1.   The reading on page 46 comes from a pop culture magazine. Look at the title; what question does it ask the reader? From the title, you should be able to make a good guess at the reading's content. Which of these two summary statements seems more appropriate?

☐ El artículo habla de los hábitos de dormir. En otras palabras, habla de los horarios de dormir.

☐ El artículo contiene información de los resultados de las investigaciones sobre las pesadillas (*nightmares*).

Compare your choice with that of a partner.

➤

LECTURA

¿Funcionas mejor de día o de noche?

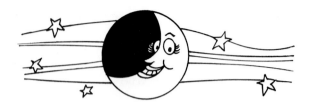

¿Te levantas de la cama llena de energía en cuanto sale el sol? O... ¿eres de las que apenas logran apagar el despertador a las 7 de la mañana, te levantas y andas como una sonámbula hasta que dan las 12 del día? Aquí te decimos cómo funciona tu reloj biológico y cómo puedes adaptar su ritmo, para que te "sincronices".

*U*n día, leyendo un estudio realizado por el Dr. Robert M. Witting, del Departamento de Desórdenes del Sueño, del Hospital Henry Ford, en Detroit (EE.UU.), supe lo siguiente: "En la mayoría de los casos", decía el Dr. Witting, "el horario de sueño es más una cuestión de preferencia personal que de biología. Sin embargo, cuando una persona prefiere estar levantada hasta tarde y mantiene este hábito, es difícil que pueda cambiar su horario de sueño". En otras palabras, el hecho de querer permanecer levantado hasta tarde en la noche,

como mis ex novios y mis hermanos, era una cuestión de gusto que, después de practicada por mucho tiempo, se convertía en un hábito difícil de romper.

Al seguir informándome sobre el asunto, leí que los especialistas afirmaban que nuestro cuerpo responde a nuestros deseos. Es decir, una persona que acostumbra acostarse tarde, puede levantarse con toda la energía del mundo al día siguiente a las 7 de la mañana, si se va de vacaciones en un crucero o quiere ver un super-programa de TV, por ejemplo. Asimismo, una persona que acostumbre a acostarse temprano, se sentirá motivada a estar despierta hasta la madrugada si QUIERE ir esa noche a una fiesta con un chico guapísimo, que le fascina.

Hay bases biológicas en el patrón del sueño

El Dr. Michael Thorpy, del Centro Médico Montefiore, en New York, explica: "Hemos descubierto que en cuestiones de sueño hay muchas individualidades y que cada persona

Paso 2. According to your answer in **Paso 1,** which words are most likely to appear in the article?

- ☐ sueño (*sleep*)
- ☐ energía
- ☐ apagar (*to turn off*)
- ☐ ritmo
- ☐ novio (*boyfriend*)
- ☐ sincronizar (*to synchronize*)

- ☐ psicoanálisis
- ☐ patrón (*pattern*)
- ☐ ir a fiestas (*parties*)
- ☐ sonámbulo (*sleepwalker*)
- ☐ levantarse

Paso 3. Read the introductory paragraph above the article. For now, skip over any words you do not know. Have you confirmed the article's topic? Did any of the words from **Paso 2** appear there?

tiene cierto patrón que la hace ir a dormir tarde o temprano, y para cada una de ellas ese patrón es normal". Según explican los médicos, nuestro "reloj" está localizado en el hipotálamo, en la parte central del cerebro, directamente detrás del nervio óptico, manteniendo nuestros sistemas internos sincronizados unos con otros y con lo que nos rodea. Durante la niñez, nuestro "reloj" va más apresurado, y ésa es la razón por la cual los niños se van a dormir temprano.

En la adolescencia, el reloj va más lento y uno se va a la cama más tarde. Por este motivo, muchos adolescentes se acuestan tarde, aunque al día siguiente tengan un examen en la escuela a las 8 de la mañana. Luego, a medida que vamos creciendo, necesitamos acostarnos más tarde, porque los períodos de sueño se hacen más cortos, a pesar de que las horas de sueño reglamentarias son importantes. Sin embargo, hasta esas horas de sueño varían de una persona a otra, porque hay quien sólo necesita dormir 6 horas para sentirse fabulosamente al día siguiente, mientras que otras necesitan 8 ó 9.

En conclusión: nuestro horario o "ritmo" de sueño es muy personal. Sin embargo, nosotros podemos hacer algo por cambiarlo un poco. Pero esto requiere práctica y tiempo, según afirman los expertos. En otras palabras, si tú te acuestas temprano, lo ideal para "cambiar" un poco tu horario es tratar de mantenerte despierta un poco más tarde de lo usual (digamos una hora más), para que tu "reloj" interno se vaya acostumbrando al nuevo horario.

En cuanto a las personas que se acuestan tarde, éstas pueden tratar de ir a la cama una hora antes de la habitual, para tratar de sincronizar su "reloj" y poder levantarse temprano. Lógicamente, esto no es tan sencillo, porque requiere dedicación y esfuerzo.

Tanto las personas que se acuestan tarde, como las que se acuestan temprano, pueden modificar su horario de sueño. Puedo dar una buena noticia: después de leer tanto y estudiar mi problema, he logrado cambiar mi horario de sueño. ¡Ya puedo irme a la cama más tarde!

¿Sabes en qué consiste la clave de mi triunfo? En que continúo durmiendo la misma cantidad de horas de siempre. Por ejemplo, si antes me acostaba a las 10 de la noche y me levantaba a las 6 de la mañana (lo cual suma 8 horas de sueño), ahora me acuesto a las 11 y me levanto a las 7... y esto no interfiere con mi horario de estudios. ¡Tú también puedes lograrlo! ¡Ánimo!

¡conoce tu reloj biológico!

Paso 4. Before reading, do a quick survey of five or six class members (include your instructor) to see how they answer the question posed in the title. Save this information for later. (Remember to use **tú** with your classmates but **Ud.** with your instructor unless told otherwise.)

	FUNCIONA MEJOR	...DE DÍA	...DE NOCHE
Persona 1	_____	☐	☐
Persona 2	_____	☐	☐
Persona 3	_____	☐	☐
Persona 4	_____	☐	☐
Persona 5	_____	☐	☐

Exploración

You are now ready to dig into the text. Read only the parts to which you are directed in each **paso**; the **pasos** divide the passage into manageable parts.

Paso 1.   Read the first sentence of the article ("**Un día...**"). It will help you to know that **leyendo** is a form of **leer**. In this context, it means *while reading*. It is also useful to know that **supe** is a form of **saber** (*to know*). In this context, it means *I found out*.

Paso 2.   Now that you have read the first sentence and understand it more fully, what can you say about the rest of the article? Is it written in the first person? Is the author a scientist?

  Now skim the article and make note of who you think the author is. How do you know?

Paso 3.   Since this reading discusses sleeping patterns, you will probably find references to experts or scientists. Scan the reading to locate any such references. Underline the names every time they are mentioned. Have you and a partner underlined the same items?

Paso 4.   Now skim the reference to Dr. Witting. You will not understand everything, but you should be able to get the main idea. Which of the following would Dr. Witting agree with?

☐   El ritmo de tu sueño tiene una base genética. Si tus padres (*parents*) se acuestan tarde, probablemente tú también te acuestas tarde.

☐   El ritmo de tu sueño es simplemente un hábito. Si de niño (*child*) te acuestas tarde, de adulto también te acuestas tarde.

☐   Cambiar (*To change*) tu horario de dormir no es problemático.

Paso 5.   Read the last two paragraphs of the article. Knowing that **me acostaba** and **me levantaba** mean *I used to go to bed* and *I used to get up*, which of the following would you say is true about the author?

☐   Ofrece un ejemplo personal de cómo es posible cambiar el horario de sueño.

☐   Ahora la autora continúa con los mismos (*same*) hábitos de dormir que antes.

Congratulate yourself! You have just gotten some basic but important information from a long passage without having to read it word by word.

Trabajando con el texto

Paso 1.   In **Lección 1**, you learned about cognates. Working in groups of three, return to the paragraph about Dr. Witting and see how many cognates you can find there.

  Be aware that some Spanish words are "false" cognates: They look like English words but do not have the same meaning. For example, **cuestión** does not mean *question* (as in *to ask a question*) but rather *issue* or *matter*. As you know from **Lección 1**, **pregunta** means *question* (as in *to ask a question*). You will come across more false cognates as you learn more Spanish.

Paso 2. You can probably guess some words from context. You may already be doing this in Spanish. Try a few from the reading. In the paragraph preceding the main text, locate the word **despertador.** If you know that the word **apagar** means *to turn off,* what could **despertador** mean? Clue: The verb associated with **despertador** is **despertar** (*to wake up*).

Paso 3. Now put your word-guessing ability to work for you. Find these phrases and deduce their meanings. Both appear in the paragraph in which Dr. Witting is first mentioned.

estar *levantada:* _____

permanecer levantado: _____

¡Sigamos!

Entrevista (*Interview*)

Paso 1. Return to one of the people who answered your survey in the **Anticipación** section and interview that person again. Remember to phrase your questions in the **tú** form (**¿Te levantas...? ¿Duermes...? ¿Eres...?**).

Nombre de la persona: _____

Especialización: _____

Pregunta...	SÍ	NO
1. si se levanta con mucha energía	☐	☐
2. si pasa la mañana como un sonámbulo (*sleepwalker*)	☐	☐
3. si necesita despertador	☐	☐
4. si se levanta sin despertador	☐	☐
5. a qué hora se debe levantar normalmente	☐	☐
6. si se levanta de malas pulgas (*on the wrong side of the bed*)	☐	☐
7. si a las 10.30 de la noche tiene sueño (*feels sleepy*)	☐	☐
8. a qué hora se acuesta normalmente	☐	☐

Paso 2. Now complete the first paragraph that follows with the correct information about the classmate you just interviewed. Show it to that person before turning it in to your instructor. Complete the second paragraph with information about yourself.

_____ funciona mejor de _____. Normalmente se levanta a las _____ y se acuesta a las _____. Cuando se levanta, (no) tiene mucha energía.

Yo _____* funciono mejor de _____. Me levanto a las _____ y me acuesto a las _____. Cuando me levanto, (no) tengo mucha energía.

---

*Insert either **también** (*also*) or **en cambio** (*on the other hand*).

IDEAS PARA EXPLORAR
LO TÍPICO

PARA EXPRESARSE ¿QUÉ SUELES HACER?

Arantxa Sánchez Vicario suele jugar al tenis varia horas todos los días. ¿Qué sueles hacer tú todos los días?

To express habitual or recurrent action, you have already learned **todos los días, los** + *days of the week*, **frecuentemente, regularmente, generalmente,** and **normalmente.** Another way to express actions you perform regularly is to use a form of the verb **soler** plus an infinitive. **Soler** has several English equivalents.

Suelo estudiar por la mañana.	*I generally study in the morning.*
Suelo dormir seis horas por la noche.	*I usually sleep six hours at night.*
¿Cuántas horas **sueles** dormir por la noche?	*How many hours do you normally sleep at night?*

VER EL MANUAL

Actividad A Firma aquí, por favor

Find out about the sleep habits of your classmates.

Pregúntale...

1. si suele dormir seis horas todos los días.   _____

2. si suele dormir menos de (*less than*) seis horas.   _____

3. si suele dormir ocho horas.   _____

4. si suele dormir más de (*more than*) ocho horas.   _____

5. si suele dormir en clase.   _____

   ¿En qué clase?   _____

Actividad B ¿Qué sueles hacer?

Paso 1. Write four sentences about things you generally do every day.

MODELOS: Suelo trabajar cinco horas por la tarde.
Suelo estudiar en la biblioteca.

1. _____
2. _____
3. _____
4. _____

Paso 2. Find people in class who do the things you listed in **Paso 1.**

MODELOS: ¿Sueles trabajar cinco horas por la tarde?
¿Sueles estudiar en la biblioteca?

ACTIVIDAD   PERSONA QUE TAMBIÉN SUELE HACER ESTO

1. _____   _____
2. _____   _____
3. _____   _____
4. _____   _____

UN VISTAZO

Los deportes[a] en España

A continuación aparece el titular[b] de un artículo del periódico *El país internacional.* (Nota: un tercio = ⅓.)

Un tercio de los españoles practica deporte habitualmente

JUAN-JOSÉ FERNÁNDEZ, **Madrid**
Un tercio de los españoles, más de 10 millones de pe s actica uno o más depo a vez por se

artes marciales (4,1%), pelota (frontón) (3,6%), tenis de mesa (3,4%), v y caza (2,9°

los encuestados para no hacer deporte. Según ellos, en casi todos los casos han aumentado las propor ciones con re ecto a 1980. S omentó

Actividad optativa Por lo general...

1. ¿A qué conclusión llegas?
   - ☐ Por lo general, los españoles suelen practicar uno o más deportes.
   - ☐ Por lo general, los españoles no suelen practicar deportes.
2. ¿Crees que el porcentaje de norteamericanos que suele practicar deportes es mayor[c] o menor[d]?

[a]*Sports* [b]*headline* [c]*greater* [d]*smaller*

LOS HISPANOS HABLAN

¿Funcionas mejor de día o de noche?

> Nombre: Ricardo Camacho, cantante y editor de televisión
> Edad: 32 años
> País: Colombia

« De noche, yo creo... Sí. Tengo más energía, me concentro más. Escribo, leo, miro la televisión o voy al cine. Y me encanta hablar, especialmente conversaciones intensas, de política o de religión, por ejemplo... ¿A qué hora me acuesto? Más o menos a las doce de la noche. A veces me acuesto a la una.

« Me levanto a las 7.30. O sea me despierto a las 7.30, pero no me gusta brincar[a] de la cama en seguida.[b] No me gusta hablar por la mañana, pero me levanto de buen humor[c]... y me desayuno con café, pero no tengo que tomar café... »

---

[a]*jump*   [b]en... *right away*   [c]de... *in a good mood*

Y AHORA...

Preguntas para un examen

In this activity you'll make up test items that your instructor can include in a quiz or exam.

Paso 1.   Fill in the calendar from Aerolíneas Argentinas on page 35 with at least two things you do in the morning, afternoon, or evening any two days of the week (except weekends). Include such things as when you get up, when you go to bed, when you arrive at school, and when you have lunch.

Paso 2.   Interview someone with whom you have not worked in this lesson. Find out when he or she does the same things as you on the same two days. Jot down the information.

Paso 3.   Make clean copies of your schedule and the schedule of the person you have just interviewed. They should look the same except for the time of day things get done (don't forget to use **yo** forms of the verb for yourself and **él** or **ella** forms for your partner).

Paso 4.   Using the two schedules, make up the following test items:

☐   Five true/false questions of a comparative nature. For example:

Yo me levanto muy temprano por la mañana, pero Juan se levanta tarde.

☐   Three multiple choice questions that compare your schedule with your partner's. For example:

Juan suele estudiar tres horas por la noche. Yo suelo estudiar

   a. más (*more*) b. menos (*less*) c. lo mismo (*the same*)

☐ Two questions that require an answer with a specific activity. For example:

Yo suelo hacer esto por la mañana, pero Juan suele hacer esto por la noche. ¿Qué es? (*Answer:* estudiar)

Paso 5. Turn in both the schedules and the test items to your instructor.

VOCABULARIO

Vocabulario básico

La vida de todos los días	Everyday life
acostarse (ue)	to go to bed
almorzar (ue)	to have lunch
cenar (solo/a)	to have dinner (alone)
comer (en casa)	to eat (at home)
comprar (un disco compacto)	to buy (a compact disc)
deber (+ *inf.*)	should, must, ought to (*do something*)
desayunar	to have breakfast
dormir (ue)	to sleep
escribir (la tarea)	to write (the assignment)
escuchar (música)	to listen to (music)
hablar	to speak
hacer (*irreg.*)	to do
hacer ejercicio	to exercise
ir (*irreg.*) **(a clase)**	to go (to class)
jugar (ue) al tenis	to play (tennis)
leer	to read
levantarse	to get up
manejar (el carro)	to drive (the car)
mirar ([la] televisión)	to watch, look at (television)
necesitar	to need
pasar	to spend
poder (ue)	to be able, can
preferir (ie)	to prefer
preguntar	to ask
regresar (a casa, al apartamento)	to return (home, to one's apartment)
salir (con mis/tus/sus amigos)	to go out (with my/your/his/her friends)
soler (ue) (+ *inf.*)	to be in the habit of (*doing something*)

tocar (la guitarra)	to play (the guitar)
trabajar	to work
Repaso: estudiar	

¿Cuándo?	When?
a cualquier hora	at any time
durante	during
(muy) tarde	(very) late
(muy) temprano	(very) early
por la mañana	in the morning
por la tarde	in the afternoon
por la noche	at night
un rato	a while

¿Con qué frecuencia?	How often?
frecuentemente	frequently
generalmente	generally
normalmente	normally
regularmente	usually
todas las mañanas/ tardes/noches	every morning/afternoon/ night
todas las semanas	every week
todos los días	every day

Los días de la semana	Days of the week
¿Qué día es hoy?	What day is it today?

lunes	miércoles	viernes	domingo
martes	jueves	sábado	

los lunes/martes/ miércoles	on Mondays/Tuesdays/ Wednesdays
el fin de semana	weekend
mañana (*adv.*)	tomorrow

¿Cómo es tu horario?	What's your schedule like?
¿A qué hora?	At what time?
a la una	at one o'clock
a las dos (y diez)	at two (-ten)
a las tres (y cuarto)	at three (-fifteen)
a las cuatro (y media)	at four (-thirty)
a las cinco (menos veinte)	at (twenty minutes of) five
a las siete (menos cuarto)	at (a quarter to) seven
la hora	hour
el reloj	clock, watch

¿Dónde?	Where?
la biblioteca	library
el café	café
la casa	house
el cuarto	room
el laboratorio	laboratory
el restaurante	restaurant
la universidad	university

Palabras y expresiones útiles

el café	coffee
el gato	cat
la leche	milk
el periódico	newspaper
bueno/a (buen)	good
con	with
en	in; at
más	more
menos	less
mi(s)	my
para	for
pero	but
porque	because
primero/a (primer)	first

rápidamente	rapidly
su(s)	his, her
tu(s)	your (*fam.*)
un(a)	a, an
usted, Ud.	you (*pol., sing.*)
ustedes, Uds.	you (*pol., pl.*)
vosotros/as	you (*fam., pl.* [*Sp.*])
yo	I

Vocabulario y expresiones del tema

Vocabulario y expresiones del tema contains words and expressions that are related to the content of the readings, the **Un vistazo** sections, and so on, but that are not part of the **Vocabulario básico.** Your instructor will tell you whether or not you should consider these words (or some of them) as "active" vocabulary.

¿Funcionas mejor de día o de noche?	Do you function better by day or night?
las bases biológicas	biological bases
el despertador	alarm clock
los especialistas	specialists
un hábito difícil de romper	a habit difficult to break
el horario de dormir (sueño)	sleep schedule
el cerebro	the brain
el patrón del sueño	sleep pattern
tu «reloj» interno	your internal clock
el ritmo	rhythm
el sonámbulo (la sonámbula)	sleepwalker
apagar	to turn off
ir a la cama	to go to bed
sincronizar	to synchronize
tratar de mantenerte (*irreg.*) despierto/a	to try to keep awake

¿QUÉ HACES LOS FINES DE SEMANA?

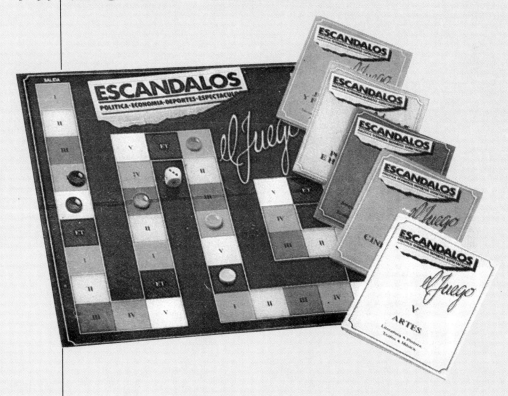

*T*he focus of this lesson is weekend activities. In exploring this topic, you will

- describe how your weekend activities differ from your weekday activities
- describe how your Saturdays differ from your Sundays
- consider how weather and seasons influence your plans
- ask other people what they do on weekends
- learn more about present-tense verbs in Spanish

IDEAS PARA EXPLORAR
ACTIVIDADES PARA EL FIN DE SEMANA

PARA EXPRESARSE   ¿QUÉ HACE UNA PERSONA LOS SÁBADOS?

El sábado de Alicia

Por la mañana, Alicia **corre** dos millas.

Limpia su apartamento.

Por la tarde, **va de compras.**

Por la noche, **se queda** en casa. (**No sale.**)

El sábado de Ramón

Por la mañana, Ramón **lava su ropa.**

Luego **saca vídeos.**

Por la tarde, **da un paseo** con una amiga.

Por la noche, **baila** en una fiesta.

El domingo de Alicia

Alicia **charla** con su vecino.

Va a la iglesia.

Por la tarde, **nada** en la playa.

Toma café con su amiga.

El domingo de Ramón

Por la mañana, Ramón **no hace nada.**

Por la tarde, **juega al fútbol americano** con sus amigos.

Más tarde, **limpia** su carro.

Ramón **asiste a** un concierto.

VER EL MANUAL

Actividad A ¿Qué día es?

Listen as your instructor reads statements about the typical weekend activities of Alicia and Ramón. Then identify which day each statement refers to, according to the information in the drawings.

> MODELO: PROFESOR(A): Alicia limpia su apartamento.
> ESTUDIANTE: Es sábado.

1... 2... 3... 4... 5... 6...

Actividad B ¿Quién es?

Look again at the drawings on pages 56–57. Your instructor will read several statements. Give the name of the person doing the activities described in each statement.

1...   2...   3...   4...   5...   6...

Actividad C ¿Cierto o falso?

Review the drawings on pages 56–57 once more. Your instructor will make some statements about them. Say whether they are **cierto** or **falso.**

1...   2...   3...   4...   5...   6...   7...

Actividad D ¿Alicia o Ramón?

Look again at the pictures on pages 56–57; decide on two or three activities you have in common with either Alicia or Ramón and two or three you don't have in common. Write your activities down, using the following model. Remember to put the verbs in the correct **yo** form. In class, compare your activities to those of your classmates.

MODELOS: Yo también corro los sábados.

Normalmente no limpio mi carro los domingos.

Actividad E Mis fines de semana

This activity is a version of **Veinte preguntas.** Think of something that you normally do on the weekends. (If you do not know the Spanish expression for it, ask your instructor for help.) Your classmates will try to guess what the activity is by asking you yes/no questions.

MODELOS: ¿Haces la actividad con un amigo? ¿con una amiga? ¿solo/a?

¿Haces la actividad en casa? ¿en la universidad? ¿en un café? ¿en la playa? beach

¿Haces la actividad por la mañana, normalmente? ¿por la tarde? ¿por la noche? ¿a cualquier hora?

¿Haces la actividad los sábados? ¿los domingos?

Actividad F Un sábado perfecto

Some people say, "If I don't _____, my Saturday isn't complete!" What would you say?

MODELO: Si yo no _____, mi sábado no está completo.

UN VISTAZO

TIEMPO QUE DEDICAN A SUS AFICIONES

(Media de minutos diarios)

Ver la televisión	**120**
Tomar copas b	**60**
Pasear	**22**
Leer libros	**15**
Escuchar música	**15**
Oír la radio	**8**
Hacer deporte	**9**
Practicar *hobbies*	**8**
Leer la prensa	**6**
«Juegos»	**4**

Los pasatiempos[a] favoritos

Here is a table showing the time spent on certain activities each day by young Spanish people. Are young people in Spain very different from young people in the United States? What do you think?

Actividad optativa Los españoles

Paso 1. In the first column, write the average number of minutes young Spanish people spend on each activity on a weekday.

ACTIVIDAD	los españoles	yo	la clase
1. ver (mirar) la televisión	60		67
2. tomar copas (ir a un bar con amigos)	0	0	7
3. pasear (dar un paseo) *(to take a walk)*		0	
4. leer libros		20	
5. escuchar música			
6. oír la radio *(listen to)*			
7. hacer deporte			
8. practicar hobbies			
9. leer periódicos y revistas			
10. juegos *(games)*			

sesenta *(sixenta handwritten)*

Paso 2. Now go through the list and indicate in the second column how much time you average per activity every day.

Paso 3. Share answers with the class and then calculate the class average for each activity. How do you compare with the Spaniards?

Paso 4. Now figure how much time you spend on these same activities on weekends. Do your numbers change?

---

[a]*pastimes* [b]Tomar... *To have a drink*

Actividad G ¿Te gustan los juegos?

Paso 1. Answer these questions about yourself.

	SÍ	NO
1. Me gustan mucho los juegos.	☐	☐
2. En mi casa, tengo una variedad de juegos.	☐	☐
3. Para mí, estos juegos son más divertidos (*fun*) que la televisión.	☐	☐

Paso 2. Use the questions in **Paso 1** to make up questions for your classmates.

	SÍ	NO
1. ¿Te gustan _____ ?	☐	☐
2. En tu casa, ¿ _____ ?	☐	☐
3. Para ti, ¿ _____ ?	☐	☐

Paso 3. Using these questions, find classmates with answers like yours.

UN VISTAZO

Diversiones

This announcement appeared in *Noticias,* an Argentine magazine.

Escándalos con y sin maldad

Con qué nombre "cariñoso" se conoce a la censura en la Argentina? ¿Qué familia se dedicó, desde 1982, al secuestro extorsivo? ¿Qué ganador del Nobel de Literatura dijo que no sabía poner los acentos y confiaba en sus correctores? Estas son apenas algunas de las 1.080 preguntas de *Escándalos,* el juego que acaba de salir a la venta y ya es furor.

Está creado en el país, con preguntas desafiantes para los memoriosos de escándalos nacionales y los curiosos de los líos foráneos. Veinte personas trabajaron durante 4 meses visitando archivos periodísticos para completar 5 libros con preguntas (cine y medios, judiciales y financieros, artes, políticos e históricos y temas varios). Sólo para gente bien informada. (Entre ₳ 6.290 y ₳ 6.890 según la librería.)   ●

Actividad optativa   Un juego escandaloso

Paso 1.   The announcement is about a game. What is the name of the game? Is there a board game in this country with a similar title? What do you think this game is about?

☐   It contains trivia questions, something like Trivial Pursuit.
☐   It is a psychological game (players tell what scandals they would create or would like to be part of).
☐   It involves creating a scandalous story and moving around the board as the story is told.

Paso 2.   Read the first paragraph of the announcement to see if you can identify the correct answer to **Paso 1.** ¡OJO! You will not understand this paragraph word for word, but that's OK! You should still be able to get a sense of what the game is about.

Paso 3.   Now scan the announcement to find out what categories of scandals are included and circle them.

Paso 4.   Read the last line of the announcement. What do you think **gente** means? Is this game for you?

LOS HISPANOS HABLAN

En general, ¿qué diferencias has notado entre[a] las actividades favoritas de los hispanos y las de los norteamericanos?

NOMBRE: Antonio Medina, estudiante
EDAD: 19 años
PAÍS: España

« En España a casi toda la juventud[b] le encanta ir a las discotecas, pero aquí en los Estados Unidos casi no hay discotecas, o por lo menos, no en mi ciudad. Bueno, creo que sí hay alguna, pero no dejan entrar a menores,[c] así que no sé cómo se divierten[d] exactamente los jóvenes americanos. »

---

[a]has... *have you noticed between*   [b] la... *young people*   [c]no... *minors aren't allowed*   [d]se... *have fun*

Actividad H Mi existencia

The French philosopher René Descartes said, **"Pienso, luego existo."** Nowadays, Boris Becker might say, **"Juego al tenis, luego existo."** And Colombian writer Gabriel García Márquez might say, **"Escribo, luego existo."** How would you describe yourself? Use the verbs you already know, or use the glossary at the end of the text to look up new words.

MODELOS:

Estudio, luego existo.

Hago ejercicio, luego existo.

Como chocolate, luego existo.

[a]*really*   [b]*You will see*   [c]*Did you see?*   [d]Dos... *Two thousand*

PARA EXPRESARSE   ¿CON QUÉ FRECUENCIA...? (II)

To talk about how often you do an activity, you may use the following expressions:

siempre	*always*
con frecuencia	*frequently*
a veces	*sometimes*
de vez en cuando	*from time to time*
pocas (raras) veces	*rarely*
nunca	*never*

—¿**Siempre** te quedas en casa los sábados por la noche?
—Con frecuencia, pero **a veces** salgo al cine si estoy aburrida (*bored*).

VER EL MANUAL

Actividad I ¿Con qué frecuencia?

Paso 1.   How often do your classmates do certain weekend activities? Interview a classmate by asking questions based on the list that follows. Remember to use the verbs in the correct **tú** form (for example, **¿Miras...?**). Check off the answers in the corresponding boxes and make up your own question for the last one.

MODELOS: ¿Vas al cine? → Sí, con frecuencia.

¿Te levantas temprano? → ¡Raras veces!

		1 NUNCA	2 RARAS VECES	3 DE VEZ EN CUANDO	4 CON FRECUENCIA	5 SIEMPRE
1.	Estudia.	☐	☐	☐	☑	☐
2.	Se queda en casa.	☐	☐	☑	☐	☐
3.	Va a fiestas.	☐	☑	☐	☐	☐
4.	Se acuesta a las 2.00 de la mañana.	☐	☐	☐	☐	☐
5.	Lee un periódico.	☐	☐	☐	☐	☐
6.	Duerme ocho horas.	☐	☐	☑	☐	☐
7.	Va al cine.	☐	☐	☐	☑	☐
8.	Baila en una discoteca.	☑	☐	☐	☐	☐
9.	Da un paseo con un amigo (una amiga) especial.	☐	☐	☐	☑	☐
10.	Lava la ropa.	☐	☐	☐	☐	☐
11.	Limpia la casa.	☐	☐	☐	☐	☐
12.	_____.	☐	☐	☐	☐	☐

Paso 2.   After completing **Paso 1**, change roles.

Paso 3.   Compare your answers with those of the rest of the class.

UN VISTAZO

¿Leen mucho los españoles?

Mira el título del artículo a continuación. ¿Por qué crees que hay un porcentaje tan alto de españoles que no lee nunca? Lee rápidamente el pasaje[a] a ver si se ofrecen explicaciones.

LA CULTURA   EL PAÍS, lunes 9 de noviembre de 1987

LAS LETRAS EN ESPAÑA

Las últimas encuestas demuestran que en España el 45% de la población no lee nunca. La razón de esto habría que buscarla en que el pueblo español es callejero y poco dado al ocio en casa. La televisión es, según algunos escritores, otra de las causas de la poca lectura. Sin embargo, desde 1982, el Ministerio de Cultura, preocupado por este tema, está promoviendo la creación de bibliotecas escolares de ocio. En los cinco últimos años se han distribuido colecciones de 1.000 libros en 2.300 escuelas; asimismo, se han realizado exposiciones

El 45% de los españoles no lee nunca

PEDRO SORELA, **Madrid**
El español es "un pueblo callejero", más dado al ocio en...
pien...

Actividad optativa ¿Leen los norteamericanos?

Haz una encuesta fuera[b] de clase (en inglés, ¡por supuesto!) de los hábitos de leer de algunas personas. Incluye en tu encuesta a personas que no son estudiantes. Presenta los resultados a la clase (en español, ¡por supuesto!). La clase puede calcular el porcentaje de norteamericanos que dice que no lee nunca.

---

[a]*passage* [b]*outside*

UN VISTAZO

El tiempo libre[a] en el año 1840

Esta pintura es de una familia burguesa[b] alrededor[c] del año 1840. ¿Qué hace? ¿Cómo pasa su tiempo libre? ¿Y cómo pasa el tiempo libre una familia moderna?

Joaquín Espalter (español, 1809–1880), *La familia Fláquer*, 1840 (Museo Romántico, Madrid)

---

[a]tiempo... *free time* [b]*bourgeois* [c]*around*

LOS HISPANOS HABLAN

¿Qué te gusta hacer los fines de semana?

> NOMBRE: Isabel Molina, secretaria
> EDAD: 23 años
> PAÍS: la Argentina

« Ante todo dormir, porque siempre me tengo que levantar muy temprano para ir al trabajo. Y después[a] depende, porque los horarios de mis amigos no coinciden con el mío. No me gusta salir por la tarde o durante el día; me gusta salir de noche: ir a bailar, cenar o a tomar algo. Pero siempre depende de la compañía... »

> NOMBRE: Nicolás Delgado, estudiante
> EDAD: 18 años
> PAÍS: Panamá

« Depende. Siempre que puedo voy a jugar al fútbol. Salgo poco y casi siempre con mis hermanos a bailar, o a jugar al billar. Mis amigos no tienen auto y yo tampoco. Estoy mucho en casa. »

---

[a] *afterward*

IDEAS PARA EXPLORAR
LAS OTRAS PERSONAS

PARA EXPRESARSE   ¿QUÉ HACEN?

When your instructor describes the actions of two or more people, you may have noticed that a particular verb form is used. That is, if more than one person is the subject of the sentence, an **-n** is added to the final vowel of the verb. For example, **estudia → estudian; come → comen.** This is known as the third-person plural or **ellos/ellas** form.

> Los domingos por la tarde, Ramón y sus amigos siempre **juegan** al fútbol. Alicia y sus amigos **nadan.**
> Los domingos por la noche, Ramón y un amigo **van** a un concierto; Alicia y su amiga **toman** café y **charlan.**

Note that **se** is used before the third-person plural form of verbs like **acostarse.**

> El sábado, Ramón y sus amigos **sacan** vídeos y **se quedan** en casa por la tarde.

LOS POSTRES

TOCINILLOS DE CIELO	225
MOUSSE DE CHOCOLATE	225
LA LIMONERA	300
DELICIAS DE FRAMBUESAS	300
NEVADO	250
SORBETE DE LIMON CON CHAMPAGNE	250
PERLAS DE MELON CON SORBETE DE MELON	300
CREMA FRIA DE CAFE	250
EXOTICO	300
COPA DE LAS ISLAS	325
COPA DE VERANO	300
COPA ESPECIAL BRASSERIE	275
TARTA HELADA DE TRUFA	300
HELADOS AL GUSTO	175
BATIDOS VARIADOS	225

VER EL MANUAL

Actividad A ¿Qué actividades tienen en común (*in common*)?

Paso 1. Here is a list of activities that some people do on weekends. Read the list and make sure you understand each item before going on to **Paso 2.**

1. Sacan muchos vídeos del videoclub y se quedan enfrente del televisor (*in front of the TV set*) todo el fin de semana.
2. Limpian la casa, lavan la ropa y van al supermercado (*supermarket*) porque no tienen tiempo durante la semana.
3. Se quedan en casa, escuchan la radio y leen sin parar (*without stopping*).
4. Pasan mucho tiempo en la playa.
5. Practican un deporte o hacen algún tipo de ejercicio.
6. No hacen absolutamente nada. Son perezosos (*lazy*).
7. Van de compras y gastan (*spend*) mucho dinero.
8. Van al cine.

Paso 2. On a sheet of paper, make a list of questions to ask classmates about their weekend activities, based on the preceding statements. For example:

> ¿Practicas algún deporte los fines de semana?
> ¿Haces ejercicio?

Leave space for two people's names after each question.

Paso 3. For each question on your list, find two people who answer **Sí** to that question and write down their names.

Paso 4. The first person who finds two people who answer **Sí** for each of the eight questions shouts "**¡Ya lo tengo! ¡Ya lo tengo!**" and presents the findings to the class, following the model.

MODELO: _____ y _____ sacan vídeos del videoclub y se quedan enfrente del televisor todo el fin de semana.

Actividad B ¿Qué actividad tienen en común?

Below is a list of people who have at least one activity in common. Pair up with a classmate to figure out what activity it is.

1. Gabriel García Márquez, Isabel Allende y Alice Walker
2. José Canseco, Mike Tyson y Michael Jordan
3. Arantxa Sánchez Vicario, Gabriela Sabatini y Steffi Graf
4. Gene Siskel y Roger Ebert
5. Andrés Segovia, Eddie Van Halen y Joe Satriani
6. Mario Andretti y Paul Newman
7. los estudiantes
8. los profesores de español

¿SABÍAS QUE...

...el horario de muchas actividades sociales en los países hispanos en comparación con lo que ocurre en los Estados Unidos es muy diferente? Por la noche, por ejemplo, los españoles suelen regresar a casa más tarde que los norteamericanos. Generalmente cenan a las 10.00 de la noche en casa o en restaurantes. Los conciertos, funciones teatrales[a] y películas suelen comenzar[b] más tarde en la mayoría de los países hispanos que en los Estados Unidos y muchos bares y discotecas no cierran[c] hasta[d] las 4.00 o 5.00 de la mañana.

[a] funciones... *theater performances*   [b] *begin*   [c] *close*
[d] *until*

SALSA

■ **CANAYON.** Música caribeña. En la Sala Elígeme, calle San Vicente Ferrer, 23. Del 11 al 14 de julio, a partir de las 23,30 h.
■ **MINGO DA COSTA.** Música del Brasil. En la Sala Elígeme, calle San Vicente Ferrer, 23. Del 17 al 19 de julio, a partir de las 23,30 h.
■ **EL CONGO BELGA Y HOHNNY PACHECO.** En la Muralla Arabe (Cuesta de la Vega). Día 19, a partir de las 22 h. El precio de la entrada será de 1.000 pesetas.

FLAMENCO

■ **LOS CABALES.** Al cante: José Martín «Niño del Gastor» y Rafael Moreno «El Inglés». A la guitarra: José L. Teruel, con Manuel Palacín y cuadro de baile. En el Auditorio de Entrevías. Día 8, a partir de las 21,30 h. Entrada gratuita.
■ **CANTORES DE HISPALIS.** En el Auditorio del Parque de Atracciones. Día 8, a las 19,30 y 22 h.
■ **LA CHUNGA.** En el Café de Chinitas, calle Torija, 7. Durante toda la semana, a partir de las 23,30 h.
■ **LOS CORALES, RAICES DEL SUR Y MACARENA.** En Faralaes, calle

Orense, 68. Durante toda la semana, a partir de las 24 h.
■ **NIÑO GERONIMO, CHANO LOBATO Y TOMATITO.** En los Jardines de Cecilio Rodríguez, del Parque del Retiro, entrada por Menéndez Pelayo. Día 16 de julio, a partir de las 23 h.

CLASICA

■ **ALEJANDRO DE RACO.** Concierto de instrumentos hispanoamericanos y orientales. En el Salón de Actos del Ateneo de Madrid, calle Prado, 21. Día 8, a las 20 h.
✠ **DANIEL ZELAYA COTO.** Concierto de guitarra. En el Salón de Actos del Ateneo de Madrid, calle Prado, 21. Día 9, a las 20 h.
■ **ORQUESTA DE CAMARA DE LA VILLA DE MADRID.** En los Jardines de Cecilio Rodríguez, del Parque del Retiro, entrada por Menéndez Pelayo. Día 13, a las 23 h.
■ **JORGE CARDOSO.** Recital de guitarra. En los Jardines de Cecilio Rodríguez, del Parque del Retiro. Día 14, a las 23 h.
■ **CUARTETO SOLER.** En el Patio de Santo Tomás de Villanueva, Universidad Cisneriana de Alcalá de Henares. Día 14, a las 22,30 h.

UN VISTAZO

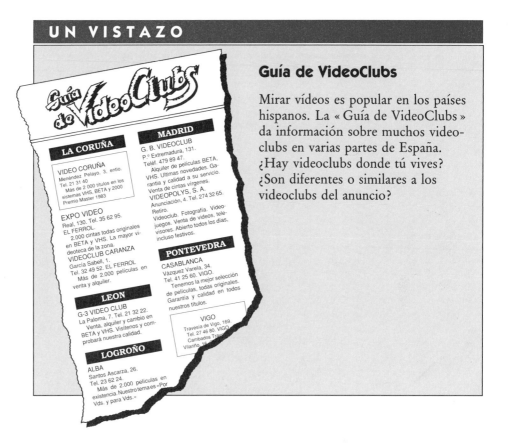

Guía de VideoClubs

Mirar vídeos es popular en los países hispanos. La « Guía de VideoClubs » da información sobre muchos videoclubs en varias partes de España. ¿Hay videoclubs donde tú vives? ¿Son diferentes o similares a los videoclubs del anuncio?

IDEAS PARA EXPLORAR
TÚ Y YO

PARA EXPRESARSE ¿QUÉ HACEMOS NOSOTROS?

When talking about the actions of a group of people that includes yourself, use the following verb forms:

For **-ar** verbs, add **-amos** to the stem.
For **-er** verbs, add **-emos** to the stem.
For **-ir** verbs, add **-imos** to the stem.

For example:

gastar → gastamos *spend money*
leer → leemos
salir → salimos

This is known as the first-person plural or **nosotros/nosotras** form of the verb.

VER EL MANUAL

Todos los sábados, mi compañera de cuarto y yo **vamos*** de compras y **gastamos** mucho dinero.

Luego **almorzamos** en un restaurante.

Frecuentemente, por la tarde **asistimos** a una conferencia en el museo de arte.

Cuando **salimos** del museo, **regresamos** al apartamento.

Verbs with a vowel change in the stem, such as **me acuesto** and **suelo,** don't have a vowel change in the **nosotros/as** form.

Nos acostamos muy tarde todos los sábados porque **solemos** salir con los amigos.

Actividad Dos estudiantes argentinos

Paso 1.   In a recent interview, two Argentine college students who are brothers said they do the following things on weekends. Which of these things do American students tend to do?

> MODELO: Nosotros también _____.   *o*   Nosotros no _____.

1. Dormimos hasta muy tarde los domingos. A veces no nos levantamos hasta las 12.00.
2. Salimos a bailar los sábados. Regresamos a casa a las 4.00 ó 5.00 de la mañana.
3. Leemos y estudiamos los domingos por la noche.
4. Visitamos a la familia con mucha frecuencia.
5. Los viernes por la noche damos un paseo por las calles (*streets*). Siempre hay mucha gente allí.

Paso 2.   If you were writing a brief note to the Argentine brothers from **Paso 1,** what would you say you and your friends or family do on weekends? With a partner, come up with at least five possibilities.

> MODELO: Miramos un partido (*game*) de fútbol americano en la televisión.

Paso 3.   As a class, go over your lists while someone tallies how often each activity is mentioned.

Paso 4.   Now write a brief letter to the two brothers. Include the information you found in **Paso 3.** Remember that you are trying to give a representative picture of yourselves to people of another culture. You may use the following format, making any adjustments necessary.

> Queridos amigos argentinos:
>
> Aquí escribo las actividades que mis amigos y yo solemos hacer los fines de semana. Primero, _____ con frecuencia. También _____. Muchos de nosotros también _____. Con menos frecuencia _____. Finalmente, _____. Como es evidente, Uds. los argentinos y nosotros los norteamericanos somos _____ (similares/diferentes).
>
> Bueno, esperamos que sea interesante para Uds. esta información.
>
> Reciban un saludo cordial de
>
> _____
> (*your signature*)

---

* Note the **nosotros/as** forms for two irregular verbs you know: **vamos** (ir) and **somos** (ser).

LOS HISPANOS HABLAN

En general, ¿qué diferencias has notado entre[a] las actividades favoritas de los hispanos y las de los norteamericanos?

NOMBRE: Ana Vargas, estudiante
EDAD: 20 años
PAÍS: la Argentina

« Los americanos tienen que tener todo programado en los calendarios. En la Argentina, por ejemplo, se improvisa mucho más. Es común decidir con un día de anticipación qué se va a hacer.[b] En los Estados Unidos, en cambio, si un viernes por la tarde llamas a tus amigos para organizar una fiesta el sábado, lo más probable es que te digan que ya se han comprometido para hacer otra cosa.[c] »

_____

[a]has... *have you noticed between*   [b]qué... *what one is going to do*   [c]te... *they will tell you they have made other plans*

VAMOS A VER

(la gente)

Many people have favorite weekend activities. *(Algunas)* Some practice sports, others relax at home, some work on hobbies. The reading on page 70 describes a man with a special hobby.

Anticipación

Paso 1. The article you are about to read is from *Geomundo,* a magazine containing articles about geography, nature, anthropology, and sometimes history (the origin of coffee, the history of the conquest of Latin America, and so forth). Which of the following U.S. magazines do you think is similar to *Geomundo*?

(piensas)

☐ *Ladies' Home Journal*
☐ *National Geographic*
☐ *People*

Paso 2. Each issue of *Geomundo* has a section called *Geomundo informa,* which presents brief articles on unique and interesting topics. The article you will read here is from *Geomundo informa.* Read the title of the article and look at the photographs. What does the word **trébol** mean?

Paso 3. Think for a moment about the word **trébol.** Which of the following ideas are associated with it?

Clover

☐ Es típico del Canadá.
☐ Es símbolo de buena suerte (*good luck*).
☐ Algunos (*Some*) tréboles son muy raros.
☐ Otras ideas: _____

Paso 4. Now read the caption for the photograph at the left. What is the man in the photograph doing?

☐ Habla de los tréboles.
☐ Escribe un artículo sobre los tréboles.
☐ Busca (*He is looking for*) tréboles.

Paso 5. What is the main purpose of this article?

☐ El artículo intenta describir la colección de tréboles como un hobby en general.
☐ El artículo intenta describir la colección de tréboles de un hombre en particular.

LECTURA

Colección de tréboles

La felicidad que trae el hallar un trébol de 4 hojas que nos dará la buena suerte esperada, parece que es cosa de todos los días para el señor Roch, de Montreal, Canadá. Él, a lo largo de 20 años, ha encontrado no sólo tréboles de 4 hojas, sino incluso, de 5, 6, y 7 hojas, lo que lo convierte en una marca que ha entrado el famoso libro de récords Guinness.

Sus números:

> 4,018 tréboles de 4 hojas
> 500 tréboles de 5 hojas
> 50 tréboles de 6 hojas
> 5 tréboles de 7 hojas

El señor Roch dice que la mayoría los encontró en Estados Unidos y el resto en Canadá, cerca de Montreal.

Lo que este hombre de buena suerte asegura, es que, además de la diversión que encuentra mientras busca más tréboles, éstos le apartan la mala suerte que a todos sigue.

El señor Roch busca tréboles en cualquier prado que existe.

Esta colección de tréboles puede ser la mayor del mundo.

FOTOS: PONO PRESSE/GAMMA

Exploración

Paso 1. Skim the article. Is the hypothesis you made in **Paso 5** of **Anticipación** correct?

Paso 2. Skim the article again. Which of the following points appear?

☐ el número de tréboles que tiene este hombre
☐ el nombre de la persona de la fotografía
☐ los tipos de tréboles que tiene
☐ recomendaciones para ser buen coleccionista

Compare your answers with a classmate's.

In the following **pasos** of **Exploración,** you will read more slowly and extract more details than in **Pasos 1** and **2.**

Paso 3. The word **hojas** appears often in this article. Find it. What do you think it means? *leaves*

Paso 4. Read the first paragraph of the article and then answer these questions.

1. ¿Con qué frecuencia practica este hobby el señor Roch?
2. ¿De dónde es el señor Roch?
3. ¿Es un hobby nuevo? (¡OJO! **año** = *year*)
4. ¿Qué tipos de tréboles tiene en su colección?

Paso 5. Read the second paragraph and give the following information.

número total de tréboles que hay en la colección: _____
tipo de trébol que menos tiene: _____
tipo de trébol que más tiene: _____

Paso 6. Read the third paragraph and complete these sentences. (Note: **Hallar** means *to find.*)

El señor Roch suele hallar los tréboles en _____ .
También halla tréboles en _____ .

Síntesis

The purpose of the section **Síntesis** is to enable you to summarize the information you have found in an article without rereading it.

Paso 1. Without reading the article again, give the following information. You can use the information from **Exploración,** but you should not look at the article itself!

Nombre de la persona que practica el hobby: _____

El hobby que practica: _____

Dónde practica el hobby: _____

Con qué frecuencia: _____

Tipos de tréboles que tiene en la colección: _____

Número de tréboles que tiene en la colección: _____

Paso 2.   Write a paragraph about Mr. Roch. Use the information from **Paso 1,** but don't look at the article again.

Paso 3.   Compare your paragraph with that of a classmate. Are they similar or different? How so? Do you wish to change any of the information in your paragraph?

¡Sigamos!

El tiempo libre

Here is a version of the list used in **Paso 1** of **Síntesis.** Interview a classmate about something that person does in his or her free time. You may first want to make a list of questions to guide you in the interview. Fill in the chart as you conduct the interview.

Nombre de la persona: _____

Actividad: _____

Dónde: _____

Con qué frecuencia: _____

Con quién: _____

Otra pregunta: _____

LOS HISPANOS HABLAN

¿Cuál es tu pasatiempo favorito? Descríbelo en pocas palabras.

NOMBRE: Cristina Murillo, estudiante
EDAD: 20 años
PAÍS: España

« Lo que más me gusta hacer en mis ratos libres es leer. Tengo todo tipo de libro. »

NOMBRE: Luis Bernardo Castro Ruiz, estudiante
EDAD: 18 años
PAÍS: Costa Rica

« Tengo varios pasatiempos preferidos. Me gusta mucho ver TV, escuchar y bailar al ritmo del *heavy metal;* me encanta salir de paseo con mis amigos y hacer bastantes travesurillas[a] con ellos.»

---

[a] *mischief*

IDEAS PARA EXPLORAR
EL TIEMPO

PARA EXPRESARSE ¿QUÉ TIEMPO HACE? (*HOW'S THE WEATHER?*)

To talk about the weather and how it affects what people do, the following expressions are used in Spanish:

Hace sol. Hace buen tiempo. Está despejado. *It is clear (no clouds)*

Rain *it is raining*
Llueve. (Está lloviendo.) Hace mal* tiempo. Está nublado. *it is cloudy*

Hace viento. *windy*

Snow *it is snowing*
Nieva. (Está nevando.)

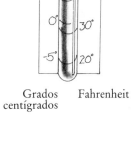

LA TEMPERATURA

Grados centígrados   Fahrenheit

EL TIEMPO

Hace mucho calor. *Very Hot*

Hace calor. *Hot*

Hace fresco. *warm*

Hace frío. *cool*

Hace mucho frío. *Cold*

VER EL MANUAL

Note that the verbs **hacer** and **estar** are both translated as *to be* in these expressions. You will learn more about **estar** in the *Manual.*

---

* **Malo/a** (*Bad*) is shortened to **mal** before a masculine singular noun: **un mal día, una mala semana.**

Actividad A El tiempo

Listen as your instructor describes the weather conditions in the following pictures. Give the number of each picture being described.

1.

viento

2.

lloviendo

3.

nublado

4.

mucho calor

5.

nieva

6.

mucho frío

7.

8.

fresco

Actividad B Asociaciones

¿Qué asocias con el tiempo? Haz las correspondencias y luego compara tus respuestas con las de otra persona. ¿Son iguales las respuestas de Uds.?

A

1. __a__ quedarse en casa (no salir)
2. __e__ los juegos play cards
3. __c, d__ practicar un hobby
4. __e__ correr
5. _____ dar un paseo
6. __a__ nadar o ir a la playa
7. __e__ ir al cine
8. _____ limpiar la casa (el apartamento)

B

a. Hace mucho calor.
b. Hace mucho frío.
c. Está nevando.
d. Está lloviendo.
e. Hace fresco.

¿SABÍAS QUE...

...el sistema centígrado se usa en los países de habla española y en casi todo el resto del mundo con excepción de los Estados Unidos? En este sistema, 0 grados equivale a 32 grados Fahrenheit. Para hablar de la temperatura se utilizan las siguientes expresiones:

La temperatura está a 30 grados.
Estamos a 30 grados centígrados.
La temperatura es de 30 grados.

Actividad optativa La temperatura

Estudia el termómetro y las expresiones en la página 73. Luego, sin mirar el libro, contesta las preguntas del profesor (de la profesora). ¿Puedes pensar en grados centígrados?

1... 2... 3... etcétera

UN VISTAZO

El pronóstico del tiempo

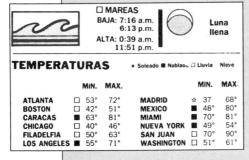

☐ MAREAS
BAJA: 7:16 a.m.
        6:13 p.m.
ALTA: 0:39 a.m.
        11:51 p.m.

Luna llena

TEMPERATURAS   ★ Soleado ■ Nublado ☐ Lluvia Nieve

	MIN.	MAX.			MIN.	MAX.
ATLANTA	☐ 53°	72°	MADRID	☆ 37	68°
BOSTON	☐ 42°	51°	MEXICO	■ 48°	80°
CARACAS	■ 63°	81°	MIAMI	■ 70°	81°
CHICAGO	☐ 40°	46°	NUEVA YORK	■ 49°	54°
FILADELFIA	☐ 50°	63°	SAN JUAN	☐ 70°	90°
LOS ANGELES	■ 55°	71°	WASHINGTON	☐ 51°	61°

San Juan 85° ■

■ Mayagüez 90°

■ Ponce 87°

EL TIEMPO

☐ MARÍTIMO: Vientos del Este de diez a 15 nudos. Marejadas del Este de dos a cuatro pies. Oleaje de tres a cinco pies.

☐ SAN JUAN Y ARECIBO: Parcialmente soleado con 20% de probabilidad de lluvias.

☐ PONCE Y MAYAGUEZ: Mayormente soleado con 20% de probabilidad de lluvias.

Actividad optativa El tiempo de hoy

Contesta las preguntas según la información en el pronóstico del tiempo.

1. ¿Dónde hace más calor en Puerto Rico?
2. ¿Va a llover (*Is it going to rain*)...

    en San Juan?   ☐ sí ☐ no ☐ posiblemente
    en Ponce?   ☐ sí ☐ no ☐ posiblemente

3. ¿En qué ciudad[a] del mundo hace más frío?
4. ¿Dónde hace sol?
5. ¿Está nevando en Boston?

[a] *city*

PARA EXPRESARSE

to start

¿COMIENZA EL VERANO EN JUNIO?
(DOES SUMMER BEGIN IN JUNE?)

VER EL MANUAL

To talk about the months and seasons of the year, you can say the following:

Los meses y las estaciones (*Months and seasons*)

El otoño

septiembre, octubre, noviembre

El invierno

diciembre, enero, febrero

La primavera

marzo, abril, mayo

El verano

junio, julio, agosto

Actividad C ¿Cierto o falso?

Your instructor will make some statements about the weather. Say whether they are **cierto** or **falso.**

1... 2... 3... 4... 5... 6...

José Antonio Velásquez (hondureño, 1903–1983), *San Antonio de Oriente*, 1957

UN VISTAZO

En Centroamérica

En los cuadros del pintor José Antonio Velásquez se puede apreciar no sólo el paisaje[a] de su país natal sino también el clima. En este cuadro, ¿qué tiempo hace? ¿Crees que el cuadro representa una zona de temperaturas extremas?

Actividad optativa
Imagina que eres pintor(a)...

Imagina que eres pintor(a) y que quieres representar el clima de tu región en un cuadro. En una o dos oraciones, describe el tiempo que pintas.

[a] *landscape*

¿SABÍAS QUE...

...en lugares como la Argentina las estaciones están invertidas en relación con la época en que ocurren en países como España y México? El mundo está dividido en dos hemisferios: el hemisferio norte y el hemisferio sur. Cuando es verano en el hemisferio norte, es invierno en el hemisferio sur. Y cuando es invierno en el hemisferio norte, es verano en el hemisferio sur. Durante las Navidades (25 de diciembre), por ejemplo, en Buenos Aires hace mucho calor y los estudiantes tienen las vacaciones del verano. ¡No hay clases y todos van a la playa!

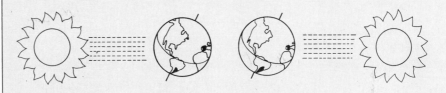

Actividad optativa ¿España o la Argentina?

Listen to the statements your instructor will read. Say whether each statement refers to **España** or **la Argentina.**

MODELO: PROFESOR(A): Es enero y hace calor.
ESTUDIANTE: Estamos en la Argentina.

Actividad D El clima de diferentes ciudades

What do you know about climate and seasons in different parts of the world? Match a place in column A with a place in column B on the basis of climate and season. Follow the model.

MODELO: Chicago/Moscú →
El clima de Chicago es similar al de Moscú en el invierno porque hace mucho frío y nieva mucho.

A	B
Honolulú	Yakarta
San Diego	Estocolmo
Anchorage	San Juan
Palm Springs, California	Miami
la selva (*jungle*) amazónica	Santa Fe, New Mexico
¿——?	¿——?

Actividad E ¿Qué haces...?

¿Qué haces los fines de semana...

1. si llueve?
2. si hace mucho frío?
3. si es un buen día de otoño?
4. si es junio y hace mucho calor?
5. si hace mal tiempo en el mes de febrero?

MODELO: Si llueve, me gusta ir al cine.

VOCABULARIO ÚTIL

dormir la siesta
escribir cartas
hablar por teléfono todo el día
hacer un picnic en el parque

ir a un partido de fútbol americano
jugar al *bridge* o al *Scrabble*
quedarse en cama hasta muy tarde
tocar el piano

Actividad F ¿Qué te gusta hacer los fines de semana?

	si hace buen tiempo...		si hace mal tiempo...	
Los sábados	SÍ	NO	SÍ	NO
1. Me gusta estudiar hasta muy tarde.	☐	☑	☑	☐
2. Me gusta ir al cine.	☑	☐	☑	☐
3. Me gusta hacer ejercicios aeróbicos.	☑	☐	☐	☑
4. Me gusta lavar la ropa.	☐	☑	☑	☐
5. Me gusta dormir mucho.	☐	☑	☑	☐
6. Me gusta ir de compras y gastar dinero.	☐	☐	☐	☑
7. Me gusta _voy baño_.	☑	☐	☐	☑

Los domingos				
1. Me gusta ir a la playa.	☑	☐	☐	☑
2. Me gusta charlar con mi compañero/a.	☐	☑	☑	☐
3. Me gusta sacar vídeos.	☐	☑	☑	☐
4. Me gusta no hacer nada.	☐	☑	☑	☐
5. Me gusta practicar un deporte.	☑	☐	☑	☐
6. Me gusta escuchar música rock.	☐	☑	☑	☐
7. Me gusta _____ .	☐	☐	☐	☐

UN VISTAZO

Para dormirte[a] mejor

Este artículo es de la revista *Conozca más*, que se publica en México.

Actividad optativa Recomendaciones

1. Lee la primera oración del artículo. ¿Cuál de las siguientes afirmaciones es correcta?

   ☐ En el hemisferio norte, mayo ofrece las mejores condiciones para dormir.

   ☐ En el hemisferio norte, septiembre ofrece las mejores condiciones para dormir.

2. Busca la respuesta a la siguiente pregunta: ¿Cuál es la temperatura ambiental[b] más favorable para dormir? (Nota: **nuestro cuerpo** = *our body*.)

---

[a] *fall asleep*   [b] *environmental*

Lista para soñar.

PARA DORMIRTE MEJOR

Se supone que es al final del verano cuando podemos dormir mejor, al menos por las condiciones climáticas. Se ha dicho que es recomendable abrigarse durante el sueño y dormir con las ventanas abiertas. Para ser precisos, de acuerdo con estudios especializados al respecto, la temperatura ideal que debe reinar donde uno duerme es de alrededor de 13° C, y la que debe recibir nuestro cuerpo en la cama es de 30° C. Si esto ocurre, cada hora de descanso equivaldrá a tres en condiciones menos favorables. Pareciera que todo es cuestión de adquirir dos termómetros.

PARA EXPRESARSE   ¿A QUIÉN LE GUSTA...?

To talk about what someone else likes (what is pleasing to another person), use **le gusta** or **le gustan.**

A Alicia **le gusta** hacer ejercicio temprano.
A Ramón **le gusta** dormir hasta muy tarde.

You will learn more about **gustar** in the *Manual.*

VER EL MANUAL

A Ramón **le gusta** asistir
a muchos conciertos.

Actividad G Otra encuesta

Paso 1.   Find people in the classroom who fit the following descriptions. Remember to formulate your questions with **¿Te gusta...?**

1. una persona a quien le gusta levantarse muy tarde los sábados
2. una persona a quien le gusta levantarse muy temprano los sábados
3. una persona a quien le gusta quedarse en casa y no salir cuando hace calor
4. una persona a quien no le gusta jugar juegos como *Scrabble* o *Escándalos*
5. una persona a quien le gusta ir de compras y gastar mucho dinero cuando llueve

Paso 2.   Report your findings to the class.

LOS HISPANOS HABLAN

Un fin de semana ideal con mis amigos...

NOMBRE: Catalina Riveros, estudiante
EDAD: 19 años
PAÍS: la Argentina

« Un fin de semana ideal con mis amigos es ir a bailar toda la noche a boliches[a] y volver a las 7.30 de la mañana después de haber ido a desayunar.[b] Yo sé que suena raro,[c] pero en la Argentina todos los jóvenes hacen lo mismo y los padres[d] no tienen ningún problema. »

[a]discotecas, bares   [b]después... *after having had breakfast*   [c]suena... *it sounds odd*   [d]*parents*

Las discotecas en Buenos Aires

En la sección **Los hispanos hablan** Catalina dice que los fines de semana regresa muy tarde a casa y que los padres no tienen ningún problema, pero sí hay padres que tienen problemas. Mira el siguiente artículo en que se habla de una propuesta[a] en Buenos Aires: cerrar las discotecas a las 3.00 de la mañana. La propuesta viene del vicepresidente de la república, Eduardo Duhualde, quien se preocupa[b] por la conexión entre discotecas y drogas. ¿Qué crees tú?

POLEMICO PROYECTO

¿Fascismo o sentido común?

Las discotecas deberán cerrar sus puertas[c] a las 3 de la madrugada.

"**L**os adolescentes tienen la costumbre de empezar la noche a la una o dos de la madrugada —explicó el vicepresidente—, un horario que no se conoce en ningún lugar del mundo. La responsabilidad es también de los boliches que abren sus puertas después de la medianoche. Los padres no tienen otra salida que dejarlos salir bien tarde, no ejerciendo un amor responsable, que ponga límites."

Actualmente funcionan en la Capital Federal y el Gran Buenos Aires 450 confiterías bailables, a las que concurren entre viernes y domingo aproximadamente un millón de jóvenes. La mayoría de estos locales abre sus puertas a las 0.30 y permanecen abiertos hasta las 6.30 o 7 de la mañana. Muchos tienen el llamado turno matinée, los sábados y domingos, de 18 a 23, para que concurran los menores.

"No son las discotecas las que abren tarde —dicen Claudio (30) y Osvaldo Caride (31), propietarios del boliche Cinema—, es la gente la que llega a la 1 o 2, obligando a que el disc-jockey 'abra' la pista a esa hora."

Katja Alemann (32), propietaria de Cemento, también desaprobó el proyecto. "Es parte de una campaña absurda. La gente que se quiere drogar se droga a cualquier hora. Además, sería mucho más efectivo frenar a la droga en la frontera que cerrando las puertas de los boliches."

Entre los jóvenes que todos los fines de semana acuden a los boliches tampoco fue muy bien recibida la noticia. Para Oscar Spurio (25), profesor de Educación Física, "reducir el horario de los boliches no conduce a nada. El ingreso de droga a una discoteca pasa por la responsabilidad de los dueños o un correcto control policial."

Por su parte Marcelo Rozenow (19), estudiante, opinó: "es más peligroso volver a mi casa a las 3 que a las 8. No hay colectivos ni luz. Las calles son tierra de nadie."

Es indudable que no se debería coartar ninguna libertad que no afecte a otras personas, como bailar a la hora que a cada quien le plazca, pero también es cierto que los horarios de las discotecas están muy desplazados. Por eso, este proyecto de ley tan criticado por los jóvenes está siendo aplaudido por los padres de adolescentes cansados de "levantarse" a las 6 de la mañana de los domingos para irlos a buscar.

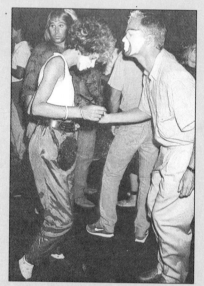

UN MILLON de jóvenes se vuelca a los boliches el fin de semana.

PARA LAS CHICAS, aumentan los peligros a las 3 de la mañana.

---

[a]proposal [b]se... worries [c]cerrar... close their doors

Y AHORA...

¡Un fin de semana ideal!

Paso 1. Sit back and visualize yourself spending an ideal weekend. What are you doing? For how long? With whom? What is the weather like? What month is it? Are you imagining a Saturday or Sunday?

Paso 2. Write a paragraph describing a day of your ideal weekend. Include all the information suggested in **Paso 1.** Then place your composition face down on your instructor's desk. Do not write your name on it.

Paso 3. One by one, each person in the class goes up to the instructor's desk and selects a composition other than his or her own. Read the one you have chosen and try to find the person in the class who wrote it.

1. First, think of all the questions you can ask to find the author. The only question you cannot ask is **¿Qué te gusta hacer los fines de semana?** It may help to write out some of the questions. You can begin the process of elimination by asking people whether they prefer Saturday or Sunday.
2. Do not show the composition to anyone.
3. When you think you have found the author, write that person's name at the top of the composition and write your name underneath it. Do not tell the author that you think you have found him or her. Place the composition face down on the instructor's desk.

Paso 4. When all compositions have been returned to the instructor, he or she will call on you to announce the author of the composition and to tell the clues you had (for example, **porque le gusta practicar deportes los sábados**). Your instructor will then ask that person if he or she is the author.

VOCABULARIO

Vocabulario básico

Actividades para el fin de semana	Weekend activities
bailar (en una discoteca, una fiesta)	to dance (at a discotheque, a party)
charlar (con el vecino, la vecina)	to chat (with one's neighbor)
correr (2 millas)	to run (2 miles)
dar un paseo	to take a walk
gastar (dinero)	to spend (money)
ir al cine	to go to the movies
ir de compras	to go shopping
ir a la iglesia	to go to church

jugar (ue) al fútbol americano (al fútbol)	to play football (soccer)
lavar (la ropa)	to wash (clothes)
limpiar (el apartamento)	to clean (the apartment)
nadar	to swim
no hacer nada	to not do anything
oír	to hear, listen
practicar (un deporte, un hobby)	to participate (in), do, practice (a sport, a hobby)
quedarse (en casa)	to stay (at home)
sacar vídeos	to rent videos
tomar(se) (un café)	to drink (a cup of coffee)

¿Con qué frecuencia?	How often?
siempre	always
con frecuencia	often
a veces	sometimes
de vez en cuando	from time to time
pocas (raras) veces	rarely
nunca	never

¿Qué tiempo hace?	How's the weather?
Hace (mucho) calor.	It's (very) hot.
Hace fresco.	It's cool.
Hace (mucho) frío.	It's (very) cold.
Hace sol.	It's sunny.
Hace viento.	It's windy.
Hace buen tiempo.	The weather's good.
Hace mal tiempo.	The weather's bad.
Está despejado.	It's clear.
Está lloviendo. Llueve.	It's raining.
Está nevando. Nieva.	It's snowing.
Está nublado.	It's cloudy.
La temperatura está a 30 grados. Estamos a 30 grados centígrados. La temperatura es de 30 grados.	The temperature is 30 degrees (centigrade).

Los meses y las estaciones (Months and seasons)

enero	abril	julio	octubre
febrero	mayo	agosto	noviembre
marzo	junio	septiembre	diciembre

la primavera	spring
el verano	summer
el otoño	fall
el invierno	winter

Palabras y expresiones útiles

cada	each
después	after, afterward
diferente	different
en común	in common
hasta (muy) tarde	until very late
hay	there is, there are
luego	then; therefore
malo/a (mal)	bad
nosotros/as	we (*m., f.*)
el pasatiempo	pastime
similar	similar
su	his/her
también	also

Vocabulario y expresiones del tema

Escándalos con y sin maldad	Scandals with and without malice
el juego que acaba de salir	the game that just appeared (in the stores)
para gente bien informada	for well-informed people
preguntas desafiantes	challenging questions

Colección de tréboles	Clover collection
la buena (mala) suerte	good (bad) luck
un trébol (de cuatro hojas)	(four-leaf) clover
buscar	to look for
hallar	to find
Es cosa de todos los días.	It's an everyday thing.

Palabras y expresiones útiles

dado a	given (that)
el ocio	leisure, leisure time
el porcentaje	percentage

¿QUÉ HICISTE AYER?

EN CONCIERTO...

MENUDO
ALEJANDRA GUZMAN
MARIO PINTOR

y con ellos...

**Arkedia • Braceros de Texas
Grupo Historia • Mestizo
Salvador Torres • Santi
Banda Alegría • Los Salvajes**

Muestras gratis, regalos, juegos mecánicos, comidas típicas,
concursos y sorpresas para toda la familia!!!

As the title suggests, in this lesson you will look into what you and your classmates did last night. As part of this investigation, you will

- ask and answer questions about last night's activities
- ask and answer questions about last weekend's activities
- talk about some special events from the past
- learn how to use a past tense called the preterite to ask questions and to talk about yourself or someone else

IDEAS PARA EXPLORAR
AYER Y ANOCHE (I)

PARA EXPRESARSE ¿SALIÓ ALICIA ANOCHE?

Ayer Alicia...

...**se levantó** temprano.

...**hizo ejercicio** aeróbico.

...**fue** a la biblioteca.

...**se quedó** en la biblioteca por dos horas.

...**habló** con el profesor.

...**trabajó** en el laboratorio por la tarde.

...**volvió** a casa a las 7.30.

...**llamó** a una amiga.

...**pagó** unas cuentas (*bills*).

...**preparó** la cena.

...**comió** tarde.

...se **acostó** temprano.

Ayer Ramón...

...**se levantó** tarde.

...**salió** para la universidad a las 9.30.

...**llegó** tarde a su primera clase.

...**leyó** un periódico.

...**practicó** un deporte por la tarde.

...**sacó** un vídeo.

...**tocó** la guitarra.

...**comió** en un restaurante mexicano con una amiga.

...**asistió** a un concierto.

...**volvió** a casa tarde.

...**miró** un vídeo por un rato.

...**se acostó** tarde.

The activities portrayed here are described in the preterite tense. In subsequent **Para expresarse** sections and in the *Manual* you will learn how to form this past tense. You may find that you can figure out the meaning of the forms given here because of context and the similarity to present-tense forms—but don't be stumped by **fue.** It's the past tense of **ir** (*to go*).

VER EL MANUAL

Actividad A ¿Alicia o Ramón?

Paso 1. Following is a list of things that either Alicia or Ramón did yesterday. According to the drawings on pages 84–85 and what you know from previous lessons, was it Alicia or Ramón who did each activity?

		ALICIA	RAMÓN
1.	Trabajó varias horas en el laboratorio.	☑	☐
2.	Hizo ejercicio.	☑	☐
3.	Fue a un club donde tocó la guitarra.	☐	☑
4.	Sacó un vídeo.	☐	☑
5.	Estudió unas horas en la biblioteca.	☑	☐
6.	No salió con los amigos.	☑	☐
7.	Se levantó temprano por la mañana.	☑	☐
8.	Se acostó tarde por la noche.	☐	☑
9.	Llegó tarde a una de sus clases.	☐	☑
10.	Asistió a un concierto.	☐	☑

Paso 2. Ahora explica tus respuestas utilizando el siguiente modelo.

MODELO: Creo que _____ hizo ejercicio porque suele hacer ejercicio todos los días.

(handwritten: I believe that ... because)

Actividad B En tu universidad

Imagine that Ramón is a typical student at your university. Did he do the following things yesterday or last night?

		SÍ	NO
1.	Estudió cuatro horas.	☑	☐
2.	Salió con sus amigos a tomar cerveza (*beer*).	☑	☐
3.	Vio la televisión.	☐	☐
4.	Practicó un deporte.	☐	☐
5.	Fue al laboratorio de lenguas.	☐	☐
6.	Se acostó bastante temprano, a eso de (*about*) las 10.30.	☐	☐
7.	Preparó una gran* cena e invitó a sus amigos a comer en su casa.	☐	☐
8.	Llamó a su amigo/a.	☐	☐
9.	Asistió a un concierto de música clásica.	☐	☐
10.	Hizo ejercicio aeróbico.	☐	☐

Actividad C En tu clase

Your instructor will select a student to come to the front of the class. Last night, did he or she do anything listed for Ramón in the previous activity?

MODELO: ESTUDIANTE: Creo que Roberto vio televisión anoche.
PROFESOR(A): Roberto, ¿es verdad?
ROBERTO: No, no es verdad.

---

*When **grande** is placed after a noun, it means *big*. When placed before a singular noun, it means *great* or *impressive* and is shortened to **gran: una clase grande** (*a big class*); **una gran novela** (*a great novel*).

Actividad D ¿Cómo fue la noche del profesor (de la profesora)?

Paso 1. In groups of three, guess what your instructor did last night. Here are some possibilities. Your instructor may add to the list!

- ☑ Corrigió unas composiciones. *exámenes)*
- ☐ Preparó un examen.
- ☐ Salió con unos amigos (unas amigas).
- ☑ Charló con los vecinos.
- ☐ Preparó la cena.
- ☑ Leyó un libro interesante.
- ☐ Leyó un periódico o una revista (*magazine*) de noticias internacionales.
- ☐ Practicó un deporte.
- ☐ Habló con un(a) colega por teléfono.
- ☑ Pagó unas cuentas.

Paso 2. A person from one group stands up and presents that group's list of possibilities to the class. Does everyone agree with that list?

Paso 3. Once you have identified the correct activities, put them in the order in which your instructor most likely did them.

Actividad E ¡Pobre (*Poor*) Juanito!

Read about what happened to Juanito last night.

Paso 1. Form groups of three and read "**Una historia verdadera**" quickly. Your instructor will set a time limit for the reading (three minutes maximum).

Una historia verdadera (*true*)

Pobre Juanito. Anoche se quedó en casa sin tener mucho que hacer. Preparó su cena (un sandwich y una ensalada), comió y después estudió unas cuantas horas. A las 10.00 fue al café Casablanca, pero no encontró a ninguno de sus amigos. Después de quince minutos, volvió a casa. Miró las noticias en el canal 4 (cree que los reporteros de ese canal son muy buenos) y luego se acostó.

Pero Juanito no se durmió inmediatamente. Se levantó, buscó entre sus libros una novela de Stephen King y comenzó a leer. Gracias al insomnio y a una novela muy interesante, se pasó toda la noche leyendo. Leyó hasta la última página del libro.

Cuando miró el despertador, exclamó: «¡Ay no! ¡Es hora de ir a la clase de química!» Se tomó tres tazas de café (para no dormirse en clase) y corrió al edificio de Ciencias Naturales. Cuando llegó, notó algo raro: «¿Dónde están los otros estudiantes? ¿Por qué no hay nadie aquí?» Entonces recordó la fecha (*date*) y pensó: «¡Rayas! Hoy es día de fiesta. ¡No hay clases!»

Paso 2. After reading the story, close your book and on a separate sheet of paper list as many actions and details as you can recall. The group with the longest list wins!

UN VISTAZO

El insomnio

En la **Actividad E** se narra cómo una noche Juanito no pudo* dormir a causa del insomnio. ¿Recuerdas lo que hizo Juanito? ¿Se tomó una pastilla[a]? ¿Leyó algo? ¿Miró la televisión? A continuación hay una lista de consejos[b] para los que sufren del insomnio.

DECÁLOGO PARA INSOMNES

- No leer en la cama.
- No ver la televisión después de acostarse.
- Practicar ejercicio durante el día.
- No tomar café, té, chocolate o cola después de mediodía.
- No fumar.
- No beber alcohol.
- Despertarse siempre a la misma hora.
- Tomar un vaso de leche o un trozo de queso antes de acostarse.
- Escuchar determinado tipo de música.
- Y, por supuesto, hacer el amor antes de dormir.

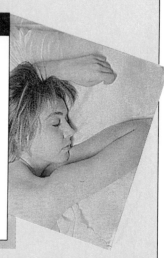

---

*   **Pudo** is the preterite form of **puede.** It belongs to a class of irregular verbs and must be memorized.

[a]*pill*   [b]*advice*

PARA EXPRESARSE   ¿QUÉ HIZO...? What did he/she do?

You have already seen **hizo** in the expression **hizo ejercicio** (*you/he/she exercised*). Since **hacer** generally means *to do,* the form **hizo** can also be used to ask what someone did.

> ¿Qué **hizo** Ud. anoche?
> ¿Qué **hizo** el profesor ayer?

You will learn the other past-tense forms of **hacer** throughout this lesson.

—Paco, ¿qué te pasa?
—¡Ay, Dios mío! ¡No sabes lo que **hizo**!
—¿Quién?
—¿Cómo que quién? ¡Gloria, mi novia, por supuesto!
—Pero, hombre, ¿qué **hizo**?
—Pues, ...

VER EL MANUAL

Actividad F ¿Qué hizo el fin de semana?

You have investigated what people did last night, but what about last weekend? In groups of four, create a list of twelve activities that a typical student from your university did last Saturday and Sunday. Divide your list as follows, putting two activities in each box.

[handwritten note: Nosotros same as in present/past]

	EL SÁBADO	EL DOMINGO
POR LA MAÑANA	*Se levantó muy tarde*	*fue a la iglesia se quedó en la casa*
POR LA TARDE	*limpió su cara o lavió su ropa*	*miró el futból en la TV*
POR LA NOCHE	MODELO: Salió con los amigos. *fue a la fiesta*	

Afterward, compare your list with that of another group. Did you list similar activities?

¿SABÍAS QUE...

...Cristóbal Colón hizo cuatro viajes a América? Muchos creen que sólo hizo un viaje, el famoso viaje de 1492. Pero en realidad hizo cuatro, como se indica en el mapa.

→ Ruta seguida en el primer viaje
-•-► Ruta seguida en el segundo viaje
→ Ruta seguida en el tercer viaje
-•-► Ruta seguida en el cuarto viaje

Los viajes de Colón

Primer viaje (1492–1493): Puerto de Palos en España, Islas Canarias, cruce del Atlántico, Guanahaní (San Salvador), Cuba, Haití, Azores, Lisboa, Puerto de Palos.

Segundo viaje (1493–1495): Cádiz, Canarias, Guadalupe, Marigalante, Haití, Jamaica, Cuba, Puerto Rico.

Tercer viaje (1498–1499): Sanlúcar, Madera, Canarias, Cabo Verde, Costa norte de América del Sur, Trinidad, Costa de Paria, Haití.

Cuarto viaje (1502–1503): Canarias, Haití, Costas de América Central, Jamaica.

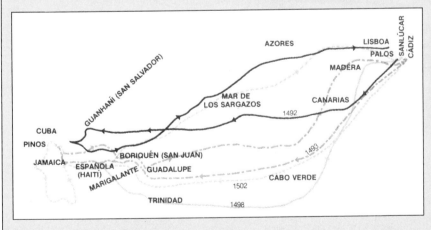

¿SABÍAS QUE...

...Simón Bolívar es llamado padre de la patria en varios países de Sudamérica? Así como George Washington en los Estados Unidos, Simón Bolívar luchó por la independencia de varios países sudamericanos: Venezuela, Colombia, el Ecuador, el Perú y Bolivia. Otra figura importante en las luchas por la independencia de Sudamérica fue[a] José de San Martín, un héroe nativo en la Argentina. San Martín ayudó a liberar no sólo la Argentina sino[b] también Chile y el Perú.

Simón Bolívar, militar y político venezolano. Nació en Caracas en 1783. Caudillo que luchó por la independencia de Sudamérica de España. Libertador de cinco repúblicas. Murió en 1830.

Actividad optativa Un test

You now know that Simón Bolívar and José de San Martín were important figures in the independence movement of South America. What else do you know about the history of Latin America? See how many of the following questions you can answer. Work with a partner if you like. (Note: Use your guessing skills to decipher new words.)

Pizarro y Ataliba, el rey de los incas, siglo XVI

Actividad G ¿Quién hizo qué viaje?

Match the person in column A with the famous trip he or she made (in column B).

A	hizo un viaje	B
1. _f_ Cortés		a. a la Antártida
2. _g_ Ride		b. a la luna
3. _b_ Armstrong		c. al Perú
4. _c_ Pizarro		d. a Florida
5. _d_ Ponce de León		e. por gran parte del mundo
6. _a_ Byrd		f. a México
7. _e_ Earhart		g. espacial

1. ¿Quién inició la revolución en México en 1810 con el «Grito de Dolores»?

   a. Pancho Villa   b. Benito Juárez   c. el padre Hidalgo

2. ¿De qué país obtuvo Cuba su independencia en 1902?

   a. España   b. Francia   c. los Estados Unidos

3. ¿Qué país intentó establecer un imperio en México el siglo[c] pasado?

   a. Inglaterra   b. Alemania   c. Francia

4. ¿Qué país pasó de manos españolas a manos norteamericanas sin obtener su independencia?

   a. la República Dominicana   b. Panamá   c. Puerto Rico

5. ¿Qué famoso guerrillero ayudó a Fidel Castro en la Revolución Cubana de 1959?

   a. Che Guevara   b. Daniel Ortega   c. Emiliano Zapata

6. ¿Qué estado de los Estados Unidos formó parte del imperio español, del imperio francés, de la república mexicana y fue también una república independiente?

   a. California   b. Arizona   c. Texas

7. ¿Quién llegó a México con el intento de conquistar a los aztecas?

   a. Hernán Cortés   b. Francisco Pizarro   c. Juan Ponce de León

8. ¿De qué país llegó la familia de Gloria Estefan, la cantante popular?

   a. Venezuela   b. Cuba   c. Panamá

---

[a] *was*   [b] *but* (**Sino** rather than **pero** is used after a negative sentence; for example, *No sólo la* **Argentina sino...,** *No salió con sus amigos sino con sus padres.*)   [c] *century*

PARA EXPRESARSE   ¿SALÍ O ME QUEDÉ EN CASA?

To talk about things that you did in the past, use the verb endings **-é** (for **-ar** verbs) and **-í** (for **-er** and **-ir** verbs). For example:

hablar → hablé
salir → salí

The form for **hacer** is **hice.**

Anoche no **hice** nada especial. **Me quedé** en casa sin tener nada que hacer. **Miré** un rato la televisión y **leí** un periódico. **Me acosté** temprano y **dormí** unas siete horas.

To talk about where you went, use **fui,** the form for **ir.***

Anoche **fui** a un concierto de música andina.

You will notice that some verbs have spelling changes in the **yo** form. Among these are **pagué, llegué,** and **practiqué.** You will learn more about preterite **yo** forms in the *Manual.*

---

* **Ser** has the same forms as **ir** in the past tense. **Fui** can mean *I went* or *I was,* depending on context.

VER EL MANUAL

Mire Ud., profesor, no **escribí** mi composición por muy buenas razones. Ayer **trabajé** cuatro horas en el Café San Francisco. Y anoche **toqué** mi guitarra en un club, pues me gustaría ser músico, ¿sabe? Cuando **llegué** a casa, mi mamá llamó con unas noticias muy importantes y...

Actividad H ¿Qué hizo el profesor (la profesora) anoche?

Listen as your instructor describes five things he or she did last night. Circle the phrase in each group that is most closely related to each action.

MODELO: Anoche llamé a mi amigo. →

a. el teléfono   b. el televisor   c. el radio

1. a. los estudiantes   b. un instrumento musical   c. el refrigerador
2. a. una revista   b. el dinero   c. el amigo
3. a. el restaurante   b. el teléfono   c. la ropa
4. a. un animal   b. un sandwich   c. un libro
5. a. un automóvil   b. un televisor   c. unos papeles
6. a. el restaurante   b. el ejercicio   c. la bicicleta
7. a. el teléfono   b. el despertador   c. la novela
8. a. las matemáticas   b. el libro   c. la cama

Actividad I Yo también...

Here is a list of things done yesterday by a typical student who attends the same university as Alicia. For each of his statements, write whether or not you did the same thing.

MODELO: Asistí a una clase de lenguas extranjeras. →
Yo también asistí a una clase de lenguas extranjeras. Asistí a la clase de español.

1. Estudié un poco en la biblioteca.
2. Durante el día, comí en un restaurante de comida rápida.
3. Asistí a cuatro clases.
4. Fui a una conferencia pública en la universidad.
5. Llamé a un amigo y hablé con él por quince minutos.
6. Jugué vídeojuegos en las máquinas y gasté mucho dinero.

7. Hice ejercicio.
8. Saqué un vídeo y lo vi (*I watched it*) en la televisión.
9. Me acosté a las 12.00.
10. Vi un programa de noticias en la televisión.

UN VISTAZO

En concierto...

A continuación hay un anuncio que apareció en un periódico en los Estados Unidos. Léelo[a] rápidamente.

EN CONCIERTO...
MENUDO
ALEJANDRA GUZMAN
MARIO PINTOR
y con ellos...
Arkedia • Braceros de Texas
Grupo Historia • Mestizo
Salvador Torres • Santi
Banda Alegría • Los Salvajes
Muestras gratis, regalos, juegos mecánicos, comidas típicas, concursos y sorpresas para toda la familia!!!

¿Sabes...

1. a quién va dirigido[b] el anuncio?
   ☐ a los adultos   ☐ a los niños
   ☑ al público en general   ☐ a los adolescentes
2. qué ofrece este concierto?
   ☐ El concierto sólo ofrece música.
   ☑ Hay actividades para todos.

Actividad optativa ¿Te gustó el concierto?

¿Cuándo fue la última vez que fuiste[c] a un concierto? Completa uno de los párrafos[d] y luego léelo a la clase.

1. Una vez fui a un concierto. Vi a _____ y (no) me gustó mucho. Fui con _____ . El concierto duró _____ horas. Después del concierto, salí con _____ (*o* volví a casa).
2. Yo nunca he ido[e] a un concierto pero sí he visto[f] una obra de teatro. Vi _____ y (no) me gustó mucho. Después de la obra, salí con _____ (*o* volví a casa).

---

[a]*Read it* [b]*va... is directed* [c]*you went* [d]*paragraphs* [e]*Yo... I have never gone* [f]*sí... I have seen*

UN VISTAZO

Lo más importante...

"Para mí lo más importante que puede ofrecer una compañía de larga distancia es poder llamar a mi familia y amigos a tarifas razonables."

Carlos Alberto Dorta, New York, NY.

Actividad J Una vez...

With a partner or in groups of three, say which of the activities in the list you have done in the past. The last one is for you to invent.

MODELO: Una vez yo _____ .

1. conocer (*to meet*) a una persona famosa   *yo conocí*
2. ir a la serie mundial de béisbol
3. hacer un viaje a un país de habla española   *hacé un viaje a Mejico*
4. escribir un poema de amor   *escribé un poema de amor me novia*
5. recibir un poema de amor
6. levantarme tarde y llegar tarde a un examen
✓ 7. mentirle* (*to lie*) a un profesor (una profesora)   *Le mentí a un profesor con frecuentamente*
8. _____

---

* **Le** is an indirect object pronoun that means *to, for,* or *from him* (*her*). In Spanish it is usually obligatory with **entregar, dar,** and certain other verbs; e.g., **Le mentí** (*I lied to him* [*her*]).

¿ SABÍAS QUE...

...muchos escritores usan la primera persona al narrar una historia en vez de usar la tercera persona? El uso de la primera persona ayuda al escritor a «entrar» más en la personalidad de los personajes y a darle otra perspectiva del mundo. En *El túnel,* una novela muy conocida, el escritor argentino Ernesto Sábato usa esta técnica, como se puede ver en el ejemplo a continuación.

> Todos saben que maté[a] a María Iribarne Hunter. Pero nadie sabe cómo la conocí, qué relaciones hubo[b] exactamente entre nosotros y cómo fui haciéndome[c] a la idea de matarla. Trataré[d] de relatar todo imparcialmente porque, aunque sufrí mucho por su culpa,[e] no tengo la necia[f] pretensión de ser perfecto...

¿Te llamó la atención? ¿Crees que te gustaría leer esta novela?

Actividad optativa ¿Cómo comienza tu novela?

How would you begin a novel in the first person? Create a sentence based on the first three words of *El túnel.* Then, as a class, vote on which sentence is most likely to grab a reader's attention.

MODELO: Todos saben que _____ .

[a]matar = *to kill* [b]pasado de **hay** [c]*creating* [d]*I'll try* [e]*fault* [f]*foolish*

UN VISTAZO

Datos personales

Can you fill out this form without looking up new words? What do you think **nací** means? Did you notice that **me gradué** is a cognate? After filling out the form, compare your information with a classmate's.

> Nací en _____ en el año _____ .
>
> Fui a la escuela primaria _____ .
>
> Después asistí a la escuela secundaria _____ .
>
> Me gradué en el año _____ .

VAMOS A VER

Anticipación

Paso 1. The following reading comes from a section called *Encuesta* in a Hispanic TV magazine. Look at the title and accompanying photos and glance over the page. Knowing that the word **sueldo** means *salary,* would you say that this reading contains (a) interviews of people or (b) biographical data about people? What are your clues? Does the text accompanying the photos give you any information?

LECTURA

Encuesta

¿En qué gastaste tu primer sueldo?

Hay artistas que ganaron su primer sueldo siendo sólo unos niños; y otros, ya de adultos...

¡Entrevistamos a trece artistas, les pedimos que hicieran memoria, y he aquí lo que nos respondieron!

Por Yoly Arocha

Gloria Estefan

"Gané mi primer sueldo trabajando para la disquera BMI. Me dieron un cheque por doscientos cincuenta dólares. Yo se lo di a mi mamá para ayudar en la casa, y a ella le dio tanto sentimiento por ser mi primer cobro que no lo cambió. Lo mandó enmarcar como recuerdo."

Gloria Estefan

Gabriel Traversari

"Casi sin hacer memoria, te puedo decir en lo que me lo gasté. Como siempre he coleccionado revistas, libros y discos sobre películas, te aseguro que completito lo empleé en eso."

Evelio Taillacq

Evelio Taillacq

"Con mi primer pago le compré un regalo a mi mamá. Y por puro sentimentalismo todavía conservo el comprobante de pago del cheque donde escribí: *Ya me pagan por actuar.*"

Alma Muriel

"Tenía dieciséis años cuando gané mi primer salario, y me lo gasté comprándome una paleta de helado de chocolate."

Fernando Carrillo

"Fui a comer a un restaurante chino con una amiga y me compré una cámara fotográfica."

Graciela Baduan

"Fue tan pequeño que sólo me alcanzó para una hamburguesa y un par de zapatos."

Carlos Montilla

"Me compré un par de zapatos y tuve que

Paso 2. Look again at the title. You know the word **gastar** means *to spend.* The verb form, however, is new. Do you think it is a past-tense form or a future-tense form?

Paso 3. If you identified **gastaste** as a past form, you are correct. It is a **tú** form. Conduct a quick survey to find out what your classmates may have spent money on recently. Ask the following questions of at least two people and note their responses.

1. ¿Gastaste dinero en ropa (*clothes*)? Gasté
2. ¿Gastaste dinero en alguna cita (*date*)? Sí, Gasté
3. ¿Gastaste dinero en comida (*food*)? Sí
4. ¿Gastaste dinero en algún equipo (*equipment*) especial (por ejemplo, equipo fotográfico, equipo de música)?
5. ¿Gastaste dinero en cosas para tu familia?
6. ¿Gastaste dinero en el auto?
7. ¿Gastaste dinero en pagar cuentas?

pagar unas cuantas cuentas pendientes que tenía."

Andrea Barbieri

"El primero exactamente, no recuerdo en qué lo gasté. Generalmente lo que hacía, era destinar la mitad para mí y la otra mitad para regalarle algo a mi madre o a algún familiar. La primera cosa importante que recuerdo haberme comprado con mi sueldo, fue una bicicleta de media carrera."

Rubén Ballester

"Yo me compré un fabuloso equipo de música."

Angela Carrasco

"Con lo que me pagaron en mi primer trabajo y la ayuda de mis hermanos, le regalamos un juego de sala a mi mamá."

Salvador Pineda

Braulio

Braulio

"Mi primer sueldo como cantante lo gané en Canarias en un concurso, y lo invertí en pagar la primera cuota del seguro de un cochecito Seat 1600 que había comprado."

Leticia Callava

"Se lo entregué completo a mi mamá para ayudar en los gastos de la casa, porque la situación económica que atravesábamos no era muy buena que digamos."

Félix Guillermo Sánchez

"Cobré mi primer sueldo cuando tenía dieciséis años, y me lo gasté completico en una cena romántica con mi primera novia."

Salvador Pineda

"Creo que me lo gasté en alguna diversión. La verdad es que no recuerdo bien."

Laura Fabián

"Era muy jovencita, y creo que me lo gasté comprándome ropa para ir a una fiestecita."

Laura Fabián

Exploración

Paso 1. Lee rápidamente (*Skim*) el artículo. ¡Hay muchas palabras que no sabes! No te preocupes. Presta atención sólo a lo que puedas comprender. Hay unas palabras importantes:

zapatos: dos artículos de ropa

> Unos **zapatos** famosos son los zapatos rojos (*red*) que llevaba Judy Garland en la película *El mago de Oz*.

entregar: sinónimo de **dar** (lo opuesto de **recibir**)

> Siempre le **entrego** las tareas al profesor.

Paso 2. ¿Qué cosas se mencionan en el artículo que también aparecen en el **Paso 3** de **Anticipación?**

☑ ropa	☑ la familia
☑ equipo especial	☐ cuentas
☑ una cita (*date*)	☑ auto
☑ comida	

Paso 3. ¿Quién gastó dinero en qué? Indica la correspondencia entre las dos columnas.

	¿QUIÉN?		¿QUÉ?
1. _e, c_	Carlos Montilla	a.	auto
2. _d_	Evelio Taillacq	b.	equipo especial
3. _b_	Fernando Carrillo	c.	comida
4. _b_	Rubén Ballester	d.	algo para un miembro de la familia
5. _c_	Félix Guillermo Sánchez	e.	ropa
6. _a_	Braulio	f.	objetos personales
7. _f_	Graciela Baduan	g.	cuentas
8. _f_	Gabriel Traversari		

Paso 4. Hay personas en el artículo que no recuerdan bien en qué gastaron su primer sueldo. Escribe sus nombres aquí.

1. _____   2. _____

Paso 5. ¿A quién o a quiénes se puede atribuir estas palabras? «Toma, mamá. Aquí tienes el dinero que gané.»

Síntesis

Paso 1. Haz una lista de todos los artistas que aparecen en el artículo. A la derecha (*To the right*) de cada nombre, escribe en qué gastó su primer sueldo (por ejemplo, ropa, equipo). Si la persona no lo recuerda, escribe «No lo recuerda».

Paso 2. Usando la lista como guía y sin mirar el artículo, escribe una o dos oraciones relacionadas con cada artista, usando las palabras **comprar, gastar en** o **entregar.**

> MODELO: Gloria Estefan no compró nada. Le entregó el dinero a su madre.

Trabajando con el texto

Paso 1. Go through the article and circle all the past-tense verbs that are in the **yo** form. How many did you circle? Do you recognize all of them?

Paso 2. As you know, an essential skill in reading for general meaning is to skip words or to deduce their meaning. In the quote from Andrea Barbieri, find the following:

1. a cognate: _____

2. a word related to a word you already know in Spanish: _____

3. a new word that is neither 1 nor 2 but that you can deduce from context: _____

IDEAS PARA EXPLORAR
AYER Y ANOCHE (II)

PARA EXPRESARSE ¿QUÉ HICISTE ANOCHE?

To ask a classmate what he or she did in the past, use the **tú** form of the preterite. **Tú** forms end in **-aste** for **-ar** verbs and **-iste** for **-er** and **-ir** verbs. **Fuiste** and **hiciste** are useful irregular **tú** forms for you to know.

> ¿Qué **hiciste** anoche? ¿**Te quedaste** en casa o **saliste**?

> Sí, sí. Y la última vez que no **hiciste** la tarea fue porque **trabajaste** cinco horas la noche anterior...

VER EL MANUAL

Actividad A Firma aquí, por favor

¿Qué hiciste durante el fin de semana?

1. ¿Fuiste a alguna fiesta?
2. ¿Te quedaste en casa el sábado por la noche?
3. ¿Saliste con alguien « especial »?
4. ¿Practicaste algún hobby?
5. ¿Hiciste algún tipo de ejercicio?
6. ¿Limpiaste tu casa (apartamento)?
7. ¿Miraste los dibujos animados (*cartoons*) el sábado?
8. ¿Volviste muy tarde a casa alguna noche?
9. ¿Gastaste más de cien dólares?

UN VISTAZO

Canales de radio

Éste es un anuncio para un canal de radio en Miami.

Actividad optativa ¿Radio o televisión?

Entrevista a cinco personas para averiguar[a]...

1. cuántos minutos de radio escuchó cada persona ayer
2. cuántos minutos de televisión vio ayer

Según la entrevista, ¿qué aparato juega un papel mayor[b] en la vida del estudiante típico (de la estudiante típica)? ¿A qué conclusión llegas?

_____

[a] *find out*   [b] juega... *plays a greater role*

Actividad B ¿Una semana activa o sedentaria?

Paso 1. With a partner, classify the following as **actividades sedentarias** or **no sedentarias**.

	SEDENTARIA	NO SEDENTARIA
bailar en una fiesta	☐	☑
correr cinco millas	☐	☑
caminar a la universidad	☐	☑
jugar vídeojuegos en las máquinas	☑	☐
estudiar para un examen	☑	☐
dormir en el sofá	☑	☐
hacer ejercicio	☐	☑
practicar un deporte	☐	☑
leer una novela larga	☑	☐
ver una telenovela (*soap opera*)	☑	☐
salir a un restaurante	☑	☐
escribir una carta	☑	☐
tener un examen	☐	☑
asistir a una conferencia pública	☑	☐
tomarse un café	☑	☐

Add four more activities that do not appear on this list and place them in one of the two categories.

nadar en la playa	☐	☑
_____	☐	☐
_____	☐	☐
_____	☐	☐

Paso 2. Using the list in **Paso 1,** make up questions with your partner to ask another pair of classmates about their activities last week. Try to get as much information as you can about each activity.

MODELO: ¿Hiciste algún ejercicio la semana pasada? ¿Cuántas veces? ¿Por cuánto tiempo?

Paso 3. Now you and your partner divide up the questions according to the categories (**sedentaria/no sedentaria**) and interview another pair of classmates.

Paso 4. Exchange the information with your partner. Then use the following scale to rank your interviewees' activities.

Las actividades que hizo la semana pasada				
Actividades sedentarias		Actividades sedentarias y no sedentarias combinadas		Actividades no sedentarias
1	2	3	4	5

Paso 5. Now go over the rankings with the class. Overall, did the class have **una semana sedentaria** or **una semana activa?**

Y AHORA...

¿Es típico esto?

Paso 1. Look over the following paragraph. Imagine that you are going to fill it in with information about one of your classmates.

Ayer mi compañero/a de clase _____, como suele hacerlo todos los días. También _____, _____ y _____ . A diferencia de lo que él (ella) suele hacer, mi compañero/a de clase _____ y _____ ayer. Anoche él (ella) _____ y después _____ . ¿Es típico esto? ¡Creo que sí (no)!

Paso 2. Now interview the same person you interviewed in **Y ahora,** page 52. Did he or she do the things yesterday and last night that were part of the daily routine you discovered in **Lección 2?** Before starting the interview, think of questions that will provide the information you will need to fill in and expand on the model paragraph in **Paso 1.** As you formulate your questions, remember to find out when your partner did the activity, whether he or she did it alone, and other details.

Paso 3. Use the paragraph in **Paso 1** as a guide to write up the information you have gathered. Make any adjustments to the format of the paragraph that you feel are necessary.

Paso 4. Before turning in your paragraph, let your partner read it. Does he or she agree with your final sentence (that is, **¿Es típico esto? ¡Creo que sí [no]!**)?

VOCABULARIO

Vocabulario básico

Ayer y anoche — Yesterday and last night

comenzar (ie) (c) a + *inf.*	to begin to (*do something*)
corregir (i, i) (j)	to correct
dormirse (ue, u)	to fall asleep
encontrar (ue)	to find
hacer (*irreg.*) un viaje	to make a trip
llamar	to call
llegar (gu) (tarde)	to arrive (late)
pagar (gu) (la cuenta)	to pay (the bill)
preparar	to prepare
recibir	to receive
recordar (ue)	to remember
saber (*irreg.*)	to know
tener un examen	to take an exam
tener (*irreg.*) mucho que hacer	to have a lot to do
ver (*irreg.*) ([la] televisión, una telenovela)	to see; to watch (television, a soap opera)
vivir	to live
volver (ue)	to return

Expresiones de tiempo — Time expressions

anoche	last night
ayer	yesterday
después (*adv.*)	afterward
después de (*prep.*)	after
inmediatamente	immediately
un rato	little while, short time
la última vez	last time
una vez	once

Descripciones — Descriptions

difícil	difficult
fácil	easy
grande (gran)	big; impressive, great
importante	important
interesante	interesting
largo/a	long
mismo/a	same

Palabras y expresiones útiles

las noticias	news
el país	country
algo	something
alguien	someone
alguno/a (algún)	some, any
nadie	nobody
ninguno/a (ningún)	not any
entre	between, among
sin	without

Vocabulario y expresiones del tema

la cuota del seguro	insurance premium
el equipo	equipment
los gastos de la casa	household expenses
un par de zapatos	a pair of shoes
tu primer sueldo	your first salary
entregar (gu)	to give, hand over
ganar	to earn
regalar	to give (*as a gift*)

LO QUE NOS FORMA

Fernando Botero (colombiano, 1932–   ), *Las hermanas*, 1969

$\mathbb{W}$hat shapes a person? In this unit you will examine certain aspects of life that help to shape and define human beings: family, genes, social change, and other factors. As you look at the painting on the previous page, ask yourself why family members often resemble each other. And what do the following photos and paintings suggest to you?

Una familia peruana en una reunión familiar. ¿Cuántas personas hay en tu familia « extendida »?

Una quinceañera (*15-year-old*) celebra su cumpleaños (*birthday*). ¿Qué celebraciones hay en tu familia?

¿Qué tipo de relaciónes tienes con tu padre? ¿Qué representa él para ti?

Esta persona trabaja en un laboratorio de estudios genéticos. ¿Qué es la genética? ¿Qué sabes de las leyes (*laws*) genéticas?

Mira los ojos (*eyes*) del bebé. Son verdes (*green*). ¿De dónde le viene el color de los ojos? (Diego Rivera, *El arribo de Hernán Cortés en 1519* [detalle], 1951)

Los gemelos (*twins*) son objeto de varios estudios científicos. ¿Qué información sobre nuestra personalidad revelan estos estudios?

Muchos abuelos (*grandparents*) pasan mucho tiempo con sus nietos (*grandchildren*). ¿Ves a tus abuelos con frecuencia?

Los miembros de una familia argentina almuerzan juntos (*together*) una tarde de verano. ¿Suelen hacer lo mismo los miembros de tu familia durante el verano?

Las escenas familiares figuran mucho en el arte de Carmen Lomas Garza. ¿Ocurren escenas como ésta en tu familia? (Carmen Lomas Garza, *Sandía*, 1986)

¿CÓMO ES TU FAMILIA?

¡MAMÁ!!¡¡MAMÁ!!

*I*n this lesson you will explore the topic of families. In the process, you will

- describe the members of your family
- ask your classmates about their families
- learn about some Hispanic family attitudes
- find out why speakers of Spanish often use two last names
- learn to use Spanish superlative forms and the possessive adjective *su*, and review interrogatives

IDEAS PARA EXPLORAR
LA FAMILIA NUCLEAR

PARA EXPRESARSE ¿CÓMO ES TU FAMILIA?

Estoy La familia de José Luis Gómez

José
45 años

Marta
44 años

José Luis
18 años

Ana
9 años

Rebeca
5 años

Carlos
2 años

Daniel
2 años

Anselmo
3 años

gemelos

José es **el padre** de José Luis.
Marta es **la madre** de José Luis.
José y Marta son **los padres.**
Ana es **una hermana** de José Luis.
Carlos es **un hermano** de José Luis.
Anselmo es **el perro** de José Luis.

José Luis tiene cuatro **hermanos.**
No tiene **hermanastros.**

José Luis, Ana, Rebeca, Carlos y Daniel son **los hijos** de Marta y José. (Ana es **una hija;** Carlos es **un hijo.**)

Las familias de Cheryl Fuller

Paul es **el padre** de Cheryl.

Jane es **la madre** de Cheryl.

Paul y Jane son **los padres**.

Cheryl no tiene **hermanas**. (sisters)

Christopher es **el hermano** de Cheryl.

Cheryl tiene **un hermano** y dos **medio hermanos**, Russ y Brian. *half brothers*

También tiene **una madrastra**, Laura. *stepmother*

Cheryl y Christopher son **los hijos** de Paul y Jane. *children*

Russ y Brian son **los hijos** de Paul y Laura. *(children)*

Otras expresiones

la esposa, la mujer	wife	el/la mayor	the oldest
el esposo, el marido	husband	el/la menor	the youngest
los esposos	husband and wife	su (hermano)	his/her/their (brother)
los gemelos	twins	**Tiene veinte años.**	He/She is twenty years old.
la hermanastra	stepsister	**Tiene treinta años.**	He/She is thirty years old.
el hermanastro	stepbrother	**Tiene cuarenta años.**	He/She is forty years old.
el padrastro	stepfather	**Tiene cincuenta años.**	He/She is fifty years old.
mayor	older		
menor	younger		

VER EL MANUAL

Actividad A Familias nucleares

Read the descriptions on pages 108–109 of the families of José Luis and Cheryl. Check each one against the family trees to see what the boldface phrases mean.

Actividad B ¿Cierto o falso?

Your instructor will make a series of statements about the Gómez family. According to their family tree, is each statement **cierto** or **falso**?

1... 2... 3... 4... 5... 6... 7...

Actividad C Otra vez, ¿cierto o falso?

Now your instructor will make a series of statements about the Fuller family. According to their family tree, is each statement **cierto** or **falso**?

1... 2... 3... 4... 5... 6... 7... 8...

Actividad D ¿Los Gómez o los Fuller? (*The Gómez family or the Fullers?*)

According to what you know about the Gómez and Fuller families, indicate which is being referred to in each statement you hear. See if you can do this activity from memory without looking at the family trees. (Note: **Se refiere [referirse]** means *it refers.*)

MODELO: En esta familia hay cuatro hijos. →
Se refiere a los Fuller.

1... 2... 3... 4... 5... 6...

LOS HISPANOS HABLAN

En general, ¿qué diferencias has notado[a] entre las actividades favoritas de los hispanos y las de los norteamericanos?

NOMBRE: Martín Luis Solano Aguirre, estudiante
EDAD: 21 años
PAÍS: Costa Rica

« La diferencia básica es que a los norteamericanos les gusta emplear su tiempo libre con sus amigos o trabajando, mientras que[b] a nosotros los hispanos nos gusta más dedicar parte de nuestro tiempo a nuestra familia y no tanto[c] a nuestros amigos, aunque[d] también se dedica tiempo a ellos. »

NOMBRE: Cristina Murillo, estudiante
EDAD: 20 años
PAÍS: España

« Los norteamericanos trabajan para ser independientes desde pequeños[e] y los españoles no. »

───────────

[a]has... *have you noted* [b]mientras... *while* [c]*so much* [d]*although* [e]desde... *from an early age*

Actividad E La familia de Alfredo

Alfredo, a friend of José Luis, has written a description of his family. Read the description and then draw his family tree, using the Gómez family tree as a guide. Be sure to include everyone's name and age.

> Hola. Me llamo Alfredo García Pérez. En mi familia somos seis hermanos, tres chicos y tres chicas. Yo soy el mayor y tengo 18 años. Mis hermanas son Ángela (que tiene 12 años), Dolores (que tiene 15) y Gloria (que tiene sólo 5). Mis hermanos se llaman Roberto y Julio. Roberto, el menor de la familia, tiene 3 años. Julio tiene 17. Mis padres son Lilián y Rodolfo. Mi papá tiene 42 años y mi mamá tiene 40.

Actividad F En mi familia...

Prepare a brief oral description of your own family using Alfredo's description in **Actividad E** as a guide. Include all the members of your family and their ages.

PARA EXPRESARSE ¿QUIÉN ES SU PADRE?

—Sr. Gómez, **su** hija no escribió **su** tarea de ayer. Tampoco estudió para **su** examen de geografía de hoy.
—Pero, Ana, ¿cómo es posible...?

You already know how to express third-person possession using the possessive construction **de** + *noun.*

> la familia **de José Luis**
> la madrastra **de Cheryl**

You have also seen and heard the possessive adjective **su/sus.** Note the many meanings of **su** and **sus.**

¿José Luis? **Su** padre es José.	*José Luis? **His** father is José.*
¿Cómo se llama la hermana de Ana? —Creo que **su** hermana se llama Rebeca.	*What's Ana's sister's name? —I think **her** sister is named Rebeca.*
Sra. Gómez, **sus** gemelos son preciosos.	*Mrs. Gómez, **your** twins are adorable.*
Anselmo es un miembro especial de la familia Gómez. Es **su** perro.	*Anselmo is a special member of the Gómez family. He's **their** dog.*

VER EL MANUAL

Actividad G Relaciones famosas

Aquí tienes un examen sobre la vida de algunas personas famosas. ¡OJO! Algunas preguntas son fáciles, pero otras son muy difíciles.

Fáciles

1. Hansel: ¿Quién fue (*was*) su hermana?   *Gretel*
2. Jane Fonda: ¿Quién fue su padre, un actor muy famoso?   *Henry*
3. LaToya y Janet Jackson: ¿Cómo se llama su hermano, un cantante superfamoso?   *Michael*
4. La princesa Di: ¿Cómo se llama su esposo?   *Charles*
5. Los señores Borden: ¿Quién fue su hija, una asesina notoria?   *Lizzie*
6. Madonna: ¿Cómo se llama su ex-esposo, un actor?   *Sean Penn*

Un poco difíciles

7. Franklin D. Roosevelt: ¿Quién fue su esposa, también muy activa en causas sociales?   *Eleanor*
8. Paloma Picasso: ¿Quién fue su padre, un cubista superfamoso?   *Pablo*
9. John Kennedy, Jr.: ¿Quién fue su padrastro, un griego muy rico?   *Aristotle Onasis*
10. Martin Sheen: ¿Cómo se llaman sus dos hijos, también actores?   *Charlie & Emilio*
11. Lucille Ball: ¿Quién fue su esposo en el programa « I Love Lucy »?   *Desi*
12. Caín y Abel: ¿Quién fue su madre?   *Eve*

Difíciles

13. Penélope: ¿Quién fue su esposo, héroe de la Guerra de Troya?   *Ulysses*
14. Rómulo: ¿Quién fue su hermano gemelo, fundador de Roma?   *Remus*
15. Enrique VIII de Inglaterra (*England*): ¿Quién fue su hija, uno de los monarcas más importantes de Inglaterra?   *Elizabeth 1*
16. Shirley MacLaine: ¿Cómo se llama su hermano, actor y director?   *Warren Beatty*
17. Rose Kennedy: ¿Quiénes fueron (*were*) sus hijos muertos (*dead*), dos políticos muy importantes en la década de los 60?   *John F. / Bobby*

CALIFICACIÓN

Por cada respuesta correcta en la sección *Fáciles* recibes un punto. En la sección *Un poco difíciles* recibes dos puntos. En la sección *Difíciles* recibes tres puntos.

¿Cuál es tu puntuación total? _____ puntos

PARA EXPRESARSE   ¿CUÁNTOS HIJOS TIENES?

—¿Y **cuántos** hermanos tienes, José Luis?
—Tengo cuatro: dos hermanas y dos her-
    manitos gemelos.

Interrogatives, or question words, are used to obtain information from others.
You have already been introduced to the main question words in Spanish.
Here is a summary of them.

¿Cuántos?	¿Cuántos hijos tienes?
¿Cuántas?	¿Cuántas hijas tienes?
¿Cómo?	¿Cómo se llama tu madre?
¿Dónde?	¿Dónde viven tus padres?
¿Cuál?	¿Cuál es tu apellido (*last name*)?
¿Cuáles?	¿Cuáles son los nombres de tus hijos?
¿Qué?	¿Qué familia es más grande, la de los Fuller o la de los Gómez?
¿Quién?	¿Quién es esa (*that*) chica? ¿tu hermana?
¿Quiénes?	¿Quiénes son los padres de José Luis?
¿Cuándo?	¿Cuándo llamas a tu familia?

VER EL MANUAL

Note that both **¿qué?** and **¿cuál?** can mean *which?* You will learn more about
this topic in the *Manual*.

Actividad H ¿Qué familia?

Silently choose one of the photos (a–d). Then team up with a partner, who will try to guess which one you chose by asking questions.

MODELOS: ¿Cuántas personas hay en la familia en total?
¿Cuántos hijos (Cuántas hijas) hay?
¿Cuántos años tiene el hijo (la hija) mayor?

Once your partner guesses, switch roles and try to guess which photo he or she has chosen.

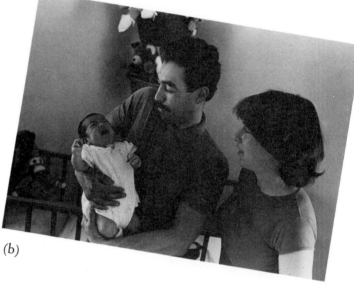

(b)

(a)

(c)

(d)

Actividad I Familias famosas

Your instructor will whisper the name of a famous family to someone in the class. Try to figure out which family your instructor has named. Ask questions using as many interrogatives as possible, but do not ask for names. All questions must pertain to nuclear family members (that is, parents and children) only.

MODELOS: ¿Dónde vive esta familia?

¿Cuántas personas hay en esta familia?

¿Están divorciados los padres?

¿Hay gemelos en la familia?

Actividad J Un breve ensayo (*A brief essay*)

Pair up with someone whom you do not know well to find out about his or her family.

Paso 1. Read the following paragraphs. Make a note of the type of information that is missing in each blank.

La familia de _____

La familia de mi compañero/a es _____.* En total son _____ personas: _____ padres y _____ hijo(s) (hija[s]). Toda la familia vive en (Los padres viven en)† _____ . Su padre tiene _____ años y su madre tiene _____ .

Sus hermanos asisten a _____ . Se llaman _____ y _____ y tienen _____ y _____ años, respectivamente. _____ es el (la) mayor de la familia y _____ es el (la) menor.

Paso 2. Make up a series of questions to obtain all the missing information needed to construct a composite of your partner's family. It may help to write out the questions first. As you interview, jot down all the information your partner gives.

Paso 3. After you obtain the information, write a short essay. Use the structure of the model paragraph, supplying all the information you have gotten. You may need to make adjustments to suit the uniqueness of your partner's family. Feel free to ask other questions and add to the paragraph.

Paso 4. Before you turn in your essay, test your ability to describe your classmate's family. Working with a different partner, orally describe the family in your essay. Your partner should attempt to sketch out the family tree. Afterward, your partner can check his or her sketch against the essay.

---

*Choose the appropriate word: **pequeña** (*small*), **mediana** (*medium*), **grande.**

†The family may not all live together, so choose accordingly.

¿SABÍAS QUE...

...muchos hispanos usan dos apellidos? En los países de habla inglesa, las personas generalmente tienen un apellido, por ejemplo, Bill Glass o Lillian Hoffman.[*] Pero en los países de habla española, las personas pueden tener dos apellidos, el paterno y el materno: por ejemplo, Juanita Pérez Trujillo o Ramón Sáenz García. En el primer ejemplo, Pérez es el apellido paterno y Trujillo es el materno. En el otro ejemplo, Sáenz es el apellido paterno y García es el materno. En ocasiones formales u oficiales, las personas usan los dos apellidos. Sin embargo,[a] en algunos países, como la Argentina, el doble apellido generalmente no se usa, excepto si el apellido paterno es un nombre muy común (González, Ramírez, Gómez, Pérez, etcétera). En estos casos se incluye el apellido materno para evitar la confusión.

¿Cuál es tu nombre completo con los dos apellidos?

```
...guez Montalvo Ismael
    175 Cieneguetas Bo Esperanza ............ 880-0135
Rodriguez Montano Esther
    108 Calle 5 Victor Rojas 2 .................... 878-0253
Rodriguez Montijo Laura
    Carr 651 Km 4.7 Bo Dominguito ........... 880-2329
RODRIGUEZ MORA
    LUIS M MD
    52 Andres Oliver .................................. 878-4800
Rodriguez Mora Ruben
    9-I 10 Urb Marques ............................. 878-2247
Rodriguez Morales Felix
    Carr 664 Km 4.2 Sec Roman ............... 881-4236
Rodriguez Muñiz Gloria E
    Carr 656 Km 1.4 Bajadero .................. 881-3659
Rodriguez Negron Benjamin
    2-B Calle  1 ...
```

BREEN PUBLICIDAD

Félix Hugo Parada Mejía

DIRECTOR GENERAL

FELIX HUGO Y ASOCIADOS, S. A. DE C. V.

Acambay 201, Col. Pirules. C. P. 54040
Edo. de México. Tels: 379 86 01   399 97 07

SUMAX

SUMINISTRO MATERIAL AUXILIAR
CINE Y TELEVISION

VICENTE LOZANO JODRA

Pº DE LA DIRECCION, 60
28039-MADRID

TEL. 442 51 67

---

[*] También es frecuente en los Estados Unidos ver apellidos « compuestos » (Robert Bley-Vroman, Mary Smith-González). ¿Es este sistema similar o diferente al sistema hispánico?

[a] Sin... *However*

UN VISTAZO

Imagen[a] poética

Estas líneas son de un poema del gran escritor español Juan Ramón Jiménez (1881–1958). Antes de leerlas,[b] estudia estas palabras nuevas.[c]

la muerte	*death*
a través de	*through*
nos quiere	*loves us*
siglo	*century*
nos olvida	*forgets us*

La muerte

La muerte es una madre nuestra antigua,
nuestra primera madre, que nos quiere
a través de las otras, siglo a siglo,
y nunca, nunca nos olvida...

---

[a] *Image*   [b] Antes... *Before reading them*   [c] *new*

UN VISTAZO

¿Qué es la muerte?

Este dibujo es del caricaturista[a] argentino contemporáneo Quino. Aunque[b] Quino y Juan Ramón Jiménez son de diferentes épocas y diferentes países, pensaron en[c] la misma imagen.

---

[a] *cartoonist*   [b] *Although*   [c] pensaron... *they thought about*

IDEAS PARA EXPLORAR
LA FAMILIA «EXTENDIDA»

PARA EXPRESARSE ¿Y LOS OTROS PARIENTES?

You have already learned vocabulary related to immediate or nuclear families. Here is a summary of some of the expressions related to extended families.

La familia «extendida» de los Gómez

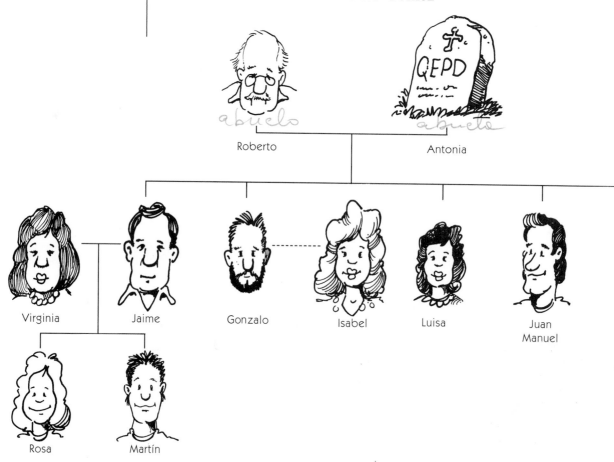

Enrique y Teresa y Roberto y Antonia son **los abuelos** de José Luis.

Roberto y Antonia son sus **abuelos paternos**.

Enrique y Teresa son sus **abuelos maternos**.

Antonia es su **abuela paterna** y Teresa su **abuela materna**.

Antonia, su abuela paterna, ya **murió.**

Enrique, su **abuelo materno,** ya **murió.**

José Luis tiene varios **tíos:** Gonzalo, Luisa, Jaime, Juan Manuel y Virginia.

Su **tía** favorita es Luisa. No tiene un **tío** favorito.

Su tío Jaime y su tía Virginia tienen dos hijos, Rosa y Martín. Ellos son **los primos** de José Luis.

VER EL MANUAL

abuelo materno

Enrique   Teresa

José   Marta

José Luis   Ana   Rebeca   Carlos   Daniel

nieto

Actividad A La familia « extendida »

Lee las oraciones en **Para expresarse.** Después, en el dibujo (*drawing*) de la familia Gómez, busca a las personas mencionadas en las oraciones. ¿Puedes deducir el significado de todas las palabras nuevas?

Actividad B Los parientes de José Luis

Estudia el dibujo de la familia Gómez y las palabras. Luego, identifica a los miembros de la familia que están en la columna A. Contesta en oraciones completas, según (*according to*) el modelo.

MODELO: Rosa y Martín son los primos de José Luis.

<table>
<tr><td></td><td>A</td><td>...es/son...</td><td>B</td><td></td></tr>
<tr><td>1.</td><td>_b_ Rosa</td><td></td><td>a. una tía</td><td></td></tr>
<tr><td>2.</td><td>_e_ Roberto</td><td></td><td>b. una prima</td><td></td></tr>
<tr><td>3.</td><td>_f_ Enrique</td><td></td><td>c. un tío</td><td></td></tr>
<tr><td>4.</td><td>_d_ Teresa</td><td></td><td>d. la abuela materna</td><td>de José Luis.</td></tr>
<tr><td>5.</td><td>_c_ Juan Manuel</td><td></td><td>e. el abuelo paterno</td><td></td></tr>
<tr><td>6.</td><td>_h_ Rosa y Martín</td><td></td><td>f. el abuelo materno</td><td></td></tr>
<tr><td>7.</td><td>_a_ Virginia</td><td></td><td>g. los tíos</td><td></td></tr>
<tr><td></td><td></td><td></td><td>h. los primos</td><td></td></tr>
</table>

PARA EXPRESARSE   ¿TIENES SOBRINOS? ¿CUÑADOS?

Here are some other words related to families. Read each Spanish definition and example. Do you know what each word means?

sobrino/a: hijo o hija de tu hermano/a

José Luis es **el sobrino** de Luisa (la hermana de su padre José).

nieto/a: hijo o hija de tu hijo/a

José Luis es **el nieto** de Enrique y Teresa.

cuñado/a: esposo o esposa de tu hermano/a

Virginia es **la cuñada** de Gonzalo.

suegro/a: padre o madre de tu esposo/a

Roberto es **el suegro** de Marta.

casado/a: cuando una persona tiene esposo/a

Marta está **casada.**

divorciado/a: cuando un esposo y una esposa se separan legalmente

Gonzalo está **divorciado.**

soltero/a: una persona que no tiene esposo/a

José Luis es **soltero.**

ya murió (pasado de **morir**): sin vida

El abuelo materno de José Luis **ya murió.**

viudo/a: cuando el esposo (la esposa) ya murió

Roberto es **viudo.**

vivo/a: que tiene vida

El abuelo paterno de José Luis está **vivo.**

VER EL MANUAL

Actividad C Más sobre los Gómez

Tu profesor(a) va a leer una serie de preguntas sobre la familia Gómez. Para contestar, puedes consultar el dibujo de las páginas 118–119.

1... 2... 3... 4... 5... 6... 7...

Actividad D Otros parientes y relaciones

Hazle estas preguntas (*Ask these questions*) a un compañero (una compañera) de clase mientras (*while*) él o ella mira el dibujo de la familia Gómez.

1. ¿Cuál de los dos abuelos maternos ya murió? ¿Están vivos los otros abuelos?
2. ¿Cómo se llama la cuñada de Marta? ¿Cuántos cuñados tiene en total?
3. ¿Está Jaime casado o es soltero? ¿Quién es el suegro de Virginia?
4. ¿José y Marta tienen nietos? ¿Quiénes tienen nietos en esta familia?
5. ¿Tienen sobrinos José y Marta?

UN VISTAZO

¡Así es la vida!ª

¿Quiénes son los miembros de esta familia? ¿Es una familia nuclear o «extendida»? Y su casa, ¿es grande o pequeña?

ª¡Así... *That's life!* (**así** = *thus, such*)

Actividad E ¿Cierto o falso?

Estudia otra vez el dibujo de la familia «extendida» de José Luis. Luego escucha las afirmaciones del profesor (de la profesora). ¿Son ciertas o falsas?

1... 2... 3... 4... 5... 6... 7... 8... 9... 10...

¿SABÍAS QUE...

...las familias hispanas, por lo general, son más numerosas que las familias norteamericanas? Sin embargo, esta generalización no es tan verdadera hoy como antes.[a] Es común encontrar en los países de habla española padres con seis, siete y hasta diez hijos, pero hoy muchos tienen familias pequeñas, como en los Estados Unidos. En los hogares,[b] ademas de[c] los hijos, a veces viven otros parientes, como abuelos, tíos y primos, pero esto también ocurre hoy menos que antes.

[a]*previously* [b]*homes* [c]*además... in addition to*

UN VISTAZO

Las edades

Una familia tiene trece hijos, nacidos todos con quince meses de intervalo entre uno y otro. La mayor sabe que su edad es exactamente once veces la de su hermano pequeño. ¿Cuántos años tienen la primogénita[a] y el benjamín[b]?

Una familia muy grande

¿Puedes contestar la pregunta sobre esta familia?

_____

[a]la mayor [b]el menor

Actividad F Firma aquí, por favor

¿Cómo es tu familia «extendida»?

1. ¿Tienes un cuñado?   _____

2. ¿Están vivos todos tus abuelos?   _____

3. ¿Tienes un tío soltero?   _____

4. ¿Tienes un sobrino (una sobrina)?   _____

5. ¿Hay más de treinta personas en tu familia «extendida»? _____

6. ¿Hay una persona divorciada en tu familia? _____

7. ¿Tienes primos que no conoces? _____

8. ¿Tienes un suegro? _____

¿SABÍAS QUE...

...en algunas lenguas es posible cambiar[a] una palabra para darle[b] una connotación cariñosa[c]? En inglés, por ejemplo, entre los miembros de una familia es posible decir *dad* o *daddy*. (Compara estas palabras con *father*.) Pero, ¿es posible cambiar las palabras *brother* o *cousin* en inglés para demostrar cariño? ¡En español es muy fácil! Se usan los diminutivos.

mamá	mamita o mamacita*
papá	papito o papacito*
hermano	hermanito
prima	primita
abuela	abuelita

¡OJO! Hay mucha variación regional en el uso de los diminutivos. Pregúntale a tu profesor cómo se dice **mamita** en su dialecto.

_____

* En Latinoamérica **mami** y **papi** son más comunes.

[a] *to change* [b] *para... to give it* [c] *affectionate*

Actividad G ¿Quiénes son?

Paso 1. La lista siguiente contiene los nombres de once miembros de la familia « extendida » de Juanito. Dibuja (*Draw*) su árbol genealógico (*family tree*), incluyendo los nombres de todas las personas de la lista.

La familia de Juanito

1. Eduardo, tío de Juanito
2. José, esposo de Rosa; ya murió
3. Carolina, hija de Juan
4. Roberto, hermano de Eduardo; ya murió
5. Rosa, abuela paterna de Juanito
6. Rosita y Tatiana, hijas de Carolina
7. Juanito, nieto de José
8. Juana, ex-esposa de Eduardo y ex-cuñada de Juan
9. Etelia, cuñada de Eduardo, viuda de Roberto
10. Jacqueline, madre viuda de Juanito
11. Juan, hijo de Rosa

Paso 2. Ahora contesta estas preguntas.

1. ¿Cuál es la relación entre Juanito y Carolina?
2. ¿Cuál es la relación entre Juan y José?
3. ¿Qué relación tiene Juan con Rosita y Tatiana?
4. ¿Quién fue el abuelo de Juanito?

Paso 3. En realidad, la familia de Juanito es mucho más grande. Basándote en los miembros de su familia que están incluidos aquí, ¿puedes identificar esta familia famosa?

UN VISTAZO

Familias hispanas

Las siguientes fotos son de dos familias hispanas muy conocidas. ¿Las reconoces?*

---

* **¿Las reconoces?** means *Do you recognize them?* **Las** is an object pronoun that you will learn about in this lesson of the *Manual.*

IDEAS PARA EXPLORAR
COMPARANDO FAMILIAS

PARA EXPRESARSE ¿QUIÉN ES EL MÁS INTERESANTE?

You have already seen comparisons using **más (que)** and **menos (que)** with adjectives.

> La familia Kennedy es **más** grande **que** la familia real de España.
> Paul Fuller tiene **menos** hijos **que** José Gómez.

To say that someone surpasses everyone else in a given attribute, use the superlative (for example, the tallest, the most clever, the least aggressive). To express the superlative in Spanish, just add a definite article to the comparison and use **de** instead of **que.**

> Mi hermano es **el más inteligente de** la familia.
> Mi abuela es **la más simpática de** todos mis parientes.
> Y mi tía es **la menos tensa de** nuestra familia.

José Luis	Ana	Rebeca	Carlos	Daniel
18 años	9 años	5 años	2 años	2 años
				gemelos

VER EL MANUAL

¿Quién es **el mayor de** la familia? ¿Quién es **el menor**?

Actividad ¿Quién de tu familia es...?

Entrevista (*Interview*) a un compañero (una compañera) de clase. (Las preguntas se refieren a miembros de la familia nuclear y la familia «extendida».)

MODELO: En tu opinión, ¿quién de tu familia es el (la) más responsable? →
Mi tía Laura es la más responsable.

En tu opinión, ¿quién de tu familia es...

1. el más atractivo (la más atractiva)?
2. el más raro (*strange*) (la más rara)?
3. el más extrovertido (la más extrovertida)?
4. el menos serio (la menos seria)?
5. el más simpático (la más simpática)?
6. el (la) más inteligente?
7. el (la) más interesante?
8. Otro: _____ ?

Aquí hay otros adjetivos, si quieres usarlos.

cómico/a   *funny*
educado/a   *well-mannered*
hablador(a)   *talkative*
neurótico/a   *neurotic*
trabajador(a)   *hardworking*

Y AHORA...

¿Cómo es la familia de ____?

Paso 1.   La clase debe seleccionar a un(a) estudiante para entrevistar. El resto de la clase debe dividirse en cinco grupos.

Paso 2.   El profesor (La profesora) le va a asignar a cada grupo una de las categorías de la lista a continuación.

Categoría 1: miembros de la familia nuclear
Categoría 2: abuelos
Categoría 3: tíos, incluyendo sus esposos y esposas
Categoría 4: primos
Categoría 5: características particulares de cada uno de los diferentes parientes (por ejemplo, la persona más loca), y sus pasatiempos especiales

Cada grupo debe hacer las preguntas necesarias para obtener toda la información sobre su categoría. Por ejemplo, se puede preguntar sobre los nombres de los parientes, su edad, dónde viven, etcétera.

Paso 3.   Los grupos deben entrevistar a la persona seleccionada. Toda la clase debe escuchar sus respuestas y apuntar (*jot down*) toda la información. ¡OJO! Si no entiendes algo, debes pedir aclaración (*clarification*).

Paso 4.   En casa, dibuja el árbol genealógico de la persona entrevistada. Incluye todos los detalles. A continuación hay un ejemplo de cómo se puede poner el nombre de un pariente en el árbol genealógico.

María Shay, tía, divorciada. Vive en Florida. Es la más cómica de la familia.

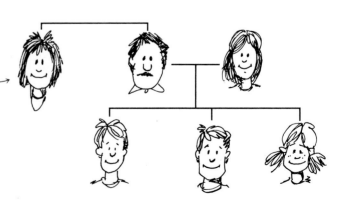

VOCABULARIO

Vocabulario básico

Los miembros de la familia nuclear	Members of a nuclear family
la esposa	wife
el esposo	husband
los esposos	married couple
los gemelos	twins
la hermana	sister
la hermanastra	stepsister
el hermano	brother
el hermanastro	stepbrother
la hija	daughter
el hijo	son
los hijos	children
la madrastra	stepmother
la madre	mother
el marido	husband
la media hermana	half sister
el medio hermano	half brother
la mujer	wife; woman
el padrastro	stepfather
el padre	father
los padres	parents

La familia « extendida »	The extended family
la abuela (materna/paterna)	(maternal/paternal) grandmother
el abuelo	grandfather
los abuelos	grandparents
la cuñada	sister-in-law
el cuñado	brother-in-law
la nieta	granddaughter
el nieto	grandson
los nietos	grandchildren
los parientes	relatives
el/la primo/a	cousin
la sobrina	niece
el sobrino	nephew
la suegra	mother-in-law
el suegro	father-in-law
los suegros	in-laws
la tía	aunt
el tío	uncle

Para describir a los parientes	Describing relatives
Es soltero/a.	He/She is single.
Es viuda.	She is a widow.
Es viudo.	He is a widower.

Está casado/a. (Están casados/as.)	He/She is married. (They are married.)
Está divorciado/a. (Están divorciados/as.)	He/She is divorced. (They are divorced.)
Está vivo/a. (Están vivos/as.)	He/She is alive. (They are alive.)
(Ya) murió.	He/She (already) died.
mayor	older
el/la mayor	oldest
menor	younger
el/la menor	youngest

Para hacer preguntas	Asking questions
¿cómo?	how?
¿cuál?, ¿cuáles?	which?, what?
¿cuándo?	when?
¿cuántos/as?	how many?
¿dónde?	where?
¿qué?	what?, which?
¿quién?, ¿quiénes?	who?

Palabras y expresiones útiles

el apellido	last name
la chica	girl
el chico	boy
el perro	dog
antes (*adv.*)	before
antes de (*prep.*)	before
atractivo/a	attractive
ese, esa	that
esos, esas	those
este, esta	this
estos, estas	these
extrovertido/a	extroverted
favorito/a	favorite
inteligente	intelligent
el/la más ＿＿	the most ＿＿
más ＿＿ que	more ＿＿ than
el/la menos ＿＿	the least ＿＿
menos ＿＿ que	less ＿＿ than
nuevo/a	new
pequeño/a	small
raro/a	strange
serio/a	serious
simpático/a	nice, pleasant
su	his/her/your (*pol., sing./pl.*)/ their
tener ＿＿ años	to be ＿＿ years old

OTRAS IDEAS

❖ **Actividad A** ¿Qué significa, para ti, tu padre?

Paso 1. Lee rápidamente las respuestas de los seis adolescentes a la pregunta « ¿Qué significa, para ti, tu padre? » en las páginas 130–131. ¡OJO! Hay muchas palabras que no vas a comprender. Por ejemplo, una palabra importante que se repite es **apoyo** (*support*). **Respaldo** es un sinónimo de **apoyo.** Lo que debes hacer en este momento es captar la idea general de la opinión de cada persona.

Paso 2. Indica quién menciona las siguientes ideas.

	Es un amigo.	Representa el apoyo económico.	Da apoyo moral.	Lo respeto.*
Gerardo				
Melanie				
César				
Ángeles				
Maité				
Rocío				

Paso 3. Mira la tabla del **Paso 2.** ¿Con quién estás de acuerdo? Completa uno de los siguientes párrafos breves. Puedes añadir tu propia información o una idea nueva. Luego presenta tu párrafo a la clase.

Estoy de acuerdo con (*I agree with*) _____. Para mí, mi padre _____ porque _____. También _____.

No estoy de acuerdo con ninguno de los seis. Para mí, mi padre _____ porque _____. Además _____.

❖ **Actividad B** Relaciones familiares

Paso 1. ¿Te llevas bien o mal (*Do you get along well or not so well*) con tus parientes? Indica tus respuestas en esta escala (*scale*).

	Me llevo muy bien con...			Me llevo muy mal con...	
...mis hermanos.	5	4	3	2	1
...mi padre.	5	4	3	2	1
...mi madre.	5	4	3	2	1
...todos mis tíos.	5	4	3	2	1
...todos mis primos.	5	4	3	2	1
...mis abuelos.	5	4	3	2	1

---

* **Lo respeto** = *I respect him.* **Lo** is an object pronoun. You will learn about object pronouns in this lesson of the *Manual.*

Paso 2. Ahora, pregúntale a un compañero (una compañera) de clase cómo se lleva con su familia. (Ejemplo: ¿Te llevas bien con tus hermanos?) Escribe las respuestas de tu compañero/a.

Paso 3. A continuación hay una explicación de cómo calcular los puntos. Suma (*Add up*) todos los números que has marcado (*that you have marked*) para sacar la puntuación total.

CALIFICACIÓN

30–25 *puntos*

¡Te llevas bien con todo el mundo! Serías (*You would be*) un buen político (una buena política).

24–20 *puntos*

Tienes una disposición especial y te gusta llevarte bien con otras personas.

19–15 *puntos*

Eres como muchos. Te llevas bien con algunos y no muy bien con otros.

14–10 *puntos*

No eres muy tolerante con otras personas.

menos de 10 *puntos*

Debes vivir en las montañas, solo/a, sin comunicación con otras personas.

❖ **Actividad C** Un auto-examen

¿A quién quieres más? Responde a este auto-examen. Si quieres, puedes compartir la información con un compañero (una compañera) de clase. (Nota: Ya sabes que **querer** significa en inglés *to want*. Pero **querer a una persona** significa *to be fond of, to like, to love a person.*)

Los padres

☐ Quiero más a mi mamá.

☐ Quiero más a mi papá.

☐ Quiero a mis padres por igual.

☐ Otro comentario: _____

Los abuelos

☐ Quiero más a mis abuelos paternos.

☐ Quiero más a mis abuelos maternos.

☐ Quiero a todos mis abuelos por igual.

☐ Otro comentario: _____

Los hermanos

☐ Quiero más a un hermano (una hermana) que a otro/a.

☐ Quiero a todos mis hermanos por igual.

☐ No tengo hermanos.

☐ Otro comentario: _____

¿Qué significa, para ti, tu padre?

Mesa redonda con jóvenes adolescentes

Por Alma de Lira
Fotos: Ramón Outón

¿Cuántas veces tiene el padre la oportunidad de saber lo que piensan de él, realmente, sus hijos? Como la respuesta podría ser: ¡ninguna!, decidimos reunir a un grupo de jovencitos adolescentes —y, por tanto, con una capacidad crítica ya desarrollada— y los animamos a que hablaran, sin cortapisa, de ese gran personaje que les dio la mitad de la vida. Sus opiniones trazan un retrato bastante exacto de muchos padres actuales. ¿Se reconoce usted en él?

(Los jóvenes entrevistados fueron: Rocío Reina, Maité Pérez, Ángeles Moya, César Miranda, Melanie Meurehg, Gerardo Medina, de los colegios Moderno Americano y Francés del Pedregal.)

¿Qué significa para ti tu padre?

GERARDO: Alguien a quien se debe respetar; es una persona que nos enseña a lo largo de la vida. También representa el apoyo económico, el papá da todo lo material. A veces, aunque uno no esté de acuerdo con él y cueste mucho trabajo, por ser su hijo debe hacer el intento de respetarlo.

MELANIE: Para mí es algo diferente que para los demás, porque yo vivo con él desde hace dos años (mi mamá vive fuera de México); entonces, la única, la figura más importante que tengo es la de mi padre. En este tiempo, él se ha convertido sobre todo, en mi amigo, y siento que así debe ser un padre. Este también es la figura económica; debiera ser un apoyo (emocional) para los

hijos, pero muchas veces aunque comprenda, no sabe cómo expresar, cómo transmitir lo que está sintiendo; por eso con frecuencia uno se siente distanciado de él.

CÉSAR: El padre es quien nos dio la vida, la persona que más respeto y al que más cariño se le debe tener pase lo que pase. Mis papás están separados, yo vivo con mi mamá, pero los quiero igual a los dos. Aunque mi padre no esté cerca, sigue siendo un respaldo. ¡Así debería ser un padre! No creo que haya motivos tan grandes que justifiquen perderle el cariño y el respeto.

ÁNGELES: Pienso que tengo mucha suerte porque como mi papá hay pocos. Es un buenísimo amigo y cuando lo necesito siempre me ayuda; haya hecho algo bien o mal, él está para ayudarme, no para reprocharme. Me ha enseñado muchísimas cosas

¡y qué bueno! porque no va a estar todo el tiempo conmigo y es importante que me deje su sabiduría. Él es una de las dos personas a las que quiero mucho; la otra es mi mamá. Por ningún motivo pienso enojarme con él. Además, si uno se lleva siempre bien con su papá, creo que aunque haya algún problema se llega a un arreglo.

MAITÉ: Mi papá es un amigo, siento total apoyo de él, económico y moral.

ROCÍO: Mi papá es un gran apoyo, aunque no haya una comunicación muy importante entre nosotros; él es hombre y yo mujer y tal vez por eso mis problemas los ve desde otro punto de vista y no los siente como yo. Pero en un momento dado si necesitara su ayuda, sé que no me dejaría sola. Al padre uno lo tiene en un altar, se le tiene cariño.

LECCIÓN 6

¿A QUIÉN TE PARECES?

Cecilia Concepción Álvarez
(estadounidense, 1950–   ),
Las Cuatas Diego, 1980

*I*n this lesson you will explore the topic of physical resemblance in families. As you do so, you will

- learn to describe people's physical appearance and to understand descriptions given by others
- observe the degree to which family members do or do not resemble each other
- study the way physical traits are inherited
- continue using adjective agreement

IDEAS PARA EXPLORAR
RASGOS FÍSICOS

PARA EXPRESARSE ¿CÓMO ES?

el pelo rubio
el pelo lacio
los ojos azules

Es alto.
el pelo rizado
el pelo negro

Es baja.
el pelo canoso
la nariz grande

pelirrojo
las orejas
los ojos verdes
las pecas

los ojos castaños
las mejillas
el mentón

Rosario Maira   Eriberto Rodríguez   Evelyn Roman   Bobby Feldman   Marisela González

Otras expresiones

la cara	face	¿Cómo es?	What does he/she look like?
la estatura	height	describir	to describe
el rasgo físico	physical trait		

VER EL MANUAL

Actividad A ¿Quién es?

Da el nombre de la persona que ves (*you see*) en los dibujos en **Para expresarse.**

1. ¿Quién tiene los ojos castaños?
2. ¿Quién es pelirrojo?
3. ¿Quién tiene el pelo rubio?
4. ¿Quién es moreno?
5. ¿Quién tiene las orejas grandes?
6. ¿Quién es baja?
7. ¿Quién tiene el pelo rizado?
8. ¿Quién tiene el pelo lacio?

Actividad B Descripciones

Tu profesor(a) va a describir a una persona que está en los dibujos en **Para expresarse.** ¿A quién describe?

Actividad C Personas famosas

¿Qué persona famosa puedes asociar con las siguientes descripciones?

1. Es mujer. Tiene el pelo castaño y los ojos azules. Tiene una nariz muy grande. Es actriz y cantante (*singer*).

   a. Barbra Streisand   b. Elizabeth Taylor   c. Cher

2. Es hombre. Tiene el pelo canoso y los ojos azules. Es cantante.

   a. Tom Cruise   b. Frank Sinatra   c. Bruce Springsteen

3. Es hombre. Es de estatura mediana. Tiene el pelo negro y los ojos castaños. Tiene la nariz un poco grande y orejas enormes. Es inglés.

   a. Paul McCartney   b. Sean Connery   c. el príncipe Carlos

4. Es hombre. No es ni alto ni bajo. Ahora tiene el pelo canoso pero de joven era (*as a young man he was*) rubio. Tiene los ojos azules. Su rasgo más interesante es el mentón.

   a. Kirk Douglas   b. Plácido Domingo   c. Paul Newman

5. Es mujer. Es más o menos baja y gorda (*fat*). Tiene el pelo castaño y lacio. Es una actriz cómica.

   a. Roseanne Barr   b. Bette Midler   c. Lily Tomlin

Actividad D Otras personas

Para cada rasgo físico da el nombre de una persona famosa que lo tiene (*has it*) o lo tenía (*had it*) si ya murió.

1. Tiene (Tenía) el pelo canoso.
2. Tiene (Tenía) los ojos verdes.
3. Es (Era) bajo.
4. Tiene (Tenía) muchas pecas.
5. Es (Era) pelirrojo.
6. Tiene (Tenía) orejas grandes.
7. Tiene (Tenía) la nariz grande.
8. Tiene (Tenía) los ojos azules y el pelo negro.
9. Es (Era) alto y tiene (tenía) el pelo negro y los ojos castaños.

Actividad E Los compañeros de clase

Paso 1. Mira a las personas de la clase y observa algunos de sus rasgos físicos. Luego cierra los ojos (*close your eyes*) y escucha la descripción que da el profesor (la profesora).

Paso 2. Escribe los nombres de todas las personas en la clase que tienen los rasgos físicos que el profesor (la profesora) describe.

Paso 3. Compara tu lista con las listas de tus compañeros de clase. La clase debe eliminar los nombres que no deben estar en la lista y preparar una lista de finalistas.

Paso 4. Escucha mientras (*while*) el profesor (la profesora) da más información sobre la persona. De las personas que están en la lista de finalistas, ¿a quién describe?

Actividad F ¿Eres un buen testigo (*witness*)?

Imagina que viste (*you saw*) un crimen la semana pasada: Un hombre asesinó a una figura política muy importante durante una entrevista. El asesino es uno de los hombres cuya (*whose*) foto está aquí. Describe al asesino (estatura, color de los ojos, pelo y otros rasgos) para que tu compañero/a de clase pueda determinar su identidad.

1. Anastasio Ballestas, alias «El Tigre»

2. Gumersindo Román, alias «La Víbora»

3. Pedro del Monte, alias «Mano negra»

4. Alejandro Manotas, alias «Orejas»

UN VISTAZO

Descripciones literarias

Las siguientes oraciones vienen de la novela *Laura*, del escritor español Pío Baroja (1843–1920). En este capítulo se describe a unas estudiantes. Lee primero la descripción de Laura Monroy. Luego lee la descripción de Silvia. ¿Son similares o diferentes estas dos mujeres?

> Laura Monroy, entonces de veintiún años, era de estatura mediana, de pelo rubio oscuro, ojos claros, entre azules y verdes, color sonrosado y voz bien timbrada.

> Silvia era una mujer guapa, blanca, de ojos negros y pelo negro, un poco vulgar. Se cuidaba mucho, vestía muy bien.

VAMOS A VER

Anticipación

Paso 1.   On the next page is a short article from a newspaper in Maracaibo, Venezuela. Carefully look over the headline and the photos. What do you think **trillizas** means? (Hint: The stem **tri-** is related to the word **tres.**) What is this article announcing? Do you need to look up the word **nacieron** to understand the headline?

La palabra **trillizas** significa _____ en inglés.

Paso 2.   With a partner, list three things that are generally found in birth announcements in newspapers. Then wait for your instructor to say what to do next.

1. _____

2. _____

3. _____

Exploración

Scan the article to see if and where the following information is contained. Underline the information and compare your findings with your partner's. Do you agree?

1. weight of the babies
2. parents' names
3. babies' names
4. length of the babies
5. sex of the babies

Nacieron trillizas en el Hospital Chiquinquirá

Trillizas sietemesinas nacieron ayer en horas de la mañana en el Hospital Chiquinquirá.

Dos de ellas venían de una misma placenta y la tercera de otra, separada.

Las dos primeras pesaron 2 kilos 300 gramos mientras que la tercera 2.200. Todas nacieron normales en un parto natural.

Las tres midieron 40 centímetros y fueron atendidas por el equipo de ginecología del Hospital Chiquinquirá.

Sus nombres son: María Alejandra, María Virginia y María Cristina.

Para felicidad de la familia nacieron el mismo día que la abuela, que cumple 47 años.

Los padres de las niñas son Guillermo Sandrea Toledo y Edixia de Sandrea.

Es el segundo parto para la señora Edixia de Sandrea.

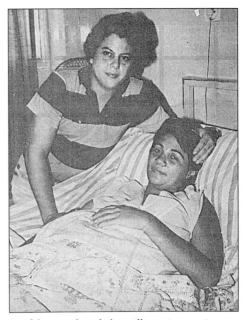

Los felices padres de las trillizas sietemesinas Guillermo Sandrea y Edixia de Sandrea. (Foto P. López).

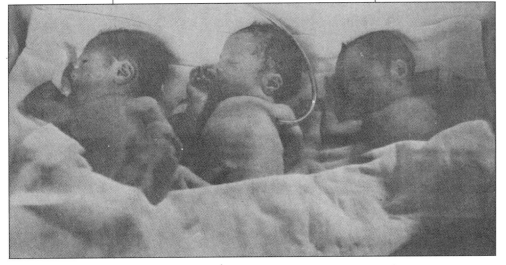

Las trillizas María Alejandra, María Virginia y María Cristina se encuentran en buenas condiciones. (Foto P. López).

IDEAS PARA EXPLORAR
RASGOS FAMILIARES

PARA EXPRESARSE ¿NOS PARECEMOS?

Twins and triplets may be identical, but most of the time brothers and sisters have only some similar physical characteristics. To talk about whether two people resemble each other, the verb **parecerse** is used in Spanish.

Juan y Roberto **se parecen.**	*Juan and Roberto **look like each other.***
Mi hermana y yo **nos parecemos.**	*My sister and I **look like each other.***
Me parezco a mi padre.	*I **look like** my father.*

Cecilia Concepción Álvarez (estadounidense, 1950–   ), *Las Cuatas Diego*, 1980

VER EL MANUAL

Actividad A ¿Es verdad?

¿Cuál de las siguientes oraciones describe tu situación?

Sobre tus hermanos

1. ☐ Mi(s) hermano(s) (hermana[s]) y yo nos parecemos.
2. ☐ Me parezco sólo a uno/a de mis hermanos/as.
3. ☐ Soy idéntico/a a uno de mis hermanos (una de mis hermanas).
4. ☐ No me parezco a ninguno de mis hermanos (ninguna de mis hermanas).
5. ☐ Mis hermanos se parecen.

6. ☐ Soy hijo adoptivo (hija adoptiva) y no me parezco a mis hermanos/as.
7. ☐ No tengo hermanos.

Sobre tus padres

8. ☐ Me parezco a mi padre.
9. ☐ Me parezco a mi madre.
10. ☐ Tengo algunas características de mi padre y otras de mi madre.
11. ☐ No me parezco ni a mi madre ni a mi padre.
12. ☐ Soy hijo adoptivo (hija adoptiva) y no me parezco a mi familia.

UN VISTAZO

Gemelos idénticos

Lee el artículo « Imagen doble ». ¿Conoces tú a algunos gemelos idénticos? ¿Se visten idénticamente, como las hermanas Scull?

Imagen doble

Son originales. Son idénticas. La de la derecha es Haydée y la de la izquierda es Sahara. O viceversa. Desde que terminaron sus estudios de arte en La Habana en 1952, las hermanas Scull han gozado de un gran éxito con sus «cuadros en tercera dimensión», una mezcla de pintura y escultura que trata temas folklóricos con humor. En Miami siguieron su ruta, con la ayuda del hijo de Haydée, Michael Scull. El resultado, según ellas, es «como una escenografía para una película». Su vestuario también es un arte. Diseñan y hacen su propia ropa—siempre idéntica—incluso los aretes, zapatos y sombreros. «Nos ponemos lo que nos hace sentirnos felices». Así vestidas asisten a fiestas y aperturas, conversando con todos, riéndose hasta de sí mismas, como bufones de alguna corte de antaño. «Estamos enamoradas de la vida». Esto lo dijo Sahara. O Haydée.

Arte escenográfico

Actividad B Las familias de la televisión

Muchas veces los miembros de una familia se parecen. En algunas familias hay rasgos físicos similares (por ejemplo, ojos azules, nariz pequeña, orejas grandes, mentón prominente, color del pelo). ¿Se refleja esto en la televisión? Con un compañero (una compañera) de clase decide si los miembros de la familia de un programa se parecen o no. Expliquen por qué.

Programa: _____

Miembros de la familia: _____

_____

_____

_____

_____

_____

☐ Los miembros de esta familia se parecen.

Rasgos: _____

_____

_____

☐ Algunos miembros de esta familia se parecen.

Rasgos: _____

_____

_____

☐ Ningún miembro de esta familia se parece a otro.

Rasgos: _____

_____

_____

Actividad C Mi familia y yo

Trae (*Bring*) a la clase una fotografía de un miembro de tu familia. No la muestres (*Don't show it*) a tus compañeros de clase. El profesor (La profesora) lo hará (*will do it*). ¿Pueden identificar a la persona de tu fotografía tus compañeros de clase?

MODELO: ESTUDIANTE: La persona de la foto es el padre (el hermano, la madre, etcétera) de Jane porque se parecen.
PROFESOR(A): ¿En qué se parecen?
ESTUDIANTE: Tienen los ojos del mismo color (Los dos tienen los ojos azules) y…

LOS HISPANOS HABLAN

¿Cuántos hermanos tienes? ¿Cómo son tus hermanos? ¿Te pareces a ellos? ¿En qué se parecen y en qué se diferencian, tanto en la parte física como en la personalidad?

NOMBRE: Catalina Riveros, estudiante
EDAD: 19 años
PAÍS: la Argentina

« Tengo dos hermanas. La mayor se llama Verónica y tiene veinte años. Es rubia y de ojos verdes. Está estudiando psicología y vive en mi casa. En la Argentina no es común cambiarse de lugar al empezar[a] la facultad. Las universidades no tienen dormitorios. Por esa razón, Verónica todavía vive con nosotros.

« Adriana es mi hermana más chica.[b] Tiene diecisiete años y somos muy parecidas en todo. Físicamente, tiene ojos marrones,[c] pelo castaño claro, es alta y flaca.[d] Las dos tenemos los mismos gestos y expresiones, tanto que a veces la gente nos confunde.

« En cuanto a la personalidad, las tres somos bastante parecidas: tenemos carácter fuerte,[e] buen humor y nos gusta probar[f] cosas distintas. »

Frida Kahlo, *Mis abuelos, mis padres y yo (árbol genealógico)*, 1936

---

[a]cambiarse... *to move when you begin*   [b]más... *younger*   [c]*dark brown*   [d]*thin*   [e]*strong*
[f]*to try*

VAMOS A VER

Anticipación

Paso 1. Look at the title of the reading on pages 144–145 and the caption underneath. Who was Mendel? What do you know about him? What branch of science did he pioneer? With the class, list on the board everything you remember about Mendel from your biology classes or other readings.

Paso 2. In your list did you mention genetics, the science Mendel helped to found? What are some terms you associate with genetics? Circle the terms in the following list that you think might be used to talk about genetics. Did your classmates circle the same ones?

el ADN (el ácido desoxirribonu-
    cléico)
la atmósfera
los cromosomas
dominar
los factores recesivos
las generaciones

los genes
heredar (*inherit*)
el movimiento de los planetas
el oxígeno
el papel litmus
las reacciones nucleares
transmitir

Paso 3. In your opinion, which of the following statements are true? Note that terms from the list in **Paso 2** are used here.

1. ☐ Un carácter (físico) está regulado por dos factores. Un factor viene del padre y el otro de la madre.
2. ☐ Si los dos factores son diferentes, el factor dominante determina el carácter que hereda el hijo.
3. ☐ Si los dos factores son diferentes, el factor recesivo se pierde. Es decir, desaparece y no se transmite.
4. ☐ Los genes son más grandes que los cromosomas.
5. ☐ Un cromosoma sólo puede llevar un factor de un rasgo, no dos. Por ejemplo, un cromosoma no puede llevar al mismo tiempo el factor que determina ojos azules y el factor que determina ojos castaños.

Exploración

Paso 1. Scan the reading to find references that will give you the answers to the previous **paso.** Share your findings with a partner or with the class.

Paso 2. Now read the text at your own rate. Skip over words and phrases that you don't understand, or try to guess their meaning.

Paso 3. Using a pencil or highlighter, go through the reading once more, underlining phrases and sentences that contain important ideas.

Síntesis

Paso 1. Working with classmates in groups of three, compare your underlined phrases and sentences. Do you have the same ideas underlined? Each underlined sentence should contain one or two key words that will help you recall the information in that sentence. With your partners, decide what the key words are and list them.

Paso 2. Study your key words and bring them to the next class. You may use them during the quiz that your instructor will give.

Trabajando con el texto

Paso 1. Find the following words in the reading. Determine their meaning using context.

1. ser humano, ser vivo (*occur three times total*)
2. sino que
3. leyes (universales)

Paso 2. Find the following words in the reading. Use their cognate status or their relationship to other words in Spanish to determine their meaning.

1. abreviada
2. último caso
3. residen

Paso 3. In the reading you will find **se** used with these verbs:

se pierden	*are lost*
se mantienen	*are maintained*
se transmiten	*are transmitted*
se manifiestan	*are manifested*
se inicia	*is initiated*

This **se** is unlike the **se** of **se levanta** or **se parece**. It is called the *passive* **se**. Note that the English equivalents use a form of the verb *to be* for the passive voice. What do you think the following boldface phrases mean?

1. Las características heredadas **se ven** en los rasgos físicos.
2. Hoy día **se estima** todavía el trabajo pionero de Mendel.
3. Los factores genéticos que causan el cáncer no **se conocen** en el mundo científico.

¡Sigamos!

Entrevistas

¿Tienen validez las ideas de Mendel? Busca personas en la clase con los siguientes rasgos y hazles las preguntas correspondientes.

A las personas de ojos claros (azules o verdes)

1. ¿Tienen tus padres ojos azules los dos? ¿y tus abuelos?
2. Si tienes hermanos, ¿también tienen ojos azules?

A las personas de ojos oscuros (castaños o negros)

1. ¿Tienen tus padres ojos castaños los dos? ¿y tus abuelos?
2. Si tienes hermanos, ¿también tienen ojos castaños?

La sección ¡Sigamos! continua en las páginas 144–147. ➤

Juan Gregorio MENDEL

Gracias a este monje agustino, la humanidad entera da el primer paso de gigante en desvelar el misterio de la herencia.

EL CAMPO de investigación que aborda Mendel incide en un problema que todo ser humano se plantea en algún momento. ¿Por qué los descendientes se parecen a sus progenitores? ¿Cómo se heredan los caracteres que definen a cada ser vivo?

Factores dominantes y recesivos

Esta es, abreviada, la interpretación de sus resultados: un carácter está regulado por dos factores, uno procedente del padre y otro de la madre. Estos factores pueden ser iguales o diferentes. En este último caso, uno de ellos suele dominar, pero los factores recesivos (no dominantes) no se pierden, sino que se mantienen estables y pueden manifestarse en generaciones sucesivas, cuando por azar coinciden con otro recesivo.

Dos caracteres de un mismo ser vivo se transmiten a los hijos independientemente. En boca de Mendel: «...en cada generación sucesiva, los dos caracteres principales (dominantes) se manifiestan clara y simplemente en la pareja de híbridos».

En el umbral de la Genética

Estos principios, reconocidos hoy como leyes universales, reciben en su expresión moderna el nombre de «Mendelismo»,

A las personas rubias o pelirrojas
1. ¿Tienen tus padres el pelo rubio los dos? ¿y tus abuelos?
2. Si tienes hermanos, ¿también tienen el pelo rubio?

y son la puerta abierta por la que se inicia una nueva etapa de la ciencia, denominada *Genética* por Bateson en 1906. Esta ciencia sabe hoy que el Mendelismo es cierto, aunque reconoce que las cosas son algo más complejas. Los factores, hoy llamados genes, tienen una base química, y residen en el ADN de los cromosomas de los núcleos de las células.

La Genética sabe hoy también que, a veces, dos o más caracteres van ligados al mismo cromosoma y se transmiten juntos; que un solo carácter puede estar determinado por varios factores o genes; que los factores pueden cambiar bruscamente (mutaciones); que algunos individuos, sobre todo plantas, se desarrollan sin fecundación...

Tras el estudio de más de 13.000 plantas de guisante, cultivadas en el jardín del monasterio, Mendel enunció sus famosas leyes relativas a los factores que heredan las generaciones sucesivas.

PARA SABER MAS

Bateson. W. «Mendels Principles of Heredity». Univ. Press Cambridge 1909.
Iltis. H. «Life of Mendel». G. Allen & Unwin. Londres 1932.
(Las dos obras son la bibliografía clásica para el conocimiento profundo de Mendel.)
Lacadena. J.R. «Mendel, ese desconocido». Arbor, CXVIII, n° 459, pgs 7–37. 1984.
Lacadena, J.R. (coordinador). «En el centenario de Mendel: La genética de ayer y hoy». Ed Alhambra, Madrid 1984.
Sagner. J. «Juan Gregorio Mendel: Vida y obra». Ed. Religión y Cultura. Madrid, 1978.

A las personas de pelo negro o castaño

1. ¿Tienen tus padres el pelo negro (castaño) los dos? ¿y tus abuelos?
2. Si tienes hermanos, ¿también tienen el pelo negro (castaño)?

Después de obtener la información, compara tus resultados con la información que tiene tu profesor(a).

Rasgos familiares

¿Qué características son hereditarias en la familia real de España? ¿orejas? ¿nariz? ¿pelo? ¿Se parecen los hijos a los padres? ¿En qué se parecen?

El rey de España y el príncipe, padre e hijo. Crees que se parecen? En qué rasgos físicos no se parecen?

Un libro de texto mexicano

Lo siguiente viene de un libro de texto de biología que se usa en las escuelas secundarias mexicanas. Observa la sección que se titula « Herencia y medio ambiente ». ¿Puedes deducir el significado de « medio ambiente »?

Los principios de la herencia

CAPÍTULO 9

OBJETIVOS

- ENTENDER en qué forma la herencia y el medio ambiente determinan el modo de ser del individuo
- DESCRIBIR el trabajo de Mendel con guisantes (chícharos)
- EXPLICAR las tres aportaciones de Mendel a los principios básicos de la genética
- DEFINIR los términos: genotipo, fenotipo, homocigótico, heterocigótico y alelos
- DEMOSTRAR una cruza monohíbrida, utilizando la tabla de Punnett
- DEMOSTRAR una cruza que incluya dos caracteres
- ENTENDER la ley de Mendel sobre la distribución Independiente
- EXPLICAR la dominancia incompleta

HERENCIA Y MEDIO AMBIENTE

Hay dos factores que actúan en conjunto durante toda la vida y han hecho de cada uno lo que es en el presente. Se trata de la HERENCIA y el MEDIO AMBIENTE. La herencia es la transmisión de caracteres de padres a hijos. El medio ambiente es el conjunto de fuerzas externas que actúan sobre un organismo.

UN VISTAZO

La ingeniería genética

Hay genes que sintetizan los pigmentos del color de los ojos. ¿Se encuentran en el mismo cromosoma o en varios cromosomas? Busca la respuesta a esta pregunta en el artículo que sigue.

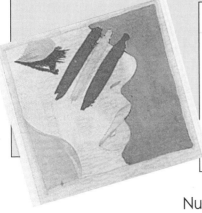

Los genes del ojo

La ingeniería genética está estudiando las células del ojo, en donde hay genes que son sensibles a los tres principales colores: rojo, verde y azul. En la molécula de ADN, los genes que determinan la síntesis de los pigmentos están interrelacionados. Los que sintetizan los pigmentos rojo y verde son de estructura química análoga y están en el mismo cromosoma. El gen del color azul está en otro cromosoma y químicamente es distinto. Y en un cromosoma aparte está la llamada rodopsina, que es lo que permite ver en la oscuridad.

Nuestra personalidad

Paso 1. ¿Cómo se forma nuestra personalidad? ¿Es producto del medio ambiente? ¿Es resultado de muchos años de experiencias? ¿O algunos aspectos de la personalidad se transmiten genéticamente? Marca el número que describe tu personalidad, en tu opinión.

Paso 2. Ahora repite la actividad dos veces más. Primero da la respuesta que describe la personalidad de tu padre, y después, la de tu madre.

Paso 3. ¿Cuántas características tienes en común con tu padre? ¿y con tu madre? ¿Crees que algunos aspectos de tu personalidad son herencia de tus padres? En la siguiente sección, vas a leer algo sobre esto.

	YO					MI MADRE					MI PADRE				
	mucho				poco										
	5	4	3	2	1	5	4	3	2	1	5	4	3	2	1
imaginativo/a	—	—	—	—	—	—	—	—	—	—	—	—	—	—	—
aventurero/a	—	—	—	—	—	—	—	—	—	—	—	—	—	—	—
reservado/a	—	—	—	—	—	—	—	—	—	—	—	—	—	—	—
agresivo/a	—	—	—	—	—	—	—	—	—	—	—	—	—	—	—
impulsivo/a	—	—	—	—	—	—	—	—	—	—	—	—	—	—	—
gregario/a	—	—	—	—	—	—	—	—	—	—	—	—	—	—	—
capaz de dirigir (able to lead) a otros	—	—	—	—	—	—	—	—	—	—	—	—	—	—	—

¿SABÍAS QUE...

...en realidad las características físicas de los hispanos varían mucho de país en país y de región en región? Es una generalización decir que todos los españoles y los latinoamericanos son morenos. Por ejemplo, en ciertas regiones de España, como Asturias y el País Vasco, se encuentran muchas personas rubias de ojos azules. En Andalucía, en el sur de España, la gente tiende a ser morena.[a]

La población de Latinoamérica también presenta una variedad de rasgos físicos. La gente del Caribe (Cuba, Puerto Rico, la República Dominicana) tiene mucha influencia africana. En la Argentina, por otra parte, es posible encontrar rubios de ojos azules como en Europa. Y en muchos países latinoamericanos, especialmente en México, Centroamérica y la región andina, se ve la influencia indígena.

_____

[a] *dark-skinned and dark-haired*

Una mujer joven española

Una mujer de veintitrés años de México

Un chico puertorriqueño de San Juan

Un estudiante mexicano de la capital

VAMOS A VER

Anticipación

Paso 1. The reading on page 151 is entitled **"Vidas paralelas de los gemelos."** What do you think the subject of this reading is?

If you answered *twins*, you are correct. Think about the title. What images does it conjure up? What do you know about twins? What does the term **vidas paralelas** suggest to you?

Paso 2. Look at the caption. Knowing that the verb **averiguar** means *to find out*, what do you think this reading is about?

Paso 3. The following phrases are taken from the reading. Read their definitions.

comparten los mismos genes: Comparten viene del verbo **compartir,** que quiere decir « tener o usar algo en común ».

¡Es difícil **compartir** el cuarto de baño (*bathroom*) con mis cuatro hermanas!

viven en medios diferentes: Medio tiene diferentes significados. Aquí significa **contexto** o **ambiente.**

El **medio** en que vivo es tranquilo y bueno para trabajar.

gemelos... criados lejos uno del otro: Criados viene del verbo **criar.** Se usa para hablar de la atención, educación, etcétera, que le dan los padres a un hijo. **Criados lejos** se refiere a gemelos que viven separados.

Si quieres **criar** bien a una niña, dale (*give her*) mucho cariño.

correspondencias en el desarrollo: El desarrollo es el crecimiento, la transformación del niño en adulto.

El desarrollo de un ser humano consiste en la infancia, la niñez, la adolescencia, la edad adulta y la vejez.

sufre de una caries: Una caries es un problema dental muy común.

El uso regular de pasta dentífrica ayuda a combatir **las caries,** según la Asociación Americana de Dentistas.

Paso 4. Now that you have read the definitions and examples in **Paso 3,** can you match each word to its closest English equivalent?

development   cavity
raised (from *to raise*)   environment
they share (from *to share*)

Paso 5. According to the previous activities, decide which of the following might be included in the reading. Exchange conclusions with a partner.

	SÍ	NO
1. ejemplos de gemelos con vidas idénticas	☐	☐
2. características que comparten los gemelos	☐	☐
3. menciones de estudios científicos sobre los gemelos	☐	☐
4. información sobre la genética	☐	☐

Exploración

Paso 1. Quickly scan the reading to see if you can find references to the items you checked in **Paso 5** of **Anticipación.** Share your findings with a partner.

Paso 2. Read the selection at your own pace. Skip over any words that you cannot guess or that seem unimportant. (Note: In the first paragraph almost all the verbs are in the past tense. While you know many past-tense forms already, some of these will be unfamiliar to you.)

Paso 3. According to what you have read, are the following statements **cierto** or **falso?**

	CIERTO	FALSO
1. Gracias a los estudios sobre los gemelos, se sabe que sólo los factores físicos se transmiten genéticamente.	☐	☐
2. El estudio científico de los gemelos es relativamente nuevo, de unas cuantas décadas, nada más.	☐	☐
3. Los gemelos son un fenómeno raro, infrecuente.	☐	☐
4. Uno de los grandes centros para el estudio de los gemelos se encuentra en Italia.	☐	☐

Paso 4. Write down a topic from the reading (in English or Spanish) that is not one of the items listed in **Paso 3.** Show this information to a partner. Did you recall similar or different pieces of information? If you do this **paso** alone, list as many topics as you can. Reread the essay and then add to the list. How many items do you have?

Síntesis

Paso 1. One way you can organize information you read is to make an outline. First, write down the basic information. Second, organize it. In this **paso,** you will get the basic information from the reading by answering the following questions.

Título: Vidas paralelas de los gemelos

PÁRRAFOS 1 Y 2: JIM SPRINGER Y JIM LEWIS

¿Quiénes son?
¿Cuántos años pasaron separados?
¿Qué correspondencias en su vida se mencionan?

PÁRRAFO 3: LA IMPORTANCIA DE ESTUDIAR LAS VIDAS DE LOS GEMELOS

¿Por cuánto tiempo han estudiado a los gemelos?
¿Por qué son importantes los gemelos separados en la polémica de los genes versus el medio ambiente? (Porque comparten... pero viven...)
¿Cuántos gemelos hay aproximadamente en el mundo?

Vidas paralelas de los gemelos

**Estudiando estos maravillosos "dobletes" de la natura-
leza, los científicos averiguan cómo llegamos los seres
humanos a ser como somos.**

Por Sharon Begley

Jim Springer y Jim Lewis son gemelos idénticos. Fueron separados a las seis semanas de nacidos, y no se reunieron sino hasta 39 años después, en ocasión de un estudio sobre gemelos que se llevó a cabo en la Universidad de Minnesota en Minneapolis. Entonces descubrieron que se habían casado y divorciado de sendas mujeres llamadas Linda, habían contraído segundas nupcias con mujeres llamadas Betty, y habían llamado a sus primogénitos James Allan y James Alan, respectivamente. Pero eso no es todo: tenían autos Chevrolet azules de idéntico modelo, a menudo pasaban sus vacaciones en una pequeña playa de St. Petersburg, Florida, y sus perros se llamaban Toy.

Tales correspondencias misteriosas son parte del fascinante misterio de los gemelos y los psicólogos escuchan con relativa frecuencia relatos semejantes.

Desde hace más de un siglo se han estudiado gemelos para dilucidar cómo determinan los genes que las personas sean como son. Puesto que comparten precisamente los mismos genes, pero viven en medios diferentes, bajo influencias distintas, los gemelos idénticos que son criados lejos uno del otro sirven a la ciencia para descubrir qué cualidades físicas y mentales son forjadas por nuestros genes, y cuáles por la crianza, la educación y, en general, el medio en que se vive. Los investigadores no tienen que preocuparse por que se les vayan a acabar las muestras: se calcula que hay más de 90 millones de individuos gemelos en el mundo.

En el Instituto Gregor Mendel de Medicina Genética y Estudios sobre Gemelos, de Roma, el director, Luigi Gedda, y sus colegas, han observado pasmosas correspondencias en el desarrollo de los mellizos idénticos. "Hemos descubierto que hay que darles atención médica simultánea", comenta Gedda. "Si uno de ellos sufre de una caries, el otro también, y en el mismo diente, o pronto se le formará. Y muchas gemelas tienen su primera menstruación sincrónicamente". Además, a los mellizos idénticos les sale al mismo tiempo el primer diente, y se van quedando calvos a la par. Gedda cree que nuestros genes cuentan con ciertos "relojes" integrados que determinan estas peculiaridades del desarrollo. La idea de un "reloj genético" acaso explique por qué los gemelos Jim Springer y Jim Lewis han sufrido simultáneamente dolores de cabeza parecidos.

Por medio del estudio de gemelos que son criados lejos uno del otro, los científicos están aprendiendo cómo es que los factores hereditarios y la influencia del medio interactúan para hacer de nosotros lo que somos. El pasado mes de octubre, ciertos investigadores encabezados por Thomas Bouchard, de la Universidad de Minnesota, publicaron los resultados de un estudio que se les hizo a 71 parejas de mellizos idénticos y fraternos, criados por separado. Encontraron asombrosas similitudes en casi todos los rasgos de personalidad importantes de los gemelos idénticos, lo cual parece indicar que la herencia genética desempeña un papel importante. Sobre la base de pruebas exhaustivas, estos investigadores calculan que el don de mando se hereda en gran medida, y que algunas otras características muestran una marcada influencia genética: la imaginación, la vulnerabilidad al estrés, el retraimiento y la tendencia a evitar riesgos. En cambio, concluyeron que rasgos tales como la agresividad, el afán de realización, la impulsividad y el espíritu gregario están más relacionados con el medio.

PÁRRAFO 4: LUIGI GEDDA

¿Quién es?

Según Gedda, ¿qué ejemplos hay de fenómenos físicos simultáneos en la vida de los gemelos?

Según Gedda, ¿qué « aparato interno » tenemos?

PÁRRAFO 5: LOS GEMELOS Y LA PERSONALIDAD

¿Quién es Thomas Bouchard?

¿Qué publicaron él y sus colegas?

¿Cuál es el resultado central de su estudio?

Da ejemplos de los rasgos de personalidad hereditarios.

Da ejemplos de los rasgos de personalidad relacionados con el medio ambiente.

Paso 2. Now reorganize the information from **Paso 1.** First decide what aspects of the information are most important. Is there one main idea? Or are there several? What are some examples of the main idea(s)? What are the least important pieces of information for understanding the main idea(s)? As you answer these questions, fill in the outline that follows or make a similar outline on a separate sheet of paper.

Idea principal: _____

_____

Ideas secundarias que ayudan a _____
explicar la idea principal: _____

Ideas menos importantes: _____

_____

Paso 3. Exchange outlines with a classmate. Do you agree with what your classmate has done? Do you think you should make any changes?

Trabajando con el texto

Paso 1. Find these words in the reading and try to deduce their meaning from context.

1. relatos
2. en cambio
3. se habían casado (*a past-tense verb form*)

Paso 2. Find these words in the reading and use their cognate status or their relationship to other words in Spanish to guess their meaning.

1. los científicos (¡OJO! This is a false cognate!)
2. espíritu

Trabajando con el texto (optativo)

Paso 1. Essays always have an introductory paragraph that prepares you for the content. Locate and read the introductory paragraph of **"Vidas paralelas de los gemelos."** Which of the following characterizes the introduction?

a. It asks questions that will later be answered.
b. It narrates or tells a story about something or someone.
c. It outlines the main point of the content by specifying what will be discussed in the essay.

Paso 2. Of the following, which best characterizes a narrative introduction to an essay?

a. It arouses curiosity and makes the reader say, "This is interesting. I wonder where this is going." It also gives an example of the content.
b. It gives a clear orientation to the facts so that the reader knows what to expect. By the time the introduction is finished, the reader knows what details will be discussed.

Beginning an essay with a brief story or example is just one technique that writers use to grab readers' attention. In the future, be on the lookout for other ways authors introduce an essay and get the reader into the topic.

UN VISTAZO

Un chiste[a]

—¿No le parece, doctor, —pregunta al obstetra una enfermera—, que últimamente nacen muchos gemelitos?
—Sí —confirma el médico—. Viendo como están las cosas en la actualidad,[b] han de tener miedo[c] de venir solos al mundo.

---

[a]*joke*   [b]*en... at present*   [c]*han... they are probably afraid*

IDEAS PARA EXPLORAR
SABER Y CREER

PARA EXPRESARSE   ¿CREES QUE...?

Spanish and English both have what are called *relators*. These are words that connect (*relate*) two sentences to form one longer sentence. They are often used to make assertions.

Creo. La personalidad se transmite.	*I believe. Personality is transmitted.*
Creo **que** la personalidad se transmite.	*I believe **that** personality is transmitted.*
¿Sabes **que** es gemela?	*Do you know **that** she is a twin?*

Spanish and English differ, however, in that English can omit relators in many instances.

> *I believe she is a twin.*
> *I know she's a twin.*

Spanish cannot omit relators. The **que** must always be there.

> Creo **que** es gemela idéntica.
> Dicen **que** los rasgos de la personalidad son muy similares en los gemelos idénticos.
> ¿Sabes **que** Mendel es el padre de la genética?

VER EL MANUAL

Actividad A La personalidad y la genética

¿Qué otros rasgos de la personalidad crees tú que son hereditarios? Con un compañero (una compañera) de clase, expresa tu opinión sobre los siguientes rasgos.

> MODELO: —Creo que el ser extrovertido es hereditario.
> —Estoy de acuerdo. (*I agree.*)
> *o* —No estoy de acuerdo. Yo creo que es producto del medio ambiente.

	RASGO	MI OPINIÓN	LA OPINIÓN DE MI COMPAÑERO/A
1.	extrovertido	_____	_Heather no estoy_
2.	serio	_____	_____
3.	tímido	_____	_____
4.	rebelde	_____	_____
5.	sentimental	_____	_____
6.	liberal	_____	_____
7.	cruel	_____	_____
8.	drogadicto	_____	_____

Actividad B ¿Cierto o falso?

Vuelve a la lectura «Vidas paralelas de los gemelos». Escribe cinco oraciones sobre su contenido (*content*) usando el modelo y luego hazle una prueba (*quiz*) a un compañero (una compañera) de clase.

> MODELO: —La lectura dice que...
> —Es cierto.
> *o* —No. Es falso.

LOS HISPANOS HABLAN

¿Cuántos hermanos tienes? ¿Cómo son? ¿Te pareces a ellos? ¿En qué se parecen y en qué se diferencian, tanto en la parte física como en la personalidad?

NOMBRE: Gloria González, estudiante
EDAD: 19 años
PAÍS: México

«Tengo siete hermanos. Todos estudian (los más grandes); los más pequeños se quedan en casa. Nos parecemos un poco en lo físico. Todos somos más o menos altos, con tez[a] morena, cabello quebrado,[b] ojos café. Emocionalmente somos totalmente diferentes. Las mujeres somos más apegadas[c] a la familia. Una de ellas, Laura, es una persona difícil de entender. Ceci es una niña muy ordenada y muy cuidadosa.[d] Monce es una niña muy delicada y especial. Diana es una pequeña niña llena de alegría. Jorge es un joven que tiene mucha suerte en casi todo. Moy es un niño problemático, pero es también muy sensible. Robertito, el más pequeño, es el mejor. »

---

[a] *complexion*   [b] *wavy*   [c] *attached*   [d] *careful*

UN VISTAZO

La relación padres-hijo

SOBRE UN DILEMA ACTUAL: LOS PADRES Y LOS HIJOS

Drogas, alcohol, violencia, "parricidio" (o sea oponerse al mundo de los padres) son algunos de los temas volcánicos que se debaten en un ciclo de conferencias que viene realizando el Hospital Charter de Miami, con expositores que dominan plenamente sus distintas especialidades. Los títulos de las disertaciones son altamente explícitos y se refieren particularmente a la relación padres-hijos. Por ejemplo: "Los hijos son la imagen de sus padres"; "¿Se hablan pero *no se entienden?*"; "¿Qué es lo que esperamos de nuestros hijos"; etc. Las personas interesadas en participar de estas conferencias deben llamar al teléfono 591-3230.

UN VISTAZO

¿Qué tipos de caracteres se heredan?

En cierta forma, todos los miembros de una especie son iguales. En otras palabras, todos portan los genes de determinados caracteres, llamados CARACTERES DE LA ESPECIE. Por ejemplo, la capacidad para caminar erectos es un carácter de la especie de los seres humanos.

RASGO ESTUDIADO						
longitud del tallo[a]	posición de las flores	forma de la semilla[b]	color de la semilla	color de la envoltura[c] de la semilla	forma de la vaina	color de la vaina[d]
DOMINANTE						
alta	axial	lisa	amarilla	coloreada	inflada	verde
RECESIVO						
corta	terminal	arrugada	verde	blanca	arrugada	amarilla

Los siete pares utilizados por Mendel para los caracteres contrastantes de los guisantes.

[a] *stalk*   [b] *seed*   [c] *sheath*   [d] *pod*

Y AHORA...

De tal palo, tal astilla

You have learned the Spanish words to describe certain physical and personality traits. You have also learned about and discussed the relationship between genetic transmission and these traits.

English has several expressions that capture the idea that family members share physical and personality traits. Some imply that these characteristics are inherited from parent to child. Here are some examples.

Like father, like son.
A chip off the old block.
The apple doesn't fall far from the tree.

A common Spanish expression that is more or less equivalent to these is **De tal palo, tal astilla** (literally, *From this stick, this splinter*).

In the **pasos** that follow, you will write a brief composition in which you express your belief about whether certain personality traits are inherited. Title it **¿De tal palo, tal astilla?**

Paso 1. The purpose of this composition is to state your belief and support it with evidence. As you write and later revise, you should keep in mind who your reader is. While at this moment you may not have an extensive vocabulary in Spanish, eventually you will be able to adjust your writing to a particular audience. For now, consider your reader to be someone your age who does not know you. Will you take a formal or informal tone? Will you address your reader directly and use **tú?** Or will you adopt a neutral third-person style without reference to yourself or to the reader?

Paso 2. To begin the body of your composition, create a sentence in which you state your opinion. How will you begin this sentence?

☐ Creo que...
☐ Estoy seguro/a (*sure*) de que...
☐ No sé si...
☐ Hay mucha (poca) evidencia de que...
☐ Se dice que... (*It is said that...*)
☐ *Other:* _____

Paso 3. What examples are appropriate for supporting your opinion?

☑ Personal examples of traits you share or don't share with your grandparents, parents, siblings, aunts, uncles, cousins (or traits someone else shares or doesn't share with his or her family members)
☐ Evidence from the readings in this lesson
☐ Both personal examples as well as evidence from the readings
☐ Evidence from other sources

Write your examples down now. You may jot down either phrases or sentences; the idea is simply to get the ideas down on paper.

Paso 4. Think about how you will order the preceding examples. Do they order themselves in any particular way? Which examples offer the most support? Should these come first or last in your essay?

Paso 5. Consider some of the new grammar that you have learned. Can you express your opinion using

☐ assertions (**creer que, saber que, decir que**)?
☐ **parecerse** to express resemblances?
☐ object pronouns to reduce redundancy?

Paso 6. Draft your composition. For now, its length should be about 100 words.

Paso 7. Think about how you will conclude your composition. Here are two options, each appropriate, depending on the tone and style you have selected.

☐ Restate your introductory sentence, slightly reworded.
☐ Restate the question of the title and then say « **La respuesta es sí (no)** ».

You may think of another way to conclude.

Paso 8. Reread what you have written. You already know some words that help to connect sentences and ideas (**pero, por eso, también**). Do the following help you to smooth out the flow of your composition?

además	*furthermore, in addition*
así que	*thus*
entonces	*then*
sin embargo	*nonetheless, however*

Put your composition aside for a day. Then return to it and see if you want to make any changes.

Paso 9. Now that some time has elapsed, you are ready to edit your composition. Focus your editing on specific aspects using the following list as a guide:

I. Information conveyed
  ☐ Number each supporting example. Do these examples adequately support your opinion?

II. Language
  ☐ Put a check mark over every verb in the composition. Is the ending on each verb correct?
  ☐ Underline each expression of assertion. Is each verb conjugated correctly, and is the word **que** included?
  ☐ Double underline the verb **parecerse** each time it appears. Have you used the correct pronoun (**me, te, nos, se**)?
  ☐ Check for adjective agreement.

Paso 10. Rewrite your composition and make any necessary changes. Before you hand it in, you may want to give it to someone else in class to read. Ask that person if you have adequately supported your opinion. If your classmate says no, you should reconsider what you have written.

Once you have considered all of these **pasos,** you may turn in your composition.

VOCABULARIO

Vocabulario básico

Descripciones: Rasgos físicos
Descriptions: Physical characteristics

la cara	face
las mejillas	cheeks
el mentón /*barbilla*	chin
la nariz	nose
las orejas	ears
las pecas	freckles
la estatura	height
alto/a	tall
bajo/a	short
los ojos	eyes
azules	blue
castaños	brown
claros	light
oscuros	dark
verdes	green
el pelo	hair
canoso	gray
lacio	straight
pelirrojo	red
rizado	curly
rubio	blonde

handwritten annotation: labios—lips / delgados / gruesos / carnosos / sensuales

Repaso: negro

Rasgos de la personalidad
Personality traits

adicto/a	addictive
agresivo/a	aggressive
aventurero/a	adventurous
capaz de (dirigir)	capable of (leading)
cruel	cruel
gregario/a	gregarious
imaginativo/a	imaginative
impulsivo/a	impulsive
liberal	liberal
rebelde	rebellious
reservado/a	reserved
sentimental	sentimental
tímido/a	shy

Palabras y expresiones útiles

la característica	characteristic
creer (y)	to believe
decir (*irreg.*)	to say
describir	to describe
estar (*irreg.*) de acuerdo	to agree
parecerse (zc)	to resemble, look like
en cambio	on the other hand

Vocabulario y expresiones del tema

La genética
Genetics

el ADN (el ácido desoxirribonucléico)	DNA (deoxyribonucleic acid)
el carácter (*pl.* caracteres)	trait, characteristic
el científico (la científica)	scientist
el cromosoma	chromosome
el desarrollo	development
el factor dominante/ recesivo	dominant/recessive factor
el gen	gene
la generación	generation
la ley universal	universal law
el medio ambiente	environment
el mellizo	twin
el relato	story
el ser humano	human being
el ser vivo	living being
compartir (los mismos genes)	to share (the same genes)
criar	to raise
criados lejos uno del otro	raised far from each other
heredar	to inherit
llevar	to carry
transmitir	to transmit
hereditario/a	hereditary

OTRAS IDEAS

❖ **Actividad** El futuro de la genética

Los científicos están de acuerdo con lo siguiente:

> Muy pronto en el futuro les será posible a los padres (*it will be possible for parents*) seleccionar el color de los ojos y del pelo y otros rasgos físicos de sus hijos. También les será posible seleccionar el sexo del feto antes del nacimiento (*before birth*).

¿Crees que esto es una buena o mala idea? Expresa tu opinión con un compañero (una compañera) de clase.

MODELO: Respeto la opinión de los padres que...

1. desean seleccionar el color de los ojos de sus hijos.
2. desean seleccionar el color del pelo de sus hijos.
3. desean eliminar algunos rasgos físicos en sus hijos (por ejemplo, orejas enormes, nariz grande).
4. desean eliminar un defecto físico en sus hijos.
5. desean seleccionar el sexo de sus hijos.
6. tratan de aumentar la inteligencia de sus hijos.
7. tratan de eliminar defectos en la personalidad de sus hijos.
8. En general...
   a. estoy de acuerdo con la manipulación genética.
   b. no estoy de acuerdo con la manipulación genética.
   c. soy indiferente a la manipulación genética.

UN VISTAZO

La timidez

¿Eres tímido/a? ¿Tienes un hermano, una prima u otro pariente tímido/a? ¿Crees que la timidez es hereditaria o es consecuencia del medio ambiente?

SOLO PARA TIMIDOS

Los sicólogos y siquiatras distinguen dos tipos de timidez, aunque por lo general, ninguna se encuentra en estado puro. Una de ellas es la timidez innata: una disposición de carácter que en muchos casos es hereditaria. La otra timidez es la adquirida, normalmente a causa de una educación protectora en exceso o, por el contrario, sin ninguna protección.

¿Y EL TAMAÑO DE LA FAMILIA?

Y después, un poco más para Harvard...

El promedio del costo de la crianza de un hijo (una hija) hasta la edad de 18 años en los Estados Unidos

$129.507	$136.742	$141.180	$144.197
el oeste medio	el nordeste	el sur	el oeste

*I*n this lesson, you'll explore how families used to be and how they are now. You will

- describe the size (*tamaño*) of your family and your parents' families
- consider whether families have changed much over the years in size and makeup
- think about factors that have influenced changes in family size
- learn to express more numbers in Spanish, as well as years and other time periods, to use the imperfect tense to talk about how family life used to be, and to make comparisons between things then and now

IDEAS PARA EXPLORAR
AÑOS Y ÉPOCAS

PARA EXPRESARSE   ¿EN QUÉ AÑO...?

Here are some words and expressions you'll need in order to talk about the past, present, and future.

INSTANTÁNEA DE LOS EE.UU.
Un vistazo a las estadísticas que forman la nación

Disminución del tamaño de los hogares
El tamaño medio de los hogares ha disminuido constantemente durante décadas. Número promedio de personas en cada hogar a través de los años:

3,5

3,1

2,7

2,5

1940   1970   1987 2000

Fuente: Oficina del Censo

VER EL MANUAL

Las épocas

la década
el siglo (*century*) *Viente*

Los años

mil novecientos veinte	1920
mil novecientos treinta	1930
mil novecientos cuarenta	1940
mil novecientos cincuenta	1950
mil novecientos sesenta	1960
mil novecientos setenta	1970
mil novecientos ochenta	1980
mil novecientos noventa	1990
dos mil diez	2010

Expresiones

la década de los 50
el siglo pasado
el siglo XIX

Actividad A ¿Qué año?

Marca con un círculo el año que el profesor (la profesora) menciona.

MODELO: mil novecientos sesenta →

(a. 1960)   b. 1970   c. 1915

1. a. 1920   (b.) 1950   c. 1980

2. (a.) 1982   b. 1985   c. 1988

3. a. 1913   b. 1903   (c.) 1930

4. a. 1950   (b.) 1915   c. 1905

5. _____1616_____ (Escribe el número que oyes.)

Actividad B Acontecimientos (*Events*) importantes

¡Demuestra que eres un experto historiador (una experta historiadora)! Escucha los períodos históricos que va a leer el profesor (la profesora). Luego indica qué acontecimiento o acontecimientos de la lista ocurrió u ocurrieron en cada período.

1. _____ la Segunda Guerra mundial (*Second World War*)
2. _____ la Guerra de Vietnám
3. _1962_ el primer hombre en la luna
4. _1980_ el satélite Viajero II llega a Neptuno
5. _____ la primera bomba atómica
6. _1974_ el escándalo de Watergate
7. _____ la Guerra de Corea
8. _____ el lanzamiento (*launching*) de Sputnik por los soviéticos
9. _1959_ la revolución de Castro en Cuba
10. _1920_ la Gran Depresión económica

(handwritten: 1776)

¿SABÍAS QUE...

José Clemente Orozco (mexicano, 1883–1949), *El Padre Hidalgo* (detalle), 1937

...México ha tenido[a] tres revoluciones? La primera comenzó en 1810. Fue la revolución de la independencia contra España. La segunda,[b] la revolución contra la ocupación francesa, comenzó en 1863. (Las fiestas del Cinco de Mayo celebran la Batalla de Puebla de 1864.) La tercera[c] fue la Revolución de 1910. En esta revolución, el pueblo mexicano luchó[d] contra los abusos del presidente y dictador Porfirio Díaz.

Otras fechas importantes en la historia de Latinoamérica:

1492	Colón llegó a América
1846–48	Guerra entre México y los Estados Unidos; el territorio desde Tejas hasta California pasó a manos norteamericanas
1898	Guerra entre España y los Estados Unidos; Cuba y Puerto Rico pasaron a manos norteamericanas
1959	Revolución cubana

---

[a]*ha... has had* [b]*second* [c]*third* (**Tercero/a** shortens to **tercer** before masculine singular nouns: **el tercer año**) [d]*fought*

Actividad C Mi edad en el futuro

Escucha la edad que dice el profesor (la profesora). ¿En qué año vas a tener esa edad?

> MODELO: Tienes 40 años. →
> En el año 2012. (El año actual [*current*] + [tu futuro edad −
> tu edad actual] = el año futuro.)

1... 2... 3... 4... 5...

Actividad D Un año futuro

Escucha el año que dice el profesor (la profesora). Luego calcula la edad que vas a tener ese año.

> MODELO: 2010 →
> En 2010 voy a tener 39 años. (El futuro año − el año corriente
> = *x* años; *x* años + tu edad actual = tu futura edad.)

1... 2... 3... 4... 5...

Actividad E ¿Cuántos años tiene?

Entrevista a otra persona de la clase para saber la edad de sus padres. Si la persona indicada ya murió, escribe **ya murió.**

> Nombre del estudiante: _____
>
> Edad de su padre: _____
>
> Edad de su madre: _____

Actividad F La esperanza de vida (*Life expectancy*)

Lee rápidamente la siguiente lectura. Después, cuando el profesor (la profesora) diga (*says*) el nombre de un país, indica la esperanza de vida que tienen allí en ese país. Puedes consultar el artículo si no recuerdas la información.

> MODELO: Filipinas → sesenta y tres

NOTICIAS

En España se vive más

SEGUN las últimas publicaciones de la Organización Mundial de la Salud (OMS) la esperanza de vida en España es de 77 años, lo mismo que en Australia y Canadá. En Alemania Federal, Bélgica, Dinamarca, Finlandia e Israel, 75 años. En los países comunistas oscila entre la Unión Soviética, con 67 años, y la República Democrática Alemana, 71 años. En Latinoamérica y Filipinas el promedio es de 63 años y en la India, país prototipo de subdesarrollo, 51 años, aunque los países del Africa negra son los peor parados, con medias inferiores a los 50 años. Ya muy por debajo, superando los límites de cualquier calificativo, están Sierra Leona y Guinea-Conakry, con 38 años, y en último lugar, Afganistán, con 36 años.

Globalmente se observa la clara relación de las perspectivas de vida con el grado de desarrollo socioeconómico.

Vamos a ver

Anticipación

Paso 1. The article on page 166, written for this book, is based on information that appeared in several newspapers in 1988. Read the title and the statement to the left of the article. Then you should have a good idea of the content of the article.

Paso 2. What do you think is the source of the author's information?

☐ El autor informa sobre los resultados de un censo del gobierno.
☐ El autor informa sobre los resultados de un cuestionario independiente.

Paso 3. Before you read the article for information, you need to know three important words. Can you determine what they mean using the following definitions?

vivienda: lugar donde se vive (una casa o un apartamento)
hogar: domicilio o casa
cifras: números

Paso 4. What kind of information would a census reveal about the shrinking size of American families? With a partner, formulate a list of at least three facts from the census that you expect this article to cover.

1. _____
2. _____
3. _____

Exploración

Paso 1. Scan the text to see if your three facts are there. How did you do?

Paso 2. If you did not think of the following facts and subsequently found them in the text, indicate where the information appears by underlining it.

1. average family size per household
2. ages at which people are getting married

Paso 3. Read the article at your own pace. Guess words that you don't know and skip over those you can't guess.

Paso 4. Aside from statistics, which of the following are mentioned in the article?

☐ una comparación entre la realidad y lo que se presenta en las familias de la televisión
☐ razones para explicar las cifras
☐ comentarios de expertos en demografía

LECTURA

¿Dices que no tienes hijos? Bueno, eres típico ahora. *

El tamaño de la familia norte-americana va disminuyendo según el censo de 1988.

Los hogares norteame-ricanos están cambian-do en los últimos años. Según un informe reciente de la Oficina del Censo, de los 65 millones de familias en el país, la mayoría ya no tiene hijos. El informe incluye las siguientes cifras:

- en el 71,5% de las viviendas viven familias (compárese con 90,3% en 1948) y en 51% de esas familias no hay hijos menores de 18 años (compárese con 44% en 1970);
- el tamaño promedio de la familia típica norteamericana es 2,7 personas por hogar;
- la imagen tradicional de un matrimonio con hijos viviendo en una casa se aplica a sólo el 27% de los hogares mien-tras que en 1970 era el 40%.

La explicación de estas nuevas cifras ya se conocen desde hace muchos años. En primer lugar, los matrimonios ya no tienen tantos hijos como antes y en muchos casos, optan por no tener ningún hijo. En segundo lugar, muchos hogares pertene-cen a hombres y mujeres que son solteros o que se casan tarde o no se casan. La edad media en la que los hombres contraen su primer matrimonio es ahora de 25 años, un record desde 1900. Mientras tanto, las mujeres contraen su primer matrimonio a la edad media de 24 años, otro record. En tercer lugar, los padres de las déca-das de los 50 y 60 que tenían grandes familias (lo que los demógrafos llaman la explo-sión demográfica de la pos-guerra o el "baby boom") ahora viven solos en casa. Sus hijos se han establecido en sus propias casas, así que lo que en los años 60 era un solo hogar con varias personas ahora son varios hogares independientes.

---

*Basado en un artículo del *Press-Telegram*, Long Beach, California, el 12 de diciembre de 1988 y *USA Today*, el 28 de noviembre de 1988.

Paso 5. The reading mentions three reasons why household size is down. What are they?

1. _____

2. _____

3. _____

Síntesis

Paso 1. This article can be divided into two sections. With a classmate, decide what these sections are. Share your conclusions with the rest of the class.

Paso 2. The two sections can be the main points in a short outline to summarize the information. Using key words or expressions from the article, write an outline. Make the outline short, but use words that help you recall as much information as possible.

¡Sigamos!

¿SABÍAS QUE...

...el tamaño de la familia varía según la cultura y el país? Aquí están las cifras del promedio de personas por casa en algunos países.*

la Argentina	3,9%
Colombia	5,9%
los Estados Unidos	2,7%
Francia	2,9%
Indonesia	4,8%
Japón	3,2%
URSS	4,0%

Actividad optativa ¿Qué dicen las cifras?

1. El país con menos personas por casa es _____.

2. El país que tiene el mayor número de personas por casa es

   _____.

3. De los cuatro países industrializados de la lista, el Japón tiene el mayor número de personas por casa. ¿Cierto o falso? _____

4. Las cifras de los dos países hispanos de la lista muestran que el número de personas por casa es menor que en los Estados Unidos. ¿Cierto o falso? _____

* Información basada en datos obtenidos por la Organización de las Naciones Unidas, 1982

UN VISTAZO

Ayuda[a] económica en Francia

Ayuda económica para el tercer hijo

(¡pero en Francia!)

Mientras que en los países latinoamericanos se lucha por disminuir el alto índice de población, en Francia se promueve una ayuda económica para aumentar la familia. El gobierno francés ha fijado una contribución de 2,400 francos (350 dólares aproximadamente) por mes, durante tres años, a la pareja que tenga un tercer hijo.

El propósito de este subsidio es acrecentar en Francia el índice de natalidad para que deje de ser "el país más viejo del mundo".

Pero en la actualidad, los matrimonios jóvenes franceses no se dejan atraer fácilmente por señuelos como el de los subsidios por el tercer hijo; ya que para ellos, el tener descendencia es una decisión individual que no debe depender de la política del gobierno.

[a] *Aid*

IDEAS PARA EXPLORAR
EL TAMAÑO DE MI FAMILIA

PARA EXPRESARSE　¿CUÁNTOS SON?

To talk about the size of your family you can say, "**Somos** + *número.*" For example, in **Lección 5** Alfredo says

En mi familia **somos seis** hermanos...

When he speaks of his brothers and sisters and his parents he says

En mi familia **somos ocho** en total.

De la izquierda a la derecha:
Julio, Dolores, Alfredo,
Gloria, Ángela y Roberto

VER EL MANUAL

¿SABÍAS QUE...

...en la literatura hispánica (y aun en la televisión y en el cine) es frecuente encontrar a una familia « extendida » cuyos[a] miembros viven en la misma casa? Hay un solo hogar en el que viven distintos personajes que pertenecen a una misma familia. En estas circunstancias, el autor puede crear un ambiente cargado de tensión y conflicto para poder estudiar a los personajes en detalle.

En la novela *Nada,* de Carmen Laforet,* hay un ejemplo de esto. En *Nada* una chica joven desea asistir a la universidad en Barcelona y va a vivir en la casa de sus parientes. La siguiente es la lista de las personas que viven en esa casa:

Andrea: una chica joven; personaje principal; estudia letras

Angustias: su tía soltera; también resentida y sofocante

Juan: su tío, hermano de Angustias; hombre de poca ambición

Gloria: esposa de Juan (los dos no se llevan muy bien)

Román: otro tío, de aspecto inteligente y agradable, pero violento

la abuela: mujer honesta y buena, pero vive en el pasado

un bebé: hijo de Juan y Gloria

¿Conoces a alguna familia parecida? ¿Conoces a alguna familia en que uno o más abuelos viven en la misma casa? ¿Qué novelas, películas u obras de teatro conoces en las que una familia es el centro de la trama[b]?

---

* Escritora española (1921–   ) de origen catalán

[a] *whose*   [b] *plot*

Actividad ¿Cuántos son...?

Paso 1. Pregúntale a la persona que tienes a la izquierda (*left*) sobre el tamaño de su familia. (La respuesta debe incluir a todos los hermanos y hermanas y a los padres.)

>   MODELO: ¿Cuántos son Uds. en tu familia?

Paso 2. Tu profesor(a) te ayudará (*will help you*) a hacer una comparación entre el tamaño de las familias de los estudiantes de la clase y el de la familia típica de los Estados Unidos. (Mira otra vez el párrafo de **¿Sabías que...?** en la página 167.)

Con respecto al número de personas, ¿es típica de los Estados Unidos la familia típica de la clase?

- ☐ sí
- ☐ no (Explica.)
    - ☐ La familia típica de la clase es más grande.
    - ☐ La familia típica de la clase es más pequeña.

IDEAS PARA EXPLORAR
ÉPOCAS ANTERIORES

PARA EXPRESARSE   ¿ERA DIFERENTE LA VIDA?

To express a state of affairs in the past, an event that was in progress, or an action that used to be habitual or typical, Spanish uses the imperfect verb tense. Its forms contain **-aba-** endings for **-ar** verbs and **-ía-** endings for **-er** and **-ir** verbs. The imperfect tense has several English equivalents.

VER EL MANUAL

En la década de los 30, la gente no **tenía** mucho dinero.	*In the decade of the 30s, people **didn't have** much money.*
En los años 50, los hombres **se casaban** jóvenes.	*In the 50s, men **used to marry** young.*

When you hear or read an imperfect verb form, you should understand that the action or event was ongoing or repetitive at the time being referred to.

En las épocas anteriores, muchas familias hispánicas eran* grandes. Hoy, por lo general, las familias pequeñas son más comunes en el mundo hispánico, pero todavía hay familias grandes como esta familia de Caracas, Venezuela.

---

* This is an irregular imperfect form. The verb is **ser.**

El control de la natalidad

Susanita tiene una preocupación. ¿Cuál es?

[a] ¡"Pero… **Un pepino** *is a cucumber. Susanita is telling Mafalda that she doesn't care what Mafalda is about to say.*

Los hijos

Lee lo que dice Tomás Espenshade, experto en población de la Universidad de Princeton, sobre el valor económico de los hijos.

Antes los hijos tenían valor económico. Cuando los Estados Unidos era un país joven y su base económica era la agricultura, los hijos se valoraban por el trabajo físico que podían realizar. Ahora, más que un valor económico, son una desventaja[a] económica.

[a] *disadvantage*

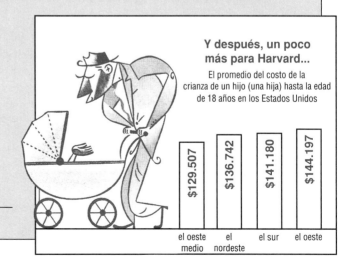

Y después, un poco más para Harvard...

El promedio del costo de la crianza de un hijo (una hija) hasta la edad de 18 años en los Estados Unidos

$129.507	$136.742	$141.180	$144.197
el oeste medio	el nordeste	el sur	el oeste

Actividad A ¿Cómo era la década de los 50?

En la década de los 50 el tamaño de la familia en los Estados Unidos era más grande. ¿Cuáles de estas afirmaciones tenían que ver con (*had something to do with*) el tamaño de la familia en esa época? (Expresión útil: **Eso no tenía nada que ver.**)

	SÍ	NO
1. El país participaba en el conflicto en Corea.	☒	☐
2. Menos mujeres buscaban carreras profesionales.	☒	☐
3. Los hijos vivían más cerca de (*closer to*) los padres.	☒	☐
4. El dinero era más abundante.	☒	☐
5. La gente tenía miedo (*fear*) del comunismo.	☐	☐
6. Los carros eran más grandes.	☐	☐
7. Los valores (*values*) eran diferentes.	☒	☐
8. Se practicaba menos el control de la natalidad.	☐	☒
9. Los hombres y las mujeres se casaban más jóvenes.	☐	☐
10. Había pocos reactores nucleares para producir electricidad.	☐	☐

LOS HISPANOS HABLAN

¿Te gustaría[a] tener una familia grande?

NOMBRE: Roberto Quitano, productor de televisión y actor
EDAD: 26 años
PAÍS: Puerto Rico

« Pues, me gustaría tener una familia, pero pienso tener nada más un hijo. Ahora es bien difícil mantener a una familia. ¿Cómo se puede tener varios hijos como en otras épocas? »

[a] Te... *Would you like*

Actividad B Algo más sobre los años 50

Paso 1. Divídanse en cinco grupos. Cada grupo debe buscar en la biblioteca las respuestas a uno de los siguientes grupos de preguntas y traerlas a clase mañana. Todas las preguntas están relacionadas con la cuestión del tamaño de las familias.

Grupo 1. ¿Cuál era el ingreso (*income*) promedio familiar durante la década de los 50? ¿Cuál es el ingreso promedio hoy día?

Grupo 2. ¿Cuál era el costo de la vida para una persona típica durante la década de los 50? ¿Y cuál era la tasa de inflación? ¿Cuál es el costo de la vida hoy día? ¿Y cuál es la tasa de inflación? (Es interesante comparar, por ejemplo, el precio de la gasolina en la década de los 50 con el precio actual.)

Grupo 3. ¿Qué porcentaje (%) de madres trabajaba fuera de casa (*outside the home*) durante los años 50? ¿Cuántas trabajan ahora fuera de casa?

70's

Grupo 4. En la década de los 50, ¿qué porcentaje de hombres tenía trabajos de tipo *blue collar* (incluso trabajos agrícolas) y qué porcentaje tenía trabajos en el área de servicios? ¿Y hoy día?

Grupo 5. ¿A qué edad se casaban los hombres en la década de los 50? ¿A qué edad se casaban las mujeres? Hoy día, ¿cuál es la edad promedio para el primer matrimonio?

Paso 2.   Cuando tus compañeros compartan la información con la clase, llena el siguiente cuadro. Si no entiendes algo, pide aclaración o repetición.

	LOS AÑOS 50	HOY DÍA	AUMENTO (+) DISMINUCIÓN (−)
1. ingreso			
2. a. costo de la vida b. tasa de inflación			
3. % de madres trabajadoras			
4. a. % de hombres *blue collar* b. % de hombres en servicios			

5. edad de matrimonio
   a. hombres
   b. mujeres			

VAMOS A VER

You have just uncovered some facts about the gradual decrease in family size and some reasons for it. Meanwhile, one of the most significant social changes has been the increase in the number of working mothers. What effects does this have on the family? The short reading on page 174 treats one issue surrounding the changing role of mothers.

Anticipación

Paso 1.   The reading is taken from *Vanidades* magazine. Unlike many other readings, the title doesn't really tell you what the reading is about. Read the first sentence for a clue. (You will probably not understand some words. Does knowing that **comidas congeladas** means *frozen foods* help you?)

Paso 2.   What do you think the reading is about?

☐ las nuevas carreras profesionales de las madres
☐ la nutrición de los hijos de madres que trabajan
☐ los restaurantes donde comen las mujeres profesionales
☐ conflictos en las familias en las que los dos padres trabajan fuera de casa

➤

LECTURA

Madres que trabajan

Ahora que más del 70% de las mujeres en edad de ser madres trabajan, hay razones para creer que los niños de América se alimentan, en dosis masivas, de comidas congeladas o precocidas. Sin embargo, antes que los antifeministas del mundo las señalen con un "yo-te-lo-dije" acusador, un nuevo estudio ha descubierto que las madres que trabajan son las mejores guardianas de la nutrición familiar. Conforme a una encuesta con 2 mil familias americanas dirigida por la "MCRA Information Service", una firma de investigaciones de mercadeo de Connecticut, los hijos de madres que trabajan fuera, comen más platos a base de vegetales y cereales sin azúcar y menos caramelos, *pizzas* y saladitos que los de las amas de casa. Los "hijos tradicionales" consumieron el 23% más de cereales endulzados, el 33% más de galletitas dulces, el 11% más de *pizzas* y saladitos y el 25% más de caramelos. David Fenel, de la MCRA, cree que las mujeres que tienen menos tiempo para cocinar, tienen probablemente más familiares que las ayuden. Y también, cuando mami se aparece con los bistécs, papi y los niños se meten en la cocina con ella para ayudar a cocinarlos.

Paso 3. Without looking, what kind of information do you expect such a reading to contain? Check as many as you think apply.

☐ El artículo presenta los resultados de un estudio sobre los hábitos de comer de los hijos de madres que trabajan fuera de casa.

☐ El artículo ofrece recetas (*recipes*) a las madres que no tienen mucho tiempo para cocinar (preparar comida).

☐ El artículo ofrece información sobre qué vitaminas deben tomar los niños.

Paso 4. Before checking your answers, read the second sentence of the reading. (Again, you can ignore for now the words that you do not know.) Do you wish to change your response in **Paso 3**?

Exploración

Paso 1. You now know that the reading will probably report on the findings of a study on family nutrition and working mothers. Skim the article to get an idea of the results. ¡OJO! Many of the words may be new to you, but you should be able to get the main idea.

Paso 2. Which of the following statements best sums up the main point of the reading?

☐ La nutrición de los hijos de madres que trabajan fuera de casa nó es tan buena como (*as good as*) la de los hijos de madres que no trabajan fuera.

☐ La nutrición de los hijos de madres que trabajan fuera de casa es mejor que la de los hijos de madres que no trabajan fuera.

Paso 3. Return to the reading and find the following specific information about the subjects of the study.

1. quién/quiénes _____

2. cuántas familias _____

3. la diferencia en el consumo de cereales endulzados (*sweetened*) entre los

   dos grupos de hijos _____

   _____

Trabajando con el texto

Paso 1. Find the following words in the reading and determine their meaning from context.

1. se alimentan
2. comidas precocidas
3. ha descubierto (*Hint: This is a compound verb form.*)
4. amas de casa

Paso 2. Find the following words in the reading and use their cognate status or their relationship to other words in Spanish to determine their meaning.

1. mercadeo
2. vegetales
3. caramelos (*Hint: The English equivalent is much broader than just "caramel."*)

Did you notice that you did not have to understand the meaning of every food item in order to get most of the meaning of the passage?

IDEAS PARA EXPLORAR
SEMEJANZAS Y DIFERENCIAS

PARA EXPRESARSE ¿TIENES TANTOS HERMANOS COMO YO?

You may have noticed **tan... como** used in the reading activities to express similarities (**semejanzas**) and differences.

> La nutrición de los hijos de amas de casa no es **tan** buena **como** la de los hijos de madres que trabajan fuera.

This structure is used to make comparisons with adjectives (**rico, inteligente, altas,** etc.) and adverbs (**bien, rápido,** etc.). It is similar to English *as . . . as.*

Este cereal es **tan** dulce **como** ése. (*as sweet as*)

Las familias de hoy no son **tan** grandes **como** las de los años 50. (*as large as*)

To make comparisons with nouns, Spanish uses **tanto/a (tantos/as)... como.**

Los hijos tradicionales no comen **tantos** vegetales **como** los hijos de madres que trabajan fuera de casa. (*as many vegetables as*)

Y los hijos de madres que trabajan fuera no comen **tantas** galletitas **como** los hijos tradicionales. (*as many cookies as*)

Now you can understand a variety of comparisons in Spanish.

Los matrimonios de hoy generalmente no tienen tantos hijos como los matrimonios de los años 50.

VER EL MANUAL

Actividad Comparación de familias

Las « nuevas » familias permiten hacer muchas comparaciones con las familias « tradicionales ». ¿Cuáles de las siguientes oraciones crees que son ciertas? ¿Cuáles son falsas? ¿Cuáles no sabes si son ciertas o falsas?

	CIERTA	FALSA	NO SÉ
1. La calidad de la vida familiar no es tan buena hoy día como en 1955.	☐	☐	☐
2. Las madres modernas no pasan tanto tiempo con sus hijos como las madres « tradicionales ».	☐	☐	☐
3. Ahora los padres cocinan tanto como las madres.	☐	☐	☐
4. Los hijos de hoy no se adaptan tan bien como los de años pasados.	☐	☐	☐
5. Las madres trabajadoras no son tan respetadas por sus hijos como las madres « tradicionales ».	☐	☐	☐
6. En los años 50, las madres no trabajaban fuera de casa tanto como las madres de hoy.	☐	☐	☐

7. En los años 50, los padres no eran tan permisivos con sus hijos como los padres de hoy. ☐ ☐ ☐

8. En los años 50, los padres no pasaban tanto tiempo con sus hijos como los padres de hoy. ☐ ☐ ☐

9. En los años 50, los hijos no tenían tantos problemas psicológicos que resolver como los hijos de hoy. ☐ ☐ ☐

Una familia española de los años noventa

LOS HISPANOS HABLAN

¿Es tu familia grande o pequeña?

NOMBRE: Alberto Maira, actor
EDAD: 44 años
PAÍS: la Argentina

« Soy único hijo. O sea que mi familia está compuesta por mis padres.... No es una familia muy grande. Yo creo que es un peso grande ser único hijo. Está bien que uno tiene los beneficios de ser único y tiene todo el afecto de sus padres. Pero cuando uno madura y crece[a] se da cuenta de que también es una responsabilidad muy grande ser único hijo.... »

_____

[a] *grows up*

Y AHORA...

La familia de hoy, la familia de ayer

You've explored some differences between today's families and those of the past, particularly the baby boom era of the 1950s. You got facts about some of the changes in the two articles "**¿Dices que no tienes hijos?**" and "**Madres que trabajan.**" In the **pasos** that follow you will write a more personal description by focusing on the differences between one of your grandparents' families and your own. Title it "**Las diferencias entre la familia de mi abuelo/a y mi familia.**" If you prefer, choose someone other than a grandparent, as long as the person is of a previous generation.

Paso 1. Your purpose in writing is to inform your reader of the many changes that have occurred across the last three generations. As you write and later revise, keep in mind who your audience is. For this composition, your audience is someone who is not an American, someone who does not have firsthand knowledge of the changes in American life. Your goal is to make your audience realize that society's concept of family life has changed in the last fifty years. In order for your audience to come to this realization, you will have to stress the differences between then and now.

Paso 2. What information will support the points you will make?

- ☐ el tamaño de las familias
- ☐ la esperanza de vida
- ☐ donde trabajan las madres (en casa o fuera de casa)
- ☐ oportunidades económicas
- ☐ oportunidades educativas
- ☐ ¿algo más?

Paso 3. In what order will you present the information?

- ☐ chronologically: begin with the past and move to the present, or begin with the present and move to the past
- ☐ point by point: cover a point about your grandparent's family and then the counterpoint about your own, or cover a point about your own family and then the counterpoint about your grandparent's

Paso 4. Consider the new grammar presented in this lesson. Can you express yourself by

- ☐ using the imperfect to express habitual and typical events in the past?
- ☐ making comparisons?

Paso 5. Draft your composition, keeping its length to about 150 words.

Paso 6. Think about how you will conclude. Here are some words and phrases that may prove useful in emphasizing the final point.

al fin y al cabo	*in the end*
comoquiera que se examine el hecho	*no matter how you look at it*
después de todo	*after all*
en resumen	*in summary*

Paso 7. Put your composition aside for a day or two. When you return to it, you will be ready to edit it. Reread what you have written. Focus your editing on specific aspects of the composition. Use the following list as a guide.

1. Information conveyed
   - ☐ Number each contrast you make between the two families. Does your wording stress the differences?
2. Language
   - ☐ Put a check mark over every verb in the composition. Is the ending on each verb correct?
   - ☐ Underline each verb you use to talk about the past. Are the verb tenses correct?
   - ☐ Edit your composition for adjective agreement.

Paso 8. Rewrite your composition and make any necessary changes. Before you hand it in, ask someone to read it and decide which of the following sums up the central idea:

a. La familia de tu abuelo (abuela) y tu familia tienen mucho en común.
b. Hay diferencias y también semejanzas entre la familia de tu abuelo (abuela) y tu familia.
c. Las diferencias son impresionantes entre la familia de tu abuelo (abuela) y tu familia.

If the third statement is not selected, try to determine where you have not stressed the differences clearly or emphatically enough and modify those places. Once you have done so, hand in your composition.

VOCABULARIO

Vocabulario básico

Los años	Years
los años veinte	the twenties
treinta	the thirties
cuarenta	the forties
cincuenta	the fifties
sesenta	the sixties
setenta	the seventies
ochenta	the eighties
noventa	the nineties
la década	decade
la época	epoch, age
el siglo	century

Otros números	Other numbers
mil	one thousand
mil novecientos	nineteen hundred
dos mil	two thousand

Otras comparaciones	Other comparisons
Esta familia es tan tradicional como...	This family is as traditional as . . .
Mi tía tiene tantas hijas como...	My aunt has as many daughters as . . .
Su padre tiene tanto tiempo como...	His father has as much time as . . .

Vocabulario y expresiones del tema

La vida familiar	Family life
alimentarse	to feed (take nourishment)
el ama (f.) de casa	housewife
casarse	to get married
la comida congelada (precocida)	frozen (precooked) food

el hogar	home
el matrimonio	marriage; married couple
trabajar fuera de casa	to work outside the home
el valor	value

La sociedad y la política	Society and politics
la cifra	number
el costo de la vida	cost of living
la esperanza de vida	lifespan; life expectancy
la explosión demográfica	baby boom
el índice de natalidad	birth rate
los resultados del censo	results of the census
el tamaño promedio	average size

Palabras y expresiones útiles

actual	current
el caramelo	candy
la edad	age
la explicación	explanation
la gente	people
investigaciones de mercadeo	market research
joven	young
el personaje	character
segundo/a	second
tercero/a (tercer)	third
viejo/a	old

OTRAS IDEAS

❖ **Actividad A** Familias modelo

Paso 1. A continuación aparece un artículo con el título « Familia hispana del año en Florida » tomado de una revista de Miami. El artículo describe un concurso (*contest*) para encontrar la familia hispana modelo en los Estados Unidos. Lee rápidamente el artículo en busca de la siguiente información:

1. ¿Cuándo es la ceremonia? _____

_____

2. ¿De quién es la idea y qué profesión tiene esta persona? _____

_____

Paso 2. Ahora lee rápidamente el artículo otra vez en busca de esta información: ¿Qué factores se consideran para elegir la familia hispana modelo? (Nota: ha dado = *has given*.)

1. _____

2. _____

FAMILIA HISPANA DEL AÑO EN FLORIDA

Muy activo se encontraba en Miami el editor en jefe de Hispanic American Family Magazine, Bernie-Kemp Araujo, quien incentiva al sector local de negocios, tanto como al cultural, por la elección de la Florida Hispanic American Family of the Year, que tendrá su ceremonia central al próximo jueves 27 de abril en el Hyatt Hotel.

Entre las familias nominadas por sectores representativos de la comunidad se elegirá aquella que además de mostrar mayor unión entre sus miembros, ha dado más a la comunidad y ha influenciado positivamente en ella. En otras palabras, una familia hispana modelo en los Estados Unidos.

❖ **Actividad B** Concurso: La familia modelo de la clase

¿Crees que tu familia es una familia modelo? ¿Conoces a alguna familia modelo—la de un amigo o de un pariente? ¿Hay alguna familia modelo en la tele o en la literatura? Usando el criterio del artículo « Familia hispana del año en Florida », explica a la clase por qué tu familia (u otra que conoces) debe ser « La familia del año ».

Paso 1. Organiza la información.

1. Unidad familiar
   a. ¿Todos se llevan bien?
   b. ¿Hacen muchas actividades juntos (*together*)?
      ¿Toman las vacaciones juntos?
      ¿Siempre comen juntos?
      ¿Pasan los padres mucho tiempo con los hijos?

2. Influencia en la comunidad
   a. ¿Participan en programas cívicos?
      ¿en la sociedad para la protección de animales?
      ¿en organizaciones para niños?
      ¿en programas de reciclaje y protección del medio ambiente?
   b. ¿Participan en los procesos democráticos?
      ¿en las elecciones?

Paso 2. Organiza tu presentación.

Yo creo que la familia _____ debe ser la familia del año. Esta familia es muy unida. Por ejemplo, _____. También influye positivamente en la comunidad. Por ejemplo, _____. En conclusión, tiene todos los requisitos necesarios para ser la familia del año.

UN VISTAZO

Encuesta realizada entre jóvenes españoles

DE LO QUE MAS SE HABLA EN CASA

%	Con el padre		Con la madre	
	Ellos	Ellas	Ellos	Ellas
Trabajo y estudios	63	64	65	75
Sobre el futuro	53	54	56	64
Diversiones	30	34	38	49
Problemas personales	22	18	29	39
Política	19	16	12	13
Religión y moral	12	17	17	26
Sexo	7	8	9	21

Estas son las conversaciones más frecuentes. En cada apartado, el resto confiesa que no habla o que lo hace con poca frecuencia.

LIBERTAD CONTROLADA

%	Total	Ellos	Ellas
PUEDEN PASAR LA NOCHE FUERA DE CASA*			
Con toda libertad	37	46	26
Con dificultades	16	18	13
Con grandes discusiones	12	11	14
No podrían	32	22	41
PUEDEN LLEVAR EL NOVIO A CASA			
Con libertad	72	77	67
Con dificultades	7	7	7
Con grandes dificultades	4	4	4
No podrían	17	12	22
PUEDEN HACER EL AMOR EN CASA			
Con libertad	8	13	3
Con dificultades	6	8	3
Con grandes dificultades	8	8	4
No podrían	78	69	90

* El resto hasta cien no lo plantean.

UN VISTAZO

A escondidas[a]

En esta caricatura, un hombre le habla a su amigo sobre los peligros de fumar. El que fuma no dice nada, pero piensa en lo que hacía de pequeño.[b] ¿Comprendes lo que piensa?

QUICO, el progre

NO SABES LO QUE HACES AL FUMAR

... CÁNCER... IMPOTENCIA... ... ALVÉOLOS PULMONARES... VÍAS RESPIRATORIAS... INFARTO... TOS...

FUMABA MAS TRANQUILO DE PEQUEÑO A ESCONDIDAS

EL TABACO SOLO ERA PELIGROSO SI TE LO VEÍA TU PADRE

Actividad optativa Lo que los padres no sabían

¿Qué cosas hacían a escondidas tus hermanos y tú cuando eran pequeños? (¡Cosas que no sabían tus padres!)

MODELOS: Mi hermana y yo fumábamos a escondidas.
Leíamos libros prohibidos.

(para hijos únicos)
Yo fumaba a escondidas.
Leía libros prohibidos.

Aquí tienes algunos ejemplos, pero no debes limitarte a ellos.

fumar
tomar bebidas alcohólicas
consumir drogas
leer revistas/libros escandalosos
sacar dinero de las billeteras de los padres
escaparse de noche (por una ventana)
escuchar las conversaciones privadas de los padres

---

[a] A... Secretamente   [b] de... *as a child*

Controversia familiar

En algunas partes del mundo hispánico, los hijos tienden a vivir más tiempo con sus padres que los hijos norteamericanos. Es decir, se independizan más tarde en la vida. En las familias hispanas con hijas, este fenómeno es aun más observable. Ojea[a] el siguiente artículo sobre este tema. El artículo está tomado de la revista *Tú*.

¿Debes independizarte de tus padres?

En la edición del mes de octubre de TU revista, en la sección *Las lectoras opinan,* el argumento fue un tema super-interesante, pues refleja una situación que están viviendo las chicas de hoy: "¿Estás a favor o en contra de independizarte de tus padres, cuando ya has terminado de estudiar, pero aún no te has casado?". Al final del artículo pedimos tu opinión, y aquí la tienes. Descubre lo que piensan al respecto, las chicas como TU.

"Cuando mis padres murieron trágicamente en un accidente, el mundo se derrumbó para mí. Esto no fue sólo en el aspecto sentimental, sino en todos los de mi vida, ya que ellos resolvían mis problemas. Aunque yo tenía 24 años, al lado de mis padres me sentía segura, con mi vida resuelta; pero cuando ellos me faltaron, me dí cuenta de que una chica debe independizarse al llegar a su mayoría de edad, para que no le pase lo que a mí. Gracias a Dios salí adelante, pero me costó muchísimas lágrimas".
Lorena C.M., Panamá.

"Los padres tienen que adaptarse a la idea de que algún día los hijos abandonarán el hogar. Esto puede ser beneficioso para todos. Hace muchos años yo me fui a vivir sola, y no me convertí en una chica egoísta; al contrario, aprendí a valorizar las relaciones humanas".
María L. Figueroa, Puerto Rico.

"Yo creo que cuando uno cuenta con los recursos necesarios y la mayoría de edad, es bueno independizarse. Una chica debe vivir su propia vida. Por ejemplo, a mí me gusta oír música y cuando llega mi papá a casa, enseguida empieza a gritar que apague la música, que es un escándalo, etc. Yo a veces no soporto esa situación y estallo. Por eso pienso que cuando viva sola, todos podremos llevarnos mejor".
Olivia, México.

"¿Para qué quiere una mujer vivir sola? ¿Con quién compartirá sus alegrías, dudas, tristezas...? Me parece que la chica que se va de la casa puede ganar en independencia, pero va a perder en comunicación y en calor humano".
Ana Lorena Castillo, Costa Rica.

EL RESULTADO

El 60% de las opiniones de nuestras lectoras está a favor de independizarse de los padres, cuando se llega a la mayoría de edad. Entre este porcentaje, hay dos bandos: Uno desea hacerlo para vivir su propia vida, para madurar emocionalmente y aprender a resolver todos sus problemas. El otro grupo está a favor de irse de la casa paterna, sólo cuando ésta deje de ser un hogar precisamente, donde falte la comprensión, el calor humano y la armonía; cuando los miembros de la casa no se respetan y el padre trata de imponer siempre su deseo. Es decir, ¡cuando se convierte en un campo de batalla!

El 40% restante sí está en contra de la independencia del hogar paterno. Estas chicas consideran que sólo van a encontrar soledad y muchas presiones económicas para las cuales no están preparadas, y que será perjudicial para su salud mental y emocional.

[a] *Skim*

Actividad optativa ¿A qué edad...?

Ahora, haz una encuesta en tu clase sobre el mismo tema. Puedes usar el siguiente cuestionario o inventar tus propias[a] preguntas.

Entrevistador: _____

Persona entrevistada: _____

Edad: _____ Sexo: _____

Especialización: _____

1. ¿Hay una edad específica en que los hijos deben independizarse de los padres?

   ☐ sí   ☐ no

   Si la persona responde que sí, hazle esta pregunta:
   ¿A qué edad deben independizarse?

   ☐ a los 18 años   ☐ a los 25 años
   ☐ a los 21 años   ☐ _____

2. ¿Es necesario considerar el sexo del hijo?

   ☐ sí   ☐ no

   Si la persona dice que sí, hazle estas preguntas:
   ¿Deben los chicos independizarse antes que las chicas?

   ☐ sí   ☐ no

   ¿Deben las chicas independizarse antes que los chicos?

   ☐ sí   ☐ no

3. ¿Tienen los padres el derecho de echar de casa[b] a sus hijos?

   ☐ sí   ☐ no

   Si la persona dice que sí, hazle esta pregunta:
   ¿Cuándo pueden echar de casa los padres a los hijos?

   ☐ cuando los hijos tienen 18 años
   ☐ cuando los hijos tienen 21 años
   ☐ cuando los hijos tienen 25 años
   ☐ cuando los hijos tienen 30 años

4. ¿Tienen los padres la obligación de ayudar económicamente a sus hijos hasta que terminen sus estudios universitarios?

   ☐ sí   ☐ no

5. ¿Deben los hijos pedir ayuda a sus padres durante los estudios universitarios?

   ☐ sí   ☐ no

6. ¿Deben los hijos mantener a sus padres cuando éstos (es decir, cuando los padres) sean viejos?

   ☐ sí   ☐ no

Comentarios: _____

¡Muchas gracias por tu cooperación!

[a] *own* [b] echar... *throw out*

A LA HORA DE COMER...

Francisco Oller (puertorriqueño, 1833–1917), *Plátanos amarillos* (detalle), c. 1892–1893

*M*ira las siguientes fotografías. ¿Qué imágenes se te ocurren? ¿Qué comidas te gustan y no te gustan? ¿Cuánto sabes de la relación entre la comida y la salud física? Éstas son algunas de las ideas que vas a explorar en esta unidad.

Una huerta de olivos en el sur de España. ¿Sabías que el aceite (*oil*) de oliva combate el colesterol?

Una revista sobre la salud. ¿Lees tú revistas sobre la salud? ¿sobre la nutrición? ¿y tus amigos?

Una bodega de vinos en la Argentina. ¿Tomas vino tú? ¿Cerveza? ¿O evitas las bebidas alcohólicas completamente?

¿Cuánto sabes tú del cáncer? ¿Qué sabes de la conexión que existe entre esta enfermedad y lo que una persona come?

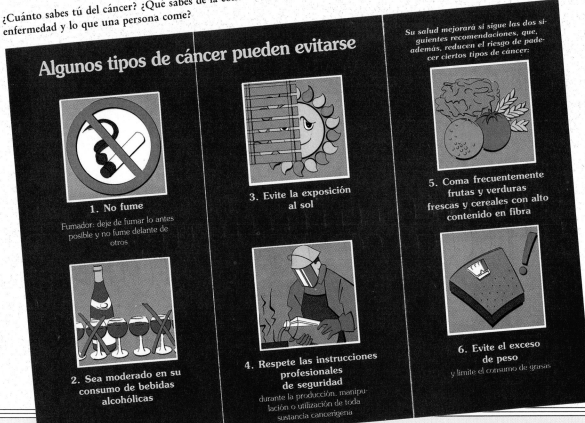

Algunos tipos de cáncer pueden evitarse

1. No fume

Fumador: deje de fumar lo antes posible y no fume delante de otros

2. Sea moderado en su consumo de bebidas alcohólicas

3. Evite la exposición al sol

4. Respete las instrucciones profesionales de seguridad

durante la producción. manipulación o utilización de toda sustancia cancerígena

Su salud mejorará si sigue las dos siguientes recomendaciones, que, además, reducen el riesgo de padecer ciertos tipos de cáncer:

5. Coma frecuentemente frutas y verduras frescas y cereales con alto contenido en fibra

6. Evite el exceso de peso

y limite el consumo de grasas

Una mujer escoge entre unos alimentos preparados. ¿Qué papel (*role*) juegan los alimentos preparados en nuestras vidas?

Estas personas no tienen pan (*bread*). ¿Qué representa el pan para ti? ¿Crees que es un buen alimento? (Ernesto de la Carcova [argentino, 1867–1927], *Sin pan y sin trabajo*, 1894)

Cuando sales con los amigos, ¿adónde vas? ¿qué comes?

La sandía (*watermelon*) es una fruta que se ve mucho en el arte de Rufino Tamayo. ¿Te gusta a ti la sandía? ¿Qué frutas forman parte de tu dieta? (Rufino Tamayo [mexicano, 1899–1991], *Bodegón*, 1928)

LECCIÓN 8

¿QUÉ SUELES COMER?

*T*his lesson focuses on food and eating habits. You will have an opportunity to

- describe what you generally eat for breakfast, lunch, and dinner
- learn how one orders from a Spanish menu and asks questions about the content of dishes
- examine how eating habits in Spanish-speaking countries differ from those in the United States
- learn more about the use of the definite article in Spanish

IDEAS PARA EXPLORAR
LOS HÁBITOS DE COMER (I)

PARA EXPRESARSE ¿CUÁLES SON LOS ALIMENTOS BÁSICOS?

Calcio

Productos lácteos

Cognado:
el yogur

el helado

la leche

el queso

el requesón
(*cottage cheese*)

Proteínas

Carnes

Aves

el bistec

la carne de res

Cognado:
la hamburguesa

los huevos

el jamón

la chuleta de cerdo
(*pork chop*)

el pavo

el pollo

Pescados y mariscos

Otros alimentos

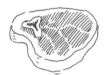
el atún

los camarones

el cangrejo

la langosta

los frijoles

las nueces

la mantequilla
de cacahuete
(*peanut butter*)

Vitaminas y fibra

Frutas

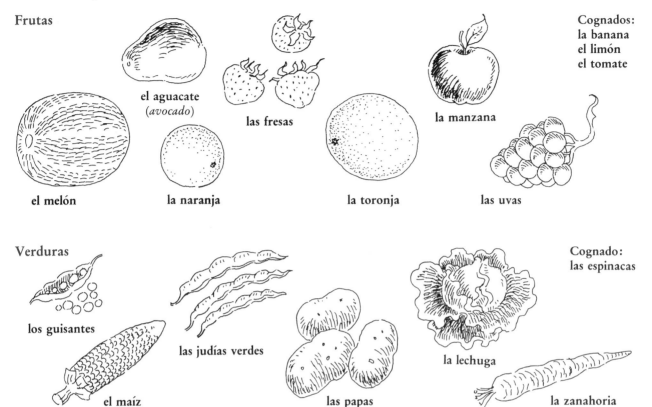

Cognados:
la banana
el limón
el tomate

el aguacate
(*avocado*)

las fresas

la manzana

el melón

la naranja

la toronja

las uvas

Verduras

Cognado:
las espinacas

los guisantes

las judías verdes

el maíz

las papas

la lechuga

la zanahoria

Carbohidratos y fibra

Grasas

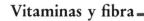

ARROZ

Cognados:
los cereales
los espaguetis
(las pastas
alimenticias)

ACEITE
de
MAÍZ

ACEITE
de
OLIVA

MANTEQUILLA

la mantequilla
(*butter*)

el arroz
(*rice*)

el pan blanco

el aceite de maíz   el aceite de oliva

el pan integral

Vocabulario relacionado

la comida	meal; food	rojo/a	red
cocinado/a	cooked	rosado/a	pink
crudo/a	raw	verde	green
amarillo/a	yellow	agrio/a	sour
blanco/a	white	amargo/a	bitter
marrón	brown	dulce	sweet
negro/a	black	salado/a	salty

VER EL MANUAL

Actividad A Identifica el alimento

Paso 1. Tu profesor(a) va a mencionar algunos productos lácteos. Indica si cada uno es un alimento líquido o sólido.

1... 2... 3... 4... 5...

Paso 2. Ahora tu profesor(a) va a mencionar algunos alimentos ricos en proteínas. Indica si cada uno viene del mar (*sea*) o de la tierra (*land*).

1... 2... 3... 4... 5... 6... 7... 8... 9... 10... 11...

Paso 3. Indica si los alimentos que menciona tu profesor(a) son ricos en carbohidratos o en grasas.

1... 2... 3... 4... 5... 6...

Paso 4. Indica si los alimentos que menciona tu profesor(a) son frutas o verduras.

1... 2... 3... 4... 5... 6... 7... 8... 9... 10...

Paso 5. Indica si los alimentos que menciona tu profesor(a) son del grupo calcio, proteínas, vitaminas y fibras, carbohidratos o grasas.

1... 2... 3... 4... 5... 6... 7... 8... 9... 10...

Actividad B Asociaciones

Paso 1. Tu profesor(a) va a nombrar algunos alimentos. ¿Qué color(es) asocias con cada uno?

1... 2... 3... 4... 5... 6... 7... 8...

Paso 2. ¿Qué otros alimentos asocias con estos colores?

1. rosado   2. blanco   3. amarillo   4. rojo   5. marrón

¿SABÍAS QUE...

...hay mucha variación dialectal en cuanto a los nombres de la comida? Por ejemplo, en España se dice judías verdes, pero en México estas verduras son ejotes y en Puerto Rico son habichuelas verdes. Las bananas también tienen diferentes nombres según la región dialectal: plátanos, bananas, guineos. En la Argentina las fresas son frutillas, en Puerto Rico las naranjas son chinas, en España las papas son patatas, en Sudamérica el chile es ají... En fin, en cuanto a los nombres de los alimentos, lo que dice un mexicano posiblemente sea diferente de lo que dice un español o un chileno.

Pregúntale al profesor (a la profesora) cómo se llaman guisantes en su dialecto.

Actividad C ¿Qué sabor (*taste*) tiene?

Mira la lista de alimentos en las páginas 190–191. Di (*say*) si los alimentos son agrios, dulces, salados o amargos. Si crees que un alimento no tiene un sabor distintivo, di «No tiene un sabor distintivo».

MODELOS: La banana es dulce.
            El pan no tiene un sabor distintivo.

UN VISTAZO

La sopa y la política

Uno de los temas que se repite en las tiras cómicas de *Mafalda* es el odio que Mafalda le tiene a la sopa. ¡No le gusta la sopa para nada! La batalla constante entre niña y madre es un elemento cómico importante en estas tiras cómicas del argentino Quino, quien combina esto con comentarios sobre la política, como se ve en los ejemplos a continuación.

Actividad D Preferencias personales

Paso 1.   ¡Describe tus hábitos de comer! Termina cada oración con dos comidas o alimentos apropiados, según tus preferencias.

> MODELO: Como <u>yogur</u> y <u>pan</u> a cualquier hora del día.

1. Como _____ y _____ a cualquier hora del día.
2. Nunca o casi nunca como _____ y _____.
3. Utilizo _____ y _____ sólo en la preparación de otros platos.
4. Como _____ y _____ solamente acompañados/as de otros alimentos o cuando son parte de una comida más grande.
5. Suelo comer _____ y _____ con pan.
6. Suelo comer _____ y _____ solos/as, sin otra cosa.
7. Me gusta comer _____ y _____ crudos/as.
8. Prefiero comer _____ y _____ cocinados/as.

Paso 2.   Ahora, entrevista a un compañero (una compañera) de clase sobre sus hábitos de comer. Hazle preguntas para saber cómo ha completado (*has completed*) las oraciones del **Paso 1**. Anota (*Jot down*) sus respuestas. Luego tu compañero/a debe hacerte las mismas preguntas a ti para ver cómo has contestado (*you answered*).

> Ejemplos: ¿Qué comidas o alimentos sueles comer con pan?
>
> ¿Hay alimentos que te gusta comer crudos?

Paso 3.   En conclusión, mi compañero/a y yo...

☐ tenemos hábitos de comer muy parecidos.
☐ tenemos algunos hábitos en común, pero no muchos.
☐ tenemos hábitos de comer muy distintos.

LOS HISPANOS HABLAN

¿Qué te gusta mucho comer?

> NOMBRE: Ana Ortega, estudiante
> EDAD: 23 años
> PAÍS: España

« En invierno me gusta comer cocido, que es un plato típico español. Tiene garbanzos, verduras, pollo y hueso de codillo.[a] También suele tener chorizo y morcilla.[b] ¡¡En invierno, cuando hace mucho frío, este plato es estupendo para quitarte el frío!!

   « En verano me encanta tomar gazpacho. Éste es también otro plato típico. Es una especie de sopa fría. Tiene tomate, pepino,[c] pimiento,[d] un

PARA EXPRESARSE ¿TE GUSTA LA SOPA?

In this *Mafalda* cartoon, notice that the definite article **la** appears with the words **sopa** and **niñez.** Spanish and English both use the definite article to refer to a specific person or thing. Unlike English, however, Spanish also uses the definite article when making a general or abstract statement about a person or thing. Thus, "**¡La sopa es a la niñez...** " translates into English as "*Soup is to childhood . . .*" and not as "*The soup is to the childhood . . .*" Here are other examples of generic or abstract uses of the definite article with nouns.

El perro es considerado **el mejor amigo del hombre.**
El calcio es bueno para **los huesos** (*bones*).
Los huevos tienen mucho colesterol.

¡LA SOPA ES A LA NIÑEZ LO QUE EL COMUNISMO ES A LA DEMOCRACIA!

VER EL MANUAL

poco de ajo,[e] agua, aceite de oliva y vinagre. Todo esto se bate hasta que queda líquido y se toma así, sin cocinar. Mucha gente suele echar por encima[f] trocitos de jamón, o de tomate o manzana. »

NOMBRE: Catalina Riveros, estudiante
EDAD: 19 años
PAÍS: la Argentina

« Me gusta mucho comer cosas dulces como tortas,[g] helados, alfajores[h] y chocolates. »

---

[a] hueso... *ham bone*   [b] chorizo... *sausages*   [c] *cucumber*   [d] *bell pepper*   [e] *garlic*
[f] echar...*sprinkle on top*   [g] *cakes*   [h] *traditional Argentine sweet*

Actividad E Los alimentos y la filosofía

Basándote en la tira cómica de *Mafalda* en **Para expresarse,** inventa una oración y preséntasela a la clase. Debes comenzar la oración con el nombre de un alimento.

> MODELO: *La mantequilla* es a *la dieta* lo que *Waterloo* fue (es) a *Napoleón.*

¿Quién presentó la oración más graciosa (*amusing*)?

Actividad F De niño/a...

Paso 1. Indica los alimentos que te gustaban de niño/a y los que no te gustaban.

De niño/a no me gustaba(n) _____, y todavía no me gusta(n).
De niño/a me gustaba(n) _____, pero ahora no me gusta(n).
De niño/a no me gustaba(n) _____, pero ahora sí me gusta(n).

Paso 2. Entrevista a cinco personas de la clase. Hazles las mismas preguntas usando la forma **tú.** Anota las respuestas.

> MODELO: De niño/a, ¿qué no te gustaba comer que todavía no comes?

Paso 3. Comparte las respuestas con un compañero (una compañera) de clase. ¿Hay algunos gustos (*tastes*) comunes a la clase? Por ejemplo, ¿hay cierto tipo de comida o alimento que no le gustaba a la mayoría (*majority*) de tus compañeros?

Actividad G ¿Qué alimento es bueno para...?

Inventa oraciones basándote en el modelo. No olvides usar el artículo definido.

> MODELO: para el cerebro → El pescado es bueno para el cerebro.

1. para la vista (*vision*)
2. para los resfriados (*colds*)
3. para el estómago
4. para el pelo
5. para los músculos
6. para la tez (*complexion*)
7. para _____

¿SABÍAS QUE...

...el tipo de café que se suele tomar en los países hispánicos es muy diferente del café que se suele beber en los Estados Unidos? El café que se bebe en la mayoría de los países hispanos es mucho más fuerte y normalmente se sirve en tazas pequeñas. Muchos hispanos consideran que el café norteamericano es muy ligero[a] y lo llaman café americano. El café con leche es también muy popular en los países hispanos. Se prepara así: en una taza regular (no pequeña), se pone el café. Luego se le agrega leche caliente[b]. En México también se sirve café de olla, que tiene canela[c] y a veces chocolate.

---

[a] *light*   [b] *hot*   [c] *cinnamon*

UN VISTAZO

¿La cafeína puede afectarnos la vista?

Si tomas muchas bebidas con cafeína, ¡este artículo te va a interesar!

SALUD
LA CAFEINA Y LA VISTA

Un estudio realizado en los Estados Unidos indica que la cafeína puede afectarnos la vista. De manera que si te gustan el café y las bebidas con cafeína, debes tomar las siguientes precauciones.

Según un estudio hecho en la Universidad Emory, en Atlanta, Georgia, EE.-UU., se supo que beber cuatro o más tazas de café (con cafeína) al día, eleva la tensión intraocular (la presión interna del ojo causada por la acumulación de fluidos). Si los niveles de tensión intraocular son altos, se pueden dañar los nervios ópticos, causando un tipo de ceguera que conocemos como glaucoma. Según la Dra. Mary Lynch, la oftalmóloga que condujo el estudio, demasiado consumo de cafeína puede provocar glaucoma, sobre todo si en la historia familiar existe alguna persona que haya padecido esta enfermedad. Por eso es de vital importancia limitar el consumo de cafeína, bebiendo solamente café y bebidas descafeinadas, si queremos tener una visión bastante aceptable por el resto de nuestras vidas.

Actividad optativa Una encuesta

Entrevista a dos o tres personas que no son de tu clase de español (por ejemplo, en tu residencia o en otras clases). Luego, preséntale a la clase los datos que has obtenido.[a]

Pregúntales...

1. si toman café y cuántas tazas[b] toman por día.
2. si toman café descafeinado y cuántas tazas toman por día.
3. si toman té y cuántas tazas toman por día.
4. si toman té de plantas (descafeinado o sin cafeína) y cuántas tazas toman por día.
5. si toman refrescos con cafeína y cuántos toman por día.
6. si toman refrescos descafeinados y cuántos toman por día.

[a] has... *you have obtained*   [b] *cups*

IDEAS PARA EXPLORAR
LOS HÁBITOS DE COMER (II)

PARA EXPRESARSE   ¿QUÉ DESAYUNAS TODOS LOS DÍAS?

Desayuno español (8.00–10.00 a.m.)

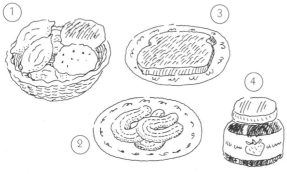

Bollería variada (*Assorted rolls*) (1),
o **churros** (2),
o **tostada** (3) con
mantequilla y **mermelada** (4)

Café con leche

VER EL MANUAL

Desayuno norteamericano (6.00–8.00 a.m.)

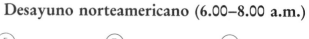

Dos huevos **fritos** (*fried*) (5)
o **revueltos** (*scrambled*) (6)
o
Cereal con leche
o
Tres **panqueques** (7)

Tocino (*Bacon*) (8)
o
Salchichas (9)
Jugo de naranja (10)

Café, té o leche

Actividad A Dos desayunos muy diferentes

Paso 1.   Lee los menús de los dos tipos de desayuno en **Para expresarse.**

Paso 2.   Responde a las siguientes preguntas poniendo una X en la columna apropiada.

	LOS ESPAÑOLES	LOS NORTE-AMERICANOS
1. ¿Quiénes comen más para el desayuno?	☐	☐
2. ¿Quiénes requieren menos tiempo para desayunar?	☐	☐
3. ¿Quiénes no comen huevos por la mañana?	☐	☐
4. ¿Quiénes no comen carne para el desayuno?	☐	☐
5. ¿Quiénes comen alimentos de los cuatro grupos básicos?	☐	☐

Los miembros de una familia española almuerzan juntos.

Actividad B ¿Quién habla?

Escucha las descripciones que va a leer el profesor (la profesora) e indica si son de una persona española o norteamericana.

1... 2... 3... 4...

Actividad C Tu desayuno habitual

Paso 1. Indica si te gustan los siguientes alimentos.

	Me gusta(n).	No me gusta(n).
1. los huevos fritos	☐	☐
2. el cereal frío con leche	☐	☐
3. las salchichas	☐	☐
4. el pan tostado	☐	☐
5. los panqueques	☐	☐
6. el jugo de naranja	☐	☐

Paso 2. ¿Con qué frecuencia comes estos alimentos?

	Con mucha frecuencia	Una vez a la semana	Una vez al mes	Nunca
1. huevos fritos	☐	☐	☐	☐
2. cereal frío con leche	☐	☐	☐	☐
3. salchichas	☐	☐	☐	☐
4. pan tostado	☐	☐	☐	☐
5. panqueques	☐	☐	☐	☐
6. jugo de naranja	☐	☐	☐	☐

Paso 3. ¿Dónde comes esto?

	Suelo prepararlo en casa.	Suelo comerlo en restaurantes.
1. huevos fritos	☐	☐
2. cereal frío con leche	☐	☐
3. salchichas	☐	☐
4. pan tostado	☐	☐
5. panqueques	☐	☐
6. jugo de naranja	☐	☐

Paso 4.   Ahora entrevista a dos o tres estudiantes de la clase, haciéndoles preguntas a cada uno sobre los cereales preparados para el desayuno. Debes averiguar la siguiente información:

1.   si le gustan o no
2.   si tiene una marca (*brand*) preferida
3.   con qué frecuencia los come
4.   si los come con otra cosa o solos

Presenta los resultados a la clase.

Actividad D   Algo más sobre tu desayuno

Paso 1.   Completa las siguientes frases con nombres de comidas o alimentos según el caso.

1.   Nunca o casi nunca como _____ y _____ para el desayuno.
2.   Todos los días como o tomo _____ y _____ para el desayuno.
3.   Preparo _____ y _____ en casa. Nunca los pido (*order*) en restaurantes.
4.   Como _____ y _____ en restaurantes. Nunca los preparo en casa.
5.   Suelo comer _____ y _____ para el desayuno durante la época de exámenes.
6.   Suelo comer _____ y _____ para el desayuno los fines de semana, pero no durante la semana.
7.   Preparo _____ y _____ para servírselos (*serve them*) a otras personas.

Paso 2.   Ahora, entrevista a un compañero (una compañera) de clase para averiguar si ha escrito (*has written*) los mismos alimentos que tú en el **Paso 1.** Anota sus respuestas.

Paso 3.   En conclusión, mi compañero/a y yo...

☐   tenemos hábitos de comer muy parecidos.
☐   tenemos algunos hábitos en común, pero muy pocos.
☐   tenemos hábitos de comer muy distintos.

Actividad E   Firma aquí, por favor

¿Qué desayunaron los estudiantes de esta clase esta mañana?

1.   ¿Comiste sólo un bollo?   _____

2.   ¿Te tomaste un refresco y te fumaste un cigarrillo?   _____

3.   ¿Comiste pan tostado con café?   _____

4.   ¿Comiste huevos?   _____

5.   ¿Comiste cereal con leche?   _____

6.   ¿Comiste carne?   _____

7.   ¿Comiste panqueques?   _____

8.   ¿Fuiste a McDonald's a desayunar?   _____

9.   ¿Comiste pizza?   _____

10.   ¿Te tomaste sólo una taza de café o té?   _____

11.   ¿No tomaste nada esta mañana?   _____

UN VISTAZO

Servicio de cuarto[a]

A continuación hay una lista de los alimentos que puedes pedir en un hotel mexicano si quieres servicio de cuarto. ¿Cuál de los tres desayunos te apetece[b] más? ¿O prefieres pedir algo a la carta?

desayuno

6:00 a 12:00 horas

el continental

jugo de fruta fresca

pan dulce o tostado

café, té o leche

8100

el americano

jugo de fruta fresca

huevos al gusto con jamón,

tocino o salchicha

pan dulce o tostado

café, té o leche

12500

el norteño

jugo de fruta fresca

machaca con huevo

tortillas de harina

frijoles charros

pan dulce

café, té o leche

12500

jugos de fruta fresca	3900
coctel de frutas	3900
plato de frutas	8000
medio melón con queso cottage	6400
cereales naturales	4200
con plátano	3900
con fresas	4100
yoghurt natural o de sabores	3600
yoghurt aurora	4800
huevos al gusto	5600
con jamón, tocino o salchicha	6800
huevos dos salsas	6800
huevos rancheros	6800
huevos a la mexicana	6800
omelette finas hierbas	7200
chilaquiles con pollo (verdes o rojos)	7900
molletes rancheros	6500
puntas de filete mexicana o chipotle	16500
hot cakes o waffles	5400
bisquets con mantequilla	4000
pan dulce	3500

[a]servicio... *Room service*   [b]*appeals*

Actividad F El desayuno equilibrado

Para muchos, un buen desayuno es la base de una alimentación equilibrada. Entre otras cosas, por ser la primera comida del día, es la que da energía para comenzar las actividades del día. Sin embargo, el desayuno varía según la persona.

Paso 1. Hazles preguntas a tres personas y completa la siguiente tabla con sus respuestas.

MODELOS: ¿Qué alimentos que contienen calcio comes para el desayuno?
¿Sueles comer algo con proteínas para el desayuno?

¿COMEN ESTAS PERSONAS UN DESAYUNO EQUILIBRADO?							
	Persona 1		Persona 2		Persona 3		Yo
	SÍ NO		SÍ NO		SÍ NO		SÍ NO
Calcio	☐ ☐		☐ ☐		☐ ☐		☐ ☐
Proteínas	☐ ☐		☐ ☐		☐ ☐		☐ ☐
Carbohidratos	☐ ☐		☐ ☐		☐ ☐		☐ ☐
Vitaminas, fibra	☐ ☐		☐ ☐		☐ ☐		☐ ☐

Paso 2. ¿Hay variación entre lo que desayunan las cuatro personas del **Paso 1**? ¿Todos suelen comer un desayuno equilibrado? Presenta los resultados a la clase.

MODELOS: Todos solemos comer _____.
Sólo algunos de nosotros comemos _____.
Ninguno de nuestro grupo suele comer _____.

La clase debe concluir si por lo general los estudiantes suelen comer un desayuno equilibrado.

UN VISTAZO

¿Y la leche?

La leche y los productos lácteos aportan calcio. ¿Sueles tomar leche tú? ¿en qué forma? ¿pura? ¿con el café? ¿con el cereal? ¿en alimentos preparados, como purés, salsas? ¿Cómo prefieres ingerir el calcio?

☐ por medio de (*by means of*) la leche
☐ por medio del yogur
☐ por medio de los quesos
☐ por medio de diferentes alimentos

PULEVA
PURA LECHE DE VACA
3,6% M.G.
PU LE VA
MILK LECHE LAIT

Pura Leche de Vaca.

IDEAS PARA EXPLORAR
LOS HÁBITOS DE COMER (III)

PARA EXPRESARSE   ¿QUÉ COMES PARA EL ALMUERZO?
¿Y PARA LA CENA?

Almuerzo español (2.00–4.00 p.m.)

Menú del día

PRIMER PLATO

lentejas (1) estofadas (*lentil stew*)
tortilla (*omelette*) (2) de chorizo
ensalada mixta

SEGUNDO PLATO

filete de **ternera** (*veal*) (3) con patatas
emperador (*swordfish*) (4) a la plancha
medio pollo asado (*roast*)

POSTRE

helado
tarta (*pie*) (5)
fruta
flan (6) con nata (*whipped cream*) o café
barrita de pan y **copa de vino** (7)

Cena española (9.00–11.00 p.m.)

huevos fritos, patatas fritas, salchichas, pan y vino

Almuerzo norteamericano (12.00–1.00 p.m.)

sandwich de carne (por ejemplo, jamón, pavo,
rosbif) / sandwich de atún, y fruta
o hamburguesa con queso, papas fritas

un refresco / café / leche

Cena norteamericana (5.00–7.00 p.m.)

pollo asado / bistec / langosta / pescado frito / espaguetis
ensalada mixta
verduras al vapor (*steamed*)
arroz / papas al horno / **puré** (8) de papas (*mashed potatoes*)
cerveza (*beer*) (9) / vino y/o agua
tarta / helado / gelatina

o pizza

VER EL MANUAL

Actividad A ¿Español o norteamericano?

Paso 1. Analiza los dos tipos de almuerzos en **Para expresarse.**

Paso 2. Escucha al profesor (a la profesora). ¿Habla de una persona norteamericana o española?

1... 2... 3... 4... 5... 6...

Paso 3. Mira otra vez los menús para las comidas norteamericanas y españolas en **Para expresarse.** Luego contesta las preguntas que hace el profesor (la profesora).

1... 2... 3... 4... 5...

Actividad B ¿Quién habla?

Escucha al profesor (a la profesora). ¿Expresa las opiniones de una persona española o norteamericana?

1... 2... 3... 4...

¿CONEJOS O RATAS A LA PARRILLA?

EL **CUY,** PRECIADO ALIMENTO EN LOS ANDES

DE LIMA: Un hecho que sorprende a estadounidenses y a europeos es el que el cobayo o *conejillo de indias* sea un preciado alimento en los países de la región andina. Mientras en las naciones desarrolladas se le utiliza preferentemente en los estudios de laboratorio, en el Perú se le cría esmeradamente para consumo alimentario. Robustos sementales y hembras han comenzado a ser exportados en cantidades crecientes.

Mientras las aves tienen el 18 por ciento de proteínas, el cerdo 14, el ovino 16 y el vacuno poco más de 17, el *cuy* tiene 20 por ciento. Desollado y deshuesado, tiene unos dos tercios de su peso en carne limpia; es decir como el pollo. ¿A qué sabe? Sabe a *cuy,* sabor indefinible que recuerda al del conejo pero, dicho sin hipérbole, es mejor y delicioso.

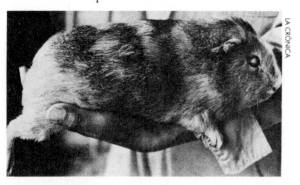

LA CRÓNICA

De crianza fácil y delicioso sabor, el cuy empieza a ser creado en gran escala.

¿Te gustaría probar[a] el cuy?

El cuy es el nombre que se le da en el Perú a un tipo de animal pequeño. En los Estados Unidos, este animal puede ser una mascota[b] o puede usarse en experimentos científicos. ¿Qué describe esta lectura?

Actividad optativa Aventuras gastronómicas

1. ¿Qué oración describe mejor tu manera de sentir[c]?

    ☐ Me gustaría probar el cuy.
    ☐ No sé si me gustaría probar el cuy. Depende.
    ☐ No me apetece[d] para nada.

2. Dile a la clase el alimento más exótico que has probado.[e]

    MODELO: Una vez probé _____.
    (No) Me gustó mucho.
    Sabía a[f] _____.

---

[a] *to taste* [b] *pet* [c] *tu... how you feel* [d] *appeals* [e] *has... have tried* [f] *Sabía... It tasted like*

Actividad C Más sobre la alimentación

Paso 1. Usando los dos menús de la página 203, completa la siguiente tabla con los alimentos que corresponden a cada grupo alimenticio.

GRUPO ALIMENTICIO	ALIMENTOS	
	Español	Norteamericano
Productos lácteos		
Carne, huevos, pescado		
Frutas y verduras		
Carbohidratos, fibras y grasas		

Paso 2. Compara tu análisis con el de los otros estudiantes. ¿Están todos de acuerdo?

Paso 3. Usando la información de la tabla, contesta las preguntas que va a hacer el profesor (la profesora).

1... 2... 3... 4... 5... 6... 7...

Restaurant
La Barca

ENTRADAS

Palmitos con salsa golf .... A
Salpicón Especial .... A
Sardinas españolas .... A
Sopressatta napolitana .... A
Tomate relleno de ave o atún .... A
Tomate relleno de palmitos
y camarones .... A
Vitel thonne .... A

Actividad D Leyendo un menú (I)

Paso 1. Aquí hay una lista de alimentos de la sección de entradas (*appetizers*) del menú del restaurante La Barca en Buenos Aires. ¿Qué palabras o expresiones no entiendes? ¿Puedes deducir lo que quiere decir la palabra **relleno**?

Paso 2. Imagina que le preguntas al mesero (a la mesera) (*waiter* [*waitress*]) lo que son **los palmitos con salsa golf.** ¿Qué pasa si no comprendes lo que te dice? ¿Y si quieres más detalles? Con otra persona, piensan en las preguntas que pueden hacer para saber exactamente lo que son los palmitos con salsa golf.

Paso 3. También quieres saber cómo son las sardinas españolas. ¿Te sirven las preguntas del **Paso 2** o tienes que hacer otras?

Actividad E Leyendo un menú (II)

Aquí aparecen las ensaladas que puedes comer en el restaurante La Barca. ¿Qué preguntas debes hacer para averiguar lo que son los ingredientes? Con un compañero (una compañera) de clase, escojan las palabras que no conocen. Luego formulen las preguntas que van a hacerle al profesor (a la profesora) para averiguar lo que significan esas palabras. El profesor (la profesora) va a hacer el papel (*role*) de mesero (mesera).

Restaurant
La Barca

ENSALADAS

Apio ....A
Berro ....A
Chaucha con huevo duro ....A
Ensaladas varias ....A
Lechuga ....A
Mixta ....A
Mixta "La Barca" ....A
Remolacha ....A
Remolacha con huevo duro ....A
Tomate ....A
Zanahoria ....A

AVES

Suprema rellena "La Barca" ....A
Suprema Quinquela Martín ....A
Suprema Maryland ....A
Suprema con puré de manzanas ....A
Suprema Washington ....A
Suprema grissette ....A
Suprema Kiev ....A
Suprema Shangay ....A
Milanesa de pollo ....A
Milanesa de pollo napolitana..........A
1/4 pollo a la calabresa ....A
1/4 pollo a la portuguesa ....A
1/4 pollo a la cazadora....................A
1/4 pollo al roquefort ....A
1/4 pollo a la provenzal ....A
1/4 pollo al champignon....................A
Pollo deshuesado papillette
(4 Porciones) ....A
Pollo deshuesado al whisky
(4 Porciones) ....A

Actividad F Los platos principales

Paso 1.   Lee la lista de platos a base de aves que se sirven en el restaurante La Barca.

Paso 2.   En grupos de tres o cuatro, preparen una lista de preguntas que pueden hacer para saber cómo son estos platos.

Paso 3.   Comparen su lista con las de los otros grupos.

Actividad G La Carreta

Paso 1.   Divídanse en grupos de dos, tres o cuatro personas. Uds. llegan a comer a La Carreta, un restaurante en Miami. El profesor (la profesora) hace el papel de mesero/a.

Paso 2.   Lean la sección del menú que aparece en la siguiente página.

Paso 3.   Decidan qué quieren pedir de los Favoritos de La Carreta. ¿Quieren hacerle preguntas al mesero (a la mesera)? ¿Cuáles son?

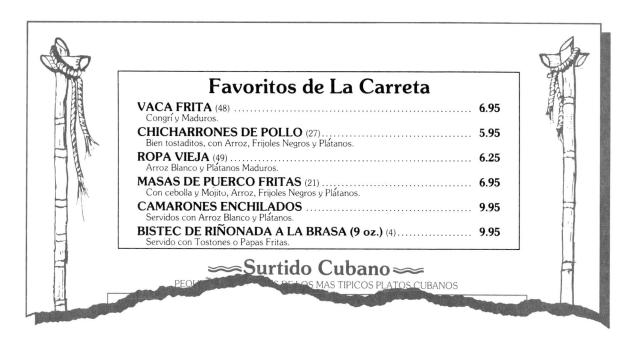

Favoritos de La Carreta

VACA FRITA (48) **6.95**
   Congrí y Maduros.
CHICHARRONES DE POLLO (27) **5.95**
   Bien tostaditos, con Arroz, Frijoles Negros y Plátanos.
ROPA VIEJA (49) **6.25**
   Arroz Blanco y Plátanos Maduros.
MASAS DE PUERCO FRITAS (21) **6.95**
   Con cebolla y Mojito, Arroz, Frijoles Negros y Plátanos.
CAMARONES ENCHILADOS **9.95**
   Servidos con Arroz Blanco y Plátanos.
BISTEC DE RIÑONADA A LA BRASA (9 oz.) (4) **9.95**
   Servido con Tostones o Papas Fritas.

≈ Surtido Cubano ≈
PEQU... ...S DE LOS MAS TIPICOS PLATOS CUBANOS

UN VISTAZO

LA CARRETA DE LA CALLE 8
≈ SERVICIO A ≈ DOMICILIO

11:30 AM A 2:30 PM
Y
6:00 PM A 12:00 PM
PARA ENTREGAS A SU DOMICILIO U OFICINA
LLAME AL
447-0184

ENTREGA MINIMA DE $10.00
ACEPTAMOS AMERICAN EXPRESS
15% DE CARGO SERA AÑADIDO A SU CUENTA

TAMBIEN CON SERVICIO A DOMICILIO

KENDALL   BIRD ROAD
11740 KENDALL DR.   8650 SW 40 ST
596-5973   **553-8383**

PUEDEN HABER VARIACIONES DE PRECIOS
DE UN LOCAL A OTRO

Para los que no quieren salir

El restaurante La Carreta también ofrece servicio a domicilio. ¿Qué quiere decir esto? ¿Es posible usar este servicio todo el día?

LOS HISPANOS HABLAN

Mis platos preferidos

En la revista *Noticias* de Buenos Aires, hay una sección en la que personas célebres hablan de sus comidas y restaurantes preferidos. Aquí hablan dos personas.

Mis platos preferidos

JUAN CARLOS HARRIOT

Salgo poco a comer, ya que la mayor parte del tiempo estoy en mi campo de Coronel Suárez. También soy cómodo, así que no me alejo demasiado de mi casa. Frecuento "La Rueda", "Schiaffino", "San Michele"... En esas oportunidades pido lo mismo que comería en mi casa: carne asada, preferentemente un bife de lomo o de "chorizo", y si hay parrillada, bien completa. Algunas veces pescado, como el lenguado frito. Siempre acompaño a la carne con ensaladas, tomates, zanahorias, remolachas. Soy muy simple en mi elección y generalmente como un solo plato. Tomo poco, sólo con amigos: Con las carnes tintos, como "Escorihuela" o "Bianchi Borgoña", con los pescados, blancos como "Castel Chandon", que es mi preferido, "Suter Etiqueta Marrón" o "San Felipe". Y a veces una copa de champaña "Barón B".

La Rueda, Av. Quintana 456
Schiaffino, Schiaffino 2183
San Michele, Av. Quintana 257

Mis platos preferidos

ELSA SERRANO

Soy habitué de "Lola": una copa de champán primero, luego ensalada Mikada y cerdo con aromas, que son mis preferidos. Postres casi nunca, porque engordan y, además, no soy amante de los dulces. También me encantan las cantinas italianas. Si voy a 'Luigi' pido *bocconcino* de pollo con cebolla de verdeo o pulpo al ajo negro. Si como pastas elijo las simples, fideos, ñoquis, nunca las rellenas. Raras veces tomo vino, pero cuando lo hago prefiero el tinto 'Selección López'. Asimismo me gustan los mariscos del 'Club Vasco Francés': arroz con langostinos, gambas al ajillo, mejillones a la provenzal. Si me decido por un postre, el flan casero... De 'Fechoría' me encanta la pizza de pan alto, pero nunca dejo de comer langostinos, que siempre los tienen fresquísimos. Pero donde no me privo de nada es cuando viajo a Italia..."

Centro Vasco Francés, Moreno 1370
Fechoría, Córdoba 3921
Luigi, Pringles 1210
Lola, Roberto M. Ortiz 1801

IDEAS PARA EXPLORAR
LOS HÁBITOS DE COMER (IV)

PARA EXPRESARSE   ¿QUÉ MERIENDAS?

los dulces	candies	un paquete de papas fritas	bag of potato chips
las galletas	cookies	los pasteles	pastries
las palomitas	popcorn		
las papas/las patatas fritas	potato chips	una máquina vendedora	vending machine
		la merienda	snack

Vocabulario relacionado

merendar (ie)	to snack (on)
tener hambre	to be hungry
traer (traigo)	to bring (I bring)

VER EL MANUAL

Actividad A Cuando tienes hambre...

Paso 1. Usando los números 1–12, indica con qué frecuencia comes de merienda lo siguiente (12 = muy frecuentemente, 1 = nunca).

Cuando tengo hambre, meriendo...

_____ palomitas.   _____ una banana.
_____ papas fritas.   _____ una naranja.
_____ dulces.   _____ media (*half*) toronja.
_____ galletas.   _____ nueces.
_____ una porción de pastel.   _____ una zanahoria.
_____ una manzana.   _____ yogur.

Paso 2. Entrevista a otras tres personas en la clase para averiguar qué comen con más frecuencia para merendar y qué comen con menos frecuencia.

MODELO: De los alimentos del **Paso 1,** ¿cuál nunca comes como merienda?
¿Cuál comes con mayor frecuencia para merendar?

	COME FRECUENTEMENTE	COME CON MENOS FRECUENCIA
Persona 1	_____	_____
Persona 2	_____	_____
Persona 3	_____	_____
yo	_____	_____

Paso 3. Compara tus resultados con los de otra persona (alguien a quien no entrevistaste en **Paso 2**). Según los resultados, ¿qué suelen merendar las personas y qué no suelen merendar? ¿Pertenece lo que merienda la mayoría a alguna de las categorías de alimentos básicos, por ejemplo, a las proteínas?

Actividad B ¿Cuándo meriendas?

Paso 1.   Indica cuándo sueles merendar.

Suelo merendar cuando...

☐ estudio.
☐ estoy nervioso/a.
☐ veo la televisión.
☐ voy al cine.
☐ tengo hambre.
☐ estoy aburrido/a.
☐ (Inventa algo.)

Paso 2.   Compara tus respuestas con las de dos compañeros/as de clase. Anota lo que dicen.

Suelo merendar cuando...	PERSONA 1	PERSONA 2	YO
estudio	☐	☐	☐
estoy nervioso/a	☐	☐	☐
veo la television	☐	☐	☐
voy al cine	☐	☐	☐
tengo hambre	☐	☐	☐
estoy aburrido/a	☐	☐	☐

Paso 3.   ¿Contestaron lo mismo? ¿Puedes hacer una generalización sobre los hábitos de merendar? Escribe un breve párrafo.

MODELO: Las personas suelen merendar _____.
          o No se puede generalizar. Algunas personas _____ y otras personas _____.

En el mundo hispano, la merienda de la tarde es muy típica.

Actividad C Normalmente...

Paso 1. Cuando meriendas, ¿qué haces normalmente?

	SÍ	NO
1. Preparo algo para merendar en casa y lo traigo a la universidad.	☐	☐
2. Voy a una cafetería para merendar.	☐	☐
3. Compro algo para merendar en una tienda.	☐	☐
4. Compro algo para merendar en una máquina vendedora.	☐	☐

Paso 2. Adivina lo que hacen normalmente tus compañeros/as de clase cuando tienen hambre.

La mayoría de las personas en esta clase suelen _____.

Paso 3. La clase debe compartir las respuestas del **Paso 1.** ¿Adivinaste bien en el **Paso 2**?

UN VISTAZO

Una descripción poética

Pablo Neruda (chileno, 1904–1973), uno de los escritores más conocidos de Latinoamérica, recibió el Premio Nóbel de Literatura en 1971. Entre las más conocidas de sus obras se encuentran «Odas elementales».

Aquí está un fragmento de la «Oda a la alcachofa», en que Neruda describe la alcachofa.[a] Mientras lees, ¿qué imágenes se te ocurren?

Oda a la alcachofa

La alcachofa
de tierno corazón[b]
se vistió de guerrero,[c]
erecta, construyó
una pequeña cúpula,
se mantuvo
impermeable
bajo
sus escamas[d]

Actividad optativa Interpretaciones visuales

¿Cuál de los siguientes dibujos representa mejor la descripción de la alcachofa de Neruda?

[a] *artichoke*   [b] tierno... *tender heart*   [c] se... *dressed as a warrior*   [d] *scales*

Y AHORA...

Hábitos de comer: ¿En casa o en un restaurante?

En esta actividad, vas a comparar lo que una persona suele comer en casa y lo que suele comer en un restaurante.

Paso 1.   La clase debe dividirse en grupos de tres. Dos personas del grupo van a hacerle preguntas a la tercera persona.

Paso 2.   Para llenar la tabla, las dos personas deben conseguir la siguiente información relacionada con el desayuno, el almuerzo y la cena de la tercera persona.

1. alimentos que come
2. cantidad de comida (mucho, poco, etcétera)
3. duración de la comida
4. con quién suele comer

	EN CASA	EN UN RESTAURANTE
Desayuno	1. 2. 3. 4.	1. 2. 3. 4.
Almuerzo	1. 2. 3. 4.	1. 2. 3. 4.
Cena	1. 2. 3. 4.	1. 2. 3. 4.

Paso 3.   Usando la información obtenida en el **Paso 2,** toda la clase debe contestar las siguientes preguntas.

1. ¿Hay diferencias entre el tipo de comida que la persona suele comer en casa y lo que suele comer en un restaurante?
2. ¿En qué comida del día hay más diferencias entre lo que come la persona en casa y lo que come en un restaurante?
3. ¿Qué otras diferencias hay entre comer en casa y comer en un restaurante? Por ejemplo, ¿hay diferencia en la duración de la comida? ¿en lo que toma la persona con la comida?
4. En cuanto a nutrición (proteínas, fibra, vitaminas, calcio), ¿dónde come mejor la persona? ¿Dónde come comida más variada?

Escucha y anota lo que dicen tus companeros.

Paso 4. Usa la información compartida en el **Paso 3** para escribir un párrafo en casa. Escoge entre estos dos modelos.

1. Los hábitos de comer de la persona típica tanto en casa como en un restaurante son parecidos. Por ejemplo, _____.
2. Hay muchas (varias) diferencias entre comer en casa y comer en un restaurante. Por ejemplo, _____.

VOCABULARIO

Vocabulario básico

The **Vocabulario básico** list in this lesson is long, since it presents much of the thematic vocabulary that you will have an opportunity to use throughout **Unidad tres.** You will find that the **Vocabulario básico** lists in **Lecciones 9** and **10** are shorter.

Los alimentos básicos	Basic foods
CALCIO	CALCIUM
productos lácteos	dairy products
el helado	ice cream
la leche	milk
el queso	cheese
el requesón	cottage cheese
el yogur	yogurt
PROTEÍNAS	PROTEINS
carnes	meats
el bistec	steak
la carne de res	beef
la chuleta de cerdo	pork chop
la hamburguesa	hamburger
el jamón	ham
aves	poultry
el huevo	egg
el pavo	turkey
el pollo	chicken
pescados y mariscos	fish and shellfish
el atún	tuna
los camarones	shrimp
el cangrejo	crab
la langosta	lobster
otros alimentos	other foods
los frijoles	beans
la mantequilla de cacahuete	peanut butter
las nueces	nuts

VITAMINAS Y FIBRA	VITAMINS AND FIBER
frutas	fruits
el aguacate	avocado
la banana	banana
la fresa	strawberry
el limón	lemon
la manzana	apple
el melón	cantaloupe
la naranja	orange
el tomate	tomato
la toronja	grapefruit
la uva	grape
verduras	vegetables
las espinacas	spinach
los guisantes	peas
las judías verdes	green beans
la lechuga	lettuce
el maíz	corn
la papa	potato (*Lat. Am.*)
la patata	potato (*Sp.*)
la zanahoria	carrot

CARBOHIDRATOS Y FIBRA	CARBOHYDRATES AND FIBER
el arroz	rice
los cereales	cereals; grains
los espaguetis	spaghetti
el pan blanco	white bread
el pan integral	whole wheat bread
las pastas alimenticias	pasta

GRASAS	FATS
el aceite de maíz	corn oil
el aceite de oliva	olive oil
la mantequilla	butter

Para describir los alimentos | To describe foods

agrio/a	sour
amargo/a	bitter
cocinado/a	cooked
crudo/a	raw
dulce	sweet
fuerte	strong
líquido/a	liquid
salado/a	salty
sólido/a	solid
el gusto	taste (*preference*)
el hábito de comer	eating habit
el sabor	taste (*flavor*)

¿Qué desayunas? | What do you have for breakfast?

la bollería	assorted breads and rolls
el bollo	roll
el churro	a type of fried dough
el huevo frito (revuelto)	fried (scrambled) egg
el jugo (de naranja)	(orange) juice
la mermelada	jam, marmalade
el panqueque	pancake
el pan tostado	toast
la salchicha	sausage
el tocino	bacon
la tostada	toast

¿Qué comes para el almuerzo y para la cena? | What do you have for lunch and dinner?

el emperador	swordfish
la ensalada	salad
el flan	caramel custard
las lentejas	lentils
(medio) pollo asado	(half a) roast chicken
el postre	dessert
el puré de papas	mashed potatoes
el sandwich	sandwich
la tarta	pie
la ternera	veal
la tortilla	omelette (*Sp.*)

¿Qué meriendas? | What do you snack on?

los dulces	candy
la galleta	cookie
las palomitas	popcorn
las papas fritas	potato chips (*Lat. Am.*)
los pasteles	pastries
las patatas fritas	potato chips (*Sp.*)
la máquina vendedora	vending machine
la merienda	snack
tener hambre	to be hungry
traer (*irreg.*)	to bring

Y para tomar... | And to drink . . .

el agua (*f.*)	water
beber	to drink
la bebida	beverage
el café con leche	coffee with milk
la cafeína	caffeine
la cerveza	beer
la copa	wine glass
descafeinado/a	decaffeinated
el refresco	soft drink
la taza	cup
el té (de plantas)	(herb) tea
el vino	wine

En un restaurante | In a restaurant

la mesera	waitress
el mesero	waiter
pedir (i, i)	to order
el plato	plate; dish
el servicio	service
servir (i, i)	to serve

Los colores | Colors

amarillo/a	yellow
blanco/a	white
marrón	dark brown
negro/a	black
rojo/a	red
rosado/a	pink
verde	green

OTRAS IDEAS

❖ **Actividad A** El gusto infantil

Paso 1. Mira la siguiente tira cómica de *Mafalda*. ¿Tenías tú de niño/a este hábito? (Nota: maceta = *flowerpot*, tierra = *dirt*.)

Paso 2. Con un compañero (una compañera) de clase, piensen en otras cosas raras que comen los niños además de la tierra. Apunten aquí dos o tres cosas.

_____   _____

_____

Paso 3. Busca a dos personas en la clase que confiesan que de niños comían las cosas que se mencionan en el **Paso 1** y **2.**

MODELO: ¿De niño/a comías tierra?

Paso 4. ¿Es verdad que los niños suelen comer cosas raras? La clase entera debe llegar a una conclusión. Da tu opinión.

❖ **Actividad B** La guía de restaurantes

Paso 1. ¿Qué información se encuentra en la guía en la página 216? Con un compañero (una compañera), lean la guía de restaurantes de Madrid en la página 216 e indiquen si aparece en ella la siguiente información.

		SÍ	NO
1.	la dirección	☐	☐
2.	el número de teléfono	☐	☐
3.	el número de personas que pueden sentarse a una mesa	☐	☐
4.	los precios	☐	☐
5.	si es necesario hacer reservación	☐	☐
6.	las especialidades del restaurante	☐	☐
7.	el nombre del propietario (de la propietaria)	☐	☐
8.	las tarjetas de crédito que se aceptan	☐	☐
9.	las horas que está abierto	☐	☐
10.	una descripción del ambiente del restaurante	☐	☐

Paso 2. Contesten las preguntas que va a hacerles el profesor (la profesora) sobre la guía de restaurantes.

1... 2... 3... 4... 5...

Madrid

COCINA CASTELLANA

BOTIN: Cuchilleros, 17 (Pz. Mayor-Centro). Junto Pz. Mayor. Reserva: 266 42 17. De 13 a 16 y de 20 a 24 h. Especialidad, cochinillo y cordero asados al horno de leña. Precio aproximado: 1.500 a 2.000 ptas. No cierra ningún día. Diner's, Visa, American, Eurocard.

LA CASA GRANDE: (Museo de Iconos). Calle de la Cruz, 102. Torrejón de Ardoz. Tels. 675 27 95 y 675 39 00. De 13.30 a 16 y de 20.30 a 23.30 h. Bodas y banquetes. Precio aprox.: 1.500 a 2.000 ptas. Tarjetas de crédito. Abierto todos los días.

CASA PACO: Puerta Cerrada, 11. (Centro). Tels. 266 31 66 y 266 31 67. De 13.30 a 16 y de 20.30 a 24 h. Especialidad: Cebón de buey. Precio aprox.: 2.300 ptas. Cerrado domingos.

LAS CUEVAS DE LUIS CANDELAS: Cuchilleros, 1. (Pz. Mayor-Centro). Tel. 266 54 28. Abierto de 13 a 16 y de 19 a 1 de la madrugada. Espec. Asados al horno. Precio aprox.: 1.800 ptas. No cierra en todo el año. Diner's, Visa, American, Eurocard.

DARIO'S: Joaquin Maria López, 39. (Entre Blasco de Garay y Guzmán el bueno). Tel. 243 18 25 y 243 30 43. De 13 a 16 y de 21 a 24 h. Espec.: Cordero y cochinillo asados a la usanza segoviana. Precio aprox.: 1.200 ptas. Cierra domingos noche.

ITALIANA

DA NICOLA: Orense, 4. (Pz. Picasso). Tels. 455 77 53 y 455 76 37. De 12.45 a 16 y de 20.30 a 0.15 h. Pizzas para llevar. Precio aprox. 1.000 ptas. Abierto todos los días.

LA PIZZA D'ORO: Juan de Olias, 39. Tel. 270 25 95. De 13 a 16 y de 20 a 24 h. Espec.: Pastas caseras y carnes de Avila. Salón de reuniones. Abierto domingos y festivos mañana.

CATALANA

LA FONDA: Principe de Vergara, 211. Tel. 250 61 47. De 13.30 a 16 y de 21 a

0.30 h. Precio aprox.: 2.000 ptas. No cierra ningún día.

SACHA: Juan Hurtado de Mendoza, 11. (Jardin interior-entrada por Juan Ramón Jiménez). Tel. 457 72 00. De 13 a 16.30 y de 21 a 24 h. Precio aprox.: 2.300 ptas. Cerrado domingos. Visa. Terraza al aire libre.

CHINA

EL BUDA FELIZ: Tudescos, 5. (Gran Vía-Pz. Callao). Parking en el edificio. Tels. 231 51 24 y 232 44 75. De 13 a 16 y de 20 a 24 h. Espec.: Pato deshuesado del sur de China y besugo en salsa china. Precio aprox.: 1.200 ptas. No cierra ningún día. Platos preparados para llevar. Tarjetas: Visa, Diner's American, E. Master.

HANG ZHOU: López de Hoyos, 14. (Esq Serrano). Tel. 416 15 73. De 12 a 16.30 y de 20 a 0.30 h. Espec.: Pescado al vapor estilo Hang Zhou y pato laqueado. Platos preparados para llevar. Precio aprox.: 700 ptas. No cierra ningún día. Visa, Diner's, American.

FRANCESA

ALDABA: Alberto Alcocer, 5. Tels. 457 21 93 y 458 12 23. De 13 a 16 y de 21 a 24 h. Espec.: Filetes de lenguado. Escocia y angulas Quebec. Precio aprox.: 2.000 ptas. Abierto todo el año, excepto sábados mediodía y domingos todo el día. Diner's, Visa y American.

LA MARMITE: Pz. de San Amaro, 8. (Altura de Orense, 47). Tel. 279 92 61. De 13 a 16 y de 21 a 24 h. Espec.: Ensalada de cangrejo, entrecot, marchant vin y sorberte de limón al champán. Precio aprox.: 2,200 ptas. Cerrado domingos. Diner's, Visa, American Express.

GALLEGA

CASA GALLEGA: Bordadores, 11. (Frente iglesia San Ginés). Teléfono. 241 90 55. De 13 a 16 y de 20 a 24 h. Espec.: Mariscos, pescados y carnes. No cierra ningún día. Visa y American.

O'PAZO: Reina Mercedes, 20. Tels. 253 23 33 y 234 37 48. De 13 a 16 y de 21 a 24 h. Espec.: Pescados, mariscos y jamón. Precio aprox.: 2.500 a 3.000 ptas. Cerrado domingos.

MARISQUERIAS

BAJAMAR: Gran Vía, 78. (Centro). Tels. 248 59 03 y 247 50 19. Abierto de 12 a 24 h. Precio aprox.: 2.500 ptas. No cierra ningún día.

MOAÑA. Hiloras, 4. (Centro Mayor, 40). Tels: 248 29 14 y 247 30 44. De 13 a 16.30 y de 20 a 24 h. Espec.: Mariscos. Precio aprox.: 2.500 ptas. Cerrado domingos. Diner's, Visa.

PORTONOVO: Crta. de la Coruña, Km 10.500 Tels. 207 01 73 y 207 07 53. De 13 a 16 y de 20.30 a 24 h. Precio aprox.: 2.500 ptas. Cerrado domingos y festivos noche. Visa, Diner's, American.

LA TOJA: Sieta de Julio, 3 (Pza. Mayor Centro). Tels. 266 30 34 y 266 46 64. De 13 a 16 y de 20 a 24 h. Espec.: Mariscos Precio aprox.: 2.800 ptas. No cierra ningún día. Diner's, Visa.

INTERNACIONAL

ALKALA: Valenzuela, 9 (esquina a Alfonso XII, Retiro). Tel. 232 45 09. Coc. internacional. Admite tarjetas. Cerrado sábados mediodía y domingos todo el día. (3)

EMBASSY: Paseo de la Castellana, 12. Tels 435 94 80 y 276 00 80. Abierto de 10 a 22 h. Coc. Internacional. Espec.: chipirones en su tinta, vichyssoise. (2)

LORCA: Sagasta, 27 (Alonso Martinez). Tel. 445 55 43. Coc. internacional. Espec.: berenjenas con chatka, salmón a la crema de berros. Admite tarjetas. Cerrado festivos noche y domingos. (3)

VEGETARIANA

LA GALETTE: Conde de Aranda, 11. (Salamanca-Serrano). Te. 276 06 41. De 14 a 16.30 y de 21 a 24 h. Cocina no vegetariana y vegetariana, pasteloría vienesa. Precio aprox.: 1.000 ptas. Cerrado domingos.

EL RESTAURANTE VEGETARIANO: Marqués de Sta. Ana, 34. (Esq. Espíritu Santo). Tel. 232 09 27. Sólo comidas, de 13.30 a 16 h. Zumos naturales. Autoservicio de ensaladas y platos exclusivamente vegetarianos. Precio aprox.: 700 ptas. Cerrado lunes.

❖ **Actividad C** La guía de restaurantes de Madrid

Paso 1. Con un compañero (una compañera) de clase, decidan a qué restaurante de la guía de restaurantes de Madrid definitivamente quieren ir y a cuál no quieren ir en las siguientes circunstancias:

	SÍ, ENCANTADOS.	NO, DE NINGUNA MANERA.
1. Si sus padres los invitan y pagan la cuenta…	_____	_____
2. Si invitan a sus padres y Uds. pagan la cuenta…	_____	_____
3. Si tienen una cita (romántica)…	_____	_____
4. Si salen con un grupo de amigos…	_____	_____
5. Si un amigo (una amiga) los invita a cenar…	_____	_____

Paso 2. Comparen la lista de su grupo con las de los otros grupos de la clase.

¿QUÉ CONTIENE LA COMIDA?

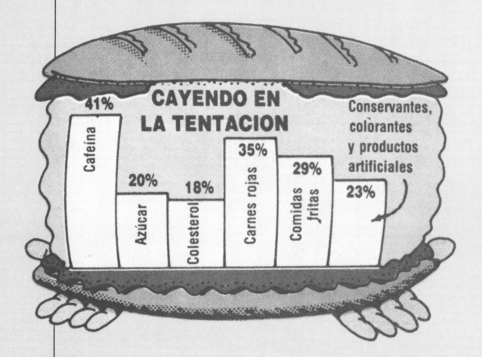

CAYENDO EN LA TENTACIÓN

- Cafeína 41%
- Azúcar 20%
- Colesterol 18%
- Carnes rojas 35%
- Comidas fritas 29%
- Conservantes, colorantes y productos artificiales 23%

*I*n this lesson you will investigate the content of food and the way it relates to health. You will

- learn about calories
- read about carbohydrates and fats
- read about recent changes in eating habits in Spain
- learn about cholesterol and its role in health
- learn how to express the numbers 100–1,000 and become familiar with the impersonal *se* and passive *se* in Spanish

IDEAS PARA EXPLORAR
EL VALOR CALÓRICO DE LOS ALIMENTOS

PARA EXPRESARSE ¿CUÁNTAS CALORÍAS HAY...?

	CANTIDAD	GRAMOS	CALORÍAS
CALCIO			
Productos lácteos			
el helado	1 taza	133	253
la leche	1 taza	244	160
el queso	1 onza	28	115
el requesón	1 taza	225	200
el yogur	1 taza	245	125
PROTEÍNAS			
Carnes			
el bistec	3 onzas	85	330
la carne de res	2,8 onzas	78	225
la chuleta de cerdo	3,5 onzas	99	260
la hamburguesa	2,9 onzas	82	235
el jamón	3 onzas	85	245
la salchicha	1	13	62
el tocino	2 trocitos	15	90
Aves			
el huevo	1	50	80
el pavo	3 onzas	85	115
el pollo (pechuga[a])	3 onzas	85	115
Pescados y mariscos			
el atún	3 onzas	85	170
los camarones	3 onzas	85	100
el cangrejo	1 taza	170	170
Otros alimentos			
los frijoles	1 taza	255	230
la mantequilla de cacahuete	1 cucharada	16	95
VITAMINAS Y FIBRA			
Frutas			
el aguacate	1	284	370
la banana	1	175	100
la manzana	1	150	70
el melón	$1/2$	385	60
la naranja	1	180	65
el tomate	1	200	40
la toronja	1	482	90
las uvas	1 taza	153	65
Verduras			
las espinacas	1 taza	180	40
los guisantes	1 taza	160	116

[a] *breast*

	CANTIDAD	GRAMOS	CALORÍAS
las judías verdes	1 taza	125	30
la lechuga	2 hojas[a]	50	10
el maíz	1 elote[b]	140	70
la papa	1	99	90
la zanahoria	1	50	20
CARBOHIDRATOS Y FIBRA			
el arroz	1 taza	165	180
los cereales preparados*			
avena	1 taza	35	107
maíz	1 taza	25	100
trigo	1 taza	30	105
los espaguetis	1 taza	140	155
los macarrones	1 taza	140	155
las palomitas	1 taza	9	40
el pan			
blanco	1 rebanada	25	70
integral	1 rebanada	25	60
GRASAS			
el aceite de maíz	1 cucharada	14	125
el aceite de oliva	1 cucharada	14	125
la mantequilla	1 cucharada	14	100

Vocabulario útil

la cucharada	tablespoon	cuatrocientos	400
la onza	ounce	quinientos	500
la rebanada	slice	seiscientos	600
la taza	cup	setecientos	700
el trocito	piece, slice	ochocientos	800
		novecientos	900
cien	100	mil	1,000
doscientos	200		
trescientos	300		

VER EL MANUAL

Actividad A ¿Qué alimento es?

Escucha la descripción que da el profesor (la profesora). ¿A qué alimento se refiere?

1...   2...   3...   4...   5...   6...   7...   8...

Actividad B ¿Cuántas calorías hay?

¿Cuántas calorías hay en la combinación de alimentos que tu profesor(a) va a mencionar? Escoge entre las tres posibilidades que se dan, la que te parece correcta.

1...   2...   3...   4...   5...

---

[a] *leaves*   [b] *ear of corn*
* Figures refer to dry cereals, such as cornflakes.

Actividad C ¿Qué cantidad?

El profesor (La profesora) va a leer lo que una persona comió o bebió. Escribe qué cantidad de ese alimento ingirió (consumió), por ejemplo, 2 tazas, 3 cucharadas, 500 gramos, etcétera.

1. _____   3. _____   5. _____   7. _____

2. _____   4. _____   6. _____   8. _____

UN VISTAZO

Informe sobre la alimentación de los niños

¿De niño/a, seguías[a] un régimen alimenticio semejante al que recomienda la Comisión Médica del Mercado Común Europeo?

SALUD

Lo que deben comer los niños

ELIO BUGALLO

Comida variada y repartida en cuatro tomas en la edad del crecimiento.

En un reciente informe de la Comisión Médica del Mercado Común Europeo se dictan unas normas sobre la educación alimentaria en la edad escolar. Los especialistas en nutrición aconsejan en estos años, que son los del desarrollo físico y psíquico, repartir las comidas en cuatro tomas. En el desayuno se ingerirá el veinticinco por ciento de las calorías totales; en el almuerzo, el treinta por ciento; en la merienda, el quince por ciento, y en la cena, también el treinta por ciento. Hay que tener en cuenta que las necesidades calóricas varían enormemente con la edad del niño, ya que entre los cinco y seis años se necesitan de 1.200 a 2.000 calorías, dependiendo del peso, talla y la actividad física, mientras que de los siete a los diez años se ha preconizado un aporte de 2.000 a 2.400 calorías.

De estas calorías, el quince por ciento deben ser proteínas, mitad animales y mitad vegetales, el 35 por ciento grasas, mitad animales y mitad vegetales, y el cincuenta por ciento, hidratos de carbono.

Este equilibrio dietético es imprescindible desde el punto de vista médico y biológico para el crecimiento normal del escolar y la maduración de sus diferentes órganos. Por ejemplo, las dietas vegetarianas deben estar prohibidas en estas edades, ya que los alimentos de origen animal constituyen una fuente de aminoácidos indispensable para un desarrollo satisfactorio. También es fundamental.

—DOCTOR JUAN JOSE VIDAL

[a] *did you follow*

Actividad optativa Distribución de las calorías

Llena la siguiente tabla de acuerdo con las recomendaciones de los especialistas en nutrición.

LO QUE DEBEN COMER LOS NIÑOS	
Comidas	**Número de calorías**
desayuno	_____
almuerzo	_____
merienda	_____
cena	_____
Edad	
5–7 años	_____
7–10 años	_____
Contenido nutritivo	**Porcentaje de calorías diarias**
proteínas	_____
grasas	_____
carbohidratos	_____

PARA EXPRESARSE ¿DOSCIENTOS O DOSCIENTAS?

—¿Sabes que dos vasos de vino contienen más de trescientas calorías?
—Ya lo sé.

Numbers in the hundreds must agree with the gender of nouns.

Esa carne contiene **trescient*as*** cincuenta **calorías**.
Dos tazas de helado contienen más de **quinient*as* calorías**.
but Una taza de leche equivale a **doscient*os* gramos**.

VER EL MANUAL

Actividad D ¿Cuántas calorías hay en cada descripción?

1. 2 tazas de yogur _____
2. 2 tazas de helado _____
3. 3 rebanadas de pan blanco _____
4. 3 tazas de cereal de avena _____
5. 3 cucharadas de aceite de oliva _____
6. 2 tazas de frijoles y 1 taza de cereal de maíz _____
7. 2 rebanadas de pan integral y 6 onzas de bistec _____
8. dos hojas de lechuga, 1 tomate y 1 aguacate _____
9. 2 huevos, 2 rebanadas de pan blanco con 1 cucharada de mantequilla y 3 onzas de jamón _____
10. 2 tazas de arroz, 1 taza de guisantes y 3 onzas de pollo _____

UN VISTAZO

LAS ENSALADAS... ¿ENGORDAN?[a]

Hoy muchas personas van a los restaurantes y cafeterías donde pueden encontrar un buffet a base de ensaladas, porque consideran que éstas son bajas en calorías y las ayudan en su dieta.

Sin embargo, se ha comprobado recientemente que existe una tendencia a incluir ensaladas demasiado elaboradas (marinadas en aceite o con sirope) en estos buffets, por lo que las personas terminan consumiendo la misma cantidad de calorías (unas 1.000), que cuando comen otros tipos de alimentos. De modo que antes de ir a un buffet de ensaladas, revisa las calorías que éstas contienen, para que puedas decidir.

EVITA:	Cal. por 1/4 de taza
Frutas en sirope	48
Ensalada de pastas	60
Ensalada de papas	91
Ensalada con tocineta	103
Ensalada con queso	114
Aderezo de queso	308

OPTA POR:

Vinagre (como aderezo)	0
Espinacas	3
Setas (hongos)	4
Broccoli	6
Tomates	6
Melón (sandía)	13
Atún en agua	28
Aderezo italiano light	63

Las ensaladas

¿Crees que las ensaladas siempre son bajas en calorías? ¡Lee este artículo antes de contestar!

Actividad optativa Análisis y preparación de diferentes ensaladas

Paso 1. Con un compañero (una compañera) calcula cuántas calorías hay en las siguientes ensaladas:

1. una ensalada que lleva 2 tazas de espinacas, 1/4 taza de pasta, 1/8 taza de tocineta y 1/4 taza de aderezo de vinagre
2. una ensalada que lleva 2 tazas y 1/2 de pasta, 1/4 taza de queso, 1/2 taza de atún y 1/4 taza de aderezo italiano «*light*»
3. una ensalada que lleva 1 taza de frutas en sirope, 1/2 taza de hongos[b] y 1/4 taza de tomates (sabrosa, ¿no?)

Paso 2. ¿Qué ingredientes pueden usar para preparar las siguientes ensaladas?

1. una ensalada que tenga[c] entre 1.000 y 1.300 calorías
2. una ensalada que tenga entre 2.200 y 2.500 calorías
3. una ensalada que tenga entre 400 y 450 calorías
4. una ensalada que tenga entre 600 y 800 calorías

---

[a] Las... *Are salads fattening?* [b] *mushrooms* [c] *has*

Actividad E Las calorías y las actividades

Paso 1. Estudia la siguiente lista del valor calórico de las actividades.

EL VALOR CALORICO DE LAS ACTIVIDADES

ACTIVIDAD	CALORIAS	
	MUJER	HOMBRE
Caminar (2–3 km/h.)	200	240
Trabajos caseros[a] (limpiar el piso, barrer, etc.)	300	360
Correr	800	1.000
Escribir a máquina	200	220
Nadar	600	800
Tenis	440	560
Esquiar	600	700
Leer	40	50
Manejar	120	150
Andar en bicicleta (rápidamente)	460	640
Andar en bicicleta (lentamente)	240	280

Bajar de peso con una dieta solamente, deja tus músculos fláccidos. En cambio, si estudias esta tabla recibirás una gran ayuda, porque sabrás cómo ejercitarte para rebajar[b] rápidamente y endurecerte.[c] En ella se indica la cantidad de calorías que consume el cuerpo en una hora de actividad.

[a]Trabajos... *Housework* [b]*reduce*
[c]*tone up your muscles*

Paso 2. Calcula la cantidad de calorías consumidas en las actividades indicadas a continuación. Los estudiantes de la clase pueden hacer sus cálculos usando la información que se da para cada sexo.

1. Si una mujer corre por una hora, el cuerpo (*body*) consume _____ calorías.
2. Si un hombre nada por una hora, consume _____ calorías.
3. Si un hombre camina por dos horas, consume _____ calorías.
4. Si una mujer juega al tenis por dos horas, consume _____ calorías.
5. Si un hombre anda en bicicleta por dos horas, consume _____ calorías.
6. Si una mujer lee por dos horas, consume _____ calorías.
7. Si un hombre hace trabajos caseros por tres horas, consume _____ calorías.

Actividad F Algo más sobre las grasas y las calorías

Usando la información dada en la tabla, calcula el número de calorías de cada alimento aportadas por grasas.

MODELO: hamburguesa → ,65 × 235 = 152,75

	Total de calorías	Calorías aportadas por grasas	% de calorías aportadas por grasas
hamburguesa (82 gramos)	235	_____	65%
bistec (85 gramos)	330	_____	74%
mantequilla de cacahuete (16 gramos)	95	_____	76%
pollo frito (79 gramos)	160	_____	28%
pollo asado (79 gramos)	108	_____	26%
papas fritas (50 gramos)	135	_____	47%
palomitas (9 gramos)	40	_____	45%

VAMOS A VER

Anticipación

Paso 1.   El artículo que está en las páginas 226–227 apareció en la sección de *Nutrición* de la revista *Tú*. ¿Qué clase de información esperas (*do you expect*) encontrar en una sección con este título?

☐   cómo cuidar (*to care for*) a los niños
☐   cómo seleccionar un buen vino
☐   cómo comer saludablemente (*healthily*)

Paso 2.   El título del artículo es « La papa sustituye a la carne ». ¿Qué quiere decir? Lee la breve introducción que sigue al título y luego escoge la respuesta mejor.

El título quiere decir que...

☐   se debe comer más alimentos altos en carbohidratos complejos y menos carnes rojas.
☐   las papas siempre deben acompañar la carne en el almuerzo y la cena.
☐   es mejor comer más proteínas que carbohidratos si se quiere tener una dieta equilibrada.

➤

Apuntes

LA PAPA
sustituye a
LA CARNE

Se ha comprobado que una dieta alta en carbohidratos complejos es mucho más sana y efectiva que una en grasas y proteínas. "Más papas y menos carne roja" es la idea clave para mantener la salud y tener más dinamismo durante todo el día, y más energía para practicar deportes y ejercicios aeróbicos.

POR EL DR. ALFONSO P. FARFANTE

Con este nuevo descubrimiento, los expertos en nutrición y los científicos especializados en dietética y medicina deportiva, han llegado a la conclusión de que para que una persona —y los atletas en particular— logre el mayor rendimiento de sus músculos y de su cuerpo en general, es fundamental que base su dieta en el consumo de carbohidratos complejos, los cuales se pueden encontrar en los alimentos como los cereales, las pastas, el pan y las papas. Los atletas han sido los primeros en poner en práctica esta dieta y en comprobar sus ventajas. El famoso tenista Ivan Lendl, por ejemplo, ha declarado que su éxito en muchos torneos de tenis se debe a que ingiere una mínima cantidad de carnes rojas. Y en efecto, la carne es difícil de digerir —causando esto una gran acumulación de toxinas en el cuerpo—,

Paso 3. Según lo que contestaste en el **Paso 2,** ¿qué clase de información esperas encontrar en el artículo?

☐ una descripción de las vitaminas que contienen las papas
☐ una comparación entre el valor nutritivo de las papas y el valor nutritivo de las carnes
☐ los nombres de algunos alimentos que contienen carbohidratos complejos
☐ las razones por las cuales (*for which*) el pescado es bueno para la salud

de modo que no debe comerse con frecuencia y mucho menos dos o tres horas antes de practicar deportes. Además, ésta causa problemas del corazón y obesidad, por su alto contenido de grasa y otros elementos perjudiciales para la salud.

Si tú practicas deportes con regularidad, haces ejercicios aeróbicos o gimnasia en tu casa para mantenerte en forma, es muy importante que sepas que un plato de espaguetis tres o cuatro horas antes de trotar, andar en bicicleta, nadar o jugar tenis, te dará mucha más vitalidad que si te comes un filete de res. Las papas, por su parte, son también una gran fuente de carbohidratos complejos, fabulosa para permitir que tus músculos se ejerciten sin llegar a extenuarse.

Por supuesto que los mariscos, las frutas y las verduras también son indispensables en una dieta. Asimismo, el agua es el líquido fundamental que debe ser ingerido muchas veces al día (un mínimo de 8 vasos de agua diarios) para que nuestro sistema funcione correctamente.

En otras palabras… se ha echado abajo la teoría de que para que un atleta esté bien alimentado necesita comerse dos filetes de res al día… ¡ahora los sustituyeron las papas y las pastas! Incluso se ha descubierto que en las verduras y en la salsa de los espaguetis existe una gran fuente de hierro… un mineral que es esencial para el organismo. Con estos conocimientos, ya puedes ser la campeona de tu deporte favorito.

¡ENERGÍA! Antes, los deportistas consumían una exagerada cantidad de carnes rojas, pensando que éstas les daban la suficiente vitalidad y fortaleza para ganar en sus competencias. Hoy, esa teoría se ha echado abajo con el nuevo descubrimiento de los carbohidratos complejos. ¡Ellos sí son una gran fuente de energía! En la papa, las pastas, los cereales y el pan, podrás encontrar esa vitalidad que te hace falta para que tu cuerpo funcione excelentemente cuando hagas gimnasia, ejercicios aeróbicos, etc. ¡Muy importante!: CERO dulces, chocolates, galletitas o todo alimento que sea de la categoría de los azúcares simples, ya que éstos tienen la propiedad de hacerte sentir con mucha energía por unos minutos, pero después de un rato, lo único que logras es sentirte mucho más débil que antes.

Paso 4. Aquí hay una lista de palabras que aparecen en el artículo. Te pueden ayudar a entender mejor su contenido. Lee las definiciones y luego escoge el equivalente en inglés.

sana (cognado falso): saludable, buena para la salud

Una vida sana consiste en comer bien, no fumar y hacer ejercicio regularmente.

a. sane   b. healthy   c. balanced

mantener (cognado)

> Para mantener buena salud, es importante tomar diariamente ocho vasos de agua.
>
> a. to manhandle   b. to mention   c. to maintain

echar abajo: acción de probar la falsedad de algo

> La teoría de que la Tierra era plana (*flat*) se echó abajo con los estudios de Galileo, Copérnico y otros astrónomos.
>
> a. to knock down   b. to prop up   c. to ignore

hierro: un mineral importante; también un metal indispensable para la construcción de máquinas, edificios, etcétera; su símbolo científico es **Fe.**

> Para sacar hierro, hay que excavar la tierra.
>
> a. iron   b. quartz   c. sulfur

Exploración

Paso 1. Lee rápidamente el artículo para averiguar cuáles de las ideas mencionadas en el **Paso 3** de **Anticipación** aparecen en el texto.

Paso 2. Ahora lee el texto con más atención y luego indica si las siguientes oraciones son ciertas o falsas.

	CIERTO	FALSO
1. Ivan Lendl está muy a favor de este tipo de dieta.	☐	☐
2. La carne roja no es buena para la digestión.	☐	☐
3. Se puede comer pasta dos o tres horas antes de hacer ejercicio para tener mucha energía.	☐	☐
4. Una persona debe tomar mucha agua durante el día.	☐	☐
5. Algunos carbohidratos pueden causar la producción de algunas toxinas en el organismo.	☐	☐

Paso 3. Según el artículo, ¿cuál es la base nutritiva de la papa y cuál es la base nutritiva de la carne?

	LA PAPA	LA CARNE
1. proteínas	☐	☐
2. carbohidratos complejos	☐	☐
3. azúcares (*sugars*) simples	☐	☐
4. grasas	☐	☐

Paso 4. En el título « La papa sustituye a la carne » se nombran dos alimentos específicos y éstos también se mencionan en la introducción: « Más papas y menos carne roja ». En realidad, el autor usa la papa y la carne como ejemplos para ilustrar una idea más amplia con relación a la alimentación y la salud. ¿Puedes completar la siguiente oración a base de esta idea más amplia?

> Para tener una dieta equilibrada, es mejor comer más
>
> _____ y menos _____ .

Síntesis

Paso 1. Completa la siguiente tabla para organizar la información dada en el artículo.

Idea principal	
Ideas secundarias	**Palabras clave**
1. _____	_____
2. _____	_____
3. _____	_____
4. _____	_____
5. Tomar mucha agua es importante.	8 vasos
6. _____	_____

Paso 2. Compara tu tabla con la de un compañero (una compañera) de clase. ¿Tienen la misma información? ¿Quieres cambiar algo?

Paso 3. Usa la información de la tabla para prepararte para una prueba sobre el artículo. No debes leer el artículo de nuevo (*again*).

¡Sigamos!

¿SABÍAS QUE...

...hay una dieta conocida como la dieta mediterránea? En esta dieta predominan las legumbres,[a] las pastas alimenticias, el arroz, las verduras, las frutas frescas, el pescado, los mariscos, el aceite de oliva, el pan y condimentos como el ajo, la mejorana y la pimienta. Se llama dieta mediterránea porque es común en los países mediterráneos: España, Italia, Francia y Grecia. Esta dieta también es común en Portugal, aunque no es un país mediterráneo.

En 1962, el doctor Ancel Keys, conocido nutricionista norteamericano, hizo una investigación sobre la dieta mediterránea. Sus pacientes norteamericanos la siguieron por varias semanas, después de la cual fueron sometidos[b] a una serie de exámenes médicos. El doctor Keys pudo comprobar que el nivel de colesterol de sus pacientes había bajado[c] y que la incidencia de enfermedades cardiovasculares también había disminuido.[d] Parece que la dieta mediterránea es bastante saludable, ¿no?

La paella española contiene lo típico de la dieta mediterránea: arroz, mariscos, pescado, verduras, aceite de oliva y otros alimentos saludables.

---

[a] *legumes* (La palabra **legumbres** significa también *vegetables*.) [b] fueron... *they were subjected* [c] había... *had dropped* [d] había... *had gone down*

Menú para un almuerzo

Paso 1. La clase debe dividirse en siete grupos. Cada grupo va a formular el menú para un almuerzo alto en carbohidratos complejos y bajo en proteínas y grasas, de acuerdo con lo que dice el artículo « La papa sustituye a la carne ».

Paso 2. Cada grupo debe presentar su menú a la clase. ¿Son los menús muy distintos?

IDEAS PARA EXPLORAR
LA NUTRICIÓN Y LA SALUD

PARA EXPRESARSE   ¿QUÉ SE DEBE HACER?

—Leí en una revista que si se ingiere mucha carne roja...
—¡Ay! No me vas a decir ahora lo que no se debe o no se puede comer, ¿eh?

You have seen **se** used in what are called *impersonal* sentences. These are sentences in which the verb is singular and the subject is not specified. The English equivalents of these sentences contain *one*, *they*, or *you*.

No **se debe comer** mucha carne.
Si **se come** bien, **se vive** bien.

One shouldn't eat a lot of meat.
*If **you eat** well, **you live** well.*

Sometimes you will see sentences with **se** and the verb in the plural form. This construction is the passive **se** and translates to the English passive; for example, *are made, are eaten, are consumed.*

Se consumen muchas calorías durante el ejercicio aeróbico.

*Many calories **are consumed** during aerobic exercise.*

There is also a passive **se** in the singular, which is indistinguishable in form from the impersonal **se**.

Se sirve la cena a las 8.00 en este restaurante.

*Dinner **is served** at 8:00 in this restaurant.*

VER EL MANUAL

You will learn more about impersonal and passive **se** in the *Manual*.

Actividad A ¿Qué se recomienda?

Según lo que sabes de la nutrición, indica si lo siguiente es cierto o falso.

		CIERTO	FALSO
1.	Si se usa aceite de oliva con frecuencia, se puede bajar el nivel de colesterol de la sangre.	☐	☐
2.	Se recomienda consumir entre 10 y 20 gramos de fibra diariamente.	☐	☐
3.	Si se toma aspirina, se puede reducir el riesgo (*risk*) de un infarto cardíaco.	☐	☐
4.	Se debe limitar la cantidad de calorías aportadas por grasas al 40% del total de las calorías consumidas diariamente.	☐	☐
5.	Si se está a dieta, se deben eliminar las grasas.	☐	☐

Actividad B Si se siguen estas recomendaciones...

Paso 1. Escoge las afirmaciones que completan las oraciones lógicamente.

Se puede gozar de (*enjoy*) mejor salud si...

☐ se hace ejercicio regularmente.
☐ se comen más carbohidratos complejos y menos grasas.
☐ se toma leche descremada en vez de (*instead of*) leche completa.
☐ no se bebe alcohol.
☐ se toman refrescos dietéticos en vez de refrescos regulares.
☐ se comen verduras crudas en vez de cocidas.
☐ se fuma nada más de 20 cigarrillos al día.

Paso 2. Comparte tus respuestas con la clase. ¿Están todos de acuerdo en sus respuestas?

Actividad C Para saber cuánto saben

Paso 1. En grupos de tres, contesten las siguientes preguntas:

1. Con respecto a la dieta, ¿qué alimentos no se deben comer si se sufre de alta presión sanguínea (*high blood pressure*)?

   _____

2. Para reducir el riesgo de enfermedades cardiovasculares, ¿qué alimentos se deben limitar o evitar (*avoid*)?

   _____

3. Se sabe que algunos alimentos contribuyen al riesgo de cáncer. ¿Cuáles son?

   _____

Paso 2. Compartan las respuestas con el resto de la clase. Alguien debe anotar las respuestas en la pizarra.

Paso 3. Trabajando en los mismos grupos, contesten las siguientes preguntas:

1. ¿En qué productos se puede encontrar el colesterol?
    a. en las verduras   b. en los productos de origen animal   c. en los aceites vegetales   d. en cualquier aceite o grasa
2. ¿Qué clase de grasas contiene más calorías?
    a. las grasas saturadas   b. las grasas insaturadas   c. Todas las grasas son iguales.
3. Los alimentos que contienen colesterol también
    a. son bajos en grasas saturadas.   b. son altos en grasas saturadas.   c. pueden ser bajos o altos en grasas saturadas.
4. Los aceites vegetales
    a. son bajos en grasas saturadas.   b. son altos en grasas saturadas.   c. pueden ser bajos o altos en grasas saturadas.

UN VISTAZO

¿Cuánto sabes tú?

Lee la siguiente encuesta. Luego, compara la información que la encuesta presenta con las respuestas que diste en la **Actividad C** (página 231). Comparado/a con la persona típica, ¿cuánto sabes tú?

El público y la nutrición: Hoy y ayer

En un informe publicado al final de los años 80, se revela que la persona típica sabe algo de la nutrición y las enfermedades, pero todavía no lo sabe todo. El informe incluye datos de diferentes años permitiendo así una comparación entre lo que el público sabe ahora y lo que sabía antes. A continuación se presentan los porcen-tajes de personas que pudieron contestar correcta-mente a ciertas preguntas.

	1979	1983	1988/1989
«¿Qué alimentos contribuyen a la alta presión sanguínea?»			
grasas/colesterol	6%	16%	35%
sodio/sal	12%	34%	34%
«¿Qué alimentos contribuyen a las enfermedades cardiovasculares?»			
grasas/comidas grasosas	29%	43%	55%
colesterol	26%	40%	45%
«¿Qué alimentos aumentan el riesgo de cáncer?»			
grasas/comidas grasosas	12%	19%	25%
colesterol	25%	21%	17%
«¿En dónde se encuentra el colesterol?»			
sólo en productos de origen animal	—	48%	47%
«¿Cuáles tienen más calorías, las grasas saturadas o insaturadas?»			
Son iguales.	—	65%	60%
«Los alimentos que no tienen colesterol, ¿son altos o bajos en grasas saturadas o pueden ser cualquiera de los dos?»			
cualquiera de los dos	—	—	51%
«Los aceites vegetales, ¿son altos o bajos en grasas saturadas o pueden ser cualquiera de los dos?»			
cualquiera de los dos	—	—	58%

Vamos a ver

Anticipación

Paso 1. El título del artículo en las páginas 234–235 es « Colesterol: Un enemigo importado ». La palabra *enemigo* es un cognado. ¿Qué quiere decir? Nota: **amigo** vs. **enemigo.**

Paso 2. Lee la descripción que acompaña la foto en la página 234 y que lleva el título « Un bocado de colesterol ». ¿Qué o quién es el enemigo? ¿De dónde es? (**Bocado** = *a mouthful.*)

Paso 3. Para tener una idea de la información que contiene este artículo, lee los subtítulos y la breve introducción debajo del título. Mira también las fotos y lee las descripciones que las acompañan. Aquí hay unas palabras que te ayudarán a comprender mejor la lectura.

> **fabada:** un plato regional de España
> **embutidos:** alimentos hechos (*made*) con productos de origen animal: por ejemplo, las salchichas, los perros calientes y los chorizos son embutidos
> **pescado azul:** pescados como el atún, la sardina y la caballa (*mackerel*)

Exploración

Paso 1. En las primeras dos secciones del artículo, se mencionan las tasas o cifras de mortalidad de diferentes países. (Tasas y cifras se refieren a números.) Busca las referencias a la mortalidad y escribe aquí los países que se nombran.

TASA BAJA DE MORTALIDAD   TASA ALTA DE MORTALIDAD

_____   _____

Paso 2. En las primeras dos secciones de la lectura se lee que hay dos alimentos que contribuyen directamente a la tasa más baja de mortalidad en ciertos países. ¿Cuáles son estos alimentos?

_____   _____

Paso 3. Sin leer más, contesta las siguientes preguntas.

1. El colesterol es esencial para el cuerpo. Una persona no podría (*would not be able*) vivir sin él.

   sí _____ no _____

2. La posibilidad de un infarto cardíaco es cuatro veces mayor en las personas con _____ mg de colesterol por decilitro de sangre.

   a. 200   b. 220   c. 240

3. En la mayoría de los casos, la causa del exceso de colesterol en la sangre está en los hábitos de comer. No es cuestión de genética.

   sí _____ no _____

Ahora, lee la sección « Esencial para la vida ». Compara tus respuestas con la información contenida en esta sección. (¡OJO! Hay partes de esta sección que no vas a comprender completamente. No te preocupes.)

L E C T U R A

COLESTEROL
Un enemigo importado

Por LUCIA YESTE
Fotos: MIGUEL G. PIMENTEL

Recientes investigaciones han demostrado que la sustitución de grasas animales por aceites insaturados como el de oliva o los procedentes del pescado azul, reducen los niveles de colesterol. El exceso de colesterol en la sangre es una de las causas más importantes de las enfermedades cardio-vasculares y su prevención es bien sencilla: sólo tenemos que volver a la denominada dieta mediterránea, en la que está incluida la cocina tradicional española, conside-rada como la más sana.

UN "BOCADO" DE COLESTEROL
Hamburguesas, bollería, perritos y demás ali-mentos de la "cultura americana" forman todo un abanico de grasas saturadas que han cautivado especialmente a los jóvenes.

Las cifras medias de colesterol en España se han incrementado en los últimos veinticinco años por la paulatina disminución del consumo de legumbres y el aumento del de carnes de origen animal. Hoy los españoles se pueden "felicitar" por la progresiva disminución de la dieta tradicional mediterránea en favor de la anglosajona: un veinticinco por ciento de los varones de edades comprendidas entre los veinte y setenta años tienen un nivel superior de colesterol sobre las cifras consideradas saludables. En consecuencia la tasa de mortalidad por cardiopatía isquémica en ese mismo grupo aumentó un cuarenta y nueve por ciento entre 1973 y 1983, según un estudio promovido por la Sociedad Española de Cardiología y el Ministerio de Sanidad y Consumo.

La alimentación tradicional española —rica en vegetales, leguminosas, pescados y aceite de oliva— es la más recomendable para personas con colesterol elevado. Todavía en España estamos a tiempo y, aún hoy, nuestra tasa de mortalidad por cardiopatía isquémica es de las más bajas de los países industrializados. Esta tasa es sólo inferior en Japón, Francia y Portugal.

El problema de una dieta inadecuada toma carta de naturaleza en uno de los países más industrializados: Estados Unidos. Allí, los reyes de la hamburguesa son responsables de los altísimos niveles de colesterol y la obesidad generalizada.

MALOS HABITOS
Según el Dr. **Juan Pedro Marañés,** profesor de Endocrinología de la Universidad Complutense de

Madrid, se debe fundamentalmente a los malos hábitos dietéticos: *"Debemos evitar las grasas de origen animal, saturadas, que existen en grandes cantidades en las comidas preparadas, y en cambio debemos volver a nuestras verduras, frutas y tomar pescado azul, rico en grasas insaturadas."*

Los alimentos ricos en colesterol, como mantecas y hamburguesas tienen en los niños su principal consumidor. Pero hay otros factores, como la incorporación de la mujer al mundo laboral y el cambio de hábitos sociales, que han determinado la llegada a nuestras mesas de los precocinados y las frituras. Sólo hay que observar un momento la televisión para comprobar la enorme cantidad de mensajes publicitarios explicando las virtudes de la comida rápida o "fast food", los *alimentos basura,* como también se les denomina.

Los pescados, además de poseer un bajo contenido en colesterol, son ricos en grasas insaturadas. El único problema de la fabada son los embutidos.

Intentar averiguar por qué un país provisto de una de las dietas más variadas y ricas en verduras y pescados ha abandonado su cultura gastronómica para servirse de otra peor, es un misterio por el que se está pagando un alto precio en salud.

La sustitución, en una dieta equilibrada, de grasas saturadas de origen animal por aceites monoinsaturados (de oliva), y aceites procedentes de pescado azul, viene refrendada por recientes investigaciones científicas de expertos en nutrición, que demuestran las bajas cifras de mortandad por enfermedades cardiovasculares, en países habitualmente consumidores de aceite de oliva — especialmente en Grecia y en concreto la isla de Creta—, y de pescado. Así, en Groenlandia, donde los esquimales basan su alimentación en una dieta que incluye casi exclusivamente carne de ballena o foca y pescado graso, las cifras de mortalidad por enfermedades coronarias son de un 5,3 por ciento, mientras que esa misma cifra se sitúa en un 37 por ciento en Dinamarca, o en un 40 por ciento en Estados Unidos. En este sentido también se ha comprobado que en las zonas costeras donde se consume más pescado azul, los niveles de colesterol se reducen sensiblemente, puesto que una dieta que sustituya la carne por el pescado (aunque se consuman sólo cien gramos en dos comidas por semana), es más eficaz contra las cardiopatías.

ESENCIAL PARA LA VIDA

El colesterol es un producto muy activo que desempeña importantes funciones fisiológicas en el organismo, como por ejemplo, hacer de moderador del impulso nervioso en la vaina de los nervios; es, además, materia prima para la síntesis que verifica el hígado, de los ácidos biliares y también interviene en la permeabilidad de las membranas celulares y por lo tanto, en el intercambio de agua y de solutos de las células, entre otras funciones. Por consiguiente, el colesterol es una sustancia esencial para la vida. Se ha demostrado, por expe-

---

Las legumbres, verduras y frutas son esenciales en una dieta sana. Las grasas animales, como el bacon, son las primeras en suprimirse cuando se detecta un exceso de colesterol.

---

riencias en animales, que un organismo superior no puede soportar más de una semana sin colesterol. El problema entonces, no es tener *colesterol,* como vulgarmente se dice, sino comprobar que el nivel de nuestro colesterol en la sangre está dentro de los límites normales.

Está demostrado que los niveles altos de colesterol en sangre son una de las causas principales de las enfermedades cardiovasculares, que suponen cada año en España, el 55% de las muertes, por delante incluso de los fallecimientos producidos por el cáncer y los accidentes.

UNA FUENTE DE SALUD
Los alimentos de la fotografía superior carecen por completo de niveles de colesterol. El aceite de oliva, rico en grasas insaturadas es el más aconsejable para evitar el exceso de colesterol en la sangre.

Se sabe que una persona con un nivel de colesterol en sangre superior a doscientos ochenta mg. por decilitro, está cuatro veces más expuesta a sufrir un infarto de miocardio, que aquella que tenga valores inferiores a los 200 mg. por decilitro. De aquí se desprende la lógica preocupación de los médicos por controlar el colesterol en las personas con problemas cardiovasculares, y en general en poner en marcha campañas de prevención contra este problema, que por desgracia son menos efectivas que las publicidades de alimentos con altos índices de grasas saturadas. En este sentido, y por lo que se refiere a España, el endocrinólogo **Juan Pedro Marañés,** destaca el importante aumento de pacientes con alto colesterol en España en los últimos diez años. *"En esta década —*señala el profesor **Marañés***—España ha pasado de ocupar uno de los últimos lugares en el mundo junto a Francia e Italia a ocupar un "honroso" lugar intermedio igualada con Centro-Europa, y por debajo de los países Escandinavos, Estados Unidos y Canadá, que ocupan los primeros puestos en cuanto a cifras de pacientes con alto colesterol"*.

El exceso de colesterol o *hiperlipemia* puede ser de dos tipos: genético o adquirido. En el setenta por ciento de los casos se trata de una enfermedad adquirida, de ahí la importancia que tienen los hábitos dietéticos, que tanto están cambiando en los últimos años en nuestro país. Y estos cambios se deben también a los ambientales que se producen en nuestra sociedad. *"Por ejemplo —*dice el profesor **Marañés***—, cada vez hay más mujeres que trabajan fuera de casa y no se pueden ocupar de todas las comidas de sus hijos; por eso los niños cuando llegan a casa se preparan lo que más les gusta, una hamburguesa, o un bocadillo con mantequilla que normalmente, contienen grandes cantidades de grasas saturadas"*.

El exceso de colesterol es una cuestión fundamental de alimentación que se puede prevenir en la mayoría de los casos con una dieta equilibrada basada en los parámetros anteriormente citados y que se encuentran en la cultura de los pueblos del Mediterráneo; abandonarla por otra es, además de un atentado contra nuestra salud, un alarde de profunda ignorancia.

Paso 4. Lee rápidamente el artículo desde el comienzo hasta el final. Subraya las referencias a España. Después, contesta las siguientes preguntas sin mirar el texto.

	SÍ	NO
1. Entre 1973 y 1983, la tasa de mortalidad por enfermedades cardiovasculares aumentó un 25%.	☐	☐
2. España tiene una tasa de mortalidad por enfermedades cardiovasculares inferior a las del Japón y Francia.	☐	☐
3. El 55% de las muertes se atribuye a las enfermedades cardiovasculares. Es decir, hay más muertes a causa de la cardiopatía que a causa del cáncer o de accidentes.	☐	☐

Mira otra vez las referencias para ver si tus respuestas son correctas o no.

Paso 5. El artículo menciona varias razones por las cuales los españoles han abandonado (*have abandoned*) su dieta tradicional. ¿Cuántas razones puedes encontrar? Compara tu lista con la de otra persona. ¿Han incluido la opinión del Dr. Marañés?

Paso 6. Lee el artículo ahora con más cuidado. Salta (*Skip over*) las palabras que no comprendes o deduce su significado.

Síntesis

Paso 1. Organiza toda la información que has obtenido (*you have obtained*) en **Exploración** bajo estos tres temas.

> El problema de España ahora
> Por qué España tiene este problema
> Lo que se sabe del colesterol

Tienes que tomar algunas decisiones, ¿no? Por ejemplo, ¿bajo qué tema vas a poner la información sobre las tasas de mortalidad? ¿Dónde vas a poner la información sobre los alimentos que contribuyen a una tasa baja de enfermedades cardíacas?

Paso 2. Imagina que vas a escribir un artículo de 500 palabras más o menos en que los tres temas del **Paso 1** forman las partes en que se divide la composición. ¿Vas a incluir toda la información obtenida del artículo? ¿Cuáles son los puntos más importantes?

Paso 3. Selecciona una o dos de las fotografías del artículo o de otra revista para acompañar tu artículo.

Paso 4. Escribe tu artículo.

¡Sigamos!

La comida tradicional versus la comida rápida

Paso 1. Haz una lista de cinco razones por las que crees que la comida tradicional es más saludable que la comida rápida.

Paso 2. ¿Hay comidas rápidas que tú consideras saludables? Haz una lista de ellas y compara tu lista con las de los otros estudiantes.

Contradicciones

Paso 1. Repasa (*Review*) brevemente el artículo « Madres que trabajan » en la **Lección 7.** Busca las secciones del artículo en que la información que se presenta contradice la información que se da en « Colesterol: Un enemigo importado ».

Paso 2. Habla de las razones que pueden ser la causa de esta contradicción.

1. el sexo de los autores
2. una investigación científica versus una opinión
3. la novedad (*newness*) de la comida rápida en España
4. el nivel educativo de las mujeres mencionadas en los artículos
5. las diferencias culturales entre los europeos y los norteamericanos

UN VISTAZO

La comida rápida

¿Comes en los restaurantes Wendy? Este menú es de un restaurante Wendy en España.

WENDY

ENSALADA BUFFET
¡TU TE LA GUISAS, TU TE LA COMES!

Estás en Wendy y aquí tú eres tu propio chef.
Aquí tú te preparas la ensalada como quieras. Para eso tiene 12 ingredientes a base de buena verdura fresca y 6 deliciosas salsas para combinar como mejor te apetezca.
Cómete toda la que puedas, no tienes límite.
Coge de aquí y de allí lo que quieras. Lo que más te guste.

SANDWICH DE JAMON Y QUESO
¡LIGEROS, TIERNOS Y SABROSOS!

Con el jamón más tierno y el queso más rico hacemos los sandwich en Wendy.
¡Están que se funden en la boca! y les añadimos lechuga y tomate para que te los comas en un abrir y cerrar de ojos.

CHILI CON CARNE
EL PLATO CALIENTE DE WENDY

Pruébalo si quieres comer algo nuevo. Está hecho a base de judías y carne fresca.
Preparado en nuestro propio restaurante con un toque de especies y salsa que le da un sabor distinto.
Como no lo has probado hasta ahora.
No te lo pierdas. Sólo lo encontrarás aquí.

DE POSTRE,
EL FROSTY
¡SOLO WENDY SABE HACERLO!

¡Vaya postre!
Es un helado que parece un batido de cremoso que es.
Sabe a vainilla y chocolate y se come que da gusto.
Está de chuparse los dedos.

GRANDE Y JUGOSA
¡TIENE MAS CARNE QUE PAN!

¡Mira que hamburguesa! No se parece en nada a las que has comido por ahí, tan secas y finas como el papel.
Esta te va a encantar.
La hacemos con carne fresca de primera calidad y te la servimos calentita y jugosa, recién sacada de la parrilla.
La Big Wendy lleva nada menos que 114 gramos de carne, la Doble Wendy 228 y la Triple...
¡Ya te puedes imaginar!
Y todas acompañadas de montones de guarnición fresca que tú mismo puedes elegir y combinar como más te apetezca.

WENDY HAMBURGERS

GTA. DE ATOCHA, 9
PZA. DE MANUEL BECERRA, 12
PZA. DE ESPAÑA (EDIFICIO ESPAÑA)
PZA. DEL CALLAO
ORENSE, 2
PUERTA DEL SOL, 13
BRAVO MURILLO, 98 (Cuatro Caminos)
CENTRO COMERCIAL LA VAGUADA
NARVAEZ, 36
PRINCIPE DE VERGARA, 264
SANTIAGO, 29 (VALLADOLID)

UN VISTAZO

Algo más sobre el colesterol

Lee rápidamente este artículo.

EL COLESTEROL
LO BUENO
LO MALO

Dr. René Anaya

Una sustancia natural que es necesaria para el funcionamiento del cuerpo humano, se ha convertido en una de las principales causas de enfermedad y muerte prematura

Se culpa a los alimentos de origen animal de aumentar el colesterol sanguíneo y, por lo tanto, de provocar aterosclerosis e infartos. Pero el principal problema no reside en el consumo de grasas de origen animal, ya que sólo la mitad de quienes las consumen en exceso mueren de aterosclerosis, sino en un defecto genético que impide eliminar el colesterol circulante.

En realidad, el colesterol, que está presente en la yema de huevo, la carne roja, el pollo, los mariscos, las vísceras y los productos lácteos, entre otros, es indispensable para el organismo humano, pues interviene en la síntesis de hormonas sexuales y suprarrenales.

Esta sustancia, que en términos químicos es un éster, o sea el producto de una reacción entre ácidos grasos y alcoholes, también contribuye a la formación de las membranas celulares. Pero no todas sus acciones dentro del organismo son benéficas, ni todo el colesterol se emplea para los mismos fines.

El colesterol y los riesgos del infarto

Aunque todavía algunos investigadores discuten sobre la relación que existe entre el coeficiente sanguíneo del colesterol y los riesgos de sufrir un infarto, la mayoría de los expertos coincide en afirmar que hay una relación causa efecto, como lo demuestran los casos de pacientes hospitalizados por ataques cardíacos y las estadísticas epidemiológicas.

El coeficiente de colesterol en sangre que se considera normal es de 1,70 gramos por litro, pero se acepta que los límites se encuentran entre 1,5 y 2,5 gramos por litro. Las poblaciones en las que el consumo de grasa animal es menor, como Japón y Yugoslavia, tienen en promedio 1,60 gramos por litro, y los infartos se presentan en 5 personas de cada 100. En contraste, los países en que el promedio de colesterol es de hasta 2,65 gramos por litro en sangre, los pacientes de infarto se elevan a 7 de cada 100. Sin embargo, la relación entre colesterol y daño cardíaco no es directa, sino que es uno de los factores que contribuyen al infarto.

Actividad optativa El colesterol y las enfermedades

Paso 1. ¿Cuáles de las siguientes afirmaciones expresan las ideas básicas del artículo?

☐ La causa principal de las enfermedades cardíacas es el consumo de alimentos que contienen un alto nivel de colesterol. Pero la relación entre el colesterol y estas enfermedades no es directa.

☐ Se considera normal un nivel de colesterol de 1,60 gramos por litro de sangre.

☐ En los países donde se consumen alimentos que contienen mucho colesterol, el nivel promedio se eleva a 3,65.

Paso 2. Lee la última línea del artículo. Luego, con un compañero (una compañera), hagan una lista de otros hábitos, sustancias o alimentos que también pueden ser la causa de enfermedades cardíacas.

La dieta norteamericana

La comida rápida es una de las comidas típicas de la dieta norteamericana pero, ¿qué otras nos hacen pensar en una dieta norteamericana típica? ¿Qué diferencias hay entre las comidas de las distintas regiones de los Estados Unidos?

Paso 1. Con otra persona, seleccionen una de las siguientes afirmaciones y escriban unas líneas para apoyar (*support*) su opinión.

1. La comida en los Estados Unidos es más o menos uniforme en todo el país. Decimos esto porque...
2. La comida en los Estados Unidos varía de una región a otra. Por ejemplo, en...

Paso 2. Antes de presentarle sus ideas a la clase, comparen lo que tú y tu compañero/a de clase escribieron con lo que escribieron otras personas. ¿Cuántos de Uds. comparten la misma opinión? ¿Cuántos tienen opiniones diferentes?

¿SABÍAS QUE...

...la dieta mediterránea de España no es típica de todos los países de habla española? Los alimentos básicos de una dieta varían de región a región y de un país a otro debido a varios factores: clima, naturaleza del suelo,[a] tradiciones alimenticias y otros. A continuación se describen algunas de estas variaciones.

La Argentina tiene gran fama por la calidad de su carne y es parte muy importante de la dieta de los argentinos. Por ejemplo, uno de los platos más conocidos es la parrillada, una mezcla de diferentes carnes asadas en una parrilla.

En Puerto Rico, la banana o plátano sirve para preparar alimentos típicos como los tostones, el mofongo y las arañitas. Otro alimento básico es el arroz, usado en muchos platos típicos puertorriqueños: el arroz con pollo, el arroz con habichuelas,[b] el arroz con garbanzos[c] y otros.

La tortilla es uno de los alimentos básicos de México. Puede hacerse de harina[d] de trigo[e] o de maíz y se usa en muchos platos diferentes, como en las enchiladas y en la sopa de tortilla. El mole es la comida típica, por excelencia, de la ciudad de Puebla, México. Es una salsa picante y espesa[f] hecha a base de chocolate y chiles. Se sirve con pollo o con pavo.

[a] *soil* [b] *beans* [c] *chickpeas* [d] *flour* [e] *wheat* [f] *thick*

El plátano es la base de muchos platos puertorriqueños, como el mofongo.

La buena cocina mexicana utiliza una gran variedad de verduras, especias y otros alimentos.

Y AHORA...

La comida rápida, ¿en pro o en contra de ella?

Escribe una composición en que expresas y apoyas (*support*) tu opinión sobre la comida rápida. Puedes utilizar uno de los siguientes títulos.

En defensa de la comida rápida

En contra de la comida rápida

Paso 1.   Imagina que la persona que va a leer la composición (el lector) tiene una opinión contraria a la tuya y es una persona difícil de convencer. El propósito de tu composición es expresar lo que piensas de la comida rápida y tratar de cambiar la opinión del lector. Decide si vas a hablarle al lector directamente (¿Cree Ud. que...?), o si vas a escribir en primera persona (Yo creo que...) o en tercera persona (Se dice que... , Hay suficiente evidencia de que...).

Paso 2.   Escribe una frase para expresar tu propia opinión. ¿Sirve esta frase para comenzar la composición?

Paso 3.   En esta lección examinaste la relación entre la salud y la nutrición. Aprendiste a contar las calorías de varios alimentos y a distinguir entre las calorías aportadas por grasas, proteínas y carbohidratos. Leíste el artículo « La papa sustituye a la carne » en el que se presentó la idea de comer menos grasas y proteínas y comer más carbohidratos complejos. Relacionaste el colesterol con la salud por varias actividades, pero especialmente por la lectura « Colesterol: Un enemigo importado ». Aprendiste lo que es la dieta mediterránea y la comparaste con la dieta norteamericana. ¿Qué información puedes incluir para apoyar tu opinión y cambiar la opinión del lector?

Paso 4.   Una vez que decidas qué información vas a incluir, tienes que pensar en cómo vas a organizarla. ¿Cuál de las siguientes sugerencias te parece buena para esta composición?

☐   defender tu opinión, luego criticar la opinión contraria
☐   criticar la opinión contraria, luego defender tu propia opinión
☐   defender y/o criticar la comida rápida punto por punto

Paso 5.   Si es necesario, puedes repasar el vocabulario y las secciones **Para expresarse** de esta lección. Al escribir el borrador (*draft*), ¿puedes expresarte utilizando los siguientes puntos que aprendiste en esta lección?

1.   los números (por ejemplo, doscientas personas)
2.   el **se** impersonal y pasivo

Paso 6.   Escribe el borrador dos días antes de entregarle la composición al profesor (a la profesora). A continuación hay una lista de palabras de transición que puedes utilizar en la composición.

a diferencia de	*in contrast to*
en cambio	*on the other hand*
en primer lugar	*in the first place*
sin embargo	*however, nevertheless*

Paso 7.   Es importante escribir una conclusión convincente para esta composición. Aquí tienes algunas sugerencias.

1. Haz un resumen de las ideas principales.
2. Sugiere un cambio (e.g., Se debe.../No se debe...).

Paso 8.   Un día antes de entregarle la composición al profesor (a la profesora), redacta (*edit*) el borrador paso por paso. Puedes utilizar el siguiente esquema como guía:

I.   Información
   ☐   Cuenta los argumentos que usas para expresar tu opinión.
        ¿Son suficientes para convencer al lector y tienen que ver con (*do they relate to*) el propósito de la composición?
   ☐   Subraya las palabras que utilizas para convencerle al lector.
        ¿Son convincentes estas palabras?

II. Lenguaje
   ☐   Subraya cada **se** que utilizas.
        ¿Es apropiado el uso de **se**?
        ¿Es correcta la forma del verbo (singular o plural)?
   ☐   Marca cada verbo en la composición.
        ¿Es correcta la forma del verbo?
   ☐   Pon un círculo alrededor de cada número.
        ¿Es apropiado el uso de la forma femenina de ciertos números?

Paso 9.   Haz los cambios necesarios y entrégale la composición al profesor (a la profesora).

VOCABULARIO

Vocabulario básico

Las cantidades básicas — Basic quantities

la cucharada	tablespoon
el gramo	gram
la onza	ounce
la rebanada	slice
el trocito	piece, slice

Repaso: la taza

¿Cuántas calorías? — How many calories?

cien	one hundred
doscientos/as	two hundred
trescientos/as	three hundred
cuatrocientos/as	four hundred
quinientos/as	five hundred
seiscientos/as	six hundred
setecientos/as	seven hundred
ochocientos/as	eight hundred
novecientos/as	nine hundred
mil	one thousand

Palabras y expresiones útiles

al día	daily
ayudar	to help
diariamente	daily
diario/a (*adj.*)	daily
esperar	to expect; to hope

Vocabulario y expresiones del tema

La salud — Health

alto (bajo) en colesterol	high (low) in cholesterol
las enfermedades cardiovasculares	heart diseases
el infarto cardíaco	heart attack

llevar una vida sana	to lead a healthy life	el control del peso	weight control
el nivel (de colesterol)	level (of cholesterol)	engordar	to be fattening
la presión sanguínea alta (baja)	high (low) blood pressure	la grasa (in)saturada	(un)saturated fat
		ingerir (ie, i)	to ingest; to eat
reducir (el riesgo de cáncer)	to reduce (the risk of cancer)	seguir (i, i) (g) (un régimen)	to follow (a diet)
saludable	healthful	tener una dieta equilibrada	to have a balanced diet
la tasa de mortalidad	death rate		

La nutrición	Nutrition
el aderezo	dressing (*for salads*)
cambiar (de dieta)	to change (one's diet)
el carbohidrato complejo	complex carbohydrate
la cocina	cuisine; kitchen
la comida rápida	fast food
contener (*irreg.*) muchas calorías	to contain many calories

Palabras y expresiones útiles

aportar	to bring, contribute
comprobar (ue)	to prove
contenido/a	contained
el contenido	content(s)
por ciento	percent

OTRAS IDEAS

❖   **Actividad A** El diario de comer

Paso 1.   Saca unas fotocopias del diario de comer. Luego, por cuatro días seguidos (*in a row*), apunta en el diario la información pedida. ¿Notas algunas tendencias en tus hábitos de comer?

Paso 2.   Al final de los cuatro días, compara tu diario con los de dos estudiantes. ¿Se comparan o son diferentes los hábitos de Uds.?

diario

Hora	Lo que comiste…	Dónde (en la cocina,[a] el escritorio,[b] el restaurante, etc.)	Con quién	Lo que estabas haciendo[c] (leyendo, viendo televisión, etc.)	Escala de hambre (del 0 al 4)	Sentimientos antes de comer
Mañana						
Media mañana						
Mediodía						
Media tarde						
Noche						
Antes de acostarte						

[a] *kitchen*   [b] *office*   [c] estabas… *you were doing*

❖ **Actividad B** ¿Intuición o compulsión?

Paso 1. Lee el breve artículo sobre la compulsión que estas personas sienten por comer ciertas cosas.

Apetito por ciertos alimentos

Algunas personas creen que el apetito por ciertos alimentos (chocolates, dulces, papitas, etc.) se debe a que el cuerpo necesita ciertas vitaminas y minerales. Sin embargo, esto no está comprobado. El cuerpo no tiene desarrollado este tipo de intuición, excepto cuando se trata de la sal. Está probado que cuando una persona tiene deficiencia de sal en el cuerpo, va a comer alimentos salados. En lo que respecta al resto de los alimentos, se trata de una "adicción", ya que al comerlos, cierta sustancia química natural se produce en el cerebro, haciéndonos sentir placer[a] y eso es lo que nos impulsa a seguir comiéndolos. ¿Lo que te aconsejamos? Que los evites, porque siempre engordan y son nocivos.[b]

[a]*pleasure* [b]*harmful*

Paso 2. ¿Sientes apetito por ciertos alimentos? Califica la intensidad de tu deseo por las siguientes comidas según se indica a continuación.

1 = No me apetece. (*It doesn't appeal to me.*)
2 = A veces me apetece.
3 = Me apetece.
4 = Siento la urgencia de comer eso frecuentemente.

1. _____ chocolate
2. _____ rosquillas (*doughnuts*)
3. _____ un bistec grande
4. _____ una ensalada de lechuga y tomate
5. _____ pan fresco y caliente
6. _____ un sandwich de mantequilla de cacahuete y mermelada
7. _____ pasteles
8. _____ papas fritas
9. _____ pizza
10. _____ helado

Paso 3. Suma los números.

10–15: No eres adicto/a a ninguna de estas comidas.

16–29: Tu apetito es normal, aunque de vez en cuando te excedes un poco. Cuidado en el futuro.

30–40: Eres adicto/a a esta(s) comida(s). Necesitas cambiar algunos de tus hábitos de comer. Busca placer en otras cosas, no sólo en la comida.

❖ **Actividad C** He dejado (*I've stopped* [*eating*]) el chocolate...

A continuación están los resultados de una encuesta publicada en *Noticias,* una revista argentina.

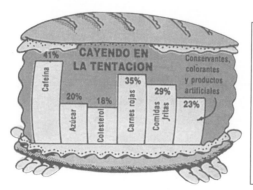

PESE A TODOS LOS CONSEJOS COMEMOS CUALQUIER COSA...

Aún cuando muchos norteamericanos admiten que comen más sanamente y obedecen el consejo de los médicos en cuanto a ingerir más frutas frescas, vegetales, pescado y cereales, hay quienes comen de todo. Sobre 1.225 adultos encuestados, éste es el porcentaje que admitió no haber dejado el café, los chocolates, los fritos, los dulces...

¿Cuál es el porcentaje de estudiantes que ha dejado de consumir o ingerir las cosas que se mencionan en esta encuesta? Explica tus propios hábitos según el modelo.

MODELO: He dejado el/la _____ .
He reducido (*I have reduced*) el consumo de _____ .
¡No he cambiado (*I haven't changed*) mis hábitos!

❖ **Actividad D** ¿Para qué hacemos dietas?

Paso 1.   Pon en orden de mayor a menor importancia las siguientes razones por las cuales las personas hacen dietas.

_____ para bajar de peso (por ejemplo, porque la ropa ya no queda a la medida [*fits*])
_____ para mantener el peso
_____ para tener buena salud
_____ para estar atractivo/a

Paso 2.   Presenta tus respuestas a la clase. Alguien debe anotarlas en la pizarra.

Paso 3.   Compara los resultados obtenidos en la clase con los resultados publicados en la revista argentina *Noticias.*

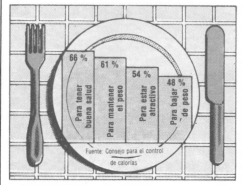

Dietas: ¿Para qué?

Viene el verano. Menos comida, muchas menos calorías, hay que bajar de peso. Dietas. Y más dietas. Bueno, sí, pero, ¿para qué hacemos tantas dietas? Tal vez sirva de guía esta encuesta hecha entre 1.500 norteamericanos hasta los 40 años. Todos los encuestados podían dar más de una respuesta.

❖   **Actividad E** ¿Cómo está tu corazón?

	1	**2**	**3**	**4**	**6**
Herencia	Ninguna historia de enfermedades del corazón	Un pariente mayor de 60 con enfermedad del corazón	Dos parientes mayores de 60 con enfermedad del corazón	Un pariente menor de 60 con enfermedad del corazón	Dos parientes menores de 60 con enfermedad del corazón
	1	**2**	**3**	**5**	**6**
Ejercicio	Intenso ejercicio, trabajo y recreación	Ejercicio, trabajo y recreación moderados	Trabajo sedentario e intenso ejercicio recreacional	Trabajo sedentario y moderado ejercicio recreacional	Trabajo sedentario y ligero ejercicio recreacional
	1	**2**	**3**	**4**	**6**
Edad	10-20	21-30	31-40	41-50	51-65
	0	**1**	**2**	**4**	**6**
Peso	Más de 5 lbs menos del peso estándar	5 lbs más o menos del peso estándar	6-20 lbs de sobrepeso	21-35 lbs de sobrepeso	36-50 lbs de sobrepeso
	0	**1**	**2**	**4**	**6**
Tabaco	No fuma	Tabacos (puros) o pipa	10 cigarrillos o más por día	20 cigarrillos o más por día	30 cigarrillos o más por día
	1	**2**	**3**	**4**	**5**
Hábitos de comer grasa	No ingiere grasas animales sólidas	Muy poca grasa sólida o animal	Poca grasa animal o sólida	Mucha grasa sólida o animal	Demasiada grasa animal o sólida

Paso 1. Lee la tabla que aparece arriba. Establece cuál es tu situación con respecto a cada categoría.

Paso 2. Suma los números que aparecen en cada casilla (*box*) que seleccionaste en el **Paso 1.**

Escribe el total aquí: _____

Paso 3. Todos los estudiantes deben ir a la pizarra a escribir sus totales.

Paso 4. Escucha las categorías relacionadas con el riesgo de enfermedades cardiovasculares. ¿En qué categoría estás tú? ¿En qué categoría está la mayoría de la clase?

UN VISTAZO

Vitaminas

El exceso de vitaminas (especialmente las vitaminas A, D, E y K), puede ser tan malo como su deficiencia. A pesar de lo que se anuncia y escucha, no todos las necesitan. La mayoría de las personas, incluyendo los niños, obtienen todas las vitaminas que necesitan de los alimentos.

¿Quién necesita multivitaminas? Básicamente quienes corren el riesgo de padecer una deficiencia vitamínica:

❖ Mujeres embarazadas
❖ Mujeres que están amamantando
❖ Personas que consumen 1500 calorías o menos al día
❖ Personas mayores de 70 años
❖ Los que beben más de dos bebidas alcohólicas al día
❖ Los que fuman más de dos cajetillas de cigarrillos al día
❖ Las personas que están tomando medicinas que disminuyen la absorción de vitaminas (consulte con su médico).

EL CAFE Y LA PRESION ARTERIAL

Beber café antes de hacer ejercicio puede elevar la presión arterial transitoriamente, especialmente si tiene antecedentes familiares de presión arterial alta.

LAS DIETAS DE SUBE Y BAJA

La dieta de yo-yo (sube y baja) puede causar aumento de peso porque el cuerpo responde a la dieta utilizando la comida en forma más eficiente. El problema es que, a veces, el metabolismo no vuelve a lo que era cuando se deja la dieta.

¿Quién necesita vitaminas?

Éste es un extracto de un artículo llamado « La dieta del corazón ». Probablemente podrás leerlo sin problemas.

Según la información, ¿necesitas tú vitaminas?

¿QUÉ INGREDIENTES TIENEN LOS ALIMENTOS PREPARADOS?

LA SAL ESTA EN OTRAS.

Y NO EN CASERA.

*I*n this lesson you will learn about the ingredients of many prepared foods. As part of your study you will

- learn to read some typical recipes in Spanish
- read about "hidden ingredients" in food
- read about cancer and its relation to diet
- learn the difference between *¿qué?* and *¿cuál?*
- learn some uses of the indirect object pronouns *le* and *les*

IDEAS PARA EXPLORAR
RECETAS

PARA EXPRESARSE   ¿CÓMO SE PREPARA?

Salsa picante

Ingredientes

1 taza de cebolla
3 tomates cortados
3 chiles picantes
cilantro
sal

Preparación

1. Picar la cebolla y freírla en una cacerola con mantequilla.
2. Licuar los chiles y añadirlos a la cacerola.
3. Licuar los tomates y añadirlos a la cacerola.
4. Hervir la salsa unos minutos.
5. Añadir sal al gusto.
6. Quitar del fuego. A la hora de servir, decorar con cilantro fresco.

(a)

Arepas venezolanas

Ingredientes

1 taza de harina de maíz (*corn flour*)
Relleno (de carne de res u otra carne)
Sal al gusto

Preparación

1. Agregar lentamente 1 ½ tazas de agua tibia (no fría) a la harina y amasar hasta hacer una masa compacta. Dejar reposar la masa unos cinco minutos.
2. Separar porciones iguales de la masa y darles forma redonda. Colocarlas al horno, plancha o sartén previamente calentado y engrasado. Darles vuelta de vez en cuando hasta obtener el cocimiento deseado.
3. Sacar las arepas y envolverlas en una toalla de cocina (*kitchen towel*). Servirlas calientes con el relleno deseado.

(b)

Vocabulario útil

agregar (gu)	_____?_____	**la cacerola**	saucepan
al gusto	according to taste	**calentar (ie)**	to heat
amasar	to knead	**la cebolla**	onion
añadir	to add	**cocer (ue) (z)**	to cook
batir	to beat, whip (*food*)	**cortar**	to cut
		cuajar	_____?_____

Arroz con pollo

Ingredientes

1 muslo (*thigh*) de pollo asado
1 cucharadita de mantequilla o
  margarina
4 tazas de arroz hervido
sal, cebollín (*green onion*)

Preparación

1. Deshuesar (*Debone*) el pollo y
   cortarlo al gusto.
2. Calentar la mantequilla o margarina en una sartén. Añadir la
   carne de pollo.
3. Agregar el arroz y sacudir de vez
   en cuando la sartén para distribuir el calor.
4. Sazonar con sal y cebollín picado.

(c)

Tortilla española

Ingredientes

2 patatas
6 huevos
1 cebolla
sal
1 cucharada de aceite de oliva

Preparación

1. Pelar las patatas y cortarlas en
   rodajas.
2. Calentar el aceite en una sartén y
   luego freír las patatas.
3. Picar la cebolla y agregarla a las
   patatas.
4. Batir los huevos con sal (al
   gusto) y echarlos sobre las
   patatas.
5. Dejar cocer hasta que cuaje.
6. Dar vuelta a la sartén sobre un
   plato y repetir el paso 5.

(d)

darle vuelta	to turn (*something*)	**sacudir**	to shake
freír (i, i) (*irreg.*)	?	**la sal**	salt
el fuego	fire	**la sartén**	frying pan
hervir (ie, i)	to boil	**sazonar**	to season
licuar	to blend (*in a blender*)		
picar (qu)	?		

VER EL MANUAL

Actividad A Recetas

Paso 1. Lee las recetas en **Para expresarse** y observa las fotos.

Paso 2. Escoge la definición que más se puede asociar con las siguientes palabras de las recetas.

1. agregar
   a. poner algo más
   b. preparar un alimento
   c. comer, ingerir
2. freír
   a. usar refrigeración
   b. cocinar en aceite
   c. liberar
3. cuajar
   a. pasar algo de un estado líquido a otro más sólido
   b. separar en cuatro porciones
   c. cortar delicadamente
4. picar
   a. mirar rápidamente
   b. separar el exterior del interior
   c. cortar en pedazos (*pieces*) muy pequeños

Actividad B El arroz con pollo

(a)   (b)   (c)   (d)

Lee la receta para el arroz con pollo en la página 249. Luego, selecciona el dibujo que corresponde a cada paso de la preparación.

MODELO: El dibujo _____ va con el paso _____ .

Actividad C ¿Qué se hace primero?

Paso 1. Lee con atención las recetas en **Para expresarse** por un minuto. Trata de retener los pasos que se siguen en la preparación de cada una.

Paso 2. Escucha lo que dice el profesor (la profesora). ¿Cuál de los pasos viene primero y cuál después?

1...   2...   3...   4...   5...   6...

Actividad D ¿En qué orden?

Con un compañero (una compañera), ordenen lógicamente los pasos que se siguen en la preparación de las recetas que aparecen a continuación. Ya están indicados los pasos de algunos números impares (*odd*).

A. Mayonesa

INGREDIENTES

1 huevo	1 cucharadita de azúcar
1 cucharadita de mostaza (*mustard*)	1 cucharadita de vinagre o jugo de limón
1 taza de aceite	½ cucharadita de pimienta
1 cucharadita de sal	

PREPARACIÓN

_____ Agregar el aceite muy despacio hasta que comience a cuajar.

___**1**__ Poner el huevo en la licuadora y batirlo.

_____ Agregar los demás ingredientes.

B. Chiles rellenos

INGREDIENTES

8 ó 10 chiles poblanos	½ taza de nueces picadas
1 kg de carne de res	½ taza de pasas (*raisins*)
2 tomates medianos	2 clavos de especia (*cloves*)
1 cebolla grande	3 dientes de ajo (*garlic*)
4 ó 5 huevos	½ cucharada de azúcar
½ cucharadita de pimienta	aceite

PREPARACIÓN

_____ Luego se le agregan la pimienta, los clavos, y el ajo bien molidos (*ground*) con unas cucharadas del caldo (*broth*) de la carne.

_____ Se pica la carne ya cocida.

___**5**__ Se dejan la cebolla y los tomates hasta que estén bien cocidos y se le agregan las nueces y las pasas a la carne mezclada (*mixed*) con la cebolla y los tomates.

___**7**__ Cuando ya todo esté bien sazonado y casi seco (*almost dry*), se saca del fuego y se rellenan los chiles con estos ingredientes.

___**1**__ En una sartén se fríe la carne con un poco de aceite caliente. Se revuelve bien unos minutos.

___**3**__ La cebolla y los tomates se pican en trozos muy pequeños y se le agregan a la carne.

➤

C. Enchiladas verdes con cacahuetes

INGREDIENTES

20 tortillas pequeñas
150 gramos de queso fresco
4 chiles poblanos
1 cebolla
50 gramos de manteca (*lard*)
   para la salsa

100 gramos de cacahuetes
   limpios
½ rebanada de pan blanco
¼ litro de leche

UN VISTAZO

Otra receta

En el siguiente poema, la escritora Luz María Umpierre usa la idea de una receta para denunciar el racismo. Antes de leer el poema, debes saber algo del contexto en que el poema fue escrito: la escritora nació en Puerto Rico y se trasladó a Filadelfia para hacer estudios superiores en literatura en la Universidad de Bryn Mawr. Cuando llegó a esa universidad, Luz María era una de las pocas personas allí de ascendencia latina y pronto se dio cuenta de[a] las líneas divisorias que existían alrededor de Filadelfia.

La receta

Moody, Puerto Rican
Spic, Hot Tempered,
Difficult, Unconformist,
Perfunctory and Sketchy,
Rebellious and Violent,
Regionalist

Prepararon su receta las Betty Crocker gringas
y decidieron cocerme a fuego bajo y a lumbre lenta.[b]
Había que cocinarme y amoldarme,[c]
envasarme al vacío[d] con benzoato y BTZ
y mantenerme enlatada para que no me saliera.[e]

Y fue cuando prepararon aquel label,
una maldita etiqueta[f] con el símbolo de Goya
con sus cuatro enormes letras.

Quisieron meterme en la caja bring maltita,[g]
bien marcada y atadita[h] con sus signs en rojas letras:

---

[a]se... *she became aware of* [b]a... *at a low temperature* [c]*shape me* [d]envasarme... *vacuum-pack me* [e]enlatada... *canned so that I couldn't get out* [f]*label* [g]bring... *reference to Bryn Mawr College* [h]*tied*

PREPARACIÓN

___5___ Se colocan las tortillas dobladas en un plato cubriéndolas con más salsa y con el queso restante.

___3___ Las tortillas se fríen ligeramente en la manteca y se bañan con salsa.

___1___ Para preparar la salsa, se fríen los chiles asados y molidos con cebolla.

_____ Cuando se reseca la salsa, se agregan los cacahuetes molidos con el pan blanco remojado en leche.

_____ Se pone queso rallado (*grated*) en el centro de cada una de las tortillas. Luego, éstas se doblan o se enrollan.

**EXPLOSIVE
HANDLE WITH CARE**

Quisieron etiquetarme, las Julia Child cocineras,
para luego señalarme[i] en supermarkets y tiendas
como aquel producto raro que vino de lejanas tierras.[j]

Pero yo no quise amoldarme, ni conformarme a su esquema,
y yo misma me forjé[k] una bonita bandera[l]
que leía una palabra, seis letras:

HUMANA

Actividad optativa ¿Qué significa el poema?

Paso 1. ¿A qué receta se refiere el título de este poema?

☐ a la manera en que algunas personas quieren amoldar a la autora a valores culturales diferentes

☐ a la manera en que la autora se conforma con lo que otros esperan de ella

Paso 2. Según la escritora, ¿son hombres, mujeres o personas de ambos[m] sexos los que quisieron amoldarla? ¿Cómo lo sabes?

Paso 3. Se dijo que la autora usa la idea de una receta para denunciar un problema sociopolítico. Busca las palabras y frases que ella usa para darle al poema la forma de una receta.

Paso 4. ¿Crees que hay personas o instituciones que quieren amoldarte a ti? ¿Cómo crees que te ven otras personas? ¿Cuál es tu «etiqueta»?

---

[i]*point to me*   [j]vino... *came from faraway lands*   [k]me... *made*   [l]*flag*   [m]*both*

Ideas para explorar
Lo que se le agrega a la comida

—¿Te gusta?
—Sí, está riquísima. ¿Qué le pusiste?

Le and **les** can be used with many verbs to express *to/for him, her, it, you* (**Ud.**) or *to/for them, you* (**Uds.**).

> Tus amigos quieren saber cuáles son los ingredientes especiales. ¿**Les** vas a decir cuáles son? (les = a tus amigos)
> A Juan no **le** gustan las verduras crudas. (le = a Juan)

When **le** and **les** are used with verbs like **poner** (*to put*) and **quitar** (*to remove, take away*), the English equivalent is *to put on* (*him, her, it,* etc.) or *to take off* (*him, her, it,* etc.).

> ¿Qué **le** pones a la comida, mucha o poca sal?
> No **le** pongo nada. (le = a la comida)

VER EL MANUAL

You will learn more about these indirect object pronouns in the *Manual.*

Actividad A ¿Qué le pones a la comida?

Paso 1. Marca la(s) respuesta(s) que mejor indica(n) lo que sueles hacer.

1. ¿Qué le pones a la comida?
   - ☐ Le pongo un poco de sal.
   - ☐ Le pongo mucha sal.
   - ☐ No le pongo nada.
   - ☐ Le pongo un poco de pimienta.
   - ☐ Le pongo mucha pimienta.

2. ¿Qué les pones a las hamburguesas?
   - ☐ Les pongo mayonesa.
   - ☐ Les pongo salsa de tomate.
   - ☐ Les pongo mostaza.
   - ☐ No les pongo nada.
   - ☐ Soy vegetariano/a.

3. ¿Qué les pones a las papas fritas?

☐ Les pongo salsa de tomate. ☐ Les pongo sal.
☐ Les pongo mayonesa.   ☐ Les pongo pimienta.
☐ Les pongo un poco de vinagre. ☐ No les pongo nada.

4. ¿Qué les pones a las palomitas?

☐ Les pongo sal.   ☐ Les pongo queso parmesano.
☐ Les pongo margarina. ☐ No les pongo nada.
☐ Les pongo mantequilla.

5. Además de leche, ¿qué le pones al cereal preparado?

☐ Le pongo azúcar.   ☐ Le pongo fruta fresca.
☐ Le pongo miel (*honey*). ☐ No le pongo nada.
☐ Le pongo pasas (*raisins*).

Paso 2. Usando las respuestas que diste en el **Paso 1,** inventa cinco preguntas para hacerles a tus compañeros de clase de manera que ellos contesten sí o no. (En el **Paso 3,** cada persona va a firmar su nombre al lado de la pregunta. Por ejemplo, si tú contestaste a la pregunta, «No les pongo nada», tu pregunta sería «¿Les pones algo a las palomitas?» Si contestaste «Les pongo mantequilla», tu pregunta sería «¿Les pones mantequilla a las palomitas?»

PREGUNTA   FIRMA

1. _____ _____

 _____ _____

2. _____ _____

 _____ _____

3. _____ _____

 _____ _____

4. _____ _____

 _____ _____

5. _____ _____

 _____ _____

Paso 3. Ahora, busca a cinco personas en la clase que contesten sí a las preguntas que escribiste en **Paso 2.** Cada persona debe firmar su nombre al lado de la pregunta.

Actividad B En el buffet de ensaladas

Paso 1. Imagina que estás con todos tus compañeros de clase frente a un buffet de ensaladas. En los platos que Uds. tienen sólo hay lechuga. Entrevista a un compañero (una compañera) para saber qué piensa agregarle al plato para preparar su ensalada. Escribe las respuestas de él (ella) en la tabla que sigue a continuación. ¡OJO! No te olvides de usar la forma familiar **tú** al hacer las preguntas. Por ejemplo: ¿Le agregas tomates?

Nombre de tu compañero/a: _____

¿Qué le agregas a tu ensalada?

¿Le agregas...	SÍ	NO
tomates?	☐	☐
champiñones (*mushrooms*)?	☐	☐
cebollas?	☐	☐
zanahorias?	☐	☐
queso?	☐	☐
chiles (ajíes)?	☐	☐
bróculi?	☐	☐
frijoles?	☐	☐
otras verduras?	☐	☐

¿Qué otra cosa? _____

¿Qué aderezo le pones a la ensalada?

¿Le pones aderezo...	SÍ	NO
italiano?	☐	☐
francés?	☐	☐
ruso?	☐	☐
mil islas?	☐	☐
roquefort?	☐	☐
de aceite y vinagre?	☐	☐

	SÍ	NO
¿También le pones sal?	☐	☐
¿pimienta?	☐	☐

Paso 2. (optativo) Ahora, escribe un párrafo en el que compares la ensalada de tu compañero/a con la tuya (*yours*). Puedes seguir el siguiente modelo.

MODELO: A mi ensalada le agrego _____. De aderezo le pongo _____.
Mi compañero/a también le agrega _____, pero a diferencia de mí, le agrega (no le agrega) _____. De aderezo le pone _____.

Actividad C Algo más sobre las ensaladas

En la lección previa leíste un artículo titulado «¿Las ensaladas engordan?» ¿Lo recuerdas? En esta actividad, vas a observar lo que las personas suelen hacer en un buffet de ensaladas.

Paso 1. Ve (*Go*) a un restaurante donde tienen un buffet de ensaladas. Observa a cinco personas diferentes mientras preparan su ensalada. ¿Qué ingredientes le pone cada persona a su ensalada? ¿Qué tipo de aderezo le agrega?

Paso 2. Comparte tus observaciones con el resto de la clase. ¿Tiene la mayoría de personas que observaste ciertas preferencias en común?

¿SABÍAS QUE...

...el concepto de ensalada varía de una cultura a otra y de país a país? Por ejemplo, en los Estados Unidos, una ensalada puede consistir en lechuga y tomate o puede llevar otras verduras, como bróculi y zanahorias. También hay ensaladas de papas, de atún, de pasta y de otros alimentos. En España, una ensalada suele llevar solamente lechuga y tomate, y la ensalada rusa es más o menos como la ensalada de papas de los Estados Unidos. Pero además de estos dos tipos de ensalada en España, no hay mucha variación. En cambio, en muchos restaurantes argentinos se puede pedir una ensalada de zanahoria, de zanahoria con cebolla, de zanahoria con remolacha,[a] de tomate, de apio[b]—en fin, de casi cualquier verdura. Lo que no se suele encontrar en los países hispanos es una variedad de aderezos. Muchas personas suelen usar aceite y vinagre o jugo de limón solamente.

---

[a]*beets*   [b]*celery*

Actividad D ¿Qué productos le agregan a la comida comercial?

Paso 1. Lee las siguientes recetas y subraya en las recetas comerciales los ingredientes que no aparecen en las recetas caseras. ¡OJO! No te preocupes si encuentras palabras que no entiendes.

A. Pan

RECETA CASERA

harina de trigo; leche; mantequilla; azúcar; levadura; sal

RECETA COMERCIAL

harina integral de trigo; gluten de trigo; manteca; levadura fresca; sal; mejorante (E-472-e, E-471, E-300); sólidos de leche; emulsionantes (E-471, E-330, E-282); vinagre; conservante E-281; vitaminas (B1, B2, niacina)

B. Galletas (*Cookies*)

RECETA CASERA

harina; azúcar; mantequilla; huevo; sal

RECETA COMERCIAL

harina de trigo; azúcar; grasas comestibles de origen animal; jarabe de glucosa; gasificantes: bicarbonato sódico y amónico; dextrosa; sal; leche desnatada en polvo; lecitina; aromas

C. Aderezo para ensaladas estilo italiano

RECETA CASERA

3 cucharadas de aceite; 3 cucharadas de jugo de limón; 2 dientes de ajo molidos; ¼ cucharada de pimienta negra

➤

RECETA COMERCIAL

jarabe de glucosa; ajo; mezcla de especias; sal; espesantes: E-410 (goma de garrofín), E-412 (goma guar), E-413 (goma de tradaconto), E-415 (goma xantana); dextrosa

D. Espaguetis con salsa

RECETA CASERA

espaguetis; tomates; pasta de tomate; aceite; ajo; cebolla; azúcar; especias; sal

RECETA COMERCIAL

espaguetis cocidos; agua; vino blanco; almidón de maíz modificado; margarina; mantequilla; cebolla; sal; ajo; potenciador de sabor (621); especias; perejil; colorante (E-1606)

Paso 2. ¿A qué conclusiones puedes llegar según lo que subrayaste en el **Paso 1**? Marca la(s) frase(s) apropiada(s).

☐ A la comida comercial le agregan muchas sustancias naturales.
☐ A la comida comercial le agregan muchas sustancias que no son naturales.
☐ A la comida comercial le agregan algunas sustancias que son buenas para la salud.
☐ A la comida comercial le agregan _____

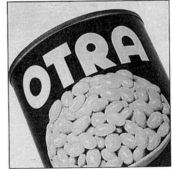

LA SAL ESTA EN OTRAS.

Y NO EN CASERA.

Porque Casera envasa una línea
de productos sin sal añadida, para
aquellos que cuidan de su salud:
Salsa de tomate, habichuelas y
garbanzos en agua.
Todos con la calidad Casera,
y sin sal añadida.

SALUD Y CONVENIENCIA CON CASERA SIN SAL.

casera.

Paso 3. ¿Comprendes lo que son los aditivos que subrayaste en el **Paso 1**? Con un compañero (una compañera), emparejen (*match*) los nombres de los aditivos de la lista A con las descripciones de la lista B. ¿Cuántos significados pueden deducir? ¡OJO! No es fácil...

A

a. espesantes
b. mejorantes, aromas, colorantes
c. conservantes

d. jarabes
e. gasificantes
f. potenciadores de sabor

B

1. _____ sustancias que activan ciertos procesos químicos (Técnicamente, su función es disolver el ácido carbónico en un líquido.)
2. _____ sustancias que le dan un sabor más fuerte de lo natural a un comestible
3. _____ sustancia sólida que se le agrega a un líquido para hacerlo denso, condensado
4. _____ sustancias que mejoran la apariencia y olor de los comestibles
5. _____ líquido hecho con azúcar en solución concentrada y sustancias aromáticas
6. _____ sustancias que ayudan a conservar frescos los alimentos procesados

Paso 4. Con tu compañero/a, vuelvan a las recetas comerciales y traten de clasificar los aditivos usando los términos de la lista A.

PARA EXPRESARSE   ¿TE IMPORTAN LOS ADITIVOS?

—¿Qué me importan los aditivos?
Todos vamos a morir algún día...
—Pues a mí me importan mucho.

Le and **les** (as well as **me, te,** and **nos**) are also generally used with the verbs **importar** (*to be important, to matter*) and **interesar** (*to be interesting*) and the phrase **hacer caso** (*to pay attention*):

¿**Te importa** si la comida tiene muchos aditivos?
No, no **me importa.**
A mi padre **le interesan** mucho los aditivos. Es experto en nutrición.
Realmente no **les hago caso** a los aditivos. Sólo **me importa** el sabor.

Here is a typical phrase to express that something isn't important to you at all.

VER EL MANUAL

Me importa un comino.

Actividad E Dos tipos diferentes

Paso 1. Lee los párrafos siguientes.

Con respecto a la comida, hay dos tipos de personas. El primer tipo de persona tiene mucho interés en la preparación de la comida. Le importan mucho los aditivos artificiales y no le gusta la comida procesada. Le interesa saber qué ingredientes hay en la comida. Por eso lee con mucha atención lo que dicen las etiquetas (*labels*).

Al segundo tipo de persona, en cambio, no le importan mucho los aditivos. Lo que más le interesa es el sabor de la comida y/o su apariencia. Esta persona no lee las etiquetas, pues no le interesa saber cuáles son los ingredientes que lleva la comida que compra o que le sirven.

Paso 2. En grupos de tres, preparen una lista de preguntas, para ayudar a averiguar si alguien pertenece al primer tipo o al segundo tipo de persona descrita en el **Paso 1.** ¡OJO! No se permiten preguntas directas.

Ejemplos de preguntas indirectas (permisibles):

Si quieres comer puré de papas, ¿compras puré de papas instantáneo? ¿O compras papas crudas para hacerlo tú mismo/a?
Cuando compras comida enlatada (*canned*) o preparada, ¿lees antes las etiquetas?

Ejemplos de preguntas directas (prohibidas):

¿Te importa dedicar mucho tiempo a la preparación de la comida?
¿Te interesa tu salud?
¿Te importa si la comida tiene aditivos?

Paso 3. Cada persona debe entrevistar a alguien de *otro* grupo y anotar la información obtenida durante la entrevista.

Paso 4. Usando la información obtenida, escribe un párrafo sobre la actitud de la persona con respecto a la comida y los aditivos. Utiliza como modelo los párrafos del **Paso 1** y haz los cambios necesarios.

MODELO: A David no le importa si la comida contiene muchos aditivos...

Paso 5. Muestra lo que escribiste a la persona que entrevistaste. Esta persona debe seleccionar una de las siguientes oraciones.

☐ Esto me describe muy bien.
☐ Esta descripción no me aplica a mí.

VAMOS A VER

Anticipación

Paso 1. Lee con atención el título del artículo que aparece en las páginas 262–263. ¿Has oído hablar de (*Have you heard about*) alimentos contaminados en los periódicos o en la televisión. Marca las respuestas apropiadas.

He oído hablar de la contaminación de estos alimentos:

☐   productos enlatados
☐   la carne
☐   las aves (pollo, pavo, etcétera)
☐   el pescado
☐   la leche
☐   las frutas y las verduras

Paso 2.   Mira las fotos con atención y lee lo que dice al pie de (*at the bottom of*) las fotos. ¿Qué alimentos de la lista anterior se mencionan?

Paso 3.   Al pie de las fotos también se encuentran palabras que se refieren a los contaminantes. Subraya las palabras que se refieren a los contaminantes. Compara tus apuntes con los de un compañero (una compañera).

Paso 4.   Las siguientes palabras te serán (*will be*) útiles para hacer las actividades que vienen. Lee las definiciones y luego completa las oraciones que siguen con una de las palabras de la lista.

>   **ocultar:** esconder, impedir que algo sea visible
>   **inocuo:** que no presenta peligro o riesgo
>   **el ganado vacuno:** especie de animales a la que pertenecen las vacas y los toros
>   **el pienso:** alimento que se da al ganado
>   **el plomo:** tipo de metal muy pesado (*heavy*) y denso
>   **el tejido:** fibra de que se componen los músculos
>   **el hongo:** tipo de planta parasítica (a veces microscópica)

1.   Fleming descubrió la penicilina en unos experimentos con mohos (*molds*),

  bacterias y _____ .

2.   Los profesionales que trabajan con rayos X suelen usar chalecos (*vests*) de

  _____ para protegerse de la radiación.

3.   Algunos parásitos invaden los _____ , provocando fatiga y

  dificultad de movimiento.

4.   El _____ es parte importante de la economía de la Argen-

  tina. Se exportan grandes cantidades de carne y artículos de cuero (*leather*).

Exploración

Paso 1.   En el artículo aparecen los siguientes números. Busca el lugar donde aparecen y escribe a qué se refieren en los espacios indicados.

3.000: _____

50.000: _____

6.000: _____

400.000: _____

10.000: _____

LECTURA

Los mejores alimentos pueden estar contaminados

Las personas dan por sentado que la comida diaria no oculta riesgos serios para la salud fuera de las amibas, salmonelas, tifoideas y demás bacterias que con penicilina o sulfamida pueden erradicarse más o menos fácilmente. No obstante, la realidad de los alimentos no es tan simple, ni tan inocua como podría suponer un consumidor ingenuo promedio, ya que por ejemplo, en Latinoamérica, donde las enfermedades infecciosas son la primera causa de mortandad —evitable con una higiene de difícil acceso—, se agregan los más de 3.000 compuestos químicos aditivos para los alimentos procesados y los 50.000 tipos de pesticidas que se utilizan en verduras y frutas.

La preocupación ecológica se ha difundido con amplitud entre los sectores educados de la población, por lo que cualquier sospecha de contaminación en los alimentos ha sido atacada seriamente en países tan distantes como Estados Unidos, España o Italia: las manzanas, carne de res o de pollo, huevos, pescado, leche o la carne de cerdo, han sido desaprobados por los aditivos y pesticidas que los acompañan.

En Estados Unidos, el mayor productor mundial de alimentos, los controles con altas tecnologías han permitido identificar las sustancias que provocan desde cáncer hasta daños neurológicos. La conciencia comenzó con los estudios que señalaron al agente *alar,* una sustancia utilizada en las manzanas rojas para controlar su maduración, como uno de los cancerígenos más potentes que existen. El *alar* libera un tóxico conocido como *UDMH* que provocará que 6,000 niños, tan sólo en Estados Unidos, mueran de cáncer en el transcurso de su vida. La falta de control adecuado en países subdesarrollados únicamente permite especular sobre la difusón de éste u otros numerosos contaminantes que ya han provocado fundados escándalos en poblaciones menos ingenuas.

El pescado es sin duda el alimento que mayores riesgos ofrece debido a la elevada contaminación de su hábitat. Plomo, mercurio, bromo, se acumulan en los tejidos de muchas especies, como el lenguado.

Hace algunos años un gran productor de pollos estadounidense sacrificó a más de 400,000 aves contaminadas con heptacloro, un tóxico pesticida, sin contar el riesgo cotidiano y comprobado de la presencia de salmonela en gran parte de los huevos y la carne de gallinas en todo el mundo. Las enfermedades infecciosas por alimentos contaminados con diversos organismos, especialmente en países subdesarrollados, son provocados por alimentos en apariencia inocuos como los embutidos: porciones del animal que serían rechazadas en condiciones naturales —tendones, cabeza, etc.—, se disfrazan en salchichas, jamones o mortadelas, además de la presencia de aditivos que evitan la descomposición, pero no la presencia de estafilococos y otros organismos fecales infecciosos. Incluso el tradicional queso no escapa a la presencia de hongos y adulteraciones de todo tipo.

La Comunidad Económica Europea rechazó en 1989 la introducción de ganado vacuno estadounidense, por sus altos contenidos hormonales: se detectó el uso ilegal de una hormona sintética carcinógena llamada DES en diversas partes del país; sin embargo, los contenidos hormonales no parecen representar peligro alguno comparado con la gran cantidad de antibióticos que ingieren tanto terneras como animales adultos. Exposiciones prolongadas a bajas dosis de penicilina, producto del consumo de carne, ocasionan la resistencia de diversos microorganismos que atacan al hombre haciendo más difícil su erradicación. Asimismo, cuando una vaca come hierba tratada con DDT, dialdrina o heptacloro, estas sustancias se acumulan en la grasa y reaparecen en la leche. La fabricación de leche condensada aumenta todavía más la concentración. El hombre, al ingerir la leche, almacena igualmente

---

Pesticidas, carcinógenos y aditivos tóxicos permean los alimentos aparentemente más inofensivos, además del riesgo de enfermedades gastrointestinales por falta de higiene. Acusados: los cartones para la leche, el pollo, la carne de res, las frutas y verduras.

DDT en su grasa. Cuando adelgaza, este DDT es liberado y sus efectos corresponden a la cantidad total absorbida de una sola vez: el ochenta por ciento de las madres lactantes de Nueva York, en Estados Unidos, eliminan DDT en su leche.

Sin embargo, pocos agricultores están conscientes del daño que los miles de pesticidas ocasionan en el organismo de animales y consumidores de vegetales, carne o granos. Los estudios independientes de cada nuevo producto lanzado al mercado son lentos o insuficientes, sin tener en cuenta que muchos plaguicidas prohibidos en países industrializados aún se utilizan en naciones subdesarrolladas que carecen de controles adecuados.

Recientemente un investigador canadiense descubrió un agente cancerígeno escalofriante, el más potente conocido hasta la fecha: la dioxina. Esta penetra durante un proceso de blanqueado con cloro al que se somete al papel: el papel es utilizado para elaborar los envases de cartón donde se almacena leche. Resultado: la dioxina penetra en la leche y luego al organismo. Los experimentos sobre diversos animales mostraron desórdenes inmunológicos, defectos de nacimiento y una probabilidad de cáncer en seres humanos de uno en 10.000.

Quizás el carcinógeno que más concierne a los latinoamericanos sea la aflatoxina, liberada por hongos que infestan el maíz o los cacahuates. Cien veces más poderosa que los residuos químicos industriales, una exposición excesiva a la sustancia presente en grandes cantidades en maíz para pienso o consumido directamente por seres humanos en forma de arepas venezolanas, tortillas mexicanas y los diversos alimentos que se consumen de manera cotidiana en esos países, provoca lesiones irreversibles y mortales en el hígado. El hongo que la produce prolifera en condiciones de humedad a las que por indolencia se deja el grano que será transformado después en masa.

Ningún contaminante arraigado en los alimentos presenta la toxicidad y riesgo del plomo; éste puede encontrarse en productos obvios como los alimentos enlatados y no tan evidentes como en los pescados, sin duda los más afectados por las sustancias contaminantes. El plomo incide en elevados niveles sobre más del 60% de los niños en el mundo, impidiendo su desarrollo neurológico y provocando trastornos cerebrales graves.

En Estados Unidos, cuyos controles son estrictos, se ha dectado salmonela en dos terceras partes de los huevos y el pollo, cuanto que numerosos pesticidas prohibidos allí, se emplean en Latinoamérica.

Sin tener en cuenta los aditivos que se incluyen en los alimentos para conservarlos o mejorar su aspecto, o productos farmacéuticos prohibidos en el primer mundo pero de libre distribución en Africa o Latinoamérica, la contaminación alimenticia, hasta hoy furtiva, se une a los desastres ecológicos que reflejarán los desastres de nuestros cuerpos.

Además de la peligrosa aflatoxina del maíz, se han encontrado hormonas tóxicas y diversos tipos de penicilina en la carne de res; desafortunadamente, los controles en numerosos países son nulos.

Paso 2. Vuelve a leer el artículo rápidamente, esta vez buscando todos los comestibles que en él se mencionan. Haz una lista de ellos.

Paso 3. Ahora busca los nombres de los productos químicos y de otras sustancias dañinas (*harmful*) mencionadas en el artículo. Agrégalos a la lista anterior.

Paso 4. Vuelve al texto una vez más. Agrega a tu lista todas aquellas palabras relacionadas con las enfermedades, la biología, las infecciones; es decir, con la salud o las funciones fisiológicas del cuerpo.

Paso 5. Antes de continuar, organiza tu lista en forma de tabla. Puedes seguir este modelo.

Alimentos	Contaminación	Posible(s) efecto(s)

Paso 6. Ahora que estás familiarizado/a con el contenido de este artículo, léelo con más atención. Deduce el significado de las palabras que no conoces. Si no puedes deducir algunas, sáltalas (*skip them*) por el momento. Anota (*Jot down*) algunas de las ideas más importantes que no están incluidas en los pasos anteriores.

Síntesis

Paso 1. Vas a escribir un breve resumen (*summary*) del contenido de este artículo. Con otra persona, revisen toda la información obtenida en **Exploración.**

Paso 2. Decidan Uds. qué información se debe incluir en el resumen. Pueden utilizar las siguientes preguntas como guía.

> ¿Qué alimentos están contaminados?
> ¿En qué consiste la contaminación?
> ¿Es la contaminación un problema mundial o se limita a unos cuantos países?
> ¿Cuáles son los resultados de esta contaminación?

IDEAS PARA EXPLORAR
LOS ALIMENTOS Y EL CÁNCER

PARA EXPRESARSE   **¿QUÉ ○ CUÁL?**

You have learned that **¿qué?** normally translates to English as *what?* and **¿cuál(es)?** as *which?* **¿Qué?** can also mean *which?* and is generally preferred directly before nouns.

¿**Qué aditivos** son dañinos? —Pues, muchos.

¿**Qué alimentos** no debemos comer? —Es bueno evitar comer mucha carne.

¿**Cuál?** is used in most other instances.

¿**Cuál** de los tres pesticidas mencionados es el más peligroso? —Creo que el DDT.

¿Cuál es la diferencia entre estos frijoles enlatados? ¿Qué ingredientes tienen?

VER EL MANUAL

¿**Cuál...?** sometimes translates into English as *what?* You will learn about this in the *Manual.*

Actividad A Los trabajos y el cáncer

Paso 1. ¿Qué trabajos se asocian con el cáncer?

Se dice que hay relación entre el cáncer y...

☐ trabajar en las minas de carbón (*coal*).
☐ trabajar con los rayos X (por ejemplo, en los hospitales).
☐ ser soldado y estar en una guerra (como la de Vietnam).
☐ estar expuesto/a al asbesto.
☐ otro: _____

Paso 2. ¿Qué hábitos personales se asocian con el cáncer?

Sé que hay relación entre el cáncer y...

☐ fumar.
☐ tomar bebidas alcohólicas.
☐ consumir sacarina.
☐ ingerir ciertas drogas.
☐ exponerse a los rayos del sol prolongadamente.
☐ otro: _____

Paso 3. Compara tus respuestas con las de otro compañero (otra compañera). ¿Dio respuestas iguales a las tuyas?

Actividad B La alimentación y el cáncer

¿Qué alimentos se asocian con el cáncer? En grupos de tres hagan una lista de estos alimentos. Presenten la lista al resto de la clase.

Actividad C ¿Cuáles son los tipos de cáncer más comunes?

Paso 1. En la encuesta que sigue, señala si sabes mucho, poco o nada sobre cada tipo de cáncer. Piensa primero en las siguientes preguntas: ¿Cuáles son los síntomas de este cáncer? ¿Qué personas son más susceptibles? ¿Cuáles son algunas de las causas asociadas con este cáncer? ¿Cuál es el tratamiento (*treatment*) más común? ¿Cuál es la tasa de curación de este cáncer? Luego, pregúntale a otra persona lo que sabe sobre cada tipo de cáncer. ¿Quién parece estar mejor informado/a?

Tipos de cáncer	Yo (no) sé...			Mi compañero/a (no) sabe...		
	MUCHO	POCO	NADA	MUCHO	POCO	NADA
de pulmón	☐	☐	☐	☐	☐	☐
de mama (breast)	☐	☐	☐	☐	☐	☐
de ovario	☐	☐	☐	☐	☐	☐
de cerebro	☐	☐	☐	☐	☐	☐
de próstata	☐	☐	☐	☐	☐	☐
de colon	☐	☐	☐	☐	☐	☐
leucemia	☐	☐	☐	☐	☐	☐

Paso 2. Completa las siguientes oraciones con la información correcta.

Yo...

creo que el cáncer _____ es el más común.

creo que el cáncer _____ tiene la tasa de curación más alta.

creo que el cáncer _____ tiene la tasa de curación más baja.

Mi compañero/a...

cree que el cáncer _____ es el más común.

cree que el cáncer _____ tiene la tasa de curación más alta.

cree que el cáncer _____ tiene la tasa de curación más baja.

VAMOS A VER

Anticipación

Paso 1. Por el título de la lectura en las páginas 268–269, ¿qué información esperas encontrar en ella? Marca las respuestas apropiadas y compáralas con las de otra persona.

Probablemente, esta lectura ofrece...

☐ una síntesis de los estudios sobre la relación entre los alimentos y el cáncer.

☐ varias descripciones de nuevas técnicas de cirugía (*surgery*) para combatir el cáncer.

Paso 2. Un mapa conceptual es una de las formas en que se puede organizar las ideas sobre un tema. La idea es simple: en el centro de una hoja de papel se escribe el concepto principal dentro de un círculo.

(a)

Luego, en grupos, se mencionan otras ideas relacionadas con el concepto principal. Por ejemplo, una persona puede decir « sacarina », y este concepto se le agrega al concepto principal usando una raya (*line*) de la siguiente manera:

(b)

Es posible que al oír « sacarina », a otra persona se le ocurra decir « experimentos con ratas (en los laboratorios) » y entonces este concepto también se le agrega al mapa de la siguiente manera:

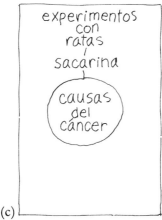

(c)

Posiblemente otra persona mencione una idea totalmente diferente, por ejemplo, « vitaminas ». Este concepto se le agrega al mapa con una nueva raya.

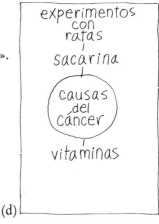

(d)

De esta manera se va formando un mapa conceptual. Ahora, con la ayuda del profesor (de la profesora), completa este mapa conceptual sobre las causas del cáncer.

Exploración

Paso 1. Lee rápidamente la lectura, tratando de comprender las ideas más importantes. No es necesario que leas palabra por palabra.

Paso 2. Ahora, trabajando con toda la clase, agréguenle al mapa conceptual de la sección **Anticipación** algunos de los nuevos conceptos que encontraron en la lectura. Traten de recordar lo que leíste sin volver a la lectura. ¿En qué forma ha cambiado (*has changed*) el mapa?

Paso 3. Haz una copia del mapa para poder usarlo más tarde.

Paso 4. Ahora vuelve a la lectura con más atención. No te detengas en (*Don't spend time with*) palabras cuyo significado no conoces si no puedes deducir lo que significan. Aquí hay nuevas palabras que te pueden ayudar a comprender mejor la lectura.

➤

LECTURA

Sí, los alimentos pueden producir cáncer

EXCESOS O DESEQUILIBRIOS NUTRITIVOS ESPECÍficos pueden ser el origen de ciertos cánceres. Un exceso de yodo puede prevenir el bocio, pero puede conducir al cáncer de tiroides. En Hawai y en el sur de las costas noruegas, se ingiere un exceso de yodo con los productos del mar. El cáncer de tiroides es más frecuente en estos países.

El total de cánceres ligados a la hipernutrición son numerosos; afectan al colon, recto, próstata, páncreas, riñones, mamas, ovarios, cuerpo uterino.

Estudios epidemiológicos —referidos el número de casos de enfermedad en una población establecida— han revelado el gran porcentaje de cáncer de mama y de colon en Estados Unidos, Canadá, Escocia, Inglaterra, Alemania del Oeste, Francia, Dinamarca y Australia; y la débil frecuencia de éstos en Japón y en ciertos países poco industrializados. Estas observaciones sugieren aún que los factores nutricionales desempeñan un papel muy importante en la causa de los mismos. Para acercar y aislar las causas nutricionales de los cánceres, grupos de investigación han estudiado poblaciones que, por razones religiosas o estrictamente de salud, siguen regímenes alimenticios especiales. Se ha podido comparar la incidencia —es decir, la frecuencia— de cánceres en estas poblaciones con relación a las poblaciones generales de los países en los cuales viven estas personas. En Estados Unidos, por ejemplo, dos comunidades han ofrecido datos interesantes:

- Los Adventistas del 7.° Día que viven en California y son vegetarianos (en efecto, se alimentan esencialmente de frutas, verduras, legumbres, así como de huevos y de productos lácteos), y

- los Mormones que viven en Utah y no consumen ni alcohol, ni tabaco, ni café, ni té, sino que hacen consumo muy moderado de carnes (una vez por semana) en un régimen alimentario muy equilibrado.

En el caso de los Adventistas del 7.° Día, el riesgo de cánceres de colon, de recto y de

---

el yodo: un elemento que tiene propiedades antisépticas
el bocio: tumor benigno o maligno en la glándula tiroides
los riñones: órganos del cuerpo cuya función es filtrar y limpiar la sangre; normalmente una persona tiene dos riñones

Las palabras a continuación son algunas de las muchas cuyo significado puedes deducir.

Cognados: **tiroides, débil, adeptos**
Deducible por el contexto: **netas**

¡OJO! La palabra **papel** tiene dos significados: *paper* y *role*. Entonces, ¿qué quiere decir « …los factores nutricionales desempeñan un papel muy importante… »?

mamas es notablemente inferior al que se observa en el resto de la población californiana. En el caso de los Mormones, los cánceres de estómago, de colon, son menos frecuentes que en el caso de los demás americanos, y que estas diferencias son netas.

Se sabe por otra parte que en la India, la incidencia de los cánceres de mama, colon y de recto es mucho más elevada entre los Parsis que entre los hindúes que son adeptos a la práctica del brahmanismo. En estas comunidades que viven en Bombay, pero que tienen religiones diferentes, los hábitos alimentarios son muy opuestos. Los hindúes no comen prácticamente nada de carne.

En la mayor parte de los países pobres, la gran mayoría de la población se alimenta con papillas cocidas y de cereales con legumbres y muy poco de carne y de materias grasas. En grupos bien estudiados, se ha observado que la frecuencia de ciertos cánceres es menos elevada que en Estados Unidos donde el consumo de carnes y de grasas de origen animal es uno de los mayores del mundo.

En estos últimos veinte años, en los países desarrollados, y en particular en Europa y Estados Unidos, la frecuencia de cáncer de estómago ha disminuido. Esta disminución está en relación con una modificación del comportamiento alimentario. Pero, ¿cuál o cuáles eran los alimentos causantes? La hipótesis de la sal como uno de los factores causantes del cáncer de estómago se discute actualmente. La regresión de la frecuencia del cáncer de estómago en Europa y en Estados Unidos estaría relacionada con la sustitución de las conservas saladas por alimentos ultra-congelados conservados sin utilizar sal. Estas modificaciones del comportamiento alimentario se acompañan de una reducción en la consumición de alimentos azucarados y de un aumento concomitante de frutas y vegetales conteniendo particularmente tasas elevadas de vitamina C.

Se ha indicado también la posibilidad de un déficit de vitamina A para explicar el desarrollo de los cánceres de cuello de útero.

El problema de las bebidas es igualmente importante. En efecto, ¿es necesario beber tan sólo agua? ¿Es preciso beber jarabe o bebidas azucaradas? ¿Puede beberse la clásica copita después del café?, ¿y el champagne?

Se ha culpado mucho al alcohol pero es necesario decirlo claramente: el alcohol por sí mismo no es cancerígeno. El café ha sido durante mucho tiempo acusado, pero actualmente no parece cierto que su consumo pueda engendrar cáncer excepto si se trata de un consumo excesivo (más de 2 o 3 cafés al día). Otros factores tóxicos pueden entonces asociarse, el tabaco por ejemplo, o factores psicológicos, ansiedad o angustia.

Síntesis

Paso 1.   En casa, agrégale al mapa conceptual algunas ideas nuevas. Trata de reorganizar el mapa cómo tú lo creas necesario. ¡Es posible que al final tu mapa sea bastante diferente del mapa que hicieron en clase!

Paso 2.   Al día siguiente, compara tu mapa con los de otras dos personas. ¿Son similares o diferentes?

Paso 3.   Responde a las preguntas del profesor (de la profesora). Puedes consultar el mapa, pero no el libro.

Trabajando con el texto

Paso 1.   En esta lectura, hay muchas palabras que terminan en **-do, -da, -das** o **-dos**. Concentrándote en el tercer párrafo (« Estudios epidemiológicos… »), pon un círculo alrededor de todas las que encuentres.

Paso 2.   La mayoría de estas palabras se derivan de verbos. Por ejemplo, **referidos** se deriva de **referir**. ¿Puedes identificar los verbos de los cuales las palabras del **Paso 1** se derivan?

Paso 3.   Algunas de estas palabras son adjetivos. Otras son parte de una conjugación verbal compuesta (*compound*). ¿Cuáles son adjetivos y cuáles parecen ser parte de un verbo? ¿Cómo lo sabes?

Paso 4.   Si dices que **han revelado** es una conjugación verbal, tienes razón. Esta conjugación es más o menos equivalente a *have + -ed* en inglés y se compone de dos partes: el participio y el verbo auxiliar. A base de lo que sabes del español, ¿puedes decir lo que quieren decir los verbos subrayados?

> Estudios epidemiológicos <u>han revelado</u> el gran porcentaje…
> …dos comunidades <u>han ofrecido</u>…
> Grupos de investigación <u>han estudiado</u>…

Vas a estudiar esta forma verbal en la **Unidad cinco** y vas a aprender un poco más sobre estos verbos compuestos en el *Manual.*

¡Sigamos!

UN VISTAZO

EL CANCER SE PREVIENE EN LA COCINA

Recientes estudios realizados en animales de experimentación han sugerido la posibilidad de que exista una relación entre el cáncer de colon y de recto y la dieta alta en grasas y baja en fibras vegetales.

Para confirmar estos hallazgos la Universidad de Oslo ha iniciado una valoración en un grupo de 157 hombres y 167 mujeres, que se sometieron a pruebas durante cinco semanas consecutivas.

Aunque los resultados no son ni mucho menos concluyentes, parece que las personas que consumen pocos vegetales tienen una mayor tendencia a la formación de pólipos y adenomas y que el exceso de grasa en la dieta produce un aumento en el tamaño de dichas formaciones, que aunque realmente no son tumores malignos con el tiempo pueden degenerar.

También fue interesante observar que las dietas con más fibra vegetal y menos grasa, a las que además se añadía un gramo diario de vitamina C, pueden constituir una buena medida para que no aparezcan estos pólipos y adenomas, y en el caso de que ya existieran, para que no crezcan o degeneren.

El trabajo es esperanzador y abre posibilidades preventivas para el futuro, que sirvan para disminuir la incidencia del cáncer colorectal, el más frecuente en el hombre, junto con el de pulmón, y el más frecuente en la mujer, junto con el de mama.

LAS FIBRAS *vegetales, preferibles.*

Luis Rubio

La prevención

Lee este artículo.

Actividad optativa
¡Inventa un lema[a]!

Inventa un lema para una campaña que tiene como propósito educar al público sobre la relación entre el cáncer y la dieta. Luego, los miembros de la clase deben comparar sus lemas.

[a] *slogan*

Conclusiones

Según lo que has aprendido en la lectura « Sí, los alimentos pueden producir cáncer », ¿cuál de las siguientes ideas parece ser la más lógica?

1. Una persona ha vivido toda su vida en los Estados Unidos y luego a los 50 años se va a vivir al Japón.
    a. Se puede reducir el riesgo de contraer cáncer.
    b. No se puede reducir el riesgo de contraer cáncer.
2. El cáncer de colon se asocia con el consumo de carne.
    a. Entonces la digestión de las grasas causa el cáncer.
    b. Probablemente también exista relación entre este tipo de cáncer y el consumo de pollo.

LOS HISPANOS HABLAN

¿Te preocupas por lo que comes?

NOMBRE: Bill Gutiérrez, profesor
EDAD: 36 años
PAÍS: los Estados Unidos, méxico-americano

« Sí, me preocupo mucho ahora por lo que como. Evito las grasas cuando puedo y también las carnes, pues dicen que tienen relación con los problemas cardíacos y también con el cáncer. En mi familia, dos de mis tíos maternos murieron de cáncer y mi mamá ha sufrido de cáncer de mama... así parece que en mi familia hay una predisposición a este tipo de enfermedad. Esto me frustra porque no puedo comer gran parte de la comida típica de mi cultura. »

Y AHORA...

Mis hábitos de comer

En esta lección has examinado las diferencias entre la comida casera y la comida preparada. Leíste « Los mejores alimentos pueden estar contaminados » y « Sí, los alimentos pueden producir cáncer ». Has aprendido algo sobre la relación entre la dieta y el cáncer. Sin embargo, muchos creen que los estudiantes tienen muy malos hábitos de comer. ¡Claro que ésta es una generalización! Muchos estudiantes sí los tienen. Otros no. En esta actividad vas a escribir una composición en que describes y explicas lo que tú comes. No tienes que incluir los hábitos de todos los estudiantes, sólo los tuyos si quieres. Puedes titular tu composición

El porqué de mis hábitos de comer

Paso 1. Piensa en quién va a leer esta composición. El lector es una persona que no sabe absolutamente nada de los hábitos de comer de los estudiantes. Es mayor que tú y puede ser un profesor (una profesora). Decide si vas a dirigirte al lector directamente o no.

Paso 2. Primero tienes que escoger la información que vas a incluir en la descripción.

☐ el porcentaje de comida casera vs. el porcentaje de comida comercial que comes

☐ el porcentaje de alimentos con aditivos vs. el porcentaje de alimentos frescos que comes

☐ la frecuencia con que consumes alimentos cancerígenos

☐ la frecuencia con que consumes alimentos de poco valor nutritivo

☐ la frecuencia con que consumes alimentos de gran valor nutritivo

☐ _____

Paso 3. Luego, tienes que pensar en las razones que explican tus hábitos. De la siguiente lista, selecciona las razones que te parecen apropiadas y anota algunas ideas.

☐ tu personalidad
☐ el costo de vida
☐ la conveniencia (la comida que se puede comprar en el área)
☐ tus gustos y preferencias
☐ tu horario

☐ las recetas que sabes preparar
☐ la historia de salud en tu familia
☐ la importancia que le das a lo que comes
☐ tu falta (*lack*) de interés en lo que comes

Paso 4. ¿Cómo vas a organizar las ideas?

☐ presentar primero las razones y después los hábitos
☐ presentar primero los hábitos y después las razones
☐ presentar cada hábito seguido por la razón que lo explica
☐ presentar cada razón seguida por el hábito que la razón explica

Paso 5. Piensa en cómo vas a comenzar la composición. Aquí hay unas posibilidades. ¿Son algunas mejores que otras?

☐ ¿Cuáles son los hábitos de comer del estudiante típico? ¿Por qué come lo que come?

☐ Algunos dicen que los estudiantes no comen bien. En esta composición...

☐ Voy a describir lo que como y explicar por qué lo como. Primero,...

☐ ¿Quiere Ud. saber algo de los hábitos de comer de los estudiantes? Bueno, no todos los estudiantes son iguales, así que...

¿Tienes otras ideas de cómo comenzar esta composición?

Paso 6. Al escribir el borrador debes tener en cuenta el vocabulario y también repasar las secciones **Para expresarse** que aprendiste en esta lección. ¿Puedes utilizar lo siguiente al expresar tus ideas?

1. los pronombres **le/les (me, te, nos)**
2. los verbos **interesar, importar, hacer caso**
3. **qué/cuál**

Paso 7. Escribe el borrador dos días antes de entregarle la composición al profesor (a la profesora). Limítate a escribir unas 250 palabras más o menos. A continuación hay una lista de palabras y frases útiles.

por eso	*therefore*
aunque	*even though*
en gran parte	*for the most part*
por ahora	*for now*
por lo general	*generally*
desgraciadamente	*unfortunately*
afortunadamente	*fortunately*

Paso 8. Redacta (*Edit*) el borrador paso por paso un día antes de entregarle la composición al profesor (a la profesora).

I. Información
- ☐ Descripción de tus hábitos
  ¿Es tan clara la descripción que hace que el lector pueda visualizar lo que comes? ¿Es tan clara que la persona puede hacer un análisis de lo que comes?
- ☐ Explicaciones
  ¿Expresas con claridad las razones?

II. Lenguaje
- ☐ Pon un círculo alrededor de cada pronombre (**le, les, me, te, nos**)
  ¿Es apropiado el uso del pronombre? ¿Está en la posición correcta en la oración?
- ☐ Pon una marca sobre cada verbo.
  ¿Es correcta la forma del verbo?
- ☐ Subraya cada uno de los usos de **qué** y **cuál**.
  ¿Es correcto el uso de estas palabras?

También debes revisar la concordancia de los adjetivos en tu composición.

Paso 9. Haz los cambios necesarios y luego entrégale la composición al profesor (a la profesora). Si quieres, antes de entregarla, pídele a otra persona que la lea. ¿Tiene comentarios? ¿correcciones?

VOCABULARIO

Vocabulario básico

La preparación de las recetas	Preparation of recipes		el fuego	fire
			el horno	oven
			los ingredientes	ingredients
el agua tibia	warm water		**la licuadora**	blender, mixer
al gusto	according to taste		**picado/a**	chopped
la cacerola	saucepan		**un poco (de)...**	a little (of) . . .
caliente	hot		**la sartén**	frying pan

agregar (gu)	to add
amasar	to knead
añadir	to add
batir	to beat, mix
calentar (ie)	to warm (up), heat (up)
cocer (ue) (z)	to cook
cortar	to cut
cuajar	to jell, set
darle vuelta	to turn (*something*)
echar	to pour
freír (i, i)	to fry
hervir (ie, i)	to boil
licuar	to liquefy, blend
picar (qu)	to chop
quitar	to remove, take away
sacudir	to shake
sazonar	to season

Comestibles — Foods

la arepa	round corn loaf (*Lat. Am.*)
el arroz con pollo	chicken with rice
el azúcar	sugar
el bróculi	broccoli
la cebolla	onion
el cilantro	coriander
las comidas fritas	fried foods
el champiñón	mushroom
el chile	red, green, or bell pepper
el chile relleno	stuffed pepper
la margarina	margarine
la masa	dough
la mostaza	mustard
la nuez	nut
la pimienta	pepper
el relleno	filling
la sal	salt

la salsa picante	hot sauce
el vinagre	vinegar

Palabras y expresiones útiles

cuarta taza	quarter of a cup
despacio	slowly
le	to him, to her, to it, to you (*pol., sing.*)
les	to them, to you (*pl.*)
media cucharada	half a spoonful
el peligro	danger
peligroso/a	dangerous
hacer caso a	to pay attention to
importar	to be important, to matter
interesar	to interest, be interesting
preocuparse por	to worry about

Vocabulario y expresiones del tema

el aditivo	additive
el cáncer de mama	breast cancer
cancerígeno/a	carcinogenic
contraer (una enfermedad)	to contract (a disease)
estar contaminado/a	to be contaminated, polluted
el ganado vacuno	cattle
el hongo	fungus; mushroom
el pesticida	pesticide
los productos enlatados	canned goods
las sustancias dañinas	harmful substances
el tejido	tissue (*of body*)

OTRAS IDEAS

❖ **Actividad A** Los mejores cocineros (*cooks*)

Paso 1. Entre todos, los estudiantes de la clase deben escoger una de las recetas que aparecen en las páginas 248–249. Luego deben elegir a tres personas que consideran ser buenos cocineros.

Paso 2. Cada una de estas personas por separada debe preparar el plato de la receta. Un día después, deben llevar los platos preparados a la clase.

Paso 3. Cinco personas deben hacer el papel de jueces (*judges*). Éstas van a probar los platos para decidir quién es el mejor de los tres cocineros. ¡OJO! Sería (*It would be*) bueno llevar ese día a la clase un horno portátil de microondas (*microwave*).

UN VISTAZO

Caldo miche

A continuación hay una receta mexicana. ¿Crees que puedes seguir las instrucciones? ¡OJO! Esta receta tiene formas verbales que no has estudiado (*you haven't studied*). Por ejemplo, **ponga** (poner) = *put* (**Ud.** *command*); **añada** (añadir) = *add* (**Ud.** *command*).

VOCABULARIO ÚTIL

pescado bagre — *catfish*
jitomate — *tomato* (*Mex.*)
perones — *type of apple* (*Mex.*)

INGREDIENTES
(6 porciones)

Pescado bagre	1 kilo
Jitomate picado	2 pzas.
Cebolla picada	1 pza.
Chiles verdes	8 pzas.
Sal	al gusto
Orégano	1/4 cdta.
Cilantro picado	1 cda.
Laurel	1 hoja
Ajo	2 dientes
Perones en rebanadas	2 pzas.

MANERA DE HACERSE:

1. Ponga a hervir 2 litros de agua, agregue el jitomate, la cebolla y los dientes de ajo picados, después añada los chiles enteros, el orégano, el laurel, el cilantro y la sal.

2. Una vez que la cebolla esté cocida, agregue el pescado previamente lavado, déjelo por 5 min. y sáquelo; quítele el pellejo al pescado y vuélvalo a poner en el caldo. Agregue los perones y deje que dé un hervor.

caldo miche

RECOMENDACION:
No hay que mover mucho el pescado pues se puede desbaratar.

❖ **Actividad B** Metáforas

En el poema «La receta» Luz María Umpierre usa una metáfora para hablar del racismo. Una metáfora consiste en usar el lenguaje y las imágenes de un concepto para describir otro. Por ejemplo, Luz María dice

«Había que cocinarme y amoldarme... »

cuando en realidad Luz María, como cualquier persona, no puede cocinarse como un alimento.

Paso 1. ¿Qué expresiones de las recetas puedes usar tú para describir una situación o un concepto que no tiene nada que ver con (*that doesn't have anything to do with*) la cocina? Con dos personas, inventen una o dos oraciones y escriban la explicación de cada una.

MODELO: « Ese curso te fríe. » (*That course fries you.*) Esto quiere decir que el curso es muy difícil, que requiere muchísimo trabajo.

Paso 2. Cada grupo debe presentar sus expresiones a la clase. Si hay otras clases de español, compartan sus expresiones con ellas. ¿Cuáles son las expresiones más cómicas? ¿las más imaginativas? ¿las más serias?

❖ **Actividad C** Preocupaciones

¿Te preocupas por tu salud? ¿por las enfermedades? En cuanto a la salud y las enfermedades, ¿cuáles son las preocupaciones mayores de tus amigos? ¿Tienen miedo de contraer una enfermedad?

Paso 1. Usando una escala de 0 (No me preocupa nada) a 10 (Me preocupa mucho), indica el nivel de tu preocupación por las siguientes enfermedades.

_____ el cáncer
_____ el SIDA (Síndrome de Inmunodeficiencia Adquirida)
_____ las enfermedades cardíacas
_____ las enfermedades venéreas

_____ otra: _____

Paso 2. Entrevista a cinco personas fuera de clase y anota sus respuestas.

Paso 3. Comparte las respuestas que obtuviste en el **Paso 2** con los demás miembros de la clase. En general, ¿se preocupan mucho los estudiantes de contraer una enfermedad?

EL BIENESTAR

Francisco Goya (español, 1746–1828), *Saturno devorando a uno de sus hijos*, 1820–1824

Observa las siguientes fotografías. ¿Qué imágenes se te ocurren? Ahora mira la obra de la página anterior. Cuando el artista la pintó (*painted*), ¿en qué pensaba? ¿En qué condición física y emocional se encontraba? En esta unidad vas a explorar algunos temas relacionados con el bienestar y el malestar.

¿Pasas por períodos de tristeza como esta chica chilena? ¿Cuáles son los síntomas de la tristeza o la depresión?

¿Qué emoción sientes al ver este cuadro? ¿Crees que la mujer está triste (*sad*)? (Glugio Gronk Nicandro [estadounidense, 1954–　] *La tormenta*, 1985)

Para Bobby Ojeda y Gabriela Sabatini los deportes son una profesión. Para muchos, los deportes son solamente una diversión. ¿Practicas tú algún deporte? ¿Te ayuda a sentirte bien normalmente?

Una madre le grita a su hijo. ¿Te enojas tú *(Do you get mad)* fácilmente? ¿Gritas con frecuencia?

Una joven mexicana se ríe de algo. ¿Qué beneficios físicos y mentales hay en la risa (*laughter*)?

¿Cómo refleja el arte lo que siente el artista? (Pablo Picasso, *La planchadora*, 1904)

Algunas personas buscan ayuda profesional cuando tienen algún malestar. ¿Con quién hablas tú cuando tienes un problema?

¿CÓMO TE SIENTES?

*I*n this lesson you'll examine the topic of moods and states of mind. As you do so, you will

- describe the way you feel
- identify your moods and circumstances that affect them
- analyze the ways you and others deal with different emotional states
- continue asking and answering questions in Spanish to exchange information with your classmates

IDEAS PARA EXPLORAR
LOS ESTADOS DE ÁNIMO (*STATES OF MIND*)

¿CÓMO SE SIENTE?

Las experiencias de Claudia

Son las 9.00 de la mañana. Claudia se prepara para un examen de física. **Está nerviosa** porque el examen va a ser difícil.

Su compañera de cuarto hace mucho ruido. Claudia no puede concentrarse y **se pone enfadada.**

A la 1.00 toma el examen. No tiene idea de cómo va a salir. **Está muy tensa** durante el examen.

Después del examen, va al gimnasio a hacer ejercicio. Después, **se siente más relajada.**

Por la tarde, va al trabajo. Trabaja hasta muy tarde y, naturalmente, **está cansada.**

Al día siguiente, va a su clase de historia. La voz de la profesora es monótona, y Claudia **está aburrida** (*bored*).

En la clase de física, el profesor le devuelve el examen. Su nota es 55%. Claudia **se siente avergonzada** (*ashamed*).

Claudia **se siente deprimida** (*depressed*).

Al otro día Claudia habla de su nota con el profesor. Descubren que el profesor se equivocó. La nota debe ser 95%, no 55%. Claudia **se pone muy contenta.** El profesor le dice, « Perdona, todos nos equivocamos, ¿no? »

¡Ahora Claudia **se siente muy orgullosa!**

When talking about someone else's state of being, you may use **está** or **se siente** with an adjective.

> Claudia **está contenta.**   *Claudia is happy.*
> Hoy **se siente un poco**   *Today she feels a bit nervous.*
> **nerviosa.**

To express the idea of a change in mood, you often can use **se pone** with an adjective.

> Su compañera de cuarto hace mucho ruido y Claudia **se pone enfadada** (gets mad).

You will learn more about these verbs in the *Manual.*

VER EL MANUAL

Actividad A ¿Cómo se siente Claudia?

A continuación aparece una lista de los pensamientos (*thoughts*) que tuvo Claudia durante los tres días que se describen en **Para expresarse.** Relaciona los estados de ánimo que va a leer tu profesor(a) con los pensamientos de la lista.

> MODELO: PROFESOR(A): Está nerviosa.
>   CLASE: Es el número 2.

1. _____ Me gustaría dormir diez horas esta noche.
2. _____ ¡Dios mío! ¡Sólo me quedan cuatro horas (*I only have four hours left*) para estudiar!
3. _____ Van a pensar que soy muy tonta (*dumb*).
4. _____ Si esa profesora dice « ¡muy bien! » una vez más, me va a dar un ataque cardíaco.
5. _____ ¡Fantástico! ¡Fue un error! Entonces sí saqué (*I got*) una buena nota.
6. _____ No quiero ver a nadie. Quiero estar completamente sola.

Actividad B ¿Por qué?

El profesor (La profesora) va a leer algunos estados de ánimo comunes a los estudiantes de hoy. Selecciona la actividad que puede provocar ese sentimiento en los estudiantes.

1. a. Estudia en la biblioteca.   b. Tiene tres exámenes hoy.   c. Durmió bien anoche.
2. a. Tiene que estudiar, pero su compañero/a de cuarto tiene la radio a todo volumen.   b. Recibió una carta de una amiga esta mañana.   c. Va de compras después de clases.
3. a. Asiste a clases.   b. Va a la cafetería a almorzar.   c. Ganó un millón de dólares en la lotería.
4. a. Va a una fiesta con los amigos.   b. Comió en un buen restaurante anoche.   c. Sacó una F en un examen.

Actividad C ¿De buen o mal humor?

Paso 1. Cuando sientes las siguientes emociones, ¿generalmente estás de buen o mal humor?

	...estoy de buen humor.	...estoy de mal humor.
1. Si estoy aburrido/a	☐	☐
2. Si me siento cansado/a	☐	☐
3. Si estoy contento/a	☐	☐
4. Si me siento deprimido/a	☐	☐
5. Si estoy enojado/a (*angry*)	☐	☐
6. Si estoy nervioso/a	☐	☐
7. Si me siento relajado/a	☐	☐
8. Si me siento avergonzado/a	☐	☐
9. Si me siento orgulloso/a	☐	☐

Paso 2. Ahora compara tus respuestas con las de un compañero (una compañera) de clase.

Actividad D ¡Malas noticias!

En tu opinión, ¿cuál es el problema de Claudia?

—¿Qué te pasa? Estás muy tensa.
—Sí, hombre. Tengo que llamar a mis padres.

—¿Y por eso estás tensa?

—No entiendes. Tengo que darles malas noticias y se van a poner muy enfadados conmigo...

PARA EXPRESARSE · ¿TE SIENTES BIEN?—¡ME SIENTO PERFECTAMENTE BIEN!

—¿Qué te pasa, Luis? Te ves muy mal. ¿Te sientes bien?

—Ay, Paco... Llegué tarde a mi primera clase y se me olvidó escribir la composición para la clase de inglés. Y al llegar a la clase de matemáticas, supe que íbamos a tener un examen hoy. ¡Qué desastre!

—Ah... Ahora comprendo por qué te sientes mal. ¡Amigo, te invito a otro café!

Some of the expressions used in this lesson contain reflexive verbs. Remember to use the correct pronoun.

> ¿Cómo **te sientes**? —¿Yo? **¡Me siento** estupendo!
> Mi hermano y yo **nos ponemos** tan enfadados con nuestros papás.
> ¿**Se sienten** Uds. aburridos cuando llueve?

VER EL MANUAL

Actividad E Asociaciones

¿Qué sentimientos asocias con lo que te rodea (*surrounds you*)? Escoge tres o cuatro elementos de las siguientes listas y dile a tu compañero/a de clase con qué sentimientos asocias estos elementos. Luego tu compañero/a de clase va a hacer lo mismo con los tres o cuatro elementos escogidos por él o ella.

MODELOS: Asocio el color amarillo con estar contenta.
          Me siento nerviosa cuando estoy con mi profesora de química.

Colores

amarillo	café	negro
azul	gris	rojo
blanco	morado	verde

Cosas

el chocolate	las computadoras	las novelas
una cita (*date*) con un amigo (una amiga)	el dinero	un objeto de arte
	la lluvia (*rain*)	los regalos (*gifts*)

Ocasiones

mi cumpleaños (*birthday*)	un funeral	los sábados
los exámenes	los lunes	las vacaciones

➤

Personas

mi madre	mi hermano/a mayor	mi compañero/a de cuarto
mi padre	mi hermano/a menor	el profesor (la profesora) de _____

Actividad F ¿Con qué frecuencia...?

Entrevista a dos compañeros/as de clase. Pregúntales con qué frecuencia experimentan (*they experience*) los siguientes estados de ánimo.

1 = nunca   2 = raras veces   3 = a menudo (con frecuencia)

	PERSONA 1			PERSONA 2		
¿Con qué frecuencia...	1	2	3	1	2	3
1. te sientes muy alegre?	☐	☐	☐	☐	☐	☐
2. te sientes aburrido/a?	☐	☐	☐	☐	☐	☐
3. te pones enfadado/a?	☐	☐	☐	☐	☐	☐
4. te sientes deprimido/a?	☐	☐	☐	☐	☐	☐
5. te sientes avergonzado/a?	☐	☐	☐	☐	☐	☐
6. te sientes tenso/a?	☐	☐	☐	☐	☐	☐
7. te pones triste?	☐	☐	☐	☐	☐	☐
8. te sientes relajado/a?	☐	☐	☐	☐	☐	☐
9. te sientes seguro/a de ti mismo/a (*self-confident*)?	☐	☐	☐	☐	☐	☐

	SÍ	NO		SÍ	NO
10. Por lo común, ¿estás de buen humor?	☐	☐		☐	☐
¿o de mal humor?	☐	☐		☐	☐

¿SABÍAS QUE...

...en el lenguaje hablado los jóvenes hispanohablantes utilizan una variedad de expresiones y dichos[a] para expresar cómo se sienten. Algunas de estas expresiones se vienen usando desde hace muchos años,[b] pero otras pertenecen a la jerga[c] de la juventud[d] de hoy.

Para expresar que uno se siente bien, se usan con frecuencia estas frases:

¡Me va súper bien!	¡No puedo estar mejor!
¡Estoy súper contento!	¡Me siento como un campeón!
¡Estoy, pero, muy bien!	¡Estoy como un rey!

Para expresar estados de ánimo negativos, se utilizan las siguientes expresiones:

¡Me siento fatal!	¡Estoy que me tiro del último
¡Estoy que me muero!	piso!
¡No aguanto más!	¡Quisiera pegarme un tiro!
¡No puedo más!	¡Estoy que mato a cualquiera!
	¡Ni me preguntes cómo estoy!

---

[a] *sayings*   [b] *se... have been in use for many years*   [c] *slang*   [d] *youth*

Actividad G ¿Cómo te sientes en estas circunstancias?

Marca cada frase que describe tu propia experiencia. Inventa una frase y escríbela en el espacio en blanco en cada número.

1. Me siento bastante tenso/a...
    - ☐ cuando tengo mucho trabajo.
    - ☐ cuando tengo varios exámenes el mismo día.
    - ☐ cuando necesito dinero y no lo tengo.
    - ☐ al final del semestre/trimestre.
    - ☐ _____

2. Me pongo enojado/a cuando...
    - ☐ recibo una mala nota.
    - ☐ alguien habla mal de un amigo mío (una amiga mía).
    - ☐ alguien me promete (*promises*) hacer algo pero no lo hace.
    - ☐ alguien me llama por teléfono mientras duermo.
    - ☐ _____

3. Me siento triste cuando...
    - ☐ llega la época de Navidad.
    - ☐ muere un pariente.
    - ☐ mis amigos no recuerdan mi cumpleaños.
    - ☐ veo un animal muerto en la carretera (*road*).
    - ☐ _____

4. Me siento muy contento/a cuando...
    - ☐ compro algo nuevo.
    - ☐ me miro en el espejo (*mirror*).
    - ☐ manejo mi automóvil.
    - ☐ veo a mi familia.
    - ☐ _____

Actividad H Entrevista

Paso 1. Entrevista a un compañero (una compañera) de clase, y pregúntale cómo respondería a las situaciones descritas en la **Actividad G.** (Recuerda que debes hacer las preguntas usando las formas de **tú.**)

> ¿Te sientes triste cuando tus amigos no recuerdan tu cumpleaños?

Apunta todas las respuestas de tu compañero/a.

Paso 2. ¿Cómo se comparan? Tu compañero/a y tú van a juntarse con otras dos personas para formar un grupo de cuatro. Explíquenles a las otras dos personas en qué se parecen y en qué son diferentes tu compañero/a y tú.

MODELOS: Los dos nos sentimos tensos cuando recibimos malas notas.

Juan se siente alegre cuando se mira en el espejo. En cambio yo me siento triste.

Una recomendación

Mira la tira cómica a continuación. ¿Te sientes así a veces? ¿Puede resolver los problemas el dinero?

IDEAS PARA EXPLORAR
REACCIONES

PARA EXPRESARSE ¿CÓMO SE REVELAN LAS EMOCIONES?

Un día en la vida de Luis

Luis mira una película en la televisión. La película tiene escenas muy variadas.

Durante las escenas cómicas

Luis **se ríe.**

Durante las escenas románticas

Luis se siente avergonzado y **se sonroja.**

Durante una escena de suspenso

Luis **se come las uñas** porque **está asustado.**

Luego, al llegar el final trágico

Luis **llora.**

Un día en la vida de Claudia

Mientras Claudia está en su apartamento, ocurre una escena dramática entre su compañera de cuarto y el novio.

Claudia está limpiando el apartamento. Se siente muy contenta y por eso **está silbando.**

Llega su compañera de cuarto con el novio. Están muy enfadados.

Su compañera va directamente al cuarto y **se encierra.**

« Silvia, háblame. » Silvia **permanece callada** (es decir, no habla, no contesta).

Finalmente cuando se va su novio, Silvia sale de su dormitorio y comienza a **quejarse de él.** « No lo puedo creer. Sólo quiere hacer lo que él quiere. ¡Es tan egoísta! »

Claudia piensa, « ¡Qué cómicos! No cambian. Siempre la misma historia. »

Otras expresiones

asustar	to frighten	**tener dolor de cabeza**	to have a headache
contar (ue) un chiste	to tell a joke	**tener miedo**	to be afraid
gritar	to shout	**tener vergüenza**	to be ashamed, embarrassed
pasarlo (muy) mal	to have a (very) bad time; to fare (very) badly		

VER EL MANUAL

Actividad A ¿Cierto o falso?

Indica si las oraciones que va a leer tu profesor(a) son ciertas o falsas.

	CIERTO	FALSO
1.	☐	☐
2.	☐	☐
3.	☐	☐
4.	☐	☐
5.	☐	☐
6.	☐	☐

UN VISTAZO

Un torero habla francamente

A continuación aparece parte de una entrevista con el torero español Joselito.

Actividad optativa Los sentimientos de un torero joven

Paso 1. Lee rápidamente la entrevista. Luego contesta las siguientes preguntas.

1. ¿Cuántos años tiene el torero Joselito?
2. En tu opinión, ¿qué prefiere Joselito, pasear durante el día o pasear durante la noche?

Paso 2. ¿Qué quiere decir la expresión «me pongo fatal»?

a. I feel awful   b. I feel really good

Paso 3. ¿Cuál es tu reacción cuando ves una película de horror?

☐ Grito.
☐ Me como las uñas.

☐ Me tapo la cabeza o los ojos.
☐ Otra: _____

TORERO Y VIRGEN: JOSELITO

ES UN NIÑO, APENAS DIECISIETE AÑOS, SE CONFIESA VIRGEN Y REPRESENTA LO ULTIMO EN TOREO. TIENE INTERES EN GANAR MUCHO DINERO Y ASEGURA QUE NO CREE EN VIRGENES NI ESTAMPITAS, SOLO EN SU PROPIO ESFUERZO. DEJALO QUE HABLE.

–¿A qué le tienes más miedo?
–La oscuridad me asusta, pero cuando veo películas de miedo es cuando realmente lo paso muy mal. Me obsesiono, me pongo fatal, me tapo la cabeza[a] y tengo que esconderme.

---

[a] me... *I cover my head*

Actividad B ¿Por qué?

Tu profesor(a) va a leer las reacciones de algunos estudiantes. Escoge la letra de la actividad que mejor explica por qué esta persona reaccionó de esta manera.

1. a. Tiene dolor de cabeza.
   b. Ve a un buen amigo.
   c. Recibió malas noticias.
2. a. Recibió un cheque de sus padres.
   b. Descubre que se ganó la lotería.
   c. El dependiente del supermercado no lo trató con respeto.
3. a. Se preparó un desayuno saludable.
   b. Ofendió a alguien sin quererlo.
   c. Sabe jugar bien al tenis.
4. a. Alguien le contó un chiste.
   b. Ve una escena de horror en la televisión.
   c. Se acostó temprano.

Actividad C Reacciones

Paso 1. Con un compañero (una compañera) de clase determinen si las siguientes reacciones son voluntarias, involuntarias o ambas (*both*), según las circunstancias.

	VOLUNTARIAS	INVOLUNTARIAS	AMBAS
comerse las uñas	☐	☐	☐
gritar	☐	☐	☐
quejarse	☐	☐	☐
ponerse rojo/a	☐	☐	☐
sonreír	☐	☐	☐
encerrarse	☐	☐	☐
llorar	☐	☐	☐
permanecer callado/a	☐	☐	☐
silbar	☐	☐	☐
reírse	☐	☐	☐

Paso 2. Ahora decidan si las mismas reacciones son positivas, negativas o pueden ser ambas.

	NEGATIVAS	POSITIVAS	AMBAS
comerse las uñas	☐	☐	☐
gritar	☐	☐	☐
quejarse	☐	☐	☐
ponerse rojo/a	☐	☐	☐
sonreír	☐	☐	☐
encerrarse	☐	☐	☐
llorar	☐	☐	☐
permanecer callado/a	☐	☐	☐
silbar	☐	☐	☐
reírse	☐	☐	☐

Paso 3. Ahora, toda la clase debe escoger las reacciones más negativas. Después, debe decidir si son fáciles o difíciles de cambiar.

> MODELO: _____ es una reacción muy negativa. Es fácil/difícil de cambiar porque _____.

Actividad D Definiciones

Fíjate otra vez en el nuevo vocabulario que aparece en las páginas 289–290. Da la palabra que corresponde a cada definición.

> MODELO: llenarse los ojos de lágrimas (líquido que segregan las glándulas situadas en los ojos) →
> llorar

1. manifestar disgusto o inconformidad con algo o con alguien
2. no decir nada, guardar silencio, no contestar a los demás
3. cambiar de color la cara involuntariamente
4. levantar la voz cuando se está furioso/a
5. entrar en un cuarto y cerrar la puerta para estar solo/a

Actividad E ¡Malas noticias! (continuación)

Mira otra vez los dibujos de la página 284. Luego, mira los dibujos a continuación. ¿Quieres cambiar tu opinión sobre el problema de Claudia? ¿Cuáles pueden ser las circunstancias que motivan su reacción?

—Te estás comiendo las uñas. ¿Qué te pasa?

—Ahora estás llorando.
—Perdona, Luis. No siempre reacciono así.

—Dime, Claudia, ¿qué te pasa? ¿Por qué estás tan alterada (*upset*)?

Actividad F ¿Estás de acuerdo?

Paso 1. Di si estás de acuerdo o no con las siguientes opiniones.

	ESTOY DE ACUERDO	NO ESTOY DE ACUERDO	DEPENDE
1. Es bueno gritar si uno está muy enojado.	☐	☐	☐
2. Si uno se siente deprimido, es importante llorar.	☐	☐	☐
3. Es bueno comerse las uñas cuando uno está tenso.	☐	☐	☐
4. Ponerse rojo es vergonzoso (*embarrassing*).	☐	☐	☐
5. Es necesario sonreír cuando uno conoce a alguien por primera vez.	☐	☐	☐
6. No es malo reírse cuando otra persona se cae (*falls down*).	☐	☐	☐
7. Si alguien lo insulta a uno, es mejor permanecer callado en vez de gritar.	☐	☐	☐
8. Es aceptable silbar en un lugar público, como en un super-mercado.	☐	☐	☐

Paso 2. Entrevista a otra persona en la clase para ver si está de acuerdo con tus opiniones. Puedes usar los siguientes modelos.

MODELOS: En tu opinión, ¿es bueno gritar...?

¿Crees que es bueno gritar...?

Paso 3. Ahora comparte tus resultados con los otros estudiantes de la clase. ¿Tiene la clase más o menos las mismas opiniones?

Actividad G Interacciones

Empareja (*Match*) las acciones de la columna A con las reacciones de la columna B.

A

1. _____ Te ríes como un loco (una loca).
2. _____ Te quejas constantemente.
3. _____ Estás llorando.
4. _____ Estás muy callado/a.
5. _____ Te encierras en tu cuarto con un portazo (*slam of the door*).
6. _____ Te comes las uñas en una fiesta.

B

a. La gente comienza a distanciarse de ti.
b. La gente te dice: «Pobrecito/a. No me gusta verte sufrir así».
c. Alguien te dice: «¿Por qué estás tan nervioso/a?»
d. Alguien te dice: «¿Qué es lo que te parece tan chistoso (cómico)?»
e. Alguien te dice: «Nunca te he visto tan enojado/a».
f. Alguien te dice: «¿Por qué no dices nada?»

...las obras de arte con frecuencia reflejan los estados de ánimo y las emociones de los artistas? Por ejemplo, las obras del pintor español Francisco de Goya y Lucientes (1746–1828) demuestran los cambios emocionales que el artista experimentó en su vida. Sus primeras obras son bastante inocentes. Representan escenas tranquilas y populares. Reflejan una época de la vida de Goya en la cual él se sentía contento. Más tarde en su vida, cuando tenía más de 70 años, Goya no era feliz. Las pinturas de esta época reflejan una actitud negativa y un profundo escepticismo. Es fácil ver en ellas que, en sus últimos años, el pintor estaba triste, desilusionado y angustiado.

Primeras obras de Goya. Se sentía contento y sus pinturas lo reflejan. A la izquierda: *El pelele*, 1791–1792; abajo: *La merienda a orillas del Manzanares*, 1776

Estas obras de Goya pertenecen a la época en la cual él estaba desilusionado y deprimido. Abajo: *Dos viejos comiendo sopa* (fecha desconocida); a la derecha: *Saturno devorando a uno de sus hijos*, 1820–1824

Actividad H Otra vez, ¿con qué frecuencia?

Entrevista a las mismas personas que entrevistaste en la **Actividad F** de la
página 286.

1 = nunca   2 = raras veces   3 = a menudo

		PERSONA 1			PERSONA 2		
		1	2	3	1	2	3
1.	Cuando estás enojado/a, ¿con qué frecuencia gritas?	☐	☐	☐	☐	☐	☐
2.	Si te sientes triste, ¿con qué frecuencia lloras?	☐	☐	☐	☐	☐	☐
3.	Cuando tienes miedo, ¿con qué frecuencia te comes las uñas?	☐	☐	☐	☐	☐	☐
4.	Cuando te sientes avergonzado/a, ¿con qué frecuencia te pones rojo/a?	☐	☐	☐	☐	☐	☐
5.	Cuando no estás contento/a, ¿con qué frecuencia te quejas?	☐	☐	☐	☐	☐	☐
6.	Cuando te sientes muy enfadado/a, ¿con qué frecuencia te encierras en tu cuarto?	☐	☐	☐	☐	☐	☐

UN VISTAZO

Los meses grises

Lee rápidamente la lectura « La depresión que surgió del frío. » No te
preocupes si encuentras palabras que no entiendes; trata de deducir las
que puedas. (Nota: **surgió** = *sprang from*.)

Paso 1. ¿De qué trata este texto?

☐ El invierno es una buena época para tomar vacaciones y esquiar en la
nieve.

☐ Para muchos, el invierno es una época en la que se sienten tristes y
tienen poca energía.

☐ El frío es la causa de muchas enfermedades porque ciertos virus son
más activos durante el invierno.

Paso 2. (El **Paso 2** es para los estudiantes que viven en lugares donde
hay cambios climáticos muy pronunciados, como en el Norte y en el
Oeste Medio.) Entrevista a otra persona y hazle estas preguntas.

1. ¿Te sientes más triste durante el invierno?

2. ¿Conoces a otras personas que se sientan tristes o deprimidas durante
el invierno?

3. ¿Cuál de las siguientes oraciones describe mejor tu opinión sobre el
invierno?

☐ Creo que el invierno es una estación bonita y la disfruto mucho.
☐ El invierno es como las otras estaciones, ni más ni menos.
☐ Odio el invierno.

Paso 3. Compara tus resultados con los de los otros estudiantes.

Nace una enfermedad: el sindrome invernal
La depresión que surgió del frío

Dentro de la relativa fiabilidad que ofrecen siempre las estadísticas—y aún teniendo en cuenta que mucha gente no les otorga ninguna en absoluto— resulta curioso comprobar que la mayoría de los estudios realizados por psicólogos de muchos países muestran una alarmante coincidencia: en determinada época del año, la humanidad se deprime. No toda la humanidad, por supuesto; pero sí que aumenta enormemente el porcentaje de depresiones, sobre todo en cierto tipo de gente, sobre todo en algunos países.

La época es el otoño-invierno, los meses grises. Y no solamente aumenta el número de depresiones que necesitan tratamiento; es que incluso el humor general empeora. Un número muy elevado de personas no se siente demasiado a gusto durante esos meses del año; en la literatura, la pintura, la música y la práctica totalidad de las manifestaciones artísticas, el otoño es considerado tradicionalmente como una estación *triste*. Las estadísticas nos muestran que, con la caída de la hoja, aumenta el consumo de alcohol y drogas. Tanto la prensa escrita como la audiovisual multiplican en esas fechas sus artículos e informes sobre la depresión (y este que está usted leyendo no es sino uno más). En resumen, los primeros y últimos meses del año parecen traer consigo un ensombrecimiento general del estado de ánimo, hasta que la llegada de la primavera vuelve a mejorarnos el carácter.

Nada de esto ocurre por casualidad. Las personas que se deprimen en esta época son víctimas de una enfermedad perfectamente definida y aceptada por los psicólogos europeos. Se le llama depresión invernal, pero su término exacto es *trastorno afectivo estacional*, o también SAD que, además de significar *triste*, son las iniciales de su definición en inglés: *Seasonal Affective Disorder*. Se produce sobre todo en los países nórdicos, como Islandia, Noruega, Finlandia y Holanda, entre los meses de noviembre y enero, pero la *soleada* España no se libra tampoco de sus efectos.

Los términos antes mencionados con los que se conoce este tipo de depresión llaman a engaño; es un trastorno afectivo estacional, en efecto, pero el cambio de estaciones no es la verdadera causa. El invierno no es solamente una época más fría, sino también más oscura; por término medio disfrutamos de menos luz solar, y esta luz es la clave. Es la falta de luz la que nos deprime.

UN VISTAZO

Las vacunas[a]

[a] *Vaccinations*

PARA EXPRESARSE ¿TE FALTA ENERGÍA?

You already know how to say that you don't have something (**No tengo...**), but there is another way to express that something is missing: **faltar.** The verb **faltar** means *to be missing* or *lacking.* It is generally used with **me, te, nos, le,** and **les** to indicate that somebody is lacking or missing something.

> **Me falta** energía durante el invierno.
> ¿**Te falta** energía a ti también?

Like **gustar, faltar** normally occurs in third-person forms only (**falta/faltan, faltaba/faltaban, faltó/faltaron,** etc.).

VER EL MANUAL

Actividad I Firma aquí, por favor

1. ¿Te falta energía durante el invierno? _____

2. Cuando estás triste, ¿te falta energía? _____

3. Cuando estás tenso/a, ¿te falta ánimo (*pep, spirit*)? _____

4. Cuando estás nervioso/a, ¿te falta la capacidad de concentrarte? _____

5. Cuando te sientes triste, ¿te falta el impulso de hacer algo?

IDEAS PARA EXPLORAR
PARA SENTIRTE BIEN

PARA EXPRESARSE   ¿QUÉ HACES PARA ALIVIAR LA TENSIÓN?

Para aliviar la tensión Claudia participa en actividades físicas.

Hace ejercicios aeróbicos.

Levanta pesas.

Nada.

Juega al basquetbol.

Camina.

Juega al tenis.

También le gusta hacer otras cosas que la relajan.

Sale con los amigos.

Va al cine.

Va de compras.

Cuando se siente tenso, Luis, al igual que Claudia, hace actividades físicas como practicar deportes.

Corre.

Juega al fútbol.

Juega al béisbol.

Juega al boliche.

A veces se dedica a actividades artísticas en su casa.

Pinta.

Toca la guitarra.

Canta.

Actividad A Categorías

Paso 1.   Tu profesor(a) va a leer una lista de actividades. Escribe cada actividad en la categoría apropiada.

Se puede practicar a solas.	Se requiere a dos o más personas.

Paso 2.   Haz lo que hiciste en el **Paso 1**, pero con otras categorías.

Se requiere una habilidad especial.	No se requiere ninguna habilidad.

Paso 3. Compara las respuestas que diste en los **Pasos 1** y **2** con las de un compañero (una compañera) de clase. ¿Están totalmente de acuerdo? ¿En qué actividades no están Uds. de acuerdo?

UN VISTAZO

Soluciones para el aburrimiento

Lee el artículo rápidamente para tener una idea general de su contenido.

Actividad optativa Señales[a] y recomendaciones

Paso 1. Según este artículo, ¿cuáles son las señales de que una persona está aburrida?

☐ Se queja mucho. ☐ Le falta energía.
☐ Llora mucho. ☐ No tiene optimismo.
☐ No se ríe de los chistes.

Paso 2. ¿Qué recomendaciones se dan en el artículo? Escribe tres de ellas aquí.

1. _____

2. _____

3. _____

Paso 3. Busca la expresión que equivale a *I'm bored stiff* y escríbela aquí.

_____

EL ABURRIMIENTO

¿Cuántas veces no hemos escuchado la expresión "Me aburro como una ostra"? Muchas veces. Y la hemos oído de los labios de personas de todas las edades. Lo peor es cuando el aburrimiento se hace crónico en una persona. ¿Cómo se manifiesta alguien que está aburrido? Siempre se está quejando, tiene una actitud negativa, ningún chiste le hace gracia, se le nota sin estímulo en la vida y es, en otras palabras, un ser amargado. ¿Qué le sucede a esta persona? Que el tedio se ha apoderado de ella, ya sea porque no le gusta el trabajo que realiza, lo que está estudiando, la vida que lleva o las actividades que hace. Si tú estás en este caso, te aconsejamos que trates de romper con la monotonía. Si te es posible, cambia de carrera o de trabajo. Busca nuevas amistades, nueva compañía. Trata de enriquecer tu vida con otros objetivos. Inscríbete en un gimnasio, ve más al cine, al teatro, sal con tus amigas… ¡diviértete! Pero por sobre todas las cosas, trata de hallarle atractivo a tu rutina diaria. Si tienes que ir a trabajar o a la escuela, hazlo con tu mejor actitud… sé positiva.

[a] *Signs*

Actividad B Asociaciones

Tu profesor(a) va a leer varias actividades. Empareja los elementos de la siguiente lista con cada actividad.

1. las raquetas _____
2. los músculos _____
3. las tarjetas de crédito _____
4. el agua _____
5. Pablo Picasso _____
6. la Serie Mundial _____
7. el Campeonata Mundial (*World Cup*) _____
8. el violín _____

LOS HISPANOS HABLAN

¿Practicas algún deporte? Explica por qué lo practicas.

NOMBRE: Catalina Riveros, estudiante
EDAD: 19 años
PAÍS: la Argentina

« En el colegio practicaba volley porque me gusta mucho y teníamos un grupoª muy bueno. Ahora que estoy en la facultad nada más tengo tiempo para ir al gimnasio, salir a correr y a veces durante los fines de semana, salimos con mi familia a andar en bicicleta. Me gusta hacer deportes porque me hace sentir bien. »

NOMBRE: Martín Luis Solano Aguirre, estudiante
EDAD: 21 años
PAÍS: Costa Rica

« El deporte que me gusta practicar es la natación porque, aparte de ser una recreación, sirve de ejercicio físico y mental, lo cual le ayuda a uno a mantenerse en forma. »

_____
ª team

Actividad C ¿Qué actividad?

El profesor (La profesora) va a leer una lista de actividades. Di cuáles están relacionadas con las siguientes descripciones.

1. _____ Para hacer esto, se necesitan zapatos (*shoes*) especiales.
2. _____ Para practicar esta actividad, se necesitan dos equipos de nueve personas cada uno. Se dice que este deporte es el típico pasatiempo de los Estados Unidos.
3. _____ Para hacer esto, hay que decidir primero si se quiere ver una película romántica, cómica, de suspenso o de acción.

4. _____ Para hacer esto, es mejor tener inclinaciones artísticas.
5. _____ Esta actividad es más popular en el verano que en el invierno.

Actividad D ¿Qué les recomiendas?

Las siguientes personas quieren hacer algo, pero no saben exactamente qué. Según lo que dicen, sugiéreles por lo menos una actividad.

> MODELO: Me siento triste hoy. Quiero hacer algo para animarme (*cheer me up*). No quiero estar solo. →
> Puedes jugar al boliche o al basquetbol con alguien.

1. Estoy muy tenso. Mañana es sábado y necesito hacer ejercicio, pero nada que requiera mucho esfuerzo físico.
2. No soy una persona activa. Prefiero hacer cosas intelectuales o artísticas.
3. Estoy bastante cansada. No quiero salir de casa, pero necesito hacer algo para relajarme.
4. Quiero hacer alguna actividad física pero hoy hace mal tiempo. Quiero hacer algo sin tener que salir al aire libre (*outside*).
5. Cuando me siento muy tenso, me encanta participar en cualquier deporte que requiera mucha energía y que sea competitivo.

Y AHORA...

Entrevistas

Paso 1. Mira el esquema a continuación. Vas a llenarlo con datos obtenidos de un compañero (una compañera) de clase.

Nombre _____ Edad _____

Especialización _____

CATEGORÍA A

1. Se siente _____
   ☐ a menudo　☐ de vez en cuando　☐ nunca

2. Circunstancias:

3. Indicaciones:

CATEGORÍA B

1. Se siente _____

   ☐ a menudo   ☐ de vez en cuando   ☐ nunca

2. Circunstancias:

3. Indicaciones:

4. Lo que debe hacer para cambiar de ánimo:

Paso 2.   Antes de entrevistar a tu compañero/a de clase, escoge un estado de ánimo de la categoría A y después uno de la categoría B.

CATEGORÍA A	CATEGORÍA B
contento/a	enojado/a
relajado/a	tenso/a
	triste o deprimido/a

Paso 3.   Piensa en las preguntas que vas a hacerle a la persona.

MODELO: ¿Te sientes tenso/a a menudo? ¿Cuándo te sientes así? ¿En qué circunstancias?

Paso 4.   Entrevista a la persona y anota las respuestas en el esquema.

Paso 5.   Usando los datos obtenidos en los pasos anteriores, escribe una pequeña composición en la que te comparas a ti mismo/a (*yourself*) con la persona que has entrevistado. Debes utilizar el siguiente modelo para organizar tu composición.

INTRODUCCIÓN

« Acabo de entrevistar a José sobre algunos de sus estados de ánimo. Ahora voy a hacer una comparación entre él y yo. »

PÁRRAFO 1

« José... »

PÁRRAFO 2

« Yo... »

CONCLUSIÓN

« Se puede ver que José y yo _____. »

VOCABULARIO

Vocabulario básico

Los estados de ánimo*	States of mind
estar aburrido/a	to be bored
estar de buen (mal) humor	to be in a good (bad) mood
estar cansado/a	to be tired
estar enojado/a	to be angry
estar nervioso/a	to be nervous
estar tenso/a	to be tense
experimentar	to experience; to feel
ponerse contento/a	to be (get) happy
ponerse enfadado/a	to be (get) angry
ponerse triste	to be (get) sad
relajarse	to relax
sentirse (ie, i) alegre	to feel happy
sentirse avergonzado/a	to feel ashamed, embarrassed
sentirse deprimido/a	to feel depressed
sentirse estupendo/a	to feel wonderful
sentirse frustrado/a	to feel frustrated
sentirse orgulloso/a	to feel proud
sentirse relajado/a	to feel relaxed
sentirse seguro/a de sí mismo/a	to feel self-confident

PREGUNTAS SOBRE EL ESTADO DE ÁNIMO	QUESTIONS ABOUT ONE'S STATE OF MIND
¿Cómo te sientes?	How do you feel?
¿Qué te pasa?	What's the matter?

Reacciones	Reactions
asustar	to frighten
comerse las uñas	to bite one's nails
encerrarse (ie) (en su cuarto)	to shut oneself up (in one's room)
estar asustado/a	to be afraid
gritar	to shout
llorar	to cry
pasarlo (muy) mal	to have a (very) bad time, to fare (very) badly
permanecer (zc) callado/a	to keep quiet

ponerse rojo/a	to blush
quejarse (de)	to complain (about)
reír(se) (i, i)	to laugh
silbar	to whistle
sonrojarse	to blush
tener dolor de cabeza	to have a headache
tener miedo	to be afraid
tener vergüenza	to be ashamed, embarrassed

Para aliviar la tensión	To relieve tension
caminar	to walk
cantar	to sing
dedicarse (qu) a actividades artísticas	to dedicate oneself to artistic activities
jugar (ue) (gu) al basquetbol/béisbol/boliche	to play basketball/baseball/to bowl
levantar pesas	to lift weights
participar en actividades físicas	to do physical activities
pintar	to paint

Repaso: correr, hacer ejercicio aeróbico, ir al cine, ir de compras, jugar al fútbol, jugar al tenis, nadar, practicar un deporte, salir con los amigos, tocar la guitarra

Palabras y expresiones útiles

a solas	alone
al día siguiente	(on) the following day
el cumpleaños	birthday
tonto/a	dumb, foolish, stupid
la voz	voice
concentrarse	to concentrate
contar (ue) un chiste	to tell a joke
devolver (ue)	to return (*something*)
equivocarse (qu)	to make a mistake, be wrong
faltar	to be missing, lacking
ganar	to win
hacer ruido	to make noise
sacar (qu) una buena (mala) nota	to get a good (bad) grade

---

* Many of the adjectives referring to states of mind can be used with more than one verb. For example, **estar nervioso/a** and **sentirse nervioso/a** are both possible.

OTRAS IDEAS

❖ **Actividad A** ¿Cómo reaccionas?

Paso 1. Escoge cinco de las siguientes circunstancias. En un papel aparte, explica cómo reaccionas en cada caso.

MODELOS: Antes de tomar un examen, me pongo muy nervioso.
o Antes de tomar un examen, a veces me pongo nervioso, a veces no. Depende del examen.
o Antes de tomar un examen, no me pongo nervioso.

a. Cuando tengo que hablar en público... _____

b. Cuando estoy en una fiesta y no conozco a los invitados... _____

c. Cuando visito al dentista... _____

d. Si tengo que pedirles dinero a mis padres... _____

e. Cuando recibo muchos regalos para mi cumpleaños... _____

f. Cuando veo una película trágica... _____

g. Cuando alguien dice malas palabras... _____

h. Si tengo que trabajar con una persona que no me cae bien (*whom I don't like*)... _____

i. Cuando estoy en el teatro y alguien habla mucho... _____

j. Cuando me hablan de política... _____

Paso 2. Busca a las personas de la clase que reaccionan como tú ante las cinco circunstancias que escogiste en el **Paso 1.** (Sigue el plan de una actividad «Firma aquí, por favor».)

❖ **Actividad B** ¿Qué pasó?

Contesta las dos preguntas, basado en tus propias experiencias.

1. ¿Cuándo fue la última vez que lo pasaste muy bien? ¿Dónde estabas? ¿Qué pasó? Y tú, ¿qué hiciste?

2. ¿Cuándo fue la última vez que lo pasaste muy mal? ¿Dónde estabas? ¿Qué pasó? Y tú, ¿qué hiciste?

❖ **Actividad C** Firma aquí, por favor

La última vez que lo pasaste mal, ¿qué hiciste para aliviar la tensión?

☐ No hice nada. _____

☐ Hablé con un amigo (una amiga) de mi problema/situación. _____

☐ Grité. _____

☐ Me encerré en mi cuarto. _____

☐ Hice ejercicio. _____

☐ Otra cosa: _____ _____

LECCIÓN 12

¿CÓMO TE RELAJAS?

¿Qué actividades te hacen sentir bien? En esta lección vas a examinar este tema un poco más y también vas a

- hablar de actividades que alivian la tensión y el malestar
- leer un artículo sobre cierta actividad terapéutica
- aprender más sobre los tiempos verbales en el pasado (el pretérito y el imperfecto)

IDEAS PARA EXPLORAR
OTRAS ACTIVIDADES

PARA EXPRESARSE ¿QUÉ HACES PARA RELAJARTE?

Para relajarse las siguientes personas hacen deportes.

Juegan **al golf...**

al voleibol y...

también **saltan la cuerda.**

Para relajarse las siguientes personas...

esquían en las montañas.

esquían en el agua.

A esta persona le gusta...

andar en bicicleta y...

patinar.

A esta persona le gusta...

A este chico le gusta...

dibujar y también...

trabajar en el jardín.

meditar o...

bañarse en un jacuzzi.

VER EL MANUAL

Actividad A ¿Qué actividad es?

Escoge la actividad que describe tu profesor(a).

1. a. esquiar en el agua   b. esquiar en las montañas   c. jugar al golf
2. a. jugar al tenis   b. dibujar   c. jugar al voleibol
3. a. trabajar en el jardín   b. jugar al tenis   c. saltar la cuerda
4. a. esquiar en el agua   b. dibujar   c. patinar
5. a. saltar la cuerda   b. trabajar en el jardín   c. jugar al golf
6. a. meditar   b. bañarse en un jacuzzi   c. andar en bicicleta

Actividad B Asociaciones

¿Qué cosas asocias con cada actividad que menciona el profesor (la profesora)?

> MODELO: esquiar en las montañas →
> el frío, el chocolate caliente, la nieve, etcétera

1...   2...   3...   4...   5...

Actividad C Actividades apropiadas

Usando la lista de actividades que se da en **Para expresarse**, ¿qué actividad *no* le recomiendas a cada una de las siguientes personas?

1. a alguien que sufre de artritis
2. a alguien que tiene problemas cardíacos
3. a alguien solitaria (a quien le gusta estar sola)
4. a alguien que no sabe nadar
5. a alguien que pierde (*loses*) el equilibrio fácilmente
6. a alguien a quien no le gusta sudar (*sweat*)

UN VISTAZO

Una buena razón para relajarse...

A continuación hay parte de un artículo que apareció en un periódico español. ¿Crees que el exceso de trabajo es un problema en los Estados Unidos?

El mal ataca especialmente a los ejecutivos y oficinistas de entre 40 y 50 años

Más de 10.000 japoneses mueren al año por la enfermedad del 'karoshi' o exceso de trabajo

BOSCO ESTERUELAS. **Tokio**
Karoshi **es la enfermedad mortal de la que muchos japoneses son víctimas debido al exceso de trabajo. El fenómeno no es nuevo, pero se ha ido extendiendo últimamente aun a pesar de la nueva filosofía oficial de alentar la reducción de la jor-**nada laboral y estimular el ocio. "Nada de eso se ajusta con la realidad de hoy, en la que el problema se ha acentuado en lugar de mejorar. Calculamos que más de 10.000 personas mueren al año de *karoshi*, afirma un portavoz de una organización de abogados creada para atender estos casos.

Actividad optativa Los hispanos y los japoneses

Usando información obtenida en la biblioteca o por medio de amigos de habla española, contesta la siguiente pregunta:

¿Trabajan en exceso los hispanos tanto como los japoneses?

Actividad D Firma aquí, por favor

Paso 1. Busca a personas en la clase que tengan respuestas afirmativas a tus preguntas. (¡OJO! **molestar** = *to bother.*)

1. ¿Patinas con frecuencia? _____

2. ¿Andas mucho en bicicleta? _____

El festival anual de bicicleta
en Madrid, España

3. ¿Te gusta trabajar en el jardín?   _____

4. ¿Dibujas bien?   _____

5. ¿Juega al golf tu mamá?   _____

6. ¿Medita alguien en tu familia?   _____

7. ¿Te molesta sudar?   _____

Paso 2. Comparte los resultados con el resto de la clase.

UN VISTAZO

Esquiar en verano

Mira el título del artículo. ¿Es posible esquiar en verano?

Esquiar en verano

Solución fantástica para pasar unos días de vacaciones. En esta época en las estaciones hay mucho ambiente, la temperatura es ideal, y aparte del esquí puedes practicar el tenis, tiro con arco, golf, patinaje sobre hielo, windsurf, vela, incluido el esquí sobre hierba y tomar el sol en bikini, si quieres. Un inconveniente es que no puedes ir a cualquier estación, ya que no todas están preparadas para las prácticas de verano. Algunas de las mejores en este sentido son las de Tignes, Valthorens, Cervinia y la Plagne. Todas ofrecen alojamientos razonablemente económicos, de veinticinco mil a treinta y cinco mil pesetas, un estudio para dos personas, equipado, por una semana de estancia.

Actividad optativa De vacaciones

Paso 1. Busca la siguiente información en el artículo.

1. cuatro actividades que alguien puede hacer si no quiere esquiar:

_____

2. dónde se esquía en verano:

_____

¿Puedes deducir lo que significa « alojamientos »?

Paso 2. Haz una encuesta entre los estudiantes de la clase. ¿Cuántos esquiaron por lo menos una vez este año? ¿Cuántos esquiaron varias veces? ¿Quién esquía con frecuencia? ¿Adónde va esa persona para esquiar?

¿SABÍAS QUE...

...por lo general hay mucho más interés por los deportes en las universidades norteamericanas que en las universidades de los países hispánicos? Aunque en Hispanoamérica y en España los centros universitarios tienen instalaciones deportivas, éstas no son tan grandes ni tan bien equipadas como las instalaciones deportivas en los Estados Unidos. Las universidades hispánicas, por lo general, mantienen equipos[a] sólo cuando se trata de los deportes más populares, como el fútbol, el basquetbol, el béisbol y el voleibol. Los campeonatos[b] entre las ligas universitarias no reciben tanta atención como en los Estados Unidos. Por eso, muchos atletas extranjeros vienen a los Estados Unidos para entrenarse porque en este país encuentran mejores instalaciones deportivas para el entrenamiento de cualquier deporte.

El fútbol es uno de los deportes que se ve practicar con frecuencia en México y otros países hispánicos.

Actividad optativa Encuesta

Haz una pequeña encuesta entre cinco estudiantes de la clase.

1. Para mí...
   - ☐ es muy importante tener acceso a un gimnasio y a los deportes.
   - ☐ no es de gran importancia tener acceso a un gimnasio y a los deportes.

2. Uso las instalaciones deportivas de la universidad...
   - ☐ con frecuencia. ☐ de vez en cuando.

---

[a] teams [b] championships

¿POR QUE ES BUENO?

- Se puede hacer en cualquier momento del día. • Ayuda a controlar tu peso. • No cuesta dinero. • No necesitas un equipo especial. • Tiene un mínimo de riesgos de lesiones. • Quema[a] grasa. • No requiere de una licencia. • Mejora la postura y fortalece los músculos, los ligamentos y los tendones. • Afirma todo el cuerpo. • Puedes practicarlo sola o acompañada. • Fortalece el sistema cardiovascular. • Ayuda a mejorar la imagen que tienes de ti misma.

[a] Burns

Actividad E ¿Por qué es bueno...?

Paso 1. Lee este artículo. Luego señala a cuál de las actividades que aparecen en **Para expresarse** se le aplica mejor la descripción que da el artículo.

Paso 2. Dile a la clase qué actividad escogiste. ¿Escogieron todos la misma actividad? ¿Creen que solamente hay una actividad que tiene las cualidades que da la descripción?

Paso 3. Ahora piensa en otras actividades que no están en la lista de **Para expresarse.** ¿Hay otra a la que se le aplica mejor la descripción?

Actividad F Ventajas (Advantages)

Paso 1. Vuelve a leer las ventajas de caminar que se mencionan en la actividad anterior. En tu opinión, de todas las ventajas, ¿cuál es la de mayor importancia? ¿Cuál es la menos importante?

Paso 2. Comparte tus opiniones con la clase. ¿Están de acuerdo con tus opiniones los otros estudiantes? ¿Qué ventaja es considerada de mayor importancia por la mayoría de la clase?

Actividad G ¿Qué otras actividades?

Paso 1. Usando las actividades mencionadas en **Para expresarse** y agregando otras de las lecciones anteriores, escribe cinco actividades en cada columna.

ACTIVIDADES ARTÍSTICAS	ACTIVIDADES DOMÉSTICAS	ACTIVIDADES SOCIALES	OTRAS ACTIVIDADES

Paso 2. Compara lo que escribiste con lo que escribió un compañero (una compañera) de clase. ¿Qué escribieron en la columna **Otras actividades**?

Paso 3. Ahora, con toda la clase, piensen en las actividades que ayudan a aliviar la tensión o la depresión y que se pueden incluir en la cuarta columna. No deben ser actividades físicas.

LOS HISPANOS HABLAN

¿En qué tipo de terapia crees?

NOMBRE: Edith Benbenite, psicoterapeuta
EDAD: 45 años
PAÍS: la Argentina

« Cuando se dice terapeuta todo el mundo lo relaciona con psicoanálisis. Bueno, yo me formé mucho tiempo en Estados Unidos y con muchas técnicas. Aparte de eso, tengo una edad en que tengo una experiencia personal. Entonces, pienso que la gente se cura por amor. Y creo que un buen vínculo[a] con cualquier ser humano es curativo. Entonces, trabajo con lo que el otro ser necesita. Le doy lo mejor de mí para ayudarlo. Quiere decir, no me puedes encajar[b] en ninguna disciplina porque las pasé a todas[c]... Yo siento que el significado de salud es una harmonía espiritual tal cual. »

[a] *tie* [b] *pigeonhole* [c] las... *I've been through them all*

Vamos a ver

Anticipación

Paso 1. Lee solamente el título de esta lectura breve. ¿Puedes completar la siguiente oración sin leer el artículo?

Es bueno reír porque _____.

Compara tu oración con la de otra persona.

Paso 2. ¿Qué información *no* esperas encontrar en este artículo?

☐ cómo el reír nos afecta físicamente   ☐ cómo contar chistes buenos

Exploración

Paso 1. Revisa el artículo rápidamente para ver si tu respuesta a la pregunta del **Paso 2** de **Anticipación** es correcta.

Paso 2. Ahora lee el artículo con atención. Salta las palabras cuyo (*whose*) significado no puedes deducir. ¡OJO! **Reírse a carcajadas** significa reírse ruidosamente.

Paso 3. Escribe aquí las razones por las cuales reírse es importante. No debes copiar oraciones de la lectura sino escribir palabras o frases clave (*key*).

efectos físicos inmediatos: _____

efectos mentales: _____

otros efectos: _____

LECTURA

Reírse es importante

¿Recuerdas la última vez que te reíste a carcajadas? Si después de pensar unos segundos, no te acuerdas… ¡despierta! Empieza a reírte ya, porque es bueno para ti. Según los médicos y científicos que se han dedicado a este estudio, las personas que se ríen con frecuencia viven más que las que siempre tienen la cara seria. ¿Cuál es la razón científica de esta afirmación? Dice el Dr. William Fry de la Universidad Stanford, en California, que al reírnos se incrementa nuestra actividad muscular, la respiración y el trabajo del corazón. Por otro lado, reírse reduce el stress, la depresión y los ataques al corazón. Es decir, que la risa y el buen humor son dos super-ingredientes para gozar de buena salud. Así que ya sabes…

¡comienza a reírte ya!

Síntesis

Paso 1. Vuelve a la oración que escribiste en el **Paso 1** de **Anticipación.** Usando la información que has obtenido en **Exploración,** escribe esta oración de nuevo.

Paso 2. Tres o cuatro personas deben compartir sus oraciones con el resto de la clase. ¿En qué son similares o diferentes?

LOS HISPANOS HABLAN

¿Crees que hay diferencias entre el humor de tu país y el de los Estados Unidos?

NOMBRE: Eduardo Contreras, artista y escritor
EDAD: 28 años
PAÍS: el Uruguay

« En mi país, la política, la sexualidad y las funciones naturales del cuerpo son temas de los chistes. Es interesante ver la sutileza[a] con que hasta las señoras de cierta edad cuentan los llamados chistes verdes[b]... Naturalmente, los políticos (el presidente, los ministros, senadores y otras autoridades) son el blanco[c] de los chistes más crueles. Claro que la gente de la derecha[d] hace chistes sobre la izquierda[e] y viceversa. La gente que está en el centro, políticamente, es la más afortunada en este aspecto; ¡hace chistes de la izquierda y de la derecha! Creo que el tono de estos chistes sería considerado muy brutal en los Estados Unidos, pero en el Uruguay es cosa de todos los días. »

[a] *subtlety* [b] los... *so-called off-color jokes* [c] *target* [d] *right* [e] *left*

UN VISTAZO

El humor en el mundo hispánico

A continuación hay dos dibujos cómicos. ¿Cuál te hace más gracia[a]?

[a] te... *te hace reír más* [b] *flu*

IDEAS PARA EXPLORAR
LA BUENA RISA (*LAUGH*)

PARA EXPRESARSE   ¿QUÉ HACÍAS QUE CAUSÓ TANTA RISA?

—Una vez un hombre entró a un bar. No conocía a nadie y no tenía dinero para...
—Ya lo oí, Luis, ya lo oí. Ese chiste es película vista...

You have learned that there are two past tenses in Spanish, the preterite and the imperfect. Both are used in combination when narrating events in the past. The preterite is used to identify single events either viewed in isolation or as single events in sequence.

> Ayer **jugué** al golf y después **me bañé** en el jacuzzi.
> Pues, yo **anduve** en bicicleta. Nada más.

The imperfect is used to identify events that were in progress when something else happened. These may be background events or they may be important. No matter what the event, the imperfect signals that the action was in progress at the time being referred to.

> Ayer **hacía** mucho calor cuando decidí saltar la cuerda.
> Yo **estaba** muy tensa. Por eso comencé a dibujar.

VER EL MANUAL

In the *Manual* you will learn more about uses of the preterite and the imperfect, and you will review preterite verb forms.

Actividad A La última vez...

Paso 1.   Piensa en la última vez que te reíste a carcajadas. ¿Qué hacías? ¿Dónde estabas?

La última vez que me reí a carcajadas...

a. ☐ estaba en mi casa.   ☐ no estaba en mi casa.
b. ☐ estaba solo/a.   ☐ estaba con otra(s) persona(s).
c. ☐ leía algo.   ☐ escuchaba algo.
d. ☐ veía algo.   ☐ recordaba algo.

Después de reírme tanto...

a. ☐ me sentí muy bien.
b. ☐ me sentí avergonzado/a.
c. ☐ tenía dolor de estómago (*stomach*).

Paso 2. Usando las respuestas que diste a las preguntas del **Paso 1**, escribe un párrafo breve.

MODELO: La última vez que me reí a carcajadas estaba solo. Veía...

Paso 3. Presenta una versión oral de tu narración a la clase. ¿Cuántos estaban en una situación similar cuando se rieron a carcajadas? ¿Cuántos se sintieron igual después?

Actividad B Un chiste

Piensa en la última vez que oíste un buen chiste que te hizo reír mucho.

1. ¿Quiénes estaban presentes?
2. ¿Qué hacían Uds.? ¿Dónde estaban?
3. ¿Se rieron todos tanto como tú? ¿Se ofendió alguien?

¿SABÍAS QUE...

...al igual que en los Estados Unidos, en Hispanoamérica y España el cine se ha convertido en uno de los pasatiempos que más estimula la risa, ayudando a la gente a olvidarse de las tensiones y frustraciones de la vida diaria? El cine cómico es tan popular en el mundo hispánico como lo es en los Estados Unidos. Recientemente, tenemos el caso del director español Pedro Almodóvar, cuyas películas satirizan la vida moderna y los estereotipos culturales con un humor irónico y liberador. Sus últimas películas se han hecho populares hasta en los Estados Unidos, en donde *Mujeres al borde de un ataque de nervios* fue un gran éxito taquillero[a] en 1989.

En Hispanoamérica, por otra parte, el actor mexicano Mario Moreno, mejor conocido como Cantinflas, ha deleitado[b] a aficionados del cine por más de treinta años. Siguiendo el estilo de Charlie Chaplin y Buster Keaton, Cantinflas siempre hace el papel de tonto en sus películas. Las equivocaciones y tonterías de este personaje nos hacen sentir a todos más humanos.

[a] éxito... *box-office success* [b] *delighted*

Las películas norteamericanas son populares en el mundo hispánico.

LOS HISPANOS HABLAN

¿Cuándo fue la última vez que te reíste a carcajadas?

> NOMBRE: Inés Martínez, ingeniera
> EDAD: 52 años
> PAÍS: la Argentina

« ¿A carcajadas? (Ja ja ja) La verdad es que me río muchas veces todos los días. (Ja ja ja) Pero a carcajadas... Creo que la última vez fue a fin de año cuando salimos con unos amigos. Estábamos en una boite[a] cuando mi hija Silvia se puso a bailar con un hombre mucho mayor que ella y era tan cómico verlos... »

_____

[a] *club*

VAMOS A VER

Anticipación

Paso 1.   Lee el título del artículo en las páginas 320–321. Ya conoces la palabra **risa.** Si no recuerdas lo que significa, mira la fotografía del hombre. También lee las primeras dos líneas del artículo.

Paso 2.   ¿Qué quiere decir **vehículo terapéutico?**

☐ un medio de transporte
☐ algo que contribuye al bienestar
☐ algo a lo que uno debe tenerle miedo

Paso 3.   Piensa en lo que leíste en el artículo « Reírse es importante » en la página 314. Según ese artículo, ¿qué tiene de terapéutico la risa?

☐ Reduce el estrés.
☐ Es beneficiosa para los músculos.
☐ Estimula la actividad del corazón.
☐ Contribuye a vivir una vida más larga.

¿Cuáles de estas ideas esperas encontrar de nuevo en el presente artículo? (Nota: Los dos artículos vienen de diferentes revistas que tienen diferentes tipos de lectores.)

Paso 4.   ¿Quién es el Dr. William Fry? (Repasa el artículo « Reírse es importante » si es necesario.)

☐ Es un actor cómico que causa mucha risa en sus películas.
☐ Es un profesor universitario que hace investigaciones sobre la risa.
☐ Es un médico que hace investigaciones sobre la terapia física.

Paso 5. Antes de leer « La risa: vehículo terapéutico », indica lo que sabes acerca de la risa.

1. Es una reacción…
    - ☐ voluntaria.
    - ☐ involuntaria.

2. La risa es también una reacción…
    - ☐ puramente muscular.
    - ☐ puramente cerebral.
    - ☐ muscular y cerebral.

3. La risa es…
    - ☐ exclusiva del ser humano.
    - ☐ algo que el ser humano comparte con otros animales.

Exploración

Paso 1. Lee rápidamente el artículo y busca en él las siguientes secciones:

1. la sección que habla de los beneficios de la risa (Marca esta sección con la letra B.)
2. la sección que habla del Dr. Fry (Marca esta sección con la letra F.)
3. la sección que describe lo que es la risa (Marca esta sección con la letra D.)

Paso 2. Vas a leer algo sobre los beneficios de la risa. Mira la primera oración de la sección B (« Al distraernos… »). Busca el sujeto y el verbo de la oración. ¿Cuál es la función de la primera parte de la oración (« Al distraernos… por unos momentos »)?

- ☐ Nos da información clave (*key*).
- ☐ Nos da información adicional, pero no necesaria.

¿Se necesita entender esta parte de la oración para poder contestar la siguiente pregunta?

¿Cómo es que la risa puede ser beneficiosa?

Paso 3. Lee la lectura rápidamente, buscando *ocho* maneras en que la risa es beneficiosa. Escríbelas en una hoja de papel. Después, compara tu lista con la de un compañero (una compañera).

Paso 4. Mira la sección F. ¿Es correcta la respuesta que diste en el **Paso 4** de **Anticipación**?

Paso 5. Ahora debes mirar la sección D. ¿Son correctas las respuestas que diste en el **Paso 5** de **Anticipación**?

Paso 6. Ya sabes que la risa es una reacción física y neurológica y que en esta reacción participa la corteza cerebral. ¿Qué es la corteza cerebral? Subraya la parte de la lectura que explica lo que es y completa la siguiente oración apropiadamente.

LA RISA: vehículo terapéutico

Si usted considera que la risa no tiene nada que ver con la salud, más vale que a partir de ahora mismo muestre su dentadura con más frecuencia... y espontaneidad. Por algo es llamada *jogging interno.*

Por Robert Brody

Piense en la última vez que rió intensamente. ¿Recuerda cómo su estómago saltaba a causa de las carcajadas que no pudo controlar? ¿Ha olvidado que estuvo a punto de revolcarse en el suelo a causa de la risa, pero no lo hizo para que no pensaran que se había vuelto loco?

Sí, esa vez que tuvo un genuino ataque de risa, fue una verdadera lástima que no ocurrió frente a un espejo para que hubiera observado su apariencia durante todo el proceso. Su boca estaba abierta y retorcida, con media lengua descolgada. Sus labios habían retrocedido grotescamente. Sus mejillas estaban rojas y a usted le faltaba el aire. ¿Recuerda? Inclusive, sentía que le dolían el pecho y las costillas. Imposibilitado de hablar y con aspecto de total derrota, usted daba la impresión de haber recibido un duro golpe en los planos bajos del cuerpo.

La corteza cerebral es...

☐   una parte del cerebro.
☐   una sustancia química que produce el cerebro.
☐   un proceso fisiológico que toma lugar (*takes place*) en el cerebro.

Paso 7.   Lee la descripción fisiológica de la risa y escoge la mejor representación del proceso.

a.
| corteza cerebral | → | centros motores | → | impulsos químicos y eléctricos | → risa |

Como es natural, usted sobrevivió ese espectacular ataque. Y, aunque sabemos que es difícil creer lo que vamos a decirle a continuación, sepa que por haberlo tenido usted se benefició grandemente. En efecto, hablamos de la risa. Un fenómeno físico que ahora empieza a mostrar a la ciencia todos sus secretos guardados durante siglos.

Gradualmente, los investigadores han comenzado a entender qué es la risa, y lo que actualmente ocurre en nuestro organismo durante ese complejo evento. A través del estudio de la *gelotología* —la ciencia que estudia la risa—, se ha confirmado lo que se sospechaba desde hace tiempo: podemos vivir mejor si reímos más a menudo. La risa, prácticamente, hace trabajar beneficiosamente a todos nuestros órganos. Es más, puede ser terapéutica en el tratamiento de algunas dolencias como la artritis.

Al distraernos de las preocupaciones y alejarnos de los pensamientos sombríos aunque solamente sea por unos momentos, la risa ayuda a disminuir estrés, ansiedad, depresión y dolor. Una sustancia denominada *catecholamina* y que es liberada cuando reímos, combate el dolor producido por el reuma y otras condiciones. La risa puede ser terapéutica también contra la presión alta, al estimular la relajación arterial. Al reír, también liberamos secreciones de enzimas que ayudan la digestión y hasta actúan como laxantes naturales. Algo que a usted también le costará trabajo creer es que la risa quema una modesta cantidad de calorías. Veamos a través de una descripción de síntomas y ciclos qué sucede cuando reímos.

Al comienzo de cualquier cosa, digamos alguna ocurrencia o una acción de genuina comicidad ante una situación dramática, pongamos de ejemplo, genera el impulso de reír. "Nuestros ojos, oídos e inclusive el sentido del tacto, producen una masiva reacción en el cerebro", dice el Dr. William F. Fry Jr., un conocido gelotólogo y profesor de siquiatría de la Universidad de Stanford. Durante un ataque de risa, las fibras del sistema nervioso involuntario ponen a funcionar un ciclo de descargas en la corteza cerebral, la primitiva región que conecta ambos hemisferios del cerebro con la médula espinal. En realidad ello quiere decir que todo el circuito nervioso retumba con la noticia de que algo dicho, visto o palpado, tiene mucha, mucha gracia.

Durante este proceso el humor percibido se convierte en impulsos químicos y eléctricos. Después, una onda de esos impulsos es transmitida por el hipotálamo, la glándula de control maestro enclavada en la base de nuestro cerebro. El mensaje viaja a través de los lóbulos frontales y sobre los centros motores, para ser depositado en la corteza cerebral, donde toda información es sometida en un análisis instantáneo y reconocida. La corteza luego entrega una orden tajante al cuerpo: ¡ría!

Sólo los seres humanos tienen la capacidad de reír ante todo aquello que cause diversión. Como es natural, también los gorilas y los chimpancés pueden reír, pero sólo cuando se les hace cosquillas. Como verán, la reacción de esos animales es una puramente física. En los seres humanos la risa es la forma en que reacciona nuestro cuerpo a una orden dada por el cerebro.

(Continúa...)

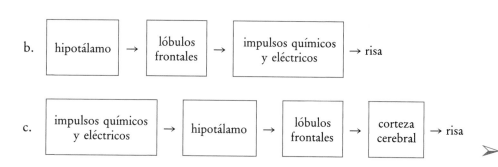

Paso 8. Lee lo que dice el artículo sobre el papel de la risa con respecto a los seres humanos y los animales. (Nota: ¿Puedes deducir lo que significa **cosquillas**? ¿Qué acción física hace que una persona ría [*laugh*]?) Luego, completa las dos oraciones.

Para los humanos, ⸺⸺⸺⸺⸺.

En cambio, para los animales, ⸺⸺⸺⸺⸺.

Síntesis

Usando los apuntes y anotaciones de **Exploración,** que comienza en la página 319, llena los números 1, 2, 3 y 4 de la siguiente tabla. No debes volver a leer el artículo. Guarda (*Save*) la tabla.

LA RISA
1. Definición
2. Beneficios físicos
3. Beneficios mentales
4. Seres humanos vs. animales
5. Estilos individuales de reír
6. Otra información

Trabajando con el texto

Paso 1. Lee otra vez los primeros dos párrafos del artículo.

Paso 2. Haz una lista de los verbos que aparecen en el imperfecto y otra de los que aparecen en el pretérito en estos párrafos.

IMPERFECTO	PRETÉRITO

Paso 3. ¿Sabes por qué algunos verbos están en el imperfecto y los demás en el pretérito?

¡Sigamos!

¿Qué sabías?

Paso 1. ¿Qué sabías ya sobre la risa antes de leer la lectura?

Yo ya sabía que _____ .

Paso 2. ¿Qué cosas interesantes aprendiste en la lectura?

Algo interesante que aprendí _____ .

Paso 3. En grupos de cuatro, comparen lo que escribieron en los **Pasos 1 y 2.** ¿Sabían Uds. las mismas cosas? ¿Aprendieron diferentes cosas? (Nota: Pregunta a los demás: ¿Qué sabías tú...? ¿Qué aprendiste...?)

Recuerdo que...

Vuelve a leer lo que escribiste acerca de la última vez que te reíste a carcajadas (**Actividad A,** páginas 316–317). ¿Puedes agregar información ahora sobre cómo estabas y cómo te sentías mientras reías?

Recuerdo que...
- ☐ me faltaba aire.
- ☐ me dolían el pecho y las costillas (*my chest and ribs hurt*).
- ☐ abría toda la boca.
- ☐ probablemente me sonrojaba.
- ☐ tenía calor.

Un experimento

Una persona voluntaria debe dejar que otros miembros de la clase le hagan cosquillas hasta que se ría a carcajadas. La clase debe observar sus reacciones externas. Luego la clase comentará lo que él (ella) hacía mientras se reía. Finalmente la persona voluntaria debe explicarle a la clase cómo se sentía durante el incidente.

VAMOS A VER

Anticipación

Paso 1.   Ya leíste la primera parte de « La risa: vehículo terapéutico ». ¿Qué información no está incluida en esa parte?

☐   la descripción del proceso de la risa
☐   el tipo de chiste que provoca más risa
☐   una lista de los beneficios de la risa
☐   las consecuencias negativas de la risa
☐   detalles de los efectos de la risa en el organismo, por ejemplo, en los músculos
☐   sugerencias para poder reírse más

Paso 2.   ¿Cuáles de los temas anteriores esperas encontrar en la segunda parte de la lectura? Todos los estudiantes deben dar su opinión, trabajando conjuntamente.

Exploración

Paso 1.   Lee rápidamente Parte II de la lectura para buscar las ideas de **Anticipación.** ¿Las encuentras todas?

Paso 2.   Quizás notaste que en la lectura se habla de cómo todas las personas ríen con un estilo muy individual. Busca la sección en que se habla de esto y anota lo siguiente:

lo que regula el estilo de la risa: _____

en qué se distinguen las risas: _____

Paso 3.   Probablemente sabes que esta parte de la lectura trata de los efectos de la risa en el organismo. Busca las respuestas a las siguientes preguntas.

1.   ¿Qué le pasa al pulso cardíaco durante la risa?
2.   ¿Para qué partes del cuerpo es buen ejercicio la risa?

Paso 4.   La risa también tiene efectos psicológicos. Lee en la lectura la parte en que se habla de esto. Completa las siguientes oraciones usando esa información.

1.   Después de reírse, una persona suele sentirse _____

2.   Lo que causa esta sensación es _____

Paso 5.   ¿Cuántas veces al día debe reírse una persona? Busca la respuesta en la lectura.

Síntesis

Paso 1.   Usando las respuestas que diste en **Exploración,** agrega más datos a la tabla de la sección **Síntesis** de la página 322.

Paso 2.   Usando esa tabla, escribe cinco preguntas cuyas respuestas se puedan elegir entre cierto y falso y cinco respuestas múltiples que el profesor (la profesora) pueda utilizar en una prueba.

LA RISA: vehículo terapéutico

Una persona saludable y, supuestamente de buen espíritu y carácter, debe reír por lo menos entre cien y cuatrocientas veces al día. Si usted no se ríe a menudo no ejercita con frecuencia sus órganos internos.

¿Sabemos cómo el hombre aprendió a reír? No, pero hay algunas teorías. Una de ellas es que la risa evolucionó como una señal de triunfo en el hombre primitivo, tal vez durante la cacería de un gigantesco animal o al derrotar a un miembro de otra tribu.

Como es natural, todos aprendemos a reír con estilo propio. Y en muchas personas la risa es tan individual como un par de huellas dactilares. La risa también difiere en volumen, ritmo, duración y frecuencia, ya que está regulada por edad, capacidad del tórax, musculatura y hábitos culturales. A medida que envejecemos la risa adquiere un tono más profundo, hasta que nuestra laringe pierde elasticidad y entonces reímos con un sonido más agudo. Una persona saludable y de buen carácter debe reír entre 100 y 400 veces al día.

La risa es también un proceso químico. Cuando reímos estimulamos tanto el sistema endocrino como la glándula pituitaria, y generamos la secreción de hormonas que nos ayudan a mantenernos ágiles, despiertos y productivos. Estas hormonas son las *catecholaminas,* e incluyen otras como la *epinephrina, norepinephrina* y *dopaminae.* Los expertos han descubierto que cuando reímos, el hemisferio derecho del cerebro — el que controla las emociones y la creatividad—, aumenta la actividad química y establece una armónica relación con el hemisferio izquierdo.

Fry ha establecido que la risa robusta es un magnífico ejercicio para el diafragma, tórax, estómago, corazón, los pulmones y hasta para el hígado. La risa espontánea convierte el cuerpo en un gigantesco vibrador y ejecuta un masaje interno. Gracias a la risa y a un reflejo cardio-pulmonar, el pulso se duplica de 60 a 120 y la presión aumenta de 120 a 200. Muchos expertos consideran que la risa es también un ejercicio aeróbico, al que han denominado "jogging interno".

Tal vez usted no lo haya notado, pero es positivamente cierto que después de reír nos sentimos maravillosamente bien. Y ello ocurre porque hemos realizado una *limpieza interna* de tipo sicológico. Por una parte nos sentimos eufóricos, debido a que la adrenalina ha refrescado nuestro sistema nervioso. Y, como sucede en el momento de clímax sexual, la risa nos ha dejado relajados.

Si usted se ha reído realmente con gran intensidad, sus pulmones también han perdido una buena cantidad de gases. Todo ello quiere decir que usted necesitará aproximadamente unos diez segundos para volver a respirar con normalidad. Al llegar a este punto, es muy normal que usted tosa como alivio al esfuerzo hecho.

Uno de los beneficios mayores de la risa es de origen cosmético, ya que hace menos severo cualquier rostro. Reír, por supuesto, es una reacción natural que explica también cómo vemos las cosas que nos rodean. Si las miramos con buenas intenciones, reímos con franqueza. De lo contrario, pasamos por la vida rodeados de eterna oscuridad. ¿Quiere un poco de luz en su existencia? ¡Ría más a menudo!

IDEAS PARA EXPLORAR
ORÍGENES DE LA RISA

PARA EXPRESARSE   ¿SE REÍA EL HOMBRE PRIMITIVO?

—Oye, aquí dice que el hombre primitivo no se reía tal como nosotros nos reímos hoy...

Remember from **Lección 7** that the imperfect is also used to describe how things used to be and to describe actions that were habitual or performed with frequency in the past.

> Antes **se hacían** experimentos sobre la risa en los animales. Ahora no, porque está prohibido.

The use of the imperfect here is equivalent to *used to* or *would*. You will review this use in the *Manual*.

VER EL MANUAL

Actividad A En épocas prehistóricas

Se sabe que en este siglo muchas personas viven bajo muchas tensiones.

Paso 1.   Con un compañero (una compañera), piensen en la vida del ser primitivo. Escojan una de las siguientes oraciones.

El ser primitivo...

☐ llevaba una vida tranquila. No sufría de tensiones como la gente de hoy.
☐ tenía sus propias preocupaciones. Se sentía las tensiones propias de su época.

Si escogieron la primera oración, pasen al **Paso 2.** Si escogieron la segunda oración, pasen al **Paso 3.**

Paso 2.   ¿Por qué era tranquila la vida en épocas prehistóricas? Indiquen lo que piensan y agreguen otras ideas más.

☐ No se tenía que trabajar.
☐ No había ni tráfico ni problemas urbanos.
☐ Las personas se llevaban bien.

☐ _____

☐ _____

☐ _____

☐ _____

Pasen al **Paso 4** ahora.

Paso 3. ¿Por qué era tensa la vida en épocas prehistóricas? Indiquen lo que piensan y agreguen otras ideas más.

☐ Se tenía que luchar (*fight*) para conseguir la comida.
☐ Las tribus luchaban entre sí (*among themselves*).
☐ Durante el invierno hacía frío y no había casas.

☐ _____

☐ _____

☐ _____

☐ _____

Paso 4. Compartan sus oraciones con la clase. ¿Cuántos creen que el ser primitivo llevaba una vida tranquila? ¿una vida tensa?

Actividad B La relajación en otras épocas

Ya tenemos idea de lo que hace el individuo de hoy para relajarse. Pero ¿cómo lo hacía el individuo de otras épocas?

Paso 1. La clase debe dividirse en cinco grupos. A cada grupo se le va a asignar uno de los siguientes grupos de personas:

a. las personas prehistóricas
b. los griegos de la época clásica
c. los aztecas antes de la llegada de los españoles
d. las familias en la época medieval
e. los pioneros norteamericanos del siglo XIX

Paso 2. ¿Cómo se relajaban las personas? Cada grupo debe escribir por lo menos cinco oraciones sobre los hábitos de las personas en la época que se le ha asignado para presentar a la clase. Aquí hay algunas sugerencias sobre el tema.

bailaban	nadaban	jugaban
cantaban	contaban historias	bebían alcohol
tocaban música	leían	

Paso 3. (optativo) Busca en la biblioteca información sobre cómo se divertía (*had a good time*) la gente en la época que se te ha asignado. ¿Qué hacía para aliviar la tensión?

Paso 4. Cada grupo debe presentar sus oraciones a la clase. ¿En qué se distinguían las personas de cada época? ¿En qué se asemejaban (*were they similar*)?

Actividad C ¿Cómo aprendió el hombre a reír?

Paso 1. Mira el esquema a continuación.

	TIEMPOS PREHISTÓRICOS		AHORA
El chimpancé y el gorila	Se reían sólo cuando se les hacía cosquillas.	→	Todavía se ríen sólo cuando se les hace cosquillas.
El hombre	Se reía sólo cuando se le hacía cosquillas.	→	Se ríe cuando se le hace cosquillas, pero también cuando algo le hace gracia.

Paso 2. ¿Qué le pasó al hombre que a sus primos los simios no les pasó? En grupos de tres, inventen un episodio que ilustre cómo fue que el hombre se rió por primera vez. Incluyan los siguientes datos:

¿Dónde estaba el hombre? ¿Con quién(es) estaba?
¿Qué ocurrió que provocó en él el impulso de reír?

(Nota: En el artículo «La risa: vehículo terapéutico», el autor ofrece una situación hipotética para ilustrar una de las teorías sobre el comienzo de la risa. ¿Lo recuerdas?)

Paso 3. Escribe en casa el episodio y luego entrégaselo al profesor (a la profesora).

UN VISTAZO

Varias formas de relajación

¿Te gustaría tener uno de estos sillones?

Sillón de masaje y relajación

EL empleo de la electrónica más sofisticada ha permitido imitar los más delicados y complejos movimientos de los dedos de los masajistas profesionales y *transportar* esta técnica a un confortable sillón, el EP 588F de Panasonic.
Como la tensión del cuerpo se concentra fundamentalmente en la espalda, el tensor de la columna vertebral de este sillón de masaje se mueve automáticamente, de arriba hacia abajo, frotando la espalda desde el cuello hasta la zona lumbar.
Este masaje favorece la circulación sanguínea y disminuye la tensión y fatiga acumulada en los músculos como consecuencia de las malas posturas de nuestra espalda. El movimiento de los rodillos de masaje, subiendo y bajando a lo largo de la columna vertebral, estimula la raíz de los nervios aquí concentrados, activando el funcionamiento de los órganos internos conectados a dichas raíces.
El sillón dispone de tres programas de masaje, de doce minutos de duración cada uno, y de un mando a distancia electrónico para el control de todas las funciones. Precio aproximado: 395.000 pesetas. Información y venta: teléfono (91) 262 59 03.

Y AHORA...

La tensión y el estrés

En esta lección, exploraste varias actividades que ayudan a aliviar la tensión y el estrés. También leíste artículos sobre la importancia de la risa y pensaste en la última vez que te reíste a carcajadas.

Ahora, utiliza lo que aprendiste en la lección para escribir una composición titulada

La última vez que me sentía tenso/a

Paso 1. Vas a escribir la composición pensando en los estudiantes que con frecuencia se sienten tensos y estresados. Debes contarles las circunstancias que a ti te hicieron sentir tenso y cómo te relajaste. ¿Vas a usar un tono formal o conversacional? ¿Vas a utilizar la primera persona (**yo**) o la tercera persona del verbo?

Paso 2. ¿Qué información vas a incluir?

		SÍ	NO
1.	cómo se sentían tus amigos al verte tan tenso/a	☐	☐
2.	lo que pasaba en tu vida en aquella época	☐	☐
3.	lo que te causó la tensión y el estrés	☐	☐
4.	cómo manifestaste lo que sentías	☐	☐
5.	el punto crucial que te hizo aliviar la tensión y el estrés	☐	☐
6.	qué hiciste para aliviar la tensión y el estrés	☐	☐
7.	los efectos negativos de la tensión y el estrés	☐	☐
8.	la frecuencia con que te reías en aquella época	☐	☐

Paso 3. Para organizar la composición, escribe en orden cronológico las ideas que piensas incluir.

Paso 4. ¿Puedes utilizar los puntos gramaticales que estudiaste en esta lección?

a. el pretérito   b. el imperfecto

Repásalos si es necesario.

Paso 5. A continuación hay una lista de palabras y frases que pueden serte útiles.

al mismo tiempo	*at the same time*
al (día, mes, año) siguiente	*the next (day, month, year)*
luego, entonces	*then; next (in a series of events)*
mientras tanto	*meanwhile; during this time*

Paso 6. Teniendo en cuenta el propósito de esta composición y también el lector a quien va dirigida, debes escribir una conclusión apropiada. Trata de utilizar una de las siguientes sugerencias en tu conclusión.

a. ofrecer un comentario humorístico sobre la experiencia
b. explicar cómo vas a controlar tus propias emociones en el futuro
c. ofrecer sugerencias para otras personas

➤

Paso 7. Escribe la composición dos días antes de entregársela al profesor (a la profesora). Luego, un día antes de entregarla, lee la composición de nuevo. ¿Quieres hacer algún cambio? ¿En cuál de los siguientes aspectos?

a. en el episodio que describiste
b. en las ideas que presentaste
c. en el orden en que presentaste las ideas
d. en la conclusión
e. en el tono

Paso 8. Lee la composición otra vez para verificar...

a. la concordancia entre formas verbales y sujetos
b. el uso del pretérito
c. el uso del imperfecto

También debes revisar la concordancia entre adjetivos y sustantivos.

Paso 9. Haz todos los cambios necesarios y entrégale la composición al profesor (a la profesora).

VOCABULARIO

Vocabulario básico

¿Cómo te relajas?

	How do you relax?
andar (*irreg.*) en bicicleta	to ride a bicycle
bañarse (en un jacuzzi)	to bathe (in a jacuzzi)
dibujar	to draw
divertirse (ie, i)	to have a good time
esquiar en el agua	to water-ski
esquiar en las montañas	to ski in the mountains
jugar (ue) (gu) al golf	to play golf
jugar al voleibol	to play volleyball
meditar	to meditate
pasar unos días de vacaciones	to spend a few days on vacation
patinar	to skate
saltar la cuerda	to jump rope
trabajar en el jardín	to garden

Vocabulario y expresiones útiles

deportivo/a (*adj.*)	relating to sports
entrenarse	to train (*for a sport*)
molestar	to bother

Vocabulario y expresiones del tema

La tensión

	Tension
la apatía	apathy
la depresión	depression

el estrés	stress
el malestar	ill-being, malaise
el/la (psico)terapeuta	(psycho)therapist
terapéutico/a	therapeutic

La risa

	Laugh; laughter
el bienestar	well-being
cómico/a (*adj.*)	comic(al), funny
los efectos físicos/ mentales/ negativos/positivos	physical/mental/negative/ positive effects
el humor	humor
hacer cosquillas	to tickle
hacerle gracia a uno	to strike someone as funny
reírse (i, i) a carcajadas	to laugh one's head off, laugh loudly

Vocabulario y expresiones útiles

la corteza cerebral	cerebral cortex
sudar	to sweat
la ventaja de mayor importancia	the advantage of greatest importance

OTRAS IDEAS

❖ **Actividad A** Cómo escoger una actividad física

Paso 1. Para cada número, escoge la lista que incluye las actividades que más te interesan.

1. A
   escalar (*climb*) montañas
   esquiar en el agua
   practicar el surfing
   esquiar en la nieve

   B
   nadar
   levantar pesas
   pedalear una bicicleta
      estacionaria

2. A
   jugar al fútbol
   jugar al fútbol americano
   jugar al ráquetbol

   B
   jugar al golf
   caminar
   nadar
   correr

3. A
   practicar el ballet
   practicar las artes marciales
   practicar el yoga

   B
   jugar al voleibol
   patinar sobre el hielo
   hacer ejercicio aeróbico

Paso 2. Lee el test de la revista *Tú* que está en la página 332 y contesta las tres preguntas.

Paso 3. Compara las respuestas que diste en el **Paso 2** con las del **Paso 1.** ¿Hay alguna correspondencia entre tus respuestas y los deportes que escogiste?

❖ **Actividad B** Para relajarte...

Paso 1. Toma tres minutos y haz una lista de al menos tres de las actividades, deportivas o no, que más te gustan hacer para relajarte. Puede ser algo que tú haces con frecuencia o sólo de vez en cuando.

   MODELO: Para relajarme me gusta estudiar / escribir cartas a mi familia / comer.

Paso 2. Compara tus respuestas con las de un compañero (una compañera). Señala las preferencias que los dos tienen en común.

Paso 3. Mira la lista que escribiste en el **Paso 1.** Escoge tres de esas actividades y en una hoja aparte (*a separate sheet*) explica cómo cada una de ellas te ayuda a relajarte.

   MODELO: Me gusta hacer ejercicio para relajarme porque después me siento más lleno/a de energía. También me gusta...

Después de explicar tus razones, compártelas con un compañero (una compañera) de clase.

Cómo escoger tus ejercicios

El deporte o ejercicio que practicamos debe estar muy ligado a nuestra personalidad y a nuestros gustos, porque de lo contrario se convertirá en una rutina aburrida que vamos a abandonar al poco tiempo.

Encontrar el tipo de ejercicio, deporte o rutina a realizar, no siempre es fácil para todo el mundo. La clave es explorando nuestros gustos. Contesta las siguientes preguntas de este test y descifra la incógnita.

1. Pregunta: ¿En qué atmósfera te sientes mejor? a) En un ambiente lleno de sorpresas, porque las cosas que suceden son impredecibles, como les pasa a los reporteros de los periódicos, a los bomberos, a los médicos en una sala de emergencia. b) En una atmósfera estable, sin cambios bruscos, como la que tiene un profesor, un novelista o un técnico de laboratorio.

Respuesta: a) Tú estás feliz cuando la vida te presenta cambios. En este caso, te conviene una rutina de ejercicios excitante, como escalar montañas, esquiar en el agua, el surfing (tablavela) y esquiar en la nieve. b) Prefieres la estabilidad. Intenta las actividades donde el ambiente se mantenga constante, como nadar, levantar pesas, pedalear en una bicicleta estacionaria y los video-cassettes de ejercicios.

2. Pregunta: ¿Cómo reaccionas cuando tienes que actuar rápidamente? a) Te encanta planear una fiesta super-rápida, para hoy mismo si es posible y te gusta tomar decisiones. b) Eres más feliz cuando puedes tomar tiempo para hacer y planear las cosas.

Respuesta: a) Te gusta lo espontáneo, por lo tanto, busca deportes con mucha acción y rapidez, como el soccer, el fútbol, el racquetball. b) Te gustan las actividades que te permiten tomar tiempo, como el golf, caminar, nadar o trotar.

3. Pregunta: ¿Cómo enfrentas tus metas? a) Tiendes a realizar un proyecto o labor escolar (o de trabajo) dedicándole todo tu tiempo y analizando cada detalle en particular. b) Prefieres realizar esa tarea a la vez que escuchas música, ves televisión y te levantas a menudo para hacer otras cosas antes de terminar tu proyecto.

Respuesta: a) Te gusta dedicarte a una sola cosa a la vez, por lo tanto elige rutinas donde la técnica es importante, como el ballet, las artes marciales y el yoga. b) Te gusta hacer varias cosas al mismo tiempo. Elige actividades de grupo, como el voleibol, los ejercicios aeróbicos y el patinaje.

Paso 4. Lee con atención las razones que dio tu compañero/a en el **Paso 3.**

¿Cuántas razones se asocian con su bienestar...

_____ físico? (Escribe el número aquí.)
_____ afectivo?
_____ económico?
_____ social?

Paso 5. Basándote en las conclusiones obtenidas en el **Paso 4,** completa la oración que mejor describe la opinión que tienes de tu compañero/a o escribe una de tu invención.

a. Tu bienestar _____ parece ser lo más importante para ti.

b. Me parece que los siguientes factores son de máxima importancia para ti:

_____

c. Otra opinión: _____

_____

Ahora, léele a tu compañero/a lo que escribiste. ¿Está de acuerdo con tu opinión?

❖ **Actividad C** Las vacaciones

Paso 1. Hablando de vacaciones, ¿cuál de las siguientes opiniones describe mejor tu propia experiencia? Puedes escribir tu propia respuesta si ninguna de éstas describe tus experiencias.

Según mi experiencia, durante las vacaciones...
☐ me relajo mucho porque paso mucho tiempo descansando y divirtiéndome.
☐ no me relajo porque tiendo a hacer tantas cosas que me siento más cansado/a después de las vacaciones que antes de ellas.

☐ otro: _____

_____

Paso 2. En el **Paso 1** expresaste tu opinión respecto a las vacaciones. Piensa en tus últimas vacaciones y describe un día en particular que ilustre el porqué de tu actitud.

¿En qué lugar pasabas tus vacaciones?

_____

¿Qué hacías?/¿Qué pasó ese día?

_____

Otros detalles: _____

_____

Paso 3. Prepárate para leer las respuestas que diste en el **Paso 2.** Luego tus compañeros de clase tendrán que comentar tu actitud hacia las vacaciones.

❖ **Actividad D** ¿Cuántas veces?

En el artículo « La risa: vehículo terapéutico » dice que es bueno reír muchas veces al día. Escoge la oración que mejor te describe.

☐ Me río muchísimo. Creo que me río en un día más de lo que recomienda el artículo.

☐ Siempre me río cuando oigo o veo algo realmente chistoso. Creo que yo me río en un día tantas veces como lo recomienda el artículo.

☐ Para que yo me ría, tiene que ser algo sumamente cómico. Creo que me río con menos frecuencia de lo que dice el artículo.

❖ **Actividad E** El estilo de reír

Paso 1. Escucha cómo ríen dos personas en tu residencia o en otro lugar público. Señala su manera de reír de acuerdo con lo que dice el artículo « La risa: vehículo terapéutico ».

PERSONA 1 (SEXO: _____)   PERSONA 2 (SEXO: _____)

volumen: ☐ alto   ☐ medio ☐ bajo   volumen: ☐ alto   ☐ medio ☐ bajo
ritmo: ☐ rápido ☐ medio ☐ lento   ritmo: ☐ rápido ☐ medio ☐ lento
duración: ☐ larga ☐ media ☐ corta   duración: ☐ larga ☐ media ☐ corta

Paso 2. Ahora comparte con la clase tus observaciones.

MODELO: Escuché la risa de dos personas. La risa de la primera persona era _____ en cuanto a volumen. También su ritmo era _____. Su risa duró _____ tiempo. La risa de la otra persona...

Paso 3. ¿Qué semejanzas hay entre las risas de las personas observadas? ¿Tienen igual volumen, ritmo y duración o se diferencian en algo?

Paso 4. La lectura menciona cuatro factores que influyen en el estilo de reír de una persona. Anótalos aquí y después ordénalos según su importancia.

| | LUGAR EN |
FACTOR	LA ESCALA (*SCALE*)
_____	_____
_____	_____
_____	_____
_____	_____

Compara tu lista con la de un compañero (una compañera) o con la clase. ¿Qué factor les parece que es el de mayor importancia?

Paso 5. Haz una lista de aquellas maneras de reír y ocasiones en que la risa no es aceptada socialmente o que por lo menos provocan miradas de desaprobación (*disapproval*).

MODELO: Si una persona se ríe como un cerdo (*pig*), es criticada.

LECCIÓN **13**

¿EN QUÉ CONSISTE EL ABUSO?

¿Cómo reconocer a un hijo drogadicto?

*¿H*as pensado en lo que pasa si una persona no aprende a hacer las cosas con moderación? ¿Cuáles son las consecuencias de hacer algo en exceso? En esta lección vas a explorar esta cuestión y vas a

- continuar usando el imperfecto y el pretérito para hablar del pasado
- comenzar a comprender los mandatos (*commands*) orales y escritos

335

IDEAS PARA EXPLORAR
HAY QUE TENER CUIDADO

PARA EXPRESARSE ¿QUÉ ES UNA LESIÓN?

DAÑINO *adj.* Se aplica a lo que causa un daño: *Algunos mariscos son dañinos si se comen crudos.*

DAÑO *m.* Efecto negativo. Detrimento: *Este problema puede causar mucho daño.* Dolor: *Estos zapatos me hacen mucho daño.*

HERIDA *f.* El resultado físico de la acción de herir: *Muchos atletas sufren heridas mientras practican.*

HERIR *v. tr.* Causar en un organismo un daño en que hay destrucción de los tejidos, como un golpe con un arma, etcétera: *El soldado hirió al enemigo con un disparo de pistola.*

LESIÓN *f.* Sinónimo de herida: *El corredor sufrió una lesión del tobillo.*[a]

[a] *ankle*

Vocabulario útil: Repaso

el peligro   riesgo inminente
peligroso/a   que ofrece peligro

VER EL MANUAL

Actividad A Asociaciones

La práctica de ciertas actividades puede tener consecuencias positivas y también negativas. A continuación hay una lista de consecuencias negativas. Escribe por lo menos dos actividades que tú crees que pueden tener estas consecuencias.

1. sufrir lesiones o heridas: _____

   _____

2. provocar muchas tensiones: _____

   _____

3. costar mucho dinero: _____

   _____

4. causar una adicción física: _____

   _____

5. causar una adicción psicológica:_____

   _____

6. ser peligrosa: _____

   _____

Actividad B Consecuencias

Paso 1.   ¿Cuáles pueden ser las consecuencias de practicar estas actividades si uno no tiene cuidado? Indica tus respuestas y luego compáralas con las de un compañero (una compañera).

	ADICCIÓN FÍSICA	DAÑOS FÍSICOS	ADICCIÓN PSICOLÓGICA	OTROS PELIGROS PSICOLÓGICOS
1. hacer ejercicios aeróbicos	☐	☐	☐	☐
2. ir de compras	☐	☐	☐	☐
3. esquiar	☐	☐	☐	☐
4. comer	☐	☐	☐	☐
5. jugar videojuegos	☐	☐	☐	☐
6. estudiar	☐	☐	☐	☐
7. ingerir bebidas alcohólicas	☐	☐	☐	☐
8. dormir	☐	☐	☐	☐

Paso 2.   Ahora compara tus respuestas con las de todos tus compañeros. Un(a) estudiante debe ir a la pizarra para anotar qué actividades marcaron los estudiantes en las cuatro columnas.

Actividad C ¡Cuidado!

¡Ciertas actividades, si se hacen en exceso, son más peligrosas que otras!

Paso 1.   Haz una clasificación de las siguientes actividades usando la siguiente escala. Escribe el número de cada categoría en el espacio indicado.

         1 = No ofrece mucho peligro.
         2 = Puede ser peligrosa.
         3 = Es muy peligrosa.

a. _____ reír		g. _____ tomar café
b. _____ correr		h. _____ ingerir bebidas
c. _____ jugar al tenis		_____ alcohólicas
d. _____ jugar al fútbol americano		i. _____ estudiar un idioma
e. _____ trabajar en una oficina		j. _____ ver televisión
f. _____ trabajar en una fábrica (*factory*)		k. _____ jugar videojuegos

Paso 2.   Con dos compañeros/as de clase, piensen en otras actividades que podrían agregarse a las categorías del **Paso 1.** Escríbanlas a continuación.

NO OFRECE MUCHO PELIGRO	PUEDE SER PELIGROSA	ES MUY PELIGROSA
_____	_____	_____
_____	_____	_____
_____	_____	_____

Paso 3.   Siguiendo el modelo, explica cuál es la más peligrosa de las actividades señaladas en el **Paso 1** y cuál es la que ofrece menos o ningún peligro.

MODELO: Jugar al fútbol americano es la actividad más peligrosa porque puede causar daños físicos.

UN VISTAZO

El equilibrio justo

¿Eres una fanática de los aeróbicos, las pesas, la gimnasia, el trote y el pedaleo? ¡Cuidado! Abusar de los ejercicios puede ser peligroso para tu salud física y mental. Aprende a establecer el balance justo en tu rutina... ¡no te conviertas en una adicta al ejercicio!

Actividad optativa ¿Eres una fanática...?

Lee rápidamente este fragmento. ¿Qué recomendación se hace?

☐ Es mejor no participar en actividades como los ejercicios aeróbicos.
☐ Se debe usar buen equipo para hacer ejercicio.
☐ Es importante mantener un equilibrio sano en cuanto a la práctica de las actividades deportivas.

LOS HISPANOS HABLAN

¿Practicas algún deporte? Explica por qué lo practicas.

> NOMBRE: Antonio Medina, estudiante
> EDAD: 21 años
> PAÍS: España

« Practico todo tipo de deportes, pero el que más me gusta y al que le dedico más tiempo es el tenis, el cual lo practico porque me apasiona. »

¿SABÍAS QUE...

...en el mundo hispánico el jogging no goza[a] de la misma popularidad que en los Estados Unidos? Mientras que los norteamericanos acostumbran correr en las calles de las ciudades, aun en las zonas de más tráfico, en los países hispánicos los corredores se limitan, por lo general, a correr en las pistas[b] atléticas y en los campos deportivos. Aunque esta costumbre está cambiando, en la gran mayoría de las ciudades hispánicas no se acostumbra llevar ropa deportiva y practicar un deporte en las vías[c] públicas. En muchos países hispanoamericanos, por otra parte, el calor sofocante hace difícil y peligrosa la práctica del jogging. Además, es común entre los españoles y los latinoamericanos la opinión de que el jogging es una obsesión propia de los norteamericanos. Como dijo en una ocasión un hispano: «Creo que los norteamericanos viven de prisa.[d] Tanta es la prisa que tienen, ¡que la han convertido en un deporte! » ¿Estás de acuerdo con esta opinión?

Unos venezolanos se dedican al correr para mantener su forma y bienestar.

[a] *enjoys* [b] *tracks* [c] *streets* [d] de... *in a hurry*

LOS HISPANOS HABLAN

¿Eres adicta a algo?

NOMBRE:	Carmen Ibarra, estudiante
EDAD:	24 años
PAÍS:	México

« Pues, soy adicta a muchas cosas, por ejemplo, al cigarrillo. Pero, además podría decir que soy adicta a estudiar. Les dedico más tiempo a los estudios que a mi vida personal. A veces me obsesiono por querer ser la mejor en todo lo que hago. Eso viene de la imagen negativa que tengo de mí misma. Creo que lo único que hago bien es estudiar. »

Actividad optativa Análisis del caso de Carmen

1. ¿A qué es adicta Carmen? ¿Crees que es susceptible a cualquier adicción?
2. ¿Cómo explica Carmen su problema?
   a. Le echa la culpa[a] a su familia.
   b. Dice que no tiene estimación propia.[b]
   c. No tiene tiempo para hacer otras cosas.
3. Con un compañero (una compañera) de clase, completen la siguiente oración:

   Por lo que Carmen dice se puede deducir que muchos de los problemas que tiene se deben a que _____.

[a] echa... *blames*   [b] estimación... *self-esteem*

VAMOS A VER

Anticipación

Paso 1.   Colabora con todos tus compañeros de clase para hacer un « mapa semántico » del jogging en la pizarra. Deben incluir todo lo que saben acerca del jogging y sus efectos. Pueden comenzar con el siguiente esquema, pero no se deben limitar a esto.

(EL JOGGING)

Paso 2.   Copien y guarden el mapa.

Paso 3.   La lectura en las páginas 342–343 viene de la revista *Hombre de mundo*. En el título del artículo aparece la palabra **mito**. El término equivalente en inglés es un cognado. ¿Puedes adivinar cuál es?

Paso 4. Obviamente este artículo trata del jogging. ¿Qué información esperas encontrar en el artículo?

☐ Explicación de
    ☐ los beneficios físicos del jogging
    ☐ los beneficios mentales del jogging
☐ Información respecto a los efectos negativos del jogging
    ☐ daños físicos
    ☐ problemas psicológicos
☐ Recomendaciones sobre lo que se necesita para practicar el jogging
    ☐ zapatos apropiados
    ☐ entrenamiento especial
☐ Mención de otras actividades que producen efectos físicos y psicológicos parecidos a los del jogging

Exploración

Paso 1. Lee rápidamente los dos primeros párrafos del artículo. No te preocupes si encuentras palabras y frases que no entiendes.

Paso 2. Vuelve a tus respuestas del **Paso 4** de **Anticipación.** ¿Qué piensas ahora? ¿Vas a cambiar o modificar tus respuestas o no? La clase debe dar su voto para decidirlo.

Paso 3. Con la participación de otros dos compañeros, dividan el texto en tres partes. Uno/a de Uds. debe leer la primera parte, hasta « El clímax del corredor ». Otro/a estudiante debe leer la sección « El clímax del corredor » y el tercero (la tercera) debe leer la última parte. Cada uno/a debe leer rápidamente (por no más de dos minutos) la sección que le fue asignada.

Paso 4. En sus grupos de tres, lean una vez más las respuestas del **Paso 4** de **Anticipación.** ¿Qué piensan Uds. ahora de esas respuestas?

Paso 5. Cada persona del grupo debe escoger dos ideas importantes de su sección y compartirlas con el grupo.

Primera parte: 1. _____

                 2. _____

Segunda parte: 1. _____

                 2. _____

Tercera parte: 1. _____

                 2. _____

Paso 6. Ahora estás listo/a para leer todo el artículo. Lee la primera sección y luego contesta las siguientes preguntas. Recuerda que no debes preocuparte si encuentras palabras o expresiones que no comprendes.

1. ¿De qué es ejemplo el caso de Kate?
2. ¿Es muy alto el porcentaje de personas adictas al jogging?
3. Haz una lista de todos los beneficios del jogging mencionados en esta sección.
4. ¿Por qué motivo los especialistas prefieren el jogging a los ejercicios aeróbicos o la natación?

Mitos y verdades del jogging

Por Michael L. Sachs

El *jogging* fue una gran parte de la vida de Kate durante tres años, ya que solía correr un promedio de 95 a 110 kilómetros a la semana. Inclusive, se sentía orgullosa de no perder un solo día aunque estuviera enferma. Cuando no podía correr, lo cual nunca ocurría con frecuencia, se sentía rara, desorientada y extraordinariamente irritable y culpable. Esto fue lo que precisamente comentó su marido, un día que Kate se vio forzada a permanecer en la casa debido a una tormenta de nieve. Ese día ella estaba tensa, preocupada, y consideraba que todo lo que él decía carecía de fundamento. Cuando finalmente su esposo preguntó qué le sucedía, Kate gritó: "Estoy de mal humor porque no he podido correr en todo el día".

La raíz del problema de Kate puede hallarse en su respuesta. La ansiedad de la muchacha, su irritabilidad, fueron producidas por el hecho de no haber podido correr ese día. En realidad, Kate forma parte de un pequeño porcentaje de corredores que son actualmente adictos a este ejercicio. Cuando ellos saben que no han de correr en un día determinado, experimentan síntomas de retraimiento, parecidos a los que Kate describió furiosa a su marido.

Aunque pocos corredores (solamente el 3%), son adictos comprobados, este fenómeno sirve como ejemplo poderoso de cómo el *jogging* puede afectar la salud mental. Es más, durante la popularidad creciente que desarrolló este ejercicio en la década de los años setenta, los sicólogos obtuvieron un tesoro de informaciones sobre cómo el correr afecta la mente. Por un lado, descubrieron que era una adicción, pero por otro, hallaron que la mayoría de los corredores tienen mejor salud mental que aquellas personas que no practicaban este ejercicio. Si usted es un corredor, es importante que sepa que el ejercicio hace mucho más que fortalecer su sistema cardiovascular y quemar calorías. Podría tener también, un profundo efecto en su personalidad y de la manera en que usted enfrenta sus problemas diarios.

Varias investigaciones han demostrado que correr es una excelente herramienta contra el *stress*. Los que practican este ejercicio diariamente han dicho que la tensión acumulada en la oficina y en el hogar desaparece inmediatamente tras correr varios kilómetros. El *jogging* también ha sido asociado con reducciones de la ansiedad y depresiones moderadas, dos elementos emocionales que probablemente afectan a los corredores con la misma frecuencia que al resto de la población. Si usted es corredor, igualmente sabe que el *jogging* es bueno para su estimación propia. Varias encuestas realizadas entre corredores han revelado que su dedicación a este programa, así como el sentido de triunfo que se experimenta al alcanzar la meta de un número específico de kilómetros, ayuda a crear confianza y valor por uno mismo. Este aumento de estimación propia permite al corredor hacer cambios positivos en otros aspectos de la vida.

Como es natural, el *jogging* no es la única forma de ejercicio que puede mejorar su salud mental. Es más, sabemos que todos los tipos de ejercicios aeróbicos, como esquiar, nadar, pedalear y danzar, podrían ayudarlo a desarrollar una imagen positiva de estimación propia y reducir de peso el *stress*. Sin embargo, como correr es una forma conveniente y práctica de ejercicio aeróbico, es una actividad que muchos especialistas en salud mental recomiendan a sus pacientes.

El clímax del corredor

Muchos corredores han descrito sensaciones de euforia, generadas durante la práctica de ese ejercicio. Han informado que también ven con más brillantez los colores de las cosas, como si sus cuerpos se llenaran de una nueva clase de vigor y fuerza, y pudieran trascender barreras de tiempo y espacio que les son ofrecidas por la naturaleza. "De repente", me dijo una mujer que yo entrevisté, "me di cuenta del escenario que me rodeaba, pero de una manera muy peculiar. Es más, esa aguda sensibilidad que invadía mi cuerpo me hizo dar un paso gigantesco hacia un lugar donde yo nunca había estado antes". Esta mujer describió la euforia típica del corredor al alcanzar su mayor nivel. Es, también, uno de los estados mentales más fascinantes que logra desarrollar el corredor habitual de grandes distancias.

Esta clase de experiencia metafísica descrita por la mujer explica la experiencia llamada "clímax del corredor". Es una rara forma de euforia y no todos los corredores logran disfrutarla. No obstante, casi todos los corredores que practican el *jogging* por espacio de seis o más meses, experimentan un *clímax* menos intenso que el mayor de todos. Esta forma de *clímax* es una sensación sobrecogedora de bienestar y relajación, similar a la que describen los individuos que practican la meditación.

No es sorprendente, por lo tanto, que los corredores se vuelvan adictos cuando sus esfuerzos inducen experiencias tan gratas. Es más, algunas investigaciones han indicado que este *clímax del corredor* es causado por endorfinas, sustancias químicas parecidas al opio, producidas por el cuerpo durante los ejercicios aeróbicos. Estas endorfinas podrían hacer que el corredor no perciba dolor o *stress,* experiencias totalmente diferentes a las reportadas por individuos que ingieren heroína o morfina. Sin embargo, hay una considerable controversia sobre los probables efectos de estas endorfinas. Muchos científicos creen que ésta es una de muchas convenientes teorías que podrían explicar un fenómeno no comprendido del todo. No importa cuál sea la causa, resulta fascinante para corredores e investigadores que un ejercicio pueda inducir experiencias sicológicas tan poderosas.

Adicción positiva vs adicción negativa

La adicción a correr no es usualmente tan seria como lo sería al alcohol o las drogas. No obstante, uno de los aspectos sicológicos dañinos de un programa de *jogging,* ocurre cuando se desarolla una adicción negativa como la de Kate. No hay que olvidar que la adicción positiva es bien real, y es importante que todo corredor analice su participación en este ejercicio, para determinar si tiene una adicción positiva o negativa.

William Glasser popularizó el término "adicción positiva" en 1976 cuando publicó el libro del mismo nombre. Glasser dijo que los hábitos positivos como el ejercicio de correr, promovían el estímulo sicológico y aumentaban la satisfacción por vivir. En otras palabras, un individuo puede sentir la compulsión de correr, pero es una compulsión saludable. El término adicción positiva ha sido recientemente reemplazado por "hábito saludable" para cancelar el significado

Muchos corredores se entregan a su deporte como si se tratara de una adicción. Es algo que puede acarrear consecuencias de varios tipos: desde las negativas a las positivas. En usted está la decisión de inclinarse hacia la una o la otra.

negativo de la palabra adicción.

Si usted es un corredor, debe saber que hay una gran diferencia entre tener un hábito saludable y una adicción negativa. Usted padecería de una addicción negativa si correr controla su vida. De lo contrario, suele medir el tiempo y la distancia que más se ajustan a sus fuerzas y su estilo de vida. Si surge algo importante, puede dejar de correr un día o dos sin experimentar culpa o ansiedad. Por otro lado, ese ejercicio sería negativo, si observa las siguientes reacciones:

- Si no puede correr se siente irritado y culpable.
- Usted corre a pesar de estar agotado o enfermo.
- Usted corre aunque significa echar a un lado responsabilidades de familia o trabajo.
- Usted piensa más en el ejercicio que en ninguna otra cosa.
- Usted invierte tanto tiempo en correr, que otros aspectos de su vida se deterioran.
- Su necesidad por correr parece ser incontrolable.
- El correr controla su conducta, más de lo que usted puede controlar ese ejercicio.

Si usted es un corredor que ha experimentado estos sentimientos, debe consultar a un terapeuta. El es un profesional especializado en salud mental y en el cuidado de corredores con problemas adictivos. El correr, sin duda, puede aumentar su confianza, hacerlo más relajado e, inclusive, incrementar su creatividad. La llave para obtener estos maravillosos beneficios es, precisamente hacer de este ejercicio una parte saludable de su vida.

Paso 7. Lee ahora la sección « El clímax... ». ¿Cuáles de las siguientes oraciones son ciertas, según lo que dice esta sección?

☐ El clímax que experimentan los corredores consiste en una sensación de euforia.

☐ La euforia es causada por el exceso de oxígeno que se inhala al respirar profundamente.

☐ Algunos corredores experimentan una capacidad de percepción más aguda (*acute*) después de correr.

☐ Los expertos han estudiado mucho la adicción al jogging y comprenden bien todos sus aspectos.

☐ La adicción al jogging es parecida al vicio de ingerir drogas como la heroína y la morfina.

Paso 8. Ahora lee la última parte del artículo. Después, contesta estas preguntas.

1. ¿Cuál es la diferencia básica entre una adicción positiva y una negativa?
2. ¿Cuáles son los síntomas que presenta una persona adicta al jogging?
3. ¿Cuáles de los síntomas anteriores presenta Kate?

Síntesis

Paso 1. Colabora con todos tus compañeros de clase para hacer un nuevo « mapa semántico » sobre el jogging. Contribuye con la información que has aprendido al leer el artículo.

EL JOGGING

Paso 2. Compara este nuevo mapa semántico con el que hicieron en la sección **Anticipación**.

Paso 3. Haz y guarda una copia del nuevo mapa. ¡Es posible que necesites esta información más tarde para un examen!

Trabajando con el texto

Paso 1. Vuelve al primer párrafo y lee de nuevo lo que le pasó a Kate. Subraya los verbos que aparecen en el pasado. ¿Qué verbos están en el pretérito y qué verbos están en el imperfecto? Escríbelos en las columnas a continuación.

PRETÉRITO	IMPERFECTO

Paso 2. Recuerda que el imperfecto tiene dos funciones importantes: (1) expresar una acción habitual en el pasado y (2) expresar una acción en proceso de realizarse. Busca en el primer párrafo un ejemplo de cada función.

Paso 3. Ahora, con un compañero (una compañera), pongan las siguientes oraciones en orden cronológico para narrar lo que le sucedió a Kate.

_____ Cuando él vio que ella no le contestaba, le preguntó otra vez qué le pasaba.

_____ Su marido le preguntó qué le pasaba.

_____ Allí, encontró a Kate.

_____ Era un día horrible a causa de una tormenta de nieve.

_____ Estaba tensa, preocupada.

_____ Finalmente, Kate le gritó que estaba de mal humor porque no podía correr.

_____ No decía nada. Sólo miraba la ventana.

_____ Pero ella permanecía callada.

_____ Un día el marido de Kate entró en la cocina.

¡Sigamos!

¿Es adicto/a o no?

Paso 1. A continuación se da una lista de los síntomas que, según el artículo, experimenta una persona adicta a un deporte o actividad física. Léelos rápidamente.

- Si no puede hacer la actividad se siente irritado/a o culpable.
- Hace la actividad a pesar de estar agotado/a (*exhausted*) o enfermo/a.
- Piensa más en la actividad que en ninguna otra cosa.
- La necesidad por hacer la actividad parece ser incontrolable.
- Otros aspectos de la vida se deterioran.

Paso 2. Escucha las narraciones de tu profesor(a). Luego, usando la lista del **Paso 1,** decide si la persona que se menciona es adicta o no a la actividad que practica. Explica tu respuesta.

MODELO: Yo creo que la persona _____. En primer lugar, _____.
Además, _____.

¿Puedes llegar a ser un adicto (una adicta)?

En 1990 se publicó en una revista para mujeres una prueba para medir la susceptibilidad de las personas de convertirse en adictos.

Paso 1. A continuación se dan algunas de las preguntas usadas en esta prueba. Léelas.

SÍ   NO

1. ¿La gente te está diciendo que dependes mucho de alguna sustancia o actividad?   ☐   ☐

2. ¿Sientes la compulsión de hacer ciertas cosas que sabes perfectamente que no son buenas para ti?   ☐   ☐

3. ¿Existe algo en tu vida sin lo cual crees que no podrías vivir?   ☐   ☐

4. ¿Hay alguien en tu familia que depende física y psicológicamente de alguna sustancia o actividad, o que se ha sometido alguna vez a un programa de rehabilitación?   ☐   ☐   ➤

Paso 2. Con un compañero (una compañera), decidan cuál es la pregunta de más importancia y cuál es la menos importante. Después, comparen sus respuestas con las de otros estudiantes. ¿Comparten todos la misma opinión?

IDEAS PARA EXPLORAR
LA TELEVISIÓN COMO HÁBITO

PARA EXPRESARSE   ¿VEÍAS LA TELEVISIÓN DE NIÑO/A?

The verb **ver** has irregular forms in the imperfect: an **-e** is added to the stem **v-** before the imperfect endings.

VER EL MANUAL

Antes **veía** muchas telenovelas (*soap operas*) porque no tenía clases por la tarde.

Actividad A Entrevistas

Según estadísticas recientes, los niños y los estudiantes universitarios pasan mucho tiempo mirando televisión. ¿Es esto verdad?

Paso 1. Entrevista a un compañero (una compañera) de clase. Hazle las siguientes preguntas.

1. ¿Cuál de estas descripciones se puede aplicar a ti?
    - ☐ De niño/a veía más televisión que ahora.
    - ☐ De niño/a veía menos televisión que ahora.
2. ¿Cuántas horas diarias de televisión veías cuando eras niño/a?
3. ¿Cuántas horas diarias de televisión ves ahora? ¿Crees que en este sentido eres una persona como las demás?

Paso 2. (optativo) Entrevista a cinco de tus amigos. Trae los resultados a clase.

Paso 3. Comparte los resultados obtenidos en los **Pasos 1** y **2** con los otros estudiantes de la clase. ¿Es verdad que los estudiantes ven muchas horas de televisión? ¿y los niños?

Paso 4. (optativo) ¿Hay adictos a la televisión en tu clase? ¿Cómo llegaste a esta conclusión?

Actividad B ¿Cuántas horas por día?

Paso 1. Los siguientes televisores contienen tablas en las cuales vas a indicar cuántas horas por día las familias norteamericanas miran televisión. Los números de la izquierda indican las horas por día, y los números de abajo (*below*) indican los años.

Mi opinión

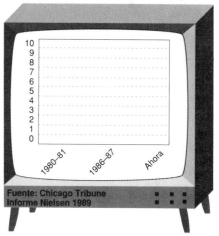

Respuestas correctas

Paso 2. Expresa tu opinión sobre el número de horas que una familia típica se dedica a mirar televisión en los Estados Unidos. Da tus respuestas dibujando tres barras en el primer televisor.

Paso 3. Luego compara tus respuestas con las de un compañero (una compañera) y después con las del resto de la clase. (En un momento tu profesor[a] dará [*will give*] las respuestas correctas.)

LOS HISPANOS HABLAN

¿Por qué son tan populares las telenovelas en México?

NOMBRE: Graciela Amante, actriz
EDAD: 38 años
PAÍS: México

« Mira, yo creo que la gente ve las novelas para divertirse… escaparse. Pero a diferencia de los Estados Unidos, aquí uno puede identificarse con los personajes. No es como en los programas de los Estados Unidos, donde los personajes son ricos, ajenos.ª Las telenovelas mexicanas son para el mexicano típico. »

Actividad optativa Los estudiantes y las telenovelas

Haz una encuesta. Cada estudiante debe preguntarles a diez personas (cinco hombres y cinco mujeres) si ven por lo menos una telenovela con regularidad. En clase, compara tus datos con los de tus compañeros para ver si las telenovelas son populares entre ellos.

───────────────

ª *alien (to one's lifestyle)*

Actividad C Una preocupación materna

Paso 1. Mira la siguiente tira cómica. ¡OJO! Faltan los últimos dos cuadros (*frames*). La tira no está completa.

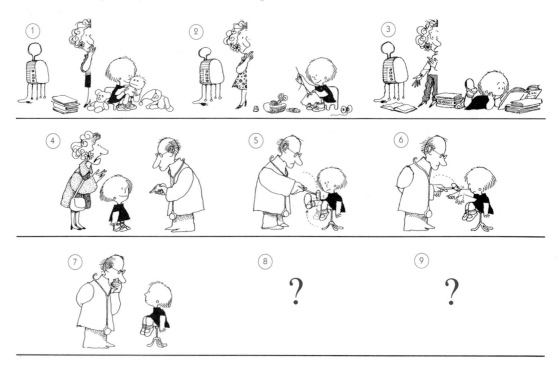

Paso 2. Busca la descripción que corresponde a cada cuadro de la tira cómica y escribe el número del cuadro (de los cuadros) en los espacios indicados. Hay descripciones que pueden aplicarse a más de un cuadro. (Presta atención al uso de los verbos en el pasado.)

a. _____ Le gustaba coser (*to sew*) porque frecuentemente veía coser a su abuela.

b. _____ El médico escuchó atentamente mientras Josefina le explicaba todo lo que observaba en María Luisa.

c. _____ Pero el médico no le encontró nada malo y estaba un poco perplejo.

d. _____ Entonces el doctor comenzó a examinar a María Luisa.

e. _____ Le examinó el brazo.

f. _____ Le examinó la pierna.

g. _____ María Luisa jugaba a solas con sus muñecas (*dolls*).

h. _____ Por fin Josefina no resistió más y llevó a María Luisa al médico.

i. _____ También leía mucho y veía muy poco la televisión.

j. _____ Una vez, Josefina estaba muy preocupada por su hija María Luisa.

Paso 3. Completa la tira cómica. Escribe esta noche en casa algunas oraciones que describan lo que pasó al final. Recuerda usar el pretérito para expresar acciones aisladas (*isolated*) y/o en secuencia y el imperfecto para expresar acciones o eventos en proceso o que eran habituales. ¡Vas a leer tus oraciones en clase!

¿SABÍAS QUE...

...la televisión en los países del mundo hispánico funciona de manera distinta que en los Estados Unidos? En los Estados Unidos la televisión funciona en base a la dinámica del mercado libre, en el que es necesario comprar «bloques» de tiempo. La competencia es fuerte y el resultado es una proliferación de canales (existen grandes cadenas[a] privadas, cadenas públicas, estaciones independientes y canales de cable) y un sistema especial para medir el éxito de un programa (los famosos *ratings* de Nielsen). En los países hispánicos, sin embargo, la televisión casi siempre es controlada por el gobierno o por lo menos hay un canal principal del gobierno. Además, el número de canales es pequeño en comparación con el número de canales que hay en los Estados Unidos. Por otra parte, el promedio de horas de televisión que el individuo ve por día es mucho más bajo. En algunas casas, ¡ni siquiera tienen televisor! De esta forma, los habitantes están menos influenciados por la cultura de la televisión.

Gonzalo Vega y Sebastián Ligarde de la telenovela «En carne propia». Las telenovelas son bastante populares en los países hispánicos y en la comunidad hispánica de los Estados Unidos.

_____

[a] *networks*

LOS HISPANOS HABLAN

¿Qué tipo de programa de televisión te gusta? ¿Y qué tipo detestas?

> NOMBRE: Cristina Murillo, estudiante
> EDAD: 20 años
> PAÍS: España

« Me encantan los programas culturales y las películas. No me gustan los programas a los que se va a ganar dinero. »

IDEAS PARA EXPLORAR
SALIENDO DE LA ADICCIÓN

PARA EXPRESARSE   ¿QUÉ DEBO HACER? —ESCUCHA ESTO

Jorge, si de veras quieres dejar ese vicio, primero admite que tienes un problema y luego busca alternativas a fumar.

Command forms (*Eat! Drink this! Do that!*) come in several forms: **tú, Ud., vosotros/as** in Spain, and **Uds.** The affirmative **tú** forms are relatively easy to learn, since they are identical to the third-person singular verb forms. You are already familiar with some of these commands because they have been used in the instructions of many activities in this book.

> **Come** más ensalada si quieres ser más delgado.
> **Mira** más televisión si quieres comprender la cultura de este país.

Many commonly used verbs, including **hacer, poner,** and **decir,** have irregular affirmative **tú** command forms.

> **Haz** esta actividad con cuidado.
> **Pon** una X en la oración correcta.
> **Di** la verdad, por favor.

VER EL MANUAL

You will learn more about **tú** commands in the *Manual.*

Actividad A Minilectura

Paso 1. Lee el artículo rápidamente. ¿A qué adicción se refiere?

COMO SALIR DE LA ADICCION

1. Admite que eres una adicta. Según los médicos, nadie puede salir de una adicción si no admite que realmente la tiene. Hazte la siguiente pregunta: ¿El tiempo que empleas para hacer ejercicios, NO está balanceado con el resto de tus actividades? Si la respuesta es sí, eres una adicta.

2. Empieza a "cortar" tu entrenamiento gradualmente. Si te sientes dependiente de tu rutina, empieza a eliminar actividades lentamente. Quita primero la que disfrutes menos. Corta un poco el tiempo. Si practicas una hora y media diaria, empieza a cortar 30 minutos. Si te entrenas 5 días a la semana, corta un día. Comienza a tener sentido de la moderación.

3. Cambia tus actividades. Sustituye la parte que más te extenúa en tu entrenamiento. Digamos que es el pedaleo o el levantamiento de pesas... deja de hacerlo por un período de tiempo y, en cambio, ve integrando los ejercicios de relajación, toma clases de yoga o ensaya con un ejercicio que te permita socializar, como el tenis, el raquetbol o el baile.

Paso 2. ¿Cuáles de las siguientes recomendaciones parecen lógicas según el contenido del artículo? Marca sólo las que te parezcan apropiadas.

☐ *Mírate* en un espejo (*mirror*) y *di*, «Tengo un problema».
☐ *Habla* con un amigo para conseguir el nombre de un doctor (una doctora).
☐ *Limita* tu contacto con otros adictos y *busca* la amistad (*friendship*) de personas que tengan otros intereses.
☐ *Busca* otro tipo de ejercicio. Si corres, *toma* una clase de ejercicios aeróbicos. Si pedaleas, *empieza* a correr.
☐ *Come* más y *bebe* menos.
☐ *Elimina* los ejercicios que más te gustan. No vas a triunfar si no te sacrificas.

PARA EXPRESARSE ¿QUÉ NO DEBO HACER? —¡NO HAGAS ESO!

No pienses más en los cigarrillos, Jorge, y no te dejes caer en la tentación.

Negative **tú** commands are different from affirmative commands. To form the equivalents of *don't eat* and *don't look,* start with the stem of the **yo** form of the verb, add the "opposite vowel" (**e** if the verb is an **-ar** verb and **a** if the verb is an **-er/-ir** verb), and then add **-s.**

no hag + a + s = no hagas	No hagas eso si quieres salir de la adicción.
no tom + e + s = no tomes	No tomes ningún medicamento sin consultar con la doctora.

Some negative **tú** commands have irregular stems (e.g., **no vayas** [**ir**], **no seas** [**ser**]) and spelling changes (e.g., **no comiences** [**comenzar**]). You will hear many of these as you are exposed to more and more Spanish.

VER EL MANUAL

Actividad B Lo que no debes hacer

Según el artículo «Cómo salir de la adicción», ¿cuáles de las siguientes recomendaciones te parecen inapropiadas?

☐ *No pases* mucho tiempo con los amigos si quieres salir de la adicción, pues ellos pueden distraerte de tu propósito (*distract you from your purpose*).

☐ *No elimines* por completo los ejercicios de tu rutina.

☐ *No hables* de tu problema con nadie. Es un asunto personal que a nadie le interesa.

☐ *No hagas* nada radical. Salir de la adicción requiere tiempo y cambios graduales.

☐ *No leas* información sobre tu problema, ni tampoco *pienses* demasiado en ello. Es mejor no «intelectualizar» tanto respecto a una adicción.

Actividad C La adicción al trabajo

Paso 1. Lee rápidamente el siguiente artículo.

El trabajo como adicción

EL ADICTO al trabajo se miente a sí mismo y les miente, por tanto, a los demás. En realidad, hace todo lo posible por no tener un instante libre, por ser un esclavo del trabajo: ocupando todo su tiempo tiene un pretexto perfecto para no preguntarse en realidad qué desea y para no satisfacer el deseo de los demás. Ocupando todo su tiempo disponible no tiene que responder a ninguna pregunta compleja (el deseo es una pregunta inquietante) y a la vez se siente dispensado de ofrecerse él mismo como objeto de placer a los demás. «No puede» tomar un café con el amigo porque hace horas extras; «no puede» escuchar a sus hijos porque no dispone de tiempo; «no puede» hacer el amor de manera relajada y libre porque está cansado. Mientras él huye de su insatisfacción tapándola con la alienación de su entrega desmedida al trabajo, se convierte, a su vez, en fuente de insatisfacción para los otros.

Cristina Peri Rossi

Paso 2.   Piensa por un momento en el tipo de adicción que el artículo describe. Teniendo en cuenta lo que sabes de otras adicciones, ¿cuáles de las siguientes sugerencias le harías a un adicto al trabajo? Selecciona de cada grupo las sugerencias que tú consideras más apropiadas.

Vacaciones

☐   *Toma* una semana de vacaciones. No importa cómo, pero *deja* el trabajo e *intenta* divertirte.

☐   *No tomes* más vacaciones si no puedes disfrutar de (*enjoy*) ellas sin pensar en el trabajo.

☐   *Toma* frecuentes vacaciones cortas. Por ejemplo, *deja de trabajar* uno o dos días y *vete* a un lugar lejos de tu trabajo.

Otras actividades

☐   *Planea* algunas actividades con tus amigos o tus familiares para los fines de semana.

☐   *No hagas* actividades solitarias. *Busca* la compañía de personas que no tienen relación con tu trabajo.

☐   *Sustituye* una hora de trabajo por una actividad solitaria, como correr, leer u otra que quieras. *Trata de no pensar* en el trabajo durante esa hora.

La salida del trabajo

☐   A las 5.00 de la tarde, *sal* del trabajo y *deja* los problemas del trabajo allí. *No lleves* trabajo a casa.

☐   *No salgas* de la oficina sin completar el trabajo de ese día. Así puedes regresar a casa y pasar la noche tranquilamente.

Relaciones con otras personas

☐   *Busca* la compañía de otros adictos al trabajo. Así puedes observar cómo interfiere la adicción en su vida.

☐   *No pases* mucho tiempo con otros adictos al trabajo. Corres el riesgo de hacerte aun más adicto.

Ayuda profesional

☐   *Busca* ayuda profesional, pues la adicción al trabajo puede tener consecuencias graves.

☐   *No busques* ayuda profesional. Con este tipo de adicción la mayoría de las personas pueden curarse a sí mismas (*themselves*).

Paso 3.   Compara las sugerencias que hiciste con las que hicieron dos de tus compañeros/as de clase. ¿Hicieron los tres las mismas sugerencias? Luego, entre los tres deben inventar y escribir otra clasificación que contenga (*that contains*) por lo menos dos sugerencias.

Paso 4.   Un(a) estudiante debe escribir en la pizarra todas las sugerencias que los estudiantes hicieron. La clase debe evaluar las sugerencias y escoger las cinco mejores.

Paso 5. (optativo)   La clase debe mandar sus cinco sugerencias a un psicólogo (una psicóloga) o a otra persona experta para ver qué piensa de ellas.

Actividad D Concurso de carteles (*Poster contest*)

Paso 1. El problema de la adicción o el abuso de las drogas entre los jóvenes es serio. ¿Sabes reconocer (*recognize*) los síntomas del uso habitual de las drogas? Lee las selecciones en ésta y la próxima página.

VOCABULARIO ÚTIL

torpeza	*clumsiness; slowness*
enredado	*confused*
estropeada	*deteriorated*
muecas	*grimaces*
calambres	*muscle spasms*
aliento	*breath*
golosinas	*candies and other special snacks*
escalofríos	*chills*
aguja	*needle*
jerga	*slang*

SOCIEDAD

ESTUDIANTES DROGADICTOS:

La prevención empieza por casa

¿Cómo reconocer a un hijo drogadicto?

1. Torpeza para coordinar sus movimientos musculares, de pie o caminando.
2. Hablar enredado.
3. Comprensión estropeada.
4. Pulso rápido.
5. Intranquilidad.
6. Muecas y calambres.
7. Sudoración abundante y mal aliento (anfetaminas).
8. Nerviosidad, locuacidad y superactividad (anfetaminas).
9. Ojos enrojecidos (marihuana).
10. Aumento de preferencia por golosinas (marihuana).
11. Disminución pupilar (heroína u otros narcóticos).
12. Escalofríos.
13. Marcas de punzadas de aguja en brazos o piernas (se ocultan con camisas o suéteres).
14. Cambios en el habla personal y jerga particular.
15. Apatía y descuido en hábitos personales, falta de motivación y pérdida de aspiraciones para el futuro.

ESTUDIANTES DROGADICTOS:

Narcóticos Anónimos:

Esperanza para los incurables

¿A QUIEN ACUDIR?

* **Centro Victoria, Clínica Bíblica:** línea de ayuda al teléfono 33–83–74. Información gratuita y atención privada.

* **Clínica Hacienda Tenerife:** Rehabilitación: Dr. Steven Kogel, teléfono 73–60–63. Atención privada.

* **Ejército de Salvación:** Desintoxicación: Casa Booth: teléfonos 22–03–26 y 21–82–66. Hogar Salvando al Alcohólico: teléfono 24–31–56.

* **Hogares Crea:** Desintoxicación y rehabilitación: Casa de Reeducación al Adicto de Cartago: teléfono 51–89–10.

* **Hospital Nacional Psiquiátrico:** Desintoxicación: teléfonos 32–21–55 y 31–62–69.

* **Instituto Nacional de Alcoholismo y Farmacodependencia (IAFA):** Desintoxicación: Departamento de Rehabilitación para Enfermos Alcohólicos, Tirrases. Teléfonos: 54–27–26 y 54–28–27. Rehabilitación: consulta externa de 7:30 a.m. a 3:30 p.m., de lunes a viernes. De 7:30 a 2:30 p.m., viernes. Atención psicológica, psiquiátrica, trabajo social y medicina general. También hay un servicio de emergencia y funciona una clínica infanto–juvenil para atención de problemas de alcohol y drogas.

* **Narcóticos Anónimos:** Rehabilitación: reuniones todos los lunes, martes y jueves, de 7 a 8:30 p.m., en la capilla del segundo piso de la Clínica Bíblica. Se guarda el anonimato.

Paso 2. En grupos de dos, elijan una de las siguientes frases y hagan un cartel para una campaña (*campaign*) diseñado en contra del uso de las drogas. Noten que el cartel debe contener un mandato dirigido a los jóvenes.

hacer el esfuerzo
decirle no a las drogas
(no) comenzar
no permitir el engaño (*deception*)
cegarte (ie) (*to be blinded*)
no quedar atrapado/a por una dependencia
ser independiente

Paso 3. Cada grupo debe colocar su cartel en una pared de la sala de clase (*classroom*).

Paso 4. La clase debe mandar sus carteles a un maestro (una maestra) de español de una escuela secundaria y pedirle (*ask him* [*her*]) que ponga los carteles en las paredes de su sala de clase.

¿SABÍAS QUE...

...muchas personas relacionan las drogas con un pequeño número de países de habla española como Colombia, Bolivia, el Perú y México? Mientras es cierto que estos países son productores de cocaína y marihuana, hasta ahora el problema del abuso de las drogas allí no ha llegado a niveles tan altos como en los Estados Unidos. La mayor parte de las drogas que producen son exportadas ilícitamente a Europa y los Estados Unidos, donde se consumen. Sin embargo, al igual que en los Estados Unidos, en esos países el índice de alcoholismo es alto. El problema en España y Latinoamérica puede ser mucho más grave que en los Estados Unidos porque hay muy pocos centros destinados al tratamiento del alcoholismo.

Y AHORA...

La televisión, ¿diversión o adicción?

En la **Lección 13** examinaste cómo algunas actividades diarias practicadas en exceso podrían ser dañinas, incluyendo el abuso del alcohol y las drogas. Leíste un artículo sobre la adicción al correr y también examinaste los hábitos en cuanto a ver la televisión. Finalmente, te informaste de cómo se puede salir de una adicción.

Ahora vas a escribir una composición basada en las ideas que se presentaron en esta lección. Utiliza el siguiente título:

La televisión, ¿diversión o adicción?

Paso 1.   Vas a escribir tu composición teniendo en cuenta a las personas que ven televisión en exceso. Tu propósito es convencer al lector que existe la adicción a la televisión, describir las consecuencias negativas de esta adicción y después ofrecer algunas sugerencias sobre cómo salir de la adicción.

Piensa en los artículos que leíste en esta lección. ¿Cómo introducen el tema? ¿Con una pregunta? ¿Con una breve historia o narración del caso de una persona adicta (por ejemplo, Kate, la adicta al correr)? ¿Cómo vas a comenzar tu composición?

También piensa en el propósito de la composición y el tipo de persona que la va a leer. ¿Quién es el lector típico, adicto a la televisión? ¿En qué forma vas a dirigirte a esa persona?

Paso 2.   Antes de escribir, llena la siguiente tabla con todas las ideas posibles. Puedes colaborar con un compañero (una compañera) si quieres.

síntomas de adicción a la TV	
consecuencias negativas	
cómo salir de esta adicción	

Paso 3.   ¿En qué orden piensas presentar tus ideas? ¿Quieres presentar primero las consecuencias y luego seguir con los síntomas y las sugerencias? ¿O piensas que es mejor presentar primero los síntomas seguidos por las consecuencias y por último las sugerencias?

Paso 4. Hay que poner atención al aspecto lingüístico de la composición. ¿Puedes utilizar los aspectos gramaticales que estudiaste en esta lección?

a. el imperfecto del verbo **ver**   b. los mandatos afirmativos
    (por ejemplo, **veía**)   c. los mandatos negativos

Paso 5. Escribe la composición con dos días de anticipación. Un día antes de entregársela al profesor (a la profesora), lee la composición de nuevo. ¿Quieres cambiar o modificar...

a. las consecuencias de la adicción que presentaste?
b. la descripción de la adicción?
c. los consejos (*advice*) sobre cómo salir de la adicción?
d. el orden de tus ideas?
e. algún otro aspecto?

Paso 6. Lee la composición de nuevo para repasar...

a. la concordancia entre formas verbales y sus sujetos.
b. el uso del imperfecto del verbo **ver** y el uso del pasado en general.
c. el uso de los mandatos afirmativos.
d. el uso de los mandatos negativos.

También revisa la concordancia entre sustantivos y adjetivos.

Paso 7. Haz los cambios necesarios y entrégale la composición al profesor (a la profesora).

VOCABULARIO

Vocabulario básico

Hay que tener cuidado — You have to be careful

el abuso	abuse
la adicción	addiction
la consecuencia	consequence
consistir en	to consist of
de niño/a	as a child

Más actividades — More activities

el corredor	runner, jogger
el jogging	jogging
jugar videojuegos	to play video games
ver las telenovelas	to watch soap operas

Vocabulario y expresiones del tema

Los daños físicos — Physical injuries

dañino/a	harmful
la herida	wound, injury
herir (ie)	to wound, injure
la lesión	wound, injury

¿Eres una fanática? — Are you a fanatic?

abusar de	to abuse
el abuso de las drogas	drug abuse
el alcoholismo	alcoholism
convertirse (ie, i) en adicto/a	to become addicted
la estimación propia	self-esteem
grave	serious
mantener un equilibrio sano	to maintain a healthy balance
una persona adicta a	a person addicted to
salir de una adicción	to overcome an addiction
ser adicto/a	to be addicted
el síntoma	symptom

OTRAS IDEAS

❖ **Actividad A** Indica tu opinión

Paso 1.   Indica tu opinión sobre las siguientes adicciones usando las siguientes categorías y una escala de 1 a 10.

	CATEGORÍA 1		CATEGORÍA 2	
	muy dañina	poco dañina	difícil de dejar	fácil de dejar
	10........1		10........1	
la adicción al cigarrillo	———		———	
la adicción a la cafeína	———		———	
la adicción al trabajo	———		———	
la adicción al alcohol	———		———	
la addición a la cocaína	———		———	
la adicción a los calmantes	———		———	
la adicción a la comida	———		———	
la adicción a la televisión	———		———	
otra: ———————	———		———	

Paso 2.   Compara tus respuestas con las de otras dos personas. ¿Están de acuerdo en sus opiniones? ¿En cuáles difieren? Preparen las siguientes oraciones para presentar a la clase:

> Nosotros creemos que la adicción más dañina es ——— porque ———. En cambio la adicción menos dañina es ——— porque ———.

> En nuestra opinión, la adicción más difícil de dejar sería (*would be*) ——— mientras la adicción más fácil de dejar sería ———.

¿Presentaron las mismas opiniones todos los grupos?

Paso 3. (optativo)   Una persona en la clase debe llamar a una clínica destinada al tratamiento de personas adictas o debe consultar a un experto en este campo. ¿Qué dice(n) acerca del **Paso 1**?

❖ **Actividad B** Debate

Paso 1.   Tu profesor(a) va a dividir la clase en grupos. A cada grupo le será asignado uno de los siguientes temas:

Grupo A: caminar   Grupo C: ir de compras
Grupo B: ver telenovelas   Grupo D: jugar al tenis

Paso 2.   Cada grupo debe escribir una lista de todas las ventajas asociadas con la actividad que le fue asignada. Después, debe escribir una lista de todas las desventajas asociadas con las actividades asignadas a los otros grupos.

Paso 3.   Sigue las instrucciones de tu profesor(a).

UN VISTAZO

Tu potencial de adicción

¿A qué eres adicto/a?

TEST

Cada día son más las personas que sufren de algún tipo de adicción. Si no es porque tienen una dependencia hacia los refrescos carbonatados, es al cigarrillo, a la comida, a las bebidas alcohólicas, a la televisión o al trabajo. La cuestión es que siempre hay algo que las atrapa de tal manera que se vuelven adictas a ello. ¿Cómo puedes saber si tú eres una de estas personas? Haciendo este test para conocer tu potencial de adicción.

1. ¿Hay algo por lo que serías capaz de hacer cualquier cosa?
Sí _____ No _____

2. ¿Alguna vez has hecho algo en contra de tus principios o de las reglas establecidas en la sociedad y/o en tu casa?
Sí _____ No _____

3. ¿La gente siempre te está diciendo que dependes mucho de cierto aspecto o cosa en tu vida?
Sí _____ No _____

4. Cuando algo te sale mal, ¿realizas alguna actividad especial para levantarte el ánimo?
Sí _____ No _____

5. ¿Tienes alguna actividad secreta que acostumbras a hacer?
Sí _____ No _____

6. ¿Tienes que verificar las cosas unas tres veces antes de quedar totalmente satisfecho/a?
Sí _____ No _____

7. ¿Alguna vez has negado que tienes un problema, aun cuando sabes que éste no te beneficia?
Sí _____ No _____

8. ¿Existe algo en tu vida sin lo que no podrías vivir?
Sí _____ No _____

9. ¿Te sientes obligado/a a hacer ciertas cosas que sabes perfectamente que no son buenas para ti?
Sí _____ No _____

10. ¿Podrías decir que tienes la capacidad de levantarte el ánimo tú mismo/a?
Sí _____ No _____

11. ¿Hay alguien en tu familia que depende física y mentalmente de algo (alcohol, comida, cigarrillo, etc.) o que se ha sometido a un programa de rehabilitación?
Sí _____ No _____

PUNTUACION:

1.	Sí-4	No-0	7.	Sí-2	No-0
2.	Sí-4	No-0	8.	Sí-4	No-0
3.	Sí-2	No-0	9.	Sí-3	No-0
4.	Sí-3	No-0	10.	Sí-0	No-2
5.	Sí-3	No-0	11.	Sí-5	No-0
6.	Sí-3	No-0			

❖ **Actividad C** Verdaderos abusos

Piensa en un amigo o amiga que fue o es adicto/a a algo. Según lo que observaste en esa persona, completa la siguiente tabla.

---

1. Físicamente, ¿qué síntomas presentaba?

   ¿Cómo era su conducta?

   Otras observaciones:

2. ¿Cuál fue tu reacción al descubrir su adicción? ¿Le dijiste algo? ¿Te alejaste de (*Did you distance yourself from*) él o ella?

3. Describe a esa persona (¿extrovertida o introvertida? ¿responsable o irresponsable? ¿obstinada o dócil?):

SOMOS LO QUE SOMOS

Diego Rivera, *México a través de los siglos* (detalle), 1929–1935

*P*ara muchas personas los animales son seres muy distintos del ser humano. Pero, ¿es esto cierto? ¿Hay casos en que los humanos y los animales se comportan de forma igual o parecida? ¿En qué se distingue el comportamiento de ambos? ¿En qué manera han utilizado los seres humanos a los animales como símbolos importantes de la personalidad humana? Éstas y otras preguntas forman el enfoque de la *Unidad cinco*.

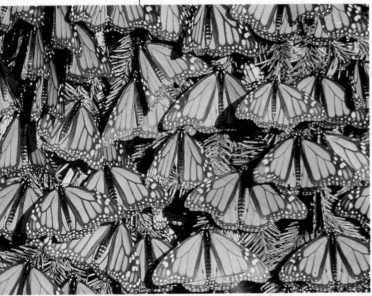

Ciertas mariposas migran largas distancias para escapar del invierno. ¿Cómo logran hacer estos viajes fantásticos? ¿Tienen algún sentido especial de orientación?

Los animales siempre han servido de símbolos para nosotros. Para ti, ¿qué representa una serpiente? ¿un jaguar? ¿una rata?

Para muchos, las mascotas (*pets*) son como amigos o miembros de la familia. ¿Qué papel tienen en tu vida?

Las semejanzas entre el ser humano y el chimpancé son sorprendentes. ¿Hasta qué punto nos parecemos a estos simios? ¿a otros animales?

¿Es típico incluir a los animales en las fotos de familia? ¿en el arte? Mira los cuadros *Las meninas, o Familia de Felipe IV* (1656), de Diego Velázquez, y *Fulang-Chang y yo* (1937), de Frida Kahlo. Frida Kahlo pintó monos en varios de sus autorretratos (*self-portraits*).

Los perros y los gatos no son las únicas mascotas. ¿Cuáles son las mascotas más exóticas que has visto tú?

Dos elefantes se saludan. ¿En qué aspecto es este comportamiento típico de los animales? ¿Cómo se saludan los seres humanos?

LECCIÓN 14

¿CON QUÉ ANIMAL TE IDENTIFICAS?

Cerdo

¿Has pensado alguna vez en que los animales tienen personalidad? Por ejemplo, ¿en qué se diferencian la personalidad de una rata y la de un tigre? ¿Se puede aplicar las descripciones de la personalidad de los animales para describir la de los seres humanos? En esta lección vas a explorar estos temas y también vas a

- aprender a describir la personalidad de una persona
- leer un poco sobre el uso de los animales como símbolos
- aprender un tiempo de verbo nuevo, el pretérito perfecto (*the present perfect*)
- aprender el uso de *lo* como artículo

IDEAS PARA EXPLORAR
EL HORÓSCOPO CHINO (I)

PARA EXPRESARSE   ¿CÓMO ERES? —SOY INQUIETO

Rata

Son rata los nacidos en

1900
1912
1924
1936
1948
1960
1972
1984

La rata conjuga el encanto y la agresión. Bajo una aparente calma se esconde una gran inquietud, ansiedad y nerviosismo. Ante todo es un ser optimista. Muy imaginativo, vital y creador. Vive a tope[a] el presente y sueña con una vejez segura. Gusta de aconsejar, aunque a veces convierte esta actitud en defecto y cae en la crítica. Más intelectual que sensual, pero muy sentimental. Prefiere vivir de su ingenio que de su trabajo y a ser posible del esfuerzo de los demás antes que del suyo. Si además es Escorpión, la rata es maligna y destruye todo lo que le sale al paso. Si es Tauro, rata encantadora y si es Géminis, escapará a todas las trampas.[b]

[a] a... to the maximum   [b] traps

La rata

inquieta (*restless*)
imaginativa
creadora
optimista

Prefiere vivir de su ingenio (*ingenuity*) que de su trabajo.

Buey

Son buey los nacidos en

1901
1913
1925
1937
1949
1961
1973
1985

Tranquilo, paciente, desconfiado, preciso, metódico y equilibrado, el buey esconde su inteligencia tras una máscara de sencillez. Inspira confianza. Observador e introvertido es, a veces, presa de la cólera. Mejor no enemistarse con él, podría ser peligroso. Va por la vida de jefe autoritario y radical; no tolerará rock duro ni moda punk en su familia...

El buey

desconfiado (*untrusting*)
paciente
metódico
equilibrado

No tolera rock duro ni moda punk en su familia.

Otras expresiones*

esconder	to hide
la vejez	old age
aconsejar	to advise, give counsel
la confianza	trust
el mando	control; order
a no ser que	unless

* The words given in **Otras expresiones** here and in the next two **Para expresarse** sections will help you understand the Chinese horoscopes.

Tigre

Son tigre los nacidos en

1902
1914
1926
1938
1950
1962
1974
1986

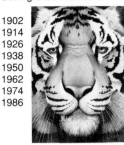

Rebelde, siempre en contra de lo establecido. Autoritario, violento y colérico; pero de un gran magnetismo, es irresistible. Siempre en el mando, sería un buen gangster, explorador, paracaidista, acróbata o torero, pues ama el riesgo. El dinero no le importa, lo suyo es la acción. Sensitivo y emocional, ama intensamente; pero sus amoríos no son felices.

VER EL MANUAL

El tigre

rebelde
autoritario
violento
irresistible

El dinero no le importa; lo suyo (lo que le interesa) es la acción.

Conejo

Son conejo los nacidos en

1903
1915
1927
1939
1951
1963
1975
1987

Simbolizado por un gato en el horóscopo vietnamita y un conejo para los japoneses, ambos son símbolo de gente feliz y dichosa. Agradable, simpático, discreto, refinado, reservado, no muy ambicioso... son la compañía ideal, si no fuera por su superficialidad. Adora la vida en sociedad, son hombres y mujeres de mundo que brillan[a] en las reuniones. Egoísta, los problemas del mundo le dejan impasible... a no ser que le afecten personalmente. Calmado, plácido y pacífico necesita, sobre todo, comodidad y confort.

[a] *shine*

El conejo

calmado
superficial
discreto
no muy ambicioso

Los problemas del mundo le dejan impasible (indiferente).

Actividad A ¿A quién se refiere?

Lee rápidamente los horóscopos simbolizados por los cuatro animales. Luego escucha las palabras descriptivas del profesor (de la profesora). ¿A quién se refiere en cada caso?

1... 2... 3... 4... 5... 6... 7... 8...

Actividad B Dos animales distintos

Escucha a tu profesor(a). ¿Qué dos animales está comparando?

MODELO: PROFESOR(A): Este animal es ____ mientras que este otro es ____ .

ESTUDIANTE: Se refiere al (a la) ____ y al (a la) ____ .

Actividad C Cualidades

Escucha la definición que da el profesor (la profesora). ¿Qué cualidad describe?

1...   2...   3...   4...   5...

Actividad D ¿Serían (*Would they be*) compatibles?

En grupos de dos, determinen si las siguientes parejas de animales serían buenos amigos. Expliquen por qué.

Parejas

a. conejo y tigre
b. tigre y buey
c. rata y buey

d. rata y conejo
e. rata y tigre
f. buey y conejo

Respuestas sugeridas

1. Claro que sí. Los dos son _____ . También _____ .
2. Es posible, porque los dos son _____ , pero también hay que notar que _____ .
3. En absoluto. Uno es _____ y _____ . En cambio (*On the other hand*) el otro _____ .

Actividad E En una fiesta...

Lee cada descripción y decide qué símbolo del horóscopo chino se puede aplicar a la persona mencionada.

> MODELO: Se puede aplicar el símbolo del (de la) _____ a esta persona porque _____ .

1. Esta persona conoció anoche a un hombre en una fiesta. Lo observó y luego habló con él. Fue muy cortés (*polite*) con este hombre. Durante la conversación, el hombre se sintió tan cómodo (*comfortable*) con esta persona que le habló de su vida privada. Al despedirse (*When they said goodbye*), el hombre notó que esta persona no le había dicho (*hadn't told him*) nada de su propia vida.
2. Esta persona también fue a la misma fiesta. Se dedicó a probar toda la comida en pequeñas cantidades y a andar de grupo en grupo, hablando sólo unos minutos con cada grupo, pues no se sentía cómoda en ningún lugar. Alguien se ofendió ante uno de los comentarios de esta persona, pero esta persona no se dio cuenta porque nunca está consciente de lo negativo en ninguna situación.
3. Cuando esta persona llegó a la fiesta causó una gran impresión. Decidió no llevar un traje formal. Llegó con un vestido (*dress*) muy original, blanco y negro, y llevaba unas joyas (*jewels*) fabulosas. Siempre que hablaba en un grupo de personas, dominaba la conversación. En poco tiempo, todos en la fiesta la admiraban.

¿SABÍAS QUE...

...el ser humano siempre ha usado, y aún usa, los animales como símbolos? Entre los aztecas y los mayas, por ejemplo, el jaguar era un animal muy estimado por sus cualidades. Es astuto y feroz, las cualidades que los aztecas creían que eran importantes para ser un buen guerrero.[a] Los guerreros aztecas se ponían trajes y adornos que imitaban al jaguar. En los tiempos modernos, aunque con ciertas variantes, la costumbre continúa. Por ejemplo, ¿no has oído hablar de los Delfines de Miami, de los Osos de Chicago, o de los Carneros de Los Ángeles?

Los mayas dedicaron este templo en Tikal, Guatemala, al jaguar.

---

[a]*warrior*

IDEAS PARA EXPLORAR
EL HORÓSCOPO CHINO (II)

Dragón

Son dragón los nacidos en

1904
1916
1928
1940
1952
1964
1976
1988

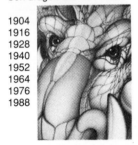

Explosivo, vital e incapaz de hipocresías. Es un idealista, un perfeccionista. Pide mucho, pero da mucho. Puede llegar a ser irritable y cabezón. Altivo, impetuoso, detallista e inteligente puede realizar cualquier actividad, lo que haga lo hará bien. Es siempre amado, pero raramente ama. Suele ser la causa de dramas amorosos. La mujer dragón desencadena[a] las pasiones.

[a] *unleashes*

El dragón

idealista
explosivo
perfeccionista
cabezón (obstinado)

Pide mucho, pero da mucho.

Serpiente

Son serpiente los nacidos en

1905
1917
1929
1941
1953
1965
1977
1989

Sabia, bella y peligrosa. Es una persona filosófica, intelectual y cerebral que no malgasta su tiempo en charlas frívolas. Confía sobre todo en su sexto sentido, por lo que toma rápidamente decisiones. Nada puede detener a una serpiente en acción. A pesar de que no tendrá nunca problemas de dinero, detesta prestárselo a los demás. En el amor será celosa y posesiva. Hombres y mujeres serpiente son propensos a aventuras extra-matrimoniales.

La serpiente

sabia (*wise*)
cerebral
celosa (*jealous*)
posesiva

Confía en su sexto sentido por lo que toma rápidamente decisiones.

Otras expresiones

realizar (c)	to achieve
amar	to love
confiar	to trust
detener (*irreg.*)	to stop, detain
la sangre	blood
si no fuera por	if it weren't for
conseguiría	he/she would get, obtain
desesperar	to exasperate

Caballo

Son caballo los nacidos en

1906
1918
1930
1942
1954
1966
1978
1990

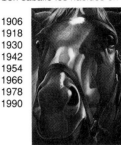

Todo un ejemplo de sex-appeal. Su sitio está en el centro de las multitudes: conciertos, teatros, reuniones, deportes, fiestas, conferencias… Es simpático, divertido, chismoso y siempre popular. Es más astuto que inteligente… y lo sabe. Tiene la sangre caliente y es impaciente. Sus cambios de humor son inevitables y un poco pueriles. Todo el que haya sufrido[a] alguna vez uno de sus ataques de ira, no le olvidará fácilmente. Abandona pronto el círculo familiar para vivir su vida. Si no fuera por sus cambios bruscos de carácter conseguiría todo en el amor, profesión o negocios. En el amor es un caballo enfurecido.

[a]Todo… *Anyone who has suffered*

El caballo

divertido (*fun-loving*)
chismoso (*gossipy*)
impaciente
popular

Tiene la sangre caliente y sus cambios de humor son inevitables.

Cabra

Son cabra los nacidos en

1907
1919
1931
1943
1955
1967
1979
1991

Signo esencialmente femenino. Elegante, encantador, artista y amante de la naturaleza. Sería delicioso si no fuera por su pesimismo y vacilación continua. La cabra no será nunca feliz con su suerte, cosa que llega a desesperar a los que la rodean, al igual que sus caprichos, falta de control y su poco sentido del tiempo. Por lo demás es adaptable a tope, no necesita más que unos mínimos para sobrevivir. Tímida e insegura, adora ser guiada, porque nunca sabe qué camino tomar. Su responsabilidad es nula, nada de lo que sale mal es culpa suya.

La cabra

encantadora (*charming*)
adaptable
insegura
indecisa

Adora ser guiada porque nunca sabe qué camino tomar.

VER EL MANUAL

Actividad A ¿Qué animal es?

Lee rápidamente los horóscopos simbolizados por los cuatro animales. Luego escucha las palabras descriptivas del profesor (de la profesora). ¿A qué animal se refiere en cada caso?

1…   2…   3…   4…   5…   6…   7…   8…

Actividad B Más descripciones

Escucha lo que dice el profesor (la profesora). ¿A quién se refiere?

1…   2…   3…   4…   5…   6…   7…

Actividad C Personalidades y profesiones

¿Asocias ciertas profesiones con ciertos tipos de personas? Empareja (*Match*) los elementos de la columna A con los de la columna B. Luego explica por qué.

MODELO: Un(a) _____ sería un buen (una buena) _____. Para ser _____, es necesario ser _____. También es importante ser _____. El (La) _____ posee estas cualidades.

A	B
actor/actriz	dragón
científico/a dedicado/a	cabra
revolucionario/a o activista político/a	caballo
obrero/a (*factory worker*)	serpiente

UN VISTAZO

El águila

Rubén Darío (1867–1916), nicaragüense, es uno de los poetas hispano-americanos más conocidos universalmente. Su nombre se asocia con la corriente[a] literaria llamada « modernismo ».

A continuación hay dos estrofas de un poema que escribió Darío. El poema se titula « Salutación al águila ». El águila es un ave conocida por su vista excelente y por su destreza para cazar.[b] Vive en las montañas y se alimenta de conejos, ratones, peces[c] y otros animales pequeños.

> Bien vengas, mágica Águila de alas[d] enormes y fuertes,
> a extender sobre el Sur tu gran sombra[e] continental,
> a traer en tus garras,[f] anilladas de rojos brillantes,
> una palma de gloria, del color de inmensa esperanza,[g]
> en tu pico[h] la oliva de una vasta y fecunda paz.
> . . . .
> Águila, existe el Cóndor. Es tu hermano en las grandes alturas.
> Los Andes le conocen y saben que, cual tú, mira al Sol.
> *May this grand Union have no end!* dice el poeta.
> Puedan ambos[i] juntarse[j] en plenitud, concordia y esfuerzo, ...

---

[a]*movement* [b]*destreza... hunting skill* [c]*fish* [d]*wings* [e]*shadow* [f]*claws* [g]*hope* [h]*beak* [i]*both* [j]*unite*

Actividad D ¿Quién podría (*could*) ser?

Lee cada caso y decide a quién se le aplica la descripción que se da.

MODELO: Esta descripción se aplica al (a la) ____ porque ____.

1. A la misma fiesta que fueron la rata, el tigre, el buey y el conejo, también fue esta persona. Tan pronto como se inició una discusión sobre el problema de los pobres, esta persona se puso lívida. Acusó al conejo de ser egoísta y superficial. También dijo que si los políticos pusieran (*were to put*) más interés en las necesidades del pueblo que en las armas, no tendríamos (*we wouldn't have*) tantos problemas en este país.

2. Esta persona se encontraba entre las personas que discutían en el número 1, pero no dijo nada. Escuchó las soluciones propuestas pero no veía que una fuera mejor que otra. Se contentaba con no tener que tomar decisiones de ese tipo, de tener su trabajo, ganar su dinero, y regresar a su casa, tranquila, cada noche.

3. Mientras los demás discutían la política nacional, otro grupo escuchaba las historias cómicas sobre el buey que contaba esta persona.

Actividad optativa Los animales como símbolos

Paso 1. Sabiendo que también los poetas han usado los animales como símbolos, marca lo que crees que mejor completa la oración.

El Águila simboliza...

☐ Europa   ☐ los Estados Unidos

El Cóndor simboliza...

☐ Latinoamérica   ☐ África

Paso 2. ¿Crees que Darío ve las relaciones entre los Estados Unidos y Latinoamérica en una forma positiva o negativa? Busca las palabras o los versos que revelan su actitud y subráyalos.

Paso 3. ¿Qué sabes de las relaciones entre los Estados Unidos y Latinoamérica durante la época en que vivió Darío?

IDEAS PARA EXPLORAR
EL HORÓSCOPO CHINO (III)

PARA EXPRESARSE Y EL GALLO, ¿CÓMO ES? —MUY ARROGANTE

Mono

Son mono los nacidos en

1908
1920
1932
1944
1956
1968
1980
1992

De los doce signos del horóscopo, este es el que produce la gente más extraordinaria. El mono es malicioso y ama la diversión. Muy sociable, es astuto, egoísta e interesante. Juguetón y detallista, cuando quiere puede destruir a cualquiera, porque se considera superior a todos. Es vanidoso y con una amplia sed de conocimientos. Su fantástica memoria le libra de su confusa mente. Inventa y resuelve a toda velocidad, y además con originalidad. Independiente y egoísta, es poco escrupuloso, no vacila en mentir cuando le interesa… pero resulta encantador. Cae fácilmente en el amor, pero no es constante.

El mono

malicioso
astuto
egoísta
poco escrupuloso

Es vanidoso y con una amplia sed (*thirst*) de conocimientos.

Gallo

Son gallo los nacidos en

1909
1921
1933
1945
1957
1969
1981
1993

Todo un espectáculo de soñador arrogante al que le gusta ser adulado. Le importan un comino los sentimientos ajenos. Su excentricidad es, en el fondo, conservadurismo tanto en política como en costumbres. Lo peor de él es que siempre cree tener razón. Lo suyo son los castillos[a] en el aire. Es un compañero estimulante, a pesar de su fanfarronería.[b] Puede ser desde bombero hasta relaciones públicas porque posee un gran coraje. Lo que le salva es que es realmente sincero con sus sueños…

[a] *castles* [b] *boasting*

El gallo

soñador (*dreamer*)
conservador
estimulante
arrogante

Lo peor de él es que siempre cree tener razón.

Otras expresiones

juguetón (juguetona)	playful	**la honradez**	honesty
librar	to free	**una pizca**	a pinch
la mente	mind	**torpe**	clumsy
resolver (ue)	to resolve	**le importa(n) un comino**	it doesn't make (they don't make) a bit of difference to him (her)
mentir (ie, i)	to lie		
ajeno/a	of another		
lo peor	the worst thing		

Perro

Son perro los nacidos en

1910
1922
1934
1946
1958
1970
1982
1994

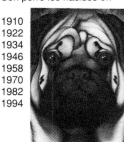

Siempre preocupado, alerta, en guardia, mirando… Introvertido, no se sincera a no ser que sea absolutamente necesario. Sus observaciones y comentarios pueden llegar a ser mordaces. En realidad es el mayor pesimista del mundo. Le sublevan las injusticias y en él se conjugan los rasgos más nobles: leal, justo y respetuoso. Discreto, es la persona ideal para guardar un secreto. Sufre por lo que ha sucedido, está sucediendo y sucederá. Ningún signo reúne tanta honradez, rectitud y pasión, con una pizca de ambición personal.

VER EL MANUAL

El perro

pesimista
alerto
leal (*loyal*)
respetuoso

Es la persona ideal para guardar un secreto.

Cerdo

Son cerdo los nacidos en

1911
1923
1935
1947
1959
1971
1983
1995

Galante, servicial y escrupuloso, el cerdo es un cúmulo de corrección e integridad. Pon tu confianza en él, no te defraudará nunca. Es un ingenuo, inocente, confidente e indefenso. Y tan increíblemente sincero que, a veces, arremete contra sí mismo. Un poco torpe en asuntos de dinero, suele tener problemas financieros. Lo suyo no son los negocios (demasiado íntegro para los chanchullos[a]). Lo curioso en él es que, a pesar de creer a pies juntillas[b] todo lo que le dicen, siempre necesita probar lo que él opina. Gran lector, pero de cosas superficiales.

[a] *crooked deals, swindles*   [b] *a… firmly, steadfastly*

El cerdo

ingenuo (inocente, sincero)
confidente
indefenso
sincero

Pon tu confianza en él; no te defraudará nunca.

Actividad A ¿A quién se refiere?

Lee rápidamente los horóscopos simbolizados por los cuatro animales. Luego escucha las palabras descriptivas del profesor (de la profesora). ¿A quién se refiere en cada caso?

1… 2… 3… 4… 5… 6… etcétera

Actividad B Los animales hablan

¿Quién diría (*would say*) y quién no diría cada una de las siguientes?

MODELO: El (La) _____ diría esto porque indica que _____. Así, el (la) _____ no creo que lo diría.

1. « Acabo de leer una novela deliciosa… de Jackie Collins. »
2. « Realmente me da mucha pena. Me duele oír eso. »
3. « No puedes decir que lo que yo digo no es así. » (Acaba de dar [*has just given*] su opinión sobre algo.)
4. « Sabes que siempre puedes contar conmigo (*count on me*). »
5. « Diego Rivera, el gran muralista, era mi tío. » (¡Esta persona no tiene ningún pariente famoso!)

Actividad C Sigue la fiesta

Lee cada caso y decide a quién se aplica la descripción que se da.

MODELO: Esta descripción se aplica al (a la) _____ porque _____.

1. Bueno, en la fiesta, esta persona no habló mucho con los demás... pero sí lo escuchó todo. Mientras el dragón hablaba, esta persona pensaba que el dragón tenía razón, que había muchos problemas en el mundo que necesitaban la atención de los políticos. Pero a la vez (*at the same time*) creía que estos problemas no tenían solución. «¡Qué triste es la vida!» se decía.

2. Mientras el dragón hablaba de los problemas del mundo y criticaba a los políticos, esta persona hablaba aparte con otras tres personas dando su propia opinión sobre el tema. Todos la escuchaban atentamente, lo cual le gustaba mucho. No refutaba lo que decía el dragón, pues realmente no le interesaba lo que el dragón decía.

3. Esta persona era una de las tres que escuchaban atentamente a la persona del número 2. Mientras la escuchaba, pensaba «¡Vaya! ¡Qué individuo tan inteligente! Tiene toda la razón en lo que dice.» Más tarde, la rata le pidió a esta persona que le prestara (*lend*) dinero. Pero esta persona le confesó a la rata que tenía dificultades económicas en ese momento.

¿SABÍAS QUE...

...los pintores y escritores hispanos también usan animales para describir a las personas? Por ejemplo, el pintor español Goya usó varios animales en sus famosos grabados[a] en los cuales satirizaba la sociedad de su época. En su grabado *Asta su abuelo,* la persona sentada en una silla es un asno.[b] Otro ejemplo es la novela *La familia de Pascual Duarte,* de Camilo José Cela. En una escena bastante gráfica, el novio de la madre, Rafael, le da una patada[c] muy fuerte al bebé, Mario, abriéndole una lesión en la oreja. Después de que se va el novio, la madre lame[d] las heridas de su hijo así como lo hacen los perros para curar sus lesiones.

> Cuando el señor Rafael acabó por marcharse, mi madre recogió a Mario, lo acunó en el regazo[e] y le estuvo lamiendo la herida toda la noche, como perra parida a los cachorros[f]...

¿Sabes tú de ejemplos semejantes en la literatura o el arte?

Asta su abuelo, uno de los numerosos grabados de Francisco Goya (Francisco Goya, *Los caprichos,* plate 39: *Asta su abuelo,* 1797–1798)

PARA EXPRESARSE   ¿QUÉ ES LO IMPORTANTE?

To express the idea of *the (important, good, curious . . .) thing*, Spanish uses **lo** plus a masculine singular adjective.

> **Lo bueno** del buey es que es paciente. **Lo curioso** de él es que no tolera muchas cosas modernas.

You will find this construction useful in talking about personalities.

Actividad D Lo bueno y lo malo

Completa las oraciones según la opinión que tienes de cada animal del horóscopo. Luego comparte tus opiniones con la clase o con otra persona.

> MODELO: Lo bueno del (de la) _____ es (que) _____.
> Lo malo es (que) _____.

Actividad optativa ¿Cómo son?

Paso 1.   Empareja los animales de la columna A con las acciones de la columna B.

A		B	
1.	_____ el gorila	a.	anda muy lentamente
2.	_____ la hormiga	b.	se golpea el pecho[g]
3.	_____ el buitre	c.	trabaja sin cesar[h]
4.	_____ el lobo	d.	siempre lo recuerda todo
5.	_____ la tortuga	e.	espera la muerte de otro animal con mucha paciencia
6.	_____ el elefante	f.	planea sus ataques silenciosamente

Paso 2.   Para cada una de las siguientes personas, escoge uno de los animales del **Paso 1** cuyas[i] cualidades podrían servirle mucho. Di por qué lo crees así.

a.   un jefe militar (una jefa militar)[j]
b.   un secretario (una secretaria)
c.   un(a) psiquiatra

---

[a]*prints* [b]*donkey* [c]*kick* [d]*licks* [e]*lo... cradled him in her lap* [f]*parida... having birthed pups* [g]*chest* [h]*sin... without stopping* [i]*whose* [j]*officer*

Actividad E ¿A quién escogerías (*would you choose*)?

Paso 1. Con otra persona determinen cuáles son las cualidades esenciales para realizar cada uno de los siguientes cargos (*tasks*).

MODELOS: Para _____, es necesario _____.

o Para _____, una persona tiene que _____.

a. manejar tus asuntos financieros
b. organizar una importante fiesta para el presidente (la presidenta) de la universidad
c. cuidar a unos niños pequeños cuando los padres no están en casa
d. decorar tu casa o apartamento
e. negociar un acuerdo político con otro país
f. ayudarte en un experimento que tú diriges (*direct*)
g. defenderte como abogado/a (*lawyer*) si se te acusa de un crimen

Paso 2. Repasen brevemente las doce descripciones del horóscopo chino. Luego, escojan el animal que creen que mejor puede realizar cada uno de esos cargos. También escojan el animal que no podría hacerlo.

Paso 3. Preparen una breve explicación y preséntenla a la clase.

MODELO: Para __1__, nosotros escogimos al (a la) __2__. El (La) __2__ tiene fama de __3__. Esto es indispensable para realizar este trabajo. Nunca se debe considerar al (a la) __2__ para hacer esto porque este tipo de personalidad es __3__.

1 = la ocupación o cargo a realizar
2 = el nombre de un animal
3 = cualidad(es) atribuida(s) a este animal

LOS HISPANOS HABLAN

¿Cómo te describes a ti misma?

NOMBRE: Karen Herrera, estudiante
EDAD: 21 años
PAÍS: Honduras

« Me considero realista. Para hacer algo, pongo atención en los pros y en los contras, en lo bueno y en lo malo, en lo conveniente y en lo inconveniente, y sobre todo me gusta la verdad, aunque algunas veces duele saberla. Sé enfrentar las consecuencias que mis decisiones puedan traer. »

NOMBRE: Clara Martínez Silva, estudiante
EDAD: 20 años
PAÍS: España

« Soy muy optimista. Pienso que todos somos capaces de alcanzar nuestros sueñosª si queremos y luchamos por ello. Intento poner una pizca de buen humor en todo para suavizar los malos momentos. Soy realista pero a la vez me gusta soñar. Como estoy acostumbrada a escuchar, conozco muy bien la naturaleza humana. ¡Creo que podría ser una magnífica psicóloga! »

UN VISTAZO

Críticas

Los animales también se pueden usar para criticar las instituciones del gobierno.[a] Mafalda tiene una tortuga que se llama Burocracia. ¿Qué implica esto?

Actividad optativa Una crítica

Paso 1. Prepara una crítica o sátira de la sociedad o de alguna institución del gobierno. Primero, piensa en algo que quisieras criticar o satirizar. Luego escoge el animal que te puede servir para hacer la crítica.

Paso 2. Si te gusta dibujar, haz una tira cómica. Si no, puedes inventar un chiste, por ejemplo, ¿En qué se parecen un(a) _____ a un(a)_____?

Paso 3. Presenta a la clase la crítica que escribiste.

[a] *government*

NOMBRE: Xiomara Barrera Solís, estudiante
EDAD: 20 años
PAÍS: Costa Rica

« Yo soy una persona bastante realista y en algunas ocasiones idealista. Me gusta mucho ponerme metas[b] que alcanzar y me siento orgullosísima cuando las alcanzo. Yo cuando era pequeña era muy tímida, así que me propuse superar[c] esa timidez. Eso fue en tercer grado de primaria. Tenía 8 años. Ese año gané segundo lugar en un concurso de oratoria. Luego fui electa presidenta de la clase. Cuando entré al colegio fui tesorera[d] de la clase, luego miembro del Tribunal Electoral y cuando tenía sólo 14 años me eligieron presidenta del colegio y gané primer lugar en oratoria. Ya había superado una meta muy importante para mí. Ahora me he propuesto varias más y estoy segura de que siendo constante y valiente las podré alcanzar.

     « Otras de mis características es que soy muy responsable, madura, inteligente, esforzada,[e] emprendedora[f] y sincera. Además soy bastante alegre y sociable. »

---

[a] alcanzar... *attain our dreams*   [b] *goals*   [c] *overcome*   [d] *treasurer*   [e] *brave*   [f] *enterprising*

UN VISTAZO

Los animales del mundo hispánico

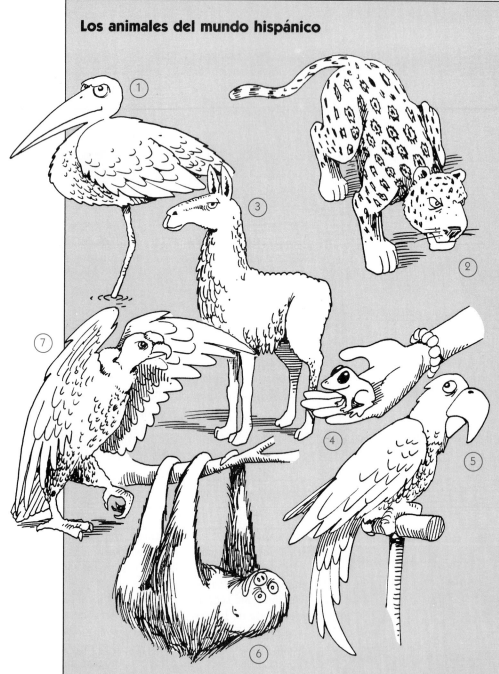

(1) la cigüeña: pájaro importante en España; (2) el jaguar: animal importante en el folklore de México y América Central; (3) la llama: un animal de carga de la región andina (Bolivia, el Perú, el Ecuador); (4) el coquí: un anfibio pequeño que sólo se encuentra en Puerto Rico; (5) el loro/perico: un pájaro que habita en las selvas de Centro y Sudamérica; (6) el perezoso: un animal que habita en las selvas de Sudamérica; (7) el cóndor: un pájaro de importancia cultural en la región andina

IDEAS PARA EXPLORAR
LA EXPRESIÓN DE LA PERSONALIDAD

PARA EXPRESARSE   ¿HAS MENTIDO ALGUNA VEZ?

In various parts of this book you have seen what is called the present perfect (**el pretérito perfecto**) tense, such as **ha investigado, han investigado.** These verb forms are roughly equivalent to the English *has/have investigated.* The present perfect tense in Spanish is formed with the auxiliary verb **haber** (**he, has, ha, hemos, habéis, han**) and the past participle. The past participle is the form ending in **-ado** for **-ar** verbs and **-ido** for **-er** and **-ir** verbs.

> ¿**Has estado** nervioso alguna vez antes de un examen? —Sí, muchas veces, aunque siempre **he sacado** buenas notas.

Some common irregular past participles are **hecho (hacer), escrito (escribir), dicho (decir),** and **visto (ver).** You will learn more about the present perfect tense in the *Manual.*

VER EL MANUAL

Actividad A ¿Eres muy arriesgado/a (*daring*)?

Paso 1.   Contesta las preguntas a continuación para que descubras cómo eres.

	SÍ	NO
1. He hablado en público varias veces.	☐	☐
2. He comido cosas muy raras, como caracoles (*snails*) y carne de serpiente.	☐	☐
3. Me he enojado con mis superiores y les he expresado mi disgusto.	☐	☐
4. He participado en deportes o pasatiempos peligrosos como, por ejemplo, el paracaidismo (*parachuting*).	☐	☐
5. He conocido a muchas personas nuevas en reuniones sociales porque yo he tomado la iniciativa.	☐	☐

Si contestaste no a las preguntas 2 y 4, contesta estas preguntas.

	SÍ	NO
6. ¿Te gusta probar comidas variadas y diferentes?	☐	☐
7. ¿Te gusta practicar deportes peligrosos?	☐	☐

Paso 2.   Cuenta cuántas veces has contestado sí. Luego mira la escala para ver si eres una persona arriesgada.

no arriesgado/a			moderado/a				arriesgado/a
0	1	2	3	4	5	6	7

Actividad B Un perfil (*profile*) breve

Paso 1.   Escoge a un compañero (una compañera) de clase y hazle las siguientes preguntas. Basándote en sus respuestas, determina en dónde lo/la pondrías (*you would put*) en la siguiente escala.

arriesgado/a   conservador(a)
espontáneo/a ⟵————————⟶ tradicional
agresivo/a   reservado/a

1.   ¿Cuál es el lugar más lejos de tu pueblo que has visitado?
2.   ¿Cuál es la comida más exótica que has comido?
3.   ¿Cuál es la hora de la noche más tarde en que has regresado a casa de tus padres?
4.   ¿Has visto alguna película « escandalosa »? ¿Has leído algún libro « escandaloso »?*
5.   ¿Has discutido (*argued*) con un profesor (una profesora) sobre la nota de un examen?

¿Qué piensa tu compañero/a de tu análisis? ¿Está de acuerdo?

Paso 2.   Ahora, cambien papeles. Tú debes contestar las preguntas que te hace tu compañero/a, y él o ella va a analizar tus respuestas.

Paso 3.   ¿Cuántas cosas iguales o parecidas han hecho tanto tú como tu compañero/a? ¿Algunas? ¿Ninguna? Escribe las oraciones apropiadas.

MODELO: (número 5) Los dos hemos discutido…

Actividad C Preguntas

Paso 1.   En grupos de tres, hagan una lista de cinco preguntas. El propósito de las preguntas es determinar si una persona es discreta o indiscreta. (Si prefieren, pueden analizar si la persona es extrovertida o introvertida, optimista o pesimista, inquieta o tranquila, paciente o impaciente, desconfiada o confiada, etcétera.)

MODELO: ¿Le has ocultado (*hidden*) algo a un superior para proteger a un amigo?

Paso 2.   Cada grupo debe compartir sus preguntas con la clase. Luego, toda la clase debe decidir cuáles son las cinco preguntas que más pueden ayudar a determinar si una persona es discreta o no.

Paso 3.   Ahora, un(a) estudiante debe ofrecerse como voluntario/a para que el resto de la clase lo/la entreviste. La clase le debe hacer las cinco preguntas y anotar las respuestas. Luego la clase debe determinar si la persona es discreta, según sus respuestas.

Paso 4. (optativo)   ¿Conoces a alguna persona discreta? ¿indiscreta? Si no habla español, hazle las preguntas del **Paso 2** en inglés. Después, presenta en español sus respuestas a la clase y determina si las preguntas tienen validez.

MODELO: Le hice las preguntas a ＿＿＿, una persona discreta (indiscreta).
          He concluido que las preguntas ＿＿＿ .

---

* A las preguntas que para ti son indiscretas, puedes contestar « Esta pregunta me parece indiscreta ».

"T" ANALIZAMOS

Con la tilde hacia la derecha		Enérgica y productiva
Con la tilde hacia la izquierda		Perezosa, poco productiva
Con la tilde inclinada hacia abajo		Agresiva y arriesgada
Con la tilde por encima		Imaginativa y espiritual
Con la tilde cruzando la letra		Disciplinada y responsable
Con forma de estrella y tilde larga		Rápida y persistente
Con forma de estrella y tilde corta		Insegura

Actividad D ¡La letra* revela mucho!

Paso 1. Mira la selección que se titula « "T" analizamos ». ¿Qué es lo que crees que se va a analizar?

a.   Se va a analizar el té comparándolo con el café.
b.   Se va a analizar a una persona por la forma en que escribe la letra **t**.

Si dices que se va a analizar a una persona por la forma en que escribe la letra **t**, tienes razón. ¿Y qué es lo que se aprende si se analiza la letra de una persona?

a.   Se descubre algo sobre su personalidad.
b.   Se puede predecir su futuro.

La respuesta correcta es **a.** En esta actividad vamos a ver cómo la letra t revela aspectos de la personalidad del individuo.

Paso 2. La tilde es la línea horizontal que cruza la línea vertical de la **t**. Con la ayuda del profesor (de la profesora), intenta descifrar las otras nuevas palabras que encuentres en la columna de la izquierda.

Paso 3. Ahora lee los rasgos de personalidad que van con cada tipo de **t**. ¿Entiendes todos los adjetivos? Mira en tu cuaderno o en algún examen cómo escribes tú mismo/a la **t**. ¿Cómo es? ¿Tiene validez para ti lo que sugiere el análisis?

---

* La palabra **letra** tiene dos significados: *letter (of the alphabet)* y *handwriting*.

Paso 4. Aquí hay una serie de ejemplos de la letra de varias personas. La clase entera debe concluir cómo es o era cada persona según su letra.

aquí estoy tendido en la terenza
PANCHO

te queremos mucho
LUPE

LA GENTE ES TAN FIESTERA
CARLOS

el agua estaba tibia
JUAN

tomamos mucho té de la tetera de plata
ROSA

tomates
CARMEN

Paso 5. (optativo) Esta noche, colecciona muestras (*samples*) de la **t** de tres, cuatro o cinco personas que conoces bastante bien. Tráelas a clase mañana y cópialas en la pizarra. Basándote en esas muestras, explícale a la clase si lo que sugiere el artículo tiene validez o no.

MODELO: Creo que el análisis (no) tiene validez. La **t** de esta persona, por ejemplo, es _____[1]_. Yo conozco muy bien a esta persona. Es _____[2]_. Por eso yo creo que _____[3]_.

1 = describe el tipo de **t** que escribe la persona
2 = adjetivos que describen a la persona
3 = tu conclusión final sobre el análisis

Y AHORA...

El horóscopo chino y tu compañero/a de clase

En esta actividad, vas a tratar de determinar la personalidad de un compañero (una compañera) de clase y lo (la) vas a categorizar según el horóscopo chino: es decir, si su símbolo es la rata, el conejo, la serpiente, etcétera.

Paso 1. A continuación hay una encuesta. Vas a entrevistar a un compañero (una compañera) de clase para descubrir su personalidad. Ahora, lee las preguntas de la encuesta para tener una idea de su contenido.

Un perfil

1. A esta persona le gusta leer...
   - ☐ libros cómicos.
   - ☐ ensayos filosóficos.
   - ☐ novelas de ciencia ficción.
   - ☐ libros de misterio.
   - ☐ literatura clásica.
   - ☐ novelas populares (corrientes).
   - ☐ _____

2. A esta persona le gustan las películas...

☐ de misterio.   ☐ románticas.
☐ cómicas.   ☐ *western.*
☐ eróticas.   ☐ extranjeras.
☐ documentales.   ☐ _____

3. En cuanto a música, es probable que esta persona escuche...

☐ rock.   ☐ *country y western.*
☐ música popular.   ☐ *rap.*
☐ jazz.   ☐ _____
☐ música clásica.

4. Esta persona prefiere estar...

☐ solo/a.   ☐ con muchas personas.
☐ con una sola persona.   ☐ con un grupo pequeño de amigos
                                íntimos.

5. Esta persona busca _____ en una pareja (*partner*).

☐ inteligencia   ☐ buena apariencia física
☐ dinero   ☐ personalidad atractiva

6. Si se enfrenta con un problema, esta persona...

☐ actúa agresivamente.   ☐ actúa con cuidado.
☐ no hace nada.

7. Por lo general, esta persona es...

☐ enérgica.   ☐ ni muy enérgica ni muy perezosa.
☐ perezosa.

8. Esta persona _____ en el futuro.
☐ piensa mucho   ☐ no piensa nada
☐ piensa algo

9. Para describir a esta persona en una palabra diría que es...
☐ razonable.   ☐ emotiva.
☐ conservadora.   ☐ arriesgada.

10. Los sábados por la noche es probable que esta persona se encuentre...
☐ en casa frente al televisor.   ☐ en una fiesta.
☐ en casa con un libro.   ☐ en casa de unos amigos.
☐ en el cine.   ☐ _____
☐ en un concierto.

Paso 2. Piensa un momento en las preguntas que le vas a hacer a la persona que entrevistas. ¡OJO! No debes hacerle preguntas directas, como «¿Lees novelas clásicas?» Hazle preguntas indirectas con la intención de deducir de sus respuestas la información que quieres. Por ejemplo, «¿Cuál es tu novela favorita? ¿Quién es tu escritor preferido (escritora preferida)?»

Paso 3. Entrevista a tu compañero/a. Anota sus respuestas y luego llena el formulario de la encuesta con los datos obtenidos.

Paso 4. Examina los datos que tienes. ¿Tienes lo suficiente como para categorizar a tu compañero/a según el horóscopo chino? Si la respuesta es no, entonces piensa en otras preguntas que le puedes hacer.

Paso 5. Con los datos que has obtenido, escribe un párrafo sobre la persona que has entrevistado. Puedes usar el siguiente modelo si quieres, modificándolo según los datos que has obtenido.

He entrevistado a ___1___. Según los datos que me ha dado, ___2___. Un ejemplo de esto es que cuando ___3___. También he descubierto que ___4___. A la pregunta «___5___» su respuesta fue «___6___». Finalmente, ___1___ me ha dicho que ___7___. Por estas razones, yo diría que ___1___ es ___8___. Su signo debería ser ___9___.

1 = el nombre de la persona
2 = una descripción de la persona
3 = una oración en la que se mencione algo que la persona hace que revele su personalidad
4 = una oración que lleve un adjetivo
5 = una pregunta que le has hecho
6 = su respuesta a la pregunta anterior
7 = otra cosa que revele algo más de su personalidad
8 = adjetivos que crees que describen a esa persona
9 = signo del horóscopo chino que le corresponde

VOCABULARIO

Vocabulario básico

¿Cómo eres?

adaptable	adaptable
alerto/a	alert
ambicioso/a	ambitious
arriesgado/a	daring
arrogante	arrogant
astuto/a	astute
autoritario/a	authoritarian
cabezón (cabezona)	obstinate
calmado/a	calm
celoso/a	jealous
confidente	trustworthy
conservador(a)	conservative
creador(a)	creative
chismoso/a	gossipy
desconfiado/a	untrusting
discreto/a	discreet
divertido/a	fun-loving
egoísta	egotistical, self-centered
encantador(a)	charming
equilibrado/a	balanced
escrupuloso/a	scrupulous; conscientious
espontáneo/a	spontaneous
estimulante	stimulating
explosivo/a	explosive
idealista	idealistic
impaciente	impatient
indeciso/a	indecisive
indefenso/a	defenseless, helpless

What are you like?

indiscreto/a	indiscreet
ingenuo/a	ingenuous, innocent, sincere
inquieto/a	restless
inseguro/a	insecure
irresistible	irresistible
leal	loyal
malicioso/a	malicious
metódico/a	methodical
optimista	optimistic
paciente	patient
perfeccionista	perfectionistic
pesimista	pessimistic
popular	popular
posesivo/a	possessive
reservado/a	reserved
respetuoso/a	respectful
sabio/a	wise
sincero/a	sincere
soñador(a)	dreamer
superficial	superficial
tradicional	traditional
violento/a	violent

Repaso: agresivo/a, cerebral, imaginativo/a, rebelde

Vocabulario y expresiones del tema

El horóscopo chino   The Chinese horoscope

el buey	ox
el caballo	horse

la cabra	goat		

la cabra | goat
el cerdo | pig
el conejo | rabbit
el dragón | dragon
el gallo | rooster
el mono | monkey
la rata | rat
la serpiente | snake
el tigre | tiger

Repaso: el perro

Otra manera de analizar la personalidad	Another way of analyzing personality
corto/a	short
la estrella	star
hacia abajo	downward
hacia la derecha (la izquierda)	toward the right (left)
la letra	letter; handwriting
por encima	on top
la tilde	tilde (*mark over or through a letter:* ñ, t)

Repaso: largo/a (*long*)

OTRAS IDEAS

❖ **Actividad A** ¿Compatibles o no?

Di con quién o con quiénes son compatibles o incompatibles:

a. el tigre   b. el dragón   c. el caballo

¿En qué te basas para opinar así?

❖ **Actividad B** El color y la personalidad

Otra manera de descubrir la personalidad de una persona es mediante la prueba de los colores.

Paso 1. Usando el cuadro a continuación, pregúntales a tres personas cuál es su color favorito. Colores sugeridos:

rojo   azul   marrón (café)   verde
amarillo   gris   violeta   negro

¡OJO! Si una persona dice que tiene dos colores preferidos, pídele que escoja solamente uno. Los colores favoritos de las tres personas deben ser diferentes.

NOMBRE DE LA PERSONA	COLOR FAVORITO
_____	_____
_____	_____
_____	_____

Paso 2. Busca en la lectura en la página 388 el color que escogió cada persona y lee la descripción que lo sigue. Para cada persona entrevistada en el **Paso 1,** inventa dos preguntas basadas en esa descripción. Por ejemplo, si la persona

Los colores influyen sicológicamente sobre los seres humanos, al despertarnos sensaciones. Pero además, nuestro color favorito... ¡delata nuestra personalidad!

AZUL

El color azul simboliza la paz, la felicidad y la satisfacción. Las personas que prefieren este color desean llevar una vida equilibrada y tranquila. Para ti el amor es imprescindible. Tú buscas un ambiente sereno y ordenado, sin problemas, porque eres muy tradicional, sin dejar de ser moderna.

AMARILLO

Las principales características de este color son la claridad, la reflexión y la alegría. Si éste es tu color, tú eres una persona que tiene grandes deseos de libertad, independencia y felicidad. Tú vives mirando al futuro, a lo moderno, a lo que evoluciona. Además, eres activa.

VIOLETA

El color violeta es la unión del ardor impulsivo del rojo y la dócil sumisión del azul. Por eso, la persona que elija este color tiene una personalidad super-interesante, como resultado de una combinación contrastante: es ardiente y apasionada, suave y sensual. Tú buscas una relación "mágica" con el mundo, quieres fascinar y atraer a los demás con tu personalidad, aunque a veces resultas una persona un poco fría y calculadora.

GRIS

Quien escoja este color es una persona que, por lo general, se encierra en sí misma, para no sentirse comprometida con los demás. Tú eres una chica independiente y te gusta vivir tu vida, sin que otras personas intervengan o te den órdenes. Muchas veces, el gris es el color de los hombres y mujeres de empresa, grandes ejecutivos y gente que triunfa; pero la persona que elija este color tiene un lado negativo: a veces se siente insatisfecha.

ROJO

El color rojo representa a la persona llena de energía, fuerza y vitalidad. Te encantan las transformaciones y los cambios drásticos. Eres muy moderna y siempre vas a tratar de envolverte en situaciones y experiencias interesantes, que te enriquezcan mucho.

MARRON

El color marrón (y los colores tierra) representan lo sensitivo y por eso está muy estrechamente relacionado con el cuerpo. Si éste es tu color, tú tienes una gran necesidad de tener bienestar físico y satisfacción sensual. Además, tienes grandes deseos de estabilidad familiar y social. En otras palabras, te gusta que en tu casa reine la armonía y que tus amistades te demuestren su afecto.

VERDE

Es el color de la firmeza, la perseverancia y la resistencia al cambio. Si elegiste este color, tú necesitas que tus opiniones prevalezcan sobre las de los demás. En muchas ocasiones tienes tendencia a querer impresionar a la gente. Eres una persona fuerte y tenaz, que siempre consigue lo que se propone.

NEGRO

La persona que elige este color tiene una personalidad multifacética. Es decir, puede ser un poco rebelde, calmada, super-enérgica, tradicional y ultramoderna, todo depende de la situación en que se encuentre. Estas personas tienen muy buen gusto y adoran lo moderno y lo elegante. No les gustan los excesos; sin embargo, a veces caen en ellos. Su gran virtud es que sacan experiencias positivas de todo lo que les pasa en la vida.

dice que su color favorito es el azul, le puedes preguntar, «¿Buscas un ambiente sereno y ordenado? ¿Es el amor muy importante para ti?»

Paso 3. Ahora, hazles las preguntas directamente a las personas que entrevistaste en el **Paso 1.** Anota las respuestas.

Paso 4. Ahora reúnanse en grupos de cinco. Entre todos determinen si la prueba de los colores tiene validez o no. Después compartan su opinión con la clase.

LECCIÓN 15

¿EN QUÉ SE PARECEN LOS ANIMALES Y LOS SERES HUMANOS?

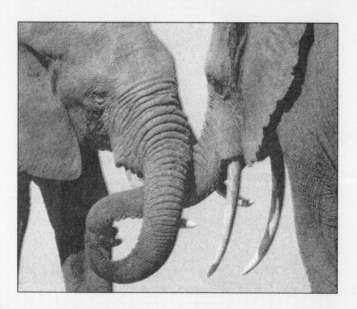

¿Cuánto sabes del comportamiento de los animales? ¿Hacen todo guiados por el instinto o hay cosas que tienen que aprender? ¿Y los seres humanos? En la respuesta a estas preguntas se basa esta lección. Además, vas a

- aprender algo sobre el sentido de orientación de varios animales
- examinar el comportamiento social de un animal en particular
- comparar esos dos comportamientos con los de los seres humanos
- aprender cómo dar y seguir direcciones
- aprender cómo se forman los adjetivos derivados de los participios pasados

390 trescientos noventa

Lección 15   ¿En qué se parecen los animales y los seres humanos?

IDEAS PARA EXPLORAR
LAS RELACIONES ESPACIALES

PARA EXPRESARSE   ¿DÓNDE QUEDA COLOMBIA?

As you know, **estar** is used to express the location of a person, place, or object. Another way to express the location of a place or object is with the verb **quedar**; however, **quedar** is not used to refer to the location of living beings.

Colombia **está al norte del** Perú.
Colombia **queda al norte del** Perú.

Actividad A   ¿Qué país es?

Escucha las oraciones que da el profesor (la profesora). Indica a qué país se refiere en cada caso.

1...   2...   3...   4...   5...   6...

Actividad B Una prueba

Usando **quedar a** y **estar a,** hazle preguntas a un compañero (una compañera) sobre Centroamérica, México y el Caribe.

MODELO: ¿Qué país queda ___ de ___ ?

Actividad C Más sobre geografía

¿Tienes buena memoria? Sin consultar el mapa, forma oraciones para mostrar la relación geográfica entre los países que menciona tu profesor(a).

MODELO: Puerto Rico / Cuba →
Puerto Rico queda al este de Cuba.

1...   2...   3...   4...   5...   6...   7...   8...   9...   10...

Actividad D ¿Norte, sur, este u oeste?

Paso 1. En una hoja de papel, escribe los números del 1 al 10.

Paso 2. Escucha las cinco oraciones que el profesor (la profesora) va a leer acerca del campus de tu universidad. Responde si la oración es verdadera o falsa.

1...   2...   3...   4...   5...

Paso 3. Escucha las cinco oraciones que el profesor (la profesora) va a leer acerca de la geografía. Responde si la oración es verdadera o falsa.

1...   2...   3...   4...   5...

UN VISTAZO

Otra perspectiva

¿Qué opinas de la perspectiva de este mapa al revés[a] de América?

El mundo al revés

Aunque ya nadie duda de que el mundo anda de cabeza, en la localidad de San José, California, Estados Unidos, ha comenzado a circular un nuevo y original mapa que pretende poner las cosas en su lugar. Se trata de un "mapa al revés de las Américas" que intenta corregir el "desequilibrio" de los mapas tradicionales, en los cuales ciertos países aparecen ubicados[b] en la cima,[c] y otros abajo, otorgando de esta forma categorías de superioridad e inferioridad. "Esta arbitrariedad —aseguran los editores de este novedoso mapa— al paso de los años ha conducido a conceptos equivocados y errados. Enfoca la atención a nuevas direcciones hacia áreas de poblaciones extensas, energías y potencialidades. Este mapa es geográficamente correcto. Solamente la perspectiva ha sido cambiada".

[a] al... *upside down* [b] *located* [c] *top*

PARA EXPRESARSE ¿DÓNDE ESTÁ LA BIBLIOTECA?

 al lado (de)

 enfrente (de)

 **detrás (de)**

 cerca (de)

 lejos (de)

Note that the preposition **de** is used with these expressions when a point of reference is mentioned.

La biblioteca está **al lado de la cafetería.**

If the point of reference is already known and is therefore not mentioned, **de** is not used.

—¿Sabes dónde queda la cafetería?
—Sí...
—Pues, la biblioteca está **al lado.**

VER EL MANUAL

Actividad E ¿Sí o no?

Escucha lo que dice el profesor (la profesora). ¿Es verdadero o falso?

1... 2... 3... 4... 5... etcétera

Actividad F ¿Qué edificio es?

Escucha lo que dice el profesor (la profesora) y da la información que pide.

1... 2... 3... 4... 5... etcétera

Actividad G Otra prueba

Con un compañero (una compañera), inventen una prueba para dar a la clase.

Paso 1. Escojan un punto de referencia en el campus o en la ciudad (*city*). ¡OJO! Recuerden que no todos los estudiantes conocen bien la ciudad.

Paso 2. Decidan en qué posición van a poner a la persona que contesta la pregunta—es decir, si va a estar enfrente, detrás, a la derecha, etcétera, de este punto de referencia.

➤

394 trescientos noventa y cuatro

Lección 15 ¿En qué se parecen los animales y los seres humanos?

Paso 3. Escriban cinco preguntas.

MODELOS: Estás enfrente de las residencias estudiantiles. ¿Qué edificio está detrás?

Estás a la derecha del gimnasio. ¿Qué edificio queda más cerca de allí?

Paso 4. Den la prueba a la clase.

Actividad H Dos dibujos

Paso 1. Mira con atención los dos dibujos. Tienes un minuto para memorizar todos los detalles. Fíjate en (*Notice*) las semejanzas y también en las diferencias entre los dos dibujos.

(a) (b)

1. el conejo   2. la rata   3. el buey   4. el caballo   5. el pingüino
6. el chimpancé   7. el cerdo   8. el gato   9. el león   10. el perro

Paso 2. Cierra el libro y escucha al profesor (a la profesora). En una hoja de papel, indica si la oración que dice él o ella describe el dibujo (a), el dibujo (b) o los dos dibujos.

1...   2...   3...   4...   5...   6...   7...   8...   9...   10...

Paso 3. Abre el libro y mira los dibujos de nuevo. El profesor (la profesora) va a leer las oraciones de nuevo. ¿Cuántas respuestas correctas tienes?

Paso 4. Calcula el porcentaje de respuestas correctas que obtuviste en esta actividad y en la **Actividad D.** Utiliza la siguiente escala para evaluar tu sentido de orientación.

☐ 90%–100%: Excelente. Tu sentido de orientación parece ser instintivo.
☐ 80%–89%: Muy bien. Te orientas con facilidad. Tu sentido de orientación puede ser instintivo, pero probablemente es aprendido.
☐ 79% o menos: Tienes dificultad en orientarte. Tu sentido de orientación parece ser aprendido.

¿Cuántos miembros de la clase obtuvieron el mismo porcentaje de puntos que obtuviste tú?

IDEAS PARA EXPLORAR
DE AQUÍ PARA ALLÁ

PARA EXPRESARSE   ¿CÓMO SE LLEGA AL CORREO?

Here are some useful expressions for giving and following directions in Spanish.

Siga (Ud.) por...	*Continue . . . , Follow . . .*
Siga derecho / Siga recto*...	*Continue (Go) straight . . .*
Doble a la derecha/a la izquierda.	*Turn right/left.*
Cruce la calle...	*Cross the street . . .*
una cuadra / una manzana*	*block*
la bocacalle	*intersection*
la esquina	*corner*

—Por favor, ¿dónde queda el parque zoológico?
—A ver... **Siga Ud. por** esta calle hasta que llegue a una **bocacalle** con semáforo (*traffic light*). Luego **doble a la izquierda** y **siga** todo **derecho** por siete cuadras. Allí en la **esquina** verá la entrada al parque zoológico. Pero está cerrado hoy...

VER EL MANUAL

If you were giving directions to a friend or if a friend were giving directions to you, the familiar form of the commands would be used (**sigue, dobla,** etc.).

Actividad A Unas indicaciones

Escucha las direcciones del profesor (de la profesora). ¿Adónde llegas?

1... 2... 3... 4... etcétera

Actividad B En la Ciudad de México

En la próxima página hay un plano de parte de la Ciudad de México. ¿Puedes completar las instrucciones?

---

* **Recto** and **manzana** are dialectal variants used in some places, including Spain and Central America.

396 trescientos noventa y seis

Lección 15 ¿En qué se parecen los animales y los seres humanos?

1. para ir de la esquina de Hamburgo y Tíber a la Plaza de la República

   A: Perdón, ¿sabe Ud. cómo se llega a _____ ?
   B: Sí, sí. No está muy lejos. Siga Ud. por _____ hasta _____ . Luego doble _____ y en esa calle siga _____ . Cruce _____ y siga un poco más y allí está.
   A: Muchas gracias.
   B: De nada.

2. para ir de la esquina de Hamburgo y Sonora a la Plaza de Río de Janeiro

   A: Perdón, ¿sabe Ud. cómo se llega a _____ ?
   B: Creo que sí. Siga por _____ hasta llegar a _____ . En esa calle doble _____ . Siga por esa calle, cruce _____ y ahí está la plaza.

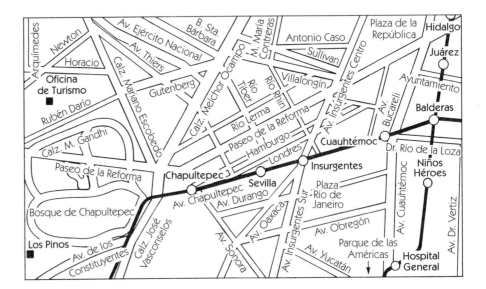

LOS HISPANOS HABLAN

¿Cómo se dan instrucciones en tu país en comparación con la forma en que lo hacen en los Estados Unidos?

NOMBRE: Ricardo Mojica, cantante y editor de televisión
EDAD: 32 años
PAÍS: Colombia

« Es muy diferente la manera en que te dan instrucciones aquí en comparación con la forma en que lo hacen en mi país. Por ejemplo, aquí la gente es más amistosa, mientras en Bogotá si paras[a] a una persona en la calle, primero te mira con ojos sospechosos.[b] También aquí la gente te lleva por la mano si ellos van en la dirección que te corresponde. Eso nunca ocurre en mi país. »

---

[a] *you stop* [b] *suspicious*

¿Es instintivo o aprendido?

Ciertos comportamientos son instintivos y otros son aprendidos después. Lee la selección y luego llena los espacios con una palabra apropiada.

MEMORIA DE MARIPOSA

LOS insectos, en general, y las mariposas en particular necesitan aprender su comportamiento en materia de alimentación y tienen muy mala memoria, según un reciente estudio llevado a cabo en la Universidad de Colorado. Al parecer, eso es lo que explica el hecho de que mariposas y abejas liben[a] siempre en el mismo tipo de flor:[b] una vez que han encontrado su néctar preferido, los insectos reducen su tiempo de búsqueda de 10 segundos para la primera flor a dos segundos para las sucesivas. Confrontadas con una variedad floral distinta, sin embargo, se muestran torpes y necesitan tiempo para volver a encontrar el camino del néctar.

¿Por qué todos los animales parecen saber nadar apenas han nacido?

Todos los animales están perfectamente dotados[c] para nadar o por lo menos para mantenerse a flote sobre el agua. En el caso de las especies inferiores, su mismo instinto les impulsa a coordinar los movimientos de modo que puedan flotar. Sin embargo, en la especie humana, en la que el comportamiento instintivo ha sido desplazado por el comportamiento «aprendido», predomina el miedo a morir ahogado[d] (que es «cultural» y no instintivo), y es quien conduce a moverse de forma equivocada, facilitando el hundimiento.[e]

Actividad optativa Dos clases de comportamiento

Los seres humanos, al igual que los _____, muestran dos clases de comportamiento, el instintivo y el aprendido. Por ejemplo, los seres humanos y los animales saben _____ al momento de nacer. En cuanto al sentido de orientación, las mariposas y las abejas tienen que _____ a orientarse. Sin embargo, ¿es el sentido de orientación un _____ aprendido tanto en los seres humanos como en los animales? O ¿es instintivo sólo en ciertos humanos y ciertos animales o lo es en todos los animales?

---

[a] *drink* [b] *flower* [c] *endowed* [d] morir... *to drown* [e] *sinking*

NOMBRE: Miguel Valdés, músico
EDAD: 34 años
PAÍS: Chile

« En los Estados Unidos la gente te da instrucciones muy concretas, por ejemplo, "Vaya Ud. por este camino una milla y media. Cuando encuentre un semáforo, doble a la derecha y vaya dos cuadras más...". En Latinoamérica la gente nunca te da instrucciones en millas, cuadras, semáforos, etcétera. Es más típico que te diga, "Vaya Ud. a la próxima calle y pregunte allí". Y lo que es más, en los Estados Unidos si una persona no sabe cómo llegar a un lugar, te lo dice. En Latinoamérica si no sabe, finge[c] saber algo y te da unas instrucciones como "Bueno, creo que es por aquí. Si sube Ud. por esta calle...". ¡Y nunca llegas adónde quieres llegar! »

---

[c] *pretends*

¿SABÍAS QUE...

...los exploradores españoles del siglo XV y XVI viajaban sin mapas? Como todos los exploradores de su época y como los que les precedieron, recorrían grandes distancias sin los aparatos técnicos y computarizados que hoy en día se encuentran en los aviones[a] y los barcos.[b] ¿Cómo lograban[c] esto? Como muchos animales, los exploradores de épocas antiguas observaban la posición del sol durante el día y la posición de las estrellas durante la noche para guiarse. Además, tenían brújulas,[d] que fueron inventadas en el siglo XIII, y astrolabios.

Juan Ponce de León (1460–1521)

Actividad optativa Exploradores famosos

Indica tu conocimiento de los exploradores españoles* juntando su nombre con la región que exploraron.

a. Colón   _____ Arizona y Nuevo México
b. Magallanes   _____ el Perú
c. De Soto   _____ la República Dominicana
d. Ponce de León _____ Florida
                  _____ Le dio la vuelta al mundo.
                  _____ México

---

* Colón era un navegante italiano, pero estuvo al servicio de Fernando e Isabel, reyes de España. Magallanes era un navegante portugués, pero estuvo al servicio de Carlos V, rey de España.

[a]*planes* [b]*boats* [c]*did they achieve* [d]*compasses*

VAMOS A VER

Anticipación

Paso 1. El título del artículo en las páginas 400–402 es «El sexto sentido de los animales: Viajeros sin mapas». Según el título, los animales son viajeros. Ya sabes lo que quiere decir la expresión **hacer un viaje.** También existe el verbo **viajar,** que quiere decir lo mismo. Entonces, ¿qué es **viajero?** Escoge la definición que te parece apropiada.

a. algo o alguien que hace un viaje   c. un tipo de transporte para los animales
b. algo que es transportado   d. un viaje largo

Sí, **a** es la definición correcta. Pero, ¿viajan los animales como las personas; es decir, usan maletas (*suitcases*) y toman el tren o un avión? ¿Qué palabra se te ocurre que mejor describe lo que hacen los animales?

a. volar (*to fly*)   b. migrar   c. caminar

Paso 2.   El título dice que los animales son « viajeros sin mapas ». La palabra **sin** significa la falta de algo. ¿Qué imagen se te ocurre? ¿Usan los animales mapas? ¿Qué implica la frase **sin mapas** entonces?

Paso 3.   El sexto sentido es el sentido que utilizan los animales para orientarse cuando viajan. En tu opinión, cuál de las siguientes frases describe ese sexto sentido?

		SÍ	NO
1.	Es mental, no físico.	☐	☐
2.	Es un mito; realmente no existe.	☐	☐
3.	Los animales lo tienen porque su cerebro no ha evolucionado.	☐	☐
4.	A los seres humanos les falta porque tienen un cerebro superior.	☐	☐
5.	Es controlado por el movimiento del sol durante el día y a través del año.	☐	☐

Paso 4.   Hay fotografías de varios animales y se mencionan aun otros en los subtítulos. Escribe los nombres de seis animales mencionados en el artículo.

1. _____   4. _____

2. _____   5. _____

3. _____   6. _____

Ahora, tomando en cuenta el título, ¿qué tendrán[*] en común estos animales? Completa la oración:

Todos pueden _____ largas distancias sin _____.

Paso 5.   Estas palabras y frases están en el artículo y necesitas saber su significado.

> **la coronilla:** parte superior de la cabeza
> **logran orientarse:** consiguen tomar un camino seguro
> **recorrer; recorridos:** andar, caminar distancias; rutas que se recorren
> **la colmena de las abejas:** la habitación de las abejas o el conjunto de abejas que hay en ella
> **cegar:** perder completamente la vista
> **ciego/a:** que no puede ver
> **las lentillas:** lentes de contacto
> **nidificar:** acción de preparar un nido (lo que construye un pájaro para poner los huevos)

Paso 6.   Lee la información bajo el título. La pregunta final es la pregunta que vas a contestar después de leer el artículo. Apunta la pregunta aquí.

¿ _____ ?

---

[*] **¿Qué tendrán...?** = *What might they have . . . ? What could they have. . . ?* The form of **tener** in this sentence is the future tense. When used in a present-tense context, the future verb form indicates probability. You will learn the future tense in Unit Six.

El sexto sentido de los animales

Viajeros sin mapas

Algunos animales son unos consumados viajeros, entre ellos se encuentran la serpiente de cascabel, las langostas, los salmones, las tortugas y algunas mariposas. ¿Cómo logran orientarse?

Las abejas se orientan por el sol.

La serpiente de cascabel posee un «tercer ojo».

Para una serpiente de cascabel su mundo es bastante reducido; se limita, por lo tanto, a un espacio muy pequeño de territorio. Pero una vez al año, cuando empieza el frío, recorre más de treinta kilómetros por zonas rocosas y boscosas de difícil orientación para congregarse con sus compañeras en cuevas que constituyen sus cuarteles de invierno. Los investigadores han explicado que estos reptiles son capaces de efectuar estos viajes porque poseen un tercer ojo en la coronilla.

Pero si hablamos de animales viajeros hay que destacar a uno de ellos: la tortuga verde (*Chelonya mydas*). Es el único reptil del que se sabe con certeza que migra a lo largo de distancias enormes para la reproducción. En los experimentos en los que se marcaron ejemplares se comprobó que realizan recorridos cuya distancia oscila entre 2.250 a 3.200 kilómetros. La manera por la que encuentran su camino sigue siendo un misterio que algún día podrá ser aclarado. Ac-

tualmente se realizan experimentos en los que se provee a las tortugas de radiotransmisores, de manera que se pueden estudiar sus rutas.

Si hablamos de animales viajeros hay que mencionar a la fuerza a las aves. En sus viajes migratorios realizan prodigiosos recorridos. Guiadas por el sol y por el campo magnético de la tierra, llegan exactamente al lugar que desean, bien sea para nidificar o para pasar el invierno. Los pingüinos de Adelie, por ejemplo, recorren cerca de 2.000 kilómetros sobre el hielo para asentarse en una zona más templada. El récord lo ostenta el charrán ártico, un ave no mayor de 38 centímetros que desde el Círculo Polar Artico vuela hasta el Polo Sur. De esta manera recorre ¡20.000 kilómetros! Las distintas investigaciones realizadas con aves migratorias demuestran que pueden realizar estos viajes a un sentido innato de la orientación y a una serie de

referencias topográficas, como por ejemplo casas, bosquetes, vallas… Además de servirse del sol, si es de noche se guían por las estrellas. Pero las aves, aunque las más famosas, no son las únicas viajeras.

La policía protege las mariposas

Hay un lugar —el único en el mundo— en el que los insectos cuentan con protección policial. Es en Pacific Grove, en la costa californiana, y las agraciadas son las mariposas. Unas mariposas bellísimas, de color naranja y negro que todos los años pasan el invierno, como el turismo de lujo, bajo el sol de California. Para ello realizan la increíble hazaña de recorrer 2.000 kilómetros en línea recta desde su lugar de origen en el norte de Canadá. En este viaje a sus cuarteles de invierno llegan a alcanzar entre 20 y 50 kilómetros por hora. En enero realizan el

Mariposas viajeras

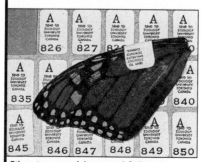

Etiquetas especiales para frágiles alas.

Todos los años cientos de millones de mariposas monarcas vuelan desde el norte de América hasta la cálida California o México donde se reúnen, apiñadas en las ramas de los árboles o en el suelo, formando un tapiz multicolor para pasar el invierno. Para ello recorren cerca de dos mil kilómetros en un increíble vuelo en que alcanzan una velocidad de unos 20 a 50 kilómetros por hora. Los investigadores marcan con etiquetas las alas de las monarcas para comprobar de dónde proceden las mariposas concentradas. Según los estudiosos, las monarcas se orientan en su viaje sólo por el sol.

El sol como guía

El investigador y premio Nobel, Karl von Frisch, demostró, con sus investigaciones sobre las abejas, que estos insectos poseen un reloj interno que les hace reconocer la dirección deseada gracias al sol. Este fenómeno no es instintivo; cada abeja aprende el manejo de la «brújula solar». Sólo después de la fase de obrera, recolectora y tras cerca de 500 vuelos aprende el funcionamiento.

Reina marcada para su estudio.

viaje en sentido contrario para reproducirse en el norte, en Ontario.

Aún hoy continúa siendo un misterio cómo logran orientarse. Se ha dicho que posiblemente posean una memoria genética que les permite memorizar los paisajes o que se orientan por las ondas magnéticas de la tierra. Todo parece indicar que estos insectos se guían por la posición del sol.

Cuando las langostas se hacen gregarias

Pero el más temible viajero de la Tierra es, sin duda, la langosta. Desde su lugar de nacimiento en el norte de Marruecos y en años en que se dan unas condiciones climáticas excepcionales, las langostas se reproducen de una manera increíble y viajan en grupo, destruyendo cultivos a su paso con un apetito voraz. En estos viajes llegan a trasladarse a 5.000 kilómetros de distancia del área donde nacieron. Las concentraciones se agrupan a cerca de 10.000 millones de individuos que pesan en total 50.000 toneladas.

Lo sorprendente es que las langostas siguen un rumbo fijo en sus correrías. Su sentido de la dirección es tal, que reconocen y compensan mínimas desviaciones a causa

del viento. Se ha comprobado que mantienen el mismo rumbo todo el día. A pesar de que muchas generaciones mueren antes de volver a su punto de partida, a muchos miles de kilómetros, las nuevas seguirán el mismo rumbo. Los científicos han determinado que toman el sól como punto de referencia.

También las abejas, con una sola mirada al sol, reconocen la dirección deseada gracias a que poseen un reloj interno. Este descubrimiento se debe al que fue premio Nobel, Karl von Frisch. Las abejas reconocen la localización de la colmena aunque ésta sea desplazada porque su reloj interno les dice cuántos grados ha variado el ángulo entre donde se encuentran y el sol. Lógicamente al no ocurrir lo mismo con las estrellas, permanecen en la colmena por la noche.

Este fenómeno no es instintivo: se ha comprobado que cada abeja aprende el manejo de la brújula solar. Tras el servicio doméstico, la abeja pasa a ser recolectora, permaneciendo siempre cerca de la colmena. Tras sesenta vuelos, el sol aún no le dice nada por lo que se pierde si no ve la colmena.

Sólo después de quinientos vuelos aprende el funcionamiento de la brújula solar.

Un ojo especial para las salamandras

El profesor Adler, de la Cornell University de Nueva York, lleva varios años estudiando una curiosa salamandra del este de los Estados Unidos: se trata de la salamandra atigrada, un animal de cuatro patas y llamativas manchas y rayas negroamarillentas, de unos veinte centímetros de largo.

De costumbres solitarias, esta salamandra se desplaza una vez al año, donde nació y creció en su fase larvaria. La reunión de salamandras dura unos tres días en los que el agua hierve con las danzas nupciales. Este pequeñito animal recorre hasta siete kilómetros de distancia por una desconcertante vegetación salvaje. Esto se demuestra por fotografías, pues el dibujo de sus manchas y rayas es bastante peculiar. Se sabe que la salamandra encuentra su hogar en línea recta, determinando el rumbo por el sol. Y es capaz de seguir el rumbo correcto aunque cieguen sus ojos con lentillas.

Plagas bíblicas

Las plagas de langosta en las que estas se agrupan en bandos que se desplazan, destruyendo cultivos y todo lo que encuentran a su paso, se dan sólo en años en los que las condiciones climáticas son muy especiales, como, por ejemplo, grandes lluvias tras un largo período de sequía. Así, después de la temible plaga del año 1952, no se produjeron otras hasta 1967 y 1968. En ambos casos hubo una explosión en las poblaciones de langosta simultáneamente en los diversos lugares marcados en el mapa, tanto en Africa como en Asia. Ante estas plagas ni siquiera los ejércitos resultan eficaces, por lo que actualmente se controlan las poblaciones en sus mismas zonas de cría.

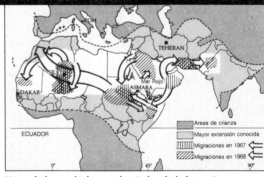

Mapa de las explosiones migratorias de la langosta

Langosta (Locusta migratoria)

Esto es posible porque, al igual que la serpiente de cascabel de la que hablábamos al principio, la salamandra tiene un ojo de reserva: el tercer ojo, reconocible externamente por una manchita clara encima de los ojos.

Se trata de una antiquísima construcción de la naturaleza existente ya en esqueletos de peces de hace cuatrocientos millones de años: un ojo pineal dirigido hacia arriba, hacia la luz. Todavía hoy muchos peces, como por ejemplo las familiares truchas, poseen un ojo en la coronilla que les posibilita nadar, incluso cegados directamente, hacia débiles fuentes de luz.

El tercer ojo

Muchos reptiles, entre los que se encuentran las serpientes de cascabel y otros crotalinos como la serpiente cabeza de cobre y surucucú poseen una fosita a ambos lados del hocico, entre el ojo y el orificio nasal, la llamada fosita loreal.

Aunque hace ya más de cien años que el herpetólogo alemán Franz Leyding sugirió que estas cavidades eran órganos sensoriales, hasta el año 1930 no se descubrió que gracias a ellas muchos reptiles son capaces de distinguir y localizar fuentes de calor a una distancia de 30 centímetros, aunque sus demás órganos de los sentidos (ojos, nariz, lengua y órganos de Jacobson) hayan sido inutilizados.

Las serpientes poseen incluso una forma superior de «Tercer Ojo» que nada tiene que ver con las fosetas y llegan a diferenciar los colores. Este primitivo ojo frontal está dotado con células muy sensibles a la luz.

Lagarto verde (Lacerta viridis) *no tiene el tercer ojo.*

Serpiente de cascabel tropical (Crotalus durissus)

Exploración

Paso 1. Lee la primera sección (hasta « La policía protege las mariposas ») y luego contesta las siguientes preguntas, llenando el siguiente cuadro.

1. ¿Cuáles son los animales mencionados en el texto?
2. ¿Cuándo migran?
3. ¿Por qué migran?
4. ¿Cómo logran orientarse?

MIGRACIÓN DE LOS ANIMALES: PRIMERA PARTE			
¿Cuál?	¿Cuándo?	¿Por qué?	¿Cómo?
_____	_____	_____	_____
_____	_____	_____	_____
_____	_____	_____	_____

Paso 2. En un momento vas a leer el resto del artículo. Ya tienes muchas estrategias para « atacar » una lectura de este tamaño. A continuación hay una más que puedes utilizar: dividir la lectura por etapas.

- Primero, lee rápidamente sección por sección. Al final de cada sección, toma un minuto para pensar en el contenido. ¿Has captado la idea principal? ¿Has saltado palabras que no sabes y cuyo significado no puedes deducir?
- Segundo, vuelve a leer el artículo sección por sección. Esta vez, presta atención a los detalles. Usa un lápiz o un marcador para subrayar palabras clave o frases importantes. Al final de cada sección, repasa la información que has señalado antes de continuar.
- Tercero, ¿cuáles son las palabras que te impiden captar ideas que te parece que son importantes? Busca solamente estas palabras en el diccionario o pregúntale al profesor (a la profesora) qué significan.

El objeto de estas sugerencias es darte un plan. Así puedes evitar la frustración de no asimilar lo que lees porque la lectura te parece muy larga. Bueno. ¡Adelante!

Paso 3.   Después de haber leído « Viajeros sin mapas », indica si lo que se dice a continuación es verdadero o falso. Debes inferir unas respuestas.

		CIERTO	FALSO
1.	Cuando está nublado, las aves no migran al sur o al norte porque necesitan ver el sol para orientarse.	☐	☐
2.	Parece que los animales que migran, lo hacen en determinadas rutas.	☐	☐
3.	Las aves, los salmones, y las ballenas (*whales*) migran. Las serpientes, sin embargo, no migran.	☐	☐
4.	Una serpiente ciega no puede encontrar su camino.	☐	☐
5.	La razón por la cual muchos animales hacen sus viajes es para reproducirse o para pasar el invierno en climas templados.	☐	☐
6.	Se usa la palabra **migración** sólo para referirse a viajes de miles de kilómetros y no a viajes cortos.	☐	☐

Paso 4.   Busca en el artículo palabras y frases que puedes utilizar para explicar el significado de los siguientes términos.

1. el sexto sentido: _____

_____

2. el tercer ojo: _____

_____

3. la brújula solar: _____

_____

Compara tus apuntes con los de un compañero (una compañera).

Paso 5.   En el artículo se da el nombre de dos científicos. Contesta estas preguntas sobre ellos.

	Karl von Frisch	Adler
1. ¿Con qué animal se asocia su nombre?	_____	_____
2. ¿Qué descubrió?	_____	_____

Paso 6.   ¿Qué puedes explicar acerca de la memoria de las mariposas? Refiérete a los apuntes y palabras que anotaste en el **Paso 2.** Si no puedes contestar a base de tus apuntes, entonces vuelve a leer la sección sobre las mariposas.

Síntesis

Paso 1.   Utiliza la siguiente tabla para organizar la información dada en el artículo. Ya tienes la información sobre la mariposa como ejemplo.

MIGRACIÓN DE LOS ANIMALES: SEGUNDA PARTE			
Animal	Distancia que recorre	¿Es su sexto sentido instintivo o aprendido?	¿Cómo se orienta?
la mariposa	2.000 kilómetros	aprendido	por el sol; posiblemente por ondas magnéticas; posiblemente por su memoria
aves a. el pingüino b. el charrán			
reptiles y anfibios a. la serpiente b. la salamandra c. la tortuga			
insectos a. la abeja b. la langosta			

Paso 2.   Utiliza la información que has recopilado para escribir un resumen de la lectura.

a.   Empieza el resumen así.

Para pasar el invierno, para pasar el verano, o para reproducirse, ciertos animales viajan largas distancias. Estos animales son viajeros sin mapas. No se orientan con mapas como lo hacen los seres humanos. Se orientan de otras maneras, utilizando otra clase de información, por ejemplo...

b.   En cada párrafo se debe describir una de las maneras en que se orientan los animales.

c.   Incluye ejemplos de los animales mencionados en el artículo.

¡Sigamos!

¿Con qué animal se comparan?

Paso 1. Repasa la información que has sintetizado para la lectura. Enfoca en el sentido de orientación de las aves, los reptiles y las abejas. (¿Es su sexto sentido aprendido o instintivo? ¿Cómo se orientan?)

Paso 2. Escucha la descripción de las siguientes personas y decide si su sentido de orientación es como el de...

      a. un ave   b. un reptil   c. una abeja

1...   **2...**   **3...**   **4...**   **5...**   **6...**

¿Cómo es su sentido de orientación?

Describe el sentido de orientación de los miembros de tu familia. Usa las palabras y frases a continuación que consideres apropiadas.

MIEMBRO DE MI FAMILIA	ANIMAL	CATEGORÍA
madre	ave	cuando le dan direcciones
padre	reptil	cuando visita una ciudad por primera vez
hermana	langosta	para ir a la casa de un amigo por primera vez
hermano	mariposa	sabe dónde queda el norte
abuela	abeja	
abuelo	tortuga	

MODELO: Mi padre tiene el sentido de orientación de una tortuga porque es un misterio cómo siempre sabe cómo y adónde ir cuando visitamos por primera vez una ciudad. Nunca necesita mapa.

IDEAS PARA EXPLORAR
ANIMALES ESTUDIADOS

PARA EXPRESARSE   ¿SON COMPORTAMIENTOS APRENDIDOS?

In the selection that you have just read, "**El sexto sentido de los animales: Viajeros sin mapas,**" the following sentence appeared:

"También las abejas... reconocen la dirección deseada..."

The word **deseada** is an adjective derived from the verb **desear**. In Spanish, many adjectives are derived from verbs and for that reason are easily recognizable.

¡Qué bonitos esos dos elefantes pequeños! —Sí, son recién **nacidos.**

406 cuatrocientos seis

Lección 15 ¿En qué se parecen los animales y los seres humanos?

These adjectives have the same basic form as past participles (**han *nacido***). But remember that they are adjectives, not verbs, and therefore agree with the noun they modify. They can occur after a past participle.

VER EL MANUAL

Los diferentes comportamientos de los animales han sido **estudiados.**

Actividad A Adjetivos

Indica con qué verbo se relacionan los adjetivos subrayados.

1. los adjetivos subrayados
2. las ideas anteriormente exploradas
3. información sabida por mucho tiempo
4. repetidas veces
5. artículos escritos en español
6. trece años seguidos
7. algo no tolerado entre los elefantes
8. saludos reservados para íntimos amigos

Actividad B Más adjetivos

Da el adjetivo correcto derivado del verbo indicado. (Nota: Todas estas oraciones te servirán cuando leas la próxima lectura.)

1. Los elefantes son animales muy especiales: inteligentes, activos, poderosos

   y _____ (divertir).

2. Se atribuye este comportamiento a un fenómeno _____

   (llamar) Musth, algo ya _____ (estudiar) en los elefantes asiáticos.

3. Los pequeños elefantes tienen que ser _____ (instruir).

4. La tasa de mortalidad es muy _____ (elevar).

5. En esa situación, los más _____ (perjudicar*) son los machos.

Actividad C ¿Verbo o adjetivo?

La siguiente información viene de la lectura «El sexto sentido de los animales: Viajeros sin mapas». Indica si la palabra subrayada se usa como verbo o como adjetivo.

	VERBO	ADJETIVO
1. Los investigadores han explicado que estos reptiles son capaces de efectuar estos viajes porque poseen un tercer ojo.	☐	☐
2. Las aves migratorias, guiadas por el sol y por el campo magnético de la tierra, llegan exactamente al lugar que desean.	☐	☐
3. Los científicos han determinado que las langostas toman el sol como punto de referencia para compensar desviaciones a causa del viento.	☐	☐

---

* **Perjudicar** significa « sufrir daño ».

4.   Se ha <u>comprobado</u> que cada abeja aprende el manejo de   ☐   ☐
     la brújula solar.

UN VISTAZO

León marino operado

Lee rápidamente la siguiente lectura breve sobre una operación realizada
por un distinguido veterinario inglés.

MARGA ESTEBARANZ

*El veterinario inglés David Taylor realizó la
intervención.*

León marino operado de cataratas

Por primera vez en Europa ha sido operado de cataratas con
éxito un león marino.

La primera operación de cataratas
realizada con éxito sobre un león marino
ha sido realizada por el reconocido veterinario inglés David Taylor.

El paciente es «Joc», el único león
marino nacido en España, concretamente
en Marineland de Palma de Mallorca, en
las islas Baleares. La operación fue
realizada en el acuario de Marineland de
la Costa Brava, donde existen instalaciones adecuadas, por lo que Taylor tuvo
que desplazarse hasta Cataluña.

Recordamos que el inglés David
Taylor es uno de los más prestigiosos
veterinarios del mundo. Especializado
en fauna exótica y marina, fue el responsable de la inseminación artificial
practicada en la osa panda «Sao Sao»,
como consecuencia de la cual nació Chu
Lín.

De igual manera, Taylor fue el responsable de las operaciones de electroeyaculación practicadas recientemente a «Copito de Nieve».

Actividad optativa   Análisis de adjetivos

Busca en la lectura todos los adjetivos que se derivan de verbos. Luego
llena las siguientes listas.

	ADJETIVO	SUSTANTIVO CALIFICA-DO POR EL ADJETIVO	VERBO DEL QUE SE DERIVA EL ADJETIVO
1.	operado	león marino	operar
2.			
3.			
4.			
5.			
6.			
7.			
8.			

408 cuatrocientos ocho

Lección 15 ¿En qué se parecen los animales y los seres humanos?

VAMOS A VER

Anticipación

Paso 1. El título del artículo en las páginas 410–412 es « El código oculto de los elefantes ». ¿Sabes qué significa **oculto**? Lee lo que dice a la derecha del título y busca el sinónimo de **oculto.** Escribe la palabra aquí.

_____

Paso 2. ¿Cuál crees que puede ser la idea general de este artículo?

☐ que hay una secta religiosa que tiene al elefante como símbolo
☐ que han estudiado los elefantes y ahora saben más de su vida misteriosa
☐ que han demostrado que los Nazis usaban un código de radio basado en los sonidos emitidos por los elefantes
☐ que han descubierto trece elefantes gigantes en un área aislada en África

Paso 3. Ahora, lee los dos primeros párrafos. Según lo que se dice en estos dos párrafos, ¿cuál es el tema que se va a tratar en el artículo?

☐ la relación entre los elefantes y los habitantes de Kilimanjaro
☐ el comportamiento social de los elefantes
☐ la organización social de los elefantes y chimpancés comparada con la de los insectos
☐ una entrevista de Cynthia Moss y Joyce Pool
☐ un comentario sobre la nueva película _Elephant Memories_

Paso 4. Mira las fotos y lee lo que dice al pie de cada una. Indica si las siguientes oraciones son verdaderas o falsas.

	CIERTO	FALSO
1. La lucha (el combate) entre los machos por la jefatura de la manada (el grupo de elefantes) es una lucha a muerte.	☐	☐
2. El uso de la trompa no es instintivo. Los elefantes pequeños no aprenden el uso de la trompa hasta los cuatro meses de vida.	☐	☐
3. Los elefantes nacen con una gran capacidad para la supervivencia (_survival_).	☐	☐
4. Es fácil confundir el saludo entre dos elefantes, viejas conocidas, con una lucha entre machos porque el uso de la trompa es importante en los dos encuentros.	☐	☐

Paso 5. Busca las siguientes palabras y frases en los subtítulos. ¿Qué significan? Lee rápidamente la sección del artículo pertinente a la palabra o frase para clarificar su significado. Escribe su significado aquí.

1. el matriarcado _____

2. los cuidados _____

3. escalafones de ascenso _____

Paso 6. No es posible deducir el significado de todas las palabras que aparecen en el artículo. Aquí tienes algunas definiciones.

manada: un grupo de elefantes
machos: los elefantes
hembras: las elefantas
crías: los elefantes recién nacidos
una red de vínculos sociales
   red: en sentido figurado, organización de cosas relacionadas entre sí (En realidad, la red es un objeto que se usa en muchos deportes, como el tenis: La **red** divide la cancha de tenis en dos partes iguales.)
   vínculos: relaciones
desplazarse: ir de un lugar a otro
pezones: la parte del cuerpo de la madre por donde sale la leche
mamar: tomar la leche materna
ramas: partes de un árbol (*tree*)

Exploración

Paso 1. Aquí tienes otro artículo relativamente largo. ¿Cómo vas a leerlo? ¿Vas a usar el mismo plan que usaste para leer «Los viajeros sin mapas»? Escoge un plan, y después aplícalo al leer el resto del artículo.

Paso 2. Basándote en lo que ya has leído, marca las declaraciones que crees que son verdaderas.

☐ Básicamente, por el tono, el artículo es en favor de los elefantes.
☐ Los elefantes son animales normalmente pacíficos pero son capaces de tremenda violencia.
☐ Los elefantes y los humanos comparten la misma preocupación por el cuidado de los niños.
☐ La organización de una manada es democrática.

Paso 3. Completa las siguientes frases de acuerdo con lo que recuerdas de la lectura.

1. Una manada de elefantes se compone de...
   a. machos y hembras en proporciones más o menos iguales.
   b. más machos que hembras.
   c. un macho y varias hembras, como en un harén.
2. El cuidado de las crías es...
   a. compartido igualmente entre machos y hembras.
   b. responsabilidad de los machos.
   c. responsabilidad de las hembras.
3. De las crías que nacen en una manada,...
   a. los machos y las hembras son miembros de la misma manada para toda su vida.
   b. los machos y las hembras forman un subgrupo y eventualmente dejan la manada en que nacieron.
   c. los machos dejan la manada pero las hembras se quedan.
   d. las hembras dejan la manada pero los machos se quedan.

LECTURA

COMPORTAMIENTO

Por primera vez, varias familias de elefantes han sido estudiadas durante trece años seguidos. Ahora ya podemos saber más cosas de estos gigantes terrestres. Desvelamos su código secreto.

El código oculto de los elefantes

LOS ELEFANTES son animales muy especiales: inteligentes, difíciles, activos, poderosos... y divertidos. Estas son las principales conclusiones de las científicas norteamericanas Cynthia Moss y Joyce H. Poole, después de haberlos estudiado durante trece años en el parque nacional de Amboseli, a los pies del Kilimanjaro, en Africa Oriental.

Esta investigación ha sacado a la luz sorprendentes facetas del comportamiento social de los elefantes. Un descubrimiento asombroso es, por ejemplo, el hecho de que poseen una red de vínculos sociales mucho más compleja que la de chimpancés y gorilas. Todo esto lo cuenta Cynthia Moss en su libro *Elephant Memories,* donde nos hace las revelaciones siguientes.

1 LUCHAS A VECES MORTALES ENTRE MACHOS

«Nada resulta tan estremecedor como un choque entre dos machos furiosos», dice Cynthia Moss. «*Dionysius,* un magnífico ejemplar de 5.500 kilos de peso, no temía a ningún adversario. Hasta que se topó con *Iain.* Pelearon casi durante ocho horas, en el límite de un bosque de acacias, mientras el resto de la manada los contemplaba. Finalmente, *Dionysius* cayó al suelo. Había perdido, aunque, por esta vez, conservó su vida.»

Nunca hasta ahora los zoólogos habían sido testigos de esta extremada violencia en Africa por parte de los elefantes, entre otras cosas porque estas luchas cruentas entre machos se consideraban inexistentes.

Cynthia Moss y Joyce H. Poole atribuyen este comportamiento de estos supuestos pacíficos animales a un fenómeno llamado *Musth,* que sólo había sido observado en los elefantes asiáticos. Este fenómeno es provocado por el aumento de la hormona sexual testosterona, que excita en grado sumo al animal, haciéndole violento.

2 EL MATRIARCADO REINA EN LA MANADA

Una familia de paquidermos se compone de diez a treinta individuos. Está dirigida por una inteligente y vieja elefanta, a manera de hembra líder, que manda sobre las abuelas, madres, tías y crías de ambos sexos. La pirámide generacional abarca desde los recién nacidos hasta los ejemplares de más de sesenta años.

Los machos jóvenes permanecen en el círculo familiar un máximo de doce años, edad en la que abandonan la manada para vivir solos casi todo el año. Existe una separación estricta de los sexos: no hay machos que lideren manadas mixtas.

Forzosamente, madres y lactantes, éstos necesitados de protección y cuidados especiales, conforman los vínculos más estrechos de una familia. La cría sigue a la madre por todas partes, no alejándose nunca más de unos pocos metros. La madre, mientras tanto, también mantiene fuertes lazos de unión con otros ejemplares no adultos, hasta que alcanzan la madurez sexual.

Cuando una hembra vieja, jefe de manada, es relevada en el mando por otra más joven, continúa siendo tolerada en la familia, incluso disfrutando de una alta consideración debido a su experiencia. No es extraño ver, además, abuelas que se encargan activamente de criar a los pequeños. Fuera de estos estrechos círculos familiares, una manada mantiene también contactos con otros grupos de elefantes, aunque, de nuevo, exclusivamente compuestos de hembras. Si la comida es abundante después de la época de lluvias, en los meses de enero y febrero, a menudo se llegan a reunir hasta cien animales para

FEROCES LUCHAS ENTRE DOS TITANES
Con las trompas extendidas, dos gigantes comienzan la lucha por la jefatura de la manada. Las luchas casi siempre terminan cuando uno de los machos deja la lucha, reconociendo así la superioridad de su oponente.

EL MANEJO DE LA TROMPA REQUIERE UN APRENDIZAJE
No es nada sencillo para los pequeños elefantes aprender el manejo de la trompa.
De hecho, hasta los cuatro meses de vida, cuando ya empiezan una alimentación
mixta, no saben utilizarla. En ocasiones, igual que si un niño se chupara un dedo, se
la llevan a la boca. Al principio, sólo la usan para jugar o para mover palos y ramas.

ramonear en grupo. Estas manadas tan numerosas cumplen
también otra importantísima
misión, como lo es la de proteger
a las crías de los ataques de las
especies depredadoras, como es
el caso de los leones. Si se llegara
a producir la agresión de un
felino a una de las crías, las
hembras, no importando su relación familiar o la jerarquía
dentro de la manada, defenderán
con inusitada fuerza al pequeño.

3 LOS CUIDADOS DE LOS RECIÉN NACIDOS

Como especie profundamente
gregaria que es, una cría de elefante viene al mundo de una
manera un tanto precoz, aunque
la gestación, sin embargo, haya
sido inusitadamente larga: alrededor de veintidós meses. Ya a
la hora de nacer la cría puede
aguantarse sobre sus todavía

tambaleantes patas y es capaz de
desplazarse con los mayores de
su manada en su primer día de
existencia.

Pero las apariencias enga-
ñan. El bebé elefante necesita de
muchos cuidados, de una es-
merada y concienzuda protección. Lo más importante en esta
fase crítica de su recién estrenada
vida es encontrar los pezones de
la madre y aprender a mamar
correctamente. En su inexperiencia, a menudo una cría de
elefante confunde a su madre
con una tía que carece de leche
en sus mamas. Y este error habitual suele resultar fatal. La tasa
de mortalidad en las crías menores de dos años es por esta
circunstancia muy elevada.

Cuando una hembra preña-
da se tumba en el suelo para el
parto, las otras hembras de la
manada realizan las funciones
de comadronas: con sus colmillos y trompas ayudan a liberar

al recién nacido de la bolsa
amniótica. Aunque la cría es
ayudada en su alimentación con
materia vegetal a partir de los
tres o cuatro meses, la leche es
la energía vital para su desarrollo. En épocas de sequía,
cuando el alimento y el agua
escasean, la leche, por razones
más que obvias, es menos nutritiva.

En el momento del parto, un
macho sólo pesa un 2 por 100
de su volumen de adulto; una
hembra, en cambio, un 4 por
100. Los machos más poderosos
pueden alcanzar seis toneladas
de peso y cuatro metros de altura
en el lomo. Por el contrario, las
hembras más voluminosas «sólo» llegan a las 3,6 toneladas de
peso, con una altura de 3,5 metros.

También hay otras circunstancias secundarias que determinan la duración de dilatado
período de lactancia, que normalmente suele durar tres años
y termina cuando la madre de la
cría alumbra en nuevo bebé.

4 GRANDES PRIVILEGIOS PARA LOS MACHOS

Uno de los aspectos más sorprendentes de la investigación
de las zoólogas norteamericanas
fue el observar que un elefante
macho de ocho años todavía
seguía mamando, con la plena
aprobación de su madre. En un
principio, les extrañó enormemente esta circunstancia, pero
después pudieron comprobar
repetidas veces que estos casos
no tenían nada de extraordinario.

Los jóvenes machos, por lo
general, buscan con mayor insistencia las mamas que las
hembras. En tiempos de sequía
o escasez de alimentos, las madres ven agotadas sus reservas
de leche inmediatamente. Al
desaparecer las raciones extra de
alimento materno, los más per-
judicados son, evidentemente,
los machos, por su mayor consumo. Así, la mortandad entre
los elefantes jóvenes varía con-

PRIMEROS E INSEGUROS PASOS DE UN BEBÉ
Con sus cien kilos de peso al nacer, las crías de elefantes son criaturas realmente
desvalidas. Es muy frecuente que ni siquiera puedan encontrar las mamas de la
madre, por lo que tienen que ser instruidas en esta misión. La subalimentación es
uno de los problemas más graves del período de lactancia.

siderablemente según el sexo. Mientras que sólo el 50 por 100 de los machos llega al estado de adultos, las hembras tienen mejores expectativas de vida: sólo un tercio perecen antes de los doce años.

De esta manera, las madres intentan sistemáticamente privilegiar siempre a su descendencia masculina.

5 ESCALAFONES DE ASCENSO SEGÚN LA EDAD

Durante su juventud, los machos no cuentan para nada en la jerarquía social. Si bien es cierto que un joven macho ya puede reproducirse cuando abandone su familia, con diez o doce años, tendrá que armarse de mucha paciencia al incorporarse al «club de caballeros», donde manda el elefante más grande y más fuerte. Como estos animales crecen durante toda su vida o gran parte de ella, los jefes de la manada alcanzan a menudo la edad de cuarenta o cincuenta años. En función de esto, Cynthia Moss clasificó a los machos en cinco grupos de edades: 10–20 años, 21–25 años, 26–35 años, 36–50 años y mayores de 50.

Hasta los 25 años, los elefantes no representan competencia alguna para los mayores. Esto sucede, normalmente, cuando consiguen la categoría número tres, pero continúan sin tener posibilidades de éxito en un enfrentamiento con un macho viejo por los favores de una hembra. «Tan sólo pueden aspirar a copular algún día, a escondidas, con una hembra»,

asegura Cynthia Moss.

Es a partir de los 30 años cuando un macho empieza a competir por las hembras. A esta edad es cuando normalmente se le presenta el fenómeno anteriormente citado, que se conoce como *Musth,* que le excita sexualmente y se vuelve terriblemente violento. En este estado, un elefante de 30 años es temible, hasta el punto que otros machos más viejos, incluso con «jefatura de manada», eluden el enfrentamiento con el iracundo jovenzuelo.

Al margen de esta fase de exitación, de una duración máxima de tres meses, los machos disfrutan de una vida pacífica, sólo dedicándose a comer y acumular energía.

6 ENSEÑANZAS PARA EL USO DE LA TROMPA

La trompa de los elefantes es como un brazo prensil que sirve para todo. Es igual a una herramienta con posibilidad de múltiples usos. Valiéndose de ella, pueden arrancar con suma habilidad hierbas y hojas, transportar o mover enormes troncos de madera. Además, la trompa

EL SALUDO DE DOS VIEJAS CONOCIDAS
El reencuentro de dos grupos de elefantes es emotivo. Las zoólogas norteamericanas pudieron ver todo lo que sucedió entre dos viejas conocidas, en un ritual de salutación difícil de imaginar. Primero, las dos elefantas izaron sus trompas en señal de reconocimiento; después, chocaron sus colmillos, pausadamente, y a continuación entrelazaron firmemente sus trompas. Los lazos de amistad entre las hembras raramente se olvidan.

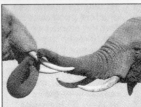

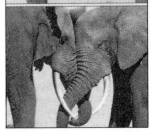

es un utensilio imprescindible para beber. Los elefantes pueden succionar hasta quince o veinte litros de agua de una sola vez y retenerla en su interior durante unos instantes. A continuación, echarán la cabeza hacia atrás e introducirán la trompa en su boca.

Muy sociables y comunicativos, los elefantes se palpan y acarician continuamente con la trompa, que está surcada por innumerables conductos nerviosos que le confieren gran sensibilidad. No es raro, por ejemplo, ver cómo un elefante introduce su trompa confiadamente en la boca de otro congénere, casi igual como cuando dos personas se besan. En otras ocasiones, el apéndice nasal sirve para mostrar estados de ánimo: un elefante furioso o irritado

suele golpear con gran fuerza su trompa contra el suelo repetidas veces.

Pero la correcta utilización de la trompa no corresponde a unas propiedades innatas. El elefante joven desconoce las posibilidades de este aparato. El manejo correcto de la trompa se aprende de forma definitiva con el juego.

Paso 4. ¿Cuáles de los comportamientos descritos en el artículo son instintivos y cuáles son aprendidos?

Paso 5. Según los dos párrafos introductorios, los elefantes son animales inteligentes, difíciles, activos, poderosos y divertidos. ¿Cuál es la información en el artículo que apoya la idea de que los elefantes verdaderamente son así?

MODELO: Los elefantes son verdaderamente inteligentes porque _____ .

Síntesis

Paso 1. Un tema importante en el artículo es la organización social de la manada de elefantes. Utiliza la tabla que aparece a continuación para recopilar los datos pertinentes a este tema. Primero, sintetiza las ideas en una frase. Luego, escribe algunas palabras clave para ayudarte a recordar la información.

LA ORGANIZACIÓN SOCIAL DE LOS ELEFANTES		
	Frase que sintetiza las ideas	Palabras clave
la jefatura		
el matriarcado		
el cuidado de las crías		
los escalafones según la edad		

Paso 2. Compara las frases que escribiste con las de un compañero (una compañera).

Paso 3. Escribe uno o dos párrafos en que describas la organización social de los elefantes. Incluye en los párrafos las frases que escribiste en el **Paso 1.**

¡Sigamos!

¿Qué buscamos en la vida?

Paso 1. Trabajando con dos o tres compañeros, pongan el número que corresponde a sus propias opiniones al lado de las siguientes frases.

Creo que a la mayoría de la gente de mi edad,

1 = le importa mucho.
2 = le será importante algún día.
3 = realmente no le importa.

a. _____ ser el líder de cualquier grupo con el que está asociado.
b. _____ vivir en un área segura y protegida.
c. _____ tener varias oportunidades de llevar una vida social activa.
d. _____ contar con el cuidado de los niños de uno mientras se está en el trabajo.
e. _____ tener varias oportunidades de encontrar una pareja.
f. _____ tener lo suficiente para sobrevivir.
g. _____ hacer amigos.
h. _____ tener oportunidades para avanzar en la profesión.
i. _____ tener dónde vivir en la vejez.
j. _____ tener amigos en la vejez.
k. _____ tener seguridad económica en la vejez.

Paso 2. Comparen sus respuestas con las del resto de la clase. ¿Están todos de acuerdo en sus opiniones?

Paso 3. Lean las frases de nuevo y escriban la letra E al lado de cada frase que se puede aplicar a los elefantes y expliquen por qué.

El concepto de la familia

Paso 1. ¿Cómo debe ser el comportamiento del hombre y la mujer en la familia? Con un compañero (una compañera), hagan una lista de las acciones, actitudes y cualidades que caracterizan el papel *tradicional* del hombre en la familia. Luego, hagan una lista de las que caracterizan el comportamiento del macho en una familia de elefantes.

Paso 2. ¿Son semejantes o diferentes en su comportamiento los dos grupos?

Paso 3. Comparen su lista con las listas de sus compañeros. ¿Han tenido las mismas ideas?

Paso 4. Hagan una lista de las acciones, actitudes y cualidades que caracterizan el papel *tradicional* de la mujer en la familia. Luego, hagan una lista de las que caracterizan el comportamiento de la hembra en una familia de elefantes.

Paso 5. ¿Son semejantes o diferentes en su comportamiento los dos grupos?

Paso 6. Comparen su lista con las listas de sus compañeros. ¿Han tenido las mismas ideas?

Paso 7. Contrasten los papeles tradicionales del hombre y de la mujer con los papeles que tienen en la actualidad. Han cambiado sus papeles en la familia? ¿En qué forma?

¿ S A B Í A S   Q U E ...

...los saludos varían de cultura a cultura? Entre los anglosajones, por ejemplo, cuando dos personas que no son familiares se saludan, por lo general no se tocan, excepto para darse la mano.[a] (Aun en muchas familias los parientes apenas se tocan al saludarse.) En la cultura japonesa, tampoco es frecuente el contacto físico. El concepto de «espacio personal» y contacto físico que ayudan a determinar cómo dos personas se saludan es diferente en la cultura hispana. Por ejemplo, en la mayoría de los países de habla española, es muy frecuente ver a dos amigos o amigas saludarse con un abrazo.[b] En algunas regiones se saludan con un beso en la mejilla.[c] Aunque esto no es una regla general, es más frecuente ver abrazos y besos entre amigos y familiares de habla española que entre los de la cultura anglosajona. ¿Cómo saludas tú a tus amigos o amigas?

Actividad optativa Encuesta

Hagan una encuesta en la clase.

¿Cuántos regularmente...

1. dan la mano al saludar a un amigo (una amiga)?
2. abrazan a sus amigos/as cuando se encuentran?
3. no tienen contacto físico con otra persona cuando se saludan?

Repitan la encuesta pero esta vez con relación a sus familiares. ¿Cómo saludas a tu papá? ¿a tu mamá? ¿a tus hermanos? etcétera.

[a]darse... *shake hands*   [b]*hug*   [c]*cheek*

Y AHORA...

Comportamientos universales

En esta lección examinaste los comportamientos de diferentes animales. Unos eran instintivos y otros eran aprendidos. Leíste un artículo sobre el sentido de orientación y otro sobre la organización social de una manada de elefantes. También exploraste el comportamiento de los animales con referencia a los seres humanos. Utilizando la información que has aprendido, escribe una composición que se titule

Comportamientos universales

Paso 1. El propósito de la composición es presentar ejemplos de comportamientos universales que sugieren que sí hay una relación entre los seres humanos y los animales. Ten en mente (*Keep in mind*) a las personas que creen

416 cuatrocientos dieciséis

Lección 15 ¿En qué se parecen los animales y los seres humanos?

que no existe ninguna relación entre los seres humanos y los animales. ¿Qué ejemplos te pueden servir para demostrar la existencia de comportamientos universales? Decide qué tono vas a utilizar. ¿Es apropiado el uso de la primera persona? ¿Vas a dirigirte directamente al lector?

Paso 2. Al lado de cada punto que aparece a continuación, escribe algunas ideas que puedas incluir en la composición. Repasa la lección si no recuerdas todos los datos.

1. El saber nadar desde recién nacidos: _____

2. La memoria de las mariposas: _____

3. El sentido de orientación:

    a. Las aves: _____

    b. Las abejas: _____

    c. Las serpientes: _____

4. La organización social de la manada de elefantes

    a. Los papeles de los machos y las hembras: _____

    b. La crianza de los recién nacidos: _____

    c. El cuidado de los viejos: _____

    d. La jefatura: _____

5. Otras ideas: _____

    _____

Paso 3. Escribe el orden en el que vas a presentar tus ideas y ejemplos. ¿Tiene sentido esta organización?

Paso 4. También hay que poner atención al aspecto lingüístico. ¿Puedes utilizar el nuevo punto gramatical que estudiaste en esta lección?

☐ el participio pasado usado como adjetivo

Paso 5. Aquí tienes unas frases que pueden ayudarte a expresar las ideas.

en su mayor parte	*for the most part*
es evidente que	*it is evident that*
es lógico pensar que	*it is logical to think that*
está claro que	*it is clear that*

Paso 6. La conclusión debe hacerse teniendo en cuenta (*taking into account*) el propósito de la composición y también el punto de vista de los lectores. Si quieres, puedes utilizar en la conclusión una de las siguientes frases.

después de todo	*after all*
en definitiva	*definitely*
por lo tanto	*therefore*

Paso 7. Escribe la composición dos días antes de entregársela al profesor (a la profesora). Luego un día antes de entregarla, lee la composición de nuevo. ¿Quieres cambiar o modificar...

☐ las ideas que presentaste?
☐ el orden en que presentaste las ideas?
☐ la conclusión?
☐ el tono?

Paso 8. Lee la composición de nuevo para verificar...

☐ la concordancia entre las formas verbales y sus sujetos.
☐ el uso del participio pasado como adjetivo.

Paso 9. Haz todos los cambios necesarios y entrégale la composición al profesor (a la profesora).

VOCABULARIO

Vocabulario básico

Las relaciones espaciales	Spatial relations
quedar	to be (located)
el este	east
el oeste	west
el norte	north
el sur	south
el mapa	map
el plano	map (*city*)
al lado (de)	next to
cerca (de)	near
detrás (de)	behind
enfrente (de)	in front (of)
lejos (de)	far (from)

De aquí para allá	From here to there
ahí	there (*a place close to or having to do with the person addressed*)
allá	there (*indicates greater distance and is more vague than* **allí**)
allí	there (*a place distant from both speaker and person spoken to*)
cruce la calle	cross the street
doble a la derecha	turn right
doble a la izquierda	turn left
siga derecho **siga recto**	continue straight, go straight
siga (Ud.) por...	continue . . . , follow. . .

la bocacalle	intersection
la cuadra	block
la esquina	corner
la manzana	block
el semáforo	traffic light

Palabras y expresiones útiles

el avión	plane
el barco	boat
el comportamiento	behavior
la estrella	star
lograr	to attain, achieve

Vocabulario y expresiones del tema

Viajeros sin mapas	Travelers without maps
¿INSTINTIVO O APRENDIDO?	INSTINCTIVE OR LEARNED?
la brújula	compass
cegar (ie) (gu)	to blind
ciego/a	blind
la colmena de las abejas	beehive
la coronilla	top of the head
guiados por el sol	guided by the sun
las lentillas	contact lenses
migrar	to migrate
nidificar (qu)	to build a nest
la onda magnética	magnetic wave
orientarse	to orient oneself, find one's bearings
recorrer	to travel; to traverse
el recorrido	space or distance traveled; trip, journey

rumbo	route	**el cuidado de los recién**	care of the newborn
el sentido de orientación	sense of direction	**nacidos**	offspring
el sexto sentido	sixth sense	**el enfrentamiento**	confrontation
		los escalafones según la	rank, seniority according
LOS ANIMALES		**edad**	to age
la abeja	bee	**la hembra**	female
el anfibio	amphibian	**la jefatura de la manada**	leadership of the herd
la langosta	locust	**el macho**	male
la mariposa	butterfly	**mamar**	to nurse
el pingüino	penguin	**el matriarcado**	matriarchy
el reptil	reptile	**la red de vínculos**	network of social ties
la salamandra	salamander	**sociales**	
la tortuga	turtle	**la sequía**	drought
		la trompa	trunk (*elephant*)
El código oculto de	The hidden code of	**la vejez**	old age
los elefantes	elephants		
		Repaso: criar	
la cría	offspring, young (*of*		
	animals)		

OTRAS IDEAS

❖ **Actividad A** ¿Quién tiene buen sentido de orientación?

Paso 1. Para cada número, escoge la frase que describe mejor tu experiencia.

1. Puedo andar en la calle...
   a. y en cualquier momento señalar donde queda el norte.
   b. y señalar el norte después de ver la posición del sol.
   c. y sólo puedo señalar dónde queda el este en la mañana y el oeste en la tarde.
2. Cuando alguien me da direcciones...
   a. no es necesario que me diga cada vez que doble aquí o allá o que siga en esta o aquella dirección. Sé por dónde ir.
   b. tengo que mirar un mapa para no perderme.
   c. alguien tiene que escuchar las direcciones también porque no las recuerdo.
3. Cuando visito una ciudad por primera vez...
   a. mis amigos dependen de mí para que lea el mapa y los oriente.
   b. consulto el mapa pero nunca estoy seguro/a de la dirección que debo seguir.
   c. dependo totalmente de mis amigos para orientarme.
4. Cuando visito la casa de un amigo...
   a. sólo necesito ir la primera vez para saber de memoria cómo llegar.
   b. necesito mirar un mapa antes de ir por segunda vez.
   c. necesito ir tres veces por lo menos antes de saber de memoria cómo llegar.

Paso 2. Evalúa tus respuestas. Las respuestas **a** equivalen a 3 puntos, las **b** a 2 puntos, y las **c** a 1 punto. ¿Cuántos puntos obtuviste?

Paso 3. ¿Puedes comparar tu sentido de orientación con el de un animal? ¿Con cuál?

> **12 puntos:** Eres como un ave; tu sentido de orientación es instintivo e infalible.
>
> **10 puntos:** Eres como un reptil. Tu sentido de orientación es instintivo pero depende de la luz.
>
> **8 puntos:** Eres como una langosta. Sabes adónde vas y sigues tu camino en línea recta.
>
> **6 puntos:** Eres como una mariposa. Tu sentido de orientación es aprendido.
>
> **4 puntos:** Eres como una abeja. No tienes un sentido de orientación bien desarrollado. Necesitas pasar por el mismo camino varias veces para después poder encontrarlo con facilidad.

Paso 4. Compara tu evaluación con la del resto de la clase. ¿Cuántos de tus compañeros obtuvieron el mismo número de puntos?

❖ **Actividad B** El tratamiento de los viejos

En « El código oculto de los elefantes », se menciona el tratamiento que se da a los viejos en la manada. Aprendimos que los elefantes viejos son jefes y las elefantas viejas son respetadas. ¿Ocurre igual entre los seres humanos?

Paso 1. Trabajando con dos o tres compañeros, den argumentos a favor y en contra de cada declaración que aparece a continuación.

1. Todos los ancianos deben vivir en residencias para ancianos bajo el cuidado de profesionales.

   Argumentos a favor de residencias especiales: _____

   _____

   Argumentos en contra de residencias especiales: _____

   _____

2. El cuidado de los ancianos es responsabilidad de la familia. Los ancianos deben vivir con sus hijos y nietos.

   Argumentos a favor de vivir con la familia: _____

   _____

   Argumentos en contra de vivir con la familia: _____

   _____

3. La jubilación (*retirement*) debe ser obligatoria al alcanzar los 65 ó 70 años de edad.

   Argumentos a favor de la jubilación obligatoria: _____

   _____

   Argumentos en contra de la jubilación obligatoria: _____

   _____

4. Se debe crear trabajos especialmente para ancianos así como hay trabajos para jóvenes.

Argumentos a favor de la creación de trabajos: _____

_____

Argumentos en contra de la creación de trabajos: _____

_____

Paso 2. Comparen sus argumentos con los del resto de la clase. ¿Quieren añadir otros argumentos a los que ya tienen?

Paso 3. Tomando en cuenta los argumentos a favor y en contra, ¿con cuáles de las opiniones del **Paso 1** estás de acuerdo?

UN VISTAZO

El ser humano y el mono

Los científicos han descubierto que los seres humanos y los chimpancés son mucho más parecidos de lo que se creía anteriormente. De hecho[a] han determinado que el 99% de la base genética entre las dos especies es igual. Entonces, si compartimos tantos genes con los chimpancés, ¿por qué somos tan distintos? ¿Por qué no nos parecemos aun más? ¡Lee el siguiente artículo para saberlo!

_____

[a]De... *In fact*

Somos primos hermanos

Texto: Dr. Owen Lovejoy, antropólogo de la Kent State University, Ohio/EE.UU. Fotos: P. M.

Nuestro cerebro está preparado para el lenguaje

Como, a pesar de todo, estamos tan cercanamente emparentados, también debe existir en el cerebro una base anatómica conjunta.

¿Cómo entonces se ha podido desarrollar nuestro cerebro de manera tan especializada?, ¿de los mismos genes que también han creado al mono?

Nuevos análisis científicos sobre la estructura de nuestro cerebro han descubierto una sencilla respuesta: todas las partes que se han reunido en el transcurso de la historia del desarrollo tienen que ver directa o indirectamente con el almacenamiento y la elaboración de informaciones que guardan relación con el lenguaje. Sólo un ser vivo que disponga de estas regiones cerebrales puede aprender a

hablar y comprender el lenguaje. Y sólo a través del lenguaje ha podido desarrollarse el cerebro humano. Por supuesto, el entendimiento exclusivo a través de sonidos era la clave de la superioridad de nuestros ancestros.

¿Y por qué no evolucionaron los monos de igual manera?

Los biólogos pueden contestar a esta pregunta sólo en parte y gracias a que han intentado enseñar a hablar a los antropoides.

La estructura de su laringe no le permite hablar

En sus primeros experimentos los estudiosos criaron a gorilas y chimpancés en los mismos habitáculos humanos, como a sus propios hijos. Pensaron que el ambiente, que en las crías humanas aportaba unos efectos de aprendizaje tan

El hecho de que los hombres seamos capaces de demostrar alegría está estrechamente relacionado con la especial estructura de nuestro cerebro; con esa evolución que ellos no alcanzaron.

Pero, ¿verdad que este chimpancé consigue que nos sintamos realmente inseguros? ¿Acaso su sonrisa no tiene la misma guasa que la del hombre de su lado? ¿Qué es lo que le falta al mono?

Cuando se establece contacto entre un hombre y un mono siempre se crea una cierta sensación de desconcierto en uno y otro: se ven tan parecidos entre sí que hasta les sorprenden sus diferencias. De hecho, para el hombre resulta difícil creer en el evidente parentesco que tiene con los antropoides. En este informe se despejan algunas incógnitas.

sorprendentes, debía influir de igual manera a los bebés de antropoide. Pero en seguida reconocieron que no era el ambiente la razón de que los monos no produjeran otro tipo de sonidos que los propios de su especie. Era por la estructura de su laringe. La capacidad de formar un sonido determinado y expresarlo a través de las cuerdas vocales sólo la tenemos nosotros porque la lengua y la faringe forman una única unidad. Así, podemos interrumpir el fluido del aliento que pasa por las cuerdas vocales y modificar su forma y potencia. Los monos tienen una cavidad bucal mucho más larga y, por tanto, no pueden formar la mayoría de los fonemas de nuestro lenguaje.

Cuando los científicos tuvieron claro este hecho pensaron en utilizar otros métodos para enseñar a los monos el lenguaje humano.

Algunos lo intentaron con plaquitas de plástico que debían expresar diferentes cosas; otros experimentaron con teclados de ordenador, y otros con el lenguaje de signos que utilizan los sordos. Los antropoides sometidos a estos *tests* han sido todos alumnos muy aplicados: se quedaron con los signos básicos más primitivos. Algunos saben ahora hasta

400 «palabras». Ahora bien, aunque pueden determinar cosas y actividades sirviéndose de sus señas o plaquitas de plástico, nunca serían capaces de formar una frase; es decir, de expresarse verdaderamente.

La barrera está en el cerebro. La complicada estructura del lenguaje humano se forma en una determinada región de nuestro cerebro que no existe en ningún otro ser vivo.

Sin el lenguaje seríamos iguales que los simios

La capacidad y la incapacidad de utilizar y comprender el lenguaje es la diferencia genética distintiva entre hombre y antropoide.

Sin el lenguaje nuestro cerebro seguramente tendría el mismo volumen y capacidad que el de nuestros parientes peludos.

No sólo seríamos incapaces de entendernos en relación al presente tema, seguramente seguiríamos llevando la misma vida primitiva y elemental que los monos, esos seres con los que estamos tan estrechamente emparentados; de alguna forma, de manera idéntica.

Solo nos diferencian dos cromosomas y la capacidad para hablar

¿QUÉ RELACIÓN TENEMOS CON LOS ANIMALES?

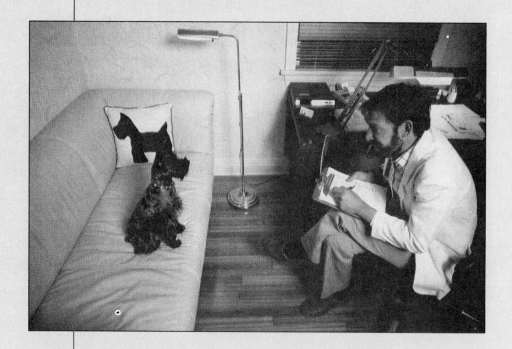

Como el título de esta lección lo sugiere, vas a examinar la forma en que los seres humanos tratan a los animales y lo que piensan de ellos. En esta lección, vas a

- leer algo sobre la psicología y los animales
- ver cómo la presencia humana ha afectado a algunos animales salvajes (*wild*)
- pensar en lo que significa para el ser humano tener mascotas (*pets*)
- aprender otra forma verbal, el condicional

IDEAS PARA EXPLORAR
LAS MASCOTAS

Me **gustaría** tener una mascota.
Sí, un perro.

¿Qué **haría** con un perro en este
apartamento pequeño?

Además, no me **permitirían**
tener un animal aquí.

Bueno, **podría** comprarme un canario, pero...

soy alérgica a las plumas...

The conditional verb form is used to express hypothetical situations and is
roughly equivalent to English *would* + verb. You have already used one conditional verb form in the expression **Me gustaría.** Here are other examples.

¿Cómo **sería** el mundo sin ani-males?	*What **would** the world **be** like without animals?*
¿Cómo **tratarías** a un chim-pancé?	*How **would you treat** a chimp?*

The conditional is formed by adding **-ía** and person-number endings to the infinitive.

sería, serías, sería, seríamos, serían

Note that the forms for **yo** and **él/ella/Ud.** are the same. A few common verbs that are irregular in the conditional are

poder: podría, podrías, podría, podríamos, podrían
tener: tendría, tendrías, tendría, tendríamos, tendrían
hacer: haría, harías, haría, haríamos, harían

You will often see the conditional used with what is called the past subjunctive to make *if . . . then* statements of a hypothetical nature.

Si tú tuvieras un chimpancé, ¿qué nombre le **pondrías?**	*If you had a chimp, what name* ***would you give it?***

For now, just concentrate on the conditional. You need not worry about the past subjunctive.

VER EL MANUAL

Actividad A Sería mala idea...

Indica qué animal no sería apropiado tener como mascota en los lugares o situaciones indicados.

MODELO: Sería mala idea tener un(a) _____ como mascota si se viviera _____ porque _____.

1. ...si se viviera en un desierto...
2. ...si se viviera en un clima frío...
3. ...si se viviera en una selva (*jungle*) tropical...
4. ...si se viviera en un apartamento pequeño...
5. ...si se viviera en una mansión con muebles (*furniture*) antiguos y valiosos...
6. ...si se viviera solo/a y se tuviera que trabajar todo el día...
7. ...si se viviera con cinco niños...

Actividad B ¿Qué nombre le pondrías?

Paso 1. Indica el nombre que le pondrías a cada animal si fuera tu mascota.

MODELO: Si yo tuviera un(a) _____, le pondría el nombre de _____.

1. chihuahua
2. serpiente de cascabel
3. araña (*spider*)
4. peces tropicales
5. canario
6. caballo
7. pastor alemán (*German shepherd*)
8. gato
9. piraña
10. loro (*parrot*)
11. ratón
12. chimpancé

Paso 2. Selecciona tres o cuatro de los animales para hacer una encuesta. Una persona debe escribir en la pizarra los nombres que dan los miembros de la clase. ¿Hay un tipo de nombre que la mayoría de Uds. le pondría a ese animal? ¿Qué nombre se mencionó con más frecuencia?

LOS HISPANOS HABLAN

¿Qué nombres se les ponen a los perros en tu país?

NOMBRE: Julia Reyes, profesora
EDAD: 28 años
PAÍS: España

« Creo que en los Estados Unidos he oído que a los perros se les llama con nombres de personas, como por ejemplo « Lucy » o « Zach ». En España me resultaría muy extraño oír llamar a un perro o una perra « Roberto » o « María », por ejemplo. Los perros allá tienen nombres típicos de perros como « Laica » o algún nombre inventado, pero no tienen nombres de personas. Creo que esta diferencia refleja un poco el diferente trato que se les da. »

Actividad C Seleccionando una mascota...

Paso 1. A continuación hay cuatro listas de animales. Formen grupos de tres personas. A cada persona del grupo se le va a asignar un animal de cada lista. Utilizando el modelo y la lista de razones que le siguen, cada persona debe pensar en las razones por las cuales ese animal sería una buena o mala mascota.

A	C
chihuahua	caballo
gato	cerdo
pastor alemán	llama
B	D
canario	araña (tarántula)
loro	chimpancé
peces tropicales	serpiente (boa)

MODELO: Un(a) _____ sería una buena mascota porque...

a. me daría poco trabajo.
b. me protegería.
c. sería exótico/a.
d. les fascinaría a mis amigos.
e. tendría una apariencia agradable.

f. sería fácil de entrenar.
g. no me costaría mucho mante-nerlo/la.
h. sería buena compañía.
i. _____

MODELO: Un(a) _____ sería una mala mascota porque...

a. me daría mucho trabajo.
b. tendría una mala apariencia.
c. sería difícil de entrenar.
d. me costaría mucho mantenerlo/la.
e. no sería buena compañía.

f. no podría dejarlo/la solo/a en casa por largo tiempo.
g. sería aburrido/a porque no haría nada.
h. tendría mal olor (*smell*).
i. _____

Paso 2. Luego, comparte tus ideas con el grupo. Si alguien no está de acuerdo, debe explicar por qué.

Paso 3. Al final, deben decidir cuál de los animales de la lista escogerían de mascota y cuál no escogerían nunca. Den las razones por las cuales escogieron esos animales.

Paso 4. Cada grupo debe compartir con la clase el resultado de su elección.

Actividad D ¿Cómo sería tu vida?

¿Cómo sería tu vida si tú fueras la mascota y no el dueño (la dueña) (*owner*) de ella? Escribe una pequeña composición de cinco a seis líneas y preséntala en clase mañana. Puedes seguir uno de estos modelos si quieres.

MODELOS: Si yo fuera una mascota, no tendría que _____ ni _____. Eso estaría bien; me gustaría mucho. Pero en cambio tendría que _____ y _____. Eso no me gustaría para nada.

Si yo tuviera que ser una mascota, me gustaría ser un(a) _____. Así yo _____.

UN VISTAZO

Una mascota no común

La mayoría de personas tienen animales domésticos de mascota, pero hay quienes escogen de mascota animales exóticos. A continuación hay un breve artículo que habla de una mascota exótica.

A los tradicionales animales domésticos —perros, gatos o pájaros— les ha salido un nuevo competidor en los hogares: los miniburros. Estos hacen compañía a los dueños de las casas, que, a su vez, les cuidan con esmero: les bañan, les peinan,[a] les dan de comer, les sacan a pasear. Como cama tienen una mullida alfombra,[b] pero lo más seguro es que los burrillos prefieran, en lugar de tanta comodidad, poder corretear[c] por las praderas y rebuznar[d] a gusto

---

[a]*they comb*   [b]*una... a soft rug*   [c]*to run around*   [d]*to bray*

LOS HISPANOS HABLAN

¿Cómo se trata a los animales en tu país?

NOMBRE: Julia Reyes, profesora
EDAD: 28 años
PAÍS: España

« Mi impresión es que en los Estados Unidos los animales domésticos son considerados como un miembro de la familia y esto se refleja en todos los inventos que se crean para ellos—puertas especiales para que puedan entrar y salir ellos solitos, "hoteles de verano", comidas especiales, juguetes, etcétera. Mi opinión es que se les da un trato muy personal. En España, por el contrario, no es así. Aunque hay personas que pueden tener este tipo de relaciones con los animales domésticos, en general, me parece que el trato que reciben no es tan personal. »

En algunas ciudades grandes, como Buenos Aires, hay profesionales que llevan a los perros de paseo si los dueños no pueden.

NOMBRE: Eduardo Contreras, artista y escritor
EDAD: 28 años
PAÍS: el Uruguay

« Normalmente, los uruguayos no miman[a] tanto a los animales como aquí. Los animales en general comen las sobras[b] de la gente o la carne más barata de la carnicería. Por supuesto que en los supermercados no existen estas secciones enormes de comidas para animales domésticos como las hay en los Estados Unidos.

« El costo económico de mantener un animal es un factor importante en un país donde la mayoría de la gente vive relativamente bien pero no le sobra nada. Por eso, la gran mayoría de los perros uruguayos son de tamaño pequeño. »

[a] *spoil, pamper* [b] *leftovers*

¿SABÍAS QUE...

—FíJATE, PAPÁ:
CUANTO MAS
MIRO AL ABUELO
MAS ME GUSTA
EL FÚTBOL...

...no hay corridas de toros en todos los países hispánicos? Aunque hay cierto romanticismo relacionado con los grandes toreros, como El Cordobés, por ejemplo, un torero español de fama internacional, es importante notar que muchos hispanos creen que la corrida es un acto cruel y bárbaro. En algunos países, como la Argentina, las corridas están prohibidas. En España hay un movimiento para terminar con las corridas. Si tú fueras español(a), ¿cuál sería tu opinión?

Actividad optativa Encuesta

Haz la siguiente pregunta a algunos compañeros de clase.

Si fueras a España o México, ¿asistirías a una corrida de toros?

Trata de encontrar a cinco personas que respondan afirmativamente y cinco personas que respondan negativamente a esta pregunta.

UN VISTAZO

¡Un torero con imaginación!

¡PERO GUILLE! ¿QUÉ HACÉS CON EL TELÉFONO? / ¡ZOY EL CODDOBÉZ!

¡EL CORDOBÉS!... ¿Y CON QUÉ TORO?

VAMOS A VER

Anticipación

Paso 1.   Lee el título, el subtítulo y lo que dice al pie de la fotografía en la página 431. A base de estos, podrías formular una buena idea del tema del artículo.

Paso 2. El título del artículo es « Perros neuróticos ». Imagina que un perro hace estas cosas. ¿Dirías que es neurótico?

	SÍ	NO
1. El perro ladra (*barks*) cuando alguien llama a la puerta.	☐	☐
2. El perro ladra cuando los dueños entran a la casa.	☐	☐
3. El perro les ladra a los vecinos (*neighbors*).	☐	☐
4. El perro destruye los muebles (el sofá, la mesa, etcétera).	☐	☐
5. El perro les tiene miedo a los vecinos.	☐	☐
6. El perro duerme en el sofá.	☐	☐
7. El perro sólo come cuando su dueño/a está presente.	☐	☐

Exploración

Paso 1. Lee el texto rápidamente para ver cuáles de las formas de comportarse de un perro, de la lista del **Paso 2** de **Anticipación,** se mencionan. ¿Hay otras? Si las hay, apúntalas.

_____

_____

_____

Paso 2. Busca en el artículo el párrafo en que se habla de las causas de las « neurosis » de los perros. Subraya las causas que encuentres.

Paso 3. Ahora debes leer el artículo con más atención. Deduce el significado de las palabras que puedas y salta las otras por el momento.

Paso 4. Indica cuáles de los siguientes datos aparecen en el texto.

☐ dónde queda la clínica del Dr. Polsky
☐ las técnicas que utiliza el Dr. Polsky
☐ la frecuencia de las visitas del schnauser al Dr. Polsky
☐ el costo de los servicios del Dr. Polsky
☐ cuántos dueños tienen problemas con sus animales domésticos

Paso 5. Indica si la oración es verdadera o falsa según el texto.

	CIERTO	FALSO
1. Sólo en California se puede encontrar psiquiatras[*] para animales domésticos.	☐	☐
2. Es más fácil amaestrar a los perros jóvenes que a los viejos.	☐	☐
3. El comportamiento destructivo de las mascotas no es por accidente sino por estar emocionalmente desequilibradas.	☐	☐
4. En vez de dejar al perro solo en casa, se recomienda que los dueños compren dos animales domésticos.	☐	☐

Paso 6. Anota aquí las recomendaciones o los tratamientos específicos del Dr. Polsky.

Tratamiento 1: _____

Tratamiento 2: _____

➤

---

[*] Se usan dos formas de esta palabra: **siquiatra, psiquiatra.**

Paso 7. A continuación hay una serie de números que aparecen en el texto. Al lado de cada número, anota a qué se refiere. El primero ya está hecho.

1. 10 millones: el valor en dólares de los objetos destruidos por mascotas en un año

2. 60 millones: _____

3. 3,5 millones: _____

4. 42%: _____

Paso 8. Al final del penúltimo párrafo del artículo, se utiliza la frase « perro viejo ». ¿Qué significa « perro viejo » en este contexto?

Síntesis

Paso 1. A continuación hay cuatro ideas que puedes usar para organizar la información de esta lectura, pero no están en orden. Con un compañero (una compañera), determinen en qué orden las pondrían Uds. en un bosquejo (*outline*).

_____ los tratamientos	_____ la(s) causa(s)
_____ la extensión del problema	_____ el problema

Paso 2. Trabajando solo/a, usa las ideas del **Paso 1** y el orden en que tú y tu compañero/a las han puesto, y haz un bosquejo detallado de la lectura.

Paso 3. Utilizando tu bosquejo, escribe una composición de 250 a 300 palabras. Primero debes hacer un resumen de la lectura. Luego, al final, debes contestar esta pregunta: ¿Es la terapia del Dr. Polsky para los perros o para sus dueños?

¡Sigamos!

¿Y cómo actúan los seres humanos?

Según el artículo « Perros neuróticos », los perros sufren ataques emocionales « al igual que sus humanos dueños ». Los ataques emocionales caninos se manifiestan en la destrucción de la propiedad de los dueños. ¿Cómo se manifiestan en los seres humanos?

Paso 1. En grupos de tres o cuatro, escriban, sin repetir, el comportamiento humano que resulta de cada clase de ataque emocional.

> MODELO: Conozco a personas que cuando sufren un ataque de depresión, comen enormes cantidades de helado, chocolate o pastel.

TIPO DE ATAQUE	COMPORTAMIENTO OBSERVADO
de ansiedad	_____
de depresión	_____
de agresión	_____

Paso 2. Comparen su lista con las del resto de la clase. Preparen una lista de las diferentes formas de comportarse mencionadas. Todos deben copiar la lista.

Perros neuróticos

Los pacientes del doctor Polsky, siquiatra, son... animales domésticos

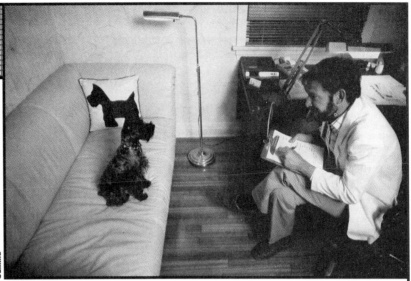

Gamma

El doctor Polsky con uno de sus pacientes en su consultorio: éste se llama Nicki, tiene 4 años y es un schnauser enano.

Increíble pero cierto: en Estados Unidos el año pasado el valor de los objetos dañados o destruidos por animales domésticos ascendió a 10 millones de dólares. ¿Por accidente? No, lo que pasa es que las mascotas también sufren y pueden estar emocionalmente desequilibradas: al igual que sus humanos dueños, tienen ataques de ansiedad, depresión y agresión, lo que se traduce en la destrucción de las propiedades de su amo.

En efecto, en última instancia, los animales no son "infrahumanos", sino más bien "no humanos", explica el doctor Polsky, un siquiatra que se ha dedicado a curar animales con problemas sicológicos; por lo tanto, ellos merecen el mismo respeto que es preciso manifestar a cualquier ser humano. El especialista en conducta animal, con estudios en sicología y biología,

tiene 40 años, radica en California y forma parte de un puñado de siquiatras para animales que practican en Estados Unidos.

Se estima que hay 60 millones de mascotas en la Unión Americana y, de acuerdo con el American Kennel Club, más de 300 personas hablan diariamente para pedir consejos sobre problemas de amaestramiento y mala conducta; y solamente en el condado de Los Angeles el doctor Polsky tiene una clientela potencial de 3,5 millones de perros y gatos.

Una encuesta realizada hace algunos años mostró que el 42% de los amos de animales domésticos tenían problemas con sus perros, y las quejas más frecuentes eran por agresión, ladridos excesivos, destrucción, suciedad y fobias...

La causa principal de esos trastornos caninos es la soledad en que viven las mascotas casi todos los días

de la semana. Son dos las técnicas que utiliza el doctor Polsky. Una es el método de la recompensa: se deja a la mascota sin compañía durante un corto período de tiempo y se la recompensa con algo de comer —sobre todo cosas como helado o pastel, en lugar de comida para ani-males— si se ha portado bien. El otro sistema de tratamiento es la "interacción estructurada", en la que el amo dedica un rato cada día exclusivamente con su perro. De acuerdo con el siquiatra canino, es preciso amaestrar los animales en su temprana juventud: para los canes, él considera que las primeras siete semanas son decisivas, aunque admite que nunca es demasiado tarde: "si se empeña uno, es posible enseñar nuevas costumbres a un perro viejo".

¡Qué humano mundo!, han de pensar los perros.

Paso 3. Utilicen la lista anterior para completar el siguiente párrafo.

Los ataques emocionales caninos se manifiestan en la destrucción de la propiedad de los dueños. Los ataques emocionales de los seres humanos se manifiestan en _____ .

Trae tu respuesta a clase para compartirla con los demás. ¿A qué conclusión llegan?

UN VISTAZO

Cuando los perros quieren ser humanos...

El escritor mexicano Augusto Moterroso cuenta la fábula del perro que quería ser un ser humano. Lee la fábula y luego piensa en la moraleja[a] del cuento.

VOCABULARIO ÚTIL

mercader	*merchant*
meterse en la cabeza	*to get into one's head*
el ahínco	*zeal*
las patas	*feet (of animals)*
la cola	*tail*
gemir (i, i)	*moan*

El Perro que deseaba ser un ser humano

En la casa de un rico mercader de la ciudad de México, rodeado de comodidades y de toda clase de máquinas, vivía no hace mucho tiempo un Perro al que se le había metido en la cabeza convertirse en un ser humano, y trabajaba con ahínco en esto.

Al cabo de varios años, y después de persistentes esfuerzos sobre sí mismo, caminaba con facilidad en dos patas y a veces sentía que estaba ya a punto de ser un hombre, excepto por el hecho de que no mordía, movía la cola cuando encontraba a algún conocido, daba tres vueltas antes de acostarse, salivaba cuando oía las campanas de la iglesia, y por las noches se subía a una barda a gemir viendo largamente a la luna.

Actividad optativa ¿Qué significa la fábula?

Paso 1. ¿Cuál de las siguientes oraciones resume la idea de la fábula?

☐ No es bueno que trates a tu animal como a una persona.
☐ Por mucho que se quiera cambiar lo que uno es, sigue siendo lo mismo.
☐ Sólo un experto debe tratar de amaestrar a un perro.

Paso 2. El siguiente refrán español tiene que ver con esta fábula.

Aunque la mona se vista de seda, mona se queda.
Even though a monkey may dress in silk, she's still a monkey.

¿Cuál sería el refrán equivalente en inglés? ¿Puedes inventar un refrán nuevo en español usando al perro para expresar la misma idea?

---

[a] *moral*

UN VISTAZO

El prejuicio[a] sobre las mascotas...

¡RACISTAS!

[a] *prejudice*

IDEAS PARA EXPLORAR
EL PORQUÉ DE LA VIVIENDA

PARA EXPRESARSE   ¿DÓNDE VIVES?

Tipos de vivienda

la casa particular: la casa privada
el piso: el apartamento
la residencia estudiantil

Lugares

el barrio: la zona de una ciudad
el campo: el área rural
la ciudad: el centro urbano

Un edificio urbano
de muchos pisos,
Montevideo,
Uruguay

Una casa particular en
San José, Costa Rica

Factores que influyen en la elección de un lugar para vivir

el costo de vida: lo que cuesta económicamente vivir, para mantenerse

los gastos: sustantivo derivado de **gastar**; lo que por lo general gastas en la comida, la ropa, el carro, etcétera

la privacidad: la ausencia de otras personas «molestas»

el tamaño: grande, pequeño o regular

las tiendas: lugares donde se hacen las compras (comida, ropa)

El campo en Extremadura, España

Otras expresiones

cercano/a:	adjetivo derivado de **cerca**
la falta de algo:	la ausencia de algo
tomar en cuenta:	considerar

VER EL MANUAL

Actividad A ¿Qué buscabas...?

En esta actividad vas a explorar los factores que influyeron en la elección de tu vivienda.

Paso 1.   En grupos de cuatro, lean la siguiente lista. Cada persona debe indicar la importancia que tenía para él o ella al elegir su vivienda cada uno de estos factores. (Si vives con tus padres, escucha y anota lo que dicen los otros.)

1 = Me era(n) muy importante(s).
2 = No me era(n) muy importante(s).

3 = No me importaba(n) para nada.
4 = No la(s)/lo(s) tomé en cuenta.

a. _____ el tamaño de la vivienda
b. _____ los gastos
c. _____ la privacidad
d. _____ la tranquilidad
e. _____ la seguridad
f. _____ el acceso a parques cercanos
g. _____ el acceso a tiendas o supermercados cercanos
h. _____ el acceso al transporte público
i. _____ la calidad de las escuelas en la zona

j. _____ la posibilidad de tener mascotas
k. _____ la distancia del campus universitario

MODELO: La tranquilidad era muy importante para mí cuando buscaba
vivienda.

Paso 2. ¿Qué diferencias y semejanzas hay en tu grupo? ¿Cuáles son los dos
factores de mayor importancia que citan Uds.? ¿Y los dos factores de menor
importancia?

Paso 3. Comparen las respuestas del **Paso 2** con las del resto de la clase. ¿Hay
preferencias que se repiten más que otras?

Paso 4. (optativo) Imagina tu vida en diez años. ¿Cambiarían las respuestas
que diste en el **Paso 1**? ¿Qué factores influirían en la elección de tu casa?

Actividad B ¿Qué buscan los pájaros?

Paso 1. Piensa un momento en los pájaros. ¿Cómo escogen el lugar dónde
van a vivir? ¿Cuáles son los factores que parecen tener más importancia para
ellos cuando buscan dónde construir su nido? Utilizando los factores de la
Actividad A, llena el cuadro a continuación.

FACTORES QUE INFLUYEN EN LOS PÁJAROS AL ELEGIR DÓNDE CONSTRUIR SU NIDO		
Les es muy importante.	**Tiene poca importancia.**	**No lo toman en cuenta.**

Paso 2. Compara tu lista con las listas del resto de la clase. ¿En qué están de
acuerdo? ¿En qué no estan de acuerdo? ¿En realidad has tomado en cuenta el
punto de vista de un pájaro?

Paso 3. Ahora, toda la clase debe determinar qué tienen los pájaros y los seres
humanos en común respecto a la importancia de los factores que determinan el
lugar en dónde van a vivir. Marca con una I (igual) si es de igual importancia
tanto para los pájaros como para los humanos. Marca con una D (diferente) si
no tiene la misma importancia para ambos.

a. _____ el tamaño   d. _____ la seguridad
b. _____ el acceso a la alimentación   e. _____ las escuelas
c. _____ la privacidad   f. _____ la distancia de su lugar de
                                                         origen

¿Puede explicar sus conclusiones? ¿Hay necesidades básicas o universales?

PHOTO NEWS GAMMA

Un nido con iluminación gratuita.

Con el nido en un semáforo

Cada vez resulta más caro y difícil encontrar piso en las grandes ciudades. Algo de esto debió de ocurrirle al pájaro de la imagen, que no encontró lugar mejor para su nido que un semáforo en pleno cruce de calles.

Actividad C Un nido único

Paso 1. A la izquierda hay un breve artículo sobre un pájaro y su vivienda. ¿Puedes identificar el tono del autor? ¿Cómo presenta el incidente?

Paso 2. Con un compañero (una compañera), escriban una lista de lo bueno y lo malo de construir un nido en un semáforo. Pueden consultar la lista de factores de las actividades anteriores.

Lo bueno de construir un nido en un semáforo es que...	Lo malo de construir un nido en un semáforo es que...
1. _____	1. _____
2. _____	2. _____
3. _____	3. _____

¿Qué opina el resto de la clase?

Actividad D ¿Cuál es mejor?

A veces se discuten las ventajas y desventajas de vivir en el campo o en la ciudad. En esta actividad se examina este tema.

Paso 1. Primero, la clase entera debe indicar cuál es su reacción inicial. ¿Es mejor vivir en la ciudad o en el campo? No es necesario explicar la respuesta en este momento.

Paso 2. Busca a un compañero (una compañera) con quien trabajar. El profesor (La profesora) les va a asignar uno de los temas a continuación.

a. el espacio
b. el costo de vida
c. el trabajo
d. la privacidad
e. la tranquilidad
f. la seguridad
g. los parques
h. las tiendas y supermercados
i. las diversiones para adultos
j. las diversiones para niños
k. el transporte
l. las escuelas

Tu compañero/a y tú deben escribir dos oraciones sobre su tema. Una oración debe describir la ciudad y la otra el campo.

Paso 3. Presenten las oraciones a la clase. Después de presentarlas, voten para ver si es mejor la ciudad o el campo para...

a. una persona soltera
b. una pareja
c. una familia
d. una persona con un impedimento físico (como, por ejemplo, alguien que necesita una silla de ruedas)
e. una persona jubilada (*retired*) / un matrimonio jubilado

Actividad E ¿Dónde vive la población humana? (I)

Paso 1. Estudia la siguiente tabla que describe el porcentaje de la población de tres países latinoamericanos que reside en centros urbanos.

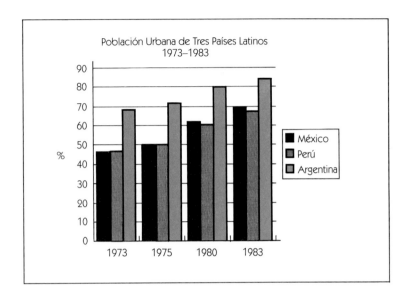

Población Urbana de Tres Países Latinos 1973–1983

Paso 2. En grupos de tres, escojan la respuesta correcta a las preguntas que el profesor (la profesora) hace.

1. a. la Argentina   b. México   c. el Perú
2. a. la Argentina   b. México   c. el Perú
3. a. 80–83   b. 75–80   c. 73–75
4. a. 80–83   b. 75–80   c. 73–75
5. a. 80–83   b. 75–80   c. 73–75

Paso 3. Trabajando con el mismo grupo, den tres razones para explicar por qué creen que los centros urbanos han experimentado un aumento de población.

Actividad F ¿Dónde vive la población humana? (II)

Paso 1. Estudia la siguiente tabla que describe el porcentaje de la población de España y los Estados Unidos que reside en centros urbanos.

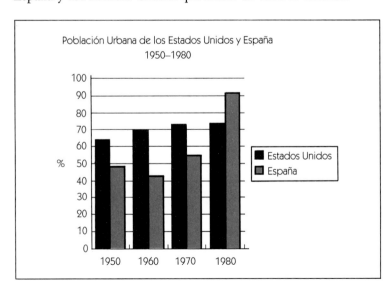

Población Urbana de los Estados Unidos y España 1950–1980

Paso 2. Trabajando con algunos compañeros, escojan la respuesta correcta a las preguntas que el profesor (la profesora) les hace.

1. a. España   b. Estados Unidos
2. a. 50–60   b. 60–70   c. 70–80   4. a. 50–60   b. 60–70   c. 70–80
3. a. 50–60   b. 60–70   c. 70–80   5. a. 50–60   b. 60–70   c. 70–80

Paso 3. Comparen las cifras de los países latinos con las cifras de los Estados Unidos y España. ¿España es como los Estados Unidos o se parece más a los países latinos respecto al aumento de la población urbana?

UN VISTAZO

Niños urbanos

En una campaña para educar a los niños urbanos en España, un grupo de jóvenes profesionales ha decidido abrir un nuevo tipo de escuela. ¿Existen escuelas semejantes en los Estados Unidos?

VOCABULARIO ÚTIL

ordeñar: sacarle la leche a una vaca
el rebaño: grupo de ovejas[a]

Vacas en vez de vídeo. La mayoría de los niños que viven en las ciudades no saben ordeñar una vaca, ni han visto de cerca un rebaño de ovejas o un campo de trigo. Las vacaciones de verano pueden ser el momento ideal para que conozcan el campo *en directo* y participen en las labores propias de la vida rural. Para ello, un grupo de jóvenes profesionales tiene una granja-escuela cerca de Riaza, en una zona segoviana muy próxima al macizo de Ayllón, que dista de Madrid 114 kilómetros. Información: Granja-escuela Molingordo, carretera nacional 110, kilómetro 114, Riaza (Segovia), teléfono 911 / 55 01 24.

[a] *sheep*

VAMOS A VER

Anticipación

Paso 1. El título de este artículo es «Adiós, cigüeña, adiós». ¿Cuál es el tema? Con este título, todos los siguientes temas son posibles.

a. la desaparición y posible extinción de las cigüeñas
b. un reportaje del festival anual que celebra la migración de las cigüeñas
c. una queja por la decisión de poner las cigüeñas en parques zoológicos

Lee lo que dice inmediatamente bajo el título. ¿Te ayuda esta información a eliminar uno o dos de los temas posibles?

Paso 2. ¿Sabes qué tipo de ave es la cigüeña? Mira la fotografía de una cigüeña que acompaña el artículo. ¿La reconoces? Si no, piensa en lo siguiente: Basados en una leyenda popular, muchos padres les dicen a sus niños que las cigüeñas traen a los bebés. ¿Sabes ahora qué ave es la cigüeña?

Paso 3. Según la información bajo el título, los resultados de un censo indican que en el período que va de 1940 a 1984, se ha perdido un total de 213 nidos de cigüeñas en la región alrededor de Madrid. ¿Puedes escribir tres razones para explicar esta pérdida?

1. _____

2. _____

3. _____

Compara tus ideas con las de un compañero (una compañera).

Paso 4. Hay palabras en el texto cuyo significado no se puede deducir del contexto. Aquí tienes una lista de palabras y sus definiciones. ¿Entiendes lo que significan estas palabras?

anidar: nidificar
nefasto: triste; ominoso
zancuda: clase de ave a la que pertenecen las cigüeñas
campanarios: torres de las iglesias donde se encuentran las campanas
muertas a tiros: fueron matados con armas de fuego (rifles, pistolas, etcétera)
talas: destrucción de los árboles
desesperanzador: que no da o no tiene esperanza; grave
contrapeso de una grúa: la parte de una grúa (*wrecking crane*) que se parece a una torre

Exploración

Paso 1. Lee los subtítulos. ¿En qué sección del artículo esperas encontrar las causas de la desaparición de los nidos? Lee esta sección y compara la información que encuentres con lo que escribiste para el **Paso 3** de **Anticipación**. Anota aquí las causas que no incluiste.

_____   _____

_____   _____

_____   _____

_____   _____

Paso 2. Hay muchas fechas en esta lectura. Busca en el texto la información que indica lo que pasó en estos años o durante estos períodos.

1. 1984
2. de 1940 a 1984
3. 1930
4. 1957
5. de 1940 a 1945
6. y en el año 2000, ¿qué pasará?

Cada año nidifican menos cigüeñas en la Península Ibérica

Adiós, cigüeña, adiós

Los resultados del censo de cigüeñas efectuado durante 1984 en la Comunidad Autónoma de Madrid no son nada halagüeños: en el período 1940–1984 se han perdido un total de 213 nidos, casi la mitad de la región. Pero este descenso es similar en toda la Península Ibérica.

*E*L AÑO PASADO, LA CIGÜEÑA blanca fue denominada «pájaro del año» en toda Europa. Pero este título, muy honroso para automóviles o futbolistas que reconoce y premia las virtudes de un coche o las habilidades del mejor futbolista europeo, es nefasto para esta bella zancuda, ya que significa que su población disminuye alarmantemente en todo el viejo continente.

En Alemania Federal sólo se contabilizaron el año pasado 779 parejas, por cinco mil en 1930, mientras que en España se censaban en 1957 unas 18.000 parejas, y en 1984 se pasó a una población de siete mil. Aunque la situación todavía no es crítica, es preciso comenzar a tomar medidas.

JOSE LUIS G. GRANDE

La esbelta cigüeña blanca puede llegar a ser un ave escasa.

¿Por qué desaparecen las cigüeñas?

La población de cigüeñas ibéricas comenzó a descender en la época de la guerra civil española y en años posteriores. Muchos campanarios, edificios y árboles —soportes tradicionales donde se asentaban los nidos— fueron destruidos y muchas aves muertas a tiros. Más tarde, otras causas aún más graves se vinieron a sumar: crecimiento progresivo de la población humana, destrucción del paisaje, urbanización de zonas de campo, desecación de zonas húmedas —de vital importancia biológica para estas aves—, construcción de carreteras, contaminación de ríos y arroyos, talas de sotos y arboledas, electrificación rural y, en definitiva, la industrialización y modernización del terreno agrícola.

Poco a poco, las cigüeñas tuvieron que cambiar sus costumbres y modificar sustancialmente su hábitat, no consiguiendo, en muchos casos, la adaptación necesaria a las nuevas circunstancias.

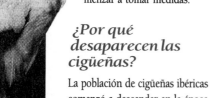

JOSE LUIS G. GRANDE

La presión humana en Madrid ha hecho que las cigüeñas tengan que anidar en postes de la luz.

Madrid: 213 nidos perdidos en 44 años

Desde el año 1940, primera fecha en que se tienen datos concretos sobre la población de cigüeñas y nidos ocupados de la provincia de Madrid, se ha perdido aproximadamente la mitad de la población y 213 nidos. El mayor índice de descenso se registró de 1940 a 1945, según se puede comprobar en el gráfico. En total, los nidos censados en Madrid son 226, la mayoría de ellos instalados en viejas iglesias y árboles.

[gráfico: Nº de NIDOS — MADRID — (1940 – 1984)]

nidos debido a la presión humana. Nueve nidos están colocados en torres metálicas de electricidad, cinco en antenas de radio, tres en chimeneas, dos en transformadores de la luz y uno en el contrapeso de una grúa.

En Burgos, 396 parejas menos

Según estudios realizados por el Grupo de Estudios y Defensa de los Ecosistemas Burgaleses, GEDEB, en Burgos, en los últimos treinta años se han perdido 396 parejas de cigüeñas en la provincia en circunstancias similares a las detectadas en Madrid. A este paso, en el año 2000 la población de cigüeñas de Iberia estaría en claro peligro de extinción. Hasta tal punto se han visto obligadas las cigüeñas a variar sus costumbres, que muchas de ellas han prescindido de sus habituales migraciones todos los años, según se han detectado en varias parejas que habitan en Madrid, Toledo, Cáceres y Badajoz. El hombre, por el que la cigüeña siente una especial predilección, está también acabando con esta bellísima zancuda.

Geografía de un desastre

Los círculos significan la localización de los nidos de cigüeñas que actualmente se encuentran ocupados —en total 56—. Los cuadrados, los lugares donde se han perdido nidos de cigüeñas desde 1940: en total 92.

Cinco nidos perdidos por año

El último censo realizado en España sobre la cigüeña ha sido el de la Comunidad Autónoma de Madrid y es desesperanzador: se han perdido 213 nidos desde 1940, la mayoría por «causas desconocidas», aunque en este apartado la incidencia de la transformación del medio por el hombre ha sido fundamental.

Otros factores importantes que han supuesto la desaparición de nidos son las siguientes: derribos intencionados, once; talas de árboles que servían de soporte, diez; derribos de edificios, nueve; disparos por armas de fuego, tres…

En la Comunidad de Madrid se han perdido una media de cinco nidos por año desde 1940, aunque el mayor descenso se produjo en el período 1940–45. A partir de este último año, la destrucción de nidos ha sido más lenta.

Para la realización de este censo en Madrid, se visitaron un total de 178 pueblos. De ellos, 56 aún conservan sus nidos, en 30 nunca anidaron las cigüeñas y en ¡92! se han perdido los nidos.

De los 226 nidos ocupados que han sido censados —hay otros veinte que no están habitados—, 77 se encuentran situados en iglesias y conventos, 62 en fresnos y 42 en álamos. Pero lo más extraordinario de este punto son las nuevas ubicaciones que las cigüeñas tienen que buscar para sus

Paso 3. Ahora ya estás preparado/a para leer el artículo con más atención. Mientras lees, deduce el significado de las nuevas palabras y salta aquéllas cuyo significado no puedes deducir.

Paso 4. Calcula (a) el número de cigüeñas que han desaparecido en Alemania entre 1930 y el año pasado y (b) el porcentaje de nidos que se han perdido en Madrid entre 1940 y 1984.

Paso 5. ¿Dónde están localizados los 226 nidos censados en Madrid?

Donde anidan tradicionalmente las cigüeñas:

_____

_____

_____

Donde anidan las cigüeñas como resultado de la presión humana:

_____

_____

_____

Síntesis

Paso 1. En orden de mayor a menor frecuencia, escribe dónde se encuentran los nidos de las cigüeñas. En orden de importancia, de principal a incidental, indica por qué van desapareciendo los nidos.

LOCALIZACIÓN DE LOS NIDOS	CAUSAS DE SU DESAPARICIÓN
_____	_____
_____	_____
_____	_____
_____	_____
_____	_____
_____	_____

Paso 2. Compara tu lista con la de un compañero (una compañera). ¿Están ambos de acuerdo? Si no lo están, deben modificar las listas.

Paso 3. Repasa las dos listas. ¿Hay relación *directa* entre la localización de los nidos y su desaparición? Es decir, ¿está relacionada la desaparición de los nidos con el lugar en donde se construyen?

Paso 4. Imagínate que en un examen encuentras la pregunta « ¿Por qué han desaparecido las cigüeñas? ». Utiliza la tabla que preparaste para el **Paso 1** para escribir una respuesta.

Trabajando con el texto

El uso del lenguaje

El autor de « Adiós, cigüeña, adiós » expresa su propia opinión, unas veces directamente, pero otras veces implícitamente por el uso del lenguaje.

Paso 1. Busca las palabras y frases que utiliza el autor para describir negativamente a los seres humanos con relación a la situación en que se encuentran las cigüeñas.

Paso 2. Busca las palabras y frases que utiliza el autor para describir positivamente a las cigüeñas.

Paso 3. ¿Cómo puedes expresar una opinión positiva sobre la expansión humana? ¿Qué palabras y frases puedes utilizar?

¡Sigamos!

UN VISTAZO

Ciudad sin ley

Las cigüeñas no son los únicos animales que sienten la presión humana. Debido a la constante expansión de la ciudad de Los Ángeles, los animales salvajes han perdido su hábitat. Lee el siguiente artículo y contesta la pregunta ¿Qué buscan los animales que «invaden la ciudad»?

VOCABULARIO ÚTIL

la presa: prey
el toque de queda: una hora determinada, después de la cual los animales domésticos tienen que estar en casa
las afueras: una zona residencial lejos del centro de una ciudad

Estados Unidos

LOS ANGELES, CIUDAD SIN LEY

Desde que la especulación urbanística empujó a la ciudad a campo abierto, cientos de animales salvajes invaden Los Angeles, provocando auténticas escenas de pánico en los barrios residenciales de las afueras.

Hasta tal punto ha llegado la invasión, que en algunas zonas de la ciudad existe un «toque de queda» para los animales domésticos, para que no sean presa de coyotes o felinos. También las autoridades han advertido de un aumento inusual de serpientes de cascabel en edificios abandonados y solares, pidiendo a la población que tome medidas de precaución.

Los animales invaden la ciudad.

LOS HISPANOS HABLAN

¿Tenías animales cuando eras niño/a?

NOMBRE: Eduardo Contreras, artista y escritor
EDAD: 28 años
PAÍS: el Uruguay

«Todos los años criábamos un cerdo y un ternero[a] con otra familia. Pero, horror de los horrores, un año después el pobre cerdo y el pobre ternero eran "convertidos" en chorizos, jamón, tocino y otras cosas deliciosas. Estas cosas eran para mi familia y la familia de los vecinos.

«Hay una experiencia que nunca olvidé. Cuando tenía diez años se me ocurrió criar conejos. Yo le dije a mi padre que era un buen negocio[b] y él aceptó. Como todo el mundo sabe, los conejos se reproducen muy rápido y en poco tiempo tenía muchos. Mucha gente quería comprarme los conejos para comerlos, pero yo no los vendía porque me daba pena. Un buen día llegué a mi casa de la escuela y el almuerzo era... ¡conejo! Por supuesto, no almorcé nada y tampoco les perdoné nunca a mis padres el "menú" de ese día. »

---

[a] *calf* [b] *business*

Y AHORA...

¿Una vida en estado salvaje (*wild*) o una vida en domesticidad?

En esta lección exploraste las relaciones entre los seres humanos y los animales. Supiste que las cigüeñas están perdiendo su hábitat a causa de la expansión territorial de las personas. También leíste un artículo sobre los perros neuróticos, mascotas que les causan problemas a sus dueños. Utilizando lo que has aprendido sobre los animales salvajes y los domésticos, escribe una composición sobre este tema:

¿Cuál sería mejor, una vida en estado salvaje o una vida en domesticidad?

Paso 1. El propósito de la composición es comparar y contrastar la vida en estado salvaje de algunos animales con la vida en domesticidad de los mismos. Lo importante es demostrar qué tipo de vida sería mejor para ellos. También, como en otras composiciones, es importante decidir si vas a utilizar la primera o tercera persona, o si vas a dirigirte directamente al lector. El lector en este caso es una persona que tiene un «miniburro» como mascota.

Paso 2. ¿Qué animales vas a describir?

☐ las aves (por ejemplo, los canarios)
☐ los peces

☐ los perros
☐ los elefantes
☐ las serpientes
☐ las tortugas
☐ los chimpancés
☐ las vacas
☐ ¿otros? _____

¿Es mejor usar muchos ejemplos o sólo uno o dos con bastantes detalles?

Paso 3.   Ya sabes que hay varias maneras de presentar los argumentos. Una de las técnicas para organizar la composición es preparar un bosquejo (*outline*) del orden en que vas a presentar la información. ¡Es mucho más fácil modificar el bosquejo que una composición ya escrita! Prepara un bosquejo en el cual indicas el orden en que vas a presentar las ideas. Sigue añadiendo detalles hasta que estés preparado para escribir.

Paso 4.   Hay que poner atención al aspecto lingüístico. ¿Puedes utilizar el aspecto gramatical que estudiaste en esta lección?

☐ el condicional

Paso 5.   Aquí tienes unas frases que pueden ayudarte a expresar las ideas.

no obstante	*however*
al contrario	*on the contrary*
por otro lado	*on the other hand*
del mismo modo	*by the same token*

Paso 6.   Teniendo en cuenta el propósito de esta composición y también al lector a quien te diriges, debes escribir una conclusión apropiada. Puedes elegir entre...

a.   ofrecer un comentario personal sobre las experiencias de los animales.
b.   proponer cómo se puede mejorar la vida de los animales en general (los salvajes y los domesticados).

Paso 7.   Escribe la composición dos días antes de entregársela al profesor (a la profesora). Luego un día antes de entregarla, lee la composición de nuevo. ¿Quieres cambiar o añadir algo a...

a.   los animales que describiste?
b.   las ideas que presentaste?
c.   el orden en que presentaste las ideas?
d.   la conclusión?

Paso 8.   Lee la composición de nuevo para verificar...

☐ la concordancia entre las formas verbales y sus sujetos.
☐ el uso del condicional.

También debes revisar el uso de los pronombres usados como objeto del verbo (por ejemplo, **lo, la, le, les**).

Paso 9.   Haz todos los cambios necesarios y entrégale la composición al profesor (a la profesora).

VOCABULARIO

Vocabulario básico

Las mascotas — Pets

el animal doméstico	domestic animal
el animal salvaje	wild animal
el/la dueño/a	owner
tratar	to treat

El porqué de la vivienda — The reason for housing

el área rural	rural area
el barrio	neighborhood
el campo	country
la casa particular ⎱	
la casa privada ⎰	private house
el centro urbano	urban center
la ciudad	city
mantenerse (*irreg.*)	to support oneself
el piso	apartment
la privacidad	privacy
regular	average
la residencia estudiantil	student dormitory
la tienda	store
la zona	zone

Repaso: el apartamento, el costo de vida, gasto, grande, pequeño, tamaño

Vocabulario y expresiones del tema

Perros neuróticos — Neurotic dogs

la agresión	aggression
amaestrar	to train
la ansiedad	anxiety
comportarse	to behave

la destrucción de las pro-piedades de su amo	destruction of his/her owner's property
ladrar	to bark
la recompensa	reward
la soledad	solitude
el tratamiento	treatment

Adiós, cigüeña, adiós — So long, stork, so long

el álamo	poplar
la construcción de carreteras	construction of highways
la contaminación de ríos y arroyos	pollution of rivers and streams
el contrapeso de una grúa	counterweight of a wrecking crane
el crecimiento	growth
el derribo	demolition
desaparecer (zc)	to disappear
la desaparición	disappearance
la desecación	drying
la destrucción del paisaje	destruction of the countryside
la electrificación rural	rural electrification
la extinción	extinction
el fresno	ash tree
la industrialización y modernización del terreno agrícola	industrialization and modernization of agricultural land
la localización	location
muertos/as a tiros	shot to death
el nido	nest
perder (ie)	to lose
la tala de sotos y arboledas	cutting down of thickets and groves
las torres metálicas de electricidad	metal electricity towers
la ubicación	location
la urbanización de zonas de campo	urbanization of rural zones

OTRAS IDEAS

A diferencia de lo que dice Julia Reyes (**Los hispanos hablan,** página 425), muchas personas hispanas sí tienen relaciones muy estrechas con sus mascotas. ¿Te identificas con uno de estos artistas hispanos?

MODELOS: Sí, me identifico con _____. Yo también tengo un(a) _____ y suelo _____.

En nuestra familia hay un(a) _____ y _____.

No me identifico con ninguno de los artistas. En mi casa _____.

Los artistas nos dicen... ¡qué animal prefieren!

HUMBERTO ZURITA

ELLUZ PERAZA ➤ "Me encantan las mascotas, aunque en la actualidad sólo tengo un pececito, con quien entablo largas y profundas conversaciones."

ANDREA DEL BOCA ➤ "La verdad es que ya me he acostumbrado tanto a mi perrita 'Lack' que no sabría qué hacer sin ella. Duerme a mis pies y me despierta mordiéndome los dedos. Es de raza Yorkshire-Terrier."

JORGE RIGO ➤ "Yo tengo dos pericos y un perro. Lo simpático de todo es que mi perro 'Fru-Frú' que es Pequinés, canta conmigo; mientras que los pericos no hacen el menor intento."

HUMBERTO ZURITA ➤ "Quiero muchísimo a mi perro. Es un Setter pelirrojo irlandés llamado 'Glauster'. Se llama así porque nació cuando yo estaba actuando en la obra 'El rey Lear'."

❖ **Actividad A** ¿Normal o neurótico?

Paso 1. A continuación aparece una definición de la neurosis. Léela y piensa en lo que significa.

La neurosis: Trastorno psíquico sin lesión orgánica. Los resultados suelen ser ansiedad, obsesión, compulsión, fobias u otros comportamientos anormales.

Paso 2. Haz una lista de ocho actividades. Luego, utilizando la definición del **Paso 1,** escribe tres formas de comportarse normales y tres que se pueden considerar como síntomas de una neurosis.

Actividad	Forma de comportarse	
	NORMAL	NEURÓTICA
fumar	a. _____	a. _____
	b. _____	b. _____
	c. _____	c. _____

Paso 3. Compara tu lista con las del resto de la clase. ¿Hay formas de comportarse que unos consideran normales pero otros consideran neuróticas?

Paso 4. ¿Puedes recomendar una terapia para cada comportamiento neurótico de las ocho actividades?

❖ **Actividad B** ¿Es algo más que un animal?

Paso 1. Entrevista a cinco personas. ¿Qué harían ellos si tuvieran un perro?

PERSONA

1   2   3   4   5

1. Mi mascota dormiría...
   a. afuera. ☐ ☐ ☐ ☐ ☐
   b. en el mismo cuarto en que yo duermo. ☐ ☐ ☐ ☐ ☐
   c. en la misma cama conmigo. ☐ ☐ ☐ ☐ ☐
   d. en mi cama bajo mis mantas (*blankets*). ☐ ☐ ☐ ☐ ☐
   e. en su propia cama. ☐ ☐ ☐ ☐ ☐

   f. _____ ☐ ☐ ☐ ☐ ☐

2. Durante mis vacaciones...
   a. dejaría a mi mascota en una residencia para animales. ☐ ☐ ☐ ☐ ☐
   b. dejaría a mi mascota en casa de unos amigos. ☐ ☐ ☐ ☐ ☐
   c. les pediría a unos amigos que se quedaran en mi casa con la mascota. ☐ ☐ ☐ ☐ ☐
   d. mi mascota me acompañaría. ☐ ☐ ☐ ☐ ☐

   e. _____ ☐ ☐ ☐ ☐ ☐

3. Le daría de comer a mi mascota...
   a. sólo la comida más barata. ☐ ☐ ☐ ☐ ☐
   b. alimentos enlatados. ☐ ☐ ☐ ☐ ☐
   c. una combinación de **a** y **b**. ☐ ☐ ☐ ☐ ☐
   d. las sobras de la mesa y **a, b** o **c.** ☐ ☐ ☐ ☐ ☐
   e. la comida de mi plato mientras como. ☐ ☐ ☐ ☐ ☐
   f. una dieta especial. ☐ ☐ ☐ ☐ ☐

   g. _____ ☐ ☐ ☐ ☐ ☐

(En los números 4 y 5, pon una S si la persona haría lo que está indicado y una N si la persona no lo haría.)

4. Mi mascota...
   a. lamería (*would lick*) los platos después de
      que comiéramos. ☐ ☐ ☐ ☐ ☐
   b. me lamería la cara. ☐ ☐ ☐ ☐ ☐

5. A mi mascota yo...
   a. le hablaría bastante. ☐ ☐ ☐ ☐ ☐
   b. le hablaría sólo cuando hiciera algo malo. ☐ ☐ ☐ ☐ ☐
   c. la educaría y le enseñaría a hacer cosas. ☐ ☐ ☐ ☐ ☐

6. Mi mascota sería...
   a. un animal y nada más. ☐ ☐ ☐ ☐ ☐
   b. una mascota muy querida. ☐ ☐ ☐ ☐ ☐
   c. como un miembro de la familia. ☐ ☐ ☐ ☐ ☐
   d. _____ ☐ ☐ ☐ ☐ ☐

Paso 2. ¿Puedes decir qué tipo de dueño serían las personas entrevistadas?

Tipos de dueños de animales

«Somos iguales.» Este dueño quiere tanto a su animal que lo confunde con los seres humanos. Lo pasa mejor con su animal que con los humanos y le da a su mascota la misma atención que le daría a un niño.

«Lo quiero, pero...» Este dueño también quiere mucho a su mascota pero nunca olvida que es un animal. Cuida mucho a su mascota y en raras ocasiones la trata como a un ser humano.

«¡Fuera de aquí!» Este dueño no debería tener una mascota. El animal no recibe ningún afecto. Su dueño no hace nada más que darle de comer.

❖ Actividad C Preferencias

Algunas aves construyen a veces sus nidos en semáforos y otras, como las cigüeñas, los construyen en los postes de la luz. ¡A veces es necesario vivir en circunstancias no muy agradables!

Paso 1. A continuación hay dos listas de preguntas. Indica cómo te sentirías en cada caso.

1 = Me molestaría bastante.
2 = Me molestaría, pero lo toleraría.
3 = No me molestaría para nada.

A

¿Te molestaría vivir frente a...

_____ una iglesia?
_____ una escuela secundaria de 2.000 estudiantes?
_____ una escuela primaria?
_____ un estadio deportivo?
_____ el hospital más grande de la ciudad?
_____ una estación de policía?
_____ una estación de bomberos?

B

¿Te molestaría vivir cerca de...

_____ una prisión federal?

_____ una cárcel (*jail*) para delincuentes juveniles?

_____ un aeropuerto?

_____ una planta de energía nuclear?

_____ una fábrica de productos químicos?

_____ una planta eléctrica?

_____ un depósito para la basura (*garbage, waste*) nuclear?

Paso 2.   Con un compañero (una compañera), completen el siguiente párrafo con un lugar escogido por Uds.

No me molestaría vivir frente a (cerca de) _____ . En primer lugar, _____ . También, _____ . Y finalmente, _____ . Mi compañero/a, sin embargo, tendría dificultades en vivir allí. Según él (ella), _____ . También, _____ . Además, _____ .

HACIA EL FUTURO

José R. Oliver (puertorriqueño, 1910–1979), *Delirio febril urbanístico* (1963)

¿*H*as pensado en tu propio futuro? ¿Qué planes tienes? ¿Y has pensado en el futuro de la humanidad? ¿Cómo va a cambiar la vida en el futuro? ¿Qué ideas se te ocurren al mirar las fotos de esta sección?

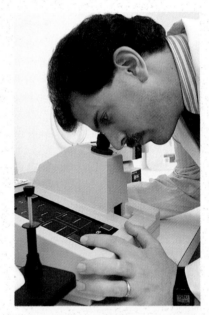

Más y más personas trabajan en las ciencias, la ingeniería y los campos técnicos, como se ve en estas fotos. ¿En qué profesión piensas trabajar tú?

La arquitectura del presente (a la
derecha: Museo Dalí, Figueras, España) y la arquitectura de épocas
pasadas (abajo: Museo Quinto Gar-
neros, Ciudad Chihuahua, México).
¿Cómo serán los edificios del siglo que
viene? ¿Cómo serán las casas?

¿Qué le espera a esta joven tejana en el futuro? ¿Cuáles serán sus aspiraciones? ¿sus metas (*goals*)?

Una niña sin preocupaciones. ¿Qué tipo de mundo va a heredar (*inherit*) de nosotros?

Una foto de un folleto (*pamphlet*) distribuido por el Ministerio de Asuntos Sociales de España. ¿Por qué carga tantos sombreros la mujer? ¿Qué representan?

Las fibras ópticas han revolucionado las comunicaciones. ¿Qué avances tecnológicos podremos ver en el futuro?

¿A QUÉ PROFESIÓN U OCUPACIÓN QUIERES DEDICARTE?

C omo la pregunta lo sugiere, en esta lección vas a investigar cuáles son las aspiraciones y esperanzas que tienen los estudiantes de la clase en cuanto a las profesiones y ocupaciones que van a decidir su futuro. Durante esta lección vas a

- aprender el vocabulario relacionado con muchas profesiones y el trabajo
- hablar de las cualidades necesarias para practicar ciertas profesiones u ocupaciones
- explicar por qué quieres dedicarte a cierta profesión u ocupación
- ver una nueva forma verbal, el subjuntivo

IDEAS PARA EXPLORAR
LAS PROFESIONES

PARA EXPRESARSE   ¿QUÉ PROFESIÓN?

Campos	Profesiones
los negocios	el hombre (la mujer) de negocios
la computación	{ el programador (la programadora) el (la) técnico
la contabilidad[a]	el contador (la contadora)
la agricultura	el granjero (la granjera)
el Derecho[b]	el abogado (la abogada)
el gobierno la política	{ el político (la política) el senador (la senadora) el (la) representante el presidente (la presidenta)

Campos	Profesiones
el periodismo[c]	el (la) periodista
la enseñanza	{ el profesor (la profesora) el maestro (la maestra)
la medicina	{ el médico (la médica) el enfermero (la enfermera) el veterinario (la veterinaria)
la farmacia	el farmacéutico (la farmacéutica)
la terapia física	el (la) terapeuta

[a] accounting   [b] law   [c] journalism

José   Rita   Diego   Luisita   Benito   Sonia

Sara   Esteban   Carolina   Javier   Raquel   Víctor

Campos	Profesiones
la psicología	el psicólogo (la psicóloga)
la asistencia social	{ el trabajador (la trabajadora) social
el arte	{ el pintor (la pintora) / el escultor (la escultora)
la arquitectura	el arquitecto (la arquitecta)
la música	el (la) músico
el cine / la televisión / el teatro	{ el director (la directora) / el fotógrafo (la fotógrafa) / el productor (la productora) / el actor (la actriz)
los deportes	{ el (la) atleta / el jugador (la jugadora) de _____
la moda^a	el diseñador (la diseñadora)

^afashion

Campos	Profesiones
la ciencia	{ el científico (la científica) / el biólogo (la bióloga) / el físico (la física) / el químico (la química) / el astrónomo (la astrónoma)
la ingeniería	el ingeniero (la ingeniera)

Vocabulario útil

el/la gerente	manager
el/la jefe/a	boss
el/la ayudante	assistant
el/la especialista (*en algo*)	specialist (*in something*)
el/la asesor(a)	consultant
consultar	to consult

Inés   Tomás   Pilar   Miguelito

¿Saben Uds. qué carrera quieren seguir o a qué profesión quieren dedicarse en el futuro?

Ana   Julia   Teresa

VER EL MANUAL

Actividad A ¿A quién asocias con el campo?

El profesor (La profesora) va a mencionar una profesión. Indica el nombre que se asocia con cada profesión.

1. a. Lois Lane   b. Amelia Earhart   c. Jean Harlow
2. a. Bill Cosby   b. Perry Mason   c. Barbara Walters
3. a. Oprah Winfrey   b. Donald Trump   c. Michael J. Fox
4. a. José Canseco   b. Julio Iglesias   c. Juan Valdés
5. a. Ann Landers   b. Mr. Rogers   c. Liz Claiborne
6. a. Fidel Castro   b. Lee Treviño   c. Isabel Allende
7. a. Johnson y   b. Sara Lee   c. Federico García
      Johnson   Lorca
8. a. George Bush   b. Jaime Escalante   c. Jane Fonda

Actividad B Asociaciones

Escucha la profesión mencionada e indica lo que asocias con esa profesión.

1. a. la máquina de   b. la ropa especial   c. los animales
      escribir
2. a. los pacientes   b. el transporte   c. la clase
3. a. los contratos   b. el béisbol   c. las revistas
4. a. el laboratorio   b. el piano   c. el dinero
5. a. la aspirina   b. el congreso   c. los dibujos

Actividad C Otras asociaciones

Escucha la profesión mencionada e indica el lugar que asocias con esa profesión.

1. a. la corte   b. la clase   c. la universidad
2. a. la playa   b. la escuela   c. el restaurante
3. a. el campo   b. la ciudad   c. el espacio
4. a. la clínica   b. la casa   c. el parque
5. a. el hospital   b. el océano   c. el estudio

Actividad D ¿Cierto o falso?

Indica si lo que dice el profesor (la profesora) es cierto o no.

1... 2... 3... 4... 5... 6... 7...

Actividad E Firma aquí, por favor

Busca entre los estudiantes de la clase a los que tienen familiares que trabajan en campos específicos.

1. ¿Hay algún médico en tu familia?   _____

2. ¿Hay alguna abogada en tu familia?   _____

3. En tu familia, ¿hay alguna profesora?   _____

4. ¿Es contador algún pariente tuyo?   _____

5. ¿Hay alguna enfermera en tu familia? _____

6. ¿Hay algún ingeniero en tu familia? _____

7. ¿Es farmacéutica alguna mujer de tu familia? _____

Actividad F De niño/a

Como los niños en **Para expresarse** en las páginas 456–457, muchas personas tenían aspiraciones cuando eran muy jóvenes. ¿Qué pensabas ser tú?

Paso 1. Completa la siguiente oración.

> Recuerdo que de niño/a quería ser _____.*

Paso 2. ¿Han cambiado tus deseos? ¿Qué quieres ser ahora?

> Ahora estudio para ser _____.

Paso 3. ¿Cuántas personas en la clase han cambiado de idea también? Comparte tus oraciones con la clase. Anota en una hoja de papel lo que dicen tus compañeros. Decide...

1. si algunos de los estudiantes respondieron de una manera semejante.
2. si la mayoría ha cambiado de idea o no.

¿SABÍAS QUE...

...en español resulta problemático la formación del femenino en los nombres de algunas profesiones? Esto se debe a que ahora gran número de mujeres tienen cargos y profesiones que por tradición han sido casi exclusivas del sexo masculino. En el idioma inglés, el género[a] de un nombre no tiene la importancia que tiene en español. Por ejemplo, la palabra *doctor* no lleva en sí nada que indique si se refiere a un hombre o a una mujer. Para hacer esta distinción es necesario decir *male doctor* o *female doctor*. En otros casos, para evitar relacionar el sexo con la profesión, se han creado nuevos nombres para ciertas ocupaciones y profesiones, como por ejemplo *flight attendant* en vez de *stewardess*.

En cambio, en español es indispensable distinguir el género, masculino o femenino, del nombre. ¿Y qué pasa cuando los nombres de algunas profesiones, que ahora practican las mujeres, tienen por lo general la forma masculina, como ocurre con «médico» y «piloto»? El resultado es que hay mucha discrepancia en su uso. A pesar de que existe la doctrina académica de que deben decirse en femenino los nombres de profesión aplicados a una mujer, algunos hispanohablantes dicen «una médico» o «la médico», «una piloto» o «la piloto», al referirse a las que tienen título oficial para curar o conducir un avión, respectivamente.

---

[a]*gender*

---

* Remember that articles aren't normally used with **ser** + *profession*.

> Soy psicóloga. Quiero ser terapeuta física.

Actividad G ¿Cuál es?

Escucha la descripción de una profesión que el profesor (la profesora) va a leer. Luego indica de qué profesión se habla en cada caso. ¡OJO! Es posible que exista más de una respuesta.

1...   2...   3...   4...   5...

Actividad H El propósito (*purpose*) esencial de cada profesión

Describe en una sola oración lo que hacen los siguientes profesionales. (Los verbos entre paréntesis pueden servirte, pero puedes usar otros.)

MODELO: psicólogo (ayudar) →
El psicólogo ayuda a sus pacientes a resolver sus problemas psíquicos o mentales.

1. la ingeniera (diseñar, construir)
2. la periodista (investigar, reportar, informar)
3. el farmacéutico (preparar, contestar, llenar)
4. la directora de cine (entender, ayudar, dirigir)
5. el trabajador social (ayudar, llenar)

Actividad I ¿Qué símbolo?

Paso 1. Busca a un compañero (una compañera) con quien trabajar. El profesor (La profesora) va a asignarle a cada pareja una profesión u ocupación.

Paso 2. Tu compañero/a y tú tienen cuatro minutos para inventar un símbolo gráfico que represente esa profesión u ocupación. Por ejemplo, si la profesión que el profesor (la profesora) les da es la de un sacerdote (*priest*), Uds. podrían dibujar algo como esto:

No muestren su símbolo al resto de la clase.

Paso 3. Cada pareja debe poner su símbolo en la pizarra. El resto de la clase debe adivinar lo que representa.

LOS HISPANOS HABLAN

¿En qué trabaja tu padre? ¿Y tu madre?

NOMBRE: Catalina Riveros, estudiante
EDAD: 19 años
PAÍS: la Argentina

« Mi padre es contador público y trabaja en la Compañía Coca-Cola como gerente de finanzas. Mi madre es arquitecta. Dirige y organiza una sección del Centro Experimental de la Vivienda Económica. En este lugar se encargan de diseñar casas económicas para familias de pocos recursos. »

NOMBRE: Luis Bernardo Castro Ruiz, estudiante
EDAD: 18 años
PAÍS: Costa Rica

« Mi padre es abogado y trabaja en la Asamblea Legislativa de Costa Rica, y mi madre es maestra en una escuelita rural. »

NOMBRE: Martín Luis Solano Aguirre, estudiante
EDAD: 21 años
PAÍS: Costa Rica

« Mi padre es técnico en telecomunicaciones y trabaja en el Instituto Costarricense de Electricidad, empresa que también está encargada del servicio telefónico del país. Mi madre es empresaria de su propio negocio. Posee una fábrica procesadora de productos de maíz. »

NOMBRE: María Luisa Insaurralde, estudiante
EDAD: 19 años
PAÍS: la Argentina

« Mis padres son arquitectos. Diseñan edificios en planos y proyectos. Mi madre trabaja para el gobierno de la provincia y mi padre, además de su trabajo particular, es profesor en la Universidad Nacional de Tucumán. »

Actividad J Sueldos

¿Sabes cuál es el sueldo promedio de algunas profesiones?

Paso 1. En la biblioteca, busca información sobre los sueldos de cada profesión de la lista a continuación. Si la biblioteca no tiene esa información, llama a una agencia u otro lugar donde puedan dártela.

médico cirujano
trabajador social
profesora de español
jugador de béisbol
contadora

maestra de escuela secundaria
granjero
mujer de negocios
presidente de los Estados
   Unidos

Paso 2. Comparte tu información con la clase. ¿Cuáles son las profesiones mejor pagadas? ¿las peor pagadas? ¿Es esto lo que esperabas encontrar?

IDEAS PARA EXPLORAR
CARACTERÍSTICAS Y CUALIDADES

PARA EXPRESARSE   ¿QUÉ CARACTERÍSTICAS DEBE TENER?

¿Eres hábil para las matemáticas? ¿Y eres organizado?

Many qualities needed for various professions are listed here. You already know most of them from previous lessons. You'll find them useful in the activities that follow.

pensar de una manera directa
ser carismático/a
ser compasivo/a (*compassionate*)
ser compulsivo/a
ser emprendedor(a) (*aggressive, enterprising*)
ser físicamente fuerte
ser hábil para las matemáticas

ser honesto/a
ser íntegro/a (*honorable*)
ser listo/a
ser mayor
ser organizado/a
ser paciente
tener don de gentes (*to have a way with people*)

VER EL MANUAL

Actividad A ¿Qué profesional?

La clase entera debe determinar qué profesionales deben tener las siguientes cualidades.

1. Deben pensar de una manera directa.
2. Deben ser emprendedores.
3. Necesitan ser pacientes.
4. Deben ser físicamente fuertes.
5. Necesitan ser hábiles para las matemáticas.
6. Deben ser carismáticos.
7. Deben tener don de gentes.

Actividad B Definiciones

Escucha cada definición que da el profesor (la profesora). ¿De qué cualidad se habla en cada caso?

1... 2... 3... 4... 5...

PARA EXPRESARSE   ¿QUÉ APTITUD O HABILIDAD ESPECIAL SE REQUIERE PARA...?

Bueno, quieren saber qué habilidades especiales tengo. Voy a poner que hablo varios idiomas... y que sé usar una computadora...

Following are some aptitudes and skills that may be necessary for various occupations. Note that **saber** used with an infinitive (e.g., **Sé escribir bien, María sabe escuchar**) means *to know how* (to do something).

VER EL MANUAL

hablar otro idioma	saber mandar (*to know how to direct others*)
saber dibujar	
saber escribir bien	saber usar una computadora
saber escuchar	tener habilidad para trabajar con
saber expresarse claramente	las manos

Actividad C ¿Necesidad?

Paso 1.   Con un compañero (una compañera) de clase, escriban oraciones en las que digan si para practicar determinada profesión se *tiene que* tener la habilidad que se expresa o si simplemente *es bueno* tener esa habilidad. Usen las expresiones que se dan en **Para expresarse** (y otras inventadas por Uds.) para escribir sus oraciones.

MODELO: Para ser _____, es bueno (se tiene que) _____.

Paso 2.   Presenten a la clase las oraciones que escribieron. ¿Están de acuerdo sus compañeros con las opiniones de Uds.?

Actividad D ¿Qué cualidades?

Paso 1.   La clase debe dividirse en grupos de tres. A cada grupo se le va a asignar una profesión.

Paso 2.   Cada grupo debe pensar en por lo menos tres de las cualidades que se requieren para practicar esa profesión. Luego, debe llenar el siguiente párrafo.

La profesión de que hablamos es _____. En primer lugar, para practicar esta profesión, una persona tiene que _____. También debe _____. Y es muy bueno _____.

Paso 3.   Cada grupo va a leer su párrafo a la clase. ¿Están los otros grupos de acuerdo con sus opiniones?

UN VISTAZO

Un test

En la revista *Hombre de mundo*, apareció un test con el título « ¿Tiene madera para ser buen jefe? » Aquí sólo se reproducen algunas de las quince preguntas del test.

PALABRAS ÚTILES

madera	*qualities, ability (lit: wood)*
renuncia en el acto	*you resign immediately*
se hace el sueco	*you pretend not to understand*
sin que nadie se entere	*without anyone finding out*

Test

¿Tiene madera para ser buen jefe?

¿Tiene potencial para convertirse en un ejecutivo con grandes responsabilidades —y mayores beneficios—? La respuesta, sin duda, puede representar el futuro de su vida. Este curioso test le ayudará a encontrarla de modo científico. Y a tomar las decisiones pertinentes.

¿Es usted uno de esos individuos anónimos que forma parte del montón de empleados que hay en una empresa, pero posee el potencial suficiente para llegar a ser jefe y no lo ha desarrollado? Si usted se halla al final de la línea en su trabajo (en cuanto a consideración se refiere), y cree tener méritos para ser el primero, haga el siguiente *test* y salga de dudas.

1. Usted dedica valiosas horas del día a reorganizar su trabajo. Después de comunicárselo a su jefe, éste le contesta que ha perdido el tiempo en algo sin importancia. Usted…
   a) se enfurece, pero no dice nada;
   b) comienza una tenaz campaña para forzarlo a cambiar de idea;
   c) se resigna sin presentar batalla;
   d) renuncia en el acto;
   e) decide buscar otro trabajo en el que sea más apreciado.

2. Su jefe sale de vacaciones. Usted…
   a) habla mal de él con todo el mundo;
   b) conspira abiertamente para quitarle el puesto;
   c) no hace nada por aliviar su trabajo pendiente;
   d) se mantiene discreto en su posición;
   e) hace su trabajo y el de su jefe para que nada se complique.

3. ¿Hace listas de las cosas importantes que debe hacer?
   a) ¿Todos los días?
   b) ¿Sólo semanalmente?
   c) ¿De vez en cuando?
   d) ¿Sólo en casos de emergencia?
   e) ¿Nunca?

4. Si hay un romance en la oficina, usted…
   a) se hace el sueco;
   b) lo estimula;
   c) lo disfruta enormemente;
   d) lo censura;
   e) ha sido quien lo inició.

5. Si las cosas no marchan bien en el trabajo, usted…
   a) se va a la casa con esa preocupación;
   b) además de preocuparse, pierde el sueño;
   c) además de a y b, pierde el apetito;
   d) se olvida del problema tan pronto sale de la oficina;
   e) deja de preocuparse sólo en los fines de semana.

6. Ha cometido un terrible error. Su primera reacción es…
   a) tratar de resolverlo sin ayuda ajena;
   b) pensar que tiene que informar al jefe;
   c) encubrirlo sin que nadie se entere;
   d) que nunca se sabrá nada si no lo dice;
   e) que nadie es perfecto.

7. Una buena tarde, descubre que ya no tiene nada más que hacer. En ese caso, usted…
   a) pretende que está muy ocupado;
   b) busca ayudar a alguien;
   c) pregunta al jefe si puede ayudarlo con algo;
   d) pide permiso al jefe para irse temprano a la casa;
   e) pregunta al jefe si puede irse a la casa y trabajar esas horas en otra ocasión.

8. Cuando las cosas en la oficina se complican, usted…
   a) se llena de pánico;
   b) se siente un poco frustrado y nervioso;
   c) conserva la calma;
   d) Las presiones no lo afectan mucho.

Resultados

De 0 a 70 puntos:

Usted nunca será jefe de nada y debe darle gran alivio el que pueda confirmarlo ahora. De todas formas no se sienta descorazonado, porque se sentirá contento al saber que sí puede rendir el mismo trabajo de cualquier encargado. Ahora bien, si estuviera en sus zapatos se sentiría tan nervioso y sin control que seguramente se enfermaría. Dése por dichoso de ser quién es y lo que hace, porque es más que suficiente dado su temperamento.

De 75 a 120:

Usted podría llegar a ser ejecutivo, aunque tal vez no sea uno muy perfecto que digamos. Tiene habilidad para planificar y tomar decisiones cuando no se puede vacilar. Pero también es muy posible que no tome las más correctas cuando la presión se pone al rojo vivo, como cuando tenga que despedir a alguien que conoce. Ahora bien y recuerde esto: usted puede llegar bien lejos… si lo desea.

De 125 a 165:

Si usted no es ahora el jefe, no se preocupe en lo más mínimo. Lo será y pronto. Tiene la determinación y el impulso para llegar a la cima. Y si lo duda, haga preguntas indiscretas. Averiguará lo preocupado que está su jefe con usted.

Puntuación

1.	a	5	b	20	c	10	d	0	e 15
2.	a	10	b	0	c	0	d	20	e 5
3.	a	25	b	20	c	10	d	15	e 5
4.	a	15	b	5	c	10	d	20	e 0
5.	a	10	b	5	c	0	d	15	e 20
6.	a	20	b	0	c	5	d	10	e 15
7.	a	5	b	20	c	10	d	0	e 15
8.	a	0	b	5	c	10	d	20	

Actividad optativa ¿Tienes potencial?

Paso 1. Toma el test. Anota tus respuestas en una hoja de papel.

Paso 2. Con otra persona, determinen cuál es la respuesta más apropiada para cada pregunta y cuál es la menos apropiada. Todos deben compartir sus ideas con los demás.

Paso 3. Determinen qué cualidad trata de descubrir cada pregunta en la persona que toma el test.

Paso 4. Ahora, ¿cómo saliste en el test? ¿Tienes madera para ser jefe/a? ¿Crees que el test debería incluir preguntas sobre otros temas?

¿SABÍAS QUE...

...muchos que se han destacado[a] en las artes y las letras primero trabajaron en otra profesión? Por ejemplo, la célebre poeta chilena Gabriela Mistral, quien ganó el Premio Nóbel de literatura en 1945, fue primero maestra de escuela primaria. En algunos de sus poemas, habla de este aspecto de su vida. Jorge Luis Borges, otra gran figura de la literatura latinoamericana, fue periodista

Gabriela Mistral
(1899–1957)

[a] se... *have excelled*

IDEAS PARA EXPLORAR
ALGUNAS ASPIRACIONES

PARA EXPRESARSE   ¿Y EN EL FUTURO?

You have already learned how to express future intent in a variety of ways.

Quiero ser director.	**Voy a** ser director.
Me gustaría ser director.	**Espero** ser director.
Pienso ser director.	

Whenever you stipulate *when* a future event will happen and you use a conjunction of time, like **después (de) que, antes (de) que,** or **cuando,** you also must use a form called the *subjunctive*.

Quiero trabajar de diseñador cuando **me gradúe.**
Espero ser jefe después que el departamento **se reorganice.**

The present tense of the subjunctive is formed by using the **yo** form of the present tense, which you already know; dropping the final **-o** and adding the "opposite" vowel (**a** if the verb ends in **-er** or **-ir, e** if the verb ends in **-ar**); and finally adding any endings needed to indicate person and number (e.g., **-mos**).

me gradúo → me gradu- + e → me gradúe (yo), te gradúes, etcétera
tengo → teng- + a → tenga (yo), tengas (tú), tengan (ellos/Uds.), etcétera
vivo → viv- + a → viva (él/ella, Ud.), vivamos, etcétera

en Buenos Aires, así como Gabriel García Márquez, otro escritor latinoamericano quien en 1982 ganó el Premio Nóbel de literatura. El muy conocido escritor español Pío Baroja fue doctor y en su novela *El árbol de la ciencia* el protagonista, un personaje autobiográfico, es doctor. Y finalmente otro escritor español, Camilo José Cela, ha sido representante en las Cortes españolas.

Jorge Luis Borges
(1899–1986)

Some common irregular verbs in the subjunctive are

ser: sea, seas, sea, seamos, sean
ir: vaya, vayas, vaya, vayamos, vayan

ᵃpara... *why the heck*

Actividad A Planes profesionales

Paso 1. ¿Qué vas a hacer en las siguientes circunstancias? Responde marcando con una X las respuestas que más reflejen tus propias opiniones.

1. Cuando me gradúe,...
   - ☐ voy a buscar empleo inmediatamente.
   - ☐ voy a seguir estudiando para sacar un diploma avanzado.
   - ☐ pienso volver a casa a vivir con mi familia.
   - ☐ _____

2. Después que obtenga cierta experiencia en un puesto,...
   - ☐ me gustaría ser jefe/a.
   - ☐ voy a buscar otro puesto en otro lugar.
   - ☐ creo que me gustaría cambiar de carrera para no aburrirme.
   - ☐ _____

3. Antes que me decida a aceptar un trabajo o puesto,...
   - ☐ pienso consultar a mi familia.
   - ☐ pienso consultar a mis amigos.
   - ☐ pienso consultar a mis profesores.
   - ☐ _____

4. Cuando por fin alcance todas mis metas (*goals*), yo...
   - ☐ voy a estar bastante joven.
   - ☐ voy a estar muy viejo/a.
   - ☐ voy a tener _____ años.

5. Me gustaría jubilarme (*retire*) cuando tenga...
   - ☐ 50 años.   ☐ 60 años.
   - ☐ 55 años.   ☐ _____

Paso 2.   Entrevista a un compañero (una compañera) de clase. Formula preguntas basadas en las respuestas que tú diste en el paso anterior. Por ejemplo, si en el número 5 tú respondiste 55 años, tu pregunta sería «¿Te gustaría jubilarte cuando tengas 55 años?» Escribe tus preguntas antes de la entrevista.

PREGUNTAS	RESPUESTAS DE LA PERSONA
1. ¿_____?	_____
2. ¿_____?	_____
3. ¿_____?	_____
4. ¿_____?	_____
5. ¿_____?	_____

Paso 3.   A base de la información obtenida en el **Paso 2,** ¿son tu compañero/a y tú semejantes o diferentes? ¿Qué aspectos de las personalidades de Uds. se revelan a través de las respuestas?

Actividad B Las metas personales y profesionales

Cuando seas mayor, ¿cómo esperas ser y qué esperas hacer? Prepara una breve descripción en la que digas en dónde, cómo, cuándo, con quién, etcétera, vas a hacer lo que piensas.

MODELOS: Cuando sea mayor, espero tener más paciencia. Me gustaría trabajar en medicina, como ayudante técnico, y me gustaría vivir en una ciudad grande.

Cuando sea mayor, quiero vivir en una granja, lejos de la ciudad. No pienso casarme ni tener hijos.

LOS HISPANOS HABLAN

¿Qué piensas ser?

NOMBRE: Raquel Perico, actriz
EDAD: 26 años
PAÍS: Puerto Rico

« Estoy estudiando administración de empresas. No sé cómo seguirá[a] mi carrera como actriz dado que aquí en Puerto Rico no existen muchas oportunidades. Por lo menos con un *masters* en administración de empresas tengo cierta garantía de ingresos[b]... »

[a]*will continue* [b]*income*

UN VISTAZO

¿Yo? ¡Jhá!

Susanita y Mafalda discuten[a] mucho sobre los papeles de las mujeres y los hombres. Mira la siguiente tira cómica en que Susanita le dice a Mafalda cuáles son sus planes para el futuro.

Actividad optativa Yo voy a ser...

¿Conoces a alguien, mujer u hombre, que piense como Susanita? Describe a esta persona a la clase, incluyendo aspectos de su personalidad, sus metas y algunas cosas que dice.

[a]*argue*
* **vos** = *you (fam., sing.),* used in Argentina and other countries

UN VISTAZO

Tu futuro profesional

En contraste con las ideas de Susanita, en España el Ministerio de Asuntos Sociales ha publicado el siguiente folleto[a] para las mujeres. Léelo para comprender las ideas generales.

Elige bien tu profesión
Elige bien tu futuro

La elección que hagas al acabar tus estudios de Educación General Básica tiene una influencia decisiva en tu futuro profesional.

En la Enseñanza Secundaria hay más chicas matriculadas que chicos, aunque se observa que el peso de la tradición hace que las chicas no elijan materias de ciencia y tecnología, a pesar de estar plenamente capacitadas para abordarlas; y la minoría de las que deciden seguir estudios de formación profesional eligen las ramas más tradicionales y con menores posibilidades de empleo.

Algo parecido sucede cuando las jóvenes entran en la Universidad y eligen, en su mayoría, carreras tradicionalmente femeninas y con menores posibilidades profesionales para el futuro.

Las profesiones no tienen sexo.

La decisión de las jóvenes sobre sus estudios medios y superiores tiene que incorporar elementos nuevos: las profesiones ya no son masculinas o femeninas, hay que pensar en el futuro y orientarse a sectores productivos en expansión: electrónica, telemática, gestión de recursos humanos, bioquímica, comunicaciones, marketing, energética, diseño…etc…

Cada vez son más las mujeres que se incorporan al mercado de trabajo, convencidas de que el ejercicio de una profesión u oficio les procura la independencia económica y, por consiguiente, una mayor capacidad de decisión sobre sus vidas, y un desarrollo personal que les permite participar más activamente en la vida social.

Desde finales de 1985 hasta finales de 1986, 176.000 mujeres encontraron ocupación, 67.000 perdieron el empleo y 243.000 más se incorporaron a la población activa. Pero aunque el camino se ha iniciado, queda un gran trecho por recorrer para que los hombres y las mujeres tengan las mismas oportunidades.

En la Comunidad Europea la tendencia es la misma, el nivel de participación laboral de la mujer no cesa de aumentar, mientras que el de los varones permanece constante.

Ahora puedes elegir.

Sin embargo, al elegir una profesión, las mujeres se deciden todavía por aquéllas que tradicionalmente han sido realizadas por mujeres: enseñanza, puericultura, comercio, peluquería… Por el contrario, su ausencia es casi total en las actividades que se relacionan con la técnica, limitando así su campo de actividad laboral.

No te dejes llevar por la corriente. Elegir bien o mal tu profesión influye mucho en las posibilidades de encontrar un trabajo interesante. Y, ten por seguro, hoy en día no hay ninguna profesión que no te convenga tan sólo por el hecho de ser mujer. Lo que cuenta son tus gustos y capacidades y que tu formación se corresponda con el trabajo existente.

Al elegir tu profesión, piensa en el futuro. Ahora puedes elegir.

Infórmate, prepárate, y atrévete a romper con la tradición.

Tienes todas las posibilidades.

Actividad optativa Un diseño con un mensaje[b]

Los consejos al final del folleto, tanto como lo que sugiere el título, son buenos para cualquier persona. En grupos de tres, escojan una de las oraciones (o el título mismo) y diseñen un gráfico que ilustre esa idea o esas ideas. El diseño puede contener fotos, dibujos o lo que Uds. quieran. Luego, díganle al resto de la clase lo que han diseñado, describiendo la parte visual.

[a] *brochure* [b] *message*

PARA EXPRESARSE ¿QUÉ TIPO DE TRABAJO BUSCAS?

Another use of the subjunctive is in sentences discussing something that either is not definite or is hoped for. Compare these two sentences.

> Tengo un trabajo **que requiere** muchas horas fuera de la oficina.
> Busco un trabajo **que no requiera** muchas horas fuera de la oficina.

In the first sentence, the speaker is referring to a definite job (the one she has). In the second sentence, the speaker is referring to a job he would like to have (but doesn't yet have and doesn't know if he ever will have). Note that the subjunctive occurs in a subordinate clause, that is, a sentence within another sentence.

> Espero encontrar un trabajo **que esté cerca de mi casa.**

Here are a few more irregular subjunctive forms, from **saber:**

> sepa, sepas, sepa, sepamos, sepan

—Necesitamos una persona
que sepa comunicarse bien,
que escriba claramente...
—Y que tenga don de gentes...

VER EL MANUAL

Actividad C ¿Piensas así?

Paso 1. Determina si las siguientes oraciones expresan tus deseos o no.

1. Quiero un trabajo que...
   - ☐ esté cerca de donde vive mi familia.
   - ☐ esté lejos de donde vive mi familia.

2. Prefiero un puesto en el que yo...
   - ☐ tenga grandes responsabilidades.
   - ☐ tenga pocas responsabilidades.

3. Espero entrar en una profesión que...
   - ☐ ofrezca la oportunidad de viajar mucho.
   - ☐ no requiera viajes frecuentes.

4. Necesito un trabajo en el que...
   - ☐ yo tenga mucho contacto diario con una variedad de personas.
   - ☐ yo tenga contacto mínimo con otras personas.
   - ☐ mi contacto con otras personas sea limitado.

5. Para mí es importante encontrar un trabajo que...
   - ☐ pague bien.
   - ☐ contribuya algo a la sociedad.
   - ☐ utilice mi inteligencia.

6. Si es posible, quiero un trabajo que _____.

Paso 2. Comparte tus respuestas con el resto de la clase. Alguien debe anotar las respuestas en la pizarra.

Paso 3. ¿Qué buscan los estudiantes de la clase en un trabajo? ¿Qué aspectos les parece que son de mayor importancia? ¿Se puede generalizar a base de las respuestas dadas en los **Pasos 1** y **2**?

Paso 4. (optativo) Usando las preguntas del **Paso 1,** haz una encuesta entre personas que no estén en tu clase. Entrevista a personas de diferentes edades, por ejemplo, adolescentes y recién graduados. Trae las respuestas a clase. ¿Cómo se comparan con la información compartida en el **Paso 3**?

LOS HISPANOS HABLAN

¿Tienes algún ideal, tanto en lo social como en lo personal? ¿Cuál es?

> NOMBRE: Sarita Fernández, estudiante
> EDAD: 21 años
> PAÍS: Costa Rica

« Cuando yo sea mayor y reciba un salario considerable, quiero ayudar a un hospicio de huérfanos, pero no llevaría dinero sino comida, ropa, y libros, y haría lo posible para que recibieran una buena educación. Yo he trabajado con niñas de escasos recursos económicos y sé lo crudo que es lo que ellas viven. Muchas no han podido estudiar y se encuentran en la más absoluta de las ignorancias; eso me duele, ya que sus problemas internos son los que no les permiten estudiar, porque el Estado da la educación primaria gratuita y obligatoria. »

> NOMBRE: Mónica Muñoz, estudiante
> EDAD: 19 años
> PAÍS: Honduras

« Mi gran ideal como mi meta es llegar a graduarme en la universidad. Sueño con estudiar *International Business* pero desgraciadamente aquí en Honduras no existe. He solicitado becas y confío en Dios que alguna de ellas resulte. También sueño con casarme y tener mi propio hogar basado en amor y paz. »

> NOMBRE: Isabel Díaz, estudiante
> EDAD: 17 años
> PAÍS: España

« Admiro a toda aquella persona que lucha por sus ideales, aunque ello implique la pérdida de comodidades materiales. Admiro también a todas las personas con personalidad y carácter, que no tienen prejuicio alguno.

« En estos momentos admiro a la gente que sabe lo que quiere hacer en el futuro; que ha elegido una carrera y va directo a ser lo que se propone. Este año tendré que elegir qué es lo que quiero ser, qué carrera quiero hacer, y aún no estoy segura. »

Actividad D ¿Y el jefe (la jefa)?

Paso 1. ¿Qué buscas en un jefe (una jefa)? Indica tus preferencias según la siguiente escala.

4 = Es muy importante. 2 = No es tan importante.
3 = Es importante. 1 = No tiene ninguna importancia.

En el futuro, quiero un jefe (una jefa) que...

☐ sepa escuchar.
☐ tenga un buen sentido del humor.
☐ sea exigente (*demanding*), pero no perfeccionista.
☐ no se considere superior a sus empleados.

☐ conozca bien el trabajo de cada uno de sus empleados.

☐ sea más inteligente que yo.

☐ _____

Paso 2. Busca a dos personas en la clase que tengan por lo menos tres respuestas en común contigo. Luego, entre los tres, escriban un corto párrafo.

> MODELO: Nosotros queremos un jefe (una jefa) que _____. También preferimos un jefe (una jefa) que _____. Esperamos encontrar un jefe (una jefa) que _____.

Paso 3. Compartan lo que escribieron en su párrafo con otro grupo antes de entregárselo al profesor (a la profesora). ¿Son semejantes o diferentes las ideas expresadas en los dos párrafos?

Y AHORA...

Recomendaciones para elegir una profesión

Paso 1. Vas a escribirle unas recomendaciones a un compañero (una compañera) de clase con referencia a la profesión que debe seguir. Primero, lee el siguiente párrafo y piensa en los datos que necesitas obtener para hacer las recomendaciones.

> Según nuestra conversación, veo que tú _____. También he observado que _____. Dices que tus metas personales son _____. Entonces, creo que puedes trabajar en los siguientes campos: _____. Una profesión ideal para ti sería _____.

Paso 2. Vas a entrevistar a una persona en la clase sobre la siguiente lista de temas. Lee la lista y escribe preguntas para cada tema que te ayudarán a obtener los datos que deseas sobre esa persona. Tus preguntas deben ayudarte a aprender algo sobre la persona sin hacerle preguntas directas sobre su vida privada.

☐ personalidad de la persona

☐ metas de la persona

☐ cómo la persona se relaciona con los demás

☐ intereses

☐ aptitudes o habilidades especiales

Paso 3. Ahora, entrevista a una persona y anota sus respuestas mientras habla. Pide aclaraciones cuando sea necesario.

Paso 4. Llena el párrafo del **Paso 1** con los datos que obtuviste. Agrega otras ideas para completarlo. Antes de entregarle tu párrafo al profesor (a la profesora), muéstraselo a la persona que entrevistaste. ¿Qué piensa de lo que escribiste? ¿Dice que le interesa el campo o profesión que le sugeriste?

VOCABULARIO

Vocabulario básico

Campos	Fields
la arquitectura	architecture
la asistencia social	social work
la contabilidad	accounting
el Derecho	law
la enseñanza	teaching
la farmacia	pharmacy
el gobierno	government
la medicina	medicine
la moda	fashion
los negocios	business
la terapia física	physical therapy

Repaso: la agricultura, el arte, la ciencia, el cine, la computación, los deportes, la ingeniería, la música, el periodismo, la política, la psicología, el teatro, la televisión

Profesiones	Professions
el/la abogado/a	lawyer
el actor (la actriz)	actor (actress)
el/la arquitecto/a	architect
el/la asesor(a)	consultant
el/la astrónomo/a	astronomer
el/la atleta	athlete
el/la ayudante	assistant
el/la biólogo/a	biologist
el/la contador(a)	accountant
el/la director(a)	director
el/la diseñador(a)	designer
el/la enfermero/a	nurse
el/la escultor(a)	sculptor
el/la especialista	specialist
el/la farmacéutico/a	pharmacist
el/la físico/a	physicist
el/la fotógrafo/a	photographer
el/la gerente	manager
el/la granjero/a	farmer
el hombre (la mujer) de negocios	businessman (businesswoman)
el/la ingeniero/a	engineer
el/la jefe/a	boss
el/la jugador(a) de...	player of . . .

el/la maestro/a	teacher (*elementary school*)
el/la médico/a	doctor
el/la músico	musician
el/la periodista	journalist
el/la pintor(a)	painter
el/la político/a	politician
el/la presidente/a	president
el/la productor(a)	producer
el/la profesional	professional
el/la programador(a)	programmer
el/la psicólogo/a	psychologist
el/la químico/a	chemist
el/la representante	representative
el/la senador(a)	senator
el/la técnico	technician
el/la terapeuta	therapist
el/la trabajador(a) social	social worker
el/la veterinario/a	veterinarian

Repaso: el/la científico/a, el/la profesor(a)

¿Qué características debe tener?	What characteristics should he or she have?
la aptitud	aptitude
la cualidad	quality
la habilidad	skill
pensar de una manera directa	to think in a direct (linear) manner
saber + *infinitive*	to know how (*to do something*)
ser carismático/a	to be charismatic
ser compasivo/a	to be compassionate
ser compulsivo/a	to be compulsive
ser emprendedor(a)	to be enterprising, aggressive
ser físicamente fuerte	to be physically strong
ser hábil para las matemáticas	to be good at math
ser honesto/a	to be honest
ser íntegro/a	to be honorable
ser listo/a	to be clever, smart
ser mayor	to be older
ser organizado/a	to be organized
ser paciente	to be patient
tener don de gentes	to have a way with people

El futuro	The future
buscar un trabajo	to look for a job
elegir (i, i) (j) una profesión	to choose a profession
el/la empleado/a	employee
la empresa	company
la formación profesional	professional training
graduarse	to graduate
la meta	goal
el puesto	position

Palabras y expresiones útiles

la aspiración	aspiration
consultar	to consult
dedicarse (qu) a	to dedicate oneself to
la esperanza	hope
la ocupación	occupation, job
practicar una profesión	to practice a profession

OTRAS IDEAS

❖ **Actividad A** ¿Cuánto prestigio?

Algunas profesiones tienen más prestigio que otras. ¿Cómo calificas tú las siguientes profesiones?

Paso 1. Pon al lado de cada profesión el número que indique el prestigio que tú crees que tiene en la sociedad.

3 = mucho prestigio   2 = algún prestigio   1 = poco prestigio

_____ trabajador(a) social
_____ abogado/a
_____ maestro/a de secundaria
_____ enfermero/a
_____ piloto
_____ director(a) de cine
_____ policía

_____ veterinario/a
_____ hombre (mujer) de negocios
_____ contador(a)
_____ azafata (*flight attendant*)
_____ granjero/a
_____ taxista

Paso 2. Reúnete con otros dos compañeros de clase y comparen lo que escribieron. ¿Tienen opiniones diferentes? ¿En qué se basaban las respuestas?

❖ **Actividad B** ¿Sabes escuchar?

Muchas profesiones requieren que las personas que las practican tengan habilidad tanto para escuchar a los demás como para hablar o escribir claramente.

Paso 1. Señala en la siguiente escala el número que mejor indique tu habilidad para escuchar a otras personas.

HABILIDAD PARA ESCUCHAR

0 1 2 3 4 5 6 7 8 9 10

Paso 2. Ahora, lee rápidamente el artículo «Aprende a escuchar», que se publicó en una revista popular. Busca la parte donde se dan sugerencias para escuchar mejor. ¿Cuántas de estas sugerencias ya practicas?

APRENDE A

ESCUCHAR

Si no recuerdas números de teléfono ni direcciones, no es que tengas mala memoria: es que no pusiste atención. Se ha comprobado científicamente que la falta de memoria —queja muy generalizada— no tiene tanto que ver con las neuronas del cerebro como con el mal hábito de la falta de atención. De todos los ejercicios nemotécnicos para mejorar la memoria el más fácil y quizás más efectivo es ése: prestar atención. ¿Te interesa intentarlo? Aquí tienes unos cuantos TIPS.

Ante todo, mira los ojos del que habla. Trata de mostrarte interesada en lo que dice y, sobre todo, interesarte de veras.

Concéntrate en lo que se dice. Haz un esfuerzo por filtrar lo que oyes a tu memoria.

Si pierdes algo de lo que se dice, pregunta.

Observa. Si notas que se espera de ti un comentario, habla. De otro modo, no interrumpas por gusto. No obstante, sí debes expresar tu interés con gestos faciales, asentir con la cabeza, etc. Considerándote obligada a hacer esto por cortesía, no te permitirás distraerte.

Si es un dato difícil de recordar, anótalo (teléfonos, direcciones, horas de citas, etc.). Es buena práctica tener una libretita en la bolsa.

Lleva un diario. Escribiendo lo importante de cada día, asentarás en tu memoria esos datos.

Paso 3. Vuelve a la escala del **Paso 1.** ¿Quieres cambiar el número que señalaste o estás contento/a con tu evaluación?

Paso 4. Busca a otras dos personas en la clase cuya habilidad para escuchar sea como la tuya. Puedes preguntar, por ejemplo, «¿Sabes escuchar con atención?» o «¿Tienes habilidad para escuchar?»

❖ **Actividad C** ¿Te identificas con ellos?

Paso 1. Lee estas tres selecciones. Forman parte de entrevistas con tres profesionales de Miami.

LEO GHITIS
Director de Mercadeo
Trammel Crow Co.

Leo, 28, es original de Colombia y vive desde hace dos años en Miami. Estudió ingeniería industrial en Georgia Tech y M.B.A. en la Universidad de Harvard. En su país trabajó como gerente de planta para Atila de Colombia, y actualmente es director de mercadeo en propiedad raíz en Trammel Crow Co. Leo es casado y padre de dos niños.

MM – ¿Cómo desarrollaste un interés en bienes raíces?

LG – Después de hacer mi M.B.A. quería venir al Sur de la Florida y pensaba que bienes raíces era una de las industrias que más potencial tenía en esta área. Este es un negocio muy lucrativo en áreas de alto crecimiento. Aquí se mudan mil personas cada día de las cuales un 40% vienen a vivir en los condados de Palm Beach, Broward y Dade. Desde que empecé, descubrí el gran impacto que puede tener un desarrollador en un área, ya que un sólo proyecto puede drásticamente cambiar su situación al crear empleos y mejorar su aspecto estético.

MM – ¿Cuál es tu labor específica?

LG – Estoy encargado de mercadear y diseñar proyectos que llenen las necesidades de nuestros clientes. Estos incluyen parques industriales, edificios de oficinas, centros comerciales y centros de distribución. Compramos la tierra y construimos el proyecto contratando firmas de arquitectos y construcción.

LISETTE NOGUES
Médico Neurólogo
Práctica Privada

Establecida en práctica privada hace un año y medio en Miami, Lisette, 36, médico neurólogo, llegó de Cuba cuando era niña. Estudió B.A. en enfermería en San Jose State, M.A. en la universidad de Miami, M.D. en la universidad de Santiago de República Dominicana e hizo residencia en el Medical College de Virginia. Lisette es casada y tiene nueve hijos.

MM – ¿Cómo te interesas en neurología?

LN – Considero que es la especialidad más fascinante y estimulante de la medicina por la complejidad y diversidad de enfermedades. Se debe hacer un gran esfuerzo mental al formular el diagnóstico. Esta rama abarca toda la medicina interna y más. Al pasar los exámenes de residencia, obtuve la nota más alta en la nación en esta área y creo que esto ya me indicaba mi gran interés por el sistema nervioso.

MM – ¿Quiénes son tus pacientes?

LN – El médico general sospecha que hay un problema neurológico cuando existe una embolia, un tumor, o una epilepsia. Nuestra experiencia es tan vasta que cuando un doctor se encuentra en una encrucijada acude a un neurólogo quien hace un análisis complejo de todos los síntomas. Muchas veces me refieren pacientes para estar absolutamente seguros que una manifestación psíquica no sea la consecuencia de un problema físico. Todos los casos son delicados y muy tristes. El caso más benigno es el de las migrañas. Es el neurólogo el que pronuncia la muerte cerebral que ocurre a pesar de que el corazón continúe latiendo.

MM – ¿Cómo te sientes acerca del debate sobre la definición de la vida?

LN – Defino la vida como científica. La vida es la coordinación de todos los órganos del sistema interno orquestados por el cerebro. Cuando existe indudable evidencia que la persona tiene daños irreversibles y que no hay función cerebral, no resulta ningún problema. El mayor de éstos es ayudar a la familia a comprender que esa vida ha llegado a su fin. En estos momentos la familia se convierte en mi paciente.

MM – Además de ser una profesional dedicada, eres madre y esposa. ¿Cómo haces?

LN – No existe nada sin costo. Es difícil pero se debe ser muy creativa y lograr distribuir el tiempo. Cada día hay que hacer una lista de prioridades en cuanto a tus pacientes y tu familia. Tienes que tener mucha imaginación.

MM – ¿Has tenido presiones por ser joven? ¿Por ser mujer?

LN – Un ejemplo vívido es como los trabajadores de seguridad trataban de sacarme de los parqueos de médicos al gritarme: "¡Señora, eso es para médicos solamente!" Yo los ignoraba y seguía mi camino. Luego me daba vuelta y muy seria les decía: "¿Y usted acaso me ha preguntado si yo soy médico?". Mis pacientes y colegas se sorprenden primero que sea médico y segundo que sea neuróloga. Muchos piensan que las mujeres somos suaves y de poca competencia. Por el contrario, soy agresiva y no le tengo miedo a nada. Sin extremos porque soy muy femenina y me encanta ser mujer.

KENNETH WEISMAN
Abogado Criminalista
Mishkin & Golembe

Abogado criminalista para la firma miamense de Mishkin & Golembe, Kenneth, 25, es originario de Tampa. Hizo sus estudios de B.A. en economía e historia del arte en la Universidad de Tulane en Nueva Orleans y de abogacía en la Universidad de Miami. Actualmente se especializa en trabajos estatales, sobre todo narcóticos y ofensas de tráfico.

MM – ¿Cómo te interesaste en especializarte en ley criminal?

KW – Siempre me ha fascinado el sistema de justicia criminal y mientras estaba en la universidad estuve de voluntario en la corte. Luego trabajé en la oficina del procurador del estado como fiscal y como *free lancer* haciendo historiales para diferentes oficinas de abogados. Ahora en una práctica con otros dos abogados, me especializo en narcóticos y lo encuentro muy interesante. Nuestra práctica nos ha llevado a Chile y Santo Domingo, y a través de todos los Estados Unidos.

MM – Alan Dershowitz, el gran abogado criminalista, escribió que un criminalista sabe que la mayoría de sus clientes son culpables. ¿Estás de acuerdo?

KW – Eso es verdad. Inicialmente ellos hablan con gran franqueza pero con desconfianza e incredulidad. Después de un rato, se obtiene una versión honesta de lo que ha ocurrido. No tengo ningún problema con ello. Cada uno tiene derecho a su representación legal. No es cuestión de la culpabilidad u honestidad de la persona. Mucha gente se queja de que una persona culpable logra salir libre por una cuestión técnica. Pero esa tecnicidad puede ser intromisión, abuso de la policía o violación de algún derecho. No vivimos en un estado policial, ni queremos hacerlo. Tenemos que mantener el nivel legal de la policía y del gobierno en el mismo grado en que ellos quieren que nosotros lo sostengamos.

Paso 2.   Piensa en cada persona entrevistada: sus características, sus metas, sus intereses, el trabajo que ha hecho.

Paso 3.   ¿Te identificas con alguno de los tres en particular? ¿Con diferentes aspectos de la experiencia de cada uno? Escribe un párrafo breve, usando el siguiente modelo si quieres.

MODELO: (No) Me identifico con _____. Ella (Él, Ellos) y yo _____. Para el futuro me gustaría (pienso) _____ como ha(n) hecho _____.

¿QUÉ NOS ESPERA EN EL FUTURO?

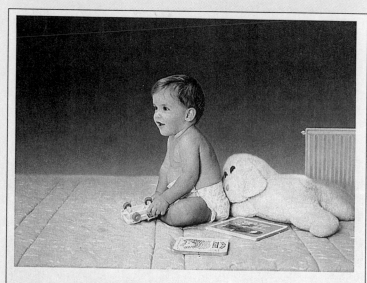

ES NUESTRO FUTURO. Y hay que
asegurarlo. Con toda energía. Para que la vida sea cada vez mejor.
Para eso, utilice Gas.
Es una energía limpia. Cómoda. De casa. Es natural. **ES GAS.**

¿Cómo será el futuro? ¿Qué cambios ocurrirán que afectarán al individuo y a la sociedad en general? Mientras exploras estos temas, vas a

- aprender el vocabulario relacionado con la apariencia personal
- aprender algo sobre los posibles avances científicos y tecnológicos
- ver cómo se forma el futuro de los verbos
- ver otros usos del subjuntivo

IDEAS PARA EXPLORAR
LA ROPA Y LO QUE INDICA

PARA EXPRESARSE ¿DE QUÉ TE VISTES?

Las prendas de vestir

el sombrero

las medias

los zapatos

el vestido

la chaqueta

la blusa

Obras de Diego Velázquez
(español, 1599–1660): *El
bufón llamado « Don Juan de
Austria »*, 1632–1633, y *La in-
fanta Margarita de Austria*,
1653

Vocabulario útil

llevar	to wear	
vestirse (i, i) (de)	to dress (in)	
barato/a	inexpensive	
caro/a	expensive	
los bluejeans	jeans	
la camiseta	T-shirt	
el cuero	leather	
el diseño	design	
el jersey	pullover	
la sudadera	sweats	
el suéter	sweater	
el tacón (alto)	(high) heel	

Las telas de fibras naturales — Natural fabrics

el algodón	cotton
la lana	wool
la seda	silk

Las telas de fibras sintéticas

el poliéster
el rayón

— la camisa
— la corbata
— el traje
— los pantalones

la falda —
los calcetines —

VER EL MANUAL

Actividad A ¿Con qué sexo asocias esta ropa?

Paso 1. Escucha mientras el profesor (la profesora) menciona algunas prendas de vestir. ¿Asocias cada prenda con los hombres o con las mujeres?

MODELO: una sudadera →
La asocio con ambos sexos.

1...   2...   3...   4...   5...   6...   7...   8...   9...   10...

Paso 2. Ahora, ¿qué opinas? ¿Quiénes tienen más opciones en cuanto a la ropa, los hombres o las mujeres?

Actividad B Cambios

Paso 1. Mira las fotos que acompañan **Para expresarse** y escucha las descripciones del profesor (de la profesora). ¿A cuál de las personas o fotos describe?

1...   2...   3...   4...   5...   etcétera

Paso 2. Ahora, indica si cada oración es cierta o falsa.

1. _____ Antiguamente, los hombres llevaban medias. Ahora no.
2. _____ Antes los dos sexos se vestían de pantalones tanto como hoy.
3. _____ Como hoy, los hombres de épocas anteriores llevaban pantalones que eran largos, no cortos.
4. _____ Las telas principales de épocas anteriores eran la seda, la lana y el algodón. No existían las telas sintéticas.
5. _____ Los sombreros no han cambiado mucho a través de la historia.
6. _____ Antiguamente, las mujeres llevaban faldas cortas.

Paso 3. ¿A qué conclusión llegas?

☐ La ropa ha cambiado mucho para el hombre y la mujer.
☐ La ropa no ha cambiado tanto.

Actividad C Ropa apropiada

¿Qué ropa se puede llevar en las siguientes ocasiones? ¿Qué ropa *no* se debe llevar?

1. una entrevista de trabajo con el jefe de la compañía IBM
2. una visita al doctor (a la doctora)
3. una cita con alguien para ir al cine
4. una boda
5. un funeral
6. una fiesta dada por la profesora en su casa para los estudiantes con el fin de celebrar el fin del semestre (trimestre)

UN VISTAZO

La camisa blanca

Lee este artículo. ¿Son populares las camisas blancas en tu universidad? ¿en tu familia? ¿Qué opinas de la razón por la cual dice el autor del artículo que los hombres llevan camisas blancas?

La famosa camisa blanca ha adquirido mucha popularidad últimamente, según un reporte que muestra que en los Estados Unidos solamente, la venta de camisas blancas de hombre se ha elevado en un 25 por ciento. ¡Las camisas blancas se agotan[a] en las tiendas! Pero no creas que sólo las compran los hombres de negocios, para llevarlas con los trajes… los chicos también las compran. ¿La razón? "La camisa blanca le da una imagen segura al hombre. Y eso es lo que todos ellos quieren proyectar", dice Lisa Cohen, la editora de modas de la revista norteamericana para hombres *GQ*. Por supuesto, no se trata de llevar una "aburrida" camisa blanca, sino una camisa con un corte y diseño "diferente", aunque ésta sea de color blanco. Según parece también, los hombres se han cansado un poco de llevar camisas de listas y estampados con mucho colorido. En otras palabras, la camisa blanca está *in*… para cualquier ocasión.

Actividad optativa Una encuesta

Haz una encuesta entre cinco estudiantes universitarios del sexo masculino. Pregúntales cuántas camisas blancas tienen. Luego pregúntales (1) de qué color prefieren las camisas y (2) qué color nunca llevarían. Presenta los resultados a la clase mañana. ¿Cómo respondió la mayoría de los estudiantes?

[a]se… *are sold out*

Actividad D En la clase…

Paso 1. Observa la ropa de tus compañeros. Escribe en el cuadro el número de prendas que ves hoy en clase.

LA ROPA QUE LLEVAMOS HOY EN CLASE				
bluejeans	otros tipos de pantalones	faldas		vestidos
jerseys	sudaderas	camisas	camisetas	blusas
zapatos de cuero	zapatos de tenis	zapatos para correr	zapatos de otros tipos	

Paso 2. Ahora, calcula el porcentaje de la clase que lleva cada prenda de ropa. ¿Qué tiende a llevar la mayoría? También anota si una prenda de ropa tiene algún detalle o estilo distinto, por ejemplo, si los jerseys llevan el nombre de la universidad, un emblema, etcétera.

Paso 3. Anota aquí las tres prendas de vestir más populares entre los estudiantes.

_____ _____ _____

En esta lista se dan algunas razones por las cuales es posible que muchos estudiantes lleven una prenda de ropa en particular.

☐ Es cómodo/a.
☐ Es barato/a.
☐ Es fácil de lavar (cuidar).
☐ Dura (*It lasts*) mucho.

☐ Va bien con cualquier otro tipo de ropa.
☐ Está de moda (*in style*).

¿Por qué crees que los estudiantes llevan la ropa que anotaste arriba? ¿Qué opinan los demás?

Actividad E ¿Qué ropa llevan otras personas de la universidad?

Paso 1. Observa lo que llevan por lo menos *cinco* de las personas de cada categoría indicada en el cuadro. Trae tus observaciones mañana a clase.

CATEGORÍAS	ROPA				
	1	2	3	4	5
profesoras					
profesores					
secretarias					
secretarios					

Paso 2. Presenta tus observaciones al resto de la clase.

Paso 3. La clase entera debe contestar cada pregunta.

¿En qué se diferencian...

1. los profesores de las profesoras?
2. los secretarios de las secretarias?
3. los profesores y profesoras de los secretarios y secretarias?
4. los hombres de las mujeres?
5. _____?

Actividad F Conclusiones

Ya que has completado las **Actividades A** hasta **E,** ¿con cuáles de las siguientes conclusiones estás de acuerdo? Si tienes otra opinión, escríbela en el número 6.

	SÍ	NO
1. La ropa indica con qué grupo se identifica la persona.	☐	☐
2. La ropa refleja valores culturales y sociales.	☐	☐
3. La ropa no está limitada por el sexo.	☐	☐
4. La ropa es puramente utilitaria hoy en día.	☐	☐
5. La ropa que se lleva depende de la situación en que se encuentra uno.	☐	☐

6. _____

¿SABÍAS QUE...

...España es un país que recientemente se integró a la Europa moderna? Después de la Guerra Civil Española (1936–1939), el gobierno de España fue controlado por el general Francisco Franco. Durante mucho de la dictadura de Franco, España quedó aislada políticamente a causa de los lazos[a] entre Franco y el movimiento fascista de Europa de los años treinta. Este aislamiento tuvo como consecuencia cierto retraso[b] no sólo en el desarrollo político y social del país, sino también en las áreas de la tecnología y la economía. Cuando murió Franco en 1975, se estableció una monarquía parlamentaria. El rey Juan Carlos de Borbón y los líderes políticos elegidos por el pueblo ayudaron a que España se democratizara y avanzara tecnológica y económicamente.[*] Esta «modernización» llegó a su cumbre en 1986, cuando España fue aceptada en la Comunidad Económica Europea (el Mercado Común). Y en 1992 en España tienen lugar los Juegos Olímpicos (Barcelona) y la Expo 92 (Sevilla). Así, en menos de veinte años, España se transformó totalmente. Ahora comprenderás mejor las opiniones de Fernando de las Heras y Javier de Hita en la sección **Un vistazo.**

La Expo '92, evidencia de la integración de España a la Europa moderna.

[*] When two or more adverbs that end in **-mente** form a series, only the last in the series keeps the **-mente** ending. The others appear in the feminine singular form of the adjective.

España se transformó tecnológica, económica, política y socialmente.

[a] *ties* [b] *delay, slowness*

Actividad G Los *yuppies*

Ya se ha comentado que la ropa tiene relación con el sentido de pertenecer a un grupo. Otro grupo que a veces se distingue por su ropa es el de los *yuppies.*

Paso 1. En las páginas 486–487 hay un artículo que se llama « Yuppies españoles: En primera línea de fuego ». Busca en el texto el párrafo donde se habla de la ropa que usan. Según el artículo, ¿cómo visten los *yuppies*?

➢

Yuppies españoles: en primera línea de fuego

Profesionales brillantes, pragmáticos, deportivos, elegantes, cultos y, por si fuera poco, jóvenes y guapos. No son superhombres, no son aristócratas, son los españoles de moda. Los nuevos caballeros de la era posindustrial. Su denominación de origen, made in USA, naturalmente es Yuppi. Son lo que hay que ser porque —según la filosofía de esta nueva especie— tienen «lo que hay que tener».

Hijos del extraño matrimonio entre el ejecutivo agresivo y el revolucionario del 68, nacieron apadrinados por las nuevas tecnologías, la revolución informática y la muerte de la utopía.

Yuppi quiere decir «Young Upwardly-mobile Professionals», (jóvenes profesionales emergentes), aunque algunos sociólogos cambian la «u» de *upwardly-mobile,* emergentes, por urbanos. O simples Jupis como los rebautizó *Juan Cueto* en castellano.

En España, sólo una pequeña minoría de los ocho millones de hombres y mujeres que tienen la edad que *«hay que tener»,* entre veinticinco y cuarenta años, pueden considerarse *Yuppies.* Porque el *Yuppi made in Spain* también existe. Incluso hay quien considera que España es un país de *Yuppies* por excelencia. *«El franquismo evitó la renovación de todo tipo de élite en los sectores dominantes de todos los ámbitos sociales»,* dice el sociólogo **Fernando Conde,** y agrega: *«Con la transición política se produce también un cambio genera-*

José María García Planas. Catalán, empresario textil. Con el diseñador Antonio Miró
«Nunca voté ni votaré al PSOE, pero reconozco que en el tema de la reconversión textil, los socialistas lo han hecho bien»

cional. Acceden al poder jóvenes que se formaron en los años sesenta, con un espíritu democrático y progresista, producto de las luchas en la Universidad de aquellos años. De modo que prácticamente el único hombre mayor de la política nacional es Fraga.»

Yuppies son los profesionales del éxito, los que ingresan más de trescientas mil pesetas mensuales, muy trabajadores, con una *«moral protestante»,* según la definición del sociólogo **Angel de Luca,** basada en el rendimiento, la eficacia, la racionalidad, el pragmatismo, el valor del tiempo y el dominio de la realidad. *«Es que la realidad es así»,* es una de sus frases predilectas.

Está de moda tener úlcera, porque es el símbolo interiorizado de todas estas virtudes. Para las generaciones anteriores la úlcera era sinónimo de

dolor, ahora es un factor de diferenciación.

Tener dinero es *Yuppi.* Ser joven es *Yuppi. «Antes queríamos leer en cinco años todos los libros del mundo, haber estado en todas partes muy pronto, en fin, instalarnos en la madurez lo antes posible. Hoy, la estética dominante es ser joven»,* dice la *Yuppi* **Marta Moriarty,** de veintinueve años, dueña de una de las más famosas galerías de arte de Madrid y una de las diosas de la «Movida».

Para los *yuppies,* la recuperación del cuerpo forma parte de su concepción hedonista de la vida. Corredores de fondo, vuelo libre, submarinismo o pasión por los caballos. Cualquier deporte es bueno por muy extravagante que parezca. No son ecologistas, pero están por lo natural *«heavy».* Una especie de naturalismo urbano que les hace amar las lechugas y los tomates plantados en el jardín, con pretensiones de huerta, de los chalets adosados. Y si fuera necesario, en macetas del viejo piso recuperado en la ciudad.

Saben paladear un buen vino y les gusta cocinar. No es la gastronomía del desencanto. Es lo lúdico mezclado con lo artesanal y aderezado con cultura.

Los *yuppies* son cuidadosos con la bebida, especialmente durante el día. Han resucitado el agua mineral y se les puede ver en el *New Yorker* de Madrid pidiendo agua sin temor a pasar por pobres o por turistas americanos. En la cena esto se convierte en imperdonable y un buen vino es de rigor. Como tragos: gin-tonic, cubatas nunca, whisky por la noche y el champán es bienvenido a cualquier hora del día.

No son adictos a ningún consumo duro, todo con moderación. La única droga «aceptada» es, por supuesto, la coca, aunque el *hash* y la marihuana se recuerdan con nostalgia. Tabaco se consume en cantidad por efecto de la presión a la que están sometidos. Todos intentan dejarlo porque el *yuppi* perfecto, obviamente, no fuma.

«Me gusta vestir bien, moderno. Si te preocupas por el modelo de coche, mucho más debes ocuparte de tu estandarte que es, en definitiva la ropa —dice el cocinero **Carlos Arguiñano**—. *Antes era un desastre, pero cada día me descubro más preocupado por la ropa»*, agrega el catedrático **Javier Pérez Royo**. Los *yuppies* visten bien, porque es tan importante parecer como ser. Admiran los tejidos puros como la seda o la lana, pero el sello *yuppi* es el diseño. Los vaqueros sólo se usan si son *Levis 501*. Los zapatos preferidos son los ingleses *Oxford* o *Saxone,* porque son una combinación de nostalgia, de vestir clásico y de *Kitsch chic.*

Envidiados por muchos, imitados por casi todos y considerados traidores

Javier Pérez Royo. Catedrático de Derecho Político de la Universidad de Sevilla. Ex miembro del PCE «La militancia política ocupaba todo mi tiempo, y esto conduce a una devaluación del trabajo personal y más en el mundo del derecho»

por la izquierda tradicional, los *yuppies* se han convertido en un sector de una generación que maneja en términos generales los resortes del poder político y social. Son una generación «tapón» porque con su juventud garantizan su permanencia en sus posiciones de poder por muchos años. Mucho tendrán que pelear los que vienen detrás para conseguir el relevo antes de la jubilación.

—**Victor Steinberg**
(Texto y fotos)

Guía yuppi

Restaurantes
Zona Centro (Madrid). New Yorker (Madrid). Carlos Arguiñano (Zarauz). Regaunt (Barcelona). Oriza (Sevilla).

De copas
Oh (Madrid). Pachá (barra de arriba) (Madrid). Up and Down (Barcelona). Otto Zutz (Barcelona).

Ropa
Moda española en general: Adolfo Domínguez. Jesús del Pozo. Antonio Miró. Agatha Ruiz de la Prada. Armani. Burberrys. Zapatos: Oxford y Saxone. Prendas deportivas.

Aspiraciones
1: Prestigio. 2: Fama. 3: Reconocimiento profesional. 4: Statu. 5: Dinero.

Objetos yuppies
Coche: BMW 320 y Golf GTI. Perro: Boxer (hombres), Tekel (mujeres). Reloj: Rolex (hombres), Cartier (mujeres). Pluma: Mont Blanc (tamaño grande). Radio: Sony (9 bandas, digital). Maletín: Gucci.

Libros
Técnicos de la profesión. Prensa extranjera. Iacocca. Kundera.

Música
Clásica, preferentemente ópera italiana. Música de los 60. Elvis Presley. Tom Waits.

Cine
«Nueve semanas y media». «Carros de fuego». «Casablanca». Fred Astaire.

Paso 2. ¿Por qué visten así? Busca la razón y subráyala. ¿Cuál de las siguientes oraciones tiene relación con eso?

☐ La imagen es de igual importancia que la esencia de uno.
☐ La manera en que vistes es más importante que lo que eres como persona.
☐ La ropa es un símbolo del grupo al que perteneces.

Paso 3. Los *yuppies* españoles no se distinguen sólo por su forma de vestir. Busca en el artículo *cinco* de las otras características y anótalas.

Paso 4. Ahora, contesta: ¿Cuáles de las características mencionadas tienes tú también? ¿Crees que dentro de diez años tú también serás (*will be*) un *yuppi*?

MODELOS: Puedo identificarme con los *yuppies* españoles porque yo también _____. Pero me distingo de ellos porque no _____.

Sí, creo que dentro de diez años yo también seré un *yuppi* porque _____.

No, no seré *yuppi* en diez años porque _____.

UN VISTAZO

Dos *yuppies* españoles hablan

Estos fragmentos vienen del artículo « Yuppies españoles: En primera línea de fuego ». Lee lo que dicen estos *yuppies*.

Fernando de las Heras, empresario, *yuppi,* madrileño y cuarentón, cree que los *yuppies* tienen una postura ética más que política ante la vida. «*Estamos en el mejor momento de nuestra existencia, somos jóvenes y tenemos una cultura y un poder adquisitivo que nos permite gozar de las buenas cosas de este mundo*», dice, mientras acaricia a uno de sus tres caballos de carrera en el hipódromo de la Zarzuela.

Javier de Hita, treinta y un años, experto en comunicación, licenciado en publicidad, diseñador gráfico, pintor y *yuppi* de los pies a la cabeza, trabaja en Hill and Knowlton, empresa de comunicación filial de la multinacional *J. Walter Thomson.*

«*Mi generación es una generación de luchadores*», explica **Hita** en el salón de su casa decorada ultramoderna, donde el color negro de los muebles se mezcla con el mármol de las mesas. «*Tenemos todos los medios a nuestro alcance, pero en este país hay mucho por hacer. Las empresas siguen siendo manejadas como si fueran negocios familiares, y las innovaciones son aceptadas con dificultad. Por eso debemos tener mayor dedicación al trabajo que en una situación laboral y social normalizada.*»

Actividad optativa ¿Cómo es?

¿A quién conoces que piensa como estos dos hombres? ¿Cómo es esa persona? Descríbela a la clase.

Ideas para explorar
Dentro de unos años...

PARA EXPRESARSE | ¿CÓMO SERÁN NUESTRAS VIDAS?

Creo que en el siglo XXI habrá avances médicos muy importantes Tendremos nuevos métodos científicos y una tecnología capaz de tratar enfermedades muy graves.

You already have several means at your disposal to express future intent in Spanish.

> Muchos estudiantes **piensan especializarse** en las ciencias computacionales.
> La mayoría de la gente **espera llevar** una vida mejor dentro de unos años.
> El mundo **va a ser** muy diferente en el próximo siglo.

Spanish also has a simple future tense, equivalent to English *will* + verb.

> ¿Qué lenguas **serán** importantes en el mercado mundial del siglo XXI?
> —Bueno, el japonés **será** importante.

The future tense is formed by adding the endings **-é, -ás, -á, -emos, -án** to the infinitive of a verb.

> cambiar + é = cambiaré (*I will change*)
> ver + ás = verás (*you* [tú] *will see*)
> vivir + á = vivirá (*he/she/you* [Ud.] *will live*)
> ser + emos = seremos (*we will be*)
> trabajar + án = trabajarán (*they/you* [Uds.] *will work*)

The endings are the same regardless of whether the infinitive ends in **-ar, -er,** or **-ir.** A small number of frequently used verbs have irregular future stems. Among them are

> tener: tendré, tendrás, tendrá, tendremos, tendrán
> poder: podré, podrás, podrá, podremos, podrán
> haber: habrá (*there will be*)

VER EL MANUAL

In the *Manual* you will learn more about the future tense in Spanish.

Actividad A ¿Qué predices?

Paso 1. A continuación hay una lista de predicciones sobre lo que ocurrirá en los próximos diez años. Indica con cuáles estás de acuerdo y con cuáles no.

	ESTOY DE ACUERDO	NO ESTOY DE ACUERDO
1. Habrá la posibilidad de seleccionar un « hijo perfecto » por medio de los avances en la genética.	☐	☐
2. No se podrá encontrar comidas con conservantes artificiales, pues éstos serán prohibidos definitivamente.	☐	☐
3. Una mujer será presidenta de los Estados Unidos.	☐	☐
4. Desarrollarán una vacuna contra el SIDA.	☐	☐
5. Encontrarán el remedio para el cáncer.	☐	☐
6. Se resolverá el problema del efecto invernadero (*greenhouse effect*).	☐	☐
7. El español llegará a ser la lengua mundial, remplazando al inglés como la lengua de los negocios y la tecnología.	☐	☐
8. La ropa será más unisexo. Por eso, empezarán a desaparecer las secciones separadas para hombres y mujeres en los almacenes (*department stores*).	☐	☐

Paso 2. Usando las ideas del **Paso 1,** averigua las opiniones de tus compañeros de clase.

> MODELO: A: ¿Crees que una mujer será presidenta de los Estados Unidos?
> B: Creo que sí. (No, no creo eso.)
> A: Bien. ¿Y crees que...?

Paso 3. Usa las preguntas del **Paso 2** para entrevistar a tres compañeros/as de clase y escribe sus respuestas.

Paso 4. Llena la tabla a continuación con los datos que escribiste en el **Paso 3.**

	A	B	C
Persona 1: _____	☐	☐	☐
Persona 2: _____	☐	☐	☐
Persona 3: _____	☐	☐	☐

A = Está de acuerdo con la mayoría de las predicciones.
B = Está de acuerdo con algunas predicciones pero no con otras.
C = No está de acuerdo con ninguna de las predicciones.

Paso 5. (optativo) Por sus respuestas, ¿puedes decir si tus compañeros son optimistas o pesimistas respecto al futuro? ¿Cuáles de las ideas expuestas en el **Paso 2** revelan optimismo o pesimismo?

Actividad B ¿Y la ropa?

Se dice que si esperas suficiente tiempo la moda de anteayer volverá. ¿Qué opinas tú? ¿Qué ropa estará de moda en cinco años? ¿Bajarán o subirán las faldas? ¿Serán anchas (*wide*) o delgadas las corbatas?

Paso 1. Escribe seis oraciones sobre cómo será la moda en veinte años. Comenta por lo menos lo siguiente:

> colores
> telas
> tipos de zapatos
> dónde y cómo se comprará la ropa

Paso 2. Compara tus oraciones con las de otras dos personas. ¿Qué semejanzas y diferencias hay entre lo que escribieron Uds.?

¿SABÍAS QUE...

...hay evidencia de que México se está transformando económicamente? Por mucho tiempo, varias compañías e industrias mexicanas no han sido privadas sino públicas; es decir, han sido propiedad del gobierno. Cuando un país no tiene una economía fuerte, como es el caso de México, mantener estas compañías públicas debilita el poder económico del país aun más. Bajo la administración del Presidente Salinas, en México se han privatizado ya varias de estas compañías, por ejemplo la de teléfonos, las aerolíneas y otras. Salinas ha buscado inversiones del extranjero para ayudar a la economía débil que ha tenido México por mucho tiempo. Parece que la estrategia funciona. A finales de 1990, se publicó en varias revistas financieras de los Estados Unidos y Europa que es hora de invertir en México. Y es probable que pronto se establezca una Zona de Libre Comercio con la participación de Latinoamérica, los Estados Unidos y el Canadá. Tal zona eliminará restricciones de comercio (por ejemplo, las tarifas altas que prohíben la importación y exportación de ciertos productos). No se sabe exactamente en qué acabará el proceso que ha iniciado Salinas, pero es muy posible que el México del año 2010 sea diferente del México de 1991.

Actividad optativa Investigación

Busca en la biblioteca información sobre México y otros países latinoamericanos en cuanto a su(s)...

1. tasa de inflación
2. deudas[a] exteriores
3. desempleo
4. futuro económico y político

Comparte la información obtenida con el resto de la clase.

---

[a] *debts*

LOS HISPANOS HABLAN

¿Cómo ves el futuro de México?

NOMBRE: Ricardo Castillo, productor de cine
EDAD: 38 años
PAÍS: México

« No hay duda de que México ha sido un país pobre desde el punto de vista de los Estados Unidos. Pero hay grandes esperanzas... Con todo lo que está pasando ahora, si aprueban el acuerdo de la Zona de Libre Comercio, México podrá salir de sus problemas... »

VAMOS A VER

A comienzos de la década de los 90 en varias revistas aparecieron artículos que predecían lo que pasaría en los años 90. La lectura en la página 494 viene de la revista *Conocer* de España.

Anticipación

Paso 1.   Lee el título. Ya sabes lo que quiere decir **hogar** (casa, domicilio). Ahora, ¿qué crees que es **el hogar electrónico**?

☐   un lugar donde se venden aparatos electrónicos para la casa
☐   una casa electrónica del futuro que está computarizada

Lee la primera parte del artículo hasta que estés seguro/a de la respuesta.

Paso 2.   En la primera línea del segundo párrafo, encontrarás una expresión equivalente a hogar electrónico. Escríbela aquí.

_____

¿Qué sugiere esta expresión? ¿Qué imágenes de este tipo de casa se te ocurren? ¿Has leído alguna novela de ciencia ficción en que había casas de este tipo? ¿Has visto el programa « Los Jetson »? ¿Cómo es la casa en que viven?

Paso 3.   A continuación hay algunas palabras que te serán útiles para la lectura.

desfasado/a: obsoleto, ya no se usa
la Bolsa: institución financiera en que se realizan transacciones de compra y venta de acciones y otras inversiones de dinero. *El índice de Dow Jones nos indica si la Bolsa sube o baja.*
el lavavajillas: máquina que lava los platos
la pantalla: la parte del televisor en que se ve la imagen; en el cine, el gran rectángulo blanco en que se proyecta la película
el ocio: descanso, tiempo en que no se trabaja

Las siguientes palabras también son útiles; al leer podrás deducir su significado del contexto.

almacenado/a	desplazarse	el mando a distancia
la calefacción	las lavadoras	el propietario
el código grabado		

Exploración

Paso 1. Después de la introducción, en el artículo hay párrafos en que se tratan diferentes temas: los aparatos domésticos, lo que pasa cuando se llega a casa, el trabajo y el tiempo libre. Busca rápidamente en el artículo los párrafos en que se habla de cada uno de los temas mencionados. No es necesario leer cada párrafo; basta con identificarlos.

Paso 2. En grupos de cuatro estudiantes, dividan el artículo según los temas. Una persona leerá el párrafo que trata de lo que pasa cuando se llega a esa casa. Otra persona leerá el párrafo que trata del trabajo, etcétera. Cada persona debe anotar *tres* características de la casa «inteligente» que tienen que ver con su tema.

Paso 3. Después de anotar las tres características, piensa en cómo vas a explicárselas a tus compañeros. ¿Entenderán una nueva palabra? ¿Puedes explicarlo todo en español? ¿Puedes dar una descripción en tus propias palabras?

Paso 4. Los cuatro miembros de cada grupo deben reunirse para compartir la información que tienen. A continuación hay un cuadro que pueden llenar.

ALGUNAS CARACTERÍSTICAS DE LAS CASAS «INTELIGENTES»	
La llegada	El trabajo
Los aparatos	El tiempo libre

Paso 5. Ya sabes algo de las casas «inteligentes», pero no lo sabes todo. Ahora, lee todo el artículo. Puedes añadir más detalles al cuadro del **Paso 4** si quieres.

LECTURA

EL HOGAR ELECTRÓNICO

Las llaves de la puerta, los televisores de 625 líneas y las *ruidosas* lavadoras se quedarán desfasadas en la próxima década, cuando el 60% de la población de los países desarrollados dependa de las telecomunicaciones.

Para entrar en la casa *inteligente,* totalmente informatizada, su propietario siquiera necesitará tarjetas magnéticas; la puerta se abrirá al reconocer el sonido de su voz, después de compararla con un código grabado. En el interior de la casa un terminal controlará las funciones domésticas: se ocupará de regular la calefacción, para que cada habitación mantenga la temperatura adecuada;

HITACHI

de encender las luces, y de conectar el microondas para que la comida esté a punto, si así se lo ordenan mediante un telemando o una llamada telefónica.

Si durante la ausencia del propietario los sensores distribuidos por toda la casa detectan alguna fuga de gas o la presencia de humo, automáticamente telefonean a los tres números almacenados en su memoria.

Con las tecnologías telemáticas (teléfono, ordenador, fax, etcétera), cada vez más profesionales liberales practicarán el *teletrabajo:* invertirán en Bolsa, trazarán planos y participarán en videoconferencias sin desplazarse de su despacho. A cambio recibirán dinero electrónico para comprar nuevos electrodomésticos y nuevos periféricos para su *salón audiovisual.*

En la cocina, las lavadoras serán cada vez menos ruidosas, gracias a los nuevos materiales y al proceso de insonorización del centrifugado; un ordenador medirá las revoluciones del tambor para que cada tejido reciba el tratamiento que necesita. El lavavajillas y la tostadora incluirán un mando a distancia por infrarrojos y hasta los molinillos estarán asistidos por ordenador. En el baño, la báscula, además de señalar el peso actual, recordará también el del día anterior y los gramos ganados o perdidos a lo largo de la última semana.

A través de la pantalla de alta definición, alimentada por la televisión por cable y los satélites, cada persona recibirá en su casa todos los espectáculos y retransmisiones que sea capaz de asimilar. Desde el salón audiovisual, el *Homo electrónicus* recibirá clases de piano a distancia, jugará una partida de ajedrez con el maestro ruso de turno, o participará en juegos de aventuras a escala planetaria. El ocio privatizado, que garantiza reposo y seguridad, se impondrá frente al ocio participativo de las fiestas populares y los acontecimientos deportivos. Todo esto generará aislamiento social y necesidades de contacto personal, con consecuencias difíciles de prever.

J. A. M.

Síntesis

Paso 1. ¿Cuáles son las ventajas y desventajas de tener una casa « inteligente »? ¿Qué tipo de persona se beneficiará más con este tipo de casa? Usando el cuadro que completaste en la sección **Exploración,** escribe una composición en que hables de las ventajas y desventajas de tener esta casa. Por ejemplo, ¿qué ventaja(s) hay en tener una puerta que se abre al reconocer la voz de una persona? Debes mencionar por lo menos un aspecto de cada uno de los cuatro temas ya mencionados.

Paso 2. Compartan sus composiciones con los miembros de su grupo. ¿Tienen las mismas ideas? ¿Quieres añadir más datos o cambiar ciertas ideas en tu composición?

Paso 3. Revisa tu composición y escríbela de nuevo si quieres. Revisa la parte gramatical: uso de los verbos (tiempos, subjuntivo, etcétera), orden de las palabras, concordancia (*agreement*), uso de los pronombres enclíticos (**lo, la, los, las, le, les**), uso del **se** impersonal o **se** pasivo, etcétera. ¿Está todo bien?

Trabajando con el texto

Ya sabes usar **para** + infinitivo. Por ejemplo, en la primera línea del segundo párrafo dice « Para entrar en la casa "inteligente"... » También en el segundo párrafo hay ejemplos de **para que** + subjuntivo. **Para que** quiere decir, más o menos, *so that* o *in order that*. El uso del subjuntivo después de **para que** es obligatorio.

Paso 1. Busca los ejemplos de **para que** + subjuntivo en el segundo párrafo y escríbelos aquí.

1. _____

2. _____

¿Qué quiere decir cada oración? ¿Cuál es el infinitivo de los dos verbos que están en el subjuntivo? ¿Cuáles son las formas correspondientes del indicativo?

Paso 2. Imagina que vas a escribir más sobre la casa « inteligente » y quieres explicar el **para qué** de varias características de la casa. ¿Cómo terminarás las siguientes oraciones?

1. Las lavadoras serán cada vez menos ruidosas para que Ud. y su familia _____ .

2. Para que el propietario _____ , cada casa vendrá equipada con fax y ordenador.

3. La báscula recordará el peso del día anterior para que cualquier persona _____ .

¡Sigamos!

La residencia estudiantil « inteligente »

Paso 1. Con dos compañeros/as, hagan una lista de por lo menos tres características que tendrá la residencia estudiantil « inteligente » del futuro. ¿Qué se podrá hacer en esa residencia estudiantil que ahora no se puede hacer?

> MODELO: Cada residencia estudiantil vendrá equipada con un sistema para sacar libros de la biblioteca sin que el estudiante tenga que salir de la residencia. Por ejemplo, el estudiante podrá mandar un fax a la biblioteca y los libros se le mandarán por correo (*by mail*).

Paso 2. Compartan su lista con el resto de la clase.

Paso 3. Miren las características. ¿Se pueden clasificar de alguna manera? ¿Hay algunas características que se mencionan varias veces? ¿Por qué?

Es nuestro futuro

El siguiente anuncio habla a favor del gas como fuente de energía en las casas.

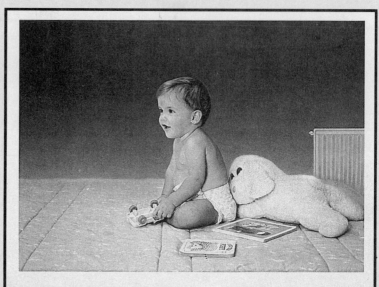

ES NUESTRO FUTURO. Y hay que asegurarlo. Con toda energía. Para que la vida sea cada vez mejor. Para eso, utilice Gas. Es una energía limpia. Cómoda. De casa. Es natural. ES GAS.

Actividad optativa Investigación

La clase debe dividirse en dos grupos. Cada grupo va a investigar las siguientes preguntas y luego va a presentarle a la clase la información obtenida.

PRIMER GRUPO

¿Cuántas reservas de gas natural hay? ¿Habrá gas para todas las casas en veinte años? ¿en cincuenta años? ¿Cuándo se acabarán[a] las reservas?

SEGUNDO GRUPO

¿Cómo se producirá la mayoría de la electricidad en veinte años? ¿en cincuenta años? ¿del gas? ¿de la energía solar o nuclear? ¿Cómo lo sabes?

Para la investigación pueden consultar libros de la biblioteca, periódicos y revistas, personas expertas, informes del gobierno, etcétera.

---

[a] acabarse = *to be used up*

VAMOS A VER

Anticipación

Paso 1. Las seis secciones en las páginas 498–499 vienen de un artículo llamado « La vida en los noventa » que se publicó en enero de 1990 en la revista *Conocer* de España. El subtítulo del artículo dice « Los próximos diez años se caracterizarán por los avances médicos y la conservación del medio ambiente. » Antes de leer, imagina para qué enfermedad se podrá encontrar un remedio para el año 2000. ¿Crees que se encontrará el remedio para el cáncer? ¿para el SIDA? ¿para las enfermedades cardiovasculares?

Paso 2. Haz una lista de por lo menos cinco avances científicos o cambios importantes que esperas que se efectúen para el año 2000.

Paso 3. Una persona de la clase debe escribir en la pizarra todos los avances o cambios que los estudiantes escribieron en el **Paso 2.** Ahora, comparen Uds. sus listas con las secciones que aparecieron en el artículo. ¿Hay semejanzas y diferencias?

SECCIONES DE « LA VIDA EN LOS NOVENTA »

Cáncer	Alcoholismo
SIDA	Avión
Enfermedades cardiovasculares	Ocio
Transportes	Parkinson
Automóvil	Diabetes
Ordenador personal	Transplante
Selección del sexo	Prótesis
La década del planeta Tierra	Laser
Tratamientos genéticos	Estar en forma
Cirugía estética	Tecnogimnasia
Nuevas dietas	Alimentación
Alimentos irradiados	Agricultura biológica
Tren de alta velocidad	Tecnología
Teléfono	Disco compacto interactivo
Televisión	Cine
Parques de atracción	Música

Piensa un momento en el tipo de lector a quien le interesan estos temas. ¿Cuáles te interesan a ti? ¿Qué tipos de temas no aparecen? ¿Crees que los avances que el artículo presenta son positivos, negativos o hay tantos de los unos como de los otros?

Exploración

Paso 1. Formen grupos de dos o tres estudiantes. Cada grupo debe escoger una de las secciones del artículo « La vida en los noventa ». Después de leerla, escriban una sola oración en la que digan cuál es el avance científico o tecnológico o cambio futuro que Uds. consideren más importante.

➤

LECTURA

LA VIDA EN LOS NOVENTA

Los expertos piensan que antes del año 2000 se encontrará un remedio eficaz que frene al virus del SIDA

SIDA

Luc Montagnier y Robert Gallo opinan que antes del año 2000 se descubrirá algún remedio eficaz contra el SIDA. A 3.200 norteamericanos, en la fase de incubación de la enfermedad, se les suministró el fármaco AZT y al menos en la mitad de los afectados se detuvo la degeneración del sistema inmunológico. Los anticuerpos artificiales, como el CD4; el compuesto Q, importado de China; los derivados de algas y mil y una vacunas en fase experimental, tendrán que demostrar su eficacia.

Selección del sexo

Dos días después de la fecundación ya se conocerá la identidad del embrión, para que la pareja elija con absoluta fiabilidad el sexo de su hijo. Estos métodos de diagnóstico ya son habituales en el Hammersmith Hospital de Londres. El responsable de esta técnica, Robert Winston, indica que está reservada para aquellas parejas en las que se haya detectado alguna enfermedad hereditaria familiar, como la hemofilia o la atrofia muscular.

Parkinson

El implante de células humanas en el cerebro para curar enfermedades degenerativas como el Parkinson es una de las aventuras quirúrgicas más prometedoras de la historia de la medicina. El mexicano Ignacio Madrazo ha sido pionero en estas intervenciones y España es el país europeo en el que se han efectuado mayor número de injertos. Generalmente, se le auto-implanta al paciente tejido de sus propias glándulas suprarrenales; pero en los últimos años ha saltado la polémica por la utilización de células de fetos humanos para mejorar los resultados. En un simposio celebrado el pasado mes de septiembre en Madrid, Madrazo reconoció que después de los éxitos obtenidos con el Parkinson se probará la misma técnica con otras enfermedades, entre ellas la corea de Huntington (popularmente conocida como *baile de San Vito*) el infarto cerebral y la enfermedad de Alzheimer.

Transportes

Volaremos de Nueva York a Tokio en tres horas y cogeremos el tren de alta velocidad en Madrid y llegaremos a Barcelona en otras cuatro, pero lo que de verdad le preocupa a la mayoría de la población es el problema del tráfico. Sólo en Europa, 130 millones de automóviles colapsan cada día las calles y las carreteras, demuestran la insuficiencia de aparcamientos y contaminan la atmósfera. Esta debería ser la prioridad absoluta, y así lo han entendido algunas ciudades como Burdeos, en Francia, donde se acaba de iniciar una experiencia cuanto menos original. Los responsables municipales han dividido las calles de la ciudad en tres categorías

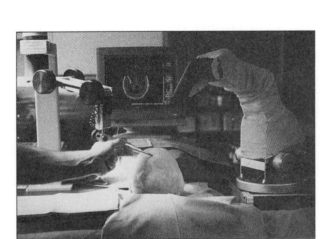

La década de la Medicina
Los expertos en prospectiva coinciden en sus pronósticos: los noventa serán los años de los grandes avances en Medicina con la ayuda de las más avanzadas tecnologías.

que corresponden a los colores rojo, verde y azul. La primera, de color rojo, corresponde a los cinturones de circunvalación y en ellas el automóvil tiene preferencia. En las calles azules todos los medios de transporte tendrán los mismos derechos, y en las verdes, que corresponden aproximadamente a la mitad del núcleo urbano, los coches circularán más despacio para que el ciclista y el peatón recuperen la ciudad.

El tráfico de Los Angeles, París y probablemente Madrid estará controlado por un ordenador que informará puntualmente a los *coches-inteligentes* de los accidentes, embotellamientos, y de la situación meteorológica. Si estas medidas funcionan, la circulación se podría duplicar y hasta triplicar.

Ordenador personal

El primer ordenador personal (PC) presentado en 1975 tenía 256 *bits* de memoria. Los actuales PCs de IBM superan los 640.000. Si en catorce años el ordenador ha experimentado una progresión tan espectacu-

Teléfonos de bolsillo
Los teléfonos de bolsillo serán operativos en las grandes ciudades a partir de 1993.

lar, a los propios ingenieros informáticos les resulta casi imposible imaginarlos al final de esta década. Para entonces, habrá ordenadores del tamaño de un reloj de muñeca, que entenderán el lenguaje humano y serán cada vez más sencillos de manejar y más baratos. Dejarán de ser instrumentos que la persona manipula para convertirse en *asesores electrónicos*. En el MIT (Instituto de Tecnología de Massachusetts, de Boston) operan con un sistema, el *NewsPeek*, que cada día edita un periódico *personalizado* después de relacionar las noticias que más le interesan a su propietario.

Teléfono

En Inglaterra ya funcionan los teléfonos inalámbricos de bolsillo, que pesan 130 gramos. Cuando el abonado se encuentra a menos de 500 metros de un *punto especial de telefonía*, en principio concentrados en aeropuertos, supermercados, bancos, restaurantes, hoteles y tiendas, telefoneará desde la calle a cualquier ciudad del mundo.

Paso 2. Vuelvan a leer la sección y ahora escriban la siguiente información.

1. ¿Qué evidencia existe ahora que hace posible predecir ese avance o cambio? ¿Ya se ha experimentado o usado en alguna parte del mundo?
2. ¿En qué consiste ese avance? ¿Da detalles el artículo?

Síntesis

Paso 1. Sin consultar de nuevo la sección que le correspondió, cada grupo debe organizar los datos obtenidos en **Exploración** para preparar un breve resumen oral. Luego, un miembro del grupo será elegido para presentar el resumen a la clase.

MODELO: En nuestra sección se habla del tratamiento del cáncer. No se encontrará un remedio para el año 2000, pero los tratamientos tradicionales avanzarán para reducir el número de muertes. Ya han experimentado una nueva radioterapia y los resultados son muy buenos.

Paso 2. A base de lo que se ha presentado en clase, ¿son todos los avances positivos? ¿Tienen aspectos negativos? La clase entera debe preparar una lista de lo positivo y lo negativo de cada avance. Pueden organizar la información así.

AVANCE	RESULTADOS POSITIVOS	RESULTADOS QUE PUEDEN SER NEGATIVOS
1. _____	_____	_____
2. _____	_____	_____

etcétera

Paso 3. (optativo) Usando los apuntes del **Paso 2,** divídanse en dos grupos: los que creen que la mayoría de los avances tendrá consecuencias positivas y los que creen que tendrá consecuencias negativas. Presenten al resto de la clase su posición. ¿Cómo responden los estudiantes a su posición?

¡Sigamos!

¿Y qué pasará con el ocio?

Paso 1. Vuelve a leer la última línea del artículo « El hogar electrónico » en la página 494. ¿Qué dice el autor sobre el ocio, o sea, el tiempo libre?

Según el autor de « El hogar electrónico », tendremos _____ .

Paso 2. A continuación hay una parte del artículo « La vida en los noventa » que no has leído. Léelo ahora y completa la oración sobre el ocio.

El autor de esta selección dice que tendremos _____ .

Ocio

Nadie lo había previsto, pero así es. El tiempo libre, o de ocio, se convertirá en uno de los bienes más escasos y, por tanto, más preciados. Hace menos de una década, los prospectivistas anunciaron que la sociedad de los ordenadores, de la robótica y de los satélites nos liberaría del trabajo, dejándonos cada vez más tiempo libre. Ha ocurrido exactamente lo contrario, y lo más probable es que la aceleración de nuestras vidas se mantenga, porque la tranquilidad no dependerá de los avances científicos, sino de las actitudes personales y sociales.

Paso 3. La clase debe escribir en la pizarra las razones por las cuales está de acuerdo con el autor del **Paso 1.** Luego la clase debe hacer lo mismo respecto al autor del **Paso 2.**

Paso 4. En grupos de tres, decidan cuál o cuáles de las razones es (son) más importante(s). Escriban cuatro o cinco oraciones explicando con quién están de acuerdo al final.

IDEAS PARA EXPLORAR
LAS POSIBILIDADES Y PROBABILIDADES DEL FUTURO

PARA EXPRESARSE ¿ES PROBABLE? ¿ES POSIBLE?

You may have noticed in the previous reading on **el ocio** that the subjunctive was used after the expression **lo más probable es que.**

...Y es poco probable que encontremos una vacuna contra esta enfermedad pronto, pero hay esperanzas para el futuro.

« ...y **lo más probable es que** la aceleración de nuestras vidas se **mantenga**... »

The use of the subjunctive is obligatory with this and similar expressions (**es [muy] probable que, [no] es posible que**) that do not convey certainty.

> **No es probable que se encuentre** un remedio para el cáncer para el año 2000.
> **Es muy posible que** para finales de los 90 se **pueda** viajar en tren de Madrid a Barcelona en sólo cuatro horas.

Expressions that express outright doubt about something also require the subjunctive in the subordinate clause.

> **Es dudoso** (*doubtful*) **que** para el año 2010 **haya** colonias en la luna.
> **No creo que** las casas « inteligentes » **vayan** a ser comunes dentro de los próximos años.

VER EL MANUAL

Actividad A ¿Estás de acuerdo?

Algunas personas dudan muchas cosas, no sólo de lo que puede (o no puede) ocurrir en el futuro sino también del estado de ciertas cosas en el presente. Indica si estás de acuerdo o no con lo siguiente. ¿Y qué piensan tus compañeros?

	ESTOY DE ACUERDO	NO ESTOY DE ACUERDO
1. Es dudoso que para el año 2000 les encontremos una solución a los problemas del medio ambiente.	☐	☐
2. No es muy cierto que en diez años se pueda seleccionar el sexo de los hijos.	☐	☐
3. Es dudoso que en diez años los Estados Unidos e Irak tengan relaciones diplomáticas.	☐	☐

	ESTOY DE ACUERDO	NO ESTOY DE ACUERDO
4. No es cierto que todas las escuelas públicas sean tan malas como lo dicen las noticias.	☐	☐
5. Es muy dudoso que en este momento el gobierno comprenda los problemas de los que no tienen vivienda.	☐	☐

Actividad B ¿Qué es probable que ocurra para el año 2000?

Usando la siguiente «escala de probabilidades» y el subjuntivo, forma una nueva oración para indicar lo que opinas sobre cada idea.

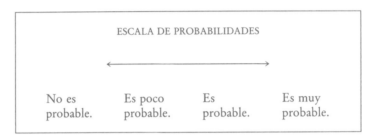

ESCALA DE PROBABILIDADES

←——————————————→

No es probable.   Es poco probable.   Es probable.   Es muy probable.

MODELO: Los carros dejarán de contaminar el ambiente para el año 2000. →
Es poco probable que los carros **dejen** de contaminar el ambiente para el año 2000.

1. Cada estudiante universitario en los Estados Unidos tendrá un ordenador personal.
2. En la mayoría de las casas habrá un televisor de pantalla grande.
3. Con la eficiencia de la tecnología, el ser humano será más perezoso (*lazy*).
4. Todos usaremos teléfonos de bolsillo.
5. La mayoría de nosotros vivirá en casas « inteligentes ».
6. No existirá la institución de la seguridad social en los Estados Unidos.
7. México mostrará evidencia de transformarse en un poder económico importante de Latinoamérica.
8. A causa de las videocaseteras, las salas de cine dejarán de existir.

Actividad C ¿Dudas?

En la actividad previa indicaste la probabilidad de ciertos acontecimientos en el futuro. En esta actividad, vas a expresar tus dudas aun más.

Paso 1. Con un compañero (una compañera), indiquen si las expresiones a continuación implican que se tiene una gran duda, una ligera duda o ninguna duda.

Dudo (*I doubt*)...   Estoy seguro/a...
No creo...   No estoy seguro/a de...
Creo...   No me parece...

Paso 2. Refiriéndote al año 2010, combina cada una de las siguientes oraciones con una expresión de arriba.

MODELO: Creo... / No se venderán libros, sólo vídeos. →
Creo que no se venderán libros, sólo vídeos.

1. La energía solar será más común que la energía nuclear.
2. Los carros funcionarán con electricidad y no con gasolina.
3. La temperatura global subirá de forma permanente debido al efecto invernadero.
4. Habrá otra guerra en el Oriente Medio (*Near East*).
5. Los hispanos llegarán a ser* el grupo minoritario mayor de los EE.UU.
6. El español será considerado idioma oficial en California, Florida y otros estados.
7. (Inventa tú una oración relacionada con la condición política o social de los Estados Unidos o con la vida de todos los días.)

Paso 3.   Usando la expresión **¿Crees que...?,** pregunta a dos compañeros de clase lo que opinan de las afirmaciones de arriba. Anota sus respuestas en una hoja de papel.

Paso 4.   Escriban siete oraciones en las que describan lo que las otras dos personas y tú creen y no creen.

MODELOS: Todos (no) creemos que/dudamos que...
Yo (no) creo que..., pero mis compañeros lo creen/dudan.
Marta y yo (no) creemos que..., pero Roberto lo cree/duda.

¿SABÍAS QUE...

...en muchos países de habla española el futuro está en manos de las mujeres? La imagen estereotípica que se tiene de los países hispanohablantes es que son sociedades «machistas», donde el hombre ocupa todas las posiciones importantes y la mujer queda relegada a hacer los trabajos domésticos y a criar los hijos. Sin embargo, si analizamos las estadísticas de empleo más recientes todo parece indicar que este estereotipo está muy lejos de ser realidad. Según varios estudios recientes, las mujeres en el mundo hispano están consiguiendo nuevos puestos a un ritmo tres veces mayor que los hombres. Además, cada día más mujeres ocupan puestos administrativos y técnicos, en los campos que eran territorio de los hombres.

En España, según la revista *Cambio 16,* entre 1984 y 1987, el total de hombres trabajando se redujo por casi 300.000. En el mismo período el total de mujeres trabajando aumentó en más de 50.000. Todo parece indicar que ésta es una tendencia que continuará en las próximas décadas en todo el mundo hispano. En México, Costa Rica, Panamá, el Perú, la Argentina y otros países las mujeres hispanas están entrando en grandes números a los campos de administración de empresa, Derecho, medicina, ingeniería y ciencias. Los investigadores predicen que para el año 2000, el número de mujeres profesionales empleadas será mayor que el número de hombres.

Para el año 2000, el número de mujeres profesionales hispanas será mayor que el de los hombres profesionales hispanos.

---

* **Llegar a ser** means *to become*, in the sense of a process of evolution, promotion, or change over time.
Mercedes llegó a ser jefa después de mucho trabajo.
Buenos Aires llegó a ser la ciudad más importante de la Argentina.

Y AHORA...

¿Cómo será mi vida como *yuppi*?

En la **Lección 18** has explorado cuestiones del futuro. En esta composición, vas a pensar en...

¿Cómo será mi vida como *yuppi*?

Paso 1. El propósito de la composición es predecir el futuro. Vas a dirigirte a los demás miembros de la clase.

Paso 2. El tono que puedes adoptar puede ser cómico o serio.

Paso 3. ¿Qué temas vas a tratar?

	SÍ	NO
1. la ropa que llevarás	☐	☐
2. el hogar en que vivirás	☐	☐
3. predicciones sobre la vida: el SIDA, la ingeniería genética, los ordenadores, los sistemas de transporte y comunicación	☐	☐

Paso 4. Hay que poner atención al aspecto lingüístico. ¿Puedes utilizar los puntos que estudiaste en esta lección?

a. el futuro para expresar lo que va a pasar o lo que puede pasar
b. el subjuntivo (**es probable que, no es posible que,** etcétera)

Paso 5. Aquí tienes unas frases para ayudarte con la expresión de las ideas.

más que nada	*most likely*
se caracterizará por	*will probably be characterized by*

Paso 6. Teniendo en cuenta el propósito de esta composición y también el tono, debes escribir una conclusión apropiada. Trata de utilizar una de las siguientes expresiones en tu conclusión.

venga lo que venga... }	
pase lo que pase...	*come what may . . .*
lo que pasará, pasará, pero...	*whatever happens will happen, but . . .*

Paso 7. Escribe la composición dos días antes de entregársela al profesor (a la profesora). Luego, el día antes de entregarla, lee la composición de nuevo. ¿Quieres cambiar...

☐ el tono?   ☐ la organización?
☐ los temas?   ☐ la conclusión?

Paso 8. Lee la composición una vez más para verificar...

☐ la concordancia entre formas   ☐ el uso del futuro.
  verbales y sus sujetos.   ☐ el uso del subjuntivo.

Paso 9. Haz todos los cambios necesarios y entrégale la composición al profesor (a la profesora).

VOCABULARIO

Vocabulario básico

Las prendas de vestir	Articles of clothing
los anteojos	glasses
los bluejeans	jeans
la blusa	blouse
los calcetines	socks
la camisa	shirt
la camiseta	T-shirt
la corbata	tie
la chaqueta	jacket
la falda	skirt
el jersey	pullover
las medias	stockings
los pantalones	pants
el sombrero	hat
la sudadera	sweats
el suéter	sweater
el traje	suit
el vestido	dress
los zapatos	shoes
de cuero	leather shoes
de tenis	tennis shoes
para correr	running shoes

Repaso: la ropa

Las posibilidades y probabilidades del futuro	Possibilities and probabilities of the future
la duda	doubt
dudar	to doubt
es dudoso/a...	it's doubtful that . . .
lo más probable es...	the most probable (thing) is that . . .
(no) es cierto...	it's (not) certain that . . .
(no) es posible...	it's (not) possible that . . .
(no) es probable...	it's (not) probable that . . .

Repaso: no creo que...

Palabras y expresiones útiles

el algodón	cotton
el diseño	design
estar de moda	to be in style
la lana	wool
llevar	to wear
el poliéster	polyester
el rayón	rayon
la seda	silk
la tela	fabric
vestir (i, i)	to wear
vestirse (i, i)	to dress
el *yuppi*	yuppie

Vocabulario y expresiones del tema

¿Qué predices?	What do you predict?
el avance científico (médico, tecnológico)	scientific (medical, technological) advance
el efecto invernadero	greenhouse effect
la lengua mundial	world language
el ordenador personal	personal computer
el remedio contra el cáncer	cure for cancer
el teléfono de bolsillo	pocket telephone
la vacuna contra el SIDA	AIDS vaccine

El hogar electrónico	The electronic home
el aislamiento social	social isolation
el aparato doméstico	home appliance
la báscula	scale
la calefacción	heating
la lavadora	washing machine
el lavavajillas	dishwasher
el mando a distancia	remote control
el microondas	microwave oven
los números almacenados en su memoria	the numbers stored in its memory
la pantalla	(TV) screen
encender (ie) las luces	to turn on the lights
reconocer el sonido de su voz	to recognize the sound of his/her voice

Repaso: el ocio

OTRAS IDEAS

❖ **Actividad A** Los estudios superiores

¿Reciben los alumnos de hoy una educación adecuada? ¿Podrán competir en el mundo futuro? ¿Tendrán la formación necesaria para poder alcanzar sus metas?

Paso 1. ¿Cuántos cursos de humanidades requiere la universidad donde tú estudias? ¿Cuáles son? Un(a) estudiante debe escribir todas las respuestas en la pizarra. ¿Tienen los mismos requisitos todos los estudiantes?

Paso 2. Lee el siguiente artículo. Busca los argumentos en defensa de los estudios de humanidades.

La Real Academia defiende que se incrementen las humanidades en los planes de estudios

MADRID, 20. (Europa Press.)
—La Real Academia Española publicó un documento, en el que sale en defensa de los estudios de humanidades frente a la reciente tendencia hacia los estudios predominantemente técnicos. El documento fue aprobado en la sesión celebrada el pasado 5 de marzo.

El documento afirma lo siguiente:
"La Real Academia Española considera un deber salir en defensa de los estudios de humanidades, amenazados por una reciente tendencia hacia estudios predominantemente técnicos, con olvido de las propias raíces culturales y entre ellas no sólo de las lenguas clásicas, que son un substrato común de lo que es nuestra civilización, sino incluso de los estudios de lengua y literatura españolas, como instrumento básico de comunicación y sustento de nuestra cultura, cuya importancia no puede ser ignorada, pues son el núcleo del proceso educativo."

FALSA IMPRESION

"El desarrollo científico y técnico ha creado la falsa impresión de que la sociedad actual sólo requiere cono-

● **Se está olvidando no sólo el estudio de lenguas clásicas sino también la lengua y literatura españolas.**

● **Recuerda que los grandes científicos de la historia poseían también una profunda formación humanística.**

cimientos de tipo aplicado. Ahora bien, una simple ojeada panorámica a la obra de los grandes hombres de ciencias contemporáneos, físicos, biólogos, antropólogos y tecnólogos, que han sido o son los creadores de los vigentes conceptos acerca del universo y del hombre, muestra bien a las claras que su formación humanística es tan seria y profunda como sus conocimientos científicos. Si en España queremos crear ciencia y no simplemente imitarla, los futuros científicos y técnicos deberán recibir una sólida formación humanística, que necesariamente pasa por el idioma."

"Esta Real Academia considera, pues, que no sólo no deben desaparecer o re-

ducir los estudios de humanidades en los bachilleres y en los universitarios, sino que deben ser fomentados y reforzados, y que las actuales escuelas de humanidades deben recibir los apoyos necesarios para ello."

MEDITACION PROFUNDA Y PAUSADA

"En consecuencia, solicitan de las autoridades competentes una meditación profunda y pausada, antes de introducir cambios en los planes de estudios, que están en vías de elaboración, para evitar daños irreparables a nuestra cultura y a la formación de futuras generaciones."

Paso 3. ¿Estás de acuerdo con la Real Academia? ¿Cómo deben ser los programas de estudios para los estudiantes del futuro? Escribe cinco oraciones para describir cómo será el mundo si los estudiantes sólo reciben entrenamiento en un campo técnico.

❖ **Actividad B** Un viaje...

Paso 1. El siguiente poema es de Juan Ramón Jiménez (ver la **Lección 5**). Lee el poema y piensa en lo que el escritor quería decir. ¿Cómo es el tono del poema?

El viaje definitivo

...y yo me iré. Y se quedarán los pájaros
cantando;
y se quedará mi huerto,ª con su verde árbol,
y con su pozoᵇ blanco.

Todas las tardes, el cielo será azul y plácido;
y tocarán, como esta tarde están tocando,
las campanas del campanario.

Se morirán aquellos que me amaron;
y el pueblo se hará nuevoᶜ cada año:
y en el rincónᵈ aquel de mi huerto florido y
encalado,ᵉ
mi espíritu errará,ᶠ nostálgico...

Y yo me iré; y estaré solo, sin hogar, sin árbol
verde, sin pozo blanco,
sin cielo azul y plácido...
y se quedarán los pájaros cantando.

Paso 2. Aquí aparece el poema, pero esta vez ciertas partes se han omitido. ¿Cómo completarías el poema para hablar de tu propia vida?

...y yo me iré. Y se quedarán _____
_____ ;
y se quedará _____ , con su _____ ,
y con su _____ .

Todas las tardes, _____ ;
y _____ .

Se morirán aquellos que _____ ;
y _____ se hará nuevo cada año:
y en el rincón aquel de _____ ,
mi espíritu errará, nostálgico...

Y yo me iré; y estaré solo, sin _____ , sin _____ ,
sin _____ ,
sin _____ ,
y se quedarán _____ .

Lee tu poema al resto de la clase.

ªgarden   ᵇwell   ᶜse... will renew itself   ᵈcorner   ᵉwhitewashed   ᶠwill wander

❖ **Actividad C** ¿Adónde va la televisión del futuro?

Paso 1. Escribe por lo menos tres predicciones para la televisión del año 2010. A continuación hay varios temas que puedes incluir si quieres.

la cantidad de anuncios
el número de estaciones de cable
la cantidad de violencia

los tipos de programa que habrá
la calidad en general

Paso 2. Presenta tus ideas a la clase. ¿Cuáles parecen ser las predicciones más probables? ¿las menos probables?

UN VISTAZO

La televisión hispana

¿Hay canales de televisión en español donde tú vives? ¿Has mirado algún programa en español? Lee el artículo en la página 509.

Actividad optativa Un programa nuevo

En grupos de tres, propongan un programa de televisión en español para uno de los tres canales. ¿Cómo será? ¿Será un programa educativo o de puro entretenimiento? ¿A qué público será dirigido? Describan su programa a la clase.

EL FUTURO DE LA TELEVISION HISPANA

Hace casi 30 años la cadena SIN (Spanish International Network) —ahora Univisión— inundó los cielos con señales de ultrafrecuencia, transmitiendo en español para un pequeño tele-auditorio hispano. Finalmente, más de 500 estaciones afiliadas terminaron transmitiendo las populares novelas y programas de variedad de Univisión. Gracias al auge de la población hispana, ya son tres las cadenas de televisión que transmiten en español—y su futuro es brillante.

"El público está buscando más selección", dice Jaime Dávila, vice-presidente del grupo Univisa, cuya subsidiaria, Galavisión, ha entrado recientemente en el mercado. Las estadísticas concuerdan. El año pasado, el auditorio nacional hispano aumentó en un 7 por ciento, y en Los Angeles, el mercado más grande, el aumento se estima en hasta un 51 por ciento.

María Elena Salinas, presentadora del noticiero Univisión

Para satisfacer aún más a ese auditorio, en 1987 se fundó la cadena Telemundo, con dos estaciones. Ahora cuenta con 36 afiliadas en todo el país.

Galavisión, un servicio de cable, empezó a transmitir el año pasado con una estación en Los Angeles. Proyecta tener 10 afiliadas para fin de año y establecerse como una cadena regional dirigida al mercado mexicano-americano en el suroeste, así como en Chicago. Un nuevo canal cultural independiente, con planes de llegar a ser cadena, empezará en Miami este año. Y el servicio de cable HBO ya ofrece parte de su programación en español.

La televisión en español es un mercado limitado, pero "es un mercado muy grande", dice Donald G.

UNIVISION

Raider, vice-presidente ejecutivo de Telemundo.

Según Raider, el presupuesto publicitario para televisión en todo el país es de más de $21,000 millones, y la televisión hispana acapara un poco más del 1 por ciento del mismo —o unos $270 millones. Si el presupuesto reflejara la proporción de hispanos, el porcentaje de la publicidad hispana aumentaría por lo menos a un 6 por ciento— es decir, a $1,000 millones.

La competencia ha aumentado la calidad —y el contenido—de la programación. Las cadenas ahora producen más programas en Estados Unidos y dependen menos de la producción importada, excepto Galavisión, que transmite desde México la programación del Canal 2 de Televisa.

La televisión hispana continuará creciendo si sirve y representa a la comunidad. "A medida que se haga más representativa del modus vivendi de los hispanos", dice Joaquín Blaya, presidente de Univisión, "más éxito tendrá".

—Eduardo Levy-Spira

VERBS

A. Regular Verbs: Simple Tenses

INFINITIVE / PRESENT PARTICIPLE / PAST PARTICIPLE	INDICATIVE PRESENT	IMPERFECT	PRETERITE	FUTURE	CONDITIONAL	SUBJUNCTIVE PRESENT	IMPERFECT	IMPERATIVE
hablar hablando hablado	hablo hablas habla hablamos habláis hablan	hablaba hablabas hablaba hablábamos hablabais hablaban	hablé hablaste habló hablamos hablasteis hablaron	hablaré hablarás hablará hablaremos hablaréis hablarán	hablaría hablarías hablaría hablaríamos hablaríais hablarían	hable hables hable hablemos habléis hablen	hablara hablaras hablara habláramos hablarais hablaran	habla tú, no hables hable Ud. hablemos hablen
comer comiendo comido	como comes come comemos coméis comen	comía comías comía comíamos comíais comían	comí comiste comió comimos comisteis comieron	comeré comerás comerá comeremos comeréis comerán	comería comerías comería comeríamos comeríais comerían	coma comas coma comamos comáis coman	comiera comieras comiera comiéramos comierais comieran	come tú, no comas coma Ud. comamos coman
vivir viviendo vivido	vivo vives vive vivimos vivís viven	vivía vivías vivía vivíamos vivíais vivían	viví viviste vivió vivimos vivisteis vivieron	viviré vivirás vivirá viviremos viviréis vivirán	viviría vivirías viviría viviríamos viviríais vivirían	viva vivas viva vivamos viváis vivan	viviera vivieras viviera viviéramos vivierais vivieran	vive tú, no vivas viva Ud. vivamos vivan

B. Regular Verbs: Perfect Tenses

INDICATIVE PRESENT PERFECT	PAST PERFECT	PRETERITE PERFECT	FUTURE PERFECT	CONDITIONAL PERFECT	SUBJUNCTIVE PRESENT PERFECT	PAST PERFECT
he has ha hemos habéis han { hablado comido vivido }	había habías había habíamos habíais habían { hablado comido vivido }	hube hubiste hubo hubimos hubisteis hubieron { hablado comido vivido }	habré habrás habrá habremos habréis habrán { hablado comido vivido }	habría habrías habría habríamos habríais habrían { hablado comido vivido }	haya hayas haya hayamos hayáis hayan { hablado comido vivido }	hubiera hubieras hubiera hubiéramos hubierais hubieran { hablado comido vivido }

C. Irregular Verbs

INFINITIVE / PRESENT PARTICIPLE / PAST PARTICIPLE	INDICATIVE					SUBJUNCTIVE		IMPERATIVE
	PRESENT	IMPERFECT	PRETERITE	FUTURE	CONDITIONAL	PRESENT	IMPERFECT	
andar andando andado	ando andas anda andamos andáis andan	andaba andabas andaba andábamos andabais andaban	anduve anduviste anduvo anduvimos anduvisteis anduvieron	andaré andarás andará andaremos andaréis andarán	andaría andarías andaría andaríamos andaríais andarían	ande andes ande andemos andéis anden	anduviera anduvieras anduviera anduviéramos anduvierais anduvieran	anda tú, no andes ande Ud. andemos anden
caer cayendo caído	caigo caes cae caemos caéis caen	caía caías caía caíamos caíais caían	caí caíste cayó caímos caísteis cayeron	caeré caerás caerá caeremos caeréis caerán	caería caerías caería caeríamos caeríais caerían	caiga caigas caiga caigamos caigáis caigan	cayera cayeras cayera cayéramos cayerais cayeran	cae tú, no caigas caiga Ud. caigamos caigan
dar dando dado	doy das da damos dais dan	daba dabas daba dábamos dabais daban	di diste dio dimos disteis dieron	daré darás dará daremos daréis darán	daría darías daría daríamos daríais darían	dé des dé demos deis den	diera dieras diera diéramos dierais dieran	da tú, no des dé Ud. demos den
decir diciendo dicho	digo dices dice decimos decís dicen	decía decías decía decíamos decíais decían	dije dijiste dijo dijimos dijisteis dijeron	diré dirás dirá diremos diréis dirán	diría dirías diría diríamos diríais dirían	diga digas diga digamos digáis digan	dijera dijeras dijera dijéramos dijerais dijeran	di tú, no digas diga Ud. digamos digan
estar estando estado	estoy estás está estamos estáis están	estaba estabas estaba estábamos estabais estaban	estuve estuviste estuvo estuvimos estuvisteis estuvieron	estaré estarás estará estaremos estaréis estarán	estaría estarías estaría estaríamos estaríais estarían	esté estés esté estemos estéis estén	estuviera estuvieras estuviera estuviéramos estuvierais estuvieran	está tú, no estés esté Ud. estemos estén
haber habiendo habido	he has ha hemos habéis han	había habías había habíamos habíais habían	hube hubiste hubo hubimos hubisteis hubieron	habré habrás habrá habremos habréis habrán	habría habrías habría habríamos habríais habrían	haya hayas haya hayamos hayáis hayan	hubiera hubieras hubiera hubiéramos hubierais hubieran	
hacer haciendo hecho	hago haces hace hacemos hacéis hacen	hacía hacías hacía hacíamos hacíais hacían	hice hiciste hizo hicimos hicisteis hicieron	haré harás hará haremos haréis harán	haría harías haría haríamos haríais harían	haga hagas haga hagamos hagáis hagan	hiciera hicieras hiciera hiciéramos hicierais hicieran	haz tú, no hagas haga Ud. hagamos hagan

C. Irregular Verbs (*continued*)

INFINITIVE / PRESENT PARTICIPLE / PAST PARTICIPLE	INDICATIVE PRESENT	IMPERFECT	PRETERITE	FUTURE	CONDITIONAL	SUBJUNCTIVE PRESENT	IMPERFECT	IMPERATIVE
ir	voy	iba	fui	iré	iría	vaya	fuera	
yendo	vas	ibas	fuiste	irás	irías	vayas	fueras	ve tú,
ido	va	iba	fue	irá	iría	vaya	fuera	no vayas
	vamos	íbamos	fuimos	iremos	iríamos	vayamos	fuéramos	vaya Ud.
	vais	ibais	fuisteis	iréis	iríais	vayáis	fuerais	vayamos
	van	iban	fueron	irán	irían	vayan	fueran	vayan
oír	oigo	oía	oí	oiré	oiría	oiga	oyera	
oyendo	oyes	oías	oíste	oirás	oirías	oigas	oyeras	oye tú,
oído	oye	oía	oyó	oirá	oiría	oiga	oyera	no oigas
	oímos	oíamos	oímos	oiremos	oiríamos	oigamos	oyéramos	oiga Ud.
	oís	oíais	oísteis	oiréis	oiríais	oigáis	oyerais	oigamos
	oyen	oían	oyeron	oirán	oirían	oigan	oyeran	oigan
poder	puedo	podía	pude	podré	podría	pueda	pudiera	
pudiendo	puedes	podías	pudiste	podrás	podrías	puedas	pudieras	
podido	puede	podía	pudo	podrá	podría	pueda	pudiera	
	podemos	podíamos	pudimos	podremos	podríamos	podamos	pudiéramos	
	podéis	podíais	pudisteis	podréis	podríais	podáis	pudierais	
	pueden	podían	pudieron	podrán	podrían	puedan	pudieran	
poner	pongo	ponía	puse	pondré	pondría	ponga	pusiera	
poniendo	pones	ponías	pusiste	pondrás	pondrías	pongas	pusieras	pon tú,
puesto	pone	ponía	puso	pondrá	pondría	ponga	pusiera	no pongas
	ponemos	poníamos	pusimos	pondremos	pondríamos	pongamos	pusiéramos	ponga Ud.
	ponéis	poníais	pusisteis	pondréis	pondríais	pongáis	pusierais	pongamos
	ponen	ponían	pusieron	pondrán	pondrían	pongan	pusieran	pongan
querer	quiero	quería	quise	querré	querría	quiera	quisiera	
queriendo	quieres	querías	quisiste	querrás	querrías	quieras	quisieras	quiere tú,
querido	quiere	quería	quiso	querrá	querría	quiera	quisiera	no quieras
	queremos	queríamos	quisimos	querremos	querríamos	queramos	quisiéramos	quiera Ud.
	queréis	queríais	quisisteis	querréis	querríais	queráis	quisierais	queramos
	quieren	querían	quisieron	querrán	querrían	quieran	quisieran	quieran
saber	sé	sabía	supe	sabré	sabría	sepa	supiera	
sabiendo	sabes	sabías	supiste	sabrás	sabrías	sepas	supieras	sabe tú,
sabido	sabe	sabía	supo	sabrá	sabría	sepa	supiera	no sepas
	sabemos	sabíamos	supimos	sabremos	sabríamos	sepamos	supiéramos	sepa Ud.
	sabéis	sabíais	supisteis	sabréis	sabríais	sepáis	supierais	sepamos
	saben	sabían	supieron	sabrán	sabrían	sepan	supieran	sepan
salir	salgo	salía	salí	saldré	saldría	salga	saliera	
saliendo	sales	salías	saliste	saldrás	saldrías	salgas	salieras	sal tú,
salido	sale	salía	salió	saldrá	saldría	salga	saliera	no salgas
	salimos	salíamos	salimos	saldremos	saldríamos	salgamos	saliéramos	salga Ud.
	salís	salíais	salisteis	saldréis	saldríais	salgáis	salierais	salgamos
	salen	salían	salieron	saldrán	saldrían	salgan	salieran	salgan

A3

C. Irregular Verbs (continued)

Infinitive / Present Participle / Past Participle	PRESENT	IMPERFECT	PRETERITE	FUTURE	CONDITIONAL	SUBJUNCTIVE PRESENT	SUBJUNCTIVE IMPERFECT	IMPERATIVE
ser siendo sido	soy eres es somos sois son	era eras era éramos erais eran	fui fuiste fue fuimos fuisteis fueron	seré serás será seremos seréis serán	sería serías sería seríamos seríais serían	sea seas sea seamos seáis sean	fuera fueras fuera fuéramos fuerais fueran	sé tú, no seas sea Ud. seamos sean
tener teniendo tenido	tengo tienes tiene tenemos tenéis tienen	tenía tenías tenía teníamos teníais tenían	tuve tuviste tuvo tuvimos tuvisteis tuvieron	tendré tendrás tendrá tendremos tendréis tendrán	tendría tendrías tendría tendríamos tendríais tendrían	tenga tengas tenga tengamos tengáis tengan	tuviera tuvieras tuviera tuviéramos tuvierais tuvieran	ten tú, no tengas tenga Ud. tengamos tengan
traer trayendo traído	traigo traes trae traemos traéis traen	traía traías traía traíamos traíais traían	traje trajiste trajo trajimos trajisteis trajeron	traeré traerás traerá traeremos traeréis traerán	traería traerías traería traeríamos traeríais traerían	traiga traigas traiga traigamos traigáis traigan	trajera trajeras trajera trajéramos trajerais trajeran	trae tú, no traigas traiga Ud. traigamos traigan
venir viniendo venido	vengo vienes viene venimos venís vienen	venía venías venía veníamos veníais venían	vine viniste vino vinimos vinisteis vinieron	vendré vendrás vendrá vendremos vendréis vendrán	vendría vendrías vendría vendríamos vendríais vendrían	venga vengas venga vengamos vengáis vengan	viniera vinieras viniera viniéramos vinierais vinieran	ven tú, no vengas venga Ud. vengamos vengan
ver viendo visto	veo ves ve vemos veis ven	veía veías veía veíamos veíais veían	vi viste vio vimos visteis vieron	veré verás verá veremos veréis verán	vería verías vería veríamos veríais verían	vea veas vea veamos veáis vean	viera vieras viera viéramos vierais vieran	ve tú, no veas vea Ud. veamos vean

D. Stem-Changing and Spelling Change Verbs

INFINITIVE PRESENT PARTICIPLE PAST PARTICIPLE	INDICATIVE PRESENT	IMPERFECT	PRETERITE	FUTURE	CONDITIONAL	SUBJUNCTIVE PRESENT	SUBJUNCTIVE IMPERFECT	IMPERATIVE
construir (y) construyendo construido	construyo construyes construye construimos construís construyen	construía construías construía construíamos construíais construían	construí construiste construyó construimos construisteis construyeron	construiré construirás construirá construiremos construiréis construirán	construiría construirías construiría construiríamos construiríais construirían	construya construyas construya construyamos construyáis construyan	construyera construyeras construyera construyéramos construyerais construyeran	construye tú, no construyas construya Ud. construyamos construyan
dormir (ue, u) durmiendo dormido	duermo duermes duerme dormimos dormís duermen	dormía dormías dormía dormíamos dormíais dormían	dormí dormiste durmió dormimos dormisteis durmieron	dormiré dormirás dormirá dormiremos dormiréis dormirán	dormiría dormirías dormiría dormiríamos dormiríais dormirían	duerma duermas duerma durmamos durmáis duerman	durmiera durmieras durmiera durmiéramos durmierais durmieran	duerme tú, no duermas duerma Ud. durmamos duerman

D. Stem-Changing and Spelling Change Verbs (*continued*)

INFINITIVE / PRESENT PARTICIPLE / PAST PARTICIPLE	INDICATIVE PRESENT	IMPERFECT	PRETERITE	FUTURE	CONDITIONAL	SUBJUNCTIVE PRESENT	IMPERFECT	IMPERATIVE
pedir (i, i) pidiendo pedido	pido pides pide pedimos pedís piden	pedía pedías pedía pedíamos pedíais pedían	pedí pediste pidió pedimos pedisteis pidieron	pediré pedirás pedirá pediremos pediréis pedirán	pediría pedirías pediría pediríamos pediríais pedirían	pida pidas pida pidamos pidáis pidan	pidiera pidieras pidiera pidiéramos pidierais pidieran	pide tú, no pidas pida Ud. pidamos pidan
pensar (ie) pensando pensado	pienso piensas piensa pensamos pensáis piensan	pensaba pensabas pensaba pensábamos pensabais pensaban	pensé pensaste pensó pensamos pensasteis pensaron	pensaré pensarás pensará pensaremos pensaréis pensarán	pensaría pensarías pensaría pensaríamos pensaríais pensarían	piense pienses piense pensemos penséis piensen	pensara pensaras pensara pensáramos pensarais pensaran	piensa tú, no pienses piense Ud. pensemos piensen
producir (zc) produciendo producido	produzco produces produce producimos producís producen	producía producías producía producíamos producíais producían	produje produjiste produjo produjimos produjisteis produjeron	produciré producirás producirá produciremos produciréis producirán	produciría producirías produciría produciríamos produciríais producirían	produzca produzcas produzca produzcamos produzcáis produzcan	produjera produjeras produjera produjéramos produjerais produjeran	produce tú, no produzcas produzca Ud. produzcamos produzcan
reír (i, i) riendo reído	río ríes ríe reímos reís ríen	reía reías reía reíamos reíais reían	reí reíste rió reímos reísteis rieron	reiré reirás reirá reiremos reiréis reirán	reiría reirías reiría reiríamos reiríais reirían	ría rías ría riamos riáis rían	riera rieras riera riéramos rierais rieran	ríe tú, no rías ría Ud. riamos rían
seguir (i, i) (ga) siguiendo seguido	sigo sigues sigue seguimos seguís siguen	seguía seguías seguía seguíamos seguíais seguían	seguí seguiste siguió seguimos seguisteis siguieron	seguiré seguirás seguirá seguiremos seguiréis seguirán	seguiría seguirías seguiría seguiríamos seguiríais seguirían	siga sigas siga sigamos sigáis sigan	siguiera siguieras siguiera siguiéramos siguierais siguieran	sigue tú, no sigas siga Ud. sigamos sigan
sentir (ie, i) sintiendo sentido	siento sientes siente sentimos sentís sienten	sentía sentías sentía sentíamos sentíais sentían	sentí sentiste sintió sentimos sentisteis sintieron	sentiré sentirás sentirá sentiremos sentiréis sentirán	sentiría sentirías sentiría sentiríamos sentiríais sentirían	sienta sientas sienta sintamos sintáis sientan	sintiera sintieras sintiera sintiéramos sintierais sintieran	siente tú, no sientas sienta Ud. sintamos sientan
volver (ue) volviendo vuelto	vuelvo vuelves vuelve volvemos volvéis vuelven	volvía volvías volvía volvíamos volvíais volvían	volví volviste volvió volvimos volvisteis volvieron	volveré volverás volverá volveremos volveréis volverán	volvería volverías volvería volveríamos volveríais volverían	vuelva vuelvas vuelva volvamos volváis vuelvan	volviera volvieras volviera volviéramos volvierais volvieran	vuelve tú, no vuelvas vuelva Ud. volvamos vuelvan

VOCABULARIES

The **Spanish-English Vocabulary** contains all the words that appear in the text, with the following exceptions: (1) most identical cognates that do not appear in the chapter vocabulary lists; (2) verb forms; (3) diminutives in **-ito/a;** (4) absolute superlatives in **-ísimo/a;** and (5) most adverbs in **-mente.** Vocabulary that is glossed in the text is not considered to be active vocabulary, and no chapter number is indicated for it. Only meanings that are used in this text are given. The **English-Spanish Vocabulary** includes all words and expressions in the end-of-chapter vocabulary lists.

Gender is indicated except for masculine nouns ending in **-o,** feminine nouns ending in **-a,** and invariable adjectives. Stem changes and spelling changes are indicated for verbs: **dormir (ue, u); llegar (gu).**

Words beginning with **ch,*** **ll,** and **ñ** are found under separate headings, following the letters **c, l,** and **n,** respectively. Similarly, **ch, ll,** and **ñ** within words follow **c, l,** and **n,** respectively. For example, **coche** follows **cóctel, calle** follows **calor,** and **añadir** follows **anuncio.**

The following abbreviations are used:

adj. adjective	*Mex.* Mexico
adv. adverb	*n.* noun
Arg. Argentine	*obj.* object
conj. conjunction	*p.p.* past participle
cont. contraction	*pl.* plural
d.o. direct object	*poss.* possessive
f. feminine	*P.R.* Puerto Rico
fam. familiar or colloquial	*prep.* preposition
form. formal	*pr.p.* present participle
inf. infinitive	*pron.* pronoun
interj. interjection	*refl.* reflexive
i.o. indirect object	*rel. pron.* relative pronoun
irreg. irregular	*sg.* singular
Lat. Am. Latin America	*Sp.* Spain
m. masculine	*v.* verb

---

* Although the **Real Academia** in Spain has recently decided that **ch** will not be considered a separate letter, it appears here in its traditional place (after **c**) in the end vocabulary.

SPANISH-ENGLISH VOCABULARY

A

a *prep.* to; at; **a la(s)** _____ at (*hour*)

abajo *adv.* below, underneath; **echar abajo** to disprove; **hacia abajo** downward

abandonar to abandon

abarcar (qu) to encompass, embrace

abeja bee

abierto/a open

abogacía law, legal profession

abogado/a lawyer

abonado/a subscriber; consumer

abrazo hug, embrace

abreviado/a abbreviated, abridged

abrigarse (gu) to wrap oneself up

abril *m.* April

abrir to open; *m.* opening

absoluto/a absolute; **en absoluto** absolutely not

absorbido/a absorbed

absorción *f.* absorption

absurdo/a absurd

abuela grandmother

abuelo grandfather

abuelos grandparents

abundante *m., f.* abundant

aburrido/a bored, boring; **estar aburrido/a** to be bored

aburrimiento boredom

aburrirse to be (get) bored

abusar de to abuse

abuso abuse; **abuso de las drogas** drug abuse

acabar to complete, finish, end; **acabar de** + *inf.* to finish (*doing something*); to have just (*done something*); **el juego que acaba de salir** the game that has just appeared (*in the stores*)

academia academy

académico/a academic

acaparar to monopolize; to corner

acariciar to caress

acarrear to carry

acaso *adv.* perhaps, maybe

acceder (a) to agree (to)

acceso access

accidente *m.* accident **por accidente** by accident

acción *f.* action

aceite *m.* oil; **aceite de maíz** corn oil; **aceite de oliva** olive oil

aceleración *f.* acceleration

acento accent mark

acentuar to accentuate

aceptable acceptable

aceptado/a accepted

aceptar to accept

acerca de *prep.* about, on, concerning

acercar (qu) to bring near

acercarse (qu) (a) to approach

ácido acid; **ácido desoxirribonucléico (ADN)** deoxyribonucleic acid (DNA)

aclaración *f.* clarification

aclarado/a clarified

aclarar to clarify

acompañado/a accompanied

acompañar to accompany

aconsejable *m., f.* advisable

aconsejar to advise

acontecimiento event

acostarse (ue) to go to bed

acostumbrado/a accustomed

acostumbrar to accustom; to be (get) used to

acrecentar (ie) to increase

acribillado/a riddled

acróbata *m., f.* acrobat

actitud *f.* attitude

activar to activate

actividad *f.* activity

activista *m., f.* activist

activo/a active

acto act; **en el acto** on the spot, then and there

actor *m.* actor

actriz *f.* (*pl.* **actrices**) actress

actuación *f.* performance

actual *adj. m., f.* current

actualidad *n. f.* present

actuar to act

acuario aquarium

acudir to come; to present oneself

acuerdo agreement; **de acuerdo** in agreement, agreed; **estar de acuerdo** to agree

acumulación *f.* accumulation

acumulado/a accumulated

acumular to accumulate (*something*)

acumularse to accumulate

acupuntura acupuncture

acusado/a *n., adj.* accused

acusador(a) *n.* accuser; *adj.* accusing

acusar to accuse

adaptable *m., f.* adaptable

adaptación *f.* adaptation

adaptar to adapt

adaptarse to adapt oneself

adecuado/a adequate

adelante *adv.* forward, ahead; *interj.* go on

adelgazar (c) to make thin; to reduce

además *adv.* besides, also

además de *prep.* besides, in addition to

adenoma *m.* tumor of glandular origin

adepto/a *n.* follower; *adj.* adept

aderezado/a adorned, embellished

aderezo dressing (*for salads*)

adherirse (ie, i) to follow; to stick to

adhesivo *m.* adhesive

adicción *f.* addiction; **adicción física** physical addiction; **adicción psicológica** psychological addiction; **salir de una adicción** to overcome an addiction

adicional additional

adictivo/a addictive

adicto/a *n.* addict; *adj.* addicted; **persona adicta a** _____ person addicted to _____; **ser adicto/a** to be addicted to

adiestrador(a) trainer

adiestrar to train

adiós goodbye

aditivo additive

adivinanza guess

adivinar to guess

adjetivo adjective

administración *f.* administration; **administración de empresas** business administration

administrativo/a administrative

admiración *f.* admiration

admirador(a) admirer

admirar to admire

admisión *f.* admission

admitir to admit

ADN (ácido desoxirribonucléico) DNA (deoxyribonucleic acid)

adolescencia adolescence

adolescente *n. m. f., adj. m. f.* adolescent

¿adónde? (to) where?

adoptar to adopt

adoptivo/a adopted; **hijo/a adoptivo/a** adopted son/daughter

adorar to adore

adorno decoration

adosado/a attached

adquirir (ie) to acquire

adrenalina adrenaline

aduana customs; customs duty

adulado/a flattered

adulteración *f.* adulteration, impurity

adventista: Adventista *m.* **del Séptimo Día** Seventh Day Adventist

adversario/a adversary

advertencia warning; reminder

advertir (ie, i) to warn

aérea: línea aérea airline

aeróbico/a aerobic; **ejercicio aeróbico** aerobic exercise

aerolínea airline
aeropuerto airport
afán *m.* desire for
afectado/a affected
afectar to affect
afectivo/a affective, having to do with the emotions
afecto *n.* affection
afeminado/a effeminate
Afganistán *m.* Afghanistan
afición *f.* fondness, liking
aficionado/a fan
afiliado/a affiliated
afirmación *f.* affirmation
afirmar to affirm
afirmativo/a affirmative
aflatoxina aflatoxin
afortunado/a fortunate
África Africa
africano/a *n., adj.* African
afuera *adv.* outside
afueras *n.* outskirts, suburbs
agencia agency
agente *m., f.* agent
ágil *m., f.* agile
agonía agony
agosto August
agotado/a run down; exhausted
agotarse to be used up
agraciado/a lucky; graceful
agradable *m., f.* agreeable
agregar (gu) to add
agresión *f.* aggression
agresividad *f.* aggressiveness
agresivo/a aggressive
agrícola *adj. m. f.* agricultural; **industrialización (de) y modernización de terreno agrícola** industrialization and modernization of agricultural land
agricultor(a) farmer
agricultura agriculture
agrio/a sour
agronomía agriculture
agruparse to group together
agua *f. (but:* **el agua)** water; **agua tibia** warm water; **esquiar en el agua** to water ski
aguacate *m.* avocado
aguantar to bear, put up with
aguantarse to restrain oneself; to put up with
agudo/a sharp
águila *f. (but:* **el águila)** eagle
aguja needle
agujero: agujeros negros black holes
agustino/a Augustinian
ahí *adv.* there
ahínco earnestness, intentness; **con ahínco** earnestly, hard

ahogado/a hanged, choked
ahora *adv.* now; **por ahora** for now
ahorrar to save (*money*)
aire *m.* air; **al aire libre** open-air
aislado/a isolated
aislamiento isolation; **aislamiento social** social isolation
aislar to isolate
ajedrez *m.* chess
ajeno/a somebody else's; from other people; foreign
ají *m.* chile, red pepper
ajillo: al ajillo cooked in garlic
ajo garlic
ajustarse to adapt oneself
al: a + el (*cont.*) to the
ala *f. (but:* **el ala)** wing
álamo poplar tree
alarde *m.* display, show
alarmante *m., f.* alarming
álbum *m.* album, book
alcachofa artichoke
alcaldía office of mayor
alcance *m.* reach
alcanzar (c) to reach
alcohol *m.* alcohol
alcohólico/a *n., adj.* alcoholic; **bebidas alcohólicas** alcoholic beverages
alcoholismo alcoholism
aldea village
alegre *m., f.* happy; **sentirse alegre** to feel happy
alegría happiness
alejado/a distant
alejarse (de) to move away (from)
alelo allele
alemán *m.* German language
alemán, alemana *adj., n.* German; **pastor alemán** German shepherd (dog)
Alemania Germany
alentar (ie) to encourage; to cheer up
alergia allergy
alérgico/a allergic
alerto/a alert
alfajores *m.* pastries
alfombra rug, carpet
algas *pl.* algae
algo something
algodón *m.* cotton
alguien someone
algún (alguno/a) some, any
alienación *f.* alienation
aliento breath, respiration
alimentación *f.* food, diet
alimentado/a fed
alimentario/a *adj.* food
alimentarse to feed oneself (take nourishment)

alimenticio/a nourishing, nutritive
alimento food
aliviar to relieve; **para aliviar la tensión** to relieve the tension
alivio relief
almacén *m.* store
almacenado/a stored; **números almacenados en su memoria** numbers stored in its memory
almacenamiento storage
almacenar to store (up)
almidón *m.* starch; **almidón de maíz** cornstarch
almorzar (ue) (c) to have lunch
almuerzo lunch
alojamiento *n.* housing
alquiler *m.* rent; rental
alrededor de *prep.* around
alteración *f.* alteration
alterado/a *adj.* upset
alternativa alternative, choice
altivo/a haughty, proud
alto/a tall; high; **alto/bajo en colesterol** high/low in cholesterol; **tacón alto** high heel
altura height
alumbrar to give birth to
alumno/a student
alvéolo cell; **alvéolos pulmonares** lung cells
allá *adv.* there (*far away or vague*); **de aquí para allá** from here to there
allí *adv.* there
ama *f.* **de casa** (*but:* **el ama**) housekeeper
amado/a loved
amaestramiento training
amaestrar to train
amamantando *pr.p.* nursing, breastfeeding
amante *m., f.* lover
amar to love
amargado/a embittered
amargo/a bitter
amarillento/a yellowish; pale
amarillo/a yellow
amasar to knead
ambición *f.* ambition
ambicioso/a ambitious
ambiental environmental
ambiente *m.* surroundings, atmosphere; **medio ambiente** environment
ámbito: ámbitos sociales social contexts
ambos/as *adj.* both
amenazado/a threatened
amenazar (c) to threaten
amiba amoeba
amigo/a friend
aminoácido amino acid
amistad *f.* friendship

amistades *f.* friends
amistoso/a friendly
amniótico/a amniotic
amo owner; **destrucción de las propiedades de su amo** destruction of his/her owner's property
amoldarse to adapt oneself
amónico: bicarbonato amónico ammonium bicarbonate
amor *m.* love
amorío *fam.* minor love affair, crush
amoroso/a amorous, romantic
amplio/a ample; wide
amplitud *f.* amplitude; **con amplitud** widely
amuleto amulet, charm
análisis *m.* analysis
analizar (c) to analyze; **otra manera de analizar la personalidad** another way of analyzing personality
análogo/a analogous, similar
ancestro ancestor
anciano/a elderly person
ancho/a wide
Andalucía *region of Spain*
andar *irreg.* to walk; **andar en bicicleta** to ride a bike
andino/a *n., adj.* Andean
Andorra Andorra
anfetaminas amphetamines
anfibio/a amphibian
anfitrión (anfitriona) host (hostess)
anglosajón (anglosajona) Anglo-Saxon
angula grig (young eel)
ángulo angle
angustia anguish
angustiado/a anguished
anidar to build a nest
anillado/a ringed
animado: dibujos animados animated cartoons
animal *m.* animal
animar to liven up
animarse to liven oneself up
ánimo *sg.* spirits; **estado de ánimo** state of mind
anoche *adv.* last night
anonimato anonymity
anónimo/a anonymous
anotación *f.* annotation
anotar to take note of
ansiedad *f.* anxiety
antaño *adv.* long ago
Antártida Antarctic
ante *prep.* before; **ante todo** first of all
anteayer *adv.* yesteryear (*figurative*)
antecedente *m.* ancestor
antena antenna
anteojos (eye)glasses
antepasado ancestor
anterior previous

antes *adv.* before; **antes de** *prep.* before
antibiótico *n., sg.* antibiotics
anticuerpo antibody
antídoto antidote
antifeminista *n. m. f., adj. m. f.* antifeminist
antiguamente *adv.* long ago; formerly
antiguo/a old, ancient
antipatía unfriendliness, dislike
antiséptico/a antiseptic
antología anthology
antropoide *m., f.* anthropoid
antropología anthropology
antropólogo/a anthropologist
anual *adj. m. f.* annual
anunciación *f.* announcement
anunciar to advertise; to announce
anuncio advertisement
añadido/a added
añadir to add
año year; **(al) año siguiente** next year; **los años veinte/treinta** the twenties/thirties; **tener _____ años** to be _____ years old
apadrinado/a sponsored
apagar (gu) to turn off
aparato apparatus, device, appliance; **aparato doméstico** home appliance
aparcamiento *n.* parking
aparecer(se) (zc) to appear
aparente *m., f.* apparent
apariencia appearance
apartado section
apartamento apartment
apartar to keep away
aparte *m., f.* separate; **aparte de** besides
apasionado/a passionate
apasionar to fill with passion
apatía apathy
apechugar (gu) (con) to face up (to)
apegado/a devoted to
apellido last name
apenas *adv.* barely, just
apéndice *m.* appendage
apertura opening
apetecer (zc) to appeal to
apetito appetite
apiñado/a crowded together
apio celery
aplaudido/a applauded
aplicado/a *adj.* devoted; *p. p.* applied
aplicar (qu) to apply
aplicarse (qu) to be applicable
apoderar to take possession of
aportación *f.* contribution
aportado/a contributed
aportar to bring, contribute
aporte *m.* contribution
apoyar to support
apoyo support
apreciado/a appreciated

apreciar to appreciate
aprender to learn
aprendido/a learned
aprendiendo *pr. p.* learning
aprendizaje *m.* learning
apresurado/a hurried
aprobación *f.* approval
aprobado/a approved
aprobar (ue) to approve
apropiado/a appropriate
aprovechamiento development
aproximado/a approximate
apuntar to note down
apuntes *m.* notes
aquel, aquella *adj.* that
aquél, aquélla *pron.* that one
aquello that, that thing
aquí *adv.* here
árabe *n. m. f., adj. m. f.* Arab; Arabic
aranitas *P.R.* shredded, fried plantains
araña spider
arbitrariedad *f.* arbitrariness
árbol *m.* tree; **árbol genealógico** family tree
arboleda grove of trees; **talas de sotos y arboledas** cutting down of thickets and groves
arco: tiro con arco *m.* archery
archivos archives
ardiente *m., f.* ardent, passionate
ardor *m.* ardor, passion
área *f.* (*but:* **el área**) area; **área rural** rural area
arepa *Lat. Am.* round corn loaf
aretes *m.* earrings
Argentina: la Argentina Argentina
argentino/a Argentine
argumentar to argue
argumento argument
aristócrata *m., f.* aristocrat
aritmético/a *adj.* arithmetical
arma *f.* (*but:* **el arma**) weapon; **armas de fuego** firearms
armadura armor
armarse to arm oneself
armonía harmony
armónico/a harmonious
aromático/a aromatic
arqueología archeology
arquitecto/a architect
arquitectura architecture
arraigado/a firmly rooted
arrancar (qu) to pull up; to root out
arreglar to arrange; to fix
arreglo arrangement
arremeter to attack
arriba *adv.* up above; **hacia arriba** upward
arriesgado/a daring
arrogante *m., f.* arrogant

arroyo stream; **contaminación de ríos y arroyos** pollution of rivers and streams
arroz *m.* rice; **arroz con pollo** chicken with rice
arruga wrinkle
arrugado/a wrinkled
arte *m.* art
artesanal *adj.* having to do with crafts, art
artesanía crafts
artesano/a *adj.* having to do with crafts, arts
ártico/a *adj.* Arctic
artículo article
artista *m., f.* artist
artístico/a artistic; **dedicarse a actividades artísticas** to dedicate oneself to artistic activities
artritis *f.* arthritis
asado/a *adj.* roast(ed); **carne asada** roast meat; **pollo asado** roast chicken
asamblea assembly
ascendencia ancestry
ascender (ie) to ascend
ascenso rank
asegurar to assure
asemejarse to resemble
asentar (ie) to seat
asentarse (ie) to sit down
asentir (ie, i) to assent, agree
asesino/a murderer
asesor(a) consultant
así *adv.* thus, so
asiático/a Asiatic
asignado/a assigned
asignar to assign
asimilar to assimilate
asimismo likewise
asistencia: asistencia social social work
asistido/a attended to
asistir (a) to attend
asma *f. (but:* **el asma)** asthma
asno ass
asociado/a associated
asociar to associate
asociarse to team up
asombroso/a amazing
aspecto aspect, appearance
aspiración *f.* aspiration
aspirante *m., f.* candidate, applicant
aspirar (a) to aspire (*to something*)
aspirina aspirin
astilla splinter
astrofísica *sg.* astrophysics
astronomía astronomy
astrónomo/a astronomer
astucia cleverness, cunning
Asturias *region of Spain*
astuto/a astute
asunto topic, matter

asustado/a afraid, frightened
asustar to frighten
atacar (qu) to attack
atadito/a tied
ataque *m.* attack; **ataque cardíaco** heart attack; **ataque de ansiedad** anxiety attack; **ataque emocional** emotional attack
atención *f.* attention
atender (ie) to attend to
atendido/a attended to
atentado outrage; offense
atentamente attentively
atigrado/a striped
Atlántico *n., adj.* Atlantic
atleta *m., f.* athlete
atlético/a athletic
atletismo athletics; track-and-field events
atmósfera atmosphere
atómico/a atomic
atracción *f.* attraction; **parque de atracciones** amusement park
atractivo/a attractive
atraer *irreg.* to attract
atrapado/a trapped
atrapar to trap
atrás: hacia atrás *adv.* backward
atravesar (ie) to cross; to go across or through
atreverse to dare
atribuido/a attributed
atribuir (y) to attribute
atrofia atrophy
atún *m.* tuna(fish)
auditorio audience
auge *m.* period of increase
aula *f. (but:* **el aula)** room, hall
aumentar to increase
aumento increase
aun *adv.* even
aún *adv.* still, yet
aunque even though
ausencia absence
ausente *m., f.* absent
austero/a austere
auténtico/a authentic
auto car
autobiográfico/a autobiographical
autoimplantar to transplant
automáticamente automatically
automóvil *m.* automobile
autónomo/a autonomous
autor(a) author
autoridades *f.* authorities
autoritario/a authoritarian
autorizado/a authorized
autoservicio self-service
auxiliar *m., f.* auxiliar, auxiliary
avance *m.* advance; **avance científico (médico, tecnológico)** scientific (medical, technological) advance

avanzado/a advanced
avanzar (c) to advance
ave *f. (but:* **el ave)** bird
avena *sg.* oats
aventura adventure
aventurero/a adventurer/adventuress
avergonzado/a ashamed; embarrassed; **sentirse avergonzado/a** to feel ashamed
averiguar to find out
aves *f. pl. (but:* **el ave)** poultry
avión *m.* (air)plane
aviso warning, notice
ay *interj.* oh; ow
ayer *adv.* yesterday
ayuda help
ayudado/a helped
ayudante *m., f.* assistant
ayudar to help
azafata stewardess
azar *m.* chance, fate; **por azar** by chance, luck
azteca *m., f.* Aztec
azúcar *m.* sugar
azucarado/a sugary, sweet
azul *adj. m. f.* blue; **pescado azul** blue (fatty) fish

B

bachiller/a holder of a bachelor's degree
bachillerato bachelor's degree
bagre *m.* catfish
bailable *adj. m. f.* danceable
bailar to dance; **bailar en una discoteca/fiesta** to dance in a discotheque/at a party
baile *m.* dance
bajar to lower; **bajar de peso** to lose weight
bajo *prep.* under
bajo/a short (*height*); low; **baja presión sanguínea** low blood pressure; **bajo en colesterol** low in cholesterol
balance *m.* balance; **establecer un balance** to establish a balance
balanceado/a balanced
baloncesto basketball
balonmano handball
ballena whale
ballet *m.* ballet
banano banana tree
banco bank
banda band
bandera flag
banquete *m.* banquet
bañadera bathtub
bañarse to bathe oneself; **bañarse en un Jacuzzi** to bathe in a Jacuzzi
baño bathroom; **cuarto de baño** bathroom

bar *m.* bar
barato/a inexpensive
bárbaro/a barbarous; cruel
barco boat
barda thatch on fence or wall
barra bar (*as in graph*)
barrer to sweep
barrera barrier
barrio neighborhood
barrita small loaf
barro mud, clay
barroco/a baroque
basado/a (en) based (on)
basarse to base one's opinions, ideas on
báscula (platform) scale
base *f.* base; **a base de** on the basis of; **bases biológicas** biological bases
básico/a basic; **alimentos básicos** basic foods; **cantidades básicas** basic quantities
basquetbol *m.* basketball; **jugar al basquetbol** to play basketball
bastante *adj. m. f., adv.* enough
bastar to be enough
basura garbage; waste; **basura nuclear** nuclear waste
batalla battle
batido milkshake
batir to beat, mix, whip (*food*)
bebé *m., f.* baby
beber to drink
bebida drink, beverage; **bebidas alcohólicas** alcoholic beverages
beca scholarship, grant
béisbol *m.* baseball
belga: el Congo belga the Belgian Congo
Bélgica Belgium
belleza beauty
bello/a beautiful; **bellas artes** fine arts
beneficiar to benefit
beneficio benefit
beneficioso/a beneficial
benéfico/a beneficial
benigno benign; **tumor benigno** benign tumor
benzoato benzoate
berenjena eggplant
Bering: estrecho de Bering Bering Strait
bernardina tall tale
berro watercress
besar to kiss
beso kiss
besugo sea bream; red porgy (*type of fish*)
bíblico/a biblical
biblioteca library
bicarbonato: bicarbonato amónico (sódico) ammonium (sodium) bicarbonate

bicicleta bicycle; **andar en bicicleta** to ride a bike
bien *adv.* well
bienes *m. pl.* goods, possessions; **bienes raíces** real estate
bienestar *m.* well-being
bienvenido/a welcome
bife *m., Arg.* steak
biliar *adj.* biliary, relating to bile
billar: jugar (ue) (gu) al billar to play billiards
billetera wallet
biología biology
biológico/a biological; **bases biológicas** biological bases
biólogo/a biologist
bioquímica biochemistry
bisabuela great-grandmother
bisabuelo great-grandfather
bisabuelos great-grandparents
bisquets *m.* biscuits
bistec *m.* steak
blanco/a white; **en los espacios en blanco** in the blanks; **pan blanco** white bread
blanqueado/a: proceso de blanqueado bleaching process
bloques *m.* blocks
blusa blouse
boa: serpiente *f.* **boa** boa constrictor
boca mouth
bocacalle *f.* intersection
bocadillo sandwich
bocado mouthful
bocio goiter
boda wedding
boite *f.* nightclub, discotheque
boliche: jugar (ue) (gu) al boliche to bowl
Bolsa stock market
bolsa amniótica amniotic sac
bolsillo pocket; **teléfono de bolsillo** pocket telephone
bollería assorted breads and rolls
bollo roll
bomba bomb
bombero/a firefighter
bonito/a nice-looking, pretty
borde *m.*: **al borde** on the edge, verge
borrador *m.* rough draft
boscoso/a wooded
bosque *m.* forest
bosquejo outline
bosquete *m.* thicket
botánico/a botanical
bracero/a laborer, farmhand
brasa: a la brasa grilled
brazo arm
breve *adj. m. f.* brief
brillante *m., f.* brilliant
brillantez *f.* brilliance

brillar to shine
brincar (qu) to jump
brindar to offer
bróculi *m.* broccoli
bromo bromine
brújula compass
brusco/a sudden
bucal *adj. m. f.* oral
buen (bueno/a) good; **buena suerte** good luck; **estar de buen humor** to be in a good mood; **hace buen tiempo** the weather's good; **sacar una buena nota** to get a good grade
buey *m.* ox
buffet *m.* buffet
buitre *m.* vulture
burocracia bureaucracy
burocrático/a bureaucratic
burrillo little donkey
bus *m.* bus
buscar (qu) to look for; **buscar trabajo** to look for a job
búsqueda search

C

caballa mackerel
caballero gentleman
caballo horse
cabeza head; **tener dolor de cabeza** to have a headache
cabezón (cabezona) *fam., adj.* obstinate
cable *m.* cable; **televisión por cable** cable television
cabo: al cabo de at the end of; **al fin y al cabo** finally; **llevar a cabo** to carry out
cabra goat
cacahuete *m.* peanut; **mantequilla de cacahuete** peanut butter
cacería hunt
cacerola saucepan; frying pan
cachorro puppy
cada *adj. m. f.* each
cadena chain; station (*broadcasting*)
caer(se) *irreg.* to fall (down); **caerle bien a uno** to please one; to like
café *m.* coffee; café; **café con leche** coffee with milk
cafeína caffeine
cafetería cafeteria
caída fall
caja box
cajetilla: cajetilla de cigarrillos a pack of cigarettes
calabresa: a la calabresa Calabrian style (*Italian*)
calambre *m.* cramp
calcetines *m.* socks
calcio calcium
calculador(a) calculating

calcular to calculate
cálculo calculus
cálculos calculations
caldo broth
calefacción *f.* heat; heating
calendario calendar
calentado/a heated, warmed
calentar (ie) to warm (up), heat (up)
calentito/a hot
cálido/a hot (*climate*)
calidad *f.* quality
caliente *m., f.* hot; **perros calientes** hot dogs
calificación *f.* grade, grading
calificar (qu) to grade; to qualify
calificativo/a qualifying
californiano/a *n., adj.* Californian
calma *n.* calm
calmado/a *adj.* calm
calmante *m.* tranquilizer, sedative
calor *m.* heat; **hace (mucho) calor** it's (very) hot; **tener calor** to be hot
caloría calorie; **¿cuántas calorías?** how many calories?; **contener muchas calorías** to contain many calories
calórico/a caloric
calvo/a bald
callado/a quiet; **permanecer callado/a** to keep quiet
calle *f.* street; **cruce la calle** cross the street
callejero/a fond of walking about the streets
callejón *m.* alley
cama bed; **ir a la cama** to go to bed
cámara chamber; **cámara de tortura** torture chamber; **orquesta de cámara** chamber orchestra
cámara fotográfica camera
camarones *m. pl.* shrimp
cambiar to change; **cambiar de dieta** to change one's diet
cambiarse to change oneself
cambio change; **cambio de estaciones** change of seasons; **en cambio** on the other hand
caminar to walk
camino road, path
camión *m.* truck; bus (*Mex.*)
camisa shirt
camiseta T-shirt
campana bell
campanada ringing of a bell
campanario bell tower
campaña campaign
campeón (campeona) champion
campeonato championship
campesino/a peasant
campo country; field (*agricultural or professional*)
can *m.* dog

Canadá: el Canadá Canada
canadiense *n. m. f., adj. m. f.* Canadian
canal *m.* channel
canario canary
cancelar to cancel
cáncer *m.* cancer; **cáncer de mama** breast cancer; **remedio contra el cáncer** cure for cancer; **reducir el riesgo de cáncer** reduce the risk of cancer
cancerígeno/a carcinogenic
cancha field, court; **cancha de tenis** tennis court
candidato/a candidate
canela cinnamon
cangrejo crab
canino/a *adj.* canine
canoso: pelo canoso gray hair
cansado/a tired; **estar cansado/a** to be tired
cansancio tiredness, fatigue
cantante *m., f.* singer
cantar to sing
cantidad *f.* quantity; **cantidades básicas** basic quantities
cantina bar
capacidad *f.* capacity
capaz de (*pl.* **capaces de**) capable of
capilla chapel
capital *f.* capital (city)
capítulo chapter
capricho whim
captar to capture
cara face
caracol *m.* snail
carácter (*pl.* **caracteres**) *m.* trait, characteristic
característica characteristic; **¿qué características debe tener?** what characteristics should he/she have?
caracterizar (c) to characterize
caramelo candy
carbohidrato: carbohidrato complejo complex carbohydrate; **carbohidratos y fibra** carbohydrates and fiber
carbonatado/a carbonated
carbónico: ácido carbónico carbonic acid
carbono carbon
carcajadas: reírse a carcajadas to laugh one's head off, laugh loudly
cárcel *f.* jail
carcinogénico/a carcinogenic
carcinógeno carcinogen
cardíaco/a cardiac; **ataque cardíaco** heart attack; **enfermedades cardíacas** heart diseases; **infarto cardíaco** heart attack; **pulso cardíaco** heart rate
cardiología cardiology
cardiopatía cardiopathy

cardio-pulmonar *adj. m. f.* cardio-pulmonary
cardiovascular: enfermedades cardio-vasculares heart diseases; **sistema cardiovascular** cardiovascular system
carecer (zc) to be lacking
cargado/a loaded
cargar (gu) to charge
cargo occupation; charge; **tener a su cargo** to be in charge of; **animal de carga** pack animal
caribeño/a *n., adj.* Caribbean
caricatura cartoon
caricaturista *m., f.* cartoonist
caries *f., sg.* cavity
cariño affection
cariñoso/a affectionate
carismático/a charismatic; **ser carismático/a** to be charismatic
carne *f.* meat; **carne de res** beef
carneros: los carneros de Los Ángeles L.A. Rams
carnicería butcher shop
caro/a expensive
carrera career; major field of study; race; **carreras y materias** fields of study and subjects; **carrera a pie** footrace; **¿qué carrera haces?** what is your major?
carretera highway; **construcción de carreteras** construction of highways
carro car; **manejar el carro** to drive the car
carta letter; menu; **tomar carta de naturaleza** to get naturalization papers
cártamo safflower
cartel *m.* poster
cartón *m.* cardboard
casa house
casado/a married; **está(n) casado/a(s)** he/she is (they are) married
casarse *refl.* to get married
cascabel: serpiente *f.* **de cascabel** rattlesnake
casero/a homemade; domestic
casi *adv.* almost
caso case; **hacer caso a** to pay attention to
castaño/a brown
castellano/a *adj.* Spanish
castillo castle
casualidad *f.:* **por casualidad** coincidentally
catalán (catalana) *n., adj.* Catalan
cataratas cataracts
catecholamina catecholamine
catedrático/a professor
categoría category
categorizar (c) categorize
católico/a Catholic
catorce fourteen

caudillo leader, chief
causa cause; **a causa de** because of
causado/a caused
causante *adj. m. f.* causing
causar to cause
cautividad *f.* captivity
cavidad *f.* cavity
caza hunting
cazadora: pollo a la cazadora chicken prepared with tomato sauce
cazar (c) to hunt
cebolla onion
cebollín *m.* green onion
cegado/a blinded
cegar (ie) (gu) to blind
ceguera blindness
celebrado/a celebrated
celebrar to celebrate
célebre *m., f.* famous
celoso/a jealous
célula cell
celular *m., f.* cellular
cemento cement
cena dinner
cenar to have dinner; **cenar solo/a** to have dinner alone
censado/a counted in the census
censar to take a census of
censo census; **resultados del censo** results of the census
censura censorship
censurar to censor
centenario/a centennial
centígrado centigrade
centímetro centimeter; **medir centímetros** to measure centimeters
central: parte *f.* **central del cerebro** central part of the brain
centrar to center
centrifugado/a centrifuged
centro center; downtown
Centroamérica Central America
cerámica *sg.* ceramics
cerca (de) near
cercanamente closely
cercano/a near, close
cerdo pig; **chuleta de cerdo** pork chop
cereales *m.* cereals, grains
cerebral *adj. m. f.*: **corteza cerebral** cerebral cortex
cerebro brain; **parte central del cerebro** central part of the brain
ceremonia ceremony
cero zero
cerrado/a closed
cerrar (ie) to close
certeza certainty
cerveza beer
cesar to cease
cesta basket
ciclismo cycling
ciclista *m., f.* cyclist

ciclo cycle
ciego/a *n., adj.* blind
cielo sky
cien (ciento) one hundred
ciencia science; **ciencias biológicas** biological sciences; **ciencia computacional** computer science; **ciencia ficción** science fiction; **ciencias naturales** natural sciences; **ciencias políticas** political science; **ciencias sociales** social sciences
científico/a *n.* scientist; *adj.* scientific; **desarrollos científicos y tecnológicos** scientific and technological developments
ciento: por ciento percent; _____ **por ciento** _____ percent
cientos/as hundreds
cierto/a certain; true; **(no) es cierto** it's (not) certain that
cifra number
cigarrillo cigarette
cigüeña stork; **adiós, cigüeña, adiós** so long, stork, so long
cilantro coriander
cima top
cinco five; **a las cinco (menos veinte)** at (twenty minutes to) five
cincuenta fifty; **los cincuenta** the fifties
cine *m.* movie theater; **ir al cine** to go to the movies
cinta tape; **cintas vírgenes** blank tapes
cinturón *m.* waist
circuito circuit; **circuito nervioso** nervous system
circulación *f.* circulation; **circulación sanguínea** circulatory system
circulante: colesterol *m.* **circulante** circulating cholesterol
circular to circulate
círculo circle
circunstancia circumstance
circunvalación *f.* bypass
cirugía surgery
cirujano/a surgeon
cita appointment; date
citar to quote, cite
ciudad *f.* city
ciudadano/a citizen
ciudadela citadel, fortress
cívico/a civic; **educación cívica** social studies
civilización *f.* civilization
claridad *f.* clarity
clarificar (qu) to clarify
claro/a clear; **ojos claros** light eyes
clase *f.* class; **asistir a clases** to attend classes; **clase a distancia** long distance class; **hablando de clases** talking about classes; **tomar clases** to take classes
clásico/a classic

clasificación *f.* classification
clasificar (qu) to classify
clave *f.* key; **frases clave** key phrases; **palabra clave** key word
clavo clove
cliente *m., f.* client
clientela clientele
clima *m.* climate
climático/a climatic
clínica clinic
clona clone
cloro chlorine
club *m.* club
coartar to limit, restrict
cobayo guinea pig
cobrar to charge; to receive
cobre *m.* copper
coca cocaine
cocaína cocaine
cocer (ue) (z) to cook
cocido/a cooked; **bien cocido/a** well done
cocimiento cooking
cocina kitchen; cuisine
cocinar to cook
cocinero/a cook
coco coconut; **aceite de coco** coconut oil
cóctel *m.* cocktail
coche *m.* car
cochinillo suckling pig
código code; **código oculto de los elefantes** hidden code of elephants
codillo elbow
coeficiente *m.* coefficient
coger (j) to catch; to grab
cognado cognate
coincidencia coincidence
coincidir to coincide
cola tail; **cola** drink
colaborar to collaborate
colapsar to collapse
colección *f.* collection; **colección de tréboles** clover collection
coleccionar to collect
coleccionista *m., f.* collector
colectivo bus
colega *m., f.* colleague
colegio high school
cólera *m.* cholera; *f.* anger
colérico/a angry, bad-tempered
colesterol *m.* cholesterol; **alto/bajo en colesterol** high/low in cholesterol; **nivel** *m.* **de colesterol** level of cholesterol
colgar (ue) (gu) to hang
colmena beehive; **colmena de las abejas** beehive
colmillo tusk
colocar (qu) to place, arrange
Colombia Colombia
Colón Columbus
colonia neighborhood; colony

colonización *f.* colonization; **colonización de otros planetas** colonization of other planets

colorante *m.* food coloring

coloreado/a reddened; colored

colorectal: cáncer *m.* **colorectal** colon-rectal cancer

colorido coloring

columna column; **columna vertebral** spinal column

comadrona midwife

combate *m.* fight

combatir to fight

combinación *f.* combination

combinar to combine

comentar to comment on

comentario commentary

comenzar (ie) (c) to begin; **comenzar a + inf.** to begin to (*do something*)

comer to eat; **comer en casa** to eat at home; **hábito de comer** eating habit; **¿qué comes para el almuerzo y para la cena?** what do you have for lunch and for dinner?

comercial *adj. m. f.* commercial; **centros comerciales** shopping centers; **comida comercial** commercial food; **receta comercial** commercial recipe

comercio business; commerce; trade; **libre comercio** free trade

comerse *refl.* to eat up; **comerse las uñas** to bite one's nails

comestible *m.* food

cómica: tira cómica comic strip

comicidad *f.* comedy

cómico/a *n.* comic; *adj.* funny

comida meal; food; **comida congelada/precocida** frozen/precooked food; **comidas fritas** fried foods; **comida rápida** fast food

comienzo beginning; **al comienzo** at the beginning

comino: importarle un comino to not care at all about

comisión *f.* commission

como *prep.* like

¿cómo? *adv.* how?; what?

comodidad *f.* commodity

cómodo/a comfortable

comoquiera *adv.* however

compacto/a compact; **disco compacto** compact disc, CD

compañero/a companion; **compañero/a de clase** classmate; **compañero/a de cuarto** roommate

compañía company

comparación *f.* comparison; **en comparación con** in comparison to; **más comparaciones** more comparisons

comparar to compare

compartir to share; **compartir los mismos genes** to share the same genes

compasivo/a compassionate; **ser compasivo/a** to be compassionate

compensar to compensate

competencia competition

competente *m., f.* competent

competidor(a) competitor

competir (i, i) to compete

competitivo/a competitive

compilar to compile

complejidad *f.* complexity

complejo/a complex; **carbohidrato complejo** complex carbohydrate

complementar to complement

complementario/a complementary

completar to complete

completo/a complete

complicado/a complicated

complicar (qu) to complicate

componer *irreg.* to make up; to put together

comportamiento behavior

comportarse to behave

composición *f.* writing; composition

compra buying; **compra y venta** buying and selling

comprar to buy

compras: hacer *irreg.* **compras** to shop; **ir de compras** to go shopping

comprender to comprehend, understand; **no comprendo** I don't understand

comprensión *f.* comprehension

comprobante *m.* receipt

comprobar (ue) to prove

comprometido/a involved

compuesto/a made up of

compulsivo/a compulsive; **ser compulsivo/a** to be compulsive

computación *f.* computer science

computacional *adj. m. f.:* **ciencias computacionales** computer science

computadora computer

computarizado/a computerized

común *m., f.* common; **en común** in common

comunicación *f.* communication; **comunicación instantánea** instantaneous communication; **comunicaciones** communications

comunicarse (qu) to communicate

comunicativo/a communicative

comunidad *f.* community; **comunidad económica europea** European economic community

comunismo communism

comunista *m., f.* communist

con with

concentración *f.* concentration

concentrarse to concentrate

concepción *f.* conception

concepto concept; **otros conceptos** other concepts

concernir (ie) to concern

conciencia consciousness

concienzudo/a conscientious

concierto concert

concluir (y) to conclude

conclusión *f.:* **en conclusión** in conclusion

concluyente *m., f.* conclusive

concomitante *m., f.* concomitant

concordancia concordance, agreement

concordar (ue) to agree

concordia harmony

concreto/a concrete; **en concreto** specifically

concurso contest

concurrir to meet, come together

condado county

conde(sa) count (countess)

condensado/a condensed; **leche condensada** condensed milk

condición *f.* condition; **estar en buenas condiciones** to be in good shape

condicional conditional

condimento condiment

cóndor *m.* condor

conducente a leading to

conducir (zc) to lead to

conducta conduct

conducto: conducto nervioso nerve ending

conectar to connect

conejillo guinea pig

conejo rabbit

conexión *f.* connection

conferencia conference

conferenciante *m., f.* lecturer, speaker

conferir (ie, i) to confer

confesar (ie) to confess

confiado/a confident, trusting; **sentirse confiado/a de sí mismo/a** to feel self-confident

confianza confidence, trust

confiar to trust

confidente *m., f.* trustworthy

confirmar to confirm

confitería café, pastry shop

conflicto conflict

conformarse to conform; to agree

conforme *adv.* in agreement

confundir to confuse

confusión *f.* confusion

confuso/a confused

congelado/a frozen; **comida congelada** frozen food

congénere *m., f.* of the same sort

Congo belga Belgian Congo

congregarse (gu) to congregate

congreso congress

congrí *m. Cuba* rice and bean stew

conjugación *f.* conjugation

conjugar (ue) (gu) to combine

conjunto *n.* group; **conjunto/a** *adj.* united
conmemoración *f.* commemoration
conmigo with me
connotación *f.* connotation
conocer (zc) to meet; to know
conocido/a *n.* acquaintance; *adj.* well known
conocimiento knowledge
conquistar to conquer
consciente *m., f.* conscious
consecuencia consequence
consecutivo/a consecutive
conseguir (i, i) (g) to acquire; **conseguir un empleo** to get a job
consejo advice
conservación *f.* conservation
conservador(a) conservative
conservadores artificiales artificial preservatives
conservadurismo conservatism
conservante *m.* preservative
conservar to preserve; to conserve
consideración *f.* consideration
considerado/a considerate
considerar to consider
consigo with you/them
consiguiente: por consiguiente consequently
consistir en to consist of
conspirar to conspire
constante *m., f.* constant
constituir (y) to constitute
construcción *f.* construction; **construcción de carreteras** construction of highways
construir (y) to construct
consuelo comfort
consultar to consult
consultorio consulting room
consumado/a consummate
consumición *f.* consumption
consumidor(a) consumer
consumir to consume
consumo consumption
contabilidad *f.* accounting
contabilizar (c) to enter in the accounts
contacto contact; **lentes de contacto** contact lenses
contador(a) accountant
contaminación *f.* contamination; pollution; **contaminación de ríos y arroyos** pollution of rivers and streams
contaminado/a contaminated; polluted; **estar contaminado/a** to be contaminated, polluted
contaminante *m.* contaminant
contaminar to contaminate
contar (ue) to count; to tell; **contar un chiste** to tell a joke
contemplación *f.* contemplation

contemplar to contemplate
contemporáneo/a contemporary
contener *irreg.* to contain; **contener muchas calorías** to contain many calories
contenido *sg.* contents
contenido/a contained
conteniendo *pr.p.* containing
contento/a content; happy; **ponerse contento/a** to be (get) happy
contestar to answer
contexto context
contigo *fam.* with you
continente *m.* continent
continuación *f.* continuation; **a continuación** following
continuamente continuously
continuar to continue
contra against; **remedio contra el cáncer** cure for cancer; **estar en contra** to be against; **vacuna contra el SIDA** AIDS vaccine
contradecir *irreg.* to contradict
contradicción *f.* contradiction
contraer *irreg.* to contract; **contraer matrimonio** to marry; **contraer una enfermedad** to contract a disease
contrapeso: contrapeso de una grúa counterweight of a crane
contraponer *irreg.* to set against each other
contrario/a contrary; **al contrario** on the contrary; **por el contrario** on the contrary
contrarrevolución *f.* counterrevolution
contras: los pros y los contras the pros and cons
contrastante *m., f.* contrasting
contrastar to contrast
contraste: en contraste in contrast
contratación *f.* hiring
contrato contract
contribución *f.* contribution
contribuir (y) to contribute
control *m.* control; **control de peso** weight control; **falta de control** lack of control
controlar to control
controversia controversy
convencer (z) to convince
convención *f.* convention
conveniencia convenience
conveniente *m., f.* convenient
convenir *irreg.* **(con)** to agree (with)
convento convent
converger (j) to converge
conversación *f.* conversation
conversar to converse
convertir (ie, i) to convert
convertirse (ie, i) to become; **convertirse en adicto/a** to become addicted

convivir to live together; to coexist
cooperación *f.* cooperation
coordinación *f.* coordination
coordinar to coordinate
copa cup; wine glass; **copa mundial** World Cup
Copérnico Copernicus
copia copy
copiar to copy
copita small glass; drink
copito: copito de nieve snowflake
copular to copulate
coquí small amphibian (tree frog)
coraje *m.* courage
corazón *m.* heart
corbata tie
cordero lamb
Corea Korea
coronario/a coronary; **enfermedades coronarias** heart diseases
coronel *m.* colonel
coronilla top of the head
corrección *f.* correction; good manners, decorum
correcto/a correct
corrector proofreader
corredor(a) runner, jogger
corregir (i, i) (j) to correct
correo mail
correr to run; **correr _____ millas** to run _____ miles; **zapatos para correr** running shoes
correrías travels
correspondencia connection; **por correspondencia** by correspondence
corresponder to correspond
correspondiente *adj. m. f.* corresponding
corretear to hurry along
corrida: corrida de toros bullfight
corriente *n. f.* movement, current; *adj. m., f.* current, present
cortapisa restriction
cortar to cut
corte *m.* cut; *f.* court
cortés courteous
cortesía courtesy
corteza: corteza cerebral cerebral cortex
corto/a short
Coruña: la Coruña *region in Spain*
cosa thing; **es cosa de todos los días** it's an everyday thing
coser to sew
cosmético/a cosmetic
cosquillas: hacer *irreg.* **cosquillas** to tickle
costa coast
costar (ue) to cost
costarricense *n. m. f., adj. m. f.* Costa Rican
costero/a coastal

costilla rib
costo cost; costo de (la) vida cost of living
costumbre f. custom
cotidiano/a everyday
coyote m. coyote
creación f. creation
creador(a) n. creator; adj. creative
crear to create
creatividad f. creativity
creativo/a creative
crecer (zc) to grow
creciente adj. m. f. growing
crecimiento growth
crédito credit; tarjetas de crédito credit cards
creencia belief
creer (y) to believe
crema cream
cremoso/a creamy
Creta Crete
cría offspring, young (of animals)
criado/a raised; criados lejos uno del otro raised far from each other
criador(a) breeder
crianza breeding
criar to raise; to breed
criatura creature
crimen m. crime
criminal n. m. f., adj. m. f. criminal; justicia criminal criminal justice; ley f. criminal criminal law
criminalista: abogado criminalista lawyer specializing in criminal law
cristal m. crystal
cristianismo Christianity
criterio criterion
crítica criticism
criticar (qu) to criticize
crítico/a critical
cromosoma m. chromosome
crónica chronicle
cronológico: orden m. cronológico chronological order
crotalino rattlesnake
cruce m. crossing; cruce de calles intersection; cruce del Atlántico Atlantic crossing; cruce la calle cross the street
crucero cruise; cruise ship
crucigrama m. crossword puzzle
crudo/a raw
crueldad f. cruelty
cruenta: luchas cruentas bloody battles
crujir: crujir los dedos to crack one's knuckles
cruza n. cross (hybrid)
cruzar (c) to cross
cuaderno notebook
cuadra block
cuadrado/a square; checkered

cuadro box
cuajar to jell; to set
¿cuál? (pl. ¿cuáles?) which?
cualidad f. quality, trait
cualitativamente qualitatively
cualquier(a) whichever; a cualquier hora at any time
cuando when
cuanto as much as; en cuanto a as for
¿cuánto/a? how much?
¿cuántos/as? how many?; ¿cuántas calorías? how many calories?
cuarenta forty; los cuarenta the forties
cuarteles m. quarters; cuarteles de invierno winter quarters
cuarteto quartet
cuarto n. quarter; fourth; a las siete menos cuarto at a quarter to seven; a las tres y cuarto at three-fifteen
cuarto/a adj. fourth
cuarto room (in a house); compañero/a de cuarto roommate; cuarto de baño bathroom; servicio a cuartos room service
cuatro four; a las cuatro (y media) at four (-thirty); trébol de cuatro hojas four-leaf clover
cuatrocientos/as adj. four hundred
cubano/a n., adj. Cuban
cubata m. rum and coke (drink)
cubículo cubicle
cubista m., f. cubist
cucharada spoonful
cucharadita teaspoonful
cuello neck
cuenta bill; account; pagar la cuenta to pay the bill; tener en cuenta to take into account; tomar en cuenta to take into account
cuento story
cuerdas: cuerdas vocales vocal cords
cuerno horn; ¿para qué cuernos... ? fam. why the heck . . . ?
cuero leather; zapatos de cuero leather shoes
cuerpo body
cuestión f. question, issue
cuestionario questionnaire
cueva cave
cuidado care; con cuidado carefully; cuidado de los niños care of the young; hay que tener cuidado it's necessary to be careful
cuidadoso/a careful
cuidar to care for, take care of
culminante m., f. culminating; punto culminante high point
culpa blame; guilt; echar la culpa to blame
culpabilidad f. guilt
culpable m., f. guilty

culpar to blame
cultivado/a cultivated
cultivo crop
culto cult
culto/a cultured
cultura culture
cumbre f. summit, peak
cumpleaños m. sg. birthday
cumplimentado/a completed
cumplir to complete, fulfill
cúmulo accumulation
cuñado/a brother-in-law/sister-in-law
cuota: cuota del seguro insurance premium
cúpula dome
curar to cure
curarse refl. to cure oneself
curativo/a curative
curioso/a curious
currículum m. résumé
curso course (of study)
cuy m. Lat. Am. guinea pig
cuyo/a whose

CH

champán m. champagne; copa de champaña glass of champagne
champiñón m. mushroom; pollo al champiñón chicken in mushroom sauce
chanchullo dirty business deal
chaqueta jacket
charlar to chat; charlar con el vecino/la vecina to chat with one's neighbor
charrán m. tern
charro: frijoles charros Mex. whole cooked beans
chaucha new potato
cheque m. check
chequeo check mark
chícharo pea
chicharrones: chicharrones de pollo fried chicken skins
chico/a boy/girl
chilaquiles m. pl. Mexican dish
chile m. (red, green, or bell) pepper; chile relleno stuffed pepper
chileno/a n., adj. Chilean
chiles: chiles poblanos brown peppers (Mex.); chiles picantes hot peppers; chiles verdes green peppers
chimenea chimney
chimpancé m. chimpanzee
China China
chino/a n., adj. Chinese; horóscopo chino Chinese horoscope
chipirón m. squid
chismoso/a gossipy
chiste m. joke; contar un chiste to tell a joke

chistoso/a funny
chocar (qu) to crash
choque *m.* crash
chorizo sausage
chuleta: chuleta de cerdo pork chop
chuparse: chuparse los dedos to suck
 one's fingers
churro cruller (*a type of fried dough*)

D

dado die (*pl.* dice)
dado/a *p.p.* given; dado que given that;
 ha dado has given
danza dance
danzar (c) to dance
dañar to injure; to damage
dañino/a harmful
daño damage; daños físicos physical injuries; hacer daño to do damage
dar *irreg.* to give; darle vuelta to turn
 something; darse la mano to shake
 hands; dar un paseo to take a walk
dardo dart
dato fact
datos data
de *prep.* of
debajo (de) *prep.* below; por debajo *adv.*
 underneath
debate *m.* debate
debatir to debate
deber *v.* + *inf.* should, must, ought to
 (*do something*); *n. m.* obligation
debidamente properly
debido a due to, because of
débil *m., f.* weak
debilitar to debilitate
década decade
decálogo decalogue
decidir to decide
decilitro deciliter (a liquid measure
 equaling 1/10 of a liter)
decir *irreg.* to say; es decir that is
decisión *f.* decision
decisivo/a decisive
declaración *f.* declaration
decorar to decorate
dedicación *f.* dedication
dedicado/a dedicated
dedicar (qu) to dedicate
dedicarse (qu) a to dedicate oneself to;
 dedicarse a actividades artísticas to
 dedicate oneself to artistic activities
dedo finger
deducir (zc) to deduce
defecto defect
defender (ie) to defend
defensa defense; en defensa de in defense of
deficiencia deficiency
definición *f.* definition

definir to define
definitivo/a definitive; en definitiva
 once and for all
defraudar to defraud
degeneración *f.* degeneration
degenerativo/a degenerative
dejar to leave; dejar de + *inf.* to stop
 (*doing something*)
del: de + el *cont.* of the
delante (de) *prep.* in front (of); por delante de in front of
delatar to reveal
deleitar to delight, charm
delfín *m.* (*pl.* delfines) dolphin
delgado/a thin
delicadamente delicately
delicia delight
delicioso/a delicious
delincuente: delincuente *m.* juvenil juvenil delinquent
delirio delirium
delito crime, offense
demás: a los demás to the others; de los
 demás of others; por los demás by
 the others
demasiado *adv.* too much
demasiado/a *adj.* too much
democracia democracy
democrático/a democratic; la República
 democrática alemana German Democratic Republic
democratizar (c) to democratize
demografía demography
demográfica: explosión demográfica
 baby boom
demógrafo/a demographer
demostrar (ue) to demonstrate
denominación *f.* designation
denominar to name, call, designate
denso/a dense
dentadura set of teeth
dentífrica: pasta dentífrica toothpaste
dentista *m., f.* dentist
dentro de inside
departamento department
dependencia dependence
depender (de) to depend (on)
dependiente *adj. m. f.* dependent
dependiente/a salesclerk
deporte *m.* sport; hacer deporte to do a
 sport; practicar (un) deporte to participate in sports
deportista *m., f.* athlete
deportivo/a having to do with sports
depósito dump
depresión *f.* depression
deprimido/a depressed; sentirse depri-
 mido/a to feel depressed
deprimirse *refl.* to become depressed
derecha right; a la derecha to the right;
 doble a la derecha turn right; hacia
 la derecha toward the right

derecho *n.* law; right, privilege, *adv.*
 straight; siga derecho continue, go
 straight
derivado *n.* derivative
derivar to derive
derribo demolition
derrota defeat
derrotar to defeat
derrumbar to demolish, knock down
desafiante *m., f.* defiant
desafortunadamente unfortunately
desaparecer (zc) to disappear
desaparición *f.* disappearance
desaprobación *f.* disapproval
desaprobar (ue) to disapprove
desarrollador(a) developer
desarrollar(se) to develop
desarrollo development; desarrollos
 científicos y tecnológicos scientific
 and technological developments
desastre *m.* disaster
desayunar to have breakfast; desayu-
 narse con to have for breakfast; ¿qué
 desayunas? what do you have for
 breakfast?
desbaratar to spoil
descafeinado/a decaffeinated
descansar to rest
descanso rest
descarga discharge
descendencia origin; offspring
descender (ie) to descend
descendiente *m., f.* descendant
descenso descent
descifrar to decipher
descolgado/a hanging down
descomposición *f.* decomposition
desconcertante *m., f.* disconcerting
desconcierto unease
desconfiado/a untrustful
desconfianza distrust
desconocer (zc) to fail to recognize
desconocido/a unknown
desconocimiento ignorance
descontrolado/a not controlled
descorazonado/a discouraged
descremado/a: leche descremada skim
 milk
describir to describe
descripción *f.* description
descriptivo/a descriptive
descrito/a *p.p.* described
descubierto/a *p.p.* discovered
descubrimiento discovery
descubrir to discover
descuento discount
descuido carelessness
desde *prep.* since; from
deseado/a desired
desear to desire
desecación *n., f.* drying
desempeñar to perform

desempleo unemployment
desencadenar to unleash
desencanto disillusionment
deseo desire
desequilibrado/a unbalanced
desequilibrio imbalance
desesperadamente desperately
desesperanzador(a) disheartening
desesperar to dishearten; to cause despair
desfasado/a phased out
desgracia disgrace
desgraciadamente unfortunately
deshuesar to bone
desierto desert
desilusionado/a disillusioned
desintoxicación *f.* detoxification
desmedido/a excessive
desnatado: leche desnatada en polvo powdered skim milk
desnudo/a nude
desollado/a skinned
desorden *m.* disorder
desorientado/a disoriented
desoxirribonucléico: ADN, ácido desoxirribonucléico DNA, deoxyribonucleic acid
despacio slowly
despachado/a completed
despacho office
despedir (i, i) to dismiss, fire
despedirse (i, i) (de) to say goodbye (to)
despejado/a clear; **está despejado** it's clear
despejar to clear up
despertador *m.* alarm clock
despertarse (ie) *refl.* to wake up
despierto/a awake; **tratar de mantenerse despierto/a** to try to stay awake
desplazado/a displaced
desplazarse (c) to move
despreciar to despise
desprender to follow from
después *adv.* afterward
después de *prep.* after
destacado/a emphasized
destacar (qu) to emphasize
destinar to designate
destreza skill
destrucción *f.* destruction; **destrucción de las propiedades de su amo** destruction of his/her owner's property; **destrucción del paisaje** destruction of the countryside
destructivo/a destructive
destruido/a destroyed
destruir (y) to destroy
destruyendo *pr. p.* destroying
desvalido/a helpless
desvelar to stay awake
desventaja disadvantage

desviación *f.* detour
desviarse to go off course
detallado/a detailed
detalle *m.* detail
detallista *m., f.* perfectionist
detectar to detect
detener *irreg.* to detain
detenerse *irreg.* to stop
deteriorarse to deteriorate
determinación *f.* determination
determinar to determine
detestar to detest
detrás (de) *prep.* behind
detrimento detriment
deuda debt
devaluación *f.* devaluation
devolver (ue) to return (*something*)
devorar to devour
dextrosa dextrose
D.F. (Distrito Federal) *Mex.* Federal District (of Mexico City)
día *m.* day **al día siguiente** (on) the next day; **cada día** every day; **de día** daytime; **día festivo** holiday; **días de la semana** days of the week; **hoy día** today; **pasar unos días de vacaciones** to spend a few days of vacation; **¿qué día es hoy?** what day is it today?; **todos los días** every day; **vida de todos los días** everyday life
diafragma *m.* diaphragm
diagnóstico diagnosis
diagnóstico/a diagnostic
dialecto dialect
diariamente *adv.* daily
diario diary
diario/a *adj.* daily; **rutina diaria** daily routine; **vida diaria** daily life
dibujar to draw
dibujo drawing; **dibujos animados** animated cartoons
diccionario dictionary
diciembre *m.* December
diciendo *pr. p.* saying
dictador(a) dictator
dictadura dictatorship
dictar to dictate
dicho *n.* saying
dicho/a *adj., p.p.* said
dichoso/a fortunate
diecinueve nineteen
dieciocho eighteen
dieciséis sixteen
diecisiete seventeen
diente *m.* tooth
dieta diet; **cambiar de dieta** to change one's diet; **tener una dieta equilibrada** to have a balanced diet
dietético/a dietetic; **refresco dietético** diet soft drink
diez ten; **a las dos y diez** at two-ten

diferencia difference; **a diferencia de** in contrast to
diferenciación *f.* differentiation
diferencial *adj. m. f.* distinctive
diferente *m., f.* different
difícil *m., f.* difficult; **un hábito difícil de romper** a habit difficult to break
dificultad *f.* difficulty
diferir (ie, i) to be different
digerir (ie, i) to digest
digestión *f.* digestion
digital digital
dilatado/a long-drawn-out
dilema *m.* dilemma
dilucidar to elucidate
dimensión *f.* dimension
diminutivo/a small
Dinamarca Denmark
dinámica *sg.* dynamics
dinámico/a dynamic
dinamismo energy
dinastía dynasty
dinero money; **ganar dinero** to earn money; **gastar dinero** to spend money
dios(a) god(dess); **Dios mío** my God; **gracias a Dios** thank God
dioxina dioxine
diplomático/a diplomatic
dirección *f.* direction; address; **sentido de dirección** sense of direction
directo/a direct
director(a) director
dirigir (j) to direct
disciplina discipline
disciplinado/a disciplined
disco record; **disco compacto** compact disc, CD; **disco duro** hard drive
disconformidad *f.* disagreement
discoteca discotheque
discreto/a discreet
discusión *f.* discussion; argument
discutible *m., f.* arguable, debatable
discutir to discuss; to argue
diseñador(a) *n.* designer
diseñar to design
diseño design
disertación *f.* dissertation
disfrazarse (c) to disguise oneself
disfrutar to enjoy
disgusto disgust
disminución *f.* decrease
disminuir (y) to decrease
disminuyendo *pr. p.* decreasing
disolver (ue) to dissolve
disparo shot
dispensado/a disposed
disponer *irreg.* to have available
disponible *m., f.* available
disposición *f.* disposition
dispuesto/a disposed
disquera record company

distancia distance; **larga distancia** long distance; **mando a distancia** remote control
distanciado/a isolated
distanciarse to go away from
distante *m., f.* distant
distar to be far away from
distinguir (g) to distinguish
distinguirse (g) to differ
distintivo/a distinctive
distinto/a distinct
distraer *irreg.* to distract
distribución *f.* distribution
distribuir (y) to distribute
diversidad *f.* diversity
diversión *f.* diversion
diverso/a diverse
divertido/a fun-loving; fun
divertirse (ie, i) to have a good time
dividir(se) to divide
divirtiéndose *pr. p.* having a good time
división *f.* division
divisorio/a dividing; **líneas divisorias** dividing lines
divorciado/a divorced; **está(n) divorciado/a(s)** he/she is (they are) divorced
divulgación *f.* circulation
doblar to fold; to turn; **doble a la derecha/izquierda** turn right/left
doble *n. m. f., adj. m. f.* double
doblete *m., f.* doublet
doce twelve
dócil docile
doctor(a) doctor
doctorales: estudios doctorales doctoral studies
documental *m.* documentary
documento document
dólar dollar
dolencia ailment
doler (ue) to hurt
dolor *m.* pain; **tener dolor de cabeza** to have a headache
domesticado/a domestic; domesticated
doméstico/a domestic; **animal doméstico** domestic animal; **aparato doméstico** home appliance
domicilio home
dominador(a) domineering
dominancia dominance
dominante *m., f.* dominant; **factor dominante** dominant factor
dominar to dominate
domingo Sunday
Dominicana: la República Dominicana Dominican Republic
dominio dominion
don: tener don de gentes to have a way with people
donde *rel. pron.* where
dopaminae *f.* dopamine

dorado: el Dorado mythical place
dormir (ue, u) to sleep; **hábito de dormir** sleeping habit; **horario de dormir** sleep schedule; **ir a dormir** to go to sleep
dormirse (ue, u) to fall asleep
dormitorio bedroom
dorso back
dos two
doscientos/as two hundred
dosis *f.* dose
dotado/a gifted
drama *m.* drama; **dramas amorosos** love dramas
dramático/a dramatic
drástico/a drastic
droga drug; **abuso de las drogas** drug abuse
drogadicto/a drug addict
drogar (gu) to drug
duda doubt; **sin duda** undoubtedly
dudar to doubt
dudoso/a doubtful; **es dudoso/a ...** it's doubtful that
dueño/a owner
dulce *n. m.* candy; *adj. m. f.* sweet
duplicar (qu) to duplicate
duración *f.* duration
durante *adv.* during
durar to last
durmiendo *pr. p.* sleeping
duro/a hard

E

e and (*used instead of* **y** *before words beginning with* **i** *or* **hi**)
ecología ecology
ecológico/a ecological
ecologista *m., f.* ecologist
economía economy
económico/a economical
ecosistema *m.* ecosystem
ecuación *f.* equation
echar to pour; **echar abajo** to disprove; **echar la culpa** to blame
edad *f.* age; **escalafones según la edad** rank, seniority according to age
edición *f.* edition
edificio building
editar to edit
editor(a) editor
editorial *f.* publishing house
educación *f.* education; **educación física** physical education **educación primaria** elementary education
educar (qu) to educate
educativo/a educational
EE.UU. (Estados Unidos) United States
efectivo/a effective; **en efectivo** (in) cash

efecto effect; **efecto invernadero** greenhouse effect; **en efecto** really; **efectos físicos/mentales/negativos/positivos** physical/mental/negative/positive effects
efectuar to carry out
eficacia effectiveness
eficaz *m., f.* (*pl.* **eficaces**) effective
eficiencia efficiency
egoísta *adj. m. f.* egotistical, self-centered
ejecutar to execute
ejecutivo/a executive
ejemplar *m.* example; copy
ejemplo example; **por ejemplo** for example
ejercicio exercise; **hacer ejercicio** to (do) exercise
ejercitar to exercise
ejército army
ejote *m.* string bean
el *m. sg.* the
él *pron.* he; him
elaboración *f.* production
elaborar to produce
elasticidad *f.* elasticity
elección *f.* election
electo/a elect; **presidente electo** the president-elect
electivas electives
electricidad *f.* electricity; **torres metálicas de electricidad** metal electricity towers
eléctrico/a electric; electrical; **planta eléctrica** electrical plant
electrificación *f.*: **electrificación rural** rural electrification
electrodoméstico electronic home appliance
electroeyaculación *f.* electrically stimulated ejaculation
electrónico/a electronic; **hogar electrónico** electronic home
elefante/a elephant; **código oculto de los elefantes** hidden code of elephants
elegido/a chosen
elegir (i, i) (j) to choose; **elegir una profesión** to choose a profession
elemental *m., f.* elemental; simple; **escuela elemental** elementary school
elemento element
elevar to elevate
eliminación *f.* elimination
eliminar to eliminate
elote *m.* ear of corn
eludir to elude
ella she; her
ello it
ellos/as they; them
embarazada pregnant

embargo: sin embargo nevertheless, however

emblema *m.* emblem

embolia clot, embolism

embotellamiento traffic jam

embrión *m.* embryo

embutido sausage

embutido/a stuffed

emergencia emergency

emergente *m., f.* emergent; jóvenes profesionales emergentes upwardly mobile professionals, yuppies

emocional *m., f.* emotional

emoción *f.* emotion

emotivo/a emotionally moving

emparejar to pair, match

emparentado/a related (*by marriage*)

empeñarse to persist

empeorar to get worse

emperador *m.* swordfish

empezar (ie) (c) to begin

empleado/a *n.* employee; *adj.* employed

empleador(a) employer

emplear to employ

empleo employment; conseguir un empleo to get a job

emprendedor(a) enterprising, aggressive; ser emprendedor(a) to be enterprising, aggressive

empresa company

empresario/a *n.* manager; *adj.* having to do with business

empujar to push

emulsionante *m., f.* emulsifier

en on; in; at

enamorado/a *n.* lover; *adj.* in love

enano dwarf

encabezado/a *adj., p.p.* headed

encajar to fit into

encalado/a whitewashed

encaminado/a directed

encantado/a pleased to meet you (*said upon meeting someone*)

encantador(a) charming

encantar to charm

encanto charm

encargado/a in charge (of)

encargarse (gu) (de) to take charge (of)

encender (ie) to turn on; encender las luces to turn on the lights

encerrarse (ie) (en su cuarto) to go into seclusion, to shut oneself up (in one's room)

encima (de) on top (of); por encima on top

enclavado/a embedded

enclítico: pronombres *m.* enclíticos enclitic pronouns (*joined to the preceding word*)

encontrar (ue) to find; to meet

encrucijada intersection

encubrir to hide

encuentro meeting

encuesta interview; poll

enchilada *rolled, filled tortilla covered with sauce*

enchilado/a containing chiles

endocrino/a endocrine

endocrinología endocrinology

endocrinólogo/a endocrinologist

endorfinas endorphins

endulzado/a sugared, sweetened

endurecer(se) (zc) to harden, shape up

enemigo/a enemy

enemistarse to become enemies

energético/a energetic

energía energy

enérgico/a energetic

enero January

enfadado/a angry; ponerse enfadado/a to be (get) angry

enfadarse to get angry

enfado anger

enfermarse *refl.* to get sick

enfermedad *f.* sickness, disease; contraer una enfermedad to contract a disease; enfermedades cardiovasculares heart diseases

enfermero/a nurse

enfermo/a *n.* sick person; *adj.* sick; estar enfermo/a *refl.* to be sick

enfocar (qu) to focus

enfoque *m.* focus

enfrentamiento confrontation

enfrentar to confront

enfrente (de) in front (of)

enfurecerse (zc) to become furious

enfurecido/a furious

engañar to deceive

engaño deception

engendrar to breed; to beget

engordar to be fattening

engrasado/a greased

enhorabuena *n. sg.* congratulations

enlatado/a canned; productos enlatados canned goods

enmarcar (qu) to mark

enojado/a angry; estar enojado/a to be angry

enojarse to become angry

enorme *m., f.* enormous

enredado/a entangled, confused

enriquecer (zc) to make rich

enrojecido/a reddened, red

enrollar to roll up

ensalada salad

ensayar to practice

ensayo essay

enseñanza *n.* teaching

enseñar to teach

ensombrecimiento darkening

entablar to strike up

entender (ie) to understand; no entiendo I don't understand

entendimiento understanding

enterarse (de) to find out (about)

entero/a whole; leche entera whole milk

entidad *f.* entity

entomología entomology

entonces *adv.* then; next (*in a series*)

entrada ticket; entrance

entrar to enter

entre *prep.* between, among

entrecerrar (ie) to close halfway

entrecote *m.* sirloin

entrega delivery

entregar (gu) to give, hand over

entrelazar (c) to entwine, interlock

entrenador(a) trainer

entrenamiento training

entrenar(se) to train (*for a sport*)

entretenimiento entertainment

entrevista interview

entrevistado/a person who is interviewed

entrevistador(a) interviewer

entrevistar to interview

envasar to pack; to bottle

envase *m.* package

envejecer (zc) to age

envejeciente *adj. m. f.* aging

enviar to send

envidiado/a envied

envoltura cover

envolver (ue) to cover

enzima enzyme

epidemiológico/a epidemiological

epilepsia epilepsy

epinefrina epinephrine

episodio episode

época epoch, age

equilibrado/a balanced; tener una dieta equilibrada to have a balanced diet

equilibrio balance; mantener un equilibrio sano to maintain a healthy balance

equipado/a equipped

equipo team; equipment

equivalente *n. m.* equivalent; *adj. m. f.* equivalent

equivaler *irreg.* to be equivalent

equivocación *f.* error

equivocado/a incorrect

equivocarse (qu) to make a mistake; to be wrong

erecto/a erect; caminar erecto to walk erect

erguido/a straight

erótico/a erotic

erradicación *f.* eradication

erradicar (qu) to eradicate

errar *irreg.* to make a mistake

escala scale

escalafón *m.* (*pl.* **escalafones**) rank; **escalafones según la edad** rank, seniority according to age
escalar to scale
escalofriante *m., f.* chilling, frightening
escalofrío chill
escama scale (*fish*)
escándalo scandal; **escándalos con y sin maldad** scandals with and without malice
escandaloso/a scandalous
escandinavo/a *n., adj.* Scandinavian
escapar(se) to escape
escasear to be sparing with
escasez *f.* (*pl.* **escaseces**) scarcity, shortage
escaso/a scarce
escena scene
escenario scenery
escenografía scenography
escepticismo skepticism
esclavo/a slave
escocés: pastor *m.* **escocés** Scottish shepherd (dog)
Escocia Scotland
escoger (j) to choose
escolar *n. m. f.* pupil; *adj. m. f.* having to do with school
esconder(se) to hide
escondidas: a escondidas secretly
escondite *m.*: **escondite inglés** hide-and-seek
escribir to write; **escribir la tarea** to write the assignment
escrito/a *p.p.* written
escritor(a) writer
escritorio desk
escrupuloso/a scrupulous; conscientious
escuchar to listen (to)
escuela school; **escuela elemental** elementary school; **escuela primaria** elementary school **escuela secundaria** secondary school
escultor(a) sculptor
escultura sculpture
ese/a *adj.* that
ése/a *pron.* that one
esencia essence
esencial *adj. m. f.* essential
esforzado/a strong
esfuerzo effort
esgrimido/a used; given
esmero care
eso *pron.* that
espacial *m., f.* spatial; **relaciones espaciales** spatial relations; **viajes espaciales** space travels
espacio space; outer space
espaguetis *m. pl.* spaghetti
espalda back (*anatomy*)
español *m.* Spanish language

español(a) *n.* Spaniard; *adj.* Spanish
especia spice; **clavos de especia** cloves
especial *m., f.* special
especialidad *f.* specialty
especialista *m., f.* specialist
especialización *f.* specialization; major; **otras materias y especializaciones** other subjects and fields of study
especializado/a specialized
especializarse (c) to specialize
especialmente especially
especie *f.* species
especificarse (qu) to specify
específico/a specific
espectacular *m., f.* spectacular
espectáculo show; spectacle
especulación *f.* speculation
especular to speculate
espejo mirror
esperanza hope; **esperanza de vida** life span; life expectancy
esperanzador(a) *adj.* hopeful
esperar to expect; to hope
espesantes *m.* thickeners
espeso/a thick
espinacas *f. pl.* spinach
espinal *adj. m. f.* spinal; **médula espinal** spinal cord
espinazo spine
espíritu *m.* spirit
espiritual *m., f.* spiritual
espontaneidad *f.* spontaneity
espontáneo/a spontaneous
esposo/a husband/wife, spouse
esposos *m. pl.* married couple
esqueleto skeleton
esquema *m.* chart, outline
esquí *m.* ski
esquiar to ski; **esquiar en el agua** to water ski; **esquiar en la nieve** to snow ski; **esquiar en las montañas** to ski in the mountains
esquimal *n. m. f., adj. m. f.* Eskimo
esquina corner
estabilidad *f.* stability
estable *adj. m. f.* stable
establecer (zc) to establish; **establecer un balance** to establish a balance
establecerse (zc) to start up (*a business*); to establish
establecimiento establishment
estación *f.* (*pl.* **estaciones**) season; station; **estación de bomberos** fire station; **estación de policía** police station; **los meses y las estaciones** months and seasons
estacional *m., f.* seasonal
estacionario: bicicleta estacionaria stationary bike
estadio stadium
estadística statistic

estado state; **estado de ánimo** state of mind
Estados Unidos United States
estadounidense *n. m. f.* citizen of the United States; *adj. m. f.* from the United States
estafilococos *m. sg.* staphylococcus
estallar to explode
estampado print
estampado/a *adj., p.p.* printed
estampita *small card with an illustration*
estancia stay
estándar *n. m., adj. m. f.* standard
estandarte *m.* standard
estar *irreg.* to be; **estar aburrido/a** to be bored; **estar asustado/a** to be afraid; **estar cansado/a** to be tired; **estar contaminado/a** to be contaminated, polluted; **estar de acuerdo** to agree; **estar de buen/mal humor** to be in a good/bad mood; **estar de moda** to be in style; **estar en buenas condiciones** to be in good shape; **estar enojado/a** to be angry; **estar nervioso/a** to be nervous; **estar tenso/a** to be tense
estatal *adj. m. f.* state
estatura height
este *n. m.* east
este/a *adj.* this; **éste/a** *pron.* this one
estelar stellar; having to do with space; **naves estelares** spaceships
estereotípico/a stereotypical
estereotipo stereotype
estético/a aesthetic
estilo style
estimación *f.*: **estimación propia** self-esteem
estimar to estimate
estimulante *m., f.* stimulating
estimular to stimulate
estímulo stimulus; encouragement
estipular to stipulate
esto *pron.* this
estofado/a stuffed
estómago stomach
estrategia strategy
estrechamente closely
estrecho/a narrow; **Estrecho de Bering** Bering Strait
estrella star
estremecedor(a) frightening
estrenado/a released
estreno debut
estrés *m.* stress
estresado/a stressed
estricto/a strict
estrofa verse
estropeado/a spoiled, ruined
estructura structure
estructurado/a structured
estructuralista *m., f.* structuralist

estudiante *m., f.* student; **soy estudiante de** _____ I am a student of _____
estudiantil *adj. m. f.* student; **residencia estudiantil** student dormitory
estudiar to study; **¿qué estudias?** what are you studying?; **estudio** _____ I am studying _____
estudio study
estudioso/a studious
estupendo/a wonderful; **sentirse estupendo/a** to feel wonderful
etapa period, phase
eterno/a eternal
etiqueta label
etiquetar to label
etnicidad *f.* ethnicity
euforia euphoria
eufórico/a euphoric
Europa Europe
europeo/a *n., adj.* European; **comunidad económica europea** European economic community; **mercado común europeo** European Common Market
evaluación *f.* evaluation
evaluar to evaluate
evento event
evidencia evidence
evidente *adj. m. f.* evident
evitable avoidable
evitar to avoid
evolucionar to evolve
exacto/a exact
exagerado/a exaggerated
examen *m.* exam; **sufrir un examen** *fam.* to take an exam
examinar to examine
excavar to excavate
excederse to go too far
excelencia: por excelencia par excellence
excelente *m., f.* excellent
excentricidad *f.* eccentricity
excepción *f.:* **con (la) excepción de** with the exception of
excepcional *m., f.* exceptional
excepto except
excerpta excerpt
excesivo/a excessive
exceso excess
excitación *f.* excitement
excitante *m., f.* exciting
excitar to excite
exclamar to exclaim
exclusivo/a exclusive
exhaustivo/a exhaustive
exigente *m., f.* demanding
existencia existence
existente *m., f.* existing
existir to exist
éxito success; **tener éxito** to be successful

exótico/a exotic
expansión *f.* expansion
expectativa expectation
expedición *f.* expedition
experiencia experience
experimentación *f.* experimentation
experimental *adj. m. f.* experimental
experimentar to experience, feel
experimento experiment
experto/a *adj.* expert
explicación *f.* explanation
explicar (qu) to explain
explícito/a explicit
exploración *f.* exploration
explorador(a) explorer
explorar to explore
explosión *f.* explosion; **explosión demográfica** baby boom
explosivo/a explosive
exponer *irreg.* to expose
exportación *f.* exportation
exportado/a exported
exposición *f.* show, exposition
expositor(a) exhibitor
expresar to express
expresarse to express oneself
expresión *f.* expression; **expresiones de tiempo** time expressions; **palabras y expresiones misceláneas** miscellaneous words and expressions
expuesto/a exposed
extender (ie) to extend
extendido/a extended; **familia «extendida»** extended family
extenso/a extensive
extenuar(se) to strain
externo/a external
extinción *f.* extinction
extinguir (g) to extinguish
extracto abstract, summary
extranjero/a *n.* foreigner; *adj.* foreign; **al extranjero** abroad; **lenguas extranjeras** foreign languages
extraño/a strange
extraordinario/a extraordinary
extrapolado/a extrapolated
extravagante *m., f.* extravagant
extremado/a extreme, excessive
extremo *n.* extreme
extrovertido/a extroverted

F

fabada bean and bacon soup
fábrica factory
fabricación *n. f.* manufacturing
fábula fable
fabuloso/a fabulous
faceta facet
facial *m., f.* **gestos faciales** facial expressions

fácil *m., f.* easy
facilidad *f.* facility
facilitar to facilitate
factor *m.:* **factor dominante/recesivo** dominant/recessive factor
facultad *f.* school, university
falda skirt
falsedad *f.* falseness
falso/a false
falta lack; **hacer falta** to be lacking
faltar to be missing, lacking
fallecimiento death
fama fame; reputation; **tener fama de** to have a reputation for
familia family; **familia nuclear** nuclear family; **familia «extendida»** extended family
familiar *m., f.* having to do with the family; **vida familiar** family life
familiares *m. pl.* relatives
famoso/a famous
fanático/a *n.* fan; *adj.* fanatic; **¿eres una fanática?** are you a fanatic?
fanfarronería bragging
fantasía fantasy
fantasma *m.* ghost, phantom
fantástico/a fantastic
faringe *f.* pharynx
farmacéutico/a pharmacist
farmacia pharmacy
fármaco drug
fármacodependencia drug addiction
fascinante *m., f.* fascinating
fascinar to fascinate
fascismo fascism
fascista *m., f.* fascist
fase *f.* phase
fastidioso/a fastidious
fatal *adj. m. f.:* **me siento fatal** I feel awful
fatiga weariness, fatigue
favor *m.:* **a favor de** in favor of; **por favor** please
favorecer (zc) to treat favorably
favorito/a favorite
febrero February
fecundación *f.* fertilization
fecundo/a productive
fecha date (*month, day, year*)
federado/a affiliated
felicidad *f.* happiness
felicitar to congratulate
felino/a feline
feliz *adj. m. f.* (*pl.* **felices**) happy
femenino/a *n.* feminine (*person*); *adj.* feminine
fenomenal *m., f.* phenomenal
fenómeno phenomenon
fenotipo phenotype
feo/a ugly
feriado: días feriados *m. pl.* holidays

feroz *m., f.* (*pl.* **feroces**) ferocious, fierce
ferviente *m., f.* fervent
festivo: día festivo *m.* holiday
feto fetus
fiabilidad *f.* trustworthiness
fibra fiber; **telas de fibras naturales** natural fabrics
ficción: ciencia ficción *f.* science fiction
fideo noodle
figura figure
fijarse to notice
fijo/a fixed
fila row
Filadelfia Philadelphia
filete *m.* fillet, steak, tenderloin
filial *m., f.* affiliated
Filipinas Philippines
filo cutting edge
filosofía philosophy
filsófico/a philosophical
filtrar to filter
fin *m.* end; **fin de semana** weekend; **por fin** at last
final *n. m.* end; *adj. m. f.* final; **al final (de)** at the end (of)
finalista *m., f.* finalist
finalizar (c) to finalize; to finish
financiero/a financial
finanzas *f. pl.* finance
fingir (j) to fake
Finlandia Finland
firmar to sign
firmemente firmly
firmeza firmness
fiscal *m., f.* prosecutor
física physics
físicamente: ser físicamente fuerte to be physically strong
físico/a *n.* physicist; *adj.* physical; **daños físicos** physical injuries; **educación física** physical education; **efectos físicos** physical effects; **participar en actividades físicas** participate in physical activities; **rasgos físicos** physical characteristics; **terapia física** physical therapy
fisiológico/a physiological
fláccido/a soft, flabby
flaco/a thin
flamenco flamenco dance
flan *m.* caramel custard
flor *f.* flower
floral *adj. m. f.* floral
florido/a flowered
flotar to float
flote: a flote afloat
fluido *n. m.* fluid
fobia phobia
foca seal
folículo follicle
folio sheet of paper

folklórico/a folkloric, popular
folleto pamphlet
fomentado/a encouraged
fondo bottom
fondos funds
fonema *m.* phoneme
foráneo/a foreign
forjar to shape
forma form; **mantenerse en forma** to stay in shape
formación *f.* formation; training, education; **formación profesional** professional training
formar to form
fórmula formula
formular to formulate
formulario form
fortalecer (zc) to fortify
forzado/a forced
forzar (ue) (c) to force
forzosamente inescapably
foseta dimple
fosita cavity
foto *f.* photo
fotocopia photocopy; **sacar una fotocopia** to make a photocopy
fotografía photograph; photography
fotográfico/a photographic; **cámara fotográfica** camera
fotógrafo/a photographer
fracción *f.* fraction
fragmento fragment
frambuesa raspberry
francamente frankly
francés *m.* French language
francés, francesa *n.* Frenchman, Frenchwoman; *adj.* French
Francia France
franco franc
franqueza openness, candor
franquismo Francoism
frase *f.* sentence; phrase
fraterno/a fraternal
frecuencia frequency; **con frecuencia** often; **¿con qué frecuencia?** how frequently?
frecuentar to frequent
frecuente *m., f.* frequent
freír (i, i) to fry
frenar to stop
frente *prep.* in front of; **en frente de** in front of
fresa strawberry
fresco/a fresh; **hace fresco** it's cool (*weather*)
fresno ash tree
frijoles *m.* beans; **frijoles charros** whole cooked beans; **frijoles negros** black beans
frío *n.* cold; **hace (mucho) frío** it's (very) cold (*weather*)

frío/a *adj.* cold
frito/a *pp.* fried; **comidas fritas** fried foods; **huevo frito** fried egg; **papas/ patatas fritas** potato chips
fritura fried dish
frívolo/a frivolous
frontera border
frotar to rub
frustración *f.* frustration
frustrado/a frustrated; **sentirse frustrado/a** to feel frustrated
frustrar to frustrate
fruta fruit; **fruta fresca** fresh fruit
frutilla *Arg.* strawberry
fuego fire; **armas de fuego** firearms; **línea de fuego** firing line
fuente *f.* source; fountain
fuera (de) outside (of); **trabajar fuera de casa** to work outside the home
fuerte *m., f.* strong; **ser físicamente fuerte** to be physically strong
fuerza force
fuga leak
fulgurante *m., f.* stunning
fumador(a) smoker
fumar to smoke
función *f.* function
funcionamiento functioning
funcionar to function; **¿funcionas mejor de día o de noche?** do you function better by day or by night?
fundador(a) founder
fundamentalmente fundamentally
fundamento foundation
fundar to found
fundir to melt
furioso/a furious
furor *m.* fury, rage
furtivo/a furtive
fútbol *m.* soccer; **fútbol americano** football; **jugar al fútbol (americano)** to play soccer (football)
futbolista *m., f.* soccer player; football player
futuro *n.* future
futuro/a *adj.* future

G

galante *m., f.* gallant; charming
galería gallery
galleta cookie
galletita cookie
gallina hen
gallo rooster
gamba *Sp.* shrimp
ganado vacuno cattle
ganador(a) *n., adj.* winner
ganar to earn; to win
gancho *fam.* appeal, charm
garantía guarantee

garantizar (c) to guarantee
garbanzo chick-pea
garra claw
gasificante *m., f.* carbonating agent
gasolina gasoline
gastar to spend
gasto expense; **gastos de la casa** household expenses
gastronomía gastronomy; culinary customs
gastronómico/a gastronomical
gato cat
gazpacho cold soup
gelatina gelatine
gelotología study of laughter
gelotólogo/a one who studies laughter
gemelo/a *n.* twin
gemir (i, i) to whine
gen *m.* gene
genealógico: árbol *m.* **genealógico** family tree
generación *f.* generation
generacional generational
general *adj.*: **en general** in general; **por lo general** generally
generalización *f.* generalization
generalizado/a generalized; widely known
generalizar (c) to generalize; to make widely known
generar to generate
género gender
genética *sg.* genetics
genético/a genetic
genetivo/a congenital
genotipo genotype
gente *f. sg.* people; **tener don de gentes** to have a way with people
genuino/a genuine
geografía geography
geográfico/a geographical
gerente *m., f.* manager
gestación *f.* gestation
gesto gesture
gigante *n. m.* giant; *adj. m. f.* giant
gigantesco/a gigantic
gimnasia *sg.* gymnastics
gimnasio gymnasium
ginecología gynecology
girafa giraffe
girasol *m.* sunflower
giro field; **giro postal** money order
glándula gland
glicerina glycerine
globalmente globally
glucosa glucose
gobierno government
golf: jugar (ue) (gu) al golf to play golf
golfo gulf
golosina delicacy
golpe *m.* blow, slap

golpear to hit
goma gum; rubber
gordo/a fat
gorila *m.* gorilla
gozar (c) to enjoy
grabado engraving
grabado/a engraved; recorded
gracia humor; **hacerle gracia a uno** to strike one as funny
gracias thanks, thank you
gracioso/a funny
grado grade; degree; **estamos a 30 grados** it's 30 degrees; **la temperatura es de 30 grados** it's 30 degrees; **la temperatura está 30 grados** it's 30 degrees
graduación *f.* graduation
graduarse to graduate
gráfico *n.* graphic
gráfico/a *adj.* graphic; **diseñador gráfico** graphic artist
gramatical grammatical
gramo gram
gran (grande) big; impressive; great; **en gran parte** for the most part
granja farm
granjero/a farmer
grano grain
grasa fat; **grasa (in)saturada** (un)saturated fat
graso/a fatty
grasoso/a fatty
gratis *m., f.* free
grato/a pleasant
gratuito/a free
grave *m., f.* serious
Grecia Greece
greco: greco-romano Greco-Roman
gregario/a gregarious
griego/a *n., adj.* Greek
gringo/a *n., adj.* American (*pejorative*)
gripe *f.* flu
gris *adj. m. f.* gray
gritar to shout
grito shout
Groenlandia Greenland
grotescamente grotesquely
grúa *f.* crane; towtruck; **contrapeso de una grúa** counterweight of a wrecking crane
grupo group
guapo/a handsome
guardado/a guarded; kept
guardia: en guardia en garde
guardián (guardiana) guardian
gubernamental governmental
guerra war; **guerra civil** civil war; **Segunda Guerra Mundial** World War II
guerrero/a warrior
guerrillero/a guerrilla

guía *f.* guide; guidebook; **guía telefónica** phone book
guiarse to steer; to be guided; **guiado por el sol** guided by the sun
guineo banana
guisante *m.* pea
guisar to prepare
guitarra guitar; **tocar la guitarra** to play the guitar
guitarrista *m., f.* guitarist
gustar to be pleasing
gusto taste, preference; pleasure; **al gusto** according to taste; **mucho gusto** pleased to meet you (*said upon meeting someone*)
gustos likes

H

Habana: la Habana Havana
haber *irreg.* to have (*auxiliary*)
habichuelas kidney beans; **habichuelas verdes** *P.R.* string beans
hábil: ser hábil para _____ to be good at _____
habilidad *f.* skill
habitación *f.* room
habitáculo dwelling, residence
habitante *m., f.* inhabitant
habitar to inhabit
hábito habit; **hábito de comer** eating habit; **hábito difícil de romper** a habit difficult to break
habitualmente habitually
hablado/a spoken; **lenguaje hablado** spoken language
hablador(a) talkative
hablantes *m., f.* speakers
hablar to speak
hacer *irreg.* to make; to do; **hace buen/mal tiempo** the weather's good/bad; **hace fresco** it's cool (*weather*); **hace (mucho) calor/frío** it's (very) hot/cold (*weather*); **hacerle gracia a uno** to strike one as funny; **hacer preguntas** to ask questions; **hace sol/viento** it's sunny/windy
hacia *prep.* toward; **hacia abajo** downward; **hacia la derecha/izquierda** toward the right/left
halagüeño/a pleasant; flattering
hallar to find
hallazgo finding, discovery
hambre *f.* (*but:* **el hambre**) hunger; **tener hambre** to be hungry
hamburguesa hamburger
harina flour; **harina de trigo** wheat flour; **harina integral de trigo** whole-wheat flour
harmonía harmony
hash *m.* hashish

hasta *prep.* until; **hasta (muy) tarde** until (very) late
hay there is, there are
hazaña feat
hecho fact; **el hecho de que** the fact that
hecho/a made
hedonista *n. m. f.* hedonist; *adj. m. f.* hedonistic
helado ice cream
helado/a *adj.* frozen
hembra female
hemisferio hemisphere
hemofilia hemophilia
heptacloro heptachlor (*insecticide*)
heredar to inherit
hereditario/a hereditary
herencia inheritance
herida *n.* wound, injury
herir (ie, i) to wound, injure
hermanastro/a stepbrother/stepsister
hermano/a brother/sister; **medio hermano (media hermana)** half brother (half sister)
héroe (heroína) hero (heroine)
heroína heroin (*drug*)
herpetólogo/a scientist who studies reptiles
herramienta tool
hervir (ie, i) to boil
hervor *n.* boiling
heterocigótico/a heterozygous
híbrido *n.* hybrid
híbrido/a *adj.* hybrid
hidrógeno hydrogen
hielo ice; **patinar (patinaje) sobre el hielo** to ice skate (ice skating)
hierba herb; grass
hierro iron
hígado liver
higiene *f.* hygiene; **higiene personal** personal hygiene
hijo/a son/daughter
hijos children
hindú(a) *n., adj.* Hindu
hiperespacio hyperspace
hiperlipemia excess of cholesterol; hyperlipemia
hipernutrición *f.* hypernutrition
hipertensión *f.* hypertension
hipocresía hypocrisy
hipotálamo hypothalamus
hipótesis *f.* hypothesis
hispano/a Hispanic
Hispánico/a Hispanic
Hispanoamérica Latin America
hispanoamericano/a *n., adj.* Spanish American
hispanohablante *m., f.* Spanish speaker
historia history
historiador(a) historian
historial *m.* record; dossier

histórico/a historical
hocico snout
hogar *m.* home; **hogar electrónico** electronic home
hoja sheet of paper; leaf; **trébol de cuatro hojas** four-leaf clover
hola hello
Holanda Holland
hombre *m.* man; **hombre de negocios** businessman
homocigótico/a homozygous
honestidad *f.* honesty
honesto/a honest; **ser honesto/a** to be honest
hongo fungus; mushroom
honor *m.* honor
honradez *f.* integrity
honroso/a honorable
hora hour; **(a) cualquier hora** at any time; **¿a qué hora?** at what time?; **por hora** per hour
horario schedule; **horario de sueño/dormir** sleep schedule
hormiga ant
hormona hormone
horno oven; **al horno** cooked in the oven
horóscopo horoscope; **horóscopo chino** Chinese horoscope
hospicio: hospicio de huérfanos orphanage
hospitalizado/a hospitalized
hoy *adv.* today; **hoy en día** today; **hoy mismo** today, nowadays
huella: huella dactilar fingerprint
huérfano/a orphan
huerta vegetable garden
huerto orchard
hueso bone
huevo egg; **huevo frito/revuelto** fried/scrambled egg
huir (y) to flee
humanidad *f.* humanity
humanidades *f.* humanities; **humanidades y letras** humanities and letters
humanístico/a humanistic
humano/a human; **ser humano** human being
humedad *f.* humidity
húmedo/a humid
humillación *f.* humiliation
humo smoke
humor *m.*: **estar de buen/mal humor** to be in a good/bad mood
hundimiento sinking, collapse

I

ibérico/a *n., adj.* Iberian; **península ibérica** Iberian peninsula

icono icon
ideal *n. m.* ideal; *adj. m. f.* ideal
idealista *adj. m. f.* idealistic
idéntico/a identical; **gemelos idénticos** identical twins
identidad *f.* identity
identificar(se) (qu) to identify
idioma *m.* language
iglesia church
ignorancia ignorance
ignorar to be ignorant of
igual equal, same; **al igual que** the same as; **me da igual** I don't care; it's the same to me
igualado/a (con) compared with
igualmente likewise; the same to you
ilegal *adj. m. f.* illegal
ilícitamente illicitly, illegally
iluminación *f.* illumination
ilustración *f.* illustration
ilustrar to illustrate
imagen *f.* image
imaginación *f.* imagination
imaginar to imagine
imaginario/a imaginary
imaginativo/a imaginative
imitar to imitate
impaciente *m., f.* impatient
impacto impact
impasible *m., f.* indifferent, unmoved
impedimento impediment; **impedimento físico** physical impediment
impedir (i, i) to impede
imperfecto/a imperfect
imperio empire
impermeable *m., f.* waterproof
impetuoso/a impetuous
implante *m.* implant
implicar (qu) to imply
implícitamente implicitly
imponer *irreg.* to impose
importación *f.* importation
importado/a imported
importancia importance; **ventaja de mayor importancia** advantage of greatest importance
importante *m., f.* important
importar to be important
imposibilitado/a incapacitated
imposible *m., f.* impossible
impotencia impotence
imprescindible *m., f.* indispensable
impresión *f.* impression
impresionante *m., f.* impressive
impresionar to impress
impresionismo impressionism
improvisar to improvise
impuesto tax
impulsar to propel
impulsividad *f.* impulsiveness
impulsivo/a impulsive

impulso impulse
inadecuado/a inadequate
inagotable *m., f.* inexhaustible
inalámbrico/a cordless
inapetencia loss of, lack of appetite
inapropiado/a inappropriate
inauguración *f.* inauguration
incaico/a Inca
incapacidad *f.* incapacity
incapaz *m., f. (pl.* **incapaces**) unable
incentivar to give incentive
incidir to influence; to fall upon
incidencia incidence
incidente *m.* incident
inclinación *f.* inclination
inclinar(se) to be inclined
incluido/a *p.p.* included
incluir (y) to include
inclusive *m., f.* including
incluso/a included
incógnita unknown quantity
incómodo/a uncomfortable
incompleto/a incomplete
incontrolable *m., f.* uncontrollable
inconveniente *m., f.* inconvenient
incorporación *f.* incorporation
incorporar to incorporate
incorporarse to join
incredulidad *f.* incredulity
increíble *m., f.* incredible
incrementar to increase
incremento increase
incubación *f.* incubation
indeciso/a indecisive
indefenso/a defenseless, helpless
indefinible indefinable
independencia independence
independiente *m., f.* independent
independizarse (c) to become independent
indicación *f.* indication
indicar (qu) to indicate
indicativo/a indicative
índice *m.* index; **índice de natalidad** birth rate
indiferente *m., f.* indifferent
indígeno/a indigenous
indirectamente indirectly
indiscreto/a indiscreet
individualidad *f.* individuality
individuo *n.* individual
indolencia indolence; apathy
inducir (zc) to induce
indudable *m., f.* undoubtable
industria industry
industrialización *f.* industrialization; **industrialización y modernización del terreno agrícola** industrialization and modernization of agricultural land
industrializado/a industrialized
inestable *m., f.* unstable

inevitable *m., f.* unavoidable
inexistente *m., f.* nonexistent
inexperiencia inexperience
infalible *m., f.* infallible
infancia infancy
infante/a infant
infantil *adj. m. f.* infant
infarto: infarto cardíaco heart attack
infeccioso/a infectious
inferioridad *f.* inferiority
inferir (ie, i) to infer
infestar to infest
infinitivo infinitive
infinito/a infinite
inflación *f.* inflation
inflado/a inflated
influencia influence
influenciable *m., f.* impressionable, easily influenced
influir (y) to influence
información *f.* information
informar to inform
informática data processing
informativo/a informative
informatizado/a programmed
informe *m.* report
infrahumano/a *adj.* subhuman
infrarrojo/a *adj.* infrared
infrecuente *m., f.* infrequent
ingeniería engineering; **ingeniería civil** civil engineering
ingeniero/a engineer
ingenio/a ingenuous
ingerido/a ingested, eaten
ingerir (ie, i) to ingest, eat
Inglaterra England
inglés *m.* English language
inglés, inglesa *n.* Englishman, Englishwoman; *adj.* English
ingrediente *m.* ingredient
ingresar to deposit
ingreso income
inicial *n. m. f., adj. m. f.* initial
iniciar to initiate
iniciativa initiative
injerto (skin) graft
injusticia injustice
injusto/a unjust
inmediatamente immediately
inmenso/a immense
inminente *m., f.* imminent
inmortalidad *f.* immortality
inmunodeficiencia: síndrome *m.* **de inmunodeficiencia adquirida** (SIDA) acquired immune deficiency syndrome (AIDS)
inmunológico/a immunological
innato/a innate
innecesario/a unnecessary
innovación *f.* innovation
inocente *m., f.* innocent

inocuo/a harmless
inquietante *m., f.* disquieting
inquieto/a restless
inquietud *f.* anxiety; restlessness
insatisfacción *f.* dissatisfaction
insatisfecho/a unsatisfied
insaturado/a unsaturated
inscribir(se) to enroll
insecto insect
inseguro/a insecure
inseminación *f.* insemination
insistencia insistence
insistir to insist
insomne *adj. m. f.* insomniac
insomnio insomnia
insonorización *f.* soundproofing
inspirar to inspire
instalación *f.* installation
instalar to install
instancia instance
instantáneo/a instantaneous; **comunicación instantánea** instantaneous communication
instante *n. m., adj. m. f.* instant
instintivo/a instinctive; **¿instintivo o aprendido?** instinctive or learned?
instinto instinct
institución *f.* institution
instituto institute
instrucciones *f.* instructions
instruido/a instructed
instruir (y) to instruct
instrumento instrument
insuficiencia lack, shortage
insuficiente *m., f.* insufficient
insultar to insult
integrado/a integrated
integral *adj. m. f.*: **pan** *m.* **integral** whole-wheat bread; **harina integral** whole-wheat flour
integrar to integrate
integridad *f.* integrity
íntegro/a honorable; **ser íntegro/a** to be honorable
intelectual *m., f.* intellectual
intelectualizar (c) to intellectualize
inteligencia intelligence
inteligente *m., f.* intelligent
intención *f.* intention
intencionado/a deliberate
intensidad *f.* intensity
intenso/a intense
intentar to try, attempt
intento try, attempt
interacción *f.* interaction
interactivo/a interactive
interactuar to interact
intercambio exchange
interdisciplinario/a interdisciplinary
interés *m.* interest; **tener interés** to be interested

interesado/a interested
interesante *m., f.* interesting
interesar to interest, be interesting
interferir (ie, i) to interfere
interiorizado/a internalized
intermedio/a intermediate
internacional *m., f.* international
interno/a internal; **reloj interno** internal clock
interplanetario/a interplanetary
interpretación *f.* interpretation
interpretar to interpret
intérprete *m., f.* interpreter
interrelacionado/a interrelated
interrumpir to interrupt
intervalo interval
intervención *f.* intervention
intervenir *irreg.* to intervene
íntimo/a intimate
intolerante *m., f.* intolerant
intranquilidad *f.* intranquility
introducción *f.* introduction
introducir (zc) to introduce
introductorio/a introductory
intromisión *f.* interference
introvertido/a introverted
intuición *f.* intuition
intuitivo/a intuitive
inundo/a inundated
inusitado/a unusual
inusual *m., f.* unusual
inútil *m., f.* useless
inutilizado/a made useless
invadir to invade
invasión *f.* invasion
invención *f.* invention
inventar to invent
invento invention
invernadero: efecto invernadero greenhouse effect
invernal *m., f.* winter
inversión *f.* investment
invertir (ie, i) to invest
investigación *f.* investigation
investigador(a) investigator
investigar (gu) to investigate
invierno winter
invitado/a guest
invitar to invite
involuntario/a involuntary
ir *irreg.* to go
ira rage; **ataque** *m.* **de ira** attack of rage
iracundo/a irate
irlandés (irlandesa) *n., adj.* Irish
irónico/a ironic
irradiado/a irradiated
irresponsable *m., f.* irresponsible
irritabilidad *f.* irritability
irritado/a irritated
irse *irreg.* to leave
isla island

Islandia Iceland
isquémico/a ischemic
Italia Italy
italiano/a *n., adj.* Italian
izar (c) to hoist
izquierda left; **doble a la izquierda** turn left; **hacia la izquierda** toward the left

J

ja ha
jacuzzi Jacuzzi
jamón *m.* ham
Japón *m.*: **el Japón** Japan
japonés *m.* Japanese language
jarabe *m.* syrup
jardín *m.* garden
jefatura leadership; **jefatura de la manada** leadership of the herd
jefe/a boss
jerarquía hierarchy
jerga jargon
jersey *m.* pullover
jirafa giraffe
jitomate *m. Mex.* tomato
jornada: jornada laboral workday
joven (*pl.* **jóvenes)** *n. m. f.* young person; *adj. m. f.* young
joya jewel
jubilación *f.* retirement
jubilarse to retire
judía verde green bean
juego game
jueves *m.* Thursday
juez (*pl.* **jueces)** *m., f.* judge
jugador(a) player; **jugador(a) de _____** player
jugar (ue) (gu) to play; **jugar al _____** to play _____
jugo juice; **jugo de _____** juice
jugoso/a juicy
juguete *m.* toy
juguetón (juguetona) playful
julio July
jungla jungle
junio June
juntarse to come together
juntillas: creer a pies juntillas to believe firmly
junto/a together
justicia justice
justificar (qu) justify
justo/a just, right
juvenil *m., f.* young
juventud *f.* youth
juzgar (gu) to judge

K

kilómetro kilometer; **kilómetros por hora** kilometers per hour

L

la *f.* the; *d.o.* you (*form. sg.*); her, it (*f.*)
labio lip
laboral *adj.* having to do with labor; **jornada laboral** workday
laboratorio laboratory
lacio straight (*hair*)
lactancia lactation
lácteo: productos lácteos dairy products
lado side; **al lado (de)** next to; **echar a un lado** to put aside; **por otro lado** on the other hand; **por un lado** on the one hand
ladrar to bark
ladrido bark, barking
lagarto lizard
lago: monstruo del lago Ness Loch Ness monster
lágrima tear
lamer to lick
lana wool
langosta lobster; locust
langostino prawn
lanzamiento *n.* launch
lanzar (c) to launch
lápiz *m.* (*pl.* **lápices**) pencil
laqueado/a lacquered
largamente for a long time
largo/a long
laringe *f.* larynx
larvaria larval
las *d.o.* you (*form. pl.*); them (*f.*)
lástima shame
latino/a Hispanic; Latin
Latinoamérica Latin America
latinoamericano/a *n., adj.* Latin American (person)
lavadora washing machine
lavar to wash
lavavajillas dishwasher
laxante *m.* laxative
lazo tie
le *i.o.* him, her, it, you (*form. sg.*)
leal *m., f.* loyal
lección *f.* lesson
lecitina lecithin
lector(a) reader
lectura reading
leche *f.* milk
lechuga lettuce
leer (y) to read
legalmente legally
legislativa: asamblea legislativa legislative assembly
legumbre *f.* vegetable
leguminoso/a leguminous
lejano/a faraway
lejos (de) far (from)
lema *m.* slogan, motto
lengua tongue; language; **lenguas extranjeras** foreign languages

lenguado sole (*fish*)
lenguaje *m.* language
lentejas lentils
lentes *m.*: **lentes de contacto** contact lenses
lentillas contact lenses
lento *adv.* slowly
lento/a *adj.* slow
leña firewood
león (leona) lion (lioness); **león marino** sea lion
lesión *f.* wound, injury
letra letter; handwriting
letras letters (*field of study*)
levadura yeast
levantado/a awake
levantamiento: levantamiento de pesas weightlifting
levantar to raise; **levantar pesas** to lift weights
levantarse to get up
ley *f.* law; **ley universal** universal law
leyenda legend
libar to sip, suck
liberador(a) liberating
liberar to liberate
libertad *f.* liberty
libertador(a) liberator
librar to save; to free
libre *m., f.* free; **tiempo libre** free time; **mercado libre** free market; **zona de libre comercio** free-trade zone
librería bookstore
libreta notebook
libro book
licencia license
licenciado/a having a degree
licuadora blender, mixer
licuar to liquefy; to blend (*in a blender*)
líder *m., f.* leader
liga league
ligado/a tied
ligamento ligament
ligero/a light
limitar to limit
límite *m.* limit
limón *m.* lemon
limpiar to clean
limpio/a clean
línea line; **en línea recta** in a straight line; **línea de fuego** firing line
lingüístico/a linguistic
lío affair, problem
líquido *n.* liquid
líquido/a *adj.* liquid
Lisboa Lisbon
lista list
listo/a ready; smart; **estar listo/a para** to be ready for; **ser listo/a** to be clever, smart
literario/a literary

literatura literature
litmus: papel *m.* **litmus** litmus paper
litro liter; **por litro** per liter
lo *d.o.* you (*form. sg.*); him; it (*m.*)
lobo/a wolf
lóbulo:lóbulos frontales frontal lobes
local *n. m.* place; *adj.* local
localidad *f.* locality
localización *f.* location
localizar (c) to locate
loco/a *n., adj.* crazy (person)
locuacidad *f.* talkativeness
lógico/a logical
lograr to attain, achieve
lomo loin
Londres *m.* London
longitud *f.* length
loro parrot
los *d.o.* you (*form. pl.*); them (*m.*)
lotería lottery
lucrativo/a lucrative
lucha fight, battle; **lucha a muerte** fight to the death
luchador(a) fighter
luchar to fight
luego then
lugar *m.* place; **en primer lugar** in the first place
lujo: de lujo *adj.* luxury
lumbre *f.* fire
luna moon
lunes *m.* Monday
luneta crescent moon
luz (*pl.* **luces**) *f.* light; **velocidad de la luz** speed of light

LL

llamar to call
llamarse to be called; **¿cómo se llama?** what is it called?; what is your name?; **¿cómo te llamas?** what is your name?; **me llamo** my name is
llave *f.* key
llegada arrival
llegar (gu) to arrive; **llegar tarde** to arrive late
llenar to fill; to fill out
lleno/a full
llevar to carry; to wear
llevarse *refl.* **con** to get along with
lorar to cry
llover (ue) to rain; **está lloviendo** it's raining
lluvia rain

M

macarrones *m. pl.* pasta
maceta planter, flowerpot
macho male

madera: tener *irreg.* **madera** *fam.* to have the right stuff; **tiene madera para ser jefe** he'll make a good boss
madrastra stepmother
madre *f.* mother
madrileño/a person from Madrid
madrugada dawn
maduración *f.* maturation
madurar to mature
madurez *f.* maturity
maduro/a mature, ripe
maestro/a (elementary school) teacher
mágica magic
magnético/a magnetic; **honda magnética** magnetic wave
magnetismo magnetism
magnífico/a magnificent
mago wizard; **mago de Oz** wizard of Oz
maíz *m.* corn; **aceite de maíz** corn oil
mal *n. m.* evil; *adv.* badly
mal (malo/a) *adj.* bad; **estar de mal humor** to be in a bad mood; **hace mal tiempo** the weather's bad; **mala suerte** bad luck; **pasarlo (muy) mal** to have a (very) bad time; **sacar una mala nota** to get a bad grade
maldad *f.* malice; **escándalos con y sin maldad** scandals with and without malice
maldito/a damned; **maldito sea** damn it
malestar *m.* ill-being, malaise
maleta suitcase
maletín *m.* small suitcase
malgastar to waste
malicioso/a malicious
maligno/a malignant
mama mammary gland; **cáncer de mama** breast cancer
mamá *fam.* mother
mamar to breast feed, suckle
manada herd; **jefatura de la manada** leadership of the herd
mancha spot
mandar to send; to lead, command; **mando a distancia** remote control
mando command, leadership
manejar (el carro) to drive (the car)
manejo handling
manera manner, way; **otra manera de analizar la personalidad** another way of analyzing personality; **pensar de una manera directa** to think in a direct manner
manifestación *f.* manifestation
manifestar (ie) to manifest, show
manigua jungle
manipulación *f.* manipulation
manipular to manipulate

mano *f.* hand; **darse la mano** to shake hands
mansión *f.* mansion
manta blanket
manteca lard
mantener (like **tener**) to maintain; **mantener un equilibrio sano** to maintain a healthy balance; **tratar de mantenerte despierto/a** to try to stay awake
mantenerse (like **tener**) *refl.* to support oneself
mantequilla butter; **mantequilla de cacahuete** peanut butter
manzana apple; block
mañana *n.* morning; *adv.* tomorrow; **todas las mañanas** every morning
mapa *m.* map
máquina machine; **máquina vendedora** vending machine; **máquina vídeo** video game
mar *m.* sea, ocean
maravilla: Alicia en el país de las maravillas Alice in Wonderland
maravilloso/a marvelous
marca brand
marcador *m.* marker
marcar (qu) to mark
marciales: artes *f.* **marciales** martial arts
marcha: poner *irreg.* **en marcha** to set in motion
marcharse to leave
marea tide
marejada (ocean) swell
margarina margarine
margen *m.* border, edge; **al margen de** on the edge of
marido husband
marihuana marijuana
marino/a *adj.* marine; **león marino** sea lion
mariposa butterfly
marisco shellfish
marisquería seafood restaurant
marítimo/a maritime, marine
mármol *m.* marble
marqués (marquesa) *m., f.* marquis (marquise)
marrón *adj. m. f.* dark brown
Marruecos *m.* Morocco
martes *m.* Tuesday
martirio torture
marzo March
más more; **el/la más...** the most . . .
masa dough
masaje *m.* massage
masajista *m., f.* massagist
máscara mask
mascota pet
masculino/a masculine
masivo/a massive

matar to kill
matemáticas mathematics
matemático/a mathematical
materia subject; material; **carreras y materias** fields of study and subjects; **materia prima** raw material; **otras materias y especializaciones** other subjects and fields of study
material *n. m., adj. m. f.* material
materno/a maternal
matriarcado matriarchy
matrícula registration
matriculado/a registered
matrimonio marriage; married couple
maximizar (c) to maximize
máximo/a maximum
maya *adj. m. f.* Mayan
mayo May
mayonesa mayonnaise
mayor older; **el/la mayor** the older/oldest; **la ventaja de mayor importancia** the advantage of greatest importance; **ser mayor** to be older
mayoría majority
me *d.o.* me; *i.o.* to, for me; *refl.* myself
mecánico/a mechanical
mecha lock of hair
media: las dos y media two-thirty; **la Edad Media** the Middle Ages
mediación *f.* mediation
medianoche *f.* midnight
mediano/a *adj.* medium; half
mediante by means of, through
medias stockings
medicina medicine
médico/a *n.* doctor; *adj.* medicinal
medida measure, measurement; **a medida que** as
medio/a *n.* half; medium; setting; **medio ambiente** environment; **medio hermano (media hermana)** half brother (half sister)
medio/a *adj.* median
mediodía *m.* midday, noon; half-day
medir (i, i) to measure
meditación *f.* meditation
meditar to meditate
Mediterráneo *n., adj.* (the) Mediterranean
médula: médula espinal spinal cord
mejilla cheek
mejillón *m.* mussel
mejor better; **el/la mejor...** the best . . . ; **¿funcionas mejor de día o de noche?** do you function better by day or by night?
mejorana marjoram
mejorante *m.* dough conditioner
mejorar to improve
melancólico/a melancholy
melón *m.* cantaloupe

mellizo/a twin
membrana: membranas celulares cell membranes
memoria memory
memorioso/a *n.* one who has a good memory
mención *f.* mention
mencionar to mention
menor younger; smaller; **el/la menor...** the youngest . . .
menos less; minus; **a las siete menos cuarto** at a quarter to seven; **el/la menos...** the least . . . **más o menos** more or less; **menos _____ que** less _____ than
mensaje *m.* message
menstruación *f.* menstruation
mensual monthly
mental: salud *f.* **mental** mental health
mente *f.* mind
mentir (ie, i) to lie
mentón *m.* chin
menú *m.* menu; **menú del día** today's special
menudo menudo (a soup of entrails); **a menudo** often
mercadear to market
mercadeo: investigaciones *f.* **de mercadeo** marketing research
mercader(a) merchant
mercado market; **mercado común europeo** European Common Market; **mercado libre** free market
mercancía merchandise, goods
mercurio mercury, Mercury (*Greek god*)
merendar (ie) to snack (on)
merienda snack
mérito merit
mermelada jam, marmalade
mes *m.* month
mesa table; **tenis de mesa** table tennis
mesero/a waiter/waitress
mestizo/a *n., adj.* racially mixed (person)
meta goal
metabolismo metabolism
metafísico/a metaphysical
metáfora metaphor
metálica: torre *f.* **metálica de electricidad** metal electricity tower
meteoro meteor
meteorología meteorology
meter to put; to insert
metódico/a methodical
método method
metro subway; meter
mexicano/a *n., adj.* Mexican
mezclado/a mixed
mezclar to mix
mg. *m.* milligram
mi(s) *poss.* my

mí me
miamense *adj. m. f.* from Miami
microlesión *f.* microscopic injury
microondas *f.sg.* microwave oven
microorganismo microorganism
microporoso/a microporous
miche: caldo miche *type of soup*
miedo fear; **película de miedo** horror movie; **tener miedo** to be afraid
miel *f.* honey
miembro member
mientras *adv.* while
miércoles *m.* Wednesday
migración *f.* migration
migraña migraine
migrar to migrate
migratorio/a migratory
mil one thousand; **dos mil** two thousand
milanesa Milanese style
militancia militance
militar *n. m. f.* military person; *adj. m. f.* military
milla mile
millón *m.* million
mínimo/a *adj.* minimum
ministerio ministry (*government*)
ministro minister
minoría minority
minuto minute
mío/a *poss.* mine, of mine
miocardio: infarto de miocardio myocardial infarction
mirada look, glance
mirar to look, look at, watch; **mirar (la) televisión** to watch, look at TV
misa mass (*religious ceremony*)
misión *f.* mission
mismo/a same
misterio mystery
misterioso/a mysterious
mitad *f.* half
mito myth
mitología mythology
mitológico/a mythological
mixto/a mixed; **ensalada mixta** mixed salad
moda style, fashion; **estar de moda** to be in style
modalidad *f.* variety
modelo model
moderación *f.* moderation
moderado/a moderate
moderador(a) moderator
modernista *m., f.* modernist
modernización *f.* modernization
moderno/a modern
modesto/a modest
modificación *f.* modification
modificar (qu) to modify
modo manner; **de modo que** so that
modus *m.:* **modus vivendi** way of life

mofongo *P.R.: plantains fried with pork and garlic*
mole *m. Mexican sauce made with chocolate, spices, and chiles*
molécula molecule
moler (ue) to grind
molestar to bother
molinillo grinder
mollete *m.* muffin; small roll
momento moment
monarca: mariposa monarca monarch butterfly
monarquía monarchy
monasterio monastery
moneda money
monetario/a monetary
monje/a monk/nun
mono/a monkey
monohíbrido/a monohybrid
monoinsaturado/a monounsaturated
monotonía monotony
monótono/a monotonous
monstruo monster
montaña mountain
montañismo *n.* climbing
montón *m.* (*pl.* **montones**) heap, large amount
morado/a purple
moral *n. m.* morality; moral; *adj. m. f.* moral
moraleja moral (*of a story*)
morcilla blood sausage
mordaz (*pl.* **mordaces**) *adj. m. f.* biting
morder (ue) to bite
moreno/a dark-haired
morfina morphine
morir (ue, u) to die
mormón, mormona Mormon
mortadela mortadella, bologna
mortalidad *f.* mortality; **tasa de mortalidad** death rate
mortandad *f.* loss of life
Moscú Moscow
mostaza mustard
mostrar (ue) to show
motivación *f.* motivation
motivado/a motivated
motivo reason
mover(se) (ue) to move
movimiento movement
muchacho/a boy/girl
mucho/a *adj.* much, a lot
muchos/as *adv.* many
mudarse to move
muebles *m.* furnishings, furniture
mueca grimace
muerte *f.* death
muerto/a *adj.* dead; *p.p.* killed
muestra sample, example
mujer *f.* woman; wife
multicolor *adj. m. f.* multicolored

multifacético/a multifaceted
multinacional *adj. m. f.* multinational
multiplicar (qu) to multiply
multitud *f.* multitude
multivitamina multivitamin
mullido/a soft, fluffy
mundial worldwide; **Segunda Guerra Mundial** World War II
mundo world, earth
municipal *m.* city official
muñeca wrist; doll
muralista *m., f.* muralist
muralla wall
musculatura muscles, musculature
músculo muscle
museo museum
música music
músico *m., f.* musician
muslo thigh
mutación *f.* mutation
muy very

N

nacer (zc) to be born
nacido/a born; **recién nacido** *n., adj.* newborn
nacimiento birth; **defectos de nacimiento** birth defects; **fecha de nacimiento** birthdate
nación *f.* nation
nacional national
nacionalidad *f.* nationality
nada nothing
nadar to swim
nadería small thing
nadie nobody
napolitano/a Neapolitan, from Naples
naranja *n.* orange; **jugo de naranja** orange juice
narcótico narcotic
nariz *f.* (*pl.* **narices**) nose
narración *f.* narration, story
narrar to tell, recount
nata whipped cream
natación *f.* swimming
natalidad *f.* birth; **índice de natalidad** birthrate
natural natural; **ciencias naturales** natural sciences; **gas natural** natural gas; **telas de fibras naturales** natural fabrics
naturaleza nature
naturalismo naturalism
navegante *m., f.* navigator
nave: nave *f.* **estelar** spaceship
Navidad *f.* Christmas
necesario/a necessary
necesidad *f.* necessity
necesitar to need
necio/a silly

néctar *m.* nectar
nefasto/a sad, ominous
negar (ie) (gu) to deny
negativo/a negative
negociar to negotiate
negocio business; **hombre/mujer de ne-gocios** businessman/businesswoman
negro/a black; **agujeros negros** black holes; **frijoles negros** black beans; **pimienta negra** black pepper
nemotécnico/a having to do with memory improvement
nene/a baby, small child
Neptuno Neptune
nervio nerve
nerviosidad *f.* nervousness
nerviosismo nervousness, restlessness
nervioso/a nervous; **sistema nervioso** the nervous system; **estar nervioso/a** to be nervous
neto/a clear
neurología neurology
neurológico/a neurological
neurólogo/a neurologist
neurona neuron
neurótico/a *adj.* neurotic
nevando: **está nevando** it's snowing
nevar (ie) to snow; **nieva** it's snowing
ni neither, nor
niacina niacin
nicaragüense *n. m. f, adj. m. f.* Nicaraguan
nidificar (qu) to build a nest
nido nest
nieta granddaughter
nieto grandson
nietos grandchildren
nieve *f.* snow
ningún (ninguno/a) not any
niñez *f.* childhood
niño/a child, boy/girl
nivel *m.* level
no no, not
Nóbel: **Premio Nóbel** Nobel Prize
nocturno/a *adj.* night
noche *f.* night; **por la noche** at night
nombrar to name
nombre *m.* name
nominado/a nominated, named
nordeste *m.* northeast
nórdico/a Nordic
norepinephrina norepinephrine
normalidad *f.* normality
normalizado/a standardized
normalmente normally
norma norm
noroeste *m.* northwest
norte *m.* north
Norteamérica North America
norteamericano/a *n., adj.* North American

norteño/a northerner
Noruega Norway
nos *d.o.* us; *i.o.* to, for us; *refl.* ourselves
nosotros/as we
nostálgico/a nostalgic
nota grade; note
notar to notice
noticia(s) news
noticiero TV news
notorio/a notorious
novecientos/as nine hundred
novedad *f.* novelty
novedoso/a *adj.* novel
novela *n.* novel
novelista *m., f.* novelist
noventa ninety; **los noventa** the nineties
noviembre *m.* November
novio/a boyfriend/girlfriend
nublado/a cloudy; **está nublado** it's cloudy (*weather*)
nuclear *adj. m. f.*: **basura nuclear** nuclear waste; **familia nuclear** nuclear family
núcleo nucleus
nudo knot
nuestro/a *poss.* our
nueve nine
nuevo/a new
nuez *f.* (*pl.* nueces) nut
nulo/a null; without force
número number
numeroso/a numerous
nunca never
nupciales *adj. pl.* wedding
nupcias *f. pl.* wedding
nutrición *f.* nutrition
nutricional nutritional
nutricionista *m., f.* nutritionist
nutritivo/a nutritious

O

o or
obedecer (zc) to obey
obesidad *f.* obesity
objetivo *n.* objective
objeto object
obligación *f.* obligation
obligar (gu) to oblige
obligatorio/a obligatory
obra work
obrero/a worker
observación *f.* observation
observar to observe
obsesión *f.* obsession
obsoleto/a obsolete
obstante: **no obstante** nevertheless
obstetra *m., f.* obstetrician
obstinado/a obstinate, stubborn
obtener *irreg.* to obtain
obvio/a obvious

ocasión *f.* occasion
occidental western
océano ocean; **Océano Atlántico** Atlantic Ocean; **Océano Pacífico** Pacific Ocean
ocio leisure, leisure time
octavo/a eighth
octubre *m.* October
ocultar to hide
oculto/a *adj.* secret; **código oculto de los elefantes** secret code of elephants
ocupación *f.* occupation
ocupado/a busy
ocupar to occupy
ocurrir to occur
ochenta eighty
ocho eight
ochocientos/as eight hundred
oda ode
odio hate, hatred
oeste *m.* west
ofender (ie) to offend
ofensa offense
ofensivo/a offensive
oferta offer
oficial *adj. m. f.* official
oficina office
oficinista *m., f.* office worker
oficio job
ofrecer (zc) to offer
oftalmólogo/a ophthalmologist
oído ear
oír *irreg.* to hear
ojeada glance
ojo eye
oleaje *m.* swell, surf
olímpico: **juegos olímpicos** Olympic Games
oliva olive; **aceite de oliva** olive oil
olor *m.* smell, odor
olvidar to forget
olvido forgetfulness, forgetting
olla pan
ominoso/a ominous
omitido/a omitted
once eleven
onda wave
onza ounce
opción *f.* option
ópera opera
operación *f.* operation
operador(a) operator
operar to operate
operativo/a operative
opinar to think, to be of the opinion
opio opium
oponente *m., f.* opponent
oponerse *irreg.* to be opposed
oportunidad *f.* opportunity
oportuno/a opportune
optar to choose

optativo/a optional
óptico/a optic(al)
optimismo optimism
optimista *adj. m., f.* optimistic
optimizar (c) optimize
opuesto *n.* opposite
opuesto/a *adj.* opposing, opposite
oración *f.* sentence
oratoria speech, oratory
orden *m.* order
ordenado/a orderly, tidy
ordenador *m.* computer
ordenar to put in order
ordeñar to milk
orégano oregano
oreja ear
orgánico/a organic
organismo organism
organización *f.* organization
organizado: ser organizado/a to be organized
organizar (c) to organize
órgano organ
orgulloso/a proud
orientación *f.* orientation; **sentido de orientación** sense of direction
oriental *n. m. f., adj. m. f.* eastern (person)
orientarse to get one's bearings; to stay on course
orificio: orificio nasal nasal orifice
origen *m.* origin
originalidad *f.* originality
originario/a native
oro *n.* gold
orquesta orchestra
orquestado/a *p.p.* orchestrated
ortografía orthography, spelling
oscilar to oscillate; to move to and fro
oscuridad *f.* darkness
oscuro/a dark
oso/a bear
ostentar to hold
ostra oyster; **me aburro como una ostra** I'm very bored
otoño autumn, fall
otorgar (gu) to grant
otro/a other, another; **criados lejos uno del otro** raised far from each other; **por otro lado** on the other hand
ovario ovary
oveja sheep
ovino sheep
oxígeno oxygen

P

paciencia patience
paciente *n. m. f., adj. m. f.* patient; **ser paciente** to be patient

pacífico/a peaceable; **Océano Pacífico** Pacific Ocean
pacto/a agreed on; **precio pacto** set price
padecer (zc) to suffer
padrastro stepfather
padre *m.* father
padres *m. pl.* parents
pagar (gu) to pay; **pagar la cuenta** to pay the bill
página page
paisaje *m.* countryside
país *m.* country, nation
pájaro bird
palabra word
palacio palace
paladear to taste; to sip
paleta ice-cream bar
paliar to relieve
palmito heart of palm
palo stick
paloma dove
palomitas *pl.* popcorn
palpar to touch
pan *m.* bread; **pan blanco** white bread; **pan dulce** sweet bread; **pan integral** whole-wheat bread; **pan tostado** toast
panda: oso/a panda panda (bear)
pánico panic
panorámico/a panoramic
panqueque *m.* pancake
pantalones pants
pantalla screen
papa *Lat. Am.* potato
papá *fam.* father
papel *m.* paper; role
papilla mush
paquete *m.* package
paquidermo pachyderm
par *m.* pair
para *prep.* for; in order to; **para que** so that
paracaidismo *n.* parachuting
paracaidista *m., f.* parachutist
parado: los peor parados the ones in the worst shape
paralelo/a parallel; **vidas paralelas de los gemelos** parallel lives of twins
parámetro parameter
parar to stop
parcial *m., f.* partial
parecer (zc) to appear
parecerse (zc) to resemble; to look alike
parecido/a similar
pared *f.* wall
pareja couple
parentesco kinship
paréntesis: entre paréntesis in parentheses
pariente *m., f.* relative
parir to give birth (*animals*)

parlamentario/a parliamentary
parmesano parmesan
parque *m.* park; **parque zoológico** zoo
parqueo parking spot
párrafo paragraph
parricidio murder of one's parents or of a close relative
parrilla grill
parrillada *Arg.:* assorted grilled meats
parte *f.* part
participación *f.* participation
participar to participate
participativo/a participative
participio participle
particular personal; private; particular; **casa particular** private house
partido game
partido: partidos políticos political parties
partir: a partir de from; starting on
parto birth
pasa raisin
pasado *n.* past
pasado/a *adj.* past; **la semana pasada** last week
pasaje *m.* passage
pasar to spend; to happen; to pass; **lo que pasa** what happens/is happening; **¿qué te pasa?** what's wrong?
pasatiempo pastime
pasear to take a walk
paseo walk; **dar un paseo** to take a walk
pasión *f.* passion
pasivo/a passive
pasmoso/a alarming
paso step
pasta: pasta alimenticia pasta; **pasta dentífrica** toothpaste
pastel *m.* pastry; cake
pastelería bakery
pastilla pill
pastor: pastor *m.* alemán German shepherd (dog)
pata foot (*animal*)
patada kick
patata *Sp.* potato; **patatas fritas** potato chips
paterno/a paternal
patinaje *n. m.* skating; **patinaje sobre el hielo** ice skating
patinar to skate
pato/a duck
patria native land
patrocinado/a sponsored
patrón *m.* pattern; **patrón del sueño** sleep pattern
patronal of a patron saint
paulatino/a slow, gradual
pausado/a slow, deliberate
pavo turkey

paz *f.* peace; **que en paz descanse** rest in peace

peatón *m.* pedestrian

pecas freckles

peculiaridades *f.* peculiarities

pecho chest

pechuga breast (*of a fowl*)

pedalear to pedal (*a bike*)

pedaleo *n.* pedaling

pedazo piece

pedir (i, i) to ask for; to order; **pedir un puesto** to apply for a position

pegado/a stuck

pelado/a hairless

pelar to peel

pelear(se) to fight

pelele *m.* stuffed figure made of straw

película movie

peligro danger

peligroso/a dangerous

pelirrojo/a redhead(ed)

pelo hair

pelota ball

peludo/a hairy

peluquería hairdressing (profession)

pellejo skin (*animals*)

pena grief, sadness

penal: código penal penal code

pendiente *m., f.* pending, unsettled

penetrar to penetrate

penicilina penicillin

península peninsula

penoso/a difficult

pensamiento thought

pensar (ie) to think; **pensar de una manera directa** to think in a direct manner

penúltimo/a next-to-last

peor worse; **lo peor** the worst

pepino cucumber

pequeño/a small

pera pear

percepción *f.* perception

percibir to perceive

perder (ie) to lose

perderse (ie) *refl.* to get lost

perdón pardon; excuse me

perecer (zc) to perish

perejil *m.* parsley

perezoso/a lazy

perfeccionista *n. m. f.* perfectionist; *adj. m. f.* perfectionistic

perfecto/a perfect

perfil *m.* profile

perico parakeet

periférico/a peripheral

periódico newspaper

periodismo journalism

periodista *m., f.* journalist

periodístico/a journalistic

período period

perjudicar (qu) to harm

perjudicial harmful

perlas: perlas de melón melon balls

permanecer (zc) to remain

permanencia stay

permanente permanent

permeabilidad *f.* permeability

permisible permissible

permisivo/a permissive

permiso permission

permitir to allow, permit

pero *conj.* but

perón *m. Mex.* variety of apple

perplejo/a perplexed

perro/a dog

perseverancia perseverance

persistente *m., f.* persistent

persona person

personaje *m.* character; **personaje principal** main character

personal *n. m.* personnel; *adj. m. f.* personal; **ordenador personal** personal computer

personalidad *f.* personality; **rasgos de personalidad** personality traits

personalizado/a personalized

perspectiva perspective

pertenecer (zc) to belong to

perteneciente pertaining to

pertinente *m., f.* pertinent

peruano/a *n., adj.* Peruvian

pesa weight; **levantar pesas** to lift weights

pesadilla nightmare

pesado/a heavy; boring

pesar to weigh; **a pesar de** in spite of, despite

pesca *n.* fishing

pescado fish

peseta unit of Spanish currency

pesimismo pessimism

pesimista *n. m. f.* pessimist; *adj. m. f.* pessimistic

peso weight; **bajar de peso** to lose weight

peso *monetary unit (Argentina, Bolivia, Colombia, Cuba, Chile, Dominican Republic, Mexico, Uruguay)*

pesticida *m.* pesticide

petróleo petroleum

pezón *m.* nipple

picante *m., f.* spicy, hot

picar (qu) to chop

pico beak

pie *m.* foot; **a pie** standing; **de pie** on foot

piedra rock

piel *f.* skin

pierna leg

pieza piece

pigmento pigment

píldora pill

piloso: folículo piloso hair follicle

piloto/a pilot

pimienta black pepper

pimiento pimento; pimiento

pineal: ojo pineal pineal eye

pingüino penguin

pintar to paint

pintor(a) painter

pintura *n.* painting

pionero/a pioneer

pipa pipe

pirámide *f.* pyramid

piraña piranha

piso floor; apartment

pista track

pistola pistol

pituitaria pituitary

pizarra blackboard

pizca *fam.* pinch

placer *m.* pleasure

plácido/a calm

plaga plague

plaguicida pesticide

plancha griddle

planear to plan

planeta *m.* planet; **planeta tierra** planet Earth

planetaria planetary

planificar (qu) to plan

plano *n.* city map

plano/a *adj.* flat

planta plant

plaquita small sheet

plástica: artes *f.* **plásticas** plastic arts

plástico plastic

plátano banana, plantain

plato plate; dish

playa beach

plazo term

plenitud *f.* fullness

pleno/a full, complete; **en pleno cruce de calles** in the middle of the intersection

plomo lead

pluma feather

población *f.* population

pobre *m., f.* poor

pobrecito/a poor thing

poco/a little

pocos/as few

poder (ue) *v.* to be able, can; *n. m.* power

poderoso/a powerful

poema *m.* poem

poesía poetry

poético/a poetic

polar *adj. m. f.*: **círculo polar ártico** polar Arctic Circle

polémica controversy

policía *m., f.* police officer; *f.* police force
policial *adj.* police
poliéster *m.* polyester
polígono: polígono industrial industrial development zone
pólipo polyp
política *sg.* politics; **la sociedad y la política** society and politics
político/a *n.* politician; *adj.* political; **ciencias políticas** *pl.* political science; **derecho político** political law
polo: el polo sur the South Pole
pollo chicken
poner *irreg.* to put; to lay; **poner atención** to pay attention; **poner en marcha** to get started
ponerse *irreg.* to become
popular *m., f.* popular; folk
popularidad *f.* popularity
por *prep.* for; by; through; during; on account of; per; **por favor** please; **por fin** at last; **por lo general** generally; **por lo menos** at least; **por otra parte** on the other hand; **¿por qué?** why?; **por supuesto** of course
porcentaje *m.* percentage
porción *f.* portion
porque because
portada: precio de portada price on the cover
portátil *m., f.* portable
portavoz *m.* (*pl.* **portavoces**) spokesman
portugués *m.* Portuguese language
portugués (portuguesa) *adj.* Portuguese
poseer (y) to possess
posesivo/a possessive
pos-guerra postwar
posibilidad *f.* possibility
posible *m., f.* possible; **(no) es posible...** it's (not) possible that; **lo antes posible** as soon as possible; **todo lo posible** everything possible
posición *f.* position
positivo/a positive
postal *adj. m. f.*: **giro postal** money order
poste *m.* pole
posterior *m., f.* subsequent
postre *m.* dessert
postura posture
potencia strength
potenciador: potenciador *m.* **de sabor** flavor enhancer
potencial *m., f.* potential
potencialidad *f.* potentiality
potente *m., f.* potent
pozo well
práctica practice

practicante *m., f.* practitioner; participant
practicar (qu) to practice; **practicar un deporte** to play a sport; **practicar un hobby** to practice a hobby; **practicar una profesión** to practice a profession
práctico/a practical
pradera meadow
prado field
pragmático/a pragmatic
pragmatismo pragmatism
precaución *f.* precaution
preceder to precede
preciado/a esteemed
precio price
precioso/a precious
preciso/a precise
precocido: comida precocida precooked food
precolombino/a pre-Columbian
precoz *m., f.* (*pl.* **precoces**) precocious
predador(a) predator
predecir *irreg.* to predict
predicción *f.* prediction
predilección *f.* predilection
predilecto/a preferred, favorite
predisposición *f.* predisposition
predominante *m., f.* predominant
predominar to predominate
preferencia preference
preferentemente preferably
preferido/a favorite
preferir (ie, i) to prefer
pregunta question; **hacer preguntas** to ask questions; **tengo una pregunta** I have a question
preguntar to ask
preguntarse to ask oneself
prehistórico/a prehistoric
prejuicio prejudice
prematuro/a premature
premio prize; **Premio Nóbel** Nobel Prize
prenda garment; **prenda de vestir** article of clothing
prensa press
prensil *m., f.* prehensile
preñada pregnant
preocupación *f.* preoccupation; worry
preocupado/a worried
preocuparse to worry; **preocuparse por** to worry about
preparación *f.* preparation
preparar to prepare
presencia presence
presenciado/a attended
presentación *f.* presentation
presentador(a) TV news anchor
presentar to present; to introduce
presente *n. m., adj. m. f.* present

preservativo preservative; **preservativos artificiales** artificial preservatives
presión *f.* pressure; **presión sanguínea** blood pressure
preso/a prisoner; prey
prestar to lend; **prestar atención** to pay attention
prestigio prestige
prestigioso/a prestigious
presupuesto budget
pretender (ie) to pretend; to try
pretensión *f.* pretension
pretérito preterite
pretexto pretext
prevalecer (zc) to prevail
prevención *f.* prevention
prevenir *irreg.* to prevent
preventivo/a preventive
prever *irreg.* to foresee
previo/a previous
primaria: escuela primaria elementary school
primavera spring
primer (primero/a) first
primitivo/a primitive
primogénito/a firstborn
princesa princess
principal *m., f.*: **personaje** *m.* **principal** main character
príncipe prince
principio *n.* beginning
prioridad *f.* priority
prisa hurry
prisión *f.* prison
privacidad *f.* privacy
privado/a private; **casa privada** private house
privar to deprive
privatizado/a privatized
privilegiar to favor, grant privilege to
privilegio privilege
probabilidad *f.* probability
probable: (no) es probable... it's (not) probable that; **lo más probable es...** the most probable (*thing*) is that
probar (ue) to prove; to taste
problema *m.* problem
problemático/a problematic
procedente coming from
proceder to come from
procesado/a processed
procesador(a) *adj.* processing
proceso process
procurador(a) prosecutor
procurar to try to
prodigioso/a prodigious
producción *f.* production
producir *irreg.* to produce
productividad *f.* productivity
productivo/a productive
producto product

productor(a) producer
profesión *f.* profession
profesional *m., f.* professional; **formación profesional** professional training
profesor(a) professor
profundo/a profound
progenitor *m.* ancestor
programa *m.* program
programación *f.* programming
programado/a programmed
programador(a) programmer
progre *m., f. fam.* person with progressive political ideas
progresión *f.* progression
progresista *n. m., f.* progressive
progresivo/a *adj.* progressive
progreso progress
prohibido/a prohibited
proliferación *f.* proliferation
proliferar to proliferate
prolongado/a prolonged
promedio *n. m.* average; *adj. m. f.* average; **tamaño promedio** average size
prometedor(a) *adj.* promising
prometer to promise
prominente *m., f.* prominent
promover (ue) to promote
promovido/a instigated
pronombre *m.* pronoun
pronóstico: pronóstico del tiempo weather forecast
pronto soon
pronunciar to pronounce
propenso/a inclined to
propiedad *f.* property
propietario/a owner
propio/a *adj.* own
proponer *irreg.* to propose
proporción *f.* proportion
propósito purpose
propuesta proposal
pros: los pros y los contras pros and cons
prospección *f.* exploration
prospectivista *m., f.* futurist
próstata prostate
protagonista *m., f.* protagonist, main character
protección *f.* protection
protector(a) *n.* protector; *adj.* protective
proteger (j) to protect
protegerse (j) to protect oneself
proteína protein
protesis *f.* prosthesis
protestante *m., f.* Protestant
prototipo prototype
proveer *irreg.* to provide
provincia: a la provincia country style
provisto/a *adj.* possessing
provocar (qu) to provoke
próximo/a next; near

proyectar to project
proyecto project
prueba test
psicoanálisis *m.* psychoanalysis
psicología psychology
psicológico/a psychological
psicólogo/a psychologist
psicometría psychometry
psicopatología psychopathology
psicoterapeuta *m., f.* psychotherapist
psicoterapia psychotherapy
psiquiatra *m., f.* psychiatrist
psiquiátrico/a psychiatric
psíquico/a psychic
ptas. (pesetas) *Spanish units of currency*
publicar (qu) to publish
publicidad *f.* publicity
publicitario/a *adj.* advertising
público *n.* public
público/a *adj.* public
pueblo town
puerco pig
puericultura child rearing
pueril *adj. m. f.* childish
puerta door
puertorriqueño/a *n., adj.* Puerto Rican
pues *conj.* well
puesto position, job; **pedir (i, i) un puesto** to apply for a position; **puesto que** since
pulga flea
pulmón *m.* lung
pulmonar pulmonary
pulpo octopus
puntaje *m.* score
puntas: puntas de filete mexicana *fillet tips Mexican style*
punto point; **a punto de** on the verge of; **punto de vista** point of view
puntuación *f.* score
puntualmente punctually
punzada prick
puñado handful
pupilar *adj. m. f.* having to do with the pupils
puro/a pure

Q

que *rel. pron.* that, which; *conj.* that
¿qué? what? which?
quebrado/a *Mex.* curly, kinky
quedar to be (*situated*)
quedarse to stay; **no te queda bien** it doesn't fit you well; **quedarse en casa** to stay at home
quejarse (de) *refl.* to complain (about)
quemar to burn
querer *irreg.* to want; to love
queso cheese; **queso crema** cream cheese

quien *rel. pron.* who, whom; **a quien** to whom; **con quien** with whom
química chemistry
químico/a chemist
quince fifteen
quinientos/as five hundred
quinto fifth
quiosco newsstand
quirúrgico/a surgical
quitar to remove, take away

R

rabo tail
ración *f.* ration, food
racionalidad *f.* rationality
racismo racism
radicar (qu) to be; to be situated
radio *f.* radio (*broadcasting*); *m., f.* radio (*object*); **escuchar la radio** to listen to the radio
radioterapia radiotherapy (X-rays)
radiotransmisor *m.* radio transmitter
raíz *f.* (*pl.* **raíces**) root
ralo/a thin, sparse
rallado/a grated
rama branch
ramo branch, department
ramonear to graze
ranchero/a *adj.* ranch style
rango rank
rapidez *f.* rapidity
rápido/a rapid, fast; **comida rápida** fast food
raqueta racquet
raramente rarely
raro/a strange
rasgo characteristic, trait; **rasgos de la personalidad** personality traits; **rasgos físicos** physical characteristics
rata rat
rato little while, short time, a while
ratón *m.* rat
raya ray; stripe
rayón *m.* rayon
raza breed; **de raza** purebred
razón *f.* reason; **tener razón** to be right
razonable *m., f.* reasonable
reacción *f.* (*pl.* **reacciones**) reaction
reaccionar to react
reactor *m.*: **reactores nucleares** nuclear reactors
real *m., f.* real; royal; **familia real** royal family
realidad *f.* reality; **en realidad** in fact, actually
realista *n. m. f.* realist; *adj. m. f.* realistic
realización *f.* carrying out; achievement
realizar (c) to carry out; to achieve
realizarse (c) to be carried out; to come true

reaparecer (zc) to reappear
rebajar to lose weight
rebanada slice
rebaño flock
rebautizar (c) to rechristen
rebelde *m., f.* rebellious
rebuznar to bray
recaudar to collect
recesivo/a recessive; **factores recesivos** recessive factors
receta recipe; **preparación de las recetas** preparation of recipes; **receta casera** home recipe; **receta comercial** commercial recipe
recibir to receive
reciclaje *m.* recycling
recién *adv.* recently; **recién nacido** newborn
reciente *m., f.* recent
recinto campus
recipiente *m., f.* recipient
recoger (j) to pick up
recolector(a) harvester
recomendable *m., f.* advisable
recomendación *f.* recommendation
recomendar (ie) to recommend
recompensa reward
reconocer (zc) to recognize; **reconocer el sonido de su voz** to recognize the sound of his/her voice
reconocible *m., f.* recognizable
reconocimiento recognition; **reconocimiento profesional** professional recognition
reconversión *f.* retraining
recopilar to compile
recordar (ue) to remember
recorrer to travel, traverse
recorrido space or distance traveled; trip, journey
recortar to cut out
recreación *f.* recreation
recreacional *adj. m. f.* recreational
rectángulo rectangle
rectitud *f.* honesty
recto *n.* rectum
recto/a *adj.* straight; **en línea recta** in a straight line; **siga derecho/recto** continue, go straight
recuperación *f.* recuperation
recuperado/a renovated
recurso resource; **recursos económicos** economic resources
rechazar (c) to reject
red *f.* network; net; **red de vínculos sociales** network of social ties
redacción *f.* writing
redactar to write; to edit
redondo/a round
reducción *f.* reduction

reducir *irreg.* to reduce; **reducir el riesgo de cáncer** to reduce the risk of cancer
reeducación *f.* retraining
reemplazado/a replaced
reemplazando *pr. p.* replacing
reencuentro reunion
referencia reference
referir(se) (ie, i) to refer to
refinado/a refined
refiriendo *pr. p.* referring
reflejar to reflect
reflejo reflection; reflex
reflexión *f.* reflection
reflexivo/a considered
reformatorio reformatory
reforzado/a reinforced
reforzar (ue) (c) to reinforce
refrán *m.* proverb, saying
refrenado/a restrained
refrescante *m., f.* refreshing
refrescar (qu) to refresh
refresco soft drink; **refresco dietético** diet soft drink
refrigeración *f.* refrigeration
refrigerador *m.* refrigerator
refutar to refute
regalar to give as a gift
regalo gift
regazo lap
régimen *m.* diet; **seguir un régimen** to follow a diet
región *f.* region
regla rule
reglamentario/a set; proper
regresar to return; **regresar a casa/al apartamento** to return home/to the apartment
regresión *f.* regression
regular *v.* to regulate; *adj.* average
regularidad *f.* regularity
rehabilitación *f.* rehabilitation
reimpresión *f.* reprint
reina queen
reinar to reign; to prevail
reír(se) *irreg. refl.* to laugh; **reírse a carcajadas** to laugh one's head off, laugh loudly
relación *f.* relation, relationship; **relaciones espaciales** spatial relations; **relaciones familiares** family relationships; **relaciones públicas** public relations
relacionar to relate
relajación *f.* relaxation
relajado/a relaxed; **sentirse relajado/a** to feel relaxed
relajante *m., f.* relaxing
relajarse to relax; **¿cómo te relajas?** how do you relax?
relatar to report

relativo/a *adj.* relative
relato story
relegado/a relegated
relevo relief
religión *f.* religion
religioso/a religious
reloj *m.* clock; watch; **reloj biológico** biological clock; **«reloj» interno** internal clock
relleno *n.* stuffing, filling
relleno/a *adj.* stuffed, filled; **chile relleno** stuffed pepper
remedio cure; **remedio contra el cáncer** cure for cancer
reminiscencia reminiscence
remitir to send
remojado/a soaked
remolacha beet
rendimiento performance, output
rendir (ie, i) to produce
renovación *f.* renovation
renunciar to renounce
reorganizar (c) to reorganize
repartir to distribute
repasar to review
repaso review
repente: de repente suddenly
repertorio repertory
repetición *f.* repetition
repetir (i, i) to repeat; **repita, por favor** repeat, please
reportado/a reported
reportaje *m.* report, news item
reportar to report
reporte *m.* report
reportero/a reporter
reposar to rest
reposo rest
representación *f.* representation
representante *n. m., f.* representative
representar to represent
representativo/a *adj.* representative
reprocharse to reproach oneself
reproducción *f.* reproduction
reproducirse *irreg.* to reproduce
reptil *m.* reptile
república republic; **República Democrática Alemana** German Democratic Republic; **República Dominicana** Dominican Republic
repudiar to repudiate
requerir (ie, i) to require
requesón *m.* cottage cheese
requisito requirement
res: carne *f.* **de res** beef
resaltar to stick out
resecar (qu) to dry off
resentido/a resentful
reserva reserve; reservation; **ojo de reserva** extra eye

reservaciones *f.* reservations; **hacer reservaciones** to make reservations
reservado/a reserved
resfriado *n.* cold
residencia residency; dormitory; **residencia estudiantil** student dormitory
residencial *m., f.* residential
residente *m., f.* resident
residir to reside
residuo residue
resignar to give up
resistencia resistance
resistir to resist
resolver (ue) to resolve
resorte *m.* influence; means
respaldo support
respectivamente respectively
respecto: (con) respecto/a with respect to, concerning
respetar to respect
respetuoso/a respectful
respiración *f.* breathing, respiration
respirar to breath
respiratorio/a respiratory
responder to respond
responsabilidad *f.* responsibility
responsable *m., f.* responsible
respuesta answer
restante *adj. m. f.* remaining
restaurante *m.* restaurant
resto remainder
restricción *f.* restriction
restringido/a restricted
resucitar to revive
resuelto/a resolved
resultado result
resultar to result; to turn out
resumen *m.* summary
resumir to summarize
retener *irreg.* to retain
retorcido/a twisted
retraimiento withdrawal
retransmisión *f.* rebroadcast
retraso delay
retrato portrait
retroceder to move back
retumbar to reverberate
reuma *m.* rheumatism
reunión *f.* meeting, gathering
reunir to reunite
revelación *f.* revelation
revelar to reveal
reverso: al reverso backward
revés *m.*: **al revés** backward
revisar to review
revista magazine
revolcarse (ue) (qu) *refl.* to roll around
revolución *f.* revolution
revolucionario/a revolutionary
revolver (ue) to stir

revuelto: huevo revuelto scrambled egg
rey *m.* king
rico/a rich; delicious
ricurita *fam.* beautiful girl
riendo *pr. p.* laughing
riesgo risk; **reducir el riesgo de cáncer** to reduce the risk of cancer
rigor: de rigor absolutely essential
rincón *m.* corner
riñonada: bistec *m.* **de riñonada** kidney steak
riñones *m.* kidneys
río river; **contaminación** *f.* **de ríos y arroyos** pollution of rivers and streams
riquísimo/a very delicious
risa laugh, laughter
ritmo rhythm
ritual *m.* ritual
rizado curly
robot *m.* robot
robótica *sg.* robotics
robusto/a robust
rocoso/a rocky
rodaja slice
rodear to surround
rodilla knee
rodillo roller
rodospina type of chromosome
rojo/a red; **carne roja** red meat; **ponerse rojo/a** to blush
Roma Rome
romance *m.* romance
romano/a *n., adj.* Roman
romanticismo romanticism
romántico/a romantic
romper to break; **hábito difícil de romper** habit difficult to break
Rómulo Romulus
rondar to inspect
ropa clothes; **lavar ropa** to wash clothes
rosado/a pink
rosquilla doughnut
rostro face
rotundamente roundly
rozar (c) to rub up against; **rozar con la gente** to rub shoulders with people, mingle
rubio/a *n., adj.* blond(e)
rueda wheel
ruido noise; **hacer ruido** to make noise
ruidoso/a noisy
ruina ruin
rumbo route, course; **rumbo fijo** fixed course
rural *adj. m. f.*: **área** (*f.* [*but*: **el área**]) **rural** rural area; **electrificación rural** rural electrification
Rusia Russia
ruso/a *n., adj.* Russian

ruta route
rutina *n.* routine
rutinario/a *adj.* routine

S

sábado Saturday
saber *irreg.* to know; **saber** + *inf.* to know how (*to do something*)
sabiduría knowledge
sabio/a wise
sabor *m.* flavor, taste
saborear to taste
sabroso/a tasty
sacar (qu) to take out; to produce; **sacar una buena/mala nota** to get a good/bad grade; **sacar vídeos** to rent videos
sacarina saccharine
sacerdote *m.* priest
sacrificarse (qu) to sacrifice oneself
sacudir to shake
sagrado/a sacred
sal *f.* salt
sala room; **juego de sala** board game; **sala de emergencia** emergency room
saladito dried fruits or salted seeds/nuts
salado/a salty
salamandra salamander
salario salary
salchicha sausage
salida exit
salir *irreg.* to go out; **el juego que acaba de salir** the game that has just appeared (*in the stores*); **salir con mis amigos** to go out with my friends; **salir de noche** to go out at night; **salir de una adicción** to overcome an addiction
salivar to salivate
salmón *m.* salmon
salmonela salmonella (*bacteria*)
salmonelosis *f.* salmonella (*disease*)
salón *m.* room
salpicón *m.* hash
salsa sauce; **salsa picante** hot sauce
saltar to jump; **saltar a la cuerda** to jump rope
salud *f.* health; **buena salud** good health; **salud mental** mental health
saludable *m., f.* healthy
saludar(se) *refl.* to greet
saludo greeting
salutación *f.* greeting
salvación *f.* salvation
salvajada barbarity
salvaje *m., f.* wild, savage
salvar to save
salvo except
sandía watermelon

sangre *f.* blood; **de pura sangre** pure-bred; **tener la sangre caliente** hot-blooded

sanguíneo/a *adj.* blood; **alta/baja presión sanguínea** high/low blood pressure; **circulación sanguínea** blood circulation; **colesterol sanguíneo** blood cholesterol

sanidad *f.* health

sano/a healthy; **llevar una vida sana** to live a healthy life; **mantener un equilibrio sano** to maintain a healthy balance

sardina sardine

sartén *f.* frying pan

satélite *m.* satellite

sátira satire

satirizar (c) to satirize

satisfacción *f.* satisfaction

satisfacer *irreg.* to satisfy

satisfecho/a satisfied

saturado: **grasa (in)saturada** (un)saturated fat

Saturno Saturn

sazonar to season

se *refl.* (*impersonal*) one; yourself *form.*; himself, herself, yourselves *form.*; themselves

sección *f.* section

seco/a dry

secreción *f.* secretion

secretario/a secretary

secreto *n.* secret

secreto/a *adj.* secret

secta sect

sector *m.* sector

secuencia: **en secuencia** in order

secuestro kidnapping

secundario/a secondary; **escuela secundaria** secondary school, high school; **ideas secundarias** secondary ideas

sed *f.* thirst; **tener sed** to be thirsty

seda silk

sedentario/a sedentary

seducir (zc) to seduce

segoviano/a *adj.* of Segovia

segregar (gu) to segregate

seguido/a followed; **en seguida** right away

seguir (i, i) (g) to follow; to continue; **seguir un régimen** to follow a diet; **siga derecho/recto,** continue, go straight; **siga Ud. por _____** continue _____, follow _____

según according to; **escalafones según la edad** rank, seniority according to age

segundo *n.* second

segundo/a *adj.* second; **Segunda Guerra Mundial** World War II

seguridad *f.* security; **seguridad social** social security

seguro/a sure, secure

seguros *pl.* insurance; **cuota del seguro** insurance premium

seis six

seiscientos/as six hundred

selección *f.* selection

seleccionar to select

selva jungle

sello mark

semáforo traffic light

semana week; **días de la semana** days of the week; **fin de semana** weekend; **todas las semanas** every week

semanal *adj. m. f.* weekly

semántico/a semantic

semejante *m., f.* similar

semejanza similarity

semental *m.* stud animal

semestre *m.* semester; **este semestre** this semester

semierguido/a semi-erect

semijubilado/a semi-retired

semilla seed

senador(a) senator

sencillez *f.* simplicity

sencillo/a simple

sendos/as both, each

sensación *f.* sensation, feeling

sensibilidad *f.* sensibility

sensible *m., f.* sensitive

sensitivo/a sensitive

sensorial *adj. m. f.* sensory

sentado/a *p.p.* seated

sentarse (ie) to sit down

sentido sense; **el sentido de orientación** sense of direction; **sexto sentido** sixth sense

sentimentalismo sentimentalism

sentimientos feelings

sentir(se) (ie, i) to feel; **sentirse alegre** to feel happy; **sentirse avergonzado/a** to feel ashamed; **sentirse confiado/a de sí mismo/a** to feel self-confident; **sentirse deprimido/a** to feel depressed; **sentirse estupendo/a** to feel wonderful; **sentirse frustrado/a** to feel frustrated; **sentirse orgulloso/a** to feel proud; **sentirse relajado/a** to feel relaxed; **¿cómo te sientes?** how do you feel?

seña sign

señal *f.* signal

señalar to point out

señor sir, Mr.

señora ma'am, Mrs.

señorita Miss

señuelo decoy

separación *f.* separation

separar to separate

septiembre *m.* September

sequía drought

ser *n.* being; **ser humano** human being; **ser vivo** living being

ser *irreg.* to be; **ser adicto/a** to be addicted to; **ser carismático/a** to be charismatic; **ser compasivo/a** to be compassionate; **ser compulsivo/a** to be compulsive; **ser emprendedor(a)** to be enterprising, aggressive; **ser físicamente fuerte** to be physically strong; **ser hábil para _____** to be good at _____; **ser honesto/a** to be honest; **ser íntegro/a** to be honest; **ser listo/a** to be clever, smart; **ser mayor** to be older; **ser organizado/a** to be organized; **ser paciente** to be patient; **¿cómo eres?** what are you like?; **¿de dónde eres?**; where are you from?; **¿eres una fanática?** are you a fanatic?; **¿quién eres?** who are you?; **soy** I am; **soy de _____** I'm from _____; **soy estudiante de _____** I'm a student of _____

serenarse to calm down

sereno/a calm

serie *f.* series; **serie mundial de béisbol** World Series

serio/a serious

serpiente *f.* snake

servicial *m., f.* helpful

servicio service; **al servicio de** in the service of; **servicio a cuartos** room service; **servicio a domicilio** delivery service; **servicio de emergencia** emergency service; **servicio doméstico** domestic service

servir (i, i) to serve

sesenta sixty; **los sesenta** the sixties

sesión *f.* session

sesquicentenario/a *adj.* sesquicentennial

seta mushroom

setecientos/as seven hundred

setenta seventy; **los setenta** the seventies

severo/a severe

sexo sex; **sexo opuesto** opposite sex

sexto: **sexto sentido** sixth sense

sexualidad *f.* sexuality

si if

sí yes

sicología psychology

sicológico/a psychological

sicólogo/a psychologist

SIDA *m.* AIDS

siempre always

siendo *pr. p.* being

siesta nap; **dormir una siesta** to take a nap

siete seven

sietemesino/a *adj.* seven-month
siglo century
significado *n.* meaning
significar (qu) to mean
signo sign; **los doce signos del horóscopo** the twelve signs of the zodiac
siguiente *adj. m. f.* following; **al día siguiente** the following day
silbar to whistle
silencio silence; **guardar silencio** to keep quiet
silenciosamente silently
silla chair; **silla de ruedas** wheelchair
sillón *m.* armchair
simbolizar (c) to symbolize
símbolo symbol
similitud *f.* similarity
simio/a monkey
simpático/a nice, pleasant
simposio symposium
simultáneo/a simultaneous
sin *prep.* without; **sin embargo** however, nevertheless
sincero/a sincere
sincrónicamente simultaneously
sincronizar (c) to synchronize
síndrome *m.* syndrome; **síndrome de inmunodeficiencia adquirida (SIDA)** acquired immune deficiency syndrome (AIDS); **síndrome invernal** winter syndrome (depression)
sino *conj.* but, instead
sinónimo synonym
sinónimo/a synonymous
síntesis *f.* synthesis
sintético/a synthetic; **telas sintéticas** synthetic fabrics
sintetizar (c) to synthesize
síntoma *m.* symptom
siquiatra *m., f.* psychiatrist
siquiatría psychiatry
siquiera *adv.* even; **ni siquiera** not even
sirope *m.* syrup
sistema *m.* system; **sistema cardiovascular** cardiovascular system; **sistema inmunológico** immune system; **sistema nervioso** nervous system; **sistema solar** solar system
sistemáticamente systematically
sitio place
situación *f.* situation
situarse to be located
sobras leftovers
sobre *prep.* about; on
sobrecogedor(a) startling
sobrellevar to endure
sobrepasar to exceed
sobrepeso excess weight
sobrevivir to survive
sobrino/a nephew/niece

social *adj. m. f.* social; **asistencia social** social work; **ciencias sociales** social sciences; **red de vínculos sociales** network of social ties; **seguridad social** social security; **trabajador(a) social** social worker; **vida social** social life
socialista *m., f.* socialist
socializar (c) socialize
sociedad *f.* society
socioeconómico/a socioeconomic
sociología sociology
sociólogo/a sociologist
sódico: bicarbonato sódico sodium bicarbonate
sodio sodium
sofá *m.* sofa
sofisticado/a sophisticated
sofocante *m., f.* suffocating
sol *m.* sun; **hace sol** it's sunny
solamente only
solar solar; **brújula solar** solar compass; **sistema** *m.* **solar** solar system
solas: a solas alone
soldado/a soldier
soleado/a sunny
soledad *f.* solitude
soler (ue) (+ *inf.*) to be in the habit of (*doing something*)
solicitante *m., f.* applicant
solicitud *f.* application
sólido/a solid
solitario/a solitary
solo/a *adj.* alone; **cenar solo/a** to have dinner alone
sólo *adv.* only
soltero/a single person; **es soltero/a** he/she is single
solución *f.* solution
soluto solute, dissolved substance
sombra shadow
sombrero hat
sombrío/a somber, dark
someter to submit
sonámbulo/a sleepwalker
soneto sonnet
sonido sound; **reconocer el sonido de su voz** to recognize the sound of his/her voice
sonreír (i, i) to smile
sonrojarse to blush
sonrosado/a pink, rosy
soñador(a) dreamer
soñar (ue) to dream
sopa soup
soportar to endure
soporte *m.* support
sorbete *m.* sherbet
sordo/a deaf person
sorprendente *m., f.* surprising
sorprender to surprise

sorpresa surprise
sospechar to suspect
sospechoso/a suspicious
sostener *irreg.* to sustain
soto thicket; **talas de sotos y arboledas** cutting down of thickets and groves
soviética: la Unión Soviética the Soviet Union
soviético/a *n., adj.* Soviet
su(s) *poss.* his, her, its, your; *form. sg., pl.,* their
suave *m., f.* gentle
suavizar (c) to soften
subalimentación *f.* undernourishment
subconsciencia *n.* subconscious
subdesarrollado/a underdeveloped
subdesarrollo underdevelopment
subgrupo subgroup
subir to go up; to lift up
subjuntivo/a subjunctive
sublevar to upset
submarinismo deep-sea diving
submarino submarine
subrayar to underline
subscribir to subscribe
subsidiaria subsidiary
subsidio subsidy, grant
substrato substratum
subtítulo subtitle
succionar to suction
suceder to happen
sucesivo/a successive
suciedad *f.* dirtiness
sudadera *sg.* sweats
Sudamérica South America
sudamericano/a *n., adj.* South American
sudar to sweat
sudoración *f.* sweating
sueco/a *n.* Swede; *adj.* Swedish
suegro/a father-in-law/mother-in-law
suegros in-laws
sueldo salary; **primer sueldo** first salary
suelo ground
sueño sleep; **horario de sueño** sleep schedule; **patrón de sueño** sleep pattern
suerte *f.* luck; **buena/mala suerte** good/bad luck; **tener suerte** to be lucky
suéter *m.* sweater
suficiente *adj. m. f.* sufficient
sufrir to suffer
sugerencia suggestion
sugerir (ie, i) to suggest
sujeto subject
sulfamida sulfamide
suma sum
sumar to add
suministrar to supply
sumisión *f.* submission
sumo/a great, extreme
superación *f.* improvement

superactividad *f.* hyperactivity
superar to overcome
superficialidad *f.* superficiality
superior *adj. m. f.* superior; **estudios superiores** higher education
superioridad *f.* superiority
supermercado supermarket
suplemento supplement
suplicio torture
suponer *irreg.* to suppose
suprarrenal suprarenal
supremo/a supreme
supresión *f.* suppression
suprimir to eliminate
supuesto supposed; **por supuesto** of course
sur *m.* south; **hemisferio sur** southern hemisphere; **polo sur** South Pole
surcado/a criss-crossed
surgir (j) to spring up; **surgió de** sprang from
suroeste *m.* southwest
surucucú *m. Arg.* poisonous snake
susceptibilidad *f.* susceptibility
suscribir to subscribe
suscripción *f.* subscription
suspenso suspense
sustancia substance; **sustancias dañinas** harmful substances
sustancialmente substantially
sustantivo noun
sustento support
sustitución *f.* substitution
sustituir (y) to substitute
sutileza subtlety
suyo/a your, yours *form. sg., pl.;* his, of his; her, of hers; its; their, of theirs

T

tabaco tobacco
tabaquismo use of tobacco products
tabla table
tablavela *n.* surfing
tacón *m.* high heel
tacto touch; **al tacto** to the touch; **sentido del tacto** sense of touch
tajante *m., f.* emphatic
tal such; **de tal manera** in such a manner; **tal como** just as; **tal vez** perhaps
tala *n.* cutting down; **talas de sotos y arboledas** cutting down of thickets and groves
talón *m.* heel of the foot
talla size
tallo stem, stalk
tamaño size; **tamaño promedio** average size
tambaleante *m., f.* unsteady
también also
tambor *m.* drum

tampoco neither
tan as; **esta familia es tan tradicional como...** this family is a traditional as . . .; **tan _____ como** as _____ as
tanque *m.* tank
tanto/a as much; **mientras tanto** meanwhile, during this time; **por lo tanto** therefore; **tanto/a... como** as much . . . as
tantos/as as many; so many
tapa snack
tapar(se) to cover
tapiz *m.* (*pl.* **tapices**) carpet
tapón *m.* stopper, cap
taquillero/a *adj.* box office
tarántula tarantula
tardar to be late
tarde *n. f.* afternoon; *adj. m. f.* late; **llegar tarde** to arrive late; **por la tarde** in the afternoon; **todas las tardes** every afternoon
tarea homework, assignment; **escribir la tarea** to write the assignment
tarifa charge
tarjeta card; **tajeta de crédito** credit card
tarta pie
tasa rate; **tasa de inflación** *f.* rate of inflation; **tasa de mortalidad** *f.* death rate
taurino/a *adj.* having to do with bullfighting
taxista *m., f.* taxi driver
taza cup; **cuarta taza** quarter-cup
te *d.o.* you *fam. sg.; i.o.* for you *fam. sg.; refl.* yourself *fam. sg.*
té *m.* tea
teatral theatrical
teatro theater
teclado keyboard
técnica technique
tecnicidad *f.* technicality
técnico/a *n.* technician; *adj.* technical
tecnogimnasia technologically-assisted exercise
tecnología technology
tecnólogo/a technologist
tedio tedium
Teherán Teheran
tejano/a *n., adj.* Texan
tejido body tissue; fabric
tela fabric; **telas de fibras naturales** natural fabrics; **telas sintéticas** synthetic fabrics
tele *f.* television
telecomunicación *f.* telecommunication
telefonear to telephone
telefonía telephony
telefónico/a *adj.* telephone; **guía telefónica** phone book; **llamada telefónica** phone call; **servicio telefónico** phone service

teléfono telephone; **teléfono de bolsillo** pocket telephone
telemando remote control
telemático/a *adj.* having to do with the telephone
telenovela soap opera; **ver una telenovela** to watch a soap opera
telescopio telescope
televisión *f.* television; **mirar (la) televisión** to watch, look at television; **ver (la) televisión** to see, to watch television
televisor *m.* television (set); **televisor de pantalla grande** large-screen TV
tema *m.* topic, theme
temer to be afraid
temible *m., f.* fearsome
temor *m.* fear
temperamento temperament
temperatura temperature; **estamos a 30 grados** the temperature is 30 degrees; **la temperatura es de 30 grados** the temperature is 30 degrees; **la temperatura está a 30 grados** the temperature is 30 degrees
templado/a temperate
templo temple
temporada season
temprano/a early
tenaz *m., f.* tenacious
tendencia tendency
tender (ie) to tend
tendón *m.* tendon
tener *irreg.* to have; **(no) tengo** I (don't) have; **tengo una pregunta** I have a question.; **¿tienes una clase de _____ ?** do you have a _____ class?
tenis *m.* tennis; **jugar al tenis** to play tennis; **zapatos de tenis** tennis shoes
tenista *m., f.* tennis player
tensión *f.* tension; **para aliviar la tensión** to relieve the tension
tenso/a tense; **estar tenso/a** to be tense
tentación *f.* temptation
teoría theory
terapeuta *m., f.* therapist
terapéutico/a therapeutic
terapia therapy; **terapia física** physical therapy
tercer (tercero/a) third; **tercer ojo** third eye
tercio one-third
terminar to finish
término term
termómetro thermometer
ternera veal
ternero calf
terraza balcony
terreno land; **indutrialización y modernización del terreno agricola** in-

dustrialization and modernization of agricultural land

terrestre *m., f.* terrestrial

territorio territory

terrorismo terrorism

tesina thesis

tesorero/a treasurer

tesoro treasure

testigo *m., f.* witness

testosterona testosterone

textil *m.* textile

texto text

tez *f.* (*pl.* **teces**) skin

ti *obj. of prep.* you *fam. sg.*

tibio/a lukewarm, tepid

tiempo time, weather; **al mismo tiempo** at the same time; **desde hace tiempo** for a long time; **tiempo libre** free time; **pronóstico del tiempo** weather forecast; **estar a tiempo** to be on time; **expresiones** *f.* **de tiempo** time expressions; **hace buen/mal tiempo** the weather's good/bad; **¿por cuánto tiempo?** for how long?; **por mucho tiempo** for a long time; **¿qué tiempo hace?** how's the weather?

tienda store

tierno/a tender

tierra dirt; land; earth

tifoidea typhoid fever

tigre *m.* tiger

tilde *f.* tilde (*diacritical mark over a letter*)

timbrado/a having a good timbre (*voice*)

timidez *f.* shyness

tímido/a shy

tinta: en su tinta in its own ink (*sauce*)

tinto/a red; **vino tinto** red wine

tío/a uncle/aunt

típico/a typical

tipo type

tira: tira cómica comic strip

tirar to throw

tiro *n.* shot; shooting; **muerto/a a tiros** shot to death; **pegarle un tiro** to shoot someone; **tiro con arco** archery; **tiro y caza** shooting and hunting

tiroides *m. sg.* thyroid

titán *m.* Titan

titulado/a titled

titular *v.* to title; *n. m.* headline

título title

toalla towel

tobillo ankle

tocar (qu) to touch; to play an instrument; **tocar la guitarra** to play the guitar

tocineta bacon bits

tocinillos candied egg yolk

tocino bacon

todavía *adv.* yet, still

todo/a all; **todas las mañanas/tardes/ noches/semanas** every morning/afternoon/night/week

tolerar to tolerate

tomar to take; to drink; **tomar carta de naturalización** to get naturalization papers; **tomar el sol** to sunbathe; **tomar en cuenta** to take into acount; **tomar medidas** to take measures; **tomar una decisión** to make a decision; **tomar un examen** to take an exam

tomarse *refl.* to drink

tomate *m.* tomato

tonelada ton

tono tone

tontería silliness, foolishness

tonto/a dumb, foolish, stupid

topar to run into

tope *m.* end; **a tope** end to end

tópico topic

topográfico/a topographical

toque *m.* touch; **toque de queda** curfew

tórax *m.* thorax

toreo *n.* bullfighting

torero bullfighter

tormenta storm

torneo tournament

toro bull

toronja grapefruit

torpe *m., f.* clumsy

torpeza awkwardness, clumsiness

torre *f.* tower; **torres metálicas de electricidad** metal electricity towers

torta cake

tortilla *Sp.* omelette; tortilla

tortuga turtle

tortura torture

tos *f.* cough

tostada toast

tostado/a toasted; **pan tostado** toast

tostadora toaster

tostones *m.* fried slices of plantain

totalidad *f.* totality

totalmente totally

toxicidad *f.* toxicity

tóxico/a toxic

toxina toxin

trabajador(a) worker; **trabajador(a) social** social worker

trabajar to work; **trabajar en el jardín** to garden; **trabajar fuera de casa** to work outside the home

trabajo work; **buscar un trabajo** to look for a job; **trabajos de investigación** research papers

tradición *f.* tradition

tradicional traditional

traducción *f.* translation

traducir (zc) to translate

traer *irreg.* to bring

tráfico traffic

trágico/a tragic

trago drink

traidorr(a) traitor

traído/a *p.p.* brought

traje *m.* suit

trama plot

trámite *m.*: **trámites burocráticos** bureaucratic channels

trampa trick

tranquilidad *f.* tranquility

tranquilo/a tranquil

transacción *f.* transaction

transcurso course

transformación *f.* transformation

transformador *m.* transformer

transformarse *refl.* to transform oneself

transición *f.* transition

transitoriamente temporarily

transmisión *f.* transmission

transmitir to transmit

transportar to transport

transporte *m.* transport, transportation

tras *prep.* behind

trascendencia importance

trascender (ie) to transcend, go beyond

trasladarse to move

traslado *n.* moving, transfer

trasplante *m.* transplant

trastorno disturbance

tratamiento treatment

tratar to treat

tratar de to try; **tratar de mantenerse despierto/a** to try to stay awake

trato treatment

través: a través de through

travesurilla prank

trazar (c) to draw

trébol *m.* clover **trébol de cuatros hojas** four-leaf clover

trece thirteen

trecho distance

treinta thirty; **los años treinta** the thirties

tremendo/a tremendous

tren *m.* train

trescientos/as three hundred

triángulo triangle

tribu *f.* tribe

tribunal *m.* court

trigo wheat

trillizos/as triplets; **nacieron trillizas** triplets were born

trimestre *m.* trimester, quarter

triplicar (qu) to triple

triste *m., f.* sad; **ponerse triste** to be (get) sad

tristeza sadness

triunfar to triumph

triunfo triumph

trocito little bit, piece
trompa trunk (*elephant*)
tronco trunk (*wood*)
trotar to jog
trote *m.* jogging
trozo piece
truco trick
trucha trout
trufa truffle
tumba tomb
tumbar to knock down
tumor *m.* tumor
túnel *m.* tunnel
turbulencia turbulence
turismo tourism
turista *n. m. f.* tourist
turístico/a *adj.* tourist
turno turn
tu *poss.* your *fam. sg.*
tú *fam. sg.* you
tuyo/a *poss.* your, of yours *fam. sg.*

U

u or
ubicación *f.* location
ubicar (qu) to locate
Ud. *form. sg.* you
Uds. *form. pl.* you
úlcera ulcer
últimamente lately, recently
último/a last; **lo último** the latest thing
ultracongelado/a ultrafrozen
ultrafrecuencia ultrafrequency
ultramoderno/a ultramodern
umbral *m.* threshold
un (uno/a) one
únicamente only
único/a only; **ser único hijo** to be an only child
unido/a united, close-knit; **Naciones Unidas** the United Nations
uniforme *m.* uniform
unión *f.* union; **Unión Soviética** Soviet Union
unisexo unisex
universal *adj. m. f.*: **ley** *f.* **universal** universal law
universidad *f.* university
universitario/a *adj.* university
universo universe
unos/as some
uña fingernail; **comerse las uñas** to bite one's nails
urbanístico/a *adj.* town-planning
urbanización *f.* urbanization
urbano/a urban; **centro urbano** urban center
urgente *m., f.* urgent
uruguayo/a *n., adj.* Uruguayan
usanza custom

usar to use
uso use
usted *form. sg.* you
ustedes *form. pl.* you
usualmente usually
utensilio utensil
uterino uterine
útero *m.* uterus
útil *m., f.* useful
utilidad *f.* utility, usefulness
utilitario/a utilitarian
utilización *f.* use
utilizar (c) to use
utopía Utopia
uva grape

V

vaca cow
vacaciones *f. pl.* vacation; **ir de vacaciones** to go on vacation; **pasar unos días de vacaciones** to spend a few days on vacation
vacilación *f.* vacillation
vacilar to hesitate
vacío *n.* emptiness
vacío/a *adj.* empty
vacuna vaccine; **vacuna contra el SIDA** AIDS vaccine
vacunado/a vaccinated
vacuno bovine; **ganado vacuno** cattle
vaina *n.* pod, husk
vainilla vanilla
validez *f.* validity
válido/a valid
valiente *m., f.* brave
valioso/a valuable
valor *m.* value
valoración *f.* appraisal
valorar to value
valorizar (c) to value
valla fence
valle *m.* valley
vanidoso/a vain
vapor *m.* vapor, steam; **al vapor** steamed
vaqueros blue jeans
variación *f.* variation
variado/a varied
variantes *m.* variants
variar to vary
variedad *f.* variety
varios/as various
varón *m.* male
vasco: el País Vasco Basque region
vasija container
vaso glass
vasto/a vast
veces: a veces sometimes
vecino/a neighbor; **charlar con el vecino/la vecina** to chat with the neighbor

vegetación *f.* vegetation
vegetal *n. m., adj. m. f.* vegetable
vegetariano/a vegetarian
vehículo vehicle
veinte twenty; **los años veinte** the twenties
vejez *f.* old age
vela *n.* sailing
velocidad *f.* velocity; **velocidad de la luz** speed of light
vencer (z) to conquer
vendedora: máquina vendedora vending machine
vender to sell
venéreas: enfermedades venéreas venereal diseases
venezolano/a *n., adj.* Venezuelan
venir *irreg.* to come
venta sale; **compra y venta** buying and selling; **en venta** for sale
ventaja advantage; **ventaja de mayor importancia** advantage of greatest importance
ventana window
ver *irreg.* to see; to watch; **ver (la) televisión/telenovelas** to see, watch TV/soap operas
verano summer
veras: de veras really, truly
verbo verb
verdad *n. f.* truth; *adj.* true
verdadero/a true
verde *m., f.* green; **judía verde** green bean
verdeo olive harvesting
verdura vegetable
veredicto verdict
vergonzoso/a shameful
vergüenza shame; **tener vergüenza** to be ashamed
verificación *f.* verification
verificar (qu) to verify
versión *f.* version
verso verse
vertebral: columna vertebral spinal column
vestido dress
vestido/a dressed
vestir (i, i) to wear; **prendas de vestir** articles of clothing
vestirse (i, i) to dress
vestuario wardrobe
veterinario/a veterinarian
vez *f.* (*pl.* **veces**) time; **a la vez** at the same time; **de vez en cuando** sometimes; **en vez de** instead of; **la última vez** the last time; **otra vez, por favor** again, please; **pocas/raras veces** rarely; **una vez** once
vía way; **vías públicas** public roads; **vías respiratorias** respiratory tracts

viajar to travel
viaje *m.* trip; **viajes espaciales** space travels
viajero/a traveler; **viajeros sin mapas** travelers without maps
víbora snake
vibrador *m.* vibrator
vicio vice
víctima victim
vida life; **vidas paralelas de los gemelos** parallel lives of twins
vídeo video; **máquinas vídeo** video games; **sacar vídeos** to rent videos
videocasetera videocassette recorder
videoclub video club
videoconferencia video conference
videojuegos video games; **jugar vídeojuegos** to play video games
videoteca video library
viejo/a *n.* old person; *adj.* old
vienés (vienesa) Viennese
viento wind; **hace viento** it's windy
viernes *m.* Friday; **de lunes a viernes** Monday through Friday
vietnamita *m., f.* Vietnamese
vigente *m., f.* prevailing
vigilancia vigilance
vigor *m.* vigor
villa municipality
vinagre *m.* vinegar; **aceite y vinagre** oil and vinegar
vinculado/a tied
vínculo tie; **red de vínculos sociales** network of social ties

vino wine; **vino blanco** white wine; **vino tinto** red wine
violación *f.* violation
violencia violence
violento/a violent
violeta violet
violín *m.* violin
virgen *n. m. f., adj. m. f.* virgin; **cintas vírgenes** blank tapes
virtud *f.* virtue
virus *m. sg., pl.* virus(es)
vísceras organ meats
visión *f.* vision
visita visit
visitante *m., f.* visitor
visitar to visit
vistazo glance
visualizar (c) to visualize
vitalidad *f.* vitality
vitamina vitamin
vitamínico/a *adj.* vitamin; **deficiencia vitamínica** vitamin deficiency
viudo/a widower/widow
vivienda *n.* housing; **el porqué de la vivienda** the reason for housing
vivir to live
vivo/a alive; **ser vivo** living being
vocabulario vocabulary
vocales: cuerdas vocales vocal cords
volar (ue) to fly
volcánico/a volcanic
volcar (ue) (qu) to turn over
voleibol *m.* volleyball; **jugar al voleibol** to play volleyball

volumen *m.* volume
voluminoso/a voluminous
voluntad *f.* will
voluntario/a *n.* volunteer; *adj.* voluntary
volver (ue) to return
voraz *adj. m. f.* (*pl.* **voraces**) voracious
vosotros/as *pl. fam.* you (*Sp.*)
voz *f.* (*pl.* **voces**) voice
vuelo flight; **vuelo libre** *n.* gliding
vuelta: darle vuelta to turn something over
vulnerabilidad *f.* vulnerability

Y

y and
ya now
yema: yema de huevo egg yolk
yo I
yodo iodine
yogur *m.* yogurt

Z

zanahoria carrot
zancudo/a long-legged
zapato shoe; **un par de zapatos** a pair of shoes
zona zone; **urbanización de zonas de campo** urbanization of rural zones; **zona de libre comercio** free-trade zone
zoólogo/a zoologist
zoológico: parque *m.* **zoológico** zoo
zumo juice

ENGLISH-SPANISH VOCABULARY

A

a un(a) (2)

able: to be able, can poder (ue) (2)

abuse *v.* abusar de (13); *n.* abuso (13)

accountant contador(a) (17)

accounting contabilidad *f.* (17)

achieve lograr (15)

activity actividad *f.* (3)

actor actor *m.* (17)

actress actriz *f.* (17)

adaptable adaptable (14)

add añadir (10), agregar (gu) (10)

addicted adicto/a (13); **to become addicted** convertirse (ie, i) en adicto/a (13)

addiction adicción *f.* (13); **to overcome an addiction** salir *irreg.* de una adicción (13)

addictive adicto/a (6)

additive aditivo/a (10)

administration: business administration administración *f.* de empresas (1)

advantage ventaja (12)

adventurous aventurero/a (6)

afraid asustado/a (11); **to be afraid** tener *irreg.* miedo (11)

after después *adv.* (3); después de *prep.* (4)

afternoon tarde *f.* (2); **every afternoon** todas las tardes (2); **in the afternoon** por la tarde (2)

afterward después (3)

again otra vez *f.* (1); **again, please** otra vez, por favor (1)

age edad *f.* (7); época (7); **old age** vejez *f.* (15)

agree estar de acuerdo (6)

aggression agresión *f.* (16)

aggressive agresivo/a (6), emprendedor (a) (17)

agriculture agricultura (1), agronomía (1)

AIDS SIDA (18); **AIDS vaccine** vacuna contra el SIDA (18)

alarm clock despertador *m.* (2)

alcoholism alcoholismo (13)

alert alerto/a (14)

alive vivo/a (5); **he/she is (they are) alive** está vivo/a (están vivos/as) (5)

alone a solas (11)

alongside al lado (de) (15)

also también (3)

always siempre (3)

ambitious ambicioso/a (14)

among entre (4)

amphibian anfibio (15)

an un(a) (2)

analyze analizar (c) (14); **another way of analyzing personality** otra manera de analizar la personalidad (14)

and y (1)

angry enojado/a (11); **to be (get) angry** ponerse *irreg.* enfadado/a (11)

animal animal *m.* (16); **domestic animal** animal doméstico (16); **wild animal** animal salvaje (16)

anthropology antropología (1)

anxiety ansiedad *f.* (16)

any algún (alguno/a) (4); **not any** ningún (ninguno/a) (4)

apartment apartmento (2), piso (16)

apathy apatía (12)

apple manzana (8)

applicant solicitante *m., f.* (17)

application solicitud *f.* (17)

apply: to apply for a position pedir (i, i) un puesto (17)

April abril *m.* (3)

aptitude aptitud *f.* (17)

architect architecto/a (17)

architecture arquitectura (17)

area área (*but:* el área) (16); **rural area** área rural (16)

arrive (late) llegar (gu) (tarde) (4)

arrogant arrogante *m., f.* (14)

art arte *f.* (*but:* el arte) (1)

articles: articles of clothing prendas de vestir (18)

artistic artístico/a (11)

as: as a child de niño/a (13); **as _____ as** (tan) _____ como (7); **as much (many) _____ as** tanto/a (tantos/as) _____ como (7)

ash tree fresno (16)

ashamed: to be ashamed tener *irreg.* vergüenza (11); **to feel ashamed** sentirse (ie, i) avergonzado/a (11)

ask preguntar (2)

aspiration aspiración *f.* (17)

assistant ayudante *m., f.* (17)

astronomer astrónomo/a (17)

astronomy astronomía (1)

astute astuto/a (14)

at en (2); **at night** por la noche (2); **at one o'clock** a la una (2)

athlete atleta *m., f.* (17)

attain lograr (15)

attention: to pay attention to hacer *irreg.* caso a (10)

attractive atractivo/a (5)

August agosto (3)

aunt tía (5)

authoritarian autoritario/a (14)

average regular (16); **average size** tamaño promedio (7)

avocado aguacate *m.* (8)

awake despierto/a (2); **to try to stay awake** tratar de mantenerse *irreg.* despierto/a (2)

B

baby: baby boom explosión *f.* demográfica (7)

bacon tocino (8)

bad (mal) malo/a (3); **to be in a bad mood** estar *irreg.* de mal humor (11); **to have a (very) bad time** pasarlo (muy) mal (11); **the weather's bad** hace mal tiempo (3)

balanced equilibrado/a (14); **to have a balanced diet** tener *irreg.* una dieta equilibrada (9)

banana banana (8)

bark *v.* ladrar (16)

base base *f.* (2)

baseball béisbol *m.* (11)

basketball basquetbol *m.* (11)

bathe bañarse (12)

be ser (17); **I'm _____** soy _____ (1); **are you a fanatic?** ¿eres una fanática? (13); **there is, there are** hay (3); **to be (location)** quedar (15); **to be able, can** poder (ue) (2); **to be good at _____** ser *irreg.* hábil para _____ (17); **to be _____ years old** tener *irreg.* _____ años (5); **to be fattening** engordar (9); **to be important** importar (10); **to be interesting** interesar (10); **to be in the habit of (doing something)** soler (ue) (+ *inf.*) (2); **to be in style** estar de moda (18)

beans frijoles *m.* (8); **green beans** judías verdes (8)

beat *v.* batir (10)

because porque (2)

become convertirse (ie, i) en; **to become addicted** convertirse en adicto/a (13)

bed cama; **to go to bed** acostarse (ue) (2), ir *irreg.* a la cama (2)

bee abeja (15)

beef carne *f.* de res (8)

beehive colmena de las abejas (15)

beer cerveza (8)

before *adv.* antes (5); *prep.* antes de (5)

begin to (do something) comenzar (ie) (c) a + (*inf.*) (4)

behave comportarse (16)

behavior comportamiento (15)

behind detrás (de) (15)

being: human being ser *m.* humano (6); **living being** ser *m.* vivo (6)

believe creer (y) (6)

better mejor (1); **do you function better by day or by night?** ¿funcionas mejor de día o de noche? (2)

between entre (4)

beverage bebida (8)

bicycle: to ride a bicycle andar *irreg.* en bicicleta (12)

big gran (grande) (4)

biological: biological bases bases *f.* biológicas (2)

biologist biólogo/a (17)

biology biología (1)

birth: birthrate índice *m.* de natalidad (7)

birthday cumpleaños *m. sg.* (11)

bit: little bit trocito (9)

bite: to bite one's nails comerse las uñas (11)

bitter amargo/a (8)

black negro/a (6)

blender licuadora (10)

blind *v.* cegar (ie) (gu) (15); *adj.* ciego/a (15)

block cuadra (15), manzana (15)

blond(e) rubio/a (6)

blood pressure presión *f.* sanguínea (9); **high/low blood pressure** alta/baja presión sanguínea (9)

blouse blusa (18)

blue *m., f.* azul (6)

blush *v.* ponerse *irreg.* rojo/a (11), sonrojarse (11)

boat barco (15)

boil *v.* hervir (ie, i) (10)

book libro (1)

bored: to be bored estar *irreg.* aburrido/a (11)

boss jefe/a (17)

bother *v.* molestar (12)

bowl *v.* jugar (ue) (g) al boliche (11)

boy chico (5)

brain cerebro (2)

bread: white bread pan *m.* blanco (8); **assorted breads and rolls** bollería (8); **whole-wheat bread** pan *m.* integral (8)

break: a habit difficult to break un hábito difícil de romper (2)

breakfast: to have breakfast desayunar (2); **what do you have for breakfast?** ¿qué desayunas? (8)

breast: breast cancer cáncer *m.* de mama (10); **breast feed** mamar (15)

bring traer *irreg.* (8), aportar (9)

broccoli brócoli *m.* (10)

brother hermano (5)

brother-in-law cuñado (5)

brown castaño/a (6); **dark brown** marrón (8)

build: to build a nest nidificar (qu) (15)

business negocios *pl.* (17); **business administration** administración *f.* de empresas (1)

businessman hombre *m.* de negocios (17)

businesswoman mujer *f.* de negocios (17)

but pero (2)

butter mantequilla (8)

butterfly mariposa (15)

buy comprar (2); **to buy a compact disc** comprar un disco compacto (2)

C

café café *m.* (2)

caffeine cafeína (8)

calcium calcio (8)

calculus cálculo (1)

call *v.* llamar (4)

calm calmado/a (14)

calories calorías (9); **how many calories?** ¿cuántas calorías? (9)

can *v., to be able* poder (ue) (2)

cancer cáncer *m.* (18)

candy caramelo (7), dulce *m.* (8)

canned goods productos enlatados (10)

cantaloupe melón *m.* (8)

capable of (leading) capaz *m., f.* de (dirigir) (j) (6)

carbohydrate: complex carbohydrate carbohidrato complejo (9); **carbohydrates and fiber** carbohidratos y fibra (8)

carcinogenic cancerígeno/a (10)

care *n.* cuidado (15); **the care of the newborn offspring** el cuidado de los recién nacidos (15)

careful: it's necessary to be careful hay que tener cuidado (13)

carrot zanahoria (8)

carry llevar (6)

cat gato (2)

cattle ganado vacuno (10)

census: results of the census resultados del censo (7)

century siglo (7)

cereals cereales *m.* (8)

cerebral cortex corteza cerebral (12)

certain: it's (not) certain that (no) es cierto… (18)

change *v.* **(one's diet)** cambiar (de dieta) (9)

character personaje *m.* (7)

characteristic característica (6), carácter (6); **physical characteristics** rasgos físicos (6); **what characteristics should he/she have?** ¿qué características debe tener?

charismatic carismático/a (17)

charming encantador(a) (14)

chat *v.* **(with one's neighbor)** charlar (con el vecino/la vecina) (3)

cheek mejilla (6)

cheese queso (8)

chemist químico/a (17)

chemistry química (1)

chicken pollo (8); **chicken with rice** arroz *m.* con pollo (10); **(half a) roast chicken** (medio) pollo asado (8)

child: as a child de niño/a (13)

children hijos (5)

chin mentón *m.* (6)

Chinese: Chinese horoscope horóscopo chino (14)

cholesterol colesterol *m.* (9); **high/low in cholesterol** alto/bajo en colesterol (9)

choose elegir (i, i) (j) (17)

chop *v.* picar (qu) (10)

chopped picado/a (10)

chromosome cromosoma *m.* (6)

church: to go to church ir *irreg.* a la iglesia (3)

city ciudad *f.* (16)

class clase *f.* (1) **in class** en la clase (1)

classmate compañero/a de clase (1)

clean *v.* **(the apartment)** limpiar (el apartamento) (3)

clear: it's clear está despejado (3)

clever listo/a (17)

clock reloj *m.* (2); **alarm clock** despertador *m.* (2); **your internal clock** tu « reloj » interno (2)

cloudy: it's cloudy está nublado (3)

clover: clover collection colección *f.* de tréboles (3)

code código (15); **hidden code of elephants** código oculto de los elefantes (15)

coffee café *m.* (2); **coffee with milk** café con leche (8)

cold: it's (very) cold hace (mucho) frío (3)

collection: clover collection colección *f.* de tréboles (3)

colors colores *m.* (8)

comic *adj.* cómico/a (12)

common: in common en común (3)

communications comunicaciones *f.* (1)

company empresa (17)

comparisons comparaciones *f.* (7)

compass brújula (15)

compassionate compasivo/a (17)

complain (about) quejarse (de) (11)

compulsive compulsivo/a (17)

computer: personal computer ordenador *m.* personal (18); **computer science** computación *f.* (1)

concentrate *v.* concentrarse (11)

confrontation enfrentamiento (15)
conscientious escrupuloso/a (14)
consequence consecuencia (13)
conservative conservador(a) (14)
consist of consistir en (13)
construction: construction of highways construcción *f.* de carreteras (16)
consult *v.* consultar (17)
consultant asesor(a) (17)
contact lenses lentillas (15)
contain: to contain many calories contener *irreg.* muchas calorías (9)
contained contenido/a (9)
contaminated contaminado/a (10)
content(s) *n. sg.* contenido (9)
continue: continue straight siga derecho (15); **continue _____ follow _____** siga (Ud.) por _____ (15)
contract *v.* (**a disease**) contraer *irreg.* (una enfermedad) (10)
contribute aportar (9)
control: weight control control *m.* del peso (9)
cook *v.* cocer (ue) (z) (10)
cooked cocinado/a (8)
cookie galleta (8)
cool: it's cool hace fresco (3)
coriander cilantro (10)
corn maíz *m.* (8)
corner esquina (15)
correct *v.* corregir (i, i) (j) (4)
cost: cost of living costo de la vida (7)
cottage cheese requesón *m.* (8)
cotton algodón *m.* (18)
country (nation) país *m.* (1); campo (16)
countryside: destruction of the countryside destrucción *f.* del paisaje (16)
couple: married couple esposos *pl.* (5), matrimonio (7)
cousin primo/a (5)
crab cangrejo (8)
crane: counterweight of a crane contrapeso de una grúa (16)
creative creador(a) (14)
credit crédito (1)
cross: cross the street cruce la calle (15)
cruel cruel *m., f.* (6)
cruller churro (*type of fried dough*) (8)
cry *v.* llorar (11)
cuisine cocina (9)
cup taza (8); **quarter-cup** cuarta taza (10)
cure: cure for remedio contra (18)
curly rizado/a (6)
current *adj. m. f.* actual (7)
custard: caramel custard flan *m.* (8)
cut *v.* cortar (10); **cutting down of thickets and groves** tala de sotos y arboledas (16)

D

daily *adj.* diario/a (9), al día (9); *adv.* diariamente (9)
dairy products productos lácteos (8)
dance *v* (**at a discotheque, a party**) bailar (en una discoteca, una fiesta) (3)
danger peligro (10)
dangerous peligroso/a (10)
daring arriesgado/a (14)
dark oscuro/a (6)
daughter hija (5)
day día *m.* (2); **days of the week** días de la semana (2); **every day** todos los días (2); **(on) the following day** al día siguiente (11)
death: death rate taza de mortalidad *f.* (9); **shot to death** muerto/a a tiros (16)
decade década (7)
decaffeinated descafeinado/a (8)
December diciembre *m.* (3)
dedicate oneself to dedicarse (qu) a (17); **dedicate oneself to artistic activities** dedicarse a actividades *f.* artísticas (11)
defenseless indefenso/a (14)
demolition derribo (16)
depressed deprimido/a (11); **to feel depressed** sentirse (ie, i) deprimido/a (11)
depression depresión *f.* (12)
describe describir (6)
descriptions descripciones *f.* (4)
design diseño (18)
designer *n.* diseñador(a) (17)
dessert postre *m.* (8)
destruction destrucción *f.* (16); **destruction of his/her owner's property** destrucción de las propiedades de su amo (16); **destruction of the countryside** destrucción del paisaje (16)
development desarrollo (6)
died: he/she (already) died (ya) murió (5)
diet dieta (9); **diet soft drink** refresco dietético (9)
different diferente *m., f.* (3)
difficult difícil *m., f.* (4); **a habit difficult to break** un hábito difícil de romper (2)
dinner cena (8); **to have dinner (alone)** cenar (solo/a) (2); **what do you have for lunch and dinner?** ¿qué comes para el almuerzo y para la cena? (8)
director director(a) (17)
disappear desaparecer (zc) (16)
disappearance desaparición *f.* (16)
discreet discreto/a (14)

diseases: heart diseases enfermedades *f.* cardiovasculares (9)
dish plato (8)
dishwasher lavavajillas *m. sg.* (18)
distance: distance traveled recorrido (15)
divorced: he/she is (they are) divorced está divorciado/a (están divorciados/as) (5)
DNA (deoxyribonucleic acid) ADN (ácido desoxirribonucléico) (6)
do hacer *irreg.* (2); **to do (a sport, a hobby)** practicar (qu) (un deporte, un hobby) (3); **to do physical activities** participar en actividades físicas (11); **to not do anything** no hacer nada (3)
doctor médico/a (17)
dog perro (5); **neurotic dogs** perros neuróticos (16)
domestic: domestic animal animal *m.* doméstico (16)
dominant dominante *m., f.* (6); **dominant/recessive factor** factor *m.* dominante/recesivo (6)
dormitory: student dormitory residencia estudiantil (16)
doubt *n.* duda (18); *v.* dudar (18)
doubtful: it is doubtful that es dudoso/a…(18)
dough masa (10)
downward hacia abajo (14)
dragon dragón *m.* (14)
draw *v.* dibujar (12)
dreamer soñador(a) (14)
dress *v.* vestirse (i, i) (18); *n.* vestido (18)
dressing (for salads) aderezo (9)
drink *v.* beber (8), tomar(se) (3); **and to drink . . .** y para tomar… (8); **to drink a cup of coffee** tomar(se) un café (3)
drive *v.* (**the car**) manejar (el carro) (2)
drought sequía (15)
drug abuse abuso de las drogas (13)
drying *n.* desecación *f.* (16)
dumb tonto/a (11)
during durante (2)

E

each cada (3)
early temprano (2); **very early** muy temprano (2)
earn ganar (4)
ears orejas (6)
east este *m.* (15)
easy fácil (4)
eat comer (2), ingerir (ie, i) (9); **to eat at home** comer en casa (2)
economics economía *sg.* (1)

effects efectos (12); **physical/ mental/ negative/ positive effects** efectos físicos/mentales/negativos/positivos (12)

egg huevo (8)

egotistical egoísta *m., f.* (14)

eight ocho (1)

eight hundred ochocientos/as (9)

eighteen dieciocho (1)

eighties los años ochenta (7)

electricity: metal electricity towers torres *f.* metálicas de electricidad (16)

electrification: rural electrification electrificación *f.* rural (16)

electronic: electronic home hogar *m.* electrónico (18)

elephant elefante/a (15)

eleven once (1)

employee empleado/a (17)

employer empleador(a) (17)

engineer ingeniero/a (17)

engineering *n.* ingeniería (1)

English language inglés *m.* (1)

enterprising emprendedor(a) (17)

environment medio ambiente *m.* (6)

epoch época (7)

equipment equipo (4)

every: every day todos los días (2)

everyday: everyday life la vida de todos los días (2); **it's an everyday thing** es cosa de todos los días (3)

exam: to take an exam tener *irreg.* un examen (4)

exercise *v.* hacer *irreg.* ejercicio (2)

expect esperar (9)

expenses: household expenses gastos de la casa (4)

experience *v.* experimentar (11)

explanation explicación *f.* (7)

explosive explosivo/a (14)

expressions: useful words and expressions palabras y expresiones *f.* útiles (1)

extinction extinción *f.* (16)

extroverted extrovertido/a (5)

eyes ojos (6)

F

fabric tela (18)

face cara (6)

factor factor *m.* (6); **dominant/recessive factor** factor dominante/recesivo (6)

fall (season) *n.* otoño (3)

fall asleep dormirse (ue, u) (4)

famous famoso/a (1)

family familia (5); **members of a nuclear family** miembros de la familia nuclear (5); **extended family** familia « extendida » (5)

fanatic: are you a fanatic? ¿eres una fanática? (13)

far (from) lejos (de) (15)

fare (very) badly pasarlo (muy) mal (11)

farmer granjero/a (17)

fashion moda (17)

fast: fast food comida rápida (9)

fat: (un)saturated fat grasa (in)saturada (9)

father padre *m.* (5)

father-in-law suegro (5)

fats grasas (8)

fattening: to be fattening engordar (9)

favorite favorito/a (1)

February febrero (3)

feed (take nourishment) alimentarse (7)

feel experimentar (11), sentirse (ie, i) (11); **how do you feel?** ¿cómo te sientes? (11)

female hembra (15)

fiber: carbohydrates and fiber carbohidratos y fibra (8); **vitamins and fiber** vitaminas y fibra (8)

fields campos (17)

fifteen quince (1)

fifties los años cincuenta (7)

filling *n.* relleno (10)

find *v.* encontrar (ue) (4), hallar (3); **to find one's bearings** orientarse (15)

fire fuego (10)

first (primer) primero/a (2)

fish pescado (8); **fish and shellfish** pescados y mariscos (8)

five cinco (1); **at (twenty minutes to) five** a las cinco (menos veinte) (2)

five hundred quinientos/as (9)

flavor sabor *m.* (8)

follow (a diet) seguir (i, i) (g) (un regimen) (9); **follow _____** siga (Ud.) por _____ (15)

following: (on) the following day al día siguiente (11)

foods alimentos (8), comestibles *m.* (10); **basic foods** alimentos básicos (8); **fast food** comida rápida (9); **fried foods** comidas fritas (10); **frozen (precooked) food** comida congelada (precocida) (7); **other foods** otros alimentos (8); **to describe foods** para describir los alimentos (8)

foolish tonto/a (11)

football: to play football (soccer) jugar (ue) (gu) al fútbol *m.* americano (al fútbol) (3)

for para (2)

foreign: foreign languages lenguas extranjeras (1)

forties los años cuarenta (7)

four cuatro (1); **at four (-thirty)** a las cuatro (y media) (2)

four hundred cuatrocientos/as (9)

fourteen catorce (1)

freckles pecas (6)

French language francés *m.* (1)

frequently frecuentemente (2); **how frequently?** ¿con qué frecuencia? (2)

Friday viernes *m.* (2)

fried: fried foods comidas fritas (10); **fried (scrambled) egg** huevo frito (revuelto) (8)

friends amigos/as (1)

frighten asustar (11)

from de (1); **I'm from . . .** soy de... (1); **where are you from?** ¿de dónde eres? (1)

front: in front (of) enfrente (de) (15)

frozen: frozen (precooked) food comida congelada (precocida) (7)

fruits frutas (8)

frustrated frustrado/a (11); **to feel frustrated** sentirse (ie, i) frustrado/a (11)

fry freír (i, i) (10)

frying pan sartén *f.* (10)

function: do you function better by day or by night? ¿funcionas mejor de día o de noche? (2)

fungus hongo (10)

fun-loving divertido/a (14)

funny cómico/a (12); **to strike someone as funny** hacerle *irreg.* gracia a uno (12)

future *n.* futuro (17)

G

game: the game that just appeared (in the stores) el juego que acaba de salir (3)

garden *v.* trabajar en el jardín (12)

gene gen *m.* (6)

generally generalmente (2)

generation generación *f.* (6)

genetics genética *sg.* (6)

geography geografía (1)

German language alemán *m.* (1)

get: to get a job conseguir (i, i) un empleo (17); **to get a good (bad) grade** sacar (qu) una buena (mala) nota (11)

get up levantarse (2)

girl chica (5)

give entregar (gu) (4); **(as a gift)** regalar (4)

given (that) dado que (3)

glass: wineglass copa (8)

glasses (eyeglasses) anteojos (18)

go (to class) ir *irreg.* (a clase) (2); **to go out (with my/your/his/her friends)** salir *irreg.* (con mis/tus/sus amigos) (2); **to go to bed** acostarse (ue) (2), ir a la cama (2)

goal meta (17)

goat cabra (14)

golf: to play golf jugar (ue) (gu) al golf *m.* (12)

good (buen) bueno/a (2); **to be in a good mood** estar *irreg.* de buen humor *m.* (11); **the weather's good** hace buen tiempo (3)

gossipy chismoso/a (14)

government gobierno (17)

grade: to get a good (bad) grade sacar (qu) una buena (mala) nota (11)

graduate *v.* graduarse (17)

gram gramo (9)

grandchildren nietos (5)

granddaughter nieta (5)

grandfather abuelo (5)

grandmother abuela (5)

grandparents abuelos (5)

grandson nieto (5)

grape uva (8)

grapefruit toronja (8)

gray canoso/a (6)

great (gran) grande (4)

greatest: advantage of greatest importance ventaja de mayor importancia (12)

green verde *m., f.* (6)

greenhouse effect efecto invernadero (18)

gregarious gregario/a (6)

groves arboledas (16)

growth crecimiento (16)

guided: guided by the sun guiado/a por el sol (15)

H

habit: eating habit hábito de comer; **a habit difficult to break** un hábito (5) difícil de romper (2); **to be in the habit of (doing something)** soler (ue) (+ *inf.*) (2)

hair pelo (6)

half: half a tablespoon media cucharada (10); **half brother** medio hermano (5); **half sister** media hermana (5)

ham jamón *m.* (8)

hamburger hamburguesa (8)

hand; on the other hand en cambio (6)

hand over entregar (gu) (4)

handwriting letra (14)

happy alegre *m., f.* (11); **to be (get) happy** ponerse *irreg.* contento/a (11); **to feel happy** sentirse (ie, i) alegre (11)

harmful dañino/a (13); **harmful substances** sustancias dañinas (10)

hat sombrero (18)

have tener *irreg.* (1); **to have a (very) bad time** pasarlo (muy) mal (11); **to have a good time** divertirse (ie, i) (12); **to have a lot to do** tener mucho que hacer (4); **to have a way with people** tener *irreg.* don *m.* de gentes (17); **to have breakfast** desayunar (2); **to have dinner (alone)** cenar (solo/a) (2); **to have lunch** almorzar (ue) (c) (2); **do you have a _____ class?** ¿tienes clase *f.* de _____? (1); **he (she) has _____** tiene _____ (1); **I (don't) have _____** (no) tengo _____ (1); **I have a question** tengo una pregunta (1)

head: top of the head coronilla (15)

headache: to have a headache tener *irreg.* dolor de cabeza (11)

health salud *f.* (9)

healthy saludable *m., f.* (9); **to lead a healthy life** llevar una vida sana (9); **to maintain a healthy balance** mantener *irreg.* un equilibrio sano (13)

hear oír (3)

heart: heart attack infarto cardíaco (9); **heart diseases** enfermedades *f.* cardiovasculares (9)

heat (up) calentar (ie) (10)

heating calefacción *f.* (18)

height estatura (6)

hello hola (1)

help *v.* ayudar (9)

helpless indefenso/a (14)

her *poss.* su(s) (5); **to her** le (10)

herd: leadership of the herd jefatura de la manada (15)

here aquí (1); **from here to there** de aquí para allá (15)

hereditary hereditario/a (6)

high: high (low) in cholesterol alto (bajo) en colesterol *m.* (9)

highways: construction of highways construcción *f.* de carreteras (16)

him: to him le (10)

his *poss.* su(s) (5)

history historia (1)

home hogar *m.* (7); **home appliance** aparato doméstico (18)

honest honesto/a (17)

honorable íntegro/a (17)

hope *v.* esperar (9); *n.* esperanza (17)

horoscope: Chinese horoscope horóscopo chino (14)

horse caballo (14)

hot caliente *m., f.* (10); **hot sauce** salsa picante (10); **it's (very) hot** hace (mucho) calor (3)

hour hora (2)

house casa (2); **private house** casa particular, casa privada (16)

household: household expenses gastos de la casa (4)

housekeeper ama de casa (*but:* el ama) (7)

housing: the reason for housing el porqué de la vivienda (16)

how como (5); **how?** ¿cómo?; **how do you feel?** ¿como te sientes? (11); **how do you relax?** ¿como te relajas? (12); **how do you say (it) in Spanish?** ¿cómo se dice en español? (1); **how frequently?** ¿con qué frecuencia? (1); **how many?** ¿cuántos/as? (1); **how nice!** ¡qué bien! (1)

human: human being ser *m.* humano (6)

humanities humanidades *f.* (1)

humor humor *m.* (12)

hundred: nineteen hundred mil novecientos (7); **one hundred** cien (9)

hungry: to be hungry tener *irreg.* hambre *f.* (8)

husband esposo (5), marido (5)

I

I yo (2)

ice cream helado (8)

idealistic idealista *m., f.* (14)

ill-being malestar *m.* (12)

imaginative imaginativo/a (6)

immediately inmediatemente (4)

impatient impaciente *m., f.* (14)

importance: the advantage of greatest importance la ventaja de mayor importancia (12)

important importante *m., f.* (4); **to be important** importar (10)

impressive (gran) grande (4)

impulsive impulsivo/a (6)

in en (2); **in class** en la clase (1); **in the morning** por la mañana (2)

indecisive indeciso/a (14)

indiscreet indiscreto/a (14)

industrialization industrialización *f.* (16)

ingenuous ingenuo/a (14)

ingest ingerir (ie, i) (9)

ingredient ingrediente *m.* (10)

inherit heredar (6)

injure herir (ie, i) (13)

injury herida (13), lesión *f.* (13); **physical injuries** daños físicos (13)

in-laws suegros (5)

innocent ingenuo/a (14)

insecure inseguro/a (14)

instinctive instintivo (15); **instinctive or learned?** ¿instintivo o aprendido? (15)

insurance: insurance premium cuota del seguro (4)

intelligent inteligente *m., f.* (5)
interest *v.* interesar (10)
interesting interesante *m., f.* (4)
interesting: to be interesting interesar (10)
intersection bocacalle *f.* (15)
irresistible irresistible *m., f.* (14)
isolation: social isolation aislamiento social (18)
it: to it le (10)
Italian language italiano *m.* (1)

J

jacket chaqueta (18)
jam *n.* mermelada (8)
January enero (3)
Japanese language japonés *m.* (1)
jealous celoso/a (14)
jeans blue jeans *m.* (18)
jell cuajar (10)
job empleo (17), ocupación *f.* (17), trabajo (17)
jogger corredor(a) (13)
jogging jogging *m.* (13)
joke: to tell a joke contar (ue) un chiste (11)
journalism periodismo (1)
journalist periodista *m., f.* (17)
journey recorrido (15)
juice jugo; orange juice jugo de naranja (8)
July julio (3)
jump: to jump rope saltar la cuerda (12)
June junio (3)

K

keep: to keep quiet permanecer (zc) callado/a (11)
kitchen cocina (9)
knead amasar (10)
know saber *irreg.* (4); I don't know. No lo sé. (1); to know how to (do something) saber + *inf.* (17)

L

laboratory laboratorio (2)
lack: lack of well-being malestar *m.* (12)
lacking: to be lacking faltar (11)
land: industrialization and modernization of agricultural land industrialización *f.* y modernización *f.* del terreno agrícola (16)
languages: foreign languages idiomas *m.* extranjeros, lenguas extranjeras (1)
last: last name apellido (5); last night anoche (4); last time la última vez (4)
late tarde *m., f.* (2); until (very) late hasta (muy) tarde (3)

laugh *v.* reír(se) (i, i); to laugh one's head off (loudly) reírse a carcajadas (12)
laughter risa (12)
law: (study of) law derecho (17); universal law ley *f.* universal (6)
lawyer abogado/a (17)
lead: to lead a healthy life llevar una vida sana (9)
leadership: leadership of the herd jefatura de la manada (15)
least: the least . . . el/la menos… (5)
left: toward the left hacia la izquierda (14); turn left doble a la izquierda (15)
leisure ocio (3); leisure time ocio (3)
lemon limón *m.* (8)
lentils lentejas (8)
less menos (2); less . . . than menos… que (5)
letter letra (14)
letters (course of study) letras (1)
lettuce lechuga (8)
level (of cholesterol) nivel *m.* (del colesterol *m.*) (9)
liberal liberal *m., f.* (6)
library biblioteca (2)
life: everyday life vida de todos los días (2); family life vida familiar (7); life expectancy esperanza de vida (7)
life span esperanza de vida (7)
lift weights *v.* levantar pesas (11)
light *adj.* claro/a (6); traffic light semáforo (15)
like: what are you like? ¿cómo eres? (14); do you like _____ ? ¿te gusta (gustan) _____? (1); I don't like _____ no me gusta (gustan) _____ (1); I don't like it/them at all no me gusta(n) para nada (1); I like _____ me gusta (gustan) _____ (1)
likewise igualmente (1)
liquefy licuar (10)
liquid líquido/a (8)
listen oír (3)
listen to (music) escuchar (música) (2)
literature literatura (1)
little: a little (of) un poco (de) (10)
live *v.* vivir (4)
loaf: round corn loaf arepa *Lat. Am.* (10)
lobster langosta (8)
location localización *f.* (16), ubicación *f.* (16)
locust langosta (15)
long largo/a (4); long-distance class clase a larga distancia (18); so long, stork, so long adiós, cigüeña, adiós (16)
look at mirar (2)

look for buscar (qu) (3); to look for a job buscar un trabajo (17)
look like parecerse (zc) (6)
lose perder (ie) (16)
lot: a lot mucho (1)
low: low/high in cholesterol bajo/alto en colesterol *m.* (9)
loyal leal *m., f.* (14)
lunch: to have lunch almorzar (ue) (c) (2); What do you have for lunch and dinner? ¿Qué comes para el almuerzo y para la cena? (8)

M

machine: vending machine máquina vendedora (8)
magazine revista (1)
maintain: maintain a healthy balance mantener *irreg.* un equilibrio sano (13)
major: what is your major? ¿qué carrera haces? (1)
majors carreras (1), especializaciones *f.* (1)
make: to make a mistake equivocarse (qu) (11); to make noise hacer *irreg.* ruido (11)
malaise malestar *n. m.* (12)
manager gerente *m., f.* (17)
many: how many? ¿cuántos/as? (1)
male macho (15)
malice: scandals with and without malice escándalos con y sin maldad *f.* (3)
malicious malicioso/a (14)
map mapa *m.* (15); city map plano (15)
March marzo (3)
margarine margarina (10)
market: market research investigaciones *f.* de mercadeo (7)
marmalade mermelada (8)
marriage matrimonio (7)
married: he/she is (they are) married está casado/a (están casados/as) (5); to get married casarse (7)
math: to be good at math ser *irreg.* hábil para las matemáticas (17)
mathematics matemáticas (1)
matriarchy matriarcado (15)
matter: What's the matter? ¿Qué te pasa? (11)
May mayo (3)
mayor alcalde *m., f.* (17)
meats carnes *f.* (8)
medical médico/a (18)
medicine medicina (17)
meditate meditar (12)
meet: pleased to meet you mucho gusto (1), encantado/a (1)
members: members of a nuclear family miembros *m.* de la familia nuclear (5)

memory memoria (18)
methodical metódico/a (14)
microwave oven *m. s.* microondas (18)
migrate migrar (15)
milk leche *f.* (2)
missing: to be missing faltar (11)
mistake: to make a mistake equivocarse (qu) (11)
mix *v.* batir (10)
mixer licuadora (10)
modernization modernización *f.* (16)
Monday lunes *m.* (2)
monkey mono (14)
months meses *m.* (*sg.* mes) (3)
mood: to be in a good (bad) mood estar de buen (mal) humor *m.* (12)
more más (2); **more _____ than** más _____ que (5)
morning: every morning todas las mañanas (2); **in the morning** por la mañana (2)
most: the most el/la más (5)
mother madre *f.* (5)
mother-in-law suegra (5)
mountains: to ski in the mountains esquiar en las montañas (12)
movies: to go to the movies ir *irreg.* al cine (3)
much: very much mucho (1)
mushroom champiñón *m.* (10), hongo, seta (10)
music música (1)
musician músico *m., f.* (17)
must (do something) deber (+ *inf.*) (2)
mustard mostaza (10)
my *poss.* mi(s) (2)

N

nails: to bite one's nails comerse las uñas (11)
name: my name is _____ mi nombre es _____ (1), me llamo _____ (1); **last name** apellido (5); **what's your name?** ¿cómo te llamas? (1)
natural: natural sciences ciencias naturales (1)
near cerca (de) (15)
necessary: it's necessary to be careful hay que tener cuidado (13)
need *v.* necesitar (2)
neighborhood barrio (16)
nephew sobrino (5)
nervous nervioso/a (11)
nest nido (16); **to build a nest** nidificar (qu) (15)
network red *f.* (15); **network of social ties** red de vínculos sociales (15)
neurotic neurótico/a (16); **neurotic dogs** perros neuróticos (16)
never nunca (3)

new nuevo/a (5)
newborn recién nacido/a (15); **care of the newborn offspring** cuidado de los recién nacidos (15)
news noticias (4)
newspaper periódico (2)
next to al lado de (15)
nice simpático/a (5); **how nice!** ¡qué bien! (1)
niece sobrina (5)
night noche *f.* (2); **at night** por la noche (2); **every night** todas las noches (2); **last night** anoche (4); **yesterday and last night** ayer y anoche (4)
nine nueve (1)
nine hundred novecientos (9)
nineteen diecinueve (1)
nineties los años noventa (7)
no no (1)
nobody nadie (4)
noise: to make noise hacer *irreg.* ruido (11)
none (ningún) ninguno/a (4)
normally normalmente (2)
north norte *m.* (15)
nose nariz *f.* (6)
November noviembre *m.* (3)
number cifra (7), número (1)
nurse enfermero/a (17)
nut nuez *f.* (*pl.* nueces) (10)
nutrition nutrición *f.* (9)

O

obstinate cabezón (cabezona) *fam.* (14)
occupation ocupación *f.* (17)
October octubre *m.* (3)
of de (1)
offspring (of animals) cría (15)
often con frecuencia (3)
oil: corn oil aceite *m.* de maíz (8); **olive oil** aceite de oliva (8)
old viejo/a (7); **to be _____ years old** tener *irreg.* _____ años (5); **old age** vejez *f.* (15)
older mayor (5)
oldest el/la mayor (5)
omelette tortilla (*Sp.*) (8)
on: on Mondays/Tuesdays/Wednesdays los lunes/martes/miércoles (2)
once una vez (4)
one uno/a (un) (1); **at one o'clock** a la una (2)
one hundred (cien) ciento (9)
one thousand mil (9)
onion cebolla (10)
optimistic optimista *m., f.* (14)
or o (1)
orange naranja (8)
order *v.* pedir (i, i) (8)
organized organizado/a (17)

orient oneself orientarse (15)
other otro/a (7); **on the other hand** en cambio (6)
ought to (do something) deber (+ *inf.*) (2)
ounce onza (9)
out: to go out (with my/your/his/her friends) salir *irreg.* (con mis/tus/sus amigos) (2)
oven horno (10)
overcome: overcome an addiction salir *irreg.* de una adicción *f.* (13)
owner dueño/a (16); amo/a (16); **destruction of his/her owner's property** destrucción *f.* de las propiedades *f.* de su amo (16)
ox buey *m.* (14)

P

paint *v.* pintar (11)
painter pintor(a) (17)
pair: a pair of shoes un par *m.* de zapatos (4)
pancake panqueque *m.* (8)
pants pantalones *m.* (18)
pardon: pardon me? ¿cómo? (1)
parents padres *m.* (5)
participate in (a sport, a hobby) practicar (qu) (un deporte *m.*, un hobby) (3)
pasta pasta alimenticia (8)
pastime pasatiempo (3)
pastries pasteles *m.* (8)
patient paciente *n. m. f.* (14)
pattern: sleep pattern patrón *m.* de sueño (2)
pay (the bill) pagar (gu) (la cuenta) (4); **to pay attention to** hacer caso a (10)
peanut butter mantequilla de cacahuete *m.* (8)
peas guisantes *m.* (8)
penguin pingüino (15)
people gente *f.* (7); **for well-informed people** para gente bien informada (3)
pepper pimienta (10); **(red, green, or bell) pepper** chile *m.* (10); **stuffed pepper** chile relleno (10)
percent por ciento (9)
percentage porcentaje *m.* (3)
perfectionist *adj.* perfeccionista *m., f.* (14)
personal: personal computer ordenador *m.* personal (18)
personality: personality traits rasgos de la personalidad (6)
personnel personal *m.* (17)
pessimistic pesimista *m., f.* (14)
pesticide pesticida *m.* (10)
pet mascota (16)
pharmacist farmacéutico/a (17)

pharmacy farmacia (17)
philosophy filosofía (1)
photographer fotógrafo/a (17)
physical: to do physical activities hacer *irreg.* actividades *f.* físicas (11); **physical characteristics** rasgos físicos (6); **physical education** educación *f.* física (1); **physical injuries** daños físicos (13); **physical therapy** terapia física (17)
physically físicamente (17)
physicist físico/a (17)
physics física (1)
pie tarta (8)
piece trocito (9)
pig cerdo (14)
pink rosado/a (8)
plane avión *m.* (15)
plate plato (8)
play (a game) jugar (ue) (gu) (al) (11); **(an instrument)** tocar (qu) (2); **to play soccer (football)** jugar (ue) (gu) al fútbol (americano) (3); **to play (the guitar)** tocar (qu) (la guitarra) (2)
player (of) jugador(a) (de) (17)
pleasant simpático/a (5)
please por favor (1); **again, please** otra vez, por favor (1)
pleased: pleased to meet you mucho gusto (1), encantado/a (1)
political: political science ciencias políticas *pl.* (1)
politician político/a (17)
politics política *sg.* (7)
polluted contaminado/a (10)
pollution contaminación *f.* (16); **pollution of rivers and streams** contaminación de ríos y arroyos (16)
polyester poliéster *m.* (18)
popcorn palomitas (8)
poplar álamo (16)
popular popular *m., f.* (14)
pork chop chuleta de cerdo (8)
Portuguese language portugués *m.* (1)
position puesto (17)
possessive posesivo/a (14)
possible: it's (not) possible that (no) esposible... (18)
potato papa *Lat. Am.* (8), patata *Sp.* (8); **mashed potatoes** puré *m.* de papas (8); **potato chips** papas fritas *Lat. Am.* (8), patatas fritas *Sp.* (8)
poultry aves *f. pl.* (8)
pour echar (10)
practice (a profession) practicar (qu) (una profesión *f.*) (17)
predict: what do you predict? ¿qué predices? (18)
prefer preferir (ie, i) (2)
preferences preferencias (1)

premium: insurance premium cuota del seguro (4)
preparation preparación *f.* (10); **preparation of recipes** preparación de recetas (10)
prepare preparar (4)
president presidente/a (17)
privacy privacidad *f.* (16)
private: private house casa particular, casa privada (16)
probable: the most probable (*thing*) **is that** lo más probable es... (18) **it's (not) probable that** (no) es probable... (18)
producer productor(a) (17)
profession profesión *f.* (17)
professional profesional *m., f.* (17); **professional training** formación *f.* profesional (17)
programmer programador(a) (17)
property propiedad *f.* (16)
protein proteína (8)
proud orgulloso/a (11); **to feel proud** sentirse (ie, e) orgulloso/a (11)
prove comprobar (ue) (9)
psychologist psicólogo/a (17)
psychology psicología (1)
psychotherapist psicoterapeuta *m., f.* (12)
pullover jersey *m.* (18)

Q

quality cualidad *f.* (17)
quantities: basic quantities cantidades *f.* básicas (9)
quarter trimestre *m.* (1); **at a quarter to seven** a las siete menos cuarto (2); **quarter-cup** cuarta taza (10)
questions: challenging questions preguntas desafiantes (3); **to ask questions** hacer preguntas (5); **I have a question** tengo una pregunta (1)

R

rabbit conejo (14)
raining: it's raining llueve (3), está lloviendo (3)
raise criar (6); **raised far from each other** criados lejos uno del otro (6)
rank: rank according to age escalafones *m.* según la edad *f.* (15)
rapidly rápidamente (2)
rarely raras veces (3), pocas veces (3)
rat rata (14)
rate: birthrate índice *m.* de natalidad *f.* (7); **death rate** taza de mortalidad *f.* (9)
rattlesnake serpiente *f.* de cascabel (15)

raw crudo/a (8)
rayon rayón *m.* (18)
reactions reacciones *f.* (11)
read leer (y) (2)
reason: reason for housing el porqué de la vivienda (16)
rebellious rebelde *m., f.* (6)
receive recibir (4)
recessive recesivo (6); **dominant/recessive factor** factor *m.* dominante/recesivo (6)
recipe receta (10); **preparation of recipes** preparación *f.* de recetas (10)
recognize reconocer (zc) (18)
red rojo/a (8); **redhead(ed)** pelirrojo/a (6)
reduce (the risk of cancer) reducir (zc) (el riesgo de cáncer *m.*) (9)
relatives parientes *m.* (5); **to describe relatives** describir a los parientes (5)
relax relajarse (11); **how do you relax?** ¿cómo te relajas? (12); **to feel relaxed** sentirse (ie, i) relajado/a (11)
relieve: to relieve tension aliviar la tensión (11)
religion religión *f.* (1)
remember recordar (ue) (4)
remote control mando a distancia (18)
remove quitar (10)
rent videos sacar (qu) vídeos (3)
repeat repetir (i, i) (1); **repeat, please** repita, por favor (1)
representative representante *m., f.* (17)
reptile reptil *m.* (15)
research: market research investigaciones *f.* de mercadeo (7)
resemble parecerse (zc) (6)
reserved reservado/a (6)
respectful respetuoso/a (14)
restaurant restaurante *m.* (2); **in a restaurant** en un restaurante (8)
restless inquieto/a (14)
results: results of the census resultados del censo (7)
résumé currículum *m.* (17)
return (home, to one's apartment) regresar (a casa, al apartamento) (2), volver (ue) (4); **return (something)** devolver (ue) (11)
reward recompensa (16)
rhythm ritmo (2)
rice arroz *m.* (8)
ride: to ride a bicycle andar *irreg.* en bicicleta (12)
right derecha (14); **toward the right** hacia la derecha (14); **turn right** doble a la derecha (15)
river río (16)
roast(ed) asado/a (8); **(half a) roast chicken** (medio) pollo asado (8)

roll bollo (8); **assorted breads and rolls** bollería (8)

room cuarto (2)

rooster gallo (14)

rope: to jump rope saltar la cuerda (12)

route rumbo (15)

run (two miles) correr (dos millas) (3)

runner corredor(a) (13)

rural: rural area área *f.* (*but:* el área) rural (16); **rural zones** zonas de campo (16)

S

sad triste *m., f.* (11); **to be (get) sad** ponerse *irreg.* triste (11)

salad ensalada (8)

salamander salamandra (15)

salary sueldo (4); **your first salary** tu primer sueldo (4)

salt sal *f.* (10)

salty salado/a (8)

same mismo/a (4); **the same to you** igualmente (1)

sandwich sandwich *m.* (8)

Saturday sábado (2)

sauce: hot sauce salsa picante (10)

saucepan cacerola (10)

sausage salchicha (8)

say decir *irreg.* (6); **how do you say _____ in Spanish?** ¿cómo se dice _____ en español? (1); **what did you say?** ¿cómo dice? (1)

scale báscula (18)

scandal escándalo (3); **scandals with and without malice** escándalos con y sin maldad *f.* (3)

schedule horario (2); **sleep schedule** el horario de dormir (sueño) (2); **what's your schedule like?** ¿cómo es tu horario?

scrambled revuelto (8); **scrambled egg** huevo revuelto (8)

science: political science ciencias políticas *pl.* (1); **natural sciences** ciencias naturales (1); **scientific advance** avance *m.* científico (18); **social sciences** ciencias sociales (1)

scientist científico/a (6)

screen pantalla (18)

scrupulous escrupuloso/a (14)

sculptor escultor(a) (17)

season *v.* sazonar (10)

seasons estaciones *f.* (*sg.* estación) (3)

seclusion: to go into seclusion encerrarse (ie) (11)

second segundo/a (7)

see ver *irreg.* (4)

self-centered egoísta *m., f.* (14)

self-confident seguro/a de sí mismo/a (11); **to feel self-confident** sentirse (ie, i) seguro/a de sí mismo/a (11)

self-esteem estimación *f.* propia (13)

semester semestre *m.* (1); **this semester** este semestre (1)

senator senador(a) (17)

sense: sense of direction sentido de orientación *f.* (15)

sentimental sentimental *m., f.* (6)

September septiembre *m.* (3)

serious: (person) serio/a (5); **(situation)** grave (13)

serve servir (i, i) (8)

service servicio (8)

set *v.* cuajar (10)

seven siete (1); **at seven** a las siete (2)

seven hundred setecientos/as (9)

seventeen diecisiete (1)

seventies los años setenta (7)

shake sacudir (10)

share (the same genes) compartir (los mismos genes) (6)

shellfish mariscos (8)

shirt camisa (18)

shoes zapatos (18); **a pair of shoes** un par *m.* de zapatos (4); **leather shoes** zapatos de cuero (18); **running shoes** zapatos para correr (18); **tennis shoes** zapatos de tenis (18)

shopping: to go shopping ir *irreg.* de compras (3)

short corto/a (14); **short (person)** bajo/a (6)

shot: shot to death muerto/a a tiros (16)

should (do something) deber (+ *inf.*) (2); **what characteristics should he/she have?** ¿qué características debe tener? (17)

shout *v.* gritar (11)

shrimp camarones *m. pl.* (8)

shut: to shut oneself up (in one's room) encerrarse (ie) (en su cuarto) (11)

shy tímido/a (6)

silk seda (18)

similar similar *m., f.* (3)

sincere ingenuo/a (14), sincero/a (14)

sing cantar (11)

single: he/she is single es soltero/a (5)

sister hermana (5)

sister-in-law cuñada (5)

situated: to be situated quedar (15)

six seis (1)

six hundred seiscientos/as (9)

sixteen dieciséis (1)

sixties los años sesenta (7)

sixth: sixth sense sexto sentido (15)

size: average size tamaño promedio (7)

skate *v.* patinar (12)

ski *v.* esquiar (12)

skill habilidad *f.* (17)

skirt falda (18)

sleep *v.* dormir (ue, u) (2); **sleep pattern** patrón *m.* de sueño (2); **sleep schedule** horario de dormir (sueño) (2)

sleepwalker sonámbulo/a (2)

slice rebanada (9)

slowly despacio (10)

small pequeño/a (5)

smart listo/a (17)

snack merienda (8); **what do you snack on?** ¿qué meriendas? (8)

snake serpiente *f.* (14)

snowing: it's snowing nieva (3), está nevando (3)

soap operas telenovelas (13); **to watch soap operas** ver las telenovelas (13)

soccer fútbol *m.* (3)

social: social sciences ciencias sociales (1); **social work** asistencia social (17); **social worker** trabajador(a) social (17)

society sociedad *f.* (7)

sociology sociología (1)

socks calcetines *m.* (18)

soft drink refresco (8); **diet soft drink** refresco dietético (9)

solid sólido/a (8)

solitude soledad *f.* (16)

some (algún) alguno/a (4)

someone alguien (4)

something algo (4)

sometimes de vez en cuando (3), a veces (3)

son hijo (5)

sound sonido (18)

sour agrio/a (8)

south sur *m.* (15)

space: space traveled recorrido (15)

spaghetti espaguetis *m. pl.* (8)

Spanish language español *m.* (1); **how do you say (it) in Spanish?** ¿cómo se dice en español? (1)

spatial: spatial relations relaciones *f.* espaciales (15)

speak hablar (2); **speaking of classes** hablando de clases *f.* (1)

specialist especialista *m., f.* (17)

spend: (money) gastar (dinero); **(time)** pasar (tiempo) (12); **to spend a few days of vacation** pasar unos días *m.* de vacaciones *f.* (12)

spinach espinacas *pl.* (8)

spontaneous espontáneo/a (14)

sports: having to do with sports deportivo/a (12)

spring primavera (3)

star estrella (14)

states of mind estados de ánimo (11)

stay (at home) quedarse (en casa) (3)

steak bistec *m.* (8)

stepbrother hermanastro (5)

stepfather padrastro (5)

stepmother madrastra (5)

stepsister hermanastra (5)

still todavía *adv.* (1)

stimulating estimulante *m., f.* (14)

stockings medias (18)

store tienda (16)

stored almacenado/a (18)

stork cigüeña (16)

story relato (6)

straight (hair) lacio (6); **go straight** siga derecho; siga recto (15)

strange raro/a (5)

strawberry fresa (8)

streams arroyos (16)

street calle *f.* (15); **cross the street** cruce la calle (15)

stress estrés *m.* (12)

strike: to strike someone as funny hacerle *irreg.* gracia a uno (12)

strong fuerte *m., f.* (8); **physically strong** físicamente fuerte (17)

student estudiante *m., f.* (1); **I am a student of _____** soy estudiante de _____ (1)

study *v.* estudiar (1); **I am studying _____** estudio _____ (1); **what are you studying?** ¿qué estudias? (1)

stupid tonto/a (11)

subjects materias (1)

sugar azúcar *m.* (10)

suit traje *m.* (18)

summer verano (3)

Sunday domingo (2)

sunny: it's sunny hace sol *m.* (3)

superficial superficial *m., f.* (14)

support oneself mantenerse *irreg. refl.* (16)

sweat *v.* sudar (12)

sweater suéter *m.* (18)

sweats sudadera *sg.* (18)

sweet dulce *m., f.* (8)

swim *v.* nadar (3)

swordfish emperador *m.* (8)

symptom síntoma *m.* (13)

synchronize sincronizar (c) (2)

T

tablespoon cucharada (9)

take tomar; **take away** quitar (10); **to take an exam** tener *irreg.* un examen *m.* (4); **to take a walk** dar *irreg.* un paseo (3)

tall alto/a (6)

taste: (preference) gusto (8); **(flavor)** sabor (8); **according to taste** al gusto (10)

tea té *m.* (8); **herb tea** té de plantas (8)

teacher (elementary school) maestro/a (17)

teaching enseñanza (17)

teaspoon: half a tablespoon media cucharada (10)

technician técnico *m., f.* (17)

technological tecnológico/a (18)

telephone teléfono (18); **pocket telephone** teléfono de bolsillo (18)

tell: to tell a joke contar (ue) un chiste *m.* (11)

temperature temperatura (3); **the temperature is 30 degrees (centigrade),** estamos a 30 grados centígrados (3), la temperatura es de 30 grados (3), la temperatura está a 30 grados (3)

ten diez (1)

tense tenso/a (11)

tension tensión *f.* (12); **to relieve tension** para aliviar la tensión (11)

than: less _____ than menos _____ que (5); **more _____ than** más _____ que (5)

thanks, thank you gracias (1)

that ese/a *adj.* (5)

that que *conj., rel. pron.* (1)

theater teatro (1)

their su(s) *poss.* (5)

them: to them les (10)

then luego (3)

therapeutic terapéutico/a (12)

therapist terapeuta *m., f.* (12)

therapy terapia; **physical therapy** terapia física (17)

there allí (15); allá (15); ahí (15); **from here to there** de aquí para allá (15)

therefore luego (3)

these estos/as *adj.* (5)

thickets sotos (16)

thing cosa (3); **it's an everyday thing** es cosa de todos los días (3)

think pensar (ie) (17); **to think in a direct manner** pensar de una manera directa (17)

third (tercer) tercero/a (7)

thirteen trece (1)

thirties los años treinta (7)

thirty treinta (1)

this este/a *adj.* (5)

those esos/as *adj.* (5)

thousand mil *m.*; **one/two/three thousand** mil/dos mil/tres mil (7)

three tres (1); **at three (-fifteen)** a las tres (y cuarto) (2)

three hundred trescientos/as (9)

Thursday jueves *m.* (2)

tickle hacer *irreg.* cosquillas (12)

tie corbata (18)

ties vínculos (15); **network of social ties** red *f.* de vínculos sociales (15)

tiger tigre *m.* (14)

tilde (diacritical mark over a letter) tilde *f.* (14)

time: at what time? ¿a qué hora? (12); **at any time** a cualquier hora (2); **last time** la última vez (4); **short time** un rato (4); **time expressions** expresiones *f.* de tiempo (4); **to have a good time** divertirse (ie, i) (12)

tired cansado/a (11)

tissue (of body) tejido (10)

toast tostada (8), pan *m.* tostado (8)

tomato tomate *m.* (8)

tomorrow mañana *adv.* (2)

top: top of the head coronilla (15); **on top** por encima (14)

toward hacia; **toward the right (left)** hacia la derecha (izquierda) (14)

tower torre *f.* (16); **metal electricity towers** torres metálicas de electricidad (16)

traditional tradicional *m., f.* (14)

traffic: traffic light semáforo (15)

train amaestrar *v.* (16); **train for a sport** entrenarse (12)

trait carácter *m.* (*pl.* caracteres) (6)

transmit transmitir (6)

travel *v.* recorrer (15)

traveler viajero (15); **travelers without maps** viajeros sin mapas (15)

traverse recorrer (15)

treat tratar *v.* (16)

treatment tratamiento (16)

trimester trimestre *m.* (1)

trip viaje *m.*, recorrido (15); **to take a trip** hacer *irreg.* un viaje (4)

trunk (elephant) trompa (15)

trustworthy confiable *m., f.* (14)

try *v.* tratar de + *inf.* (2); **to try to stay awake** tratar de mantenerse *irreg. refl.* despierto/a (2)

T-shirt camiseta (18)

Tuesday martes *m.* (2)

tuna(fish) atún *m.* (8)

turkey pavo (8)

turn (something) dar(le) *irreg.* vuelta (10); **turn off** apagar (gu) (2); **turn right** doble a la derecha (15); **turn on the lights** encender (ie) las luces (18)

turtle tortuga (15)

twelve doce (1)

twenties los años veinte (7)

twenty veinte (1)

twenty-eight veintiocho (1)

twenty-five veinticinco (1)

twenty-four veinticuatro (1)
twenty-nine veintinueve (1)
twenty-one veintiuno (1)
twenty-seven veintisiete (1)
twenty-six veintiséis (1)
twenty-three veintitrés (1)
twenty-two veintidós (1)
twin mellizo/a (6), gemelo/a (5)
two dos (1); **at two (-ten)** a las dos (y diez) (2)
two hundred doscientos/as (9)
two thousand dos mil (7)

U

universal: **universal law** ley *f.* universal (6)
university universidad *f.* (2)
uncle tío (5)
understand comprender (1), entender (ie) (1); **I don't understand** no comprendo (1), no entiendo (1)
until hasta (3); **until (very) late** hasta (muy) tarde (3)
untrustful desconfiado/a (14)
urban urbano/a (16); **urban center** centro urbano (16)
urbanization urbanización *f.* (16)
useful útil *m., f.* (1); **useful words and expressions** palabras y expresiones útiles (1)
usually regularmente (2)

V

vacation vacaciones *f. pl.* (12); **to spend a few days of vacation** pasar unos días de vacaciones (12)
value valor *m.* (7)
veal ternera (8)
vegetable verdura (8)
very muy (2); **very early** muy temprano (2); **very much** mucho (1)
veterinarian veterinario/a (17)
video games videojuegos (13)
vinegar vinagre *m.* (10)
violent violento/a (14)
vitamin vitamina (8); **vitamins and fiber** vitaminas y fibra (8)
voice voz *f.* (*pl.* voces) (18)
volleyball voleibal *m.* (12)

W

waiter mesero (8)
waitress mesera (8)

walk *v.* caminar (11); *n.* paseo (3); **to take a walk** dar *irreg.* un paseo (3)
warm: **warm water** agua *f.* (*but:* el agua) tibia (10)
warm (up) calentar (ie) (10)
wash (clothes) lavar (la ropa) (3)
washing machine lavadora (18)
watch: *v.* (television, a soap opera) mirar ([la] televisión, una telenovela) (2), ver *irreg.* (4); *n.* reloj *m.* (2)
water agua *f.* (*but:* el agua) (8); **warm water** agua tibia (10)
water ski *v.* esquiar en el agua (12)
wave onda (15); **magnetic wave** onda magnética (15)
way: **to have a way with people** tener *irreg.* don de gentes (17)
we nosotros/as (3)
wear *v.* vestir (i, i) (18), llevar (18)
weather tiempo (3); **how's the weather?** ¿qué tiempo hace? (3); **the weather's bad** hace mal tiempo (3); **the weather's good** hace buen tiempo (3)
Wednesday miércoles *m.* (2)
week semana (2); **days of the week** días *m.* de la semana (2); **every week** todas las semanas (2)
weekend fin *m.* de semana (2); **weekend activities** actividades *f.* para el fin de semana (3)
weight peso (9); **weight control** control *m.* de peso (9)
weights pesas (11); **to lift weights** levantar pesas (11)
well *interj.* pues (1)
well-being bienestar *m.* (12)
west oeste *m.* (15)
what? ¿qué? (1); **what did you say?** ¿cómo dice? (1); **what's the matter?** ¿qué te pasa? (11); **what's your name?** ¿cómo te llamas? (1)
when? ¿cuándo? (5)
where? ¿dónde? (2); **where are you from?** ¿de dónde eres? (1)
which? ¿cuál/es? (5); ¿qué? (5)
while: **a while** un rato (2); **little while** el rato (4)
whistle *v.* silbar (11)
white blanco/a (8)
who? ¿quién/es? (1); **who are you?** ¿quién eres? *fam.* (1)
whom? ¿quién? (1)
widow viuda (5); **she is a widow** es viuda (5)
widower viudo (5); **he is a widower** es viudo (5)

wife mujer *f.* (5), esposa (5)
wild: **wild animal** animal *m.* salvaje (16)
win *v.* ganar (11)
wind viento (3); **it's windy** hace viento (3)
wine vino (8)
winter invierno (3)
wise sabio/a (14)
with con (2)
without sin (4)
woman mujer *f.* (5)
wonderful estupendo/a (11); **to feel wonderful** sentirse (ie, i) estupendo/a (11)
wool lana (18)
word palabra (1); **useful words and expressions** palabras y expresiones *f.* útiles (1)
work *v.* trabajar (2); **to work outside the home** trabajar fuera de casa (7)
world mundo; **world language** lengua mundial (18)
wound *v.* herir (ie, i) (13); lesión *n. f.* (13), herida (13)
write escribir (1); **to write the assignment** escribir la tarea (1)
writing composición *f.* (1)
wrong: **to be wrong** equivocarse (qu) (11)

Y

year año (7); **to be _____ years old** tener *irreg.* _____ años (5)
yellow amarillo/a (8)
yes sí (1)
yesterday *adv.* ayer (4); **yesterday and last night** ayer y anoche (4)
yet *adv.* todavía (1)
yogurt yogur *m.* (8)
you *pron.* tu *sg. fam.* (2), vosotros/as *pl. fam. Sp.* (2), usted *sg. form.* (2), ustedes *pl. form.* (2); **And you?** ¿Y tú?; **to you** te *sg. fam.*, le *sg. form.*, les *pl. form.* (1)
young *n.* (of animals) cría (15); *adj.* joven (7)
younger menor (5)
youngest el/la menor (5)
your *fam. pl. poss.* tus (2); *form. sg./pl. poss.* su(s) (5)
yuppie yuppi, joven profesional emergente *m.* (18)

Z

zone zona (16)
zero cero (1)

INDEX

This index is divided into two parts. The first covers aspects of grammar, structure, usage, and vocabulary, including everyday language; the second part lists thematic topics, both general and specific, as well as maps and literary selections. Functional expressions, vocabulary topics, and cultural/thematic items appear as groups; they are not cross-referenced. Note that the grammar content of the *Manual* is indexed in each volume of the *Manual.*

GRAMMAR INDEX

TOPIC INDEX

ABOUT THE AUTHORS

Bill VanPatten is Associate Professor of Spanish at the University of Illinois, where he is also the Director of Graduate Studies in the Department of Spanish, Italian, and Portuguese. His areas of research are input and input processing in second language acquisition, the impact of instruction on second language acquisition, and the acquisition of Spanish syntax and morphology. He teaches a wide range of courses from beginning Spanish to doctoral seminars on language acquisition. He has published numerous articles and chapters in books and is the co-author of several other McGraw-Hill Spanish textbooks. He is also the designer of *Destinos,* a television course for PBS.

James F. Lee is Assistant Professor of Spanish and Director of Basic Language Instruction in the Department of Spanish, Italian, and Portuguese at the University of Illinois. He teaches graduate courses in methodology, second language acquisition, and second language reading, and is responsible for TA training and for developing the Spanish language curriculum. His primary research interest is in second language reading, an area in which he has published extensively. He has co-edited several volumes of research, including *Second Language Acquisition—Foreign Language Learning* and, along with Bill VanPatten, is the series editor for the McGraw-Hill Foreign Language Professional Series: Directions for Language Learning and Teaching.

Terry L. Ballman is Assistant Professor of Spanish at California State University, Long Beach. She received her Ph.D. in Spanish linguistics from the University of Texas, where she received an outstanding teacher award. At CSULB Professor Ballman teaches Spanish language, linguistics, and methodology courses. She is Supervisor of Teaching Assistants in Spanish and German, and Credential Advisor for prospective foreign language teachers at the secondary level. She recently served on the advisory board of the California Foreign Language Teacher Preparation Project. She has presented numerous papers and workshops and has published articles in research volumes and journals such as *Hispania.*

Trisha Dvorak is Director of the Language Resource Center at the University of Michigan. She has coordinated elementary language programs in Spanish and taught courses in Spanish language and foreign language methodology. Certified as an Oral Proficiency Trainer in Spanish, she conducts frequent workshops on proficiency-based curricula. Dr. Dvorak received her Ph.D. in Applied Linguistics from the University of Texas at Austin. She has published articles on aspects of foreign language learning and foreign language teaching, and is a co-author of *Composición: Proceso y síntesis* and the *Pasajes* series.

Grateful acknowledgment is made for use of the following materials:

Photographs: Page 1 Collection Dolores Olmedo Patino, Mexico City; 2 (*left*) Owen Franken/Stock, Boston; 2 (*top right*) John DeWaele/Stock, Boston; 2 (*bottom right*) Peter Menzel/Stock, Boston; 3 (*top*) Jill Kramer/Stock, Boston; 3 (*bottom left*) Peter Menzel/Stock, Boston; 3 (*bottom right*) Peter Menzel/Stock, Boston 4 (*top*) Peter Menzel/Stock, Boston; 4 (*middle*) Peter Menzel/Stock, Boston; 4 (*bottom*) Pablo Picasso: *Three Musicians,* Fontainebleau, summer 1921. Oil on canvas, 6 ft. 7 in. × 7 ft. 3 3/4 in. Collection The Museum of Modern Art, New York. Mrs. Simon Guggenheim Fund; 12 (*left and right*) The Bettmann Archive; 13 Peter Menzel/Stock, Boston; 31 (*top*) Palacio Nacional, Mexico City. Photo: SEF/Art Resource, New York; 31 (*bottom*) © 1987 Carmen Lomas Garza. Photo: Wolfgang Dietze; 50 Wide World Photos; 63 Museo Romántico, Madrid. Photo: ARXIU MAS; 76 Permanent collection of the Art Museum of the Americas, OAS, Washington, D.C.; 90 The Bettmann Archive; 103 Formerly collection Julian Aberbach, Paris. Courtesy Marlborough Gallery; 104 (*top*) Crandall/The Image Works; 104 (*bottom*) Stuart Cohen/COMSTOCK; 105 (*top left*) Bonnie Kamin/COMSTOCK; 105 (*top right*) Palacio Nacional, Mexico City. Photo: Chip and Rosa María de la Cueva Peterson; 105 (*bottom left*) © Carlos Goldin/Science Photo Library/Photo Researchers; 105 (*bottom right*) Mike & Carol Werner/COMSTOCK; 106 (*top left*) Odyssey/Frerck/Chicago; 106 (*top right*) Hugh Rogers/Monkmeyer Photo; 106 (*bottom*) © 1986 Carmen Lomas Garza. Photo: Wolfgang Dietze; 114 (*top left*) Stuart Cohen/COMSTOCK; 114 (*top right*) Peter Menzel/Stock, Boston; 114 (*bottom left*) Bob Daemmrich/Stock, Boston; 114 (*bottom right*) Peter Menzel/Stock, Boston; 124 (*top*) The Bettmann Archive; 124 (*bottom*) Wide World Photos; 132 Collection of the artist; 138 Collection of the artist; 141 Frida Kahlo: *My Grandparents, My Parents, and I (Family Tree),* 1936. Oil and tempera on metal panel, 12 1/8 in. × 13 5/8 in. Collection The Museum of Modern Art, New York. Gift of Allan Roos, M.D., and B. Mathieu Roos; 146 Wide World Photos; 148 (*top left*) Odyssey/Frerck/Chicago; 148 (*top right*) Lisa Law/The Image Works; 148 (*bottom left*) Stuart Cohen/COMSTOCK; 148 (*bottom right*) Stuart Cohen/COMSTOCK; 163 Palacio de Gobierno, Guadalajara, Mexico. Photo: Chip and Rosa María de la Cueva Peterson; 170 Beryl Goldberg; 177 D. Wells/The Image Works; 185 Collection Hanny Stubbe viuda de López. Photo: Archives of the Art Museum of the Americas, OAS, Washington, D.C.; 186 (*left*) Mark Antman/The Image Works; 187 (*top*) Robert Bunge/DDB Stock Photo; 188 (*top left*) Stuart Cohen/COMSTOCK; 188 (*top right*) Museo Nacional de Bellas Artes, Buenos Aires; 188 (*bottom left*) Odyssey/Frerck/Chicago; 188 (*bottom right*) Stanley Marcus Collection, Dallas, Tex. Photo: Dan Bryant, Dallas, Tex.; 199 Odyssey/Frerck/Chicago; 210 Odyssey/Frerck/Chicago; 211 Courtesy of the Americas Society; 229 Arlene Collins/Monkmeyer Photo; 239 (*top and bottom*) Francisco Rangel; 248 (*top and bottom*) Francisco Rangel; 249 (*top*) Francisco Rangel; 249 (*bottom*) Arlene Collins/Monkmeyer Photo; 262 Hugh Rogers/Monkmeyer Photo; 263 Hazel Hankin/Stock, Boston; 277 Museo del Prado, Madrid. Photo: ARXIU MAS; 278 (*left*) Stuart Cohen/COMSTOCK; 278 (*bottom*) Private collection, Los Angeles, Calif. Courtesy of the Daniel Saxon Gallery, Los Angeles. Photo: William Nettles; 279 (*left*) John Griffin/The Image Works; 279 (*top right*) Phyllis Greenberg/COMSTOCK; 279 (*bottom right*) Walter Kiely/Monkmeyer Photo; 280 (*top left*) Stuart Cohen/COMSTOCK; 280 (*top right*) Pablo Picasso: *Woman Ironing,* 1904. Solomon R. Guggenheim Museum, New York, gift of Justin K. Thannhauser, 1978. Photo: David Heald. © The Solomon R. Guggenheim Foundation, 280 (*bottom*) Bob Daemmrich/The Image Works; 295 (*all*) Museo del Prado, Madrid. Photos: ARXIU MAS; 307 Copyright © Nina Winter; 310 Peter Menzel/Stock, Boston; 312 D. Donne Bryant; 317 Stuart Cohen/COMSTOCK; 320 Copyright © Nina Winter; 339 Stuart Cohen/COMSTOCK; 349 Univision; 361 Palacio Nacional, Mexico City. Photo: Chip and Rosa María de la Cueva Peterson; 362 (*top left*) © Frans Lanting/Minden Pictures; 362 (*bottom left*) DDB Stock Photo; 362 (*right*) Donna Jernigan/Monkmeyer Photo; 363 (*top left*) © Lawrence Migdale/Photo Researchers; 363 (*top right*) © Toni Angermayer/Photo Researchers; 363 (*bottom left*) Museo del Prado, Madrid. Photo: ARXIU MAS; 363 (*bottom right*) Frida Kahlo: *Fulang-Chang and Me,* 1937. Part one of two-part ensemble (assembled after 1939): oil on composition board, 15 3/4 in. × 11 in. (painted mirror frame added after 1939, 22 1/4 in. × 17 3/8 in. × 1/4 in.). Collection The Museum of Modern Art, New York. Mary Sklar Bequest; 364 (*top*) © Thomas Boyden; 364 (*bottom*) © Renee Lynn/Photo Researchers; 369 Monkmeyer Photo; 376 The Metropolitan Museum of Art, gift of M. Knoedler and Co., 1918 (18.64) [39]); 398 The Bettmann Archive; 427 Olivia Tappan; 433 (*left and right*) Stuart Cohen/COMSTOCK; 434 Georg Gerster/COMSTOCK; 451 Institute of Puerto Rican Culture, San Juan. Photo: Edwin Medina; 452 (*top left*) Mangino/The Image Works; 452 (*top right*) Rick Kopstein/Monkmeyer Photo; 452 (*bottom*) Mangino/The Image Works; 453 (*top*) Hervé Donnezan/Photo Researchers; 453 (*bottom*) Sharp/DDB Stock Photo; 454 (*top left*) Bob Daemmrich/The Image Works; 454 (*top right*) Suzanne Szasz/Photo Researchers; 454 Jon Feingersh/Stock, Boston; 466 Wide World Photos; 467 Jerry Bauer/OAS; 480 (*top left*) Museo del Prado, Madrid. Photo: ARXIU MAS; 480 (*top right*) Kunsthistorisches Museum, Vienna. Photo: ARXIU MAS; 480 (*bottom left*) Felizardo Burquez; 480 (*bottom right*) Odyssey/Frerck/Chicago; 481 (*top left*) Museo del Prado, Madrid. Photo: ARXIU MAS; 481 (*top right*) Kunsthistorisches Museum, Vienna. Photo: ARXIU MAS; 481 (*bottom left*) Spencer Grant/Stock, Boston; 481 (*bottom right*) Phyllis Greenberg/COMSTOCK; 485 Odyssey/Frerck/Chicago; 503 Odyssey/Frerck/Chicago

Realia: Page 5 Editora Televisión S.A. de C.V.; 8 Editorial América, S.A.; 13 Editora Televisión S.A. de C.V.; 17 *Muy Interesante;* 18 Muy Interesante; 20 GeoMundo; 24 El País; 27 Diario 16; 35 Aerolíneas Argentinas; 37 Diario 16; 39 C.E.E.-2; 42 (*right*) Cambio 16; 42 (*left*) El Tiempo; 46–47 Tú, Editorial América, S.A.; 51 El País; 55 © Noticias, Editorial Perfil, Argentina; 59 Cambio 16; 60 © Noticias, Editorial Perfil, Argentina; 61 © Quino/Quipos; 63 El País; 66 Guía de Madrid; 70 Text: GeoMundo, photos: Gamma; 75 El Mundo; 78 Conocer; 80 © Noticias, Editorial Perfil, Argentina; 88 El Tiempo; 89 Atlas de historia universal, Editorial Cordillera, Inc., 1980, San Juan, P.R.; 94 Courtesy AT&T; 96–97 TV y Novelas, Editorial América, S.A.; 100 WSUA 12.60 AM; 107 © Quino/Quipos; 117 © Quino/Quipos; 121 © Quino/Quipos; 122 Muy Interesante; 130–131 Hombre de Mundo, Editorial América, S.A.; 137 Panorama; 139 Más, Univision Publications; 144–145 Natura; 146 Biología moderna, Editorial Interamericana; *147 El Tiempo; 151* Reprinted with permission from the June 1988 *Selecciones del Reader's Digest; 155 Miami Mensual; 156 Biología moderna,* Editorial Interamericana; *160 Tú,* Editorial América, S.A.; *161* First appeared in *Esquire Magazine.* Courtesy of Hearst Corporation; *162* Copyright 1988, USA TODAY. Adapted with permission; *164 Cambio 16; 166* Based on an article from *Press-Telegram,* Long Beach, Calif., Dec. 12, 1988, and in USA TODAY, Nov. 28, 1988; *168 Hombre de Mundo,* Editorial América, S.A.; *171 (top)* © Quino/Quipos; *171 (bottom)* First appeared in *Esquire Magazine.* Courtesy of Hearst Corporation; *174 Vanidades,* Editorial América, S.A.; *180 Miami Mensual; 181 Cambio 16; 182* Reprinted with permission of José Luis Martín; *183 Tú,* Editorial América, S.A.; *186 Nutrición y Salud; 189* © Quino/Quipos; *193* © Quino/Quipos; *195* © Quino/Quipos; *196* Bustelo Roasting Company; *197 Tú,* Editorial América, S.A.; *202* Puleva; *204 Visión; 207 (top and bottom)* Felipe A. Valls/La Carreta Restaurants; *208 (top and bottom)* © *Noticias,* Editorial Perfil, Argentina; *215* © Quino/Quipos; *218* © *Noticias,* Editorial Perfil, Argentina; *221 Cambio 16; 223 Tú,* Editorial América, S.A.; *224 Tú,* Editorial América, S.A.; *226–227 Tú,* Editorial América, S.A.; *232 Más,* Univision Publications; *234–235 Estar Mejor,* Ediciones Zeta; *237* Used by permission of Wendy's International, Inc.; *238 GeoMundo; 242 Tú,* Editorial América, S.A.; *243 Tú,* Editorial América, S.A.; *244 (top and bottom)* © *Noticias,* Editorial Perfil, Argentina; *245 Vanidades,* Editorial América, S.A.; *246 Más,* Univision Publications; *247* Casera; *258* Casera; *262–263 GeoMundo; 268–269 ¡Elige la vida!* (Madrid: Ediciones EDAF, 1985); *270 Cambio 16; 275 Cocina Fácil; 281 Muy Interesante; 288* © Quino/Quipos; *291 Primera Linea,* Ediciones Zeta; *297 Muy Interesante; 298 Muy Interesante; 301 Tú,* Editorial América, S.A.; *310 El País; 311* © *Lecturas,* Barcelona, Spain; *312 Tú,* Editorial América, S.A.; *314 Tú,* Editorial América, S.A.; *315 Fontanarrosa y los médicos* (Buenos Aires: Ediciones de la flor, 1989); *320–321* Los Angeles Times Syndicate; *325* Los Angeles Times Syndicate; *328 Conocer; 332 Tú,* Editorial América, S.A.; *335* Revista *Rumbo,* Costa Rica; *338 Tú,* Editorial América, S.A.; *342–343* Los Angeles Times Syndicate; *346* © Quino/Quipos; *347* Knight-Ridder Tribune News; *348* © Quino/Quipos; *351 Tú,* Editorial América, S.A.; *352 El Día 16 de Baleares; 354* Revista *Rumbo,* Costa Rica; *355* Revista *Rumbo,* Costa Rica; *359 Tú,* Editorial América, S.A.; *365–367 Natura; 370–371 Natura; 374–375 Natura; 379* © Quino/Quipos; *383 Tú,* Editorial América, S.A.; *388 Tú,* Editorial América, S.A.; *389 Natura; 392 Visión; 396* From *Fodor's 1990 Mexico City* by Fodor's Travel Publications, Inc. Copyright © 1990 Fodor's Travel Publications, Inc. Reprinted by permission of Fodor's Travel Publications, Inc., a subsidiary of Random House, Inc.; *397 (left)* Revista *Epoca,* Madrid; *397 (right) El porqué de las cosas,* Volume I (Madrid: Susaeta Ediciones, 1975); *400–402 Natura; 407 Natura; 410–412 Natura; 420–421 Natura; 422 Hombre de Mundo,* Editorial América, S.A.; *426 Diez Minutos; 428 (top) Natura; 428 (middle)* © Quino/Quipos; *431 Hombre de Mundo,* Editorial América, S.A.; *433* © Quino/Quipos; *436* Text: *Natura,* photo: Gamma; *438 El País; 440–441 Natura, 443 Natura; 447 TV y Novelas,* Editorial América, S.A.; *454* Ministerio de Asuntos Sociales; *455* © Quino/Quipos; *464–465* Los Angeles Times Syndicate; *467* © Quino/Quipos; *469* © Quino/Quipos; *475* © Quino/Quipos; *477–478 Miami Magazine; 479* SEDIGAS; *483 Tú,* Editorial América, S.A.; *486–487 Cambio 16; 488 Cambio 16; 494 Conocer; 496* SEDIGAS; *498–499 Conocer; 500 Conocer; 506* Europa Press; *509 Más,* Univision Publications

Literary selections: Page 117 "La muerte," in *Siete poemas españoles,* by Juan Ramón Jiménez (Madrid: Tauros); *211* "Oda a la alcachofa," in *Odas elementales,* by Pablo Neruda, reprinted courtesy of the Fundación Pablo Neruda, Santiago, Chile; *252–253* from "La receta," in *Una puertorriqueña en PENNA,* by Luz María Umpierre (Berkeley: New Earth Publications, 1990); *372* from "Salutación al águila," by Rubén Darío, in *Obras completas de Rubén Darío,* vol. 5 (Madrid: Afrodisio Aguado, S.A., 1953); *432* "El Perro que deseaba ser un ser humano," in *La oveja negra y demás fábulas,* by Augusto Monterroso (Mexico City: Ediciones Era, 1990); *507* "El viaje definitivo," by Juan Ramón Jiménez, by permission of the heirs to Juan Ramón Jiménez.